THÜRINGEN

Kultur- und Naturschätze im grünen Herzen Deutschlands

Andreas Bechmann, Dietmar Bechmann

TRESCHER VERLAG

2., aktualisierte Auflage 2021

Trescher Verlag
Reinhardtstr. 9
10117 Berlin
www.trescher-verlag.de

ISBN 978-3-89794-536-4

Herausgegeben von Bernd Schwenkros und
Detlev von Oppeln

Reihenentwurf und Gesamtgestaltung:
Bernd Chill

Gestaltung, Satz, Bildbearbeitung:
Anja Linda Dicke, www.dickedesign.de
Lektorat: Hinnerk Dreppenstedt
Stadtpläne und Karten: Johann Maria Just,
Martin Kapp, Bernd Chill

Gedruckt auf chlorfrei gebleichtem Papier

Printed in Germany

Alle Angaben in diesem Reiseführer wurden sorgfältig recherchiert und überprüft. Dennoch können Entwicklungen vor Ort dazu führen, dass einzelne Informationen nicht mehr aktuell sind. Gerne nehmen wir dazu Ihre Hinweise und Anregungen entgegen. Bitte schreiben Sie an **post@trescher-verlag.de**.

TItel: Die Wartburg
Vordere Klappe: Das Schloss in Meiningen
Hintere Klappe: Die Saaleschleife an der Teufelskanzel bei Paska

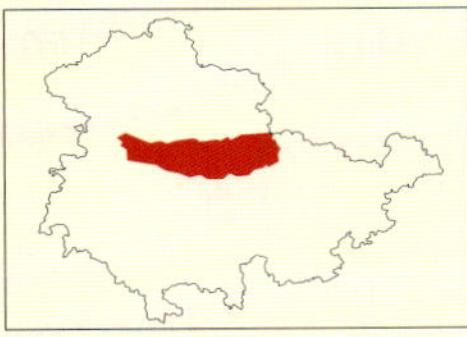

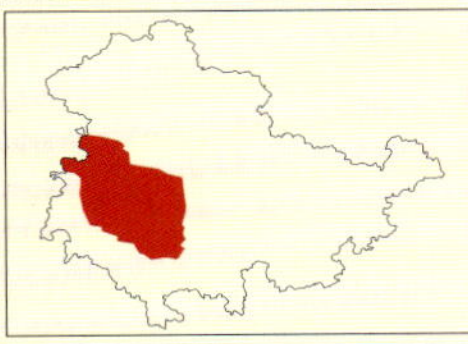

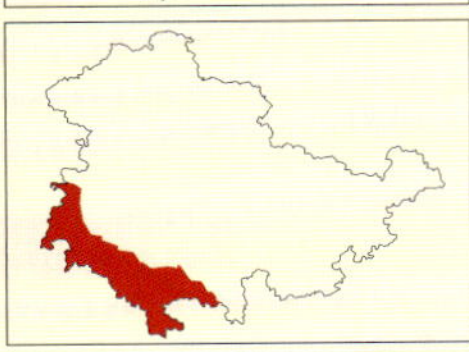

Nationalpark
Hainich

EXTRA

Malerische Gasse in Weimar

Vorwort

Thüringen ist geprägt von Wäldern, sanft geschwungenen Bergen und Kalksteinfelsen, romantischen Flüssen und Auen. Nicht zufällig wird es oft ›grünes Herz Deutschlands‹ genannt, und der Liedermacher Rainald Grebe verglich es gar mit dem fiktiven ›Auenland‹ in ›Der Herr der Ringe‹. Eingebettet in diese schönen Landschaften liegen Städte, deren Ortsbilder nicht zuletzt von der früheren Kleinstaaterei geprägt wurden. Jahrhundertelang war das Gebiet des heutigen Bundeslandes Thüringen in kleine und winzige Fürstentümer aufgeteilt. So waren etwa die Ernestiner zeitweise in bis zu zehn Nebenlinien aufgespalten. Politisch konnte man sich so natürlich nicht profilieren, und auch militärisch spielte die Region meist kaum eine Rolle, es sei denn als Durchzugsgebiet von Heeren.

Umso intensiver stürzte man sich auf Kunst, Kultur und Wissenschaft und beeinflusste damit ganz Europa. Der Repräsentationszwang und Wettbewerb der vielen Herrscher führte zu der enormen Dichte an Museen, Parks, Theatern und weiteren Sehenswürdigkeiten, die auch heute die Menschen anzieht. Die meisten kulturellen Einrichtungen und Kunstsammlungen verdanken ihre Existenz fürstlichen Initiativen. Thüringen hat die höchste Residenzdichte Deutschlands, allein die wettinischen Ernestiner hinterließen elf Hauptstädte. Hinzu kommen die reußischen, schwarzburgischen und anderen Residenzen. Mit dieser Vielfalt ist das Land heute touristisch unschlagbar.

Bedeutende Dichter und Denker sowie Musiker verbreiteten in den mehreren Dutzend kleinstaatlichen Hauptstädten und kulturellen Zentren Thüringens den Geist der Klassik und Romantik. Natürlich stehen Goethe, Schiller und Bach hier mehr als andere im Mittelpunkt. Aber auch Herder, Nietzsche, Feininger, Lessing, die Meister des Bauhauses und die Erschaffer der Meininger Theatertradition hinterließen ihre bedeutenden Spuren. 2017 feierte auch Thüringen als eines der bedeutenden Schaffenszentren 500 Jahre Luther und Protestantismus. Öfters Ärger gab es bei so vielen Herrschern natürlich auch. Über 450 Burgen und Festungen in Thüringen zeugen davon. Dazu kommen neben Klosteranlagen eine Reihe von Parks und Schlossgärten, die von Mittelalter über Renaissance, Barock, Ideen des 18. und 19. Jahrhunderts bis hin zu modernen Grünanlagen nahezu die gesamte Palette der Gartenbaukunst umfassen.

Zudem blieben die Städte Thüringens im Zweiten Weltkrieg – abgesehen von Jena, Gera, Nordhausen und Creuzburg – von starken Zerstörungen weitgehend verschont. So hat sich hier viel historische Bausubstanz erhalten. Diese ungewöhnliche Dichte an kulturellem Reichtum zeigt sich unter anderem darin, dass das Bundesland 18 UNESCO-Welterbestätten aufweist. Davon finden sich allein 16 in Weimar, und schon deswegen ist diese Stadt ein absoluter touristischer Höhepunkt.

Thüringen bietet sich sowohl Kulturinteressierten als auch Naturliebhabern gleichermaßen für einen bereichernden, auch längeren Urlaub an. Der vorliegende Reiseführer möchte dazu beitragen, den Besuchern diese Schönheiten zu erschließen.

Andreas Bechmann, im Frühjahr 2020

Das Wichtigste in Kürze

Informationen vor Reisebeginn

Thüringer Tourismus GmbH, Willy-Brandt-Platz 1, 99084 Erfurt, Tel. 0361/3742-0, www.thueringen-entdecken.de. Umfangreiche Informationsmöglichkeiten mit Veranstaltungstipps, Karten- und Prospekt-material, thematisch und regional sortierte Reisevorschläge oder Buchungsmöglichkeiten für Übernachtungen erhält man hier.

Anreise

Thüringen befindet sich in der Mitte Deutschlands, im Nordwesten des Freistaates liegt der geographische Mittelpunkt Deutschlands.

Mit der Bahn: Vom Ausbau der ICE-Strecke zwischen Berlin und München profitiert auch Thüringen. So wird Erfurt als Drehkreuz ausgebaut. Die Strecke quer durch den Thüringer Wald kann dann mit Geschwindigkeiten bis zu 300 km/h befahren werden.

Mit dem Auto: Über die Autobahnen A 4, A 9, A 71 und A 73 sowie die Südharzautobahn A 38 ist fast jeder Flecken Thüringens hervorragend erreichbar.

Mit dem Bus: Durch die Liberalisierung des Busmarktes Anfang 2013 entstand in Deutschland ein dichtes Busliniennetz mit zahlreichen Fernbusverbindungen. Für sehr kleines Geld kann man so auch die Städte Thüringens erreichen.

Mit dem Flugzeug: Auf Thüringens einzigem internationalem Flughafen Erfurt-Weimar dreht sich alles um Ferienflieger, derzeit werden hier keine Flüge von und nach Deutschland, Österreich und die Schweiz angeboten. Der nächstgelegene Flughafen mit Flugzielen im deutschsprachigen Raum ist in Leipzig.

Reisezeit

Mit seinem großen Angebot an Sehenswürdigkeiten, Museen, Kultur- und Naturschätzen ist Thüringen das ganze Jahr über ein beliebtes Reiseziel. Im Winter dominieren der Wintersport und der Weihnachtstourismus, von Frühjahr bis Herbst Wandern, Radfahren, Baden, Städtetourismus und die zunehmenden Möglichkeiten anderer Outdoor-Aktivitäten. Außerhalb der Hochsaison ist es natürlich weniger überlaufen und das Angebot an kostengünstigen Angeboten entsprechend höher.

ThüringenCard

Die ThüringenCard ermöglicht den freien Eintritt zu etwa 240 Thüringer Attraktionen wie Museen, Schlössern, Burgen, Stadtführungen, Gärten, Thermen und Erlebnisbädern. Die Karte ist als 24-Stunden, 3-Tage- oder 6-Tage-Karte verfügbar. Zu Letzteren beiden erhält man zusätzlich das ThüringenCard Mobil-Ticket mit freier Fahrt im Nah- und Regionalverkehr.

Unterkünfte

Thüringen ist traditionell Tourismusregion und bietet daher die gesamte Palette an Übernachtungsmöglichkeiten. Die Zahl der angebotenen Unterkünfte ist groß, die durchschnittliche Auslastung im Gesamtvergleich recht gering, Regionen wie etwa der Südharz haben eine Auslastung von lediglich 25 Prozent. Daher kann man in vielen Regionen gut und günstig übernachten. Im Vergleich zu vielen Gegenden im Westen Deutschlands wurde hier in den vergangenen 25 Jahren nahezu alles renoviert oder neu gebaut. Besonders erwähnens- und empfehlenswert ist die große Zahl an wunderbaren, teilweise enorm großen und prächtig ausgestatteten Ferienwohnungen. In Thüringen gibt es 19 Jugendherbergen.

Wichtige Telefonnummern

Internationaler Notruf (funktioniert bei Mobiltelefonen auch ohne SIM-Karte und an öffentlichen Fernsprechern auch ohne Münzeinwurf): 112.

Polizei: 110.

Sperrung von Kredit-/EC-Karten, Mobiltelefonen: 116116.

Entfernungstabelle

	Altenburg	Arnstadt	Eienach	Erfurt	Friedrichroda	Gera	Gotha	Hildburghausen	Ilmenau	Jena	Meiningen	Mühlhausen	Nordhausen	Oberhof	Rudolstadt	Saalfeld	Schmalkalden	Sondershausen	Sonneberg	Suhl	Weimar
Weimar	97	80	80	24	65	70	56	116	59	23	104	84	88	73	38	48	83	70	92	82	
Suhl	170	70	70	68	44	143	77	29	30	111	24	121	137	15	66	71	29	119	65		82
Sonneberg	165	133	133	99	110	114	109	38	61	97	86	156	204	81	56	46	96	151		62	92
Sonders-hausen	180	80	69	56	73	157	57	153	96	94	141	40	21	87	107	115	97		115	119	70
Schmalkalden	170	54	41	67	22	142	37	55	49	111	26	78	115	27	85	93		97	96	29	83
Saalfeld	107	43	97	55	81	67	72	67	40	50	92	116	133	73	10		93	115	46	71	48
Rudolstadt	99	35	87	45	73	72	64	77	38	40	84	108	125	65		10	85	107	56	66	38
Oberhof	159	26	57	46	29	132	32	44	30	100	36	70	105		65	73	27	87	81	15	73
Nordhausen	166	98	87	75	91	171	75	171	115	117	159	52		105	125	133	115	21	204	137	88
Mühlhausen	186	82	37	59	57	160	41	155	93	128	91		159	36	84	92	26	141	86	24	104
Meiningen	191	69	55	85	47	164	67	35	51	132		91	159	36	84	92	26	141	86	24	104
Jena	71	64	108	60	93	44	84	143	87		132	128	117	100	40	50	111	94	97	111	23
Ilmenau	147	25	78	44	40	120	43	43		87	51	93	115	30	38	40	49	96	61	30	59
Hildburg-hausen	174	79	92	98	75	134	79		43	143	35	159	171	44	77	67	55	153	38	29	116
Gotha	141	31	29	26	16	114		79	43	84	67	41	75	32	64	72	37	57	109	77	56
Gera	33	94	138	86	123		114	134	120	44	164	160	171	132	72	67	14 2	157	114	143	70
Friedrichroda	150	40	27	48		123	16	75	40	93	47	57	91	29	73	81	22	73	110	44	65
Erfurt	114	20	64		48	86	26	98	44	60	85	59	75	46	45	55	67	56	99	68	24
Eisenach	166	55		64	27	138	29	92	78	108	55	37	87	57	87	97	41	69	133	70	80
Arnstadt	126		55	20	40	94	31	79	25	64	69	82	98	26	35	43	54	80	76	48	36
Altenburg		126	166	114	150	33	141	174	147	71	191	186	166	159	99	107	170	180	165	170	97

Herausragende Sehenswürdigkeiten

Mühlhausen ▾
Unter den zahlreichen sehenswerten Städten Thüringens ist Mühlhausen sicherlich eine der schönsten: viele Kirchen und Türme, historische Gebäude und historischer Boden – im Mittelalter war Mühlhausen neben Erfurt wichtigste Stadt Thüringens. Nordwestlich von Mühlhausen liegt das landschaftlich reizvolle Eichsfeld mit seiner über 1000 Jahre alten Hauptstadt Heiligenstadt (→ S. 77).

Hainich
Der bewaldete Höhenzug im Nordwesten Thüringens ist das größte zusammenhängende Laubwaldgebiet Deutschlands. Sein südlicher Teil bildet Thüringens einzigen Nationalpark. Der Baumkronenpfad dort ist ein beliebtes Ausflugsziel. Wegen seiner einzigartigen Buchenwälder wurde der Hainich 2011 ins UNESCO-Welterbe aufgenommen (→ S. 96).

Erfurt ▸
Die Hauptstadt des Freistaates Thüringen ist mit einer fast vollständig erhaltenen mittelalterlichen Innenstadt Deutschlands größtes Flächendenkmal. Mittendrin spannt sich die Krämerbrücke, die längste bebaute Brücke Europas. Die Stadt ist durchzogen und umgeben von Grün wie etwa dem egapark. Zahlreiche Feste und eine abwechslungsreiche Kultur- und Gastroszene machen die Stadt spannend und liebenswert (→ S. 146).

Weimar ▴
Der Ort ist Kultur in höchstmöglicher Konzentration. Auf kleinstem Raum findet man hier 16 der 18 UNESCO-Welterbestätten Thüringens. Die meisten davon gehören zum ›Klassischen Weimar‹. Und so dreht sich hier auch alles um Goethe und Schiller. Den anderen Welterbetitel beanspruchen die Stätten des Bauhauses, das in Weimar gegründet wurde (→ S. 178).

Jena ▸, Saaletal, Dornburger Schlösser
Von den großen Stauseen der Saalekaskade kommend, schlängelt sich die Saale durch die Muschelkalfelsenlandschaft und durch Jena, das wissenschaftliche Zentrum des Landes (→ S. 206). In der lebendigen Studentenstadt Jena denkt und tüftelt man bereits seit Jahrhunderten. Nur wenige Kilometer flussabwärts befinden sich die Dornburger Schlösser (→ S. 222) und das Saale-Unstrut Weingebiet (→ S. 226).

Thüringer Wald ▲
Große Wälder, Bergwiesen und Hochmoore, tief eingeschnittene Täler, die höchsten Berge sowie mit dem Vessertal das älteste Biosphärenreservat Deutschlands: Der Thüringer Wald ist das größte und beliebteste Ausflugsziel Thüringens. Anziehungspunkt für Outdoor-Fans ist er das ganze Jahr über. Durchzogen ist die Region von entzückenden Ortschaften, und zwischen Thüringer Wald und Rhön fließt die Werra durch eine reizvolle Landschaft (→ S. 229).

Wartburg ▸
Die Wartburg ist eine der bekanntesten deutschen mittelalterlichen Burgen. Prächtig fügt sie sich in das grüne bergige Landschaftsbild oberhalb des mit Sehenswürdigkeiten gespickten Eisenach und dem Thüringer Wald ein. Besonders symbolträchtig ist die Welterbeburg wegen Martin Luther, der hier die Bibel ins Deutsche übersetzte, und wegen des Wartburgfestes der Burschenschaften. Richard Wagner schrieb hier den ›Tannhäuser‹ (→ S. 240).

Rhön
Viele Leute wissen nicht, dass ein Teil der Rhön auch in Thüringen liegt. Diesem Umstand verdankt der romantisch-raue Landstrich seine Einordnung als Geheimtipp. Genau wie das Thüringer Eichsfeld ist die Rhön eine liebenswert leere, naturbelassene Region, die man eher weitab am Rande Europas anstatt mitten im Zentrum vermutet. Und wunderbar dunkel ist es hier. Herrlich, um etwa den Kosmos zu beobachten (→ S. 320).

Unterwegs mit Kindern

Thüringen ist ein kinderfreundliches Land. Mit seinen zahlreichen unterschiedlichen Städten und Landschaften bietet es sich für einen Urlaub mit Kindern geradezu an. Ob Wandern, Radfahren oder Bauernhofurlaub, baden, paddeln oder Stadturlaub - es gibt immer etwas zu tun und entdecken. Im Winter ist es in Thüringen recht schneesicher, und dann wird überall Ski gefahren, gerodelt und geskatet. Und sollte es mal doch zu warm sein, dann kann man ja in der **Oberhofer Skisporthalle** (→ S. 262) oder zahlreichen Eishallen das ganze Jahr über Wintersport treiben. Überall im Land gibt es Attraktionen, Ausflugsziele und extra für Kinder geschaffene Entdeckerpfade und -touren. Und die nächste Sommerrodelbahn oder ein Kletterwald sind meist auch ganz in der Nähe. Bei schlechtem Wetter kann man ein Museum, Indoor-Spielplätze oder eines der zahlreichen neuen und tollen Spaß- und Erlebnisbäder besuchen.

Blick auf die Rumpelburg in Langensalza

Museen

Das **Deutsche Spielzeugmuseum in Sonneberg** (→ S. 340) bietet in seinen Gebäuden Unterhaltung zum Anfassen für den ganzen Tag. In den Freilichtmuseen **Keltendorf Sünna** (→ S. 313) und **Funkenburg Westgreußen** (→ S. 108) lassen sich Geschichte und Archäologie spielend erleben. Die wiederrichteten Stätten der Kelten und Germanen bieten auch zahlreiche Veranstaltungen für Kinder an. Im **Mini-a-Thür** (→ S. 248) stehen mehr als 100 Modelle von bedeutenden Thüringer Sehenswürdigkeiten. Hier kann man sich einen Überblick verschaffen, bevor man sich dann an die Originale macht. Im **Lohmühlenmuseum** in Georgenthal (→ S. 260) erlebt man alte Handwerkstraditionen, historische Technik und kann im Erlebnispark spielen, angeln und auf einem Pfad Saurier entdecken.

Natur erleben und entdecken

Baden, segeln und paddeln lässt es sich am besten an den großen Stauseen des **Thüringer Meeres** (→ S. 359). Ganze 80 Kilometer lang erstreckt sich die Wasserlandschaft mitten im Gebirge. Den schönsten Nachthimmel gibt es im **Sternenpark Rhön** (→ S. 321), einem der dunkelsten Flecken in Mitteleuropa. So viele Sterne sieht man selten irgendwo. Auf dem 21 Meter hohen **Aussichtsturm Noahs Segel** (→ S. 332) auf dem Berg Ellenbogen kann man weit über die Rhön und die Landschaft darüber hinaus schauen. Runter vom Turm geht's dann auf einer Erlebnisrutsche. Die **Feengrotten in Saalfeld** (→ S. 372) gehören zu den weltweit farbenprächtigsten Höhlen. Über Tage kann man hier Gold waschen oder durch Feenwäldchen streifen. Überhaupt ist Thüringen reich an Schauhöhlen und –bergwerken. Auf dem **Baumkronenpfad im Hainich** (→ S. 97) läuft man über den Wipfeln, und im benachbarten **Nationalparkzentrum Thiemsburg** (→ S. 97) wird man in der Ausstellung in einer Wurzelhöhle zum Käfer im Wurzel-

Ein Teil des Keltendorfs Sünna

ökosystem. Der **egapark in Erfurt** (→ S. 159) mit seinen vielen Pflanzen und dem Schmetterlingshaus ist nicht nur ein ganz großer Garten, sondern auch Erlebnispark. Hier befindet sich der mit 35 000 Quadratmetern größte Spielplatz Thüringens. Besonders der Wasserspielplatz mit seinem künstlichen Bachlauf, dem Planschbecken und der Riesenrutsche sowie der Kinderbauernhof mit Tieren zum Streicheln sind einfach wunderbar. Zahlreiche Zoos und Wildgehege gibt es in Thüringen ebenfalls.

Austoben

In Thüringen gibt es zahlreiche Möglichkeiten für Kinder, sich auszutoben. Die **Rumpelburg** (→ S. 92) in Bad Langensalza ist ein großer In- und Outdoorspielplatz. Auf dem Freigelände ist eine ganze Spielstadt aufgebaut. Ebenso reizvoll sind die **Kinderspielfabriken** in Saalfeld und Schmalkalden (→ S. 375 und S. 305). Auf hunderten von Quadratmetern gibt es alle möglichen Dinge zum Rutschen, Klettern, Fahren, Springen oder Bauen. Im **Auenland** (→ S. 285) bei Masserberg befindet sich neben der Sommerrodelbahn ein anderthalb Hektar großer Abenteuerspielplatz. Weitere große Spielarenen sind das **Maxxi's** (→ S. 145) bei Gotha, der **Gaudipark Kinderland Jena** (→ S. 221) oder der **Kids Club Indoor Planet** in Oberhof (→ S. 264). Für die Größeren gibt es im **Erlebnisbergwerk Merkers** (→ S. 311) den tiefsten Hochseilgarten der Welt mit Salzkletterwand und Netztunnel. Wieder über Tage kann man sich auf einer 100 Meter langen Seilrutsche ausprobieren. Überhaupt scheint es in Thüringen fast so viele Kletterwälder wie echte Wälder zu geben.

Aktivurlaub

Thüringen bietet hervorragende Bedingungen für Aktivurlauber, vor allem für Radfahrer, Wanderer und Wintersportler. Im Folgenden einige allgemeine Hinweise und Vorschläge aus dem überreichen Angebot.

Unterwegs mit dem Rad

Thüringen ist ein beliebtes Radwanderland. Das touristische Radwegenetz umfasst derzeit 3200 Kilometer, allein die 13 Radfernwege summieren sich auf 1700 Kilometer Länge. Und es gibt große Pläne: Das Radwegenetz für Urlauber soll in den kommenden Jahren massiv weiter ausgebaut werden. Es gibt von Flachlandstrecken über Routen entlang von Flüssen bis hin zu Bergtouren Radwege in jeglichen Längen und Schwierigkeitsgraden. Viele führen an Flüssen entlang wie Werratal-Radweg (311 km), Gera-Radwanderweg (67 km), Unstrut-Radweg (190 km), Ilmtal-Radweg (125 km), Leine- oder Elsterradweg (250). Weitere Fahrradrouten führen beispielsweise durch den Harz und entlang des Rennsteigs. Zudem gibt es Themenradwege wie etwa die Bach-Rad-Erlebnisroute, die auf 69 Kilometern Wirkungs- und Wohnorte der Musikerfamilie Bach verbindet.

Für Mountainbiker stehen viele Angebote in allen erdenklichen Schwierigkeitsstufen bereit. Diese konzentrieren sich in Thüringer Wald und Thüringer Schiefergebirge. Zu diesem Thema gibt es eine eigene dicke Broschüre. Erwähnenswert sind etwa der Trail an der Oberweißbacher Bergbahn mit 25 Prozent Gefälle, die Rundtour von Tabarz aus über Lauchagrund und Inselsberg, die Talsperrentour in Oberhof, die Vessertaltour oder die Routen an den großen Talsperren.

In Thüringen ist die Fahrradmitnahme in allen Nahverkehrszügen der Deutschen Bahn, der Süd Thüringen Bahn und der Erfurter Bahn kostenlos. Empfohlen sei an dieser Stelle der Online-Radwegeplaner für Thüringen: www.radtourenplaner.thueringen.de. Im Folgenden eine kleine Auswahl.

Die Wanderwege sind hervorragend ausgeschildert

Euregio Egrensis: Auf einer Gesamtlänge von 580 Kilometern verbindet dieser internationale Radweg Tschechien, Bayern, Sachsen und Thüringen. Der Thüringer Anteil am Radweg beträgt 138 Kilometer.

Thüringer Städtekette: Dieser Radfernweg verbindet auf rund 240 Kilometern von Eisenach über Gotha, Erfurt, Weimar, Jena, Gera bis Altenburg diese sieben historischen Thüringer Städte miteinander. Auf dem Abschnitt ›Thüringer Mühlenradweg‹ gibt es viele Mühlen zum Einkehren, Besichtigen und Übernachten.

Rennsteig-Radwanderweg: Der Weg folgt auf 195 Kilometern von Hörschel nach Blankenstein größtenteils dem berühmtesten Wanderweg Thüringens und ist etwas für sportlichere Radfahrer und Mountainbiker.

Werratalradweg: Der Radweg ist etwa 311 Kilometer lang und beginnt an der Vorderen Werraquelle bei Fehrenbach. Er endet im hessischen Hann. Münden. Er verläuft großteils (200 Kilometer) durch Thüringen und hat es stellenweise in sich.

Saaleradweg: Im Saaleland und Ostthüringen führen die Radwege wie etwa der Saaleradweg vor allem am Wasser entlang. Viele ehemalige Mühlen sind heute bewirtschaftet und bieten auch Übernachtungsmöglichkeiten. Die Gesamtlänge des Saaleradweges beträgt 413 Kilometer.

Elsterradweg: Von der Quelle im tschechischen Aš führt die Tour 250 Kilometer immer an der Elster entlang bis zu ihrer Flussmündung in die Saale bei Halle.

Wandern

Auf insgesamt über 19 000 Kilometer ausgeschilderte Wanderwege kommt das feinmaschige Wanderwegenetz Thüringens. Davon sind 22 als Prädikatswanderwege zertifiziert. Ein Zentrum des Wandertourismus ist der Thüringer Wald, wo es allein 6000 Kilometer Wanderwege gibt. Eine Gesamtliste der 22 langen und kurzen Prädikatswege mit Beschreibungen findet man auf www.thueringen-entdecken.de. Besonders empfehlenswert sind:

Rennsteig: Der Rennsteig ist der älteste deutsche Weitwanderweg und unbestritten auch der bekannteste Wanderweg Thüringens. Auf einer Gesamtlänge von 169 Kilometern führt der Kammweg von Hörschel an der Werra durch den Thüringer Wald und vorbei an Oberhof und Masserberg bis nach Blankenstein an der Saale.

Grenzwanderweg Grünes Band: 743 Kilometer geht es hier entlang der ehemaligen deutsch-deutschen Grenze. Ein großer Teil des Weges liegt in Thüringen.

Thüringenweg: Der 400 Kilometer lange Weg führt quer durch Thüringen von Altenburg über Greiz, Gera Jena, Rudolstadt, Friedrichroda und Eisenach nach Creuzburg.

Werra-Burgen-Steig: Er führt über eine Länge von 280 Kilometer als Flusswanderweg von der Werraquelle über Hildburghausen, Kloster Veßra, Meiningen, Eisenach weiter nach Hessen bis zur Vereinigung der Werra mit der Fulda zur Weser in Hann. Münden.

Keltenerlebnisweg: Dieser 254 Kilometer lange Erlebnisweg führt entlang keltischer Spuren und Museen. Etappen sind Meiningen, Dolmar, Hassberge und Bad Windsheim

Saale Horizontale: Der Weg zieht sich auf 72 Kilometern durch die Muschelkalkhänge des Mittleren Saaletals und bietet tolle Landschaften und schöne Aussichten.

Wintersport

Sobald ein wenig Schnee gefallen ist, sieht man sie allerorts: die Langläufer, die über Felder und durch die Wälder huschen. Das ganze Land scheint dann Skilanglauf zu machen. Wintersport hat in Thüringen große Bedeutung und eine lange Tradition. Oberhof ist Thüringens Wintersportzentrum, aber überall im Land stehen den Langläufern um die 1000 Kilometer Skiwanderwege und hunderte Kilometer Loipen zur Verfügung. Der längste Fernskiwanderweg Europas ist mit 141 Kilometern der **Rennsteig**. Zudem gibt es 560 Kilometer Winterwanderwege.

Wassersport

Thüringens Wassersportzentrum sind die großen Talsperren. Hier kann man segeln, paddeln, rudern, surfen oder tauchen. Auf den Flüssen Werra oder Unstrut ist man als Paddler noch recht allein. In die Infrastruktur wurde einiges investiert, um den Wassersport zu fördern. Zu den Flüssen gibt es äußerst praktische handliche Wasserwanderbroschüren von Thüringen Tourismus mit Informationen zu Pegelständen, den einzelnen Etappen, Umtragestellen, Übernachtungs- und Einkehrmöglichkeiten (www.wasserwandern-thueringen.de).

Zauberhafte Residenzen, Städtchen und Museen voller Kulturschätze prägen Thüringen. Eingebettet in abwechslungsreiche Landschaften und Gebirge mit viel Grün ziehen vor allem Erfurt und Weimar mit ihrer großen Geschichte, namhaften historischen Persönlichkeiten wie Schiller, Goethe oder Luther, den denkmalgeschützten Innenstädten und ihren Sammlungen die Besucher an.

Der Altmarkt in Schmalkalden

LAND UND LEUTE

Thüringen im Überblick

Lage und Größe Mit 16172 Quadratkilometern ist Thüringen nach Berlin das kleinste ostdeutsche Bundesland. Die Nord-Süd-Ausdehnung beträgt 160, die Ost-West-Ausdehnung 198 Kilometer. Im Osten grenzt Thüringen an Sachsen, im Süden an Bayern, im Westen an Hessen, im Nordwesten an Niedersachsen und im Nordosten an Sachsen-Anhalt. Mit 743 Kilometern von insgesamt 1393 Kilometern hat Thüringen den längsten Abschnitt der ehemaligen deutsch-deutschen Grenze.

Bevölkerung Knapp 2,17 Millionen Einwohner, das sind 134 Personen pro Quadratkilometer (Bevölkerungsdichte Deutschland 226 Personen/km^2). Zwischen 1995 und 2013 hat das Land etwa 350000 Menschen durch Fortzüge verloren, seitdem ist die Abwanderung in Thüringen gestoppt und die Zuzüge übersteigen die Fortzüge wieder leicht.

Die größten Städte Größte Stadt ist die Landeshauptstadt Erfurt (211000 Einwohner). Es folgen Jena (106000), Gera (96000), Weimar (65000), Gotha (44000) und Nordhausen (42000).

Religion Über zwei Drittel der Thüringer sind konfessionslos, etwa 24 Prozent sind evangelisch-lutherisch, knapp 8 Prozent römisch-katholisch. Der höchste Anteil evangelischer Christen lebt im Kreis Schmalkalden-Meiningen (40,3 Prozent), Hildburghausen (40,1) und im Wartburgkreis (36,9). Den höchsten Anteil katholischer Christen findet man im Eichsfeld mit 69,5 Prozent. Die zweite große katholische Thüringer Region ist die Rhön.

Verwaltung Thüringen unterteilt sich in 6 kreisfreie Städte und 17 Landkreise. Die letzte territoriale Neugliederung stammt von 1994, Eisenach wurde 1998 kreisfrei. Es gibt Überlegungen, die bisherige Struktur durch nur noch acht Landkreise und vier kreisfreie Städte – Erfurt, Jena, Gera und Weimar – zu ersetzen.

Wappen Das Thüringer Wappen besteht aus einem stehenden, achtfach rot-silbern gestreiften Löwen mit goldener Krone und goldenen Krallen auf blauem Grund. Er wurde aus dem Wappen mit dem ›Bunten Löwen‹ der Ludowinger übernommen. Es handelt sich um das bereits vierte Thüringer Landeswappen und ist seit 1991 das legitimierte Hoheitszeichen des Freistaates. Die Landesflagge ist weiß-rot.

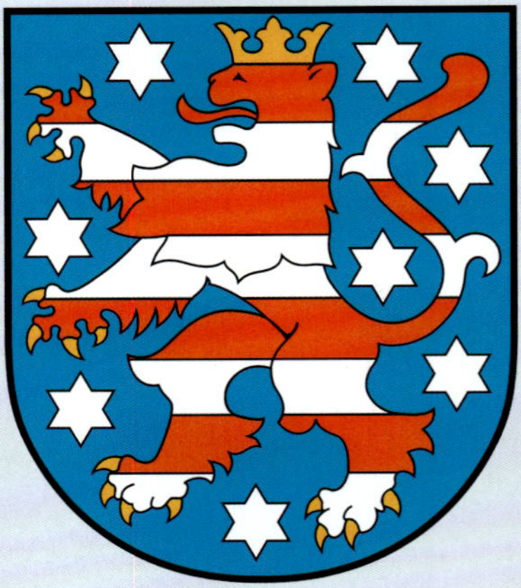

Das Landeswappen

Als Thüringen 1920 entstand, bestand das Territorium, das einmal Thüringen darstellen sollte, aus zahlreichen sächsisch-ernestinischen, schwarzburgischen und reußischen Fürtentümern. Hinzu kamen die unter preußischer Verwaltung stehenden Gebiete. All diese Staaten hörten mit der Novemberrevolution von 1918 auf zu existieren. 1919 schlossen sich die beiden Fürstentümer Reuß zu einem Land zusammen. Sachsen-Coburg entschied sich für Bayern. Bleiben also sieben Staaten, die sich 1920 zu Thüringen vereinigten. Die ehemals preußischen Gebiete, zu denen als größte Stadt Erfurt zählte, waren nicht Bestandteil des neu gegründeten Landes. Deren Eingliederung erfolgte erst 1945. Der achte Stern symbolisiert somit alle einst unter preußischer Verwaltung stehenden Gebiete Thüringens.

Natur und Geographie

Das weitläufige Thüringer Becken bildet die Kernlandschaft Thüringens. Es wird ringförmig von Harz, Hainich, dem von Nordwesten nach Südosten verlaufenden Mittelgebirgsgürtel aus Thüringer Wald und Schiefergebirge sowie dem Höhenzug des Thüringer Holzlandes umschlossen. Im Südwesten und Osten, also in der Rhön und im Vogtland, findet man Hügelland mit verwitterten Bergkuppen. Das Vogtland prägen zudem natürliche und künstliche Seen sowie tief eingeschnittene Flusstäler. Im südlichen Thüringer Becken befinden sich auch die historisch wichtigsten Städte des Landes: Eisenach, Gotha, Erfurt, Weimar sowie Erfurt, die Landeshauptstadt.

Der Thüringer Wald ist das bekannteste Mittelgebirge des Landes und erstreckt sich als 10 bis 35 Kilometer breiter Gebirgskamm rund 60 Kilometer von der Werra bei Eisenach bis kurz vor Quelle des Flusses bei Masserberg. Es besteht aus magmatischem Gestein und wird heute überwiegend von Fichtenwäldern bedeckt. Im Thüringer Wald finden sich die höchsten Berge des Landes, der Große Beerberg (982), der nahegelegene Schneekopf (978) und der Große Finsterberg (944). Das wohl beliebteste Wanderziel des Landes, der 916 Meter hohe Große Inselsberg, liegt ebenfalls im Thüringer Wald.

Der größte Berg des vorwiegend aus dem gleichnamigen Gestein bestehenden Schiefergebirges ist der Große Farmdenkopf (868). Die höchste Erhebung der thüringischen Rhön bildet der Ellenbogen (814 m). Niedrigster Punkt des Landes ist das Unstruttal östlich des Kyffhäusers bei Ringsleben mit 114 Metern.

Gewässer

Was Gewässernamen anbetrifft, so können bei Außenstehenden durchaus Irritationen auftreten: Die Gera entspringt weit entfernt von der Stadt gleichen Namens bei Oberhof im Thüringer Wald und fließt durch Erfurt. Das Flüsschen Suhl mündet zwar bei Untersuhl in die Werra, liegt allerdings bei Eisenach und hat mit der Stadt Suhl überhaupt nichts zu tun.

Schiefergebirge und Thüringer Wald bilden eine sogenannte Gebirgsbarriere und Wasserscheide. Alle Gewässer südwestlich davon fließen zur Werra/Weser und zum Main hin, während alle nordöstlich dieser Mittelgebirge in Saale und Elbe münden. Die größten Flüsse Thüringens sind Saale, Werra (→ S. 281), Ilm, Unstrut, Wipper, Helbe, Gera und Weiße Elster.

Nennenswerte Teichgebiete sind beispielsweise die Plothener Teiche (→ S. 364), das Ilmenauer Teichgebiet (→ S. 274) oder die Haselbacher Teiche (→ S. 417). Neben letzteren befindet sich auch der Haselbacher See, ein gefluteter Braunkohletagebaurestloch im Mitteldeutschen Braunkohlerevier. Er liegt größtenteils in Sachsen und gehört zum Leipziger Neuseenland, das sich zwischen Thüringer Grenze und Leipzig erstreckt.

Thüringen besitzt wenige größere Naturseen, verfügt aber über eine Vielzahl an Stauseen, Rückhaltebecken und Talsperren. An der Saale wurde vor dem Zweiten Weltkrieg ein ganzes Talsperrensystem errichtet, die Saalekaskade

(→ S. 359). Sie erstreckt sich über 80 Kilometer Länge und wird auch Thüringer Meer genannt. Die bedeutendsten Talsperren sind Bleilochtalsperre, Hohenwarte, Zeulenrodaer und die Talsperre Leibis-Lichte. Die Bleilochtalsperre ist das größte künstliche Gewässer Deutschlands, die Hohenwarte schafft es auf Platz vier. Nach mehreren Jahrzehnten Planung wurde im Jahr 2000 mit dem Bau der Talsperre Leibis-Lichte bei Oberweißbach begonnen. Sie ist somit die letzte Talsperre der DDR und wohl auch die letzte große Talsperre Deutschlands. Mit 102,5 Metern verfügt sie über die zweithöchste Staumauer in der Republik.

Für die Schifffahrt spielt Thüringen keine Rolle, es gibt keine nennenswerten künstlichen Wasserstraßen.

Tier- und Pflanzenwelt

Die abwechslungsreichen Naturräume und Landschaftsmosaike bieten zahlreichen Tieren und Pflanzen Lebensraum. Deren wichtige und besondere Vertreter werden in der Beschreibung der einzelnen Naturräume in den jeweiligen Kapiteln erwähnt. An dieser Stelle sollen drei besondere Tiere erwähnt werden.

Die Naturräume und Landschaften Thüringens

Der Luchs ist die größte europäische Katze. Sie war bis Mitte des 19. Jahrhunderts in ganz Deutschland ausgerottet und wurde ab 2000 im Harz wieder ausgewildert. Hier gilt der Bestand mittlerweile als etabliert. Inzwischen verdichten sich die Hinweise, dass sich das scheue Tier mit den charakteristischen Pinselohren auch in anderen thüringischen Gebieten und deutschen Regionen weiter ausbreitet: Thüringer Wald, Schiefergebirge, Eichsfeld, Rhön und Hainich, Sächsische Schweiz, Pfälzerwald, Fichtelgebirge und Teutoburger Wald.

Den scheuen Luchs bekommt man nur mit sehr viel Glück zu sehen

Die Wildkatze ist ein äußerst scheues Tier. Und da man sie kaum zu Gesicht bekommt, ist auch nicht klar, wo überall es in Thüringen Wildkatzenvorkommen gibt. Mit systematisch aufgestellten Fotofallen versuchen die Naturschützer, sich ein Bild zu machen. Vorkommen gibt es im Elstertal, Hainich, Thüringer Wald, Saaletal oder auf dem Truppenübungsplatz Ohrdruf.

Auch Wölfe durchstreifen inzwischen auch die Landschaften Thüringens wieder. So wird beispielsweise immer wieder mal ein Wolf auf dem Truppenübungsplatz in Ohrdruf gesichtet. Nachdem 1904 der letzte Wolf in Deutschland geschossen wurde, eroberte sich das Raubtier ab den 1990er Jahren Mitteleuropa allmählich zurück. Offiziell etablierte Rudel wie in Sachsen, Brandenburg, Sachsen-Anhalt, Mecklenburg-Vorpommern und Niedersachsen leben hier zwar noch nicht. Allerdings ist es nur eine Frage der Zeit, bis auch Thüringen wieder Wolfsland ist.

Geschützte Landschaften und Naturräume

Zu Zeiten des Kalten Krieges war Thüringen das am westlichsten gelegene Territorium des Warschauer Paktes, 743 Kilometer der deutsch-deutschen Grenze verliefen am Rande Thüringens. Heute ist der Todesstreifen als Grünes Band bekannt und das größte Wald- und Offenland-Biotop-Verbundsystem in Mitteleuropa und mit seiner nahezu unberührten Natur ein einzigartiger Naturraum. Ein Viertel der Gesamtfläche Thüringens sind als ›Nationale Naturlandschaften‹ eingestuft. In Thüringen gibt es acht Gebiete dieser Art: Nationalpark Hainich, Naturpark Südharz, Naturpark Kyffhäuser, Naturpark Eichsfeld-Hainich-Werratal, Naturpark Thüringer Wald, Naturpark Thüringer Schiefergebirge-Obere Saale, Biosphärenreservat Rhön, Biosphärenreservat Vessertal-Thüringer Wald. Darüber hinaus gehören auch einige Thüringer Gebiete zum überwiegend in Sachsen-Anhalt gelegenen Naturpark Saale-Unstrut-Triasland.

Nationalpark Hainich

Der einzige Nationalpark Thüringens wurde 1997 gegründet. Der Nationalpark Hainich umfasst den südlichen Teil des am Westrand des Thüringer Beckens gelegenen Höhenzuges. Die Wartburg-Hainich-Region ist gleichzeitig UNESCO-Welterbe. Beim Hainich handelt es sich um einen ehemaligen Truppenübungsplatz. Der Naturraum stellt eine mitteleuropäische Urwaldlandschaft dar und ist mit 16 000 Hektar das größte zusammenhängende Laubwaldgebiet Deutschlands. Zum Nationalpark gehören 7513 Hektar davon. Es zeichnet sich vorwiegend durch sehr struktur- und artenreiche Laubwälder mit hohem Totholzanteil aus. Die hauptsächlich vorkommende Baumart ist die Rotbuche, zudem gibt es 25 weitere Laubbaumarten wie Schwarzerle, Esche und Ahorn. Auch die scheue Wildkatze soll hier heimisch sein. Neuester und glücklicherweise fast einziger touristischer Anziehungspunkt ist der Baumkronenpfad. Ansonsten gehört hier alles der Natur und den Naturerlebnissen, Stille und Entspannung suchenden Menschen.

Naturpark Südharz

Der Naturpark Südharz liegt bei Nordhausen ganz im Norden Thüringens, an der Grenze zu Niedersachsen und Sachsen-Anhalt. Er umfasst auf einer Fläche von 26 700 Hektar die südlichsten Ausläufer des Mittelgebirges sowie dessen Thüringer Gebirgsvorland. Er grenzt an die nördlich gelegenen Naturparks Harz in Sachsen-Anhalt und Harz in Niedersachsen. Etwas weiter nördlich liegt der Nationalpark Harz. Im Osten grenzt er an das Biosphärenreservat Karstlandschaft Südharz. Südöstlich vom Naturpark Südharz liegt der Thüringer Naturpark Kyffhäuser. Die Westgrenze des Südharzes ist Teil des Grünen Bandes Deutschland. Alle Schutzgebiete bilden gemeinsam das Großschutzgebiet Harz. Die vielen Höhlen in der Gipskarstlandschaft sind Heimat von einer Vielzahl von Fledermäusen, auch Wildkatzen und Luchse leben hier.

Schild am Eingang zum Nationalpark Hainich

Typisches Bild im Naturpark Thüringer Wald

Naturpark Kyffhäuser

Der Naturpark Kyffhäuser umfasst 30 500 Hektar landschaftlich sehr abwechslungsreicher Gebiete von Kyffhäuser, Hainleite und Windleite. Besonders für Ornithologen ist der Park interessant, befindet sich doch hier mit dem Stausee Kebra ein wegen seiner Vogelvielfalt international bedeutendes Vogelschutzgebiet. Von Bedeutung sind auch die vielen Salzwiesen mit ihrer Flora.

Naturpark Eichsfeld-Hainich-Werratal

Der Naturpark Eichsfeld-Hainich-Werratal entstand 1990 und nimmt eine Fläche von 87 000 Hektar ein. Er erstreckt sich zwischen Eisenach im Süden und Heilbad Heiligenstadt im Norden. Der Nationalpark Hainich ist Teil des Naturparks. Im Süden windet sich die Werra durch Auenlandschaften und bis zu 200 Meter aufragenden Felswänden. Eine ganze Reihe von Ausflugszielen wie der Mittelpunkt Deutschlands, das Opfermoor, das Wildkatzendorf und viele andere machen einen Ausflug in den Naturpark zum Erlebnis.

Naturpark Thüringer Wald

Der Naturpark ›Thüringer Wald‹ liegt im Süden Thüringens und durchzieht das Land von Nordwesten nach Südosten. Er ist 2082 Quadratkilometer groß. Das Gebirge ist maximal 20 Kilometer breit und gliedert sich in drei Abschnitte: Thüringer Wald, Thüringer Schiefergebirge und das nordöstliche bzw. südwestliche Vorland. Der auf dem Gebirgskamm verlaufende Rennsteig ist das Rückgrat des Naturparks und natürliche Wasserscheide. Von ihm führen die Täler meist auf kürzestem Weg direkt ins Gebirgsvorland. Der Thüringer Wald ist eines der größten zusammenhängenden Waldgebiete Deutschlands mit tief eingeschnittenen Tälern und steilen, mit Nadelbäumen bestandenen Hängen. Die höchsten Berge des Thüringer Waldes sind der Große Beerberg (982 m) und der Schneekopf (978 m) in der Gebirgsmitte. Nach Nordwesten hin nimmt die Höhe des Gebirges auf unter 900 Meter ab. Nur mit dem 916 Meter hohen Inselsberg übersteigt es nochmals diese Grenze. Der Thüringer Wald fällt bei Eisenach auf unter 500 Meter ab und ist auch nur noch 10 Kilometer breit, bis er bei Hörschel, dem Anfang des Rennsteigs, zur Werra abfällt. Nach Südosten hin sinkt das Felsmassiv ebenfalls sukzessive ab und erreicht maximal noch 800 Meter.

Naturpark Thüringer Schiefergebirge-Obere Saale

Der Naturpark hat eine Größe von 830 Quadratkilometern. In ihm findet man fünf sehr unterschiedliche Naturräume mit einer großen geologischen und biologischen Vielfalt. Die beiden großen Stauseen Hohenwarte und Bleilochstausee, auch ›Thüringer Meer‹ genannt, gehören ebenfalls zum Naturpark. Wie im Thüringer Wald finden sich auch hier zahlreiche Wander- und Fahrradwege. Der Naturpark Thüringer Schiefergebirge-Obere Saale gehört zu den ›Nationalen Naturlandschaften‹.

Biosphärenreservat Rhön

Die Rhön ist das Land der offenen Fernen. Das Biosphärenreservat verteilt sich auf die Länder Bayern, Hessen und Thüringen und ist insgesamt 243 323 Hektar groß. Davon liegen 48910 Hektar in Thüringen. Bekannt ist sie vor allem durch die in der hessischen Rhön gelegene Wasserkuppe und die Segelfliegerei. In der Thüringischen Rhön gibt es zahlreiche Orte zur deutsch-deutschen Grenzgeschichte.

Biosphärenreservat Vessertal-Thüringer Wald

Das Biosphärenreservat hat eine Fläche von 17 000 Hektar. Das Reservat liegt im Naturpark Thüringer Wald zwischen Suhl, Ilmenau und Schleusingen. Prägend für das Gebiet sind Fichten- und Buchenmischwälder, Hochmoore, Bachtäler sowie kleine Bergwiesen.

Klima und Reisezeit

In Thüringen herrscht gemäßigt kontinentale Klima vor. Es sorgt für kältere Temperaturen im Winter und für wärmeres und trockeneres Wetter im Sommer. Der niederschlagsärmste Monat in Thüringen ist der Februar, während es im August im Mittel am meisten regnet. Im Juli ist es am wärmsten, im Januar am kältesten.

Regenhäufigkeit und Temperatur im Land variieren recht stark, das Klima der Thüringer Mittelgebirge unterscheidet sich wesentlich von dem im Tiefland. Der Regen in Südharz, Rhön, Schiefergebirge und Thüringer Wald ist deutlich häufiger und ergiebiger als in den andere Regionen des Landes. Auch ist es hier windiger und empfindlich kälter, was die Wintersportler freut. In sehr strengen Wintern kann hier teilweise bis in den Mai hinein Schnee liegen – die Rhöner Orte Kaltensundheim, Kaltennordheim oder Kaltenwestheim etwa tragen das Wort ›Kalt‹ nicht ohne Grund in ihrem Namen. Auf der über 900 Meter hoch gelegenen Schmücke im Thüringer Wald fällt im Jahresdurchschnitt mehr als doppelt so viel Niederschlag als im Thüringer Becken, die Temperaturen betragen hier im Januar -4 und im Juli +12,8 Grad Celsius. Thüringer Wald und Schiefergebirge bilden natürliche Wetterbarrieren, an denen sich die Wolken stauen und abregnen. Die wärmsten Regionen Thüringens liegen entlang des Saaletals bei Jena bis hinauf zum Weingebiet Saale-Unstrut sowie im Thüringer Becken entlang der Unstrut bis zur Hohen Schrecke und im Nordosten von Altenburg.

Mit seinem großen Angebot an Sehenswürdigkeiten, Museen, Kultur- und Naturschätzen ist Thüringen ein Ganzjahresziel. Von Frühjahr bis Herbst bietet es Aktivurlaubern hervorragende Bedingungen, im Winter sind in den höheren Lagen vielfältige Möglichkeiten für Wintersportler gegeben.

Geschichte

Das Thüringer Gebiet ist schon sehr lange von Menschen bevölkert. Früheste Funde wie der Homo Erectus Bilzingslebenensis – der Fundplatz Bilzingsleben befindet sich im Norden Thüringen – belegen eine Besiedlung dieser Region bereits vor knapp 370 000 Jahren. In Leubingen im Kreis Sömmerda fanden Archäologen ein fast 4000 Jahre altes, vollständig erhaltenes ›Fürstengrab‹. Auch die Funde mehrerer Gräber in Eulau – in Sachsen-Anhalt, etwas nördlich der heutigen Thüringer Grenze – sind rund 4500 Jahre alt. Für die Zeit etwa ab dem 5 Jahrhundert vor Christus sind auch Kelten und Vertreter germanischer Bandgräber-Kulturen in der Gegend nachgewiesen. Auch die germanische Sitte, hohe Persönlichkeiten gemeinsam mit ihren Pferden zu bestatten, verbreitete sich von Thüringen aus. Sie zeugt von außerordentlichem Reichtum.

Ab dem 1. Jahrhundert n. Chr. siedelten germanische Turonen und Sweben im Westthüringer Raum. Griechische und römische Quellen nennen auch die Hermunduren als hier ansässig. Im Verlaufe des 1. Jahrhunderts wanderten die Warnen mit den Angeln zu und vermischen sich allmählich mit den Hermunduren.

Innerhalb der Elbgermanen besaßen die Hermunduren eine bestimmende Stellung. Sie bildeten einen eigenen Stammesverband und formierten ein mächtiges Reich. Ihr Siedlungsgebiet reichte im 1. Jahrhundert n. Chr. von der Werra zum Erzgebirge, vom Harz bis zur Donau (Nord- u. Südhermunduren). Somit waren sie nur knapp 200 Kilometer von der Grenze des Römischen Reiches an Rhein und Donau entfernt. Archäologische Funde der aus der frühen römischen Kaiserzeit (27 v. Chr.–96 n. Chr.) wie der ›Schatz von Profen‹ in Sachsen-Anhalt belegen intensive Beziehungen zwischen Römern und Hermunduren. Erstmalig erwähnt werden die Hermunduren von dem Griechen Strabo (64 v. Chr.–20 n. Chr). Sie finden später Eingang in den Schriften von Paterculus, Domitius sowie Tacitus (55–120 n. Chr.). Seinem Werk ›Germania‹ zufolge waren sie den Römern treu ergeben. Letztmalig erwähnen römische Geschichtsschreiber die Hermunduren im Zusammenhang mit den Auseinandersetzungen der Römer mit den Markomannen (166–180 n. Chr.), archäologisch nachweisbar sind sie bis ins 4. Jahrhundert. Die Nachbarn der Hermunduren waren neben Alteinheimischen und den Kelten unter anderem Semnonen, Langobarden, Chatten, Markomannen sowie Wandalen.

Der Ursprung des Namens Thüringen

Zum Ursprung den Namens Thüringen gibt es unterschiedliche Thesen. Möglicherweise stammt es von Thoringi, in Ableitung vom germanisch-keltischen Stamm der Turonen. Er kann aber auch vom germanischen Wort turingoz oder turon stammen, was kühn bedeutet, oder dem keltischen Begriff für Volk, Teurier. Teuriochamai, Teurii oder auch Turonen wurden um 50 v. Chr. Bewohner im heutigen Gebiet des Thüringer Waldes genannt. Tacitus (um 58–120 n. Chr.) soll die auf thüringischem Gebiet lebenden Menschen Thoringi genannt haben, weil sie unter anderem den Gott Thor anbeteten. Eine recht neue These geht davon aus, dass der Begriff Thüringen sich von den gotischen Terwingen ableitet, einem Teilstamm der ostgermanischen Goten.

Völkerwanderungszeit, Königreich der Thüringer und der Sachsen

Um 380 n. Chr. taucht der Name ›Thoringi‹ erstmalig in einer Schrift über gute Pferde bei dem Römer Flavius Vegetius Renatus auf. Um 400 kam es zu Überschichtungs- und Verschmelzungsprozessen, also einer Umformung verschiedener Stämme und Gruppen im Thüringer Raum, wohl vornehmlich der Weser- und Elbgermanen. Die im Thüringer Raum lebenden Gruppen wurden von der Völkerwanderung wenig beeinflusst und verblieben in ihren Siedlungsgebieten.

Der gallo-römische Bischof Sidonius Appollinaris erwähnt 450 die Thüringer als Verbündete im Gefolge der Hunnen unter Attila auf den Katalaunischen Feldern. Um 500 existierten mit den Ostgoten, Franken und eben den Thüringern drei große germanische Reiche. Die Nachbarn der Thüringer zu dieser Zeit waren Sachsen, Franken, Alemannen, Bajuwaren, Ostgoten, Slawen und Langobarden.

Der erste bekannte Thüringer König war Bisinius. Zu seiner Zeit, etwa um 500, war das Thüringer Königreich auf dem Höhepunkt seiner Macht. Das Jahr 507 markierte den Beginn eines Bündnisses mit den Ostgoten. Ab 526 vermehrten sich die Angriffe der Franken auf die Thüringer, und im Jahr 531, mit der Niederlage der Thüringer unter ihrem Stammesführer Herminafrid in der Schlacht bei ›Scidingi‹ gegen die Franken und Sachsen, ging das Thüringerreich unter. Thüringen wurde in Folge der Niederlage Teil der ›Francia Orientalis‹, blieb jedoch vergleichsweise selbständig. In der Folgezeit kamen Franken, Sachsen – diese vor allem in Nordthüringen – und ostsaalische Slawen ins Land. Nach der Gründung eines Klosters bei Ohrdruf 725 begann die Missionierung Thüringens, 741/742 erfolgte die Gründung des Bistums Erfurt. Seit Beginn des 9. Jahrhunderts existierte Thüringen als Markherzogtum.

Otto I., historisierende Darstellung (um 1530) von Lucas Cranach d.Ä.

Mit der Spaltung des Fränkischen Reiches durch den Vertrag von Verdun im Jahr 843 wurde das Herzogtum Thüringen Teil des Ostfränkischen Reiches unter Ludwig II. (›dem Deutschen‹).

Der letzte fränkische Herzog von Thüringen fiel 908 in einer Schlacht gegen die Ungarn. Der nach dem Aussterben der Karolinger 919 zum deutschen König gewählte Stammvater der Ottonen, Heinrich I., besiegte das ungarische Heer 933 bei ›Riade‹ an der Unstrut; der genaue Ort der Schlacht ist unbekannt. Heinrichs Sohn Otto I. der Große trug mit dem Sieg in der Schlacht auf dem Lechfeld bei Augsburg 955 zum endgültigen Sieg über die Magyaren bei. Das Gebiet Thüringen stand seitdem unter sächsischer Oberhoheit.

Aufstieg und Herrschaft der Ludowinger

Waren im 8. bis 10. Jahrhundert die Schwarzburger als ältestes edelfreies Geschlecht – sie existierten bereits zu Zeiten von Bonifatius – die bedeutendsten Grafen in Thüringen, so wurden ab 1130 die Ludowinger Herrscher über die neugebildete Landgrafschaft Thüringen und trugen den Titel ›Landgrafen von Thüringen‹. Die Landgrafschaft wurde 1111/12 durch Kaiser Heinrich V. errichtet.

Die Ludowinger wurden im Spätmittelalter zu einem der mächtigsten Adelsgeschlechter des Heiligen Römischen Reiches deutscher Nation. Davon zeugt der Bau bedeutender Burganlagen wie Wartburg, Runneburg, Neuenburg, Creuzburg oder Eckartsburg. Am 17. Februar 1247 starb Heinrich Raspe, der 1246/47 sogar Gegenkönig zu Kaiser Ludwig II. und seinem Sohn Konrad IV. war. Mit dem letzten Ludowinger Landgrafen erlosch das Adelsgeschlecht. Die anschließende Belehnung von Raspes Neffen Heinrich, dem Markgrafen von Meißen, mit der Landgrafschaft wurde durch Raspes Cousine Sophie von Brabant nicht akzeptiert. Es kam zum Thüringisch-Hessischen Erbfolgekrieg (1247–1264). Dieser endete mit Sophies Niederlage, sie verlor alle Ansprüche in Thüringen. Allerdings behauptete sie erfolgreich ihre Ambitionen auf den hessischen Besitz der Ludowinger, das von nun an als Landgrafschaft Hessen eigenständig wurde. Dieses historische Ereignis erklärt auch die Ähnlichkeit der Wappen Thüringens und Hessens. Thüringen ging an Raspes Neffen Heinrich III., den Wettiner Markgrafen von Meißen. 1247 wurde die Landgrafschaft Thüringen mit der 1089 an die Wettiner gelangten Markgrafschaft Meißen vereinigt.

Thüringer und Sachsen

Bereits 1249 sicherten sich die Wettiner im Thüringisch-Hessischen Erbfolgekrieg die Herrschaft über Thüringen. Zu dieser Zeit gab es bei den herrschenden Adligen keine Primogenitur, also das alleinige Erbrecht des älteren Sohnes. Das bedeutete, dass der Fürst Herrschaft, Wertbesitz, Macht und Herrschaftsgebiete unter allen gleichberechtigten männlichen Erben angemessen aufzuteilen hatte. Man bezeichnete diese Prozedur auch mit dem schönen Begriff ›standesgemäße Herrschaftsausstattung‹. Häufige Landesteilungen waren die Konsequenz. Die Fürsten betrachteten das Land unter anderem als ihr Eigentum und weniger als Staat im modernen Sinn. In der Theorie bedeutete dies allerdings (meist) keine Aufspaltung des Landes an sich, sondern lediglich der Herrschaft. Und die Idee hinter Teilungen war eben die Vermeidung von Konflikten unter Erbberechtigten, was oft, aber eben nicht immer gelang. Bereits 1263 kam es daher zu einer ersten Teilung Thüringens, in der Chemnitzer Teilung von 1382 dann zur Teilung in die Landesteile Meißen, Thüringen und Osterland.

1422 starb mit Kurfürst Albert III. von Sachsen-Wittenberg der letzte Askanier. Im Jahr darauf wurde der Wettiner Markgraf Friedrich der Streitbare mit dem Herzogtum Sachsen und der Kurwürde belehnt. Von nun an wurden alle Besitzungen der Wettiner – Kursachsen, die Mark Meißen, Lausitz – als Kursachsen bezeichnet. Bis 1547 übertrug sich dieser Begriff allmählich auch auf die thüringischen Besitztümer des Adelshauses.

Altenburger Teilung und Sächsischer Bruderkrieg

Die Altenburger Teilung 1445 zerstückelte erneut die zwischendurch wiedervereinten Wettiner Gebiete. Die daraufhin folgenden Streitigkeiten zwischen Herzog Wilhelm III., der den thüringischen und fränkischen Teil des Kurfürstentums erhalten hatte, und seinem älteren Bruder Kurfürst Friedrich II. (›dem Sanftmütigen‹) mündeten in den fünfjährigen Sächsischen Bruderkrieg, der erst mit dem Naumburger Frieden von 1451 beendet wurde. Er bestätigte die Landesteilung von 1445.

Da Wilhelm keinen männlichen Nachwuchs hatte, fielen seine Gebiete nach seinem Ableben 1482 an seine Neffen Albrecht und Ernst. Diese regierten nach dem Tod ihres Vaters Friedrich des Sanftmütigen 1464 bereits gemeinsam dessen Besitzungen. Wilhelm war der letzte Wettiner, unter dem die Landgrafschaft Thüringen ein eigenständiges Herrschaftsgebiet war. Mit dem Zurückfallen Thüringens an die wettinische Hauptlinie erstreckte sich das Kurfürstentum als geschlossener Territorialstaat nun von der Werra bis an die Pulsnitz und von Coburg bis kurz vor Potsdam.

Die Leipziger Teilung

Zum Ende des Spätmittelalters war Sachsen neben Habsburg zum mächtigsten Staat im Heiligen Römischen Reich herangewachsen. Die Wettiner zählten zu den angesehensten Reichsfürsten. Ein Streit unter Brüdern veränderte jedoch alles. 1485 teilten die Herzöge Ernst und Albrecht in der ›Leipziger Teilung‹ das Haus Wettin nach langer gemeinsamer Herrschaft in zwei Linien: Die ernestinische erhielt Wittenberg mit der daran gebundenen Kurwürde, Torgau, Gotha, Weimar, Jena, Gräfenhainichen, Coburg und das Vogtland. Die albertinische bekam die Landgrafschaft Thüringen (das nördliche Thüringen), das Leipziger Gebiet und die geographisch davon getrennte Mark Meißen. Einige weitere Territorien verblieben unter Gemeinschaftsverwaltung.

Reformation, Bauernkriege und territoriale Zersplitterung

Thomas Müntzer (1489–1525) hielt 1524 in Allstedt seine ›Fürstenpredigt‹, in der er zum Widerstand gegen die Obrigkeit aufrief. Die aufständischen Bauern beriefen sich unter anderem auf Luther, der sich jedoch von ihnen und ihrer Vorgehensweise distanzierte. Der Bauernkrieg führte im April des Folgejahres zum Aufstand großer Teile der thüringischen Land- und Stadtbevölkerung, Müntzer errichtete eine Art theokratisches Regime. In der Schlacht bei Frankenhausen am 15. Mai 1525 wurde das Bauernheer von fürstlichen Truppen vernichtend geschlagen, die Überlebenden hingerichtet.

Das Wirken Martin Luthers (1483–1546), insbesondere sein Thesenanschlag in Wittenberg am 31. Oktober 1517, wird allgemein als der Beginn der Reformation angesehen. Nach dem Reichstag in Augsburg 1530 kam es zwischen Katholiken und Protestanten schließlich zum offenen Bruch. Kaiser Karl V. lehnte die Augsburgische Konfession, eine vorwiegend von Melanchthon

Höhepunkt der Kleinstaaterei: Thüringen um 1680

(1497–1560) verfasste Schrift, die eine Verständigung zwischen Protestanten und Katholiken zum Ziel hatte, ab und erneuerte mit dem Wormser Edikt die Reichsacht über Luther. Die lutherischen Reichsstände protestierten. Seitdem nennt man sie Protestanten. Am 27. Februar 1531 gründeten die evangelischen Stände daraufhin aufgrund des Ernstes der Lage zu ihrem Schutz den Schmalkaldischen Bund. Treibende Kräfte waren Kurfürst Johann von Sachsen und Landgraf Philipp von Hessen.

Durch Kriege mit Frankreich und den Türken gebunden, zog Kaiser Karl erst 1546 in die Schlacht gegen die Protestanten. Der Krieg verlagerte sich von Süddeutschland zunehmend nach Thüringen und Sachsen. Mit der Niederlage des sächsischen Heeres und der Gefangennahme ihres Kurfürsten Johann Friedrich I, den Großmütigen, Sohn Johannes' von Sachsen, durch die kaiserlichen Truppen unter dem spanischen General Alba in der Schlacht bei Mühlberg an der Elbe am 24. April 1547 war der Schmalkaldische Krieg beendet. Am 19. Mai 1547 unterzeichnete Johann Friedrich die Wittenberger Kapitulation, durch die er nicht nur sämtliche Besitzungen östlich von Weißer Elster und Saale und seine Anteile am erzgebirgischen Bergbau, sondern auch seine Kurwürde an die Sachsen Albertinischer Linie verlor. Nie zuvor war bis dahin in der Geschichte einem Fürsten die Kurwürde entzogen worden. Die Ernestiner waren von nun an nur noch Herzöge. Thüringen blieb allerdings in ihrem Besitz. Und auch an dem Titel ›Sachsen‹ hielten sie wegen des Renommees der Verbindung zur Kurwürde weiterhin fest.

Der Albertiner Moritz von Sachsen war zwar ebenfalls Protestant, stand allerdings im Schmalkaldischen Krieg auf Seiten des Kaisers. Johann Friedrich wurde gefangen genommen und nach seinem Tod 1554 zum protestantischen Märtyrer stilisiert. Dabei halfen die Werke Lukas Cranachs des Jüngeren maßgeblich mit. 2015 feierte man in Thüringen seinen 500. Geburtstag.

Während der Reformation Anfang des 16. Jahrhunderts verschlechterte sich das Verhältnis zwischen Ernestinern und Albertinern. Während die ernestinischen Kurfürsten im Schmalkaldischen Bund gemeinsam mit den hessischen Landgrafen die protestantische Reformationsbewegung maßgeblich unterstützten, stellten sich die Albertiner auf die Seite der katholischen Kaiser. Nach der Niederlage der Protestanten im Schmalkaldischen Krieg 1546 bis 1547 verloren die Ernestiner auf Veranlassung des Kaisers neben der Kurwürde zahlreiche Ländereien an die Albertiner.

Während es im albertinischen Teil der Wettiner bereits 1499 zu einem Teilungsverbot und der Einführung der Primogenitur-Erbfolge kam, um die weitere Zersplitterung des Herrschaftsgebietes zu verhindern, war dies in den ernestinischen Staaten nicht der Fall. Das Erbfolgerecht der meisten deutschen Einzelstaaten schloss zudem Frauen von der Thronfolge aus. Hatte ein Herrscher also mehrere Söhne oder hinterließ keine erbberechtigten männlichen Nachkommen, wurde sein Land aufgeteilt. Und so glich Thüringen bald einem Flickenteppich, aus dem es heute allerdings seinen kulturellen Reichtum schöpft. Allein in den sächsisch-ernestinischen Landen fanden zwischen 1537 und 1827 vier Haupt- und neun Nebenteilungen statt. 1660 erfolgte die Hauptteilung der Länder ernestinischer Linie. Die Zersplitterung erreichte 1680/81 ihren historischen Höhepunkt. Zu diesem Zeitpunkt bestanden auf dem Gebiet des heutigen Thüringen neben albertinischen, kurmainzischen und anderen kleinen Fürstentümern zehn ernestinische Herzogtümer, vier schwarzburgische Grafschaften und zehn reußische Herrschaftsgebiete. Insgesamt gab es auf dem Gebiet des heutigen Thüringens allein elf Ernestinische Residenzen: Weimar, Gotha, Altenburg, Hildburghausen, Glücksburg in Römhild, Christianburg in Eisenberg, Marksuhl, Saalfeld, Coburg, Meiningen und Jena. Der Tod Ernst I. des Frommen von Sachsen-Gotha-Altenburg, der selbst erst 1640 durch Teilung in den Besitz des für ihn neugeschaffenen Herzogtums Sachsen-Gotha gekommen war und durch das Aussterben der Altenburger Linie 1672 zu Altenburg kam, führte 1680/81 zur Gothaer Sieben-Brüder-Teilung unter seinen sieben verbliebenen Söhnen. Gegen Ende des 17. Jahrhunderts waren die thüringischen Herzogtümer durch die Teilungen am Rande ihrer politischen und ökonomischen Existenz. Erst dieser Beinahe-Ruin führte zur allmählichen Einführung der Primogenitur.

Das 19. Jahrhundert

Das Heilige Römische Reich Deutscher Nation hörte 1806, mit der Niederlegung der Kaiserkrone durch Franz II., auf zu existieren. Nach der Niederlage Napoleons in der Völkerschlacht bei Leipzig im Oktober 1813 verließen die zu diesem Zeitpunkt existierenden zwölf thüringischen Staaten sofort den Rheinbund und traten der Anti-Napoleon-Koalition beigetreten. Mit dem Sieg über Frankreich gehörten sie somit formal zu den Siegermächten.

Nach dem Ende der napoleonischen Kriege verlor Sachsen als Verbündeter der Franzosen im Zuge des Wiener Kongresses von 1815 etwa 20 000 seiner 35 000 Quadratkilometer, also 57 Prozent seines Territoriums. Zudem verlor es 800 000 seiner zwei Millionen Einwohner. Es musste alle thüringischen Gebiete abtreten, die es 1485 in der Leipziger Teilung erhalten hatte, sowie Suhl und Schleusingen. Zudem verlor Sachsen die östliche Oberlausitz, die Niederlausitz, die Gebiete um Wittenberg, Torgau, Merseburgs sowie Naumburg und Nordthüringen. Von da an war Sachsen das kleinste Königreich in Deutschland. Aus den nordthüringischen Territorien entstand der Regierungsbezirk Erfurt in der neuen Preußischen Provinz Sachsen. Der Versuch Preußens, Leipzig zu bekommen, misslang. Preußen wurde aber offiziell Rechtsnachfolger von Kursachsen. Im Zuge der Wiener Verträge kam es in Thüringen zu weiteren territorialen Veränderungen: Sachsen-Weimar-Eisenach wurde im August 1815 vom Herzogtum zum Großherzogtum erhoben und verdoppelte sich nahezu in Fläche und Einwohnerzahl.

Im Jahr 1826 kam es zur letzten großen Neuordnung der ernestinischen Herzogtümer Sachsen-Hildburghausen, Sachsen-Coburg-Saalfeld, Sachsen-Gotha-Altenburg und Sachsen-Meiningen. Nach dem Tod des letzten Herzogs von Sachsen-Gotha-Altenburg, Friedrich IV., am 11. Februar 1825 wurde das Herzogtum im Folgejahr aufgelöst und die Güter unter den verbliebenen drei Fürsten auf die territorial neu gegliederten Herzogtümer Sachsen-Coburg und Gotha, Sachsen-Altenburg und Sachsen-Meiningen aufgeteilt. Coburg und Gotha blieben territorial und verfassungsrechtlich voneinander getrennt und wurden daher als Doppelherzogtum oder Realunion bezeichnet. Sie hatten lediglich Monarch, Außenpolitik und einige Institutionen gemeinsam.

Auch in den Reußischen Fürstentümern (Reuß-Ebersdorf, Reuß-Greiz, Reuß-Lobenstein und Reuß-Schleiz) fand, vorwiegend durch Aussterben der Adelsgeschlechter, eine Verkleinerung der Zahl an Staaten statt. Nach dem Tod des letzten derer von Reuß-Lobenstein 1824 wurde das Gebiet in Reuß-Ebers-

Ernst I., Herzog von Sachsen-Coburg-Saalfeld, Bildnis (1818) von George Dawe

dorf eingegliedert und zum Fürstentum Reuß-Lobenstein und Ebersdorf vereinigt. Mit der Abdankung des regierenden Fürsten zugunsten der Linie Reuß-Schleiz 1848 gingen das Fürstentum Reuß-Lobenstein und Ebersdorf sowie das bisher gemeinsam verwaltete Kondominat Fürstentum Gera im neu geschaffenen Fürstentum Reuß jüngere Linie auf.

Gemeinsam mit Schwarzburg-Rudolstadt und Schwarzburg-Sondershausen bildete das Gebiet Thüringens allerdings weiterhin einen Flickenteppich aus Kleinstaaten, die oft kein zusammenhängendes Territorium hatten, und Exklaven anderer Staaten. Nur die Provinz Sachsen im Norden Thüringens besaß ein relativ homogenes Staatsgebiet.

Durch die ständigen Teilungen, das Aussterben und die Neuzusammenführung von Linien sowie andere politische Ereignisse waren die Adligen auf dem Gebiet Thüringens immer wieder gezwungen, neue Hauptstädte zu finden oder alte aufzugeben. Daher hat Thüringen eine sonst wohl kaum anderswo zu findende Dichte an früheren Residenz- und Hauptstädten. Bis 1918 existierten insgesamt 24 territoriale Staaten auf dem Gebiet des späteren Thüringen.

Von der Revolution bis zum Ende der Monarchie

Seit dem frühen 19. Jahrhundert forderten nationale und liberale Kräfte immer stärker die politische Einheit Deutschlands. Uneins war man sich, ob Österreich einem vereinten Deutschland angehören solle oder nicht. Der sich zuspitzende Konflikt zwischen Preußen und Österreich mündete 1866 in einen Krieg zwi-

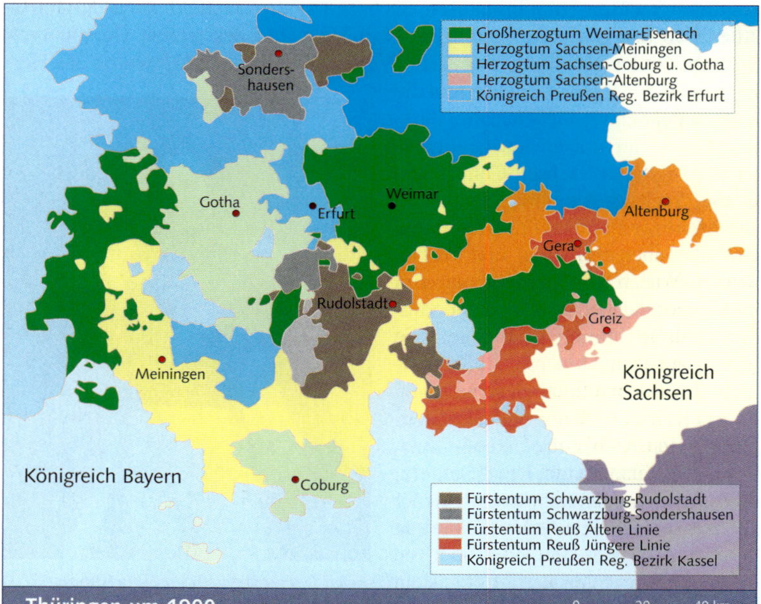

Thüringen um 1900

schen diesen beiden Staaten. Dabei schlugen sich die thüringischen Fürstentümer auf unterschiedliche Seiten. Während etwa Reuß jüngerer Linie Preußen unterstütze, schlug sich Reuß älterer Linie auf die Seite Österreichs. 1867, nach dem Sieg Preußens, traten alle Thüringer Kleinstaaten dem Norddeutschen Bund bei, manche freiwillig, manche gezwungenermaßen, so etwa Reuß älterer Linie und Meiningen, die 1866 auf Seiten Österreichs gestanden hatten.

In Folge der Revolution von 1848/49 kam es in allen thüringischen Staaten zur Einführung des allgemeinen Wahlrechts und zur Schaffung demokratisch legitimierter Volksvertretungen. Die Thüringer Regenten gehören zu den ersten deutschen Bundesfürsten, die ihre Verfassung reformierten und vom Ständestaat zum Konstitutionalismus wechselten.

Die Thüringischen Kleinstaaten wurden 1871 Bundesstaaten des neugegründeten Deutschen Reiches, nach außen hin von nun ohne außenpolitische Hoheit, nach innen aber weiterhin weitestgehend souverän. So gab es einen eigenen Landtag mit eigener Verfassung, und Polizei, Justiz, Kultur, Bildung, Steuern und Kirchenaufsicht waren weiterhin Angelegenheit der einzelnen Länder.

Zum Ende der Monarchie 1918 existieren auf Thüringer Gebiet weiterhin mehrere Herrschaften. Zu den sächsisch-ernestinischen Fürstentümer zählten Großherzogtum Sachsen-Weimar-Eisenach, Herzogtum Sachsen-Meiningen, Herzogtum Sachsen-Altenburg und Herzogtum Sachsen-Coburg und Gotha, die Schwarzburgischen Fürstentümer umfassten Schwarzburg-Rudolstadt und Schwarzburg-Sondershauen. Des Weiteren gab es die Reußischen Fürstentümer Reuß ältere Linie (Greiz) sowie Reuß jüngere Linie (Gera). Die übrigen Gebiete des heutigen Thüringer Territoriums gehörten vor allem zu Preußen. Hinzu kamen noch vereinzelte im Thüringischen liegende Exklaven anderer Staaten wie etwa das zu Sachsen gehörende Taubenpreskeln.

Weimarer Republik und NS-Herrschaft

Mit der Revolution von 1918 dankten auch alle Thüringer Fürsten ab, in den Kleinstaaten kam es zur Gründung von Republiken. Die Historiker sind sich nicht einig, ab wann für das Gebiet der Name Thüringen wieder verwendet wurde. Manche sagen, dass er bis zum Ende des Ersten Weltkrieges gar nicht verwendet wurde. Wahrscheinlicher allerdings ist, das Thüringen als geographischer Begriff schon länger verbreitet war. Die Landgrafschaft Thüringen war zudem mit den zahlreichen Sagen sehr im Volksgeist präsent. Für den weder staatlich noch geographisch klar umfassten Raum zwischen Harz, Werra, Thüringer Wald und Pleiße wurde häufiger auch das Attribut thüringisch benutzt.

Am 1. Mai 1920 wurde das Land Thüringen gegründet. Die sieben Gründungsländer Sachsen-Weimar-Eisenach, Sachsen-Meiningen, Sachsen-Altenburg, Sachsen-Gotha (inzwischen ohne Coburg), die inzwischen in Personalunion vereinten Reuß, Schwarzburg-Rudolstadt und Schwarzburg-Sondershausen sind noch heute als Sterne im Landeswappen verewigt; der achte Stern für den preußischen Regierungsbezirk Erfurt kam später hinzu. Sachsen-Coburg hingegen entschloss sich für ein Zusammengehen mit Bayern. Hauptstadt des neuen Landes Thüringen wurde Weimar. Hier wurde auch die neue Verfassung für die junge Republik erarbeitet und verabschiedet: Wegen der politischen Unruhen in Berlin begab sich die verfassungsgebende Nationalversammlung Anfang 1919 nach Weimar. Daher wird die erste deutsche Demokratie als Weimarer Republik bezeichnet.

Dieser junge Staat kam nie wirklich zur Ruhe, und auch Thüringen war von politischer und sozialer Zerrissenheit und krisenhaften Zuspitzungen geprägt. So wechselten die Landesregierungen häufig. Ab Januar 1930 amtierte mit der Baum-Frick-Regierung die erste Landesregierung der Weimarer Republik, an der die NSDAP beteiligt war. Die NSDAP gewann auch 1932 die Landtagswahlen. Dies mag im weiteren Verlauf eine gewisse Sonderrolle des Landes im Dritten Reich erklären. Am 30. Januar 1934 wurde die Staatlichkeit Thüringens durch ein Reichsgesetz der Nationalsozialisten bereits wieder aufgehoben.

Eine der architektonisch markantesten Hinterlassenschaften der Nationalsozialisten ist das Gauforum in Weimar. Durch die frühe Machtergreifung und den bereits 1936 beginnenden Bau wurde das Gauforum als einziges Architekturensemble seiner Art überhaupt fertiggestellt und stellt somit das ›in dieser Art einzige realisierte städtebauliche Dokument des Nationalsozialismus‹ dar. Während der nationalsozialistischen Herrschaft wurden in Thüringen drei Konzentrationslager errichtet. Das erste Lager war in Nohra bei Weimar, es folgte Bad Sulza. Nach der Schließung beider KZs wurde 1937 das Konzentrationslager Buchenwald bei Weimar eröffnet. Die größte Gruppe der Inhaftierten bildeten politische Gefangene. Später kamen Kriegsgefangene und Zwangsarbeiter aus besetzten Staaten hinzu. Der Kontrast zwischen dem Grauen im KZ und der unmittelbar benachbarten Hochkultur von Weimar könnte nicht höher sein.

Verglichen mit anderen deutschen Regionen, überstand Thüringen den Zweiten Weltkrieg recht glimpflich. Am schwersten traf es Nordhausen, das im April 1945 bei zwei Luftangriffen zu drei Vierteln zerstört wurde.

Die DDR-Zeit

Im Frühjahr 1945 wurde Thüringen durch amerikanische Truppen befreit. Nach wenigen Wochen zogen sie sich innerhalb von nur sechs Tagen aus der Region zurück und machten, wie auf der Konferenz von Jalta vereinbart, sowjetischen Truppen Platz. 1945 kamen die preußischen Gebiete um Erfurt, Suhl und Schmalkalden zu Thüringen. Das traditionsreiche und für die Thüringer Geschichte bedeutende Unstrut-Gebiet hingegen wurde Sachsen-Anhalt zugeschlagen.

Am 23. Mai 1949 wurde die Bundesrepublik gegründet. Am 7. Oktober des gleichen Jahres wurden Thüringen sowie alle anderen Gebiete der Sowjetischen Besatzungszone Bestandteil der neugegründeten DDR.

Mit Beginn des Kalten Krieges lag Thüringen als westlichster Außenposten des kommunistischen Warschauer Paktes plötzlich mittendrin und in der ›ersten Reihe‹ am Eisernen Vorhang. Zugleich erfolgten der Aufbau ›antifaschistischer und sozialistischer‹ Strukturen im ›Arbeiter-und Bauernstaat‹ und eine tiefgreifende Umgestaltung der Gesellschaft. Bereits 1952 wurden die Länder in der DDR wieder aufgelöst und durch 15 Bezirke ersetzt. Es entstanden in Thüringen die Bezirke Erfurt, Suhl und Gera. Suhl war nach Berlin der flächenmäßig kleinste und der bevölkerungsärmste Bezirk der DDR. Auch der Bezirk Gera war

Die deutsch-deutsche Grenze bei Mödlareuth vom Westen aus gesehen (1980er Jahre)

verhältnismäßig klein, hatte jedoch eine hohe Bevölkerungs- und Industriedichte. Das Altenburger Land mit den Städten Altenburg und Schmölln wurden Teil des Bezirks Leipzig, ein Teil des Kyffhäusergebietes kam zum Bezirk Halle. Die bis dahin recht kleinteilige Wirtschaft Thüringens wurde in der Planwirtschaft verstaatlicht und zu großen Kombinaten zusammengeschlossen. So entstand in Ostthüringen etwa mit der Wismut ein riesiges Bergbauunternehmen.

1961 wurde die Mauer gebaut. Das Verhältnis von DDR und BRD war von verschiedenen Phasen zwischen Abschottung und Annäherung geprägt. Erfurt rückte in den Mittelpunkt der westdeutschen sozialliberalen Ostpolitik, als Willy Brandt als erster westdeutscher Regierungschef 1970 die DDR besuchte und in Erfurt von der Menschenmenge bejubelt wurde. Die DDR entwickelte sich zum Musterland im Ostblock. Allerdings führten die Errungenschaften nicht zwangsläufig zu mehr Zufriedenheit und Loyalität der Bevölkerung gegenüber der SED – die Diskrepanz zur BRD war zu deutlich. Stagnation, mangelnde individuelle Freiheiten, Umweltprobleme und vor allem die Reformansätze in der Sowjetunion mündeten schließlich auch in der DDR 1989 zur Friedlichen Revolution und dem Ende des ›Ersten Arbeiter- und Bauernstaates auf deutschem Boden‹.

Die Wendezeit

Im Herbst 1989 kam es in der DDR zur ›Friedlichen Revolution‹, auch in Thüringen gingen die Menschen auf die Straßen. Die Überwindung des Zentralismus in der DDR war dabei eine zentrale Forderung. Schnell flammte auch das thüringische Landesbewusstsein wieder auf. Und noch bevor man überhaupt an die deutsche Wiedervereinigung denken konnte, wurde die Forderung nach Wiederherstellung der Länder formuliert. Thüringen sollte als politische, geographische und historische Einheit wieder auferstehen. Dabei nahmen die Diskussionen und Vorschläge in der Phase der Wiedereinführung der Länderstrukturen teilweise wirre Züge an. In den 1952 vom Land abgetrennten Gebieten Frankenhausen, Schmölln und Altenburg entstanden Bürgerinitiativen zur Wiedereingliederung nach Thüringen beziehungsweise zum Anschluss an andere Bundesländer. Im Kreis Lobenstein gab es Bestrebungen, sich Kronach (Oberfranken) anzuschließen. Im thüringischen Obereichsfeld strebte man seit Januar 1989 nach einem Zusammenschluss aller Städte und Dörfer der Kreise Heiligenstadt, Worbis und Mühlhausen. Unabhängig von den Entwicklungen in der DDR wollte man sich mit dem niedersächsischen Untereichsfeld in Niedersachsen vereinigen.

Die Ereignisse im Altenburger Land im Juli 1990 sind wohl das prominenteste Beispiel für die Konflikte im Abstimmungsprozess über die Landeszugehörigkeit. Denn obwohl sich die Einwohner des ehemals zum Bezirk Leipzig gehörenden Kreises Altenburg bei einer konsultativen Bürgerbefragung im Juli 1990 mit knapper Mehrheit für Sachsen aussprachen, entschied sich der Kreistag für ein Zusammengehen mit Thüringen.

Am 18. März 1990 wurde in den ersten freien Wahlen in der 40-jährigen Geschichte der DDR die Volkskammer gewählt. Am 18. Mai 1990 beschlossen die Regierungen beider Staaten eine Währungs-, Wirtschafts- und Sozialunion, und in nur acht Wochen wurde der fast tausendseitige ›Vertrag über die Herstellung der Einheit Deutschlands‹ verhandelt und am 31. August 1990 in Berlin unterzeichnet. Am 3. Oktober trat die DDR der Bundesrepublik bei. Dadurch wurden auf dem Gebiet der DDR die fünf Bundesländer gebildet und Berlin mit Landesbefugnissen ausgestattet. Die endgültige Festlegung des Thüringer Territoriums wurde jedoch erst am 11. Oktober mit der vertraglichen Eingliederung der Kreise Altenburg, Schmölln und Artern besiegelt. Nach den Wahlen am 14. Oktober war nun die Landesregierung für die übrige Ausgestaltung des Thüringer Landes verantwortlich.

Am Wochenende vom 30. Juni auf den 1. Juli 1990 zog mit Einführung der D-Mark über Nacht der Kapitalismus in Ostdeutschland ein. Den DDR-Bürgern gab man bis zum 6. Juli Zeit, ihre Mark in D-Mark umzutauschen. Nach diesem Stichtag waren die Scheine wertlos. Die ostdeutsche Wirtschaft befand in einer sehr schwierigen Ausgangslage. Viele Produkte, die in der DDR produziert wurden, wurden Anfang der Neunziger in Fernost inzwischen billiger hergestellt. Hinzu kamen ein oft veralteter Maschinenpark und mitunter übergroße Belegschaften. Diese forderten nun Löhne auf Westniveau, wodurch die Betriebe auf einmal das Fünffache an Personalkosten hatten. Die wichtigsten langjährigen Wirtschaftspartner, die Länder des RGW (Rat für gegenseitige Wirtschaftshilfe), fielen schnell weg, da sich auch hier tiefgreifende Umwälzungen vollzogen, in deren Ergebnis sich der RGW schließlich 1991 auflöste. Zudem bevorzugten die Ostdeutschen unmittelbar nach der Wende Produkte aus dem Westen. All diese Faktoren führten zu erheblichen wirtschaftlichen Problemen und, damit verbunden, einer rasch ansteigenden Massenarbeitslosigkeit (→ S. 42).

Im Vergleich zur wirtschaftlichen Situation entwickelte sich die Infrastruktur hervorragend, das Land wird heute von einem Netz modernster Straßen und Schienenwege durchzogen. Vor allem an den umfassend herausgeputzten Städten mit ihrer großen Zahl an historischen Gebäuden ist der Aufschwung sichtbar. Für den für Thüringen enorm wichtigen Tourismus ist das ebenso bedeutend wie die Ernennung der Wartburg und Stätten in Weimar zum UNESCO-Weltkulturerbe.

Staat und Gesellschaft

Der Staatsaufbau Thüringens basiert auf der Verfassung des Freistaats Thüringen von 1993. Die Bevölkerung des Landes, besonders abseits der großen Städte, galt als eher konservativ. Die CDU dominierte von 1990 bis 2014 die Politik und stellte in dieser Zeit auch durchgehend den Ministerpräsidenten. Dass nach der Landtagswahl vom September 2014 die erste rot-rot-grüne Koalition auf Landesebene gebildet und mit Bodo Ramelow erstmals ein Politiker der Linken zum Ministerpräsidenten gewählt wurde, fand bundesweit große Aufmerksamkeit.

Seit der Gründung des Landes Thüringen hat es immer wieder Änderungen in der Verwaltungsgliederung gegeben. Heute unterteilt sich das Land in sechs kreisfreie Städte und 17 Landkreise. Die letzte territoriale Neugliederung stammt von 1994, Eisenach wurde 1998 kreisfrei. Prägend für die Siedlungsstruktur sind kleine und mittlere Städte: Erfurt hat rund 211 000 Einwohner, Jena etwa 106 000, alle anderen Städte sind kleiner. Die sechs größten Städte des Landes – von West nach Ost: Eisenach, Gotha, Erfurt, Weimar, Jena und Gera – liegen an einer etwa 130 Kilometer langen gedachten Linie, die als Thüringer Städtekette bezeichnet wird.

Bevölkerung

Die Thüringer sind sehr heimatverbunden. Bräuche, Traditionen, regionale Küche und Dialekte sind stark ausgeprägt und werden intensiv gepflegt.

Was Thüringen genau ausmacht oder was Thüringen ist, ist schwer zu erfassen. Eine gemeinsame thüringische Kultur, Geographie, Identität, Geschichte hat es im engeren Sinn lange nicht gegeben. Vielmehr fanden aufgrund der enormen Kleinstaaterei und Abwesenheit eines zusammenhängenden politischen Raums viele parallele Entwicklungen statt. Und selbst Experten und Thüringer kommen bei der Frage ins Straucheln, was Thüringen genau ist und ausmacht. Gab es etwas Übergeordnetes, Verbindendes oder nur den gemeinsamen geographischen Raum? Ging es vor gar nicht allzu langer Zeit – und oft noch heute – doch um sich selbst und ›die da‹ im nächsten Dorf oder Tal. Dörfer, die nur wenige Kilometer auseinander waren, trennten früher Welten, gehörten sie doch zu unterschiedlichen Herrschaftsbereichen. Und niemandem in dem einen Dorf fiel es ein, einen ›von denen‹ zu heiraten. Bei der Einigung Thüringens war mit Sicherheit auch viel Ideologie, Politik und künstliche Propaganda im Spiel.

1950 lebten 2,93 Millionen Menschen in Thüringen, 2018 waren es noch 2,14 Millionen. Somit ist die Bevölkerung, bis auf einen kontinuierlichen Anstieg in den 1960er Jahren und einigen wenigen anderen ›Ausreißerjahren‹, seit über 60 Jahren immer gesunken. Wurden 1955 noch 47 940 Lebendgeborene registriert, brach die Zahl nach 1989 (31 600) und 1990 (28 780) auf 17 479 im Jahr 1991 ein und erreichte 1994 mit 12 721 Geburten einen absoluten Tiefststand. Seitdem legen die Zahlen wieder leicht zu, 2014 wurden 17 887 Geburten registriert. Der Saldo zwischen Geborenen und Gestorbenen liegt seit 1991 (-14 495) im zweistelligen negativen Bereich und ist erst seit 1999 wieder einstellig, allerdings auf hohem Niveau, bei etwa minus 9000.

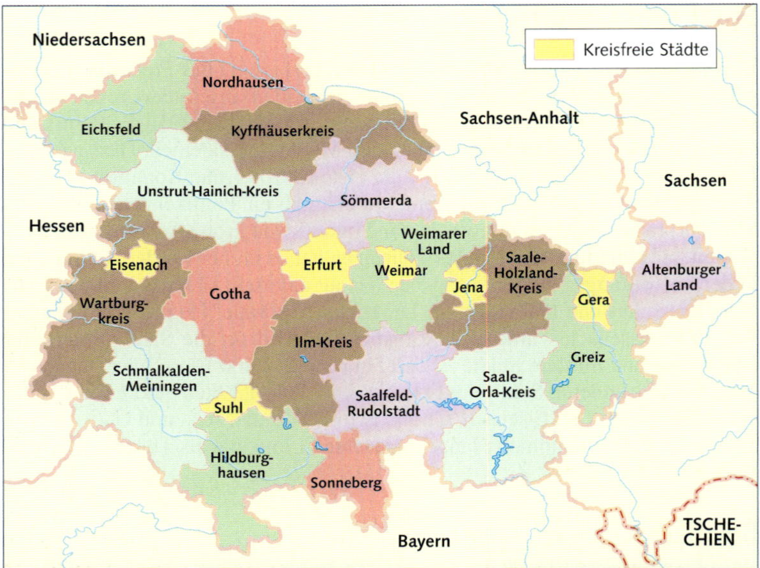

Derzeitige Verwaltungsgliederung

Hinzu kommt eine massive Abwanderung, allein zwischen 1989 und 1991 verließen rund 130 000 Personen mehr das Land, als zuwanderten. 2013 wurde zum ersten Mal seit 1997 wieder ein kleines positives Wanderungssaldo vermerkt. Die Zukunftsprognosen gehen allerdings von einer weiter abnehmenden Bevölkerungszahl für Thüringen aus. Vor allem junge Leute und Menschen im arbeitsfähigen Alter bis 50 Jahre verließen das Land. Profitiert haben davon vor allem die angrenzenden alten Bundesländer, aber beispielsweise auch Nordrhein-Westfalen. Seit mehreren Jahren findet aber auch eine vermehrte Abwanderung nach Ostdeutschland statt, besonders nach Sachsen.

Der Anteil der Thüringer mit ausländischem Pass liegt nach dem Zensus 2013 bei 1,5 Prozent. Das ist deutlich niedriger als der Bundesdurchschnitt, der bei rund 12 Prozent (2016) liegt.

Wirtschaft

Seit der Wende hat die Wirtschaft Thüringens große Umbrüche und bemerkenswerte Entwicklungen erlebt. Die Unterschiede vor allem in Sachen Arbeitsproduktivität und Wirtschaftsleistung sowie Vermögen zwischen Ost- und Westdeutschland sind allerdings nach wie vor prägnant. Der Euphorie der Wende folgte bald Ernüchterung und Depression aufgrund von Deindustrialisierung und hoher Arbeitslosigkeit. Anlässlich des 25. Jahrestages der Wiedervereinigung hat die Bundesregierung im September 2015 sogar verlauten lassen, dass die neuen Bundesländer die alten nicht mehr einholen werden. Gründe dafür sind im Wesentlichen das geringere Exportniveau, die schwächer ausgeprägte Internationalisierung, das niedrigere Niveau an Innovation, eine grundlegende Strukturschwäche sowie die Kleinteiligkeit der Wirtschaft. Die traditionelle Kleinteiligkeit Thüringens spiegelt sich auch in seiner Wirtschaftsstruktur wider. Die Großbetriebe aus DDR-Zeiten, die mehr Mitarbeiter hatten, als die Orte, in denen sie standen, Einwohner, sind verschwunden oder stark geschrumpft. Zu DDR-Zeiten arbeiteten beispielsweise im VEB Kombinat Carl Zeiss Jena an 25 Standorten etwa 70 000 Mitarbeiter, davon 54 000 in Thüringen. Gemeinsam mit dem Kombinat Mikroelektronik mit 56 000 Arbeitern (beide Stand 1990) waren sie die größten Arbeitgeber Thüringens.

Nach wie vor oder erneut dominieren vorwiegend mittel- und kleinständige Unternehmen. Dies hat historische Wurzeln. Handwerkliche Einzelbetriebe, Manufakturen und vor allem Heimarbeit im Verlagssystem waren nicht nur auf den Thüringer Wald beschränkt, finden sich allerdings heute vorwiegend noch dort, so etwa in der Spielzeug-, Porzellan-, Weihnachtsschmuck-, Glas- und Uhrenherstellung als auch in der heimischen Produktion. Auch spezialisierte Kleineisen-, Messer- oder die Waffenfabrikation um Suhl werden von Kleinst- und Familienbetrieben geführt.

Die mit der Wiedervereinigung verbundenen tiefgreifenden politischen, wirtschaftlichen und sozialen Veränderungen führten in verschiedenen Branchen zu hoher Arbeitslosigkeit. Zwischen 1989 und 1995 gingen zwei Drittel der alten Arbeitsplätze in Thüringen verloren. Einige Branchen wie der wissenschaftliche Gerätebau, die Mikroelektronik und die Medizintechnik konnten inzwischen wieder Zuwächse erzielen. Thüringens Wirtschaftsleistung liegt mit einem Bruttoinlandsprodukt (2018) von etwa 64 Milliarden Euro im Vergleich aller Bundesländer ziemlich weit hinten. Thüringens Anteil an der gesamten deutschen Wirtschaftsleistung beträgt gerade einmal 1,9 Prozent. Je Erwerbstätigen betrug

Filigrane Kunstwerke aus Porzellan

Eine ›Simson S 350‹ im Fahrzeugmuseum Suhl

das BIP 54 500 Euro. Die Wirtschafts- und Arbeitsplatzsituation ist auch am Immobilienmarkt ablesbar. Während man in Jena, Erfurt oder Weimar kaum noch Wohnraum findet, stehen landesweit immer mehr Wohnungen leer.

Bei den 100 größten Unternehmen Thüringens arbeiten insgesamt rund 98 000 Beschäftigte. 43 Prozent der Beschäftigten der 100 größten Unternehmen sind in der Industrie tätig. Innerhalb dieser Gruppe gibt es zwei Hauptindustriezweige: Jeweils ein Viertel der Industriearbeiter arbeitet im Fahrzeug- oder Fahrzeugteilebau oder in der optischen und Elektroindustrie. In der Arbeitslosenstatistik liegt Thüringen auf Platz Eins der ostdeutschen Bundesländer. Dies hängt sicherlich auch mit seiner zentralen Lage und den vielen Pendlern zusammen. Die Arbeitslosenquote ist zudem niedriger als etwa in Berlin, im Saarland oder in Nordrhein-Westfalen.

Wie in vielen deutschen Staaten setzte die Industrialisierung auch in Thüringen erst im späten 19. Jahrhundert ein. Doch bereits in den 1920er Jahren bildete Thüringen mit Sachsen, der preußischen Provinz sowie einigen Grenzregionen zu Bayern noch vor dem Ruhrgebiet das größte zusammenhängende Industriegebiet Deutschlands.

Nikolaus Dreyse entwickelte ab 1827 in Sömmerda das Zündnadelgewehr und legte damit den Grundstein für die Produktion von Munition vor Ort. Aus dieser entstand ab 1919 die Fabrik für Schreib- und Büromaschinen, später wurde unter dem Dach des Robotron-Kombinates und nach der Wende für Siemens und Fujitsu Computertechnik hergestellt. Das ehemalige Büromaschinenwerk Sömmerda zählte zu den Großbetrieben, die zu DDR-Zeiten die Wirtschaftsstruktur Thüringens prägten. So gab es mehr als 20 Kombinate mit Tausenden von Mitarbeitern an verschiedenen Standorten wie etwa VEB Feinkeramik (Stammwerk Kahla), VEB IFA-Kombinat für Zweiradfahrzeuge (Suhl), VEB Kombinat Spielwaren Sonneberg oder das Werkzeugkombinat Schmalkalden.

Unterwellenborn bei Saalfeld war der Standort eines großen Stahl- und Walzwerkes. Die Maxhütte wurde in der zweiten Hälfte des 19. Jahrhunderts errichtet und hatte zu Spitzenzeiten über 7000 Beschäftigte. Unter anderem wurde hier auch die Eisenbahnschiene S 49 für die Deutsche Reichsbahn hergestellt. Die Tradition als Stahlstandort wird heute von der Stahlwerk Thüringen GmbH fortgeführt, einem Elektrostahlwerk mit etwa 650 Mitarbeitern.

Simson

Simson ist als Hersteller von Kleinkrafträdern in der DDR bekannt. Mopeds mit Namen wie Schwalbe, Star, Sperber, Habicht und S 50 wurden nach Osteuropa, aber auch in den Vorderen Orient und nach Afrika exportiert. Neben Kleinkrafträdern produzierte Simson auch Jagdwaffen. Gegründet wurde das Unternehmen 1856 in Suhl von den Herren Löb und Moses. Mit insgesamt knapp sechs Millionen hergestellten Krafträdern ist Simson bis heute der größte Zweiradhersteller Deutschlands. Mit der Wende brach über Nacht der Exportmarkt weg, auch die Inlandsnachfrage ging stark zurück. Die meisten der 4000 Mitarbeiter wurden entlassen, die Produktion verringerte sich von zuvor 200 000 auf nur noch 5000 Kleinkrafträder im Jahr 1991. Schließlich wurde die Produktion zum 31. Dezember 1991 eingestellt. Heute sind vor allem die Schwalbe und die anderen Räder der Vogelserie wieder Kult.

Automobilwerk Eisenach

Im Dezember 1896 gründeten Heinrich Ehrhardt, sein Sohn Gustav und weitere Vertreter eines Bankenkonsortiums die Aktiengesellschaft Fahrzeugfabrik Eisenach (FFE). 1898 begann die Produktion des ersten Wartburg-Motorwagens. Das Fahrzeugwerk Eisenach war das vierte Unternehmen mit einer Automobilproduktion in Deutschland. 1928 ging die Fahrzeugfabrik Eisenach (›Dixiwerke‹)

Einblick ins Automobilmuseum auf dem Gelände des alten Automobilwerks Eisenach

in das Eigentum der Bayerische Motoren Werke AG über, die damit in die Automobilproduktion einstiegen. Am Ende des Zweiten Weltkriegs war das Werk zu 60 Prozent zerstört. Einer Demontage und dem Abtransport des Werkes in die Sowjetunion konnte man entgehen. Man begann mit der Produktion neuer Auto- (BMW 340) und Motorradmodelle (EMW R 35). 1955 erblickte der erste Wartburg das Licht der Welt, der Typ 311. In den Folgejahren wurden insgesamt etwa 16 700 000 Fahrzeuge aller Wartburgtypen und rund 39 000 IFA F 9 hergestellt. Am 10. April 1991 rollte der letzte Wartburg 1.3 vom Band, 4500 Mitarbeiter wurden in Kurzarbeit-Null entlassen.

Nachdem man den ehemaligen Besitzer BMW und alle anderen deutschen Fahrzeughersteller angeschrieben hatte, interessierte sich nur Opel für das Automobilwerk. Diese setzen bis heute die Eisenacher Tradition der Fahrzeugproduktion fort.

Bergbau

Der Bergbau hat in Thüringen eine lange Tradition. Bereits Tacitus beschrieb Salzschlacht zwischen den Chatten und Hermunduren, im Jahr 58 n. Chr. stattgefunden hatte. Allein die bisher erfassten rund 5000 Altbergbauobjekte künden von jahrhundertelanger Gewinnung von Salzen, Erzen, Spat, Erdöl und Erdgas sowie Material für die Bauindustrie. In Lehesten entstand ab 1300 einer der größten Schieferbrüche Europas, im Trusetal oder in Ilmenau wurde 1000 Jahre lang Bergbau betrieben. Die Struktur des Thüringer Bergbaus war aufgrund der politischen Kleinstaaterei ebenfalls kleinteilig. Mit der zunehmenden Industrialisierung ab Mitte des 19. Jahrhunderts setzte der Abbau von Mineralien in großem Umfang ein. Pöthen I in der Kaligrube Volkenroda-Pöthen ist mit einer Teufe von 1050 Metern der tiefste Schacht Thüringens.

Wismut

Nach dem Zweiten Weltkrieg begann 1954 die SDAG Wismut (sowjetisch-deutsche Aktiengesellschaft) auch in Thüringen, östlich von Gera, mit der Gewinnung von Uranerz, die verstaatlichten Kalisalzgruben an Werra und im Südharz sowie die Braunkohlegruben bei Altenburg fuhren ihre Förderung rauf. Der Thüringer Bergbau beschäftigte zehntausende Bergarbeiter und befand sich auf seinem Höhepunkt. Die DDR avancierte hinter den USA und Kanada zum drittgrößten Uranproduzenten der Welt, 1989 beschäftigte die SDAG Wismut mehr als 43 000 Menschen. In den 40 Jahren ihres Bestehens förderte sie rund 220 000 Tonnen Uranerz. Das Uran wurde in die Sowjetunion geliefert. Am 16. Mai 1991 unterzeichneten Vertreter der Bundesregierung und der Sowjetunion am Unternehmenshauptsitz in Chemnitz ein Abkommen über die Einstellung der SDAG Wismut. Alleineigentümer der neuen Wismut GmbH, die vor allem mit dem Ziel betraut ist, die Folgen und Altlasten des Uranbergbaus zu beseitigen, wurde der Bund.

Seit der Wende wird im Land der Bergbau nicht mehr im nennenswerten Umfang betrieben. Die Branche beschäftigt heute etwas über 3500 Personen. Es gibt kleine Förderstätten für Steinsalz, Erdgas, Schiefer, Steine, Gips, Flussspat, mineralische Rohstoffe sowie Kies, Sand und Ton. Trotz zum Teil noch erheblicher Reserven ist bis auf Unterbreizbach inzwischen nahezu die gesamte Kalisalzgewinnung im Werra-Kalirevier und dem Südharz eingestellt. Das Werragebiet wird zum Teil unterirdisch von der in Hessen ansässigen Kali + Salz AG abgebaut.

Geblieben sind zahlreiche Schaubergwerke, und auch die berühmten Feengrotten bei Saalfeld gehen auf den historischen Bergbau (von Antimon) zurück.

Landwirtschaft

In ganz Thüringen, mit Ausnahme der höhergelegenen Waldregionen, wird Landwirtschaft betrieben. Vor allem in den mittleren und nördlichen Gebieten sind die Böden besonders fruchtbar. Historisch gesehen war die Landwirtschaft schon immer von mittelgroßen und kleinen Bauernwirtschaften geprägt. Großgrundbesitzer waren nur die regierenden Fürstenhäuser, im Osten und Norden Thüringens auch die Rittergüter. Seit etwa 1800 wird intensive Landwirtschaft betrieben.

Der Tabakanbau in West- und Nordthüringen führte zur Ausbildung Nordhausens als Zentrum der Tabakindustrie. Darüber hinaus verarbeitet man dort Getreide in Kornbrennereien zu Schnaps. In der Preußischen Provinz Sachsen wurden ab 1830 in großem Stil Zuckerrüben angebaut.

In Erfurt etablierte sich die Pflanzen-, Samen- und Blumenzucht für den Export. Auf rund 1300 Hektar werden in Thüringen Arzneipflanzen angebaut. Die Heil-, Duft- und Gewürzpflanzen versprechen ein hohes Wertschöpfungspotential.

Tourismus

Zu DDR-Zeiten war Thüringen eines der Hauptreiseziele. Nach der Wende brach der Tourismus massiv ein, Hotels, Läden und Restaurants mussten in vielen Orten schließen. In einigen Gegenden hat sich die Fremdenverkehrsindustrie bis heute nicht vollständig erholt. Aber die Gästezahlen steigen bereits seit Jahren wieder an. Mehr als 3,5 Millionen Gäste kommen derzeit jährlich nach Thüringen, die Übernachtungszahlen liegen bei nahezu zehn Millionen. Von den 248 000 ausländischen Gästen kommen die meisten aus den Niederlanden. Die Städte mit den meisten Übernachtungen sind Erfurt, Weimar, Oberhof, Friedrichroda, Bad Liebenstein, Eisenach, Jena, Suhl, Bad Sulza und Masserberg. Der Tourismus ist ein für Thüringen enorm wichtiger Wirtschaftszweig:

Das Land bietet sich für Kultur- und Städtereisen an, aber auch Wanderer, Wasser-, Rad- und Wintersportler finden sehr gute Bedingungen vor. Die Erholungsgebiete befinden sich hauptsächlich im Thüringer Wald und im Thüringer Schiefergebirge. Zahlreiche Wanderwege erschließen diese Gebirge. Überregional am bekanntesten ist der über 160 Kilometer lange Fernwanderweg ›Rennsteig‹, der auf dem Kamm des gesamten Thüringer Waldes und des Thüringer Schiefergebirges entlang führt und dabei sehr gute Fernsichten eröffnet. Das gesamte Wanderwegenetz des Landes summiert sich auf fast 20 000 Kilometer, Radfahrern wie Mountainbikern stehen 3200 Kilometer Radstrecke zur Verfügung. Eines der Wintersportzentren ist Oberhof, das etwa zehn Kilometer nördlich von Suhl liegt. 20 Heilbäder und Kurorte locken Kur- und Wellnessurlauber.

Kunst und Kultur

Die Thüringer Kulturlandschaft und ihr Reichtum sind einzigartig. Kaum eine andere Region Europas verfügt über eine so hohe Dichte an Kulturschätzen und -einrichtungen wie Thüringen. Obwohl die Fürstentümer klein waren, war das aristokratische Repräsentationsbedürfnis hoch. Und so finden sich überall Museen, Parks, Porzellanmanufakturen und vieles weitere, was für höfische Leben wichtig war.

Architektur

In den einst waldreichen Gegenden Thüringens baute man zunächst vorwiegend Fachwerkhäuser. Der südlichste Teil Thüringens zwischen Rhön bis hinüber zu Schwarza und Saale war traditionelles Fachwerkbaugebiet, im Thüringer Nordosten und dem Thüringer Becken dagegen bildete Lehm den dominanten Baustoff. Östlich der Saale wurde die Fachwerktechnik mit der des Blockhauses kombiniert. In den südlichen Bergregionen dominiert der Schiefer die Gebäude. Im Hennebergischen, Osterländischen und im Eichsfeld gibt es eigene regional ausgeprägte Baustile.

Thüringens Innenstädte sind von einer großen Zahl mittelalterlicher Bauten und Häuser geprägt. Eines der bedeutendsten Beispiele sind der Erfurter Domberg mit Mariendom und Severikirche sowie die großflächig erhaltene mittelalterliche Stadt.

Die zahlreichen Schlösser und Repräsentanzbauten der Thüringer Fürstenhäuser zeichnen sich nicht nur durch eine beeindruckende Architektur und ihre fürstlichen Sammlungen aus, sondern sind meist auch von großen bedeutenden Gartenanlagen umgeben.

1919 gründete Walter Gropius in Weimar eine Schule, in der Handwerk und Kunst, Gestaltung und Planung auf ganz neue Art ineinander greifen sollten: das Bauhaus. Die Bauhausstätten in Weimar und im anhaltinischen Dessau sind heute Weltkulturerbe.

Thüringen besitzt wie hier in Schmalkalden eine Vielzahl an historischen Ortsbildern

Johann Sebastian Bach

Johann Sebastian Bach ist einer der berühmtesten und bedeutendsten Komponisten der Welt. Seine Werke kennt man überall, der Umfang seiner schöpferischen Tätigkeit ist erstaunlich. Er ist der bedeutendste Vertreter der Musikerfamilie Bach, die über die Jahrhunderte zahlreiche bekannte Musiker hervorbrachte.

Johann Sebastian Bach, Portrait (1746) von Elias Gottlob Haussmann

Geboren wurde Johann Sebastian Bach am 21. März 1685 in Eisenach. Nach dem Tod seiner Mutter und kurz darauf des Vaters zog der knapp Zehnjährige zu seinem älteren Bruder Johann Christoph nach Ohrdruf. Mit 15 Jahren erhielt Bach ein Stipendium an der Lüneburger Klosterschule Michaelis. Unmittelbar nach Beendigung der Schule wurde er als Violinist am Hofe von Johann Ernst von Sachsen-Weimar berufen. In dieser Zeit war er bereits als Orgelgutachter tätig und erwarb sich darin einen hervorragenden Ruf. Aufgrund seiner Kenntnisse und Fähigkeiten nahm er 1703 die Stelle als Organist in Arnstadt an. Zu dieser Zeit begann er bereits als Autodidakt zu komponieren. Nachdem er sich mit seinem Auftraggeber überworfen hatte, zog er im Juni 1708 in das gerade abgebrannte Mühlhausen, um Organist in der St. Blasiuskirche zu werden. Auch hier hielt es ihn nicht lange: Nach nur einem Jahr verließ er Mühlhausen und ging an den Weimarer Hof. Hier wurde er für zwei Dienstherren tätig. Während Fürst Wilhelm Ernst Kirchenchoräle liebte, mochte sein Neffe Ernst August weltliche Musik. Für Bach bedeutete der Wechsel nach Weimar einen großen Karrieresprung.

Im August 1717 wurde er Hofkapellmeister am Hof von Anhalt-Köthen. 1723 bewarb sich Bach auf die freigewordene Stelle als Thomaskantor in Leipzig und wurde angenommen. In Leipzig war er nun für die gesamte Kirchenmusik verantwortlich und unterrichtete die Thomaner. Gleichzeitig begann eine äußerst produktive Schaffensphase. In seinem Tatendrang komponierte Bach für jeden Sonntag und jeden Festtag eine Kantate und führte sie oft anschließend sofort auf. Aus Bachs Leipziger Zeit stammen auch seine berühmtesten Werke, die Johannes- und die Matthäuspassion. Ab Mitte 1748 befiel Bach ein schweres Augenleiden, das ihn fast erblinden ließ. Dennoch komponiert er weiter. Am 28. Juli 1750 starb Johann Sebastian Bach im Alter von 65 Jahren in Leipzig. All seine fünf Söhne werden bekannte Musiker.

Musik und Theater

Die Dichte der Thüringer Theater- und Orchesterlandschaft ist enorm, so findet man in fast jeder noch so kleinen ehemaligen Residenzstadt ein Theater. Diese Dichte geht auf die frühere Zersplitterung des thüringischen Gebiets zurück: Jeder Fürst brauchte ein Theater. Und an diesen Theatern wurden und werden Künstler benötigt. Die Zahl der Komponisten, Dirigenten und Musiker, die in Thüringen tätig waren, ist nicht zuletzt daher lang. So hatte etwa die große Musikerfamilie Bach in Thüringen ihren Lebensmittelpunkt und stand hier jahrhundertelang in Lohn und Brot. Auch Franz Liszt fühlte sich in Thüringen sehr wohl und komponierte hier den Großteil seiner Werke.

Leider werden vielerorts, so auch in Thüringen, die öffentlichen Mittel für die städtischen Häuser oftmals gekürzt. Zu einem massiven Kahlschlag ist es glücklicherweise noch nicht gekommen, kein Haus musste bisher schließen. Allerdings sind die öffentlichen Kassen klamm und so wird in Thüringen immer wieder an Theaterkonzepten gearbeitet, die zwangsläufig eine Ausdünnung von Orchestern und Häusern zur Folge hätten. In den letzten 25 Jahren wurden von 1000 Musikerstellen bereits über 400 abgebaut. Und so gibt es immer wieder Vorschläge, Orchester zusammenzulegen, zu verkleinern oder einzelne Sparten zu schließen. Gera und Altenburg sind nur ein Beispiel einer zunehmenden Fusionswelle; immerhin ist Altenburg-Gera das einzige Fünfspartenhaus Thüringens. 2017 fusionierten die Landeskapelle Eisenach und die Thüringen-Philharmonie Gotha. Die Theater Eisenach, Rudolstadt, Nordhausen und Meiningen und das fusionierte Orchester sollen künftig Produktionen austauschen. Das Deutsche Nationaltheater Weimar und das Orchester in Erfurt sollen ihre Kooperation vertiefen.

Porzellan und Glas

Mindestens 15 Porzellanmanufakturen und Museen zu diesem Thema gibt es in Thüringen. Von der Porzellanfabrik im Kloster Veilsdorf, einer der ältesten deutschen Porzellanmanufakturen, und Schleußingen im Thüringer Südwesten bis nach Reichenbach und Triptis im äußersten Osten zieht sich die Thüringer Porzellanstraße. Sie verbindet historische und heutige Produktionsstätten und wertvolle Porzellansammlungen und thematische kulturgeschichtliche Orte miteinander. Der Kern der Straße liegt im Thüringer Schiefergebirge.

Thüringen ist seit Anbeginn der europäischen Porzellanherstellung vor über 200 Jahren ein Zentrum dieses Handwerks. Schließlich wurde hier unabhängig von Böttgers Experimenten auf Königstein und in Meißen das Verfahren zur Herstellung des ›Weißen Goldes‹ ein zweites Mal entdeckt. Wolfgang Hamann, Johann Gotthelf Greiner und Georg Heinrich Macheleid gelten offiziell als dessen ›Nacherfinder‹.

Heutzutage verdient man in der Porzellanbranche das Geld vorwiegend im Tischkultur-Bereich mit Einzelstücken, die gewisse Essenstrends bedienen. Besonders kreativ umgesetzt wurde diese Strategie unter anderen von der Porzellanmanufaktur Kahla.

Infos: **Förderverein Thüringer Porzellanstraße**, Dorfstraße 100, 07768 Seitenroda, Tel. 036424/713300, https://www.thueringer-porzellan.de.

Bildung und Wissenschaft

Thüringen besitzt eine formidable Wissenschafts- und Bildungslandschaft mit unter anderem einigen renommierten Universitäten. Bei den Patentanmeldungen schneidet Thüringen gut ab und hat inzwischen auch einige westliche Bundesländer überholt. Und bei Bundesländervergleichen zu schülerischen Leistungen liegt Thüringen mit an der Spitze. Jena ist der wichtigste Forschungs- und Ausbildungsstandort Thüringens. Von den insgesamt knapp 50 000 Studenten im Land studieren fast 20 000 an der Friedrich-Schiller-Universität Jena. Die Verzahnung von Forschung und Industrie hat die Stadt inzwischen wieder zu einem Leuchtturm und einer der prosperierendsten ostdeutschen Regionen gemacht. Nächstgrößere Hochschulen ist die TU Ilmenau mit 6700 und die Universität Erfurt mit 5800 Studenten. An der Bauhaus-Universität Weimar sind 4200 Studenten eingeschrieben. Ähnlich viele Studenten sind an der Fachhochschulen Erfurt und der Ernst-Abbe-Hochschule Jena immatrikuliert. Die Hochschule für Musik Franz Liszt ist die bedeutendste und einzige Kunsthochschule Thüringens. Weitere Hochschulstandorte sind Schmalkalden, Nordhausen, Gera und Gotha.

Zeiss-Projektor in der Goethegalerie Jena

Sprache und Dialekte

Streng genommen, gibt es ein einheitliches Thüringisch nicht, sondern neun Hauptdialekte oder Sprachräume: Vom Zentralthüringischen über das Ilmthüringische, Ost- und Südost-, Nord und Nordost- und Westthüringische bis hin zum Hennebergischen und Itzgründischen; letzteres ist gewissermaßen das Oberfränkische. Die Dialektgrenzen sind fließend, oft wird im Nachbardorf bereits anders gesprochen: Hier rollt man das R, dort kratzt man es. Die Sprachwissenschaftler kommen auf über 20 sogenannte Dialektvarianten. Zahlreiche Wissenschaftler, etwa die Arbeitsstelle Thüringische Dialektforschung der Universität Jena um Dr. Susanne Wiegand, beschäftigen sich mit der Mundart und haben Bücher dazu herausgebracht. Das Thüringische Wörterbuch entsteht seit

Verteilung der Dialekte

Jahrzehnten und bildet sozusagen den Duden des Freistaates, der alle dialektalen Spielarten enthält. Vor allem der Rennsteig kann als große Dialektgrenze bezeichnet werden: Im Süden des Rennsteigs wird oberfränkisch gesprochen, im Norden dominieren die thüringischen Dialekte.

Sport

Wie schrieb eine große deutsche Zeitung in ihrem Sportteil? Der Grund, warum Deutschland bei den Wintersportarten immer noch dermaßen viele Medaillen holt, liegt zum großen Teil an der Förderung dieser Sportarten in der DDR. Und vor allem Thüringen und Sachsen hatten und haben hier das Sagen. **Oberhof** ist eines der Wintersportzentren Deutschlands und verfügt über hochwertige Sportstätten wie Biathlon-Arena, Bob- und Rodelbahn, Sprungschanze sowie ein todschickes Wintersport-Gymnasium. Der Klimawandel mit schneearmen Wintern macht bei internationalen Wettbewerben sowie im Sportalltag allerdings zu schaffen und die Wintersportindustrie wird zunehmend nervöser. In der Oberhofer Skihalle kann man immerhin ganzjährig den nordischen Sportarten Langlauf und Biathlon nachgehen, was in Deutschland einmalig ist.

Die Handballerinnen des Thüringer Handball-Clubs (THC) Erfurt-Bad Langensalza gewannen 2016 in der Bundesliga ihren sechsten Titel in Folge und sind somit Deutsche Serienmeister. Sie errangen 2018 erneut die Meisterschaft und spielen auch international in der Champions League oben mit.

Wichtige Feste und Festivals

Die Thüringer sind ein feierfreudiges Volk. Es gibt eigentlich kaum eine Zeit, in der nicht irgendwo in Thüringen etwas los ist. Die Palette der Feste reicht dabei von der Dorfkirmes bis zu großen Musikfestivals und Volksfesten. Die Musiktradition in Thüringen ist hunderte Jahre alt und gespickt mit berühmten Namen. Unter anderem Vertreter der Familie Bach und Franz Liszt prägten die Kulturlandschaft des Landes. Zu den wichtigsten Veranstaltungen zählen:

Thüringer Bachwochen: Bei dem in mehreren Städten stattfindenden Fest dreht sich alles um Barockmusik und Johann Sebastian Bach. Die Bachwochen sind gleichzeitig das größte klassische Musikfestival Thüringens. Die Konzerte finden an Originalschauplätzen statt. Zu den Bachwochen gehört auch die ›Lange Nacht der Hausmusik‹.

MDR-Musiksommer: Diese Symbiose von Musik, Architektur und Landschaft findet an den schönsten Orten Sachsens, Sachsen-Anhalts und Thüringens statt. Gebäude und Natur bilden eine eindrucksvolle Kulisse für die Konzerte verschiedener Musikstile.

SonneMondSterne-Festival: Das Festival am Ufer der Bleilochtalsperre ist mittlerweile eine der größten Veranstaltungen für elektronische Tanzmusik in Europa. Die Liste an renommierten DJs ist groß und das Publikumsinteresse entsprechend.

Jazzmeile Thüringen: Das meist von Anfang Oktober bis Anfang Oktober stattfindende Festival ist inzwischen zu einer international renommierten Veranstaltung herangewachsen. Eine Besonderheit sind die vielen unterschiedlichen teilnehmenden Städte und Lokalitäten.

Sommergewinn: Höhepunkt des Eisenacher Sommergewinns drei Wochen vor Ostern ist der Festumzug, angeführt von den Germanen, gefolgt von Herr Winter und Frau Sunna. Im Streitgespräch der beiden wird die kalte Jahreszeit ausgetrieben.

In Oberhof werden regelmäßig Biathlon-Wettbewerbe ausgetragen

Auf dem Bürgeler Töpfermarkt

Vogelschießen: Das größte Volksfest Thüringens in Rudolstadt zieht jährlich eine halbe Million Gäste an. Der Rummel war auch schon Drehort im Weimarer ›Tatort‹.

Thüringer Schlössertage: Immer am Pfingstwochenende – Konzerte, Schlossführungen und weitere besondere Veranstaltungen.

Krämerbrückenfest: Thüringens größtes Altstadtfest findet an jedem dritten Juniwochenende im Juni vor einmaliger Kulisse statt, dem Rahmen entsprechend mit mittelalterlichem Charakter, Markt und Aufführungen. Fällt es mit der Fête de la Musique zusammen, tobt in Erfurt der Bär.

Weimarer Zwiebelmarkt: Der 1653 erstmalig erwähnte Zwiebelmarkt findet immer am zweiten Oktoberwochenende statt; ihn besuchen jährlich 300 000 Leute. Der Zwiebelmarkt ist eine Mischung aus Kirmes, Mittelaltermarkt, Kulturveranstaltung und Markt.

Eckhof-Festival Gotha: Das Festival im ältestes erhaltenen Barocktheater der Welt auf Schloss Friedenstein findet jährlich von Juni bis August statt. Originalgetreu bis zum Bühnenbild und Kostümen inszeniert werden Theaterstücke aus dem 17. und 18. Jahrhundert.

Essen und Trinken

Die Thüringer Küche ist deftig, Hausmannskost eben. Zu ihren bekanntesten Vertretern gehören die Bratwurst, Thüringer Klöße, Rinderrouladen, Thüringer Kaninchenbraten und Rostbrätl. Haute Cuisine ist für diesen Landstrich eher untypisch, obwohl es bereits einige Gourmet-Sterne zu vergeben gab. Das Bodenständige muss aber erst noch mit der hohen Kochkunst verbunden werden beziehungsweise neben ihr bestehen. Vor allem Jungköche empfinden besondere Restaurantbewertungen wegen damit verbundener Erwartung und Druck oft als Belastung. Ehemalige Sternelokale kochen nach wie vor auf hohem Niveau, allerdings zu akzeptablen Preisen. Und solche besonderen Perlen gibt es auch hierzulande überall. In vielen Gegenden Thüringens gibt es eine große Vielfalt an Wurstwaren und Kuchen. Immerhin: es gibt mehr als 20 Kochbücher, die die Thüringer oder Thüringische Küche im Titel tragen.

Vor 400 Jahren war Thüringen Weizenland. Kein Wunder also, das 1617 in Arnstadt das Weizenbier erfunden wurde. Zumindest stammt aus dieser Zeit der älteste vorhandene Nachweis. Auch das älteste bisher gefundene Reinheitsgebot kommt aus Thüringen. Die in Weißensee gefundene ›Statuta thaberna‹ beschrieb bereits 1434, was in das Bier kommen darf.

In jedem Winkel Thüringens wird gekeltert, gebraut, destilliert und gebrannt. Von der einstigen Vielzahl an Brauereien ist jedoch nicht allzu viel geblieben, denn auch Thüringen wurde vom Brauereisterben stark getroffen. Das Köstritzer Schwarzbier ist das bekannteste Schwarzbier Deutschlands, bekannt ist etwa auch die Altenburger Destillerie & Liqueurfabrik.

Original Thüringer Bratwurst

Aus dem Jahr 1404, von einer Rechnung des Jungfrauenklosters in Arnstadt, stammt die erste ›urkundliche‹ Erwähnung einer Thüringer Rostbratwurst. Von 1432 liegt die Weimarer Fleischhauersatzung vor, eine Art Reinheitsgebot für die Thüringer Bratwurst vor. Es schrieb fest, dass für das Thüringer Nationalgericht nichts Minderwertiges oder Innereien verwendet werden dürfen. Inzwischen hat die Wurst als kulinarisches Kultur- und Identifikationsgut sogar eine EU-weit geschützte geographische Herkunft. Eine original Thüringer Bratwurst muss in Thüringen hergestellt worden sein, und ursprünglich mussten 51 Prozent auch aus Thüringen stammen. Doch schon länger deckt das Thüringer Fleisch nicht mehr den Bedarf. Und so dürfen in die ›Thüringer Rostbratwurst‹ inzwischen auch weniger als 51 Prozent Rohstoffe aus Thüringen.

Die Auswahl an Wurstsorten ist in Thüringen gigantisch groß

Bratwurstskulptur bei Holzhausen

Das Rezept der Thüringer Roster, wie die Bratwurst auch genannt wird, ist eigentlich geheim. Jeder Fleischer macht seine Wurst etwas anders. Im Wesentlichen besteht sie aber aus kleingehacktem Schweinefleisch, Eiern, Milch und Mehl. Sie ist in Naturdarm verpackt, oft noch von Hand, was ihr ein unregelmäßiges Aussehen verleiht. Alle Thüringer Fleischermeister verwenden Schweinefleisch, Salz und Pfeffer. Der spezifische Geschmack der Wurst kommt allerdings von der Gewürzmischung und den Feinheiten beim Herstellen, die bei jedem Fleischer etwas anders und meist natürlich geheim sind. Jeder Ort schwört auf seine Fleischer, und am besten kauft man die Würste auch hier und nicht im Supermarkt.

Der Rennsteig bildet den sogenannten Kümmeläquator. Nördlich davon sowie in Ostthüringen kommt Kümmel als Zutat in die Bratwurst, im südlich des Rennsteigs gelegenen, fränkisch geprägten Gebiet nicht. In einigen Regionen wird mit Majoran gewürzt, in der Mitte Thüringens auch mit Knoblauch. Mancherorts verwendet man auch Kardamom, Piment, Muskat oder Zitronenschale, während man im Kreis Sonneberg nur Pfeffer und Salz benutzt. Über die richtige Gewürzmischung diskutieren die Thüringer mit Leidenschaft. Einig sind sie sich, dass Geschmacksverstärker und Konservierungsstoffe völlig tabu sind. Zu DDR-Zeiten schmeckte die Thüringer Bratwurst etwas anders als heute. Auf dem Rost schlug das unförmige Produkt unter der Naturdarmhaut mächtige Fettblasen und machte die Wurst optisch noch spektakulärer. Das lag auch daran, dass die in der DDR gezüchteten Schweinerassen fetter waren. Das garantierte eine saftige, ausgewogene Geschmackskombination. Heute hält man meist Schweine mit magerem Fleisch. Für die echte Wurst kommt zum Bräunen übrigens nur die Holzkohleglut infrage.

Der Thüringer isst seine Wurst am liebsten frisch, die in Supermärkten angebotenen gebrühten ›Original Thüringer‹ sind für ihn und Kenner ein Graus. Die frische statt der gebrühten Wurst unterliegt der Hackfleischverordnung und muss innerhalb von 24 Stunden verzehrt werden. Und auf keinen Fall darf die

Kühlkette von durchgängig vier Grad nicht eingehalten oder unterbrochen werden. Da kennt das Gesundheitsamt keinen Spaß und verklagt auch schon mal den Familienvater am Grill beim Schulsportfest. Obwohl bei gebrühten und rohen Bratwürsten die Zutaten identisch sind, gehen beim Erhitzen dennoch einige Geschmacksstoffe verloren, und das merkt man deutlich am Geschmack.

Natürlich hat Thüringen auch ein Museum für sein Nationalgericht: Das ›1. Deutsche Bratwurstmuseum‹ befindet sich in Holzhausen bei Arnstadt (→S. 168). Weiterhin gibt es einen Verein der Freunde der Thüringer Bratwurst, einen Thüringer Bratwurstpreis und weitere Einrichtungen zu dieser Spezialität.

Thüringer Klöße

Der Thüringer Kloß fand 1808 seine Ersterwähnung, im Pfarrspiegel von Effelder, einem Dorf bei Sonneberg. Bei seiner Erfindung der soll sogar Frau Holle ihre Hände im Spiel gehabt haben – so beschreibt es zumindest die Meininger Version der Geschichte. Ein Handelsreisender übergab einem Wirt einige Knollen. Da dieser noch nie in seinem Leben Kartoffeln gesehen hatte, wusste er nicht, was er damit machen solle. Frau Holle zeigte dem Wirt, wie man die Kartoffeln am allerbesten zubereitet. Heraus kam der echte Thüringer Kloß. Noch heute kann man das Sonntagsgericht der Thüringer am Originalschauplatz dieser ›Erfindung‹ essen, dem Schlundhaus in Meiningen.

Thüringer Klöße bestehen in der Regel aus zwei Dritteln rohen und einem Drittel gekochten Kartoffeln. Je nach Region in Thüringen werden die Klöße unterschiedlich bezeichnet. So nennt man sie im fränkisch-hennebergischen Raum von Suhl bis zur Rhön Hebes oder Hütes, im Raum Ilmenau und Südostthüringen dagegen Gleeß oder Knölla. In der thüringisch-obersächsischen Region zieht man die Vokale traditionell etwas lang. Hier nennt man die Knollen Kleese. Anderswo heißen sie Grüne Klöße. Unter Grünen Klößen werden in einigen Landstrichen allerdings nur die Klöße verstanden, die zu 100 Prozent aus rohen Kartoffeln gemacht werden. Auch für die gerösteten Semmelbrösel im Innern der Klöße hat jeder Landstrich seine eigene Bezeichnung.

Köstritzer Schwarzbierbraten mit Klößen – ein Klassiker der Thüringer Küche

Süßes

Bekannt ist Thüringen für seine unüberschaubare Zahl an Blechkuchen in allen möglichen Geschmacksvariationen. Und es gibt auch Thüringer Stollen. Für ihn gibt es landesweit über 20 Bezeichnungen, etwa Schittchen, Chrisamel, Semmeln, Schorn oder Schleitchen. Er soll sogar hier erfunden worden sein. Die Ersterwähnung eines ›Stollens‹ fand 1329 in Naumburg an der Saale statt, das, so sind Vertreter der Thüringer Konditoreninnung überzeugt, zu dieser Zeit zu Thüringen gehörte.

Weinbau

Die Saale-Unstrut-Region ist das nördlichste Qualitätsweinanbaugebiet Deutschlands und Europas. Es ist rund 770 Hektar groß, wovon 115 Hektar in Thüringen liegen und etwa 655 in Sachsen-Anhalt. Der Hauptweinort Thüringens ist Bad Sulza. Bereits seit über 1000 Jahren wird an Saale und Unstrut Wein angebaut, erstmals fand er 998 in einer Schenkungsurkunde Kaiser Otto III. an das Kloster Memleben Erwähnung. Der Weinanbau reichte an der Saale bis hinunter nach Jena, dessen Stadtwappen noch heute eine Traube im unteren zentralen Schild ziert.

Die Weine des Saale-Unstrut-Gebietes stammen aus 50 Privatweingütern und kleinen Winzergenossenschaften, der Winzervereinigung Freyburg und dem Landesweingut Kloster Pforta (beide Sachsen-Anhalt). Sie werden traditionell trocken ausgebaut, besitzen eine gebietstypische kräftige Säure sowie ein feinwürziges und fruchtiges Bukett. Hauptsorte ist der Müller-Thurgau, der wegen seines geringen Ertrages in dieser Region faszinierende aromatische und geschmackliche Feinheiten hervorbringt. Es folgen Weißburgunder, Rivaner, Silvaner und Riesling, aber auch weniger bekannte Sorten wie Zweigelt, Faber, Hölder oder Andre. Insgesamt werden etwa 60 Rebsorten angebaut.

Wein aus dem Saale-Unstrut-Gebiet ist nach wie vor ein Geheimtipp und außerhalb der Region nur selten auf Weinkarten zu finden. Das liegt in erster Linie natürlich an der geringen Größe des Weingebiets: Bevor man ihn anderswohin exportieren kann, ist er meist schon ausverkauft.

Wein aus Thüringen ist recht unbekannt, aber von hoher Qualität

Rezepte

Rinderroulade mit Saure-Sahne-Soße

Zutaten: *(4–6 Personen): 8 große Rouladen aus Rindfleisch, 300g Speck oder Schinkenspeck, 3–4 Zwiebeln, Salz, Senf, Pfeffer, Pimentkörner (wenig), 1–2 Lorbeerblätter, 0,5 l saure Sahne.*

Zubereitung: Die auf der Arbeitsfläche ausgelegten Rouladen mit einem Fleischklopfer vorsichtig klopfen. Das Fleisch darf aber nicht zerreißen. Dann salzen, pfeffern und mit Senf bestreichen. In die Mitte kleingeschnittene Zwiebeln und Speckstreifen geben. Die belegten Rinderouladen zusammenrollen und mit Rouladennadeln, Küchengarn oder spezieller Klammern fixieren (Traditionalisten bevorzugen die Nadeln: Vor dem Servieren kann man sie leicht aus den Rouladen herausziehen). Die Rinderrouladen nun schön braun anbraten. Die Hitze sollte nicht so scharf eingestellt sein, wichtiger ist eine rundum vorhandene schöne Bräune. Danach die Rouladen aus dem Bräter nehmen, Gewürze und saure Sahne einfüllen. Das Ganze reduzieren lassen, bis ein hellbrauner dicklicher Sud entstanden ist.
Die Rouladen zurück in den Bräter geben und mit kochendem Wasser bedecken. Noch ca. 2 Stunden köcheln lassen, bis das Fleisch gar ist. Danach Rouladen auf einer Servierplatte im Backofen warm halten. Die Soße wird nun gebunden – dazu kein Mehl verwenden – und abgeschmeckt. Servieren.
Zu den Rouladen passen ideal Thüringer Klöße (→ S. 342).

Thüringer Stollen – Schittchen

Das beliebteste Gebäck zur Weihnachtszeit ist wohl der Christstollen. In vielen Gebieten Thüringens wird der vornehmlich aus Dresden bekannte Stollen natürlich selbst gebacken. Der Thüringer bezeichnet seinen Stollen aber als ›Schittchen‹.

Zutaten: *2000 g Weizenmehl, ½ Teelöffel Salz, 750 g gründlich gesäuberte Sultaninen, 300 g feingehackte süße Mandeln, 50 g feingeriebene bittere Mandeln (falls nicht zur Hand, durch Aroma ersetzen), 50 g feingewürfeltes Zitronat, die abgeriebene Schale einer gereinigten Zitrone, 1 l Vollmilch, 750 g Butter, 500 g Zucker, 150 g Hefe.*

Zubereitung: Hefe in ¼ Liter lauwarmer Milch auflösen, 500 g Mehl locker unterarbeiten und diesen Vorteig zugedeckt an einem warmen Ort aufgehen lassen. Ist dies geschehen, werden die anderen Zutaten hinzugefügt und ein nicht zu fester Teig geknetet. Beachten Sie, daß Sultaninen und Zitronat erst zuletzt untergeknetet werden. Diesen Teig wieder abdecken und an einem warmen Ort zum Aufgehen beiseitestellen. Anschließend nochmals durcharbeiten und abgedeckt an einem warmen Ort aufgehen lassen. Danach den Teig zu zwei gleichen ovalen Platten ausrollen, formen und auf ein gut gefettetes, bemehltes Backblech legen. Abgedeckt an einem warmen Ort nochmals aufgehen lassen. In der erhitzten Backröhre etwa 45 min. goldbraun backen. Den noch warmen Stollen mit 150 g zerlassener Butter bestreichen und anschließend mit Puder- und Vanillezucker bestreuen.

Nach zwei Tagen legen Sie die Stollen möglichst in einen geschlossenen Behälter. Erst nach acht bis zehn Tagen entwickeln die ›Schittchen‹ ihren richtigen Geschmack. Sie sollten aber nicht länger als vier Wochen aufbewahrt werden.

EXTRA

Naturbelassene, dünn besiedelte hügelige Landstriche wie das Eichsfeld, bedeutende Städte mit großer Geschichte, vor allem aus der Zeit der Bauernkriege, schmucke Kur- und Gartenstädte sowie der Hainich – eines der letzten Urwaldgebiete Deutschlands – prägen Thüringens Norden.

Der Baumkronenpfad im Nationalpark Hainich

DER NORDEN

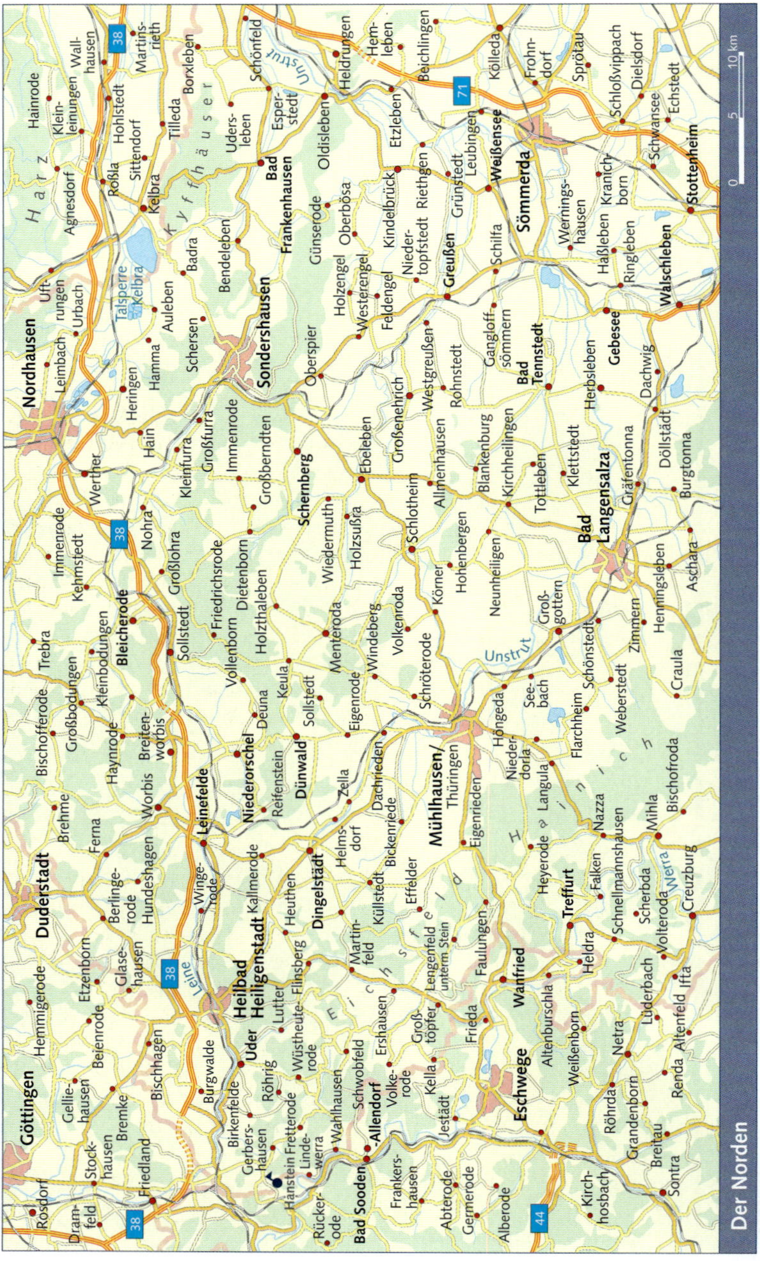
Der Norden
Göttingen
Duderstadt
Heilbad Heiligenstadt
Leinefelde
Dingelstädt
Nordhausen
Sondershausen
Bad Frankenhausen
Mühlhausen/Thüringen
Bad Langensalza
Sömmerda
Bad Tennstedt
Greußen
Schernberg
Bleicherode
Worbis
Eschwege
Wanfried
Treffurt
Allendorf
Bad Sooden
Kelbra
Heldrungen
Weißensee
Kölleda
Gebesee
Walschleben
Stotternheim
Ebeleben
Schlotheim
Niederorschel
Dünwald
Creuzburg
Sontra
Harz
Kyffhäuser
Hainich
Eichsfeld
Talsperre Kelbra
Unstrut
Werra
Leine
38
71
44
0
5
10 km

Das Eichsfeld

Weite Landschaften, sanft geschwungene, bewaldete Hügel und schroff abfallende Felsen an der Werra kennzeichnen das zwischen Harz, Werra und Thüringer Becken gelegene Eichsfeld. Bekannt ist es auch für seine Würste, Obstsäfte und den Eichsfelder Schmandkuchen. Ab 1342 gehörte das Eichsfeld den Mainzer Erzbischöfen. Die Geschichte des gemeinsamen Eichsfeldes endete 1802, ab 1803 gehörten Obereichsfeld und Untereichsfeld durch die Auflösung der geistlichen Territorien und die Teilung von 1815/1816 zu verschiedenen Staaten.

Heilbad Heiligenstadt

Heiligenstadt ist die historische Hauptstadt des Eichsfeldes. Die über 1000 Jahre alte Stadt mit ihren Solequellen ist Heilbad und wartet mit zahlreichen imposanten Bauwerken und Fachwerkhäusern auf. Heiligenstadt hat eine ganz besondere Aura. Mitten in der Provinz findet man sich plötzlich an einem Ort mit bemerkbar vielen ›recht gebildeten Leuten‹ wieder, wie Theodor Storm es ausdrückte. Im Pfarramt von Heiligenstadt ließ sich Heinrich Heine am 28. Juni 1825 heimlich protestantisch taufen, um seine beruflichen Chancen als Jurist zu verbessern – mitten im katholischen Eichsfeld. Durch den Ort fließt die Leine, umgeben ist Heiligenstadt von viel Grün und Wald. Jedes Jahr seit 1581 findet am Palmsonntag eine der größten katholischen Prozessionen Deutschlands statt, die Heiligenstädter Leidensprozession mit ihren beeindruckenden Passionsfiguren. Im Ortsteil Flinsberg liegt einer der Mittelpunkte Deutschlands.

Orientierung

Die Fußgängerstraße Wilhelmstraße ist knapp einen Kilometer lang und führt als Hauptachse von Ost nach West quer durch die Altstadt. Hier findet man Cafés und Läden. Auch der Marktplatz mit dem barocken Neuen Rathaus von 1739 liegt direkt an der Wilhelmstraße. In einer unscheinbaren Seitenstraße stehen die Marienkirche und das Jesuitenkolleg.

Marienkirche

Die Altstädter Probstkirche, die St. Marienkirche mit ihren zwei markanten achteckigen Türmen, ist das Wahrzeichen von Heiligenstadt. 55 und 53 Meter hoch ragen die Türme auf. Die älteste Bausubstanz findet man im westlichen Bereich mit den Türmen. Sie stammt aus der Zeit um 1300. Die letzten Baumaßnahmen an Chorraum und Dach stammen dagegen von 1715 und 1886. Im Inneren fand bei Renovierungen auch eine Stilbereinigung zugunsten der Neugotik statt. Unter den zahlreichen sehenswerten Details der reich verzierten Kirche befinden sich auch ein **Flügelaltar** von Hans Raphon von 1512 sowie ein **Wandbild** mit der Krönung Marias von 1506.

Annenkapelle

Geht man vom Hauptportal die Treppen an der Marienkirche hinauf, steht unmittelbar gegenüber vom Nordportal die St. Annenkapelle. Der achteckige Bau wurde wie die Kirche in gotischem Stil errichtet und stammt aus der zweiten Hälfte des 14. Jahrhunderts. Im Rahmen von Sanierungsarbeiten ermittelte man auch die originale Farbgebung aus dem Mittelalter und richtete die Kapelle entsprechend her. Das restaurierte Gebäude präsentiert sich nun als in Thüringen einzigartiges mittelalterliches Baukunstwerk. Die **Marienstatue** in der Kapelle stammt nach Schätzungen aus der Zeit um 1300.

Eichsfelder Heimatmuseum

Das prachtvolle barocke ehemalige Jesuitenkolleg (1740) direkt an der Marienkirche beherbergt heute das Heimatmuseum. Auf drei Etagen sind Exponate zur Geschichte der Stadt und des Eichsfeldes zusammengetragen. Bei mehr als 900 Jahren Zugehörigkeit zum Kurfürstentum Mainz sind die Schwerpunkte klar gesetzt. Zu sehen gibt es Möbel, Trachten und jede Menge Kunsthandwerk. Auch die Riemenschneiderausstellung ist Teil des Heimatmuseums. Der Bildhauer und Schnitzmeister Tilman Riemenschneider wurde um 1460 in Heiligenstadt geboren. So stehen hier etwa sein Originalgrabstein aus Würzburg sowie einige seiner Kunstwerke, im Original sowie als Abgüsse. Zum Museum gehört auch die von 1850 stammende Streckersche Vogelsammlung. Den inzwischen ausgestorbenen Dreifarbara gibt es nur noch hier zu sehen. Spannend ist auch die Porträtsammlung berühmter Eichsfelder mit einigen Überraschungen.

Im von Kirche, Jesuitenkolleg und dem 1789 neu errichteten Alten Rathaus eingerahmten Innenareal befindet sich der **Barockgarten**.

Kirche St. Ägidius

Hinter dem Markt steht die Ägidienkirche. Die bis 1370 erbaute Kirche wird im Gegensatz zur Marienkirche mit dem Beinamen Altstädter Kirche auch als Neustädter Kirche bezeichnet. Der prächtige barocke **Hochaltar** von 1698 stand ursprünglich in der Schlosskirche von Quedlinburg und kam 1944 nach Heiligenstadt. Besonders sehenswert sind auch der **Vierzehn-Heiligen-Altar** von 1638 im nördlichen Seitenschiff links sowie der spätgotische **Flügelaltar** der heiligen Anna Selbtritt rechts vom Hochaltar.

Marienkapelle

Vorbild der 1860 entstandenen Maria-Hilf-Kapelle war die Annenkapelle. Die Kapelle mit der großen **Marienstatue** mit dem Christkind im Innern ist eine der meistbesuchten religiösen Stätten von Heiligenstadt. Sie befindet sich direkt neben der Kirche St. Ägidius.

Literaturmuseum Theodor Storm

Am westlichen Ende der Wilhelmstraße, an der Gasse Am Berge, stehen einige besonders schöne Fachwerkhäuser. Das Mainzer Haus (1434–1436) ist eines der ältesten Häuser der Stadt und seit 1988 Heimat des Literaturmuseums Theodor Sturm. Der berühmte Dichter lebte von 1856 bis 1864 als Kreisrichter in Heiligenstadt. Das Haus gibt Einblick in die Lebenswelt und das künstlerische Werk des Novellisten und Dichters während seiner Zeit in Heiligenstadt. In einem der Räume geht es um die Taufe Heinrich Heines in Heiligenstadt im Jahr 1825. Auf den Stufen vor dem Literaturmuseum steht eine Bronzestatue von Theodor Storm, Im Innenhof befindet sich der **Rosengarten**.

Martinskirche und Kurmainzer Schloss

Nur einige Meter weiter steht die St. Martinskirche. Die älteste und größte Kirche der Stadt und auch des gesamten Eichsfeldes wird auch Berg- oder Stiftskirche genannt. Das dritte große gotische Gotteshaus der Stadt wurde 1485, nach über 200 Jahren Bauzeit, fertiggestellt und ist nahezu im Original erhalten. Das Relief am Nordportal ist eine der ältesten Darstellungen des heiligen St. Martin in Deutschland.

Nördlich der Kirche befindet sich das barocke Schloss. In dem zwischen 1736 und 1738 als erzbischöfliche kurmainzische Statthalterei errichteten Bau ist heute das Landratsamt untergebracht. Ursprünglich

▸ Karte S. 65

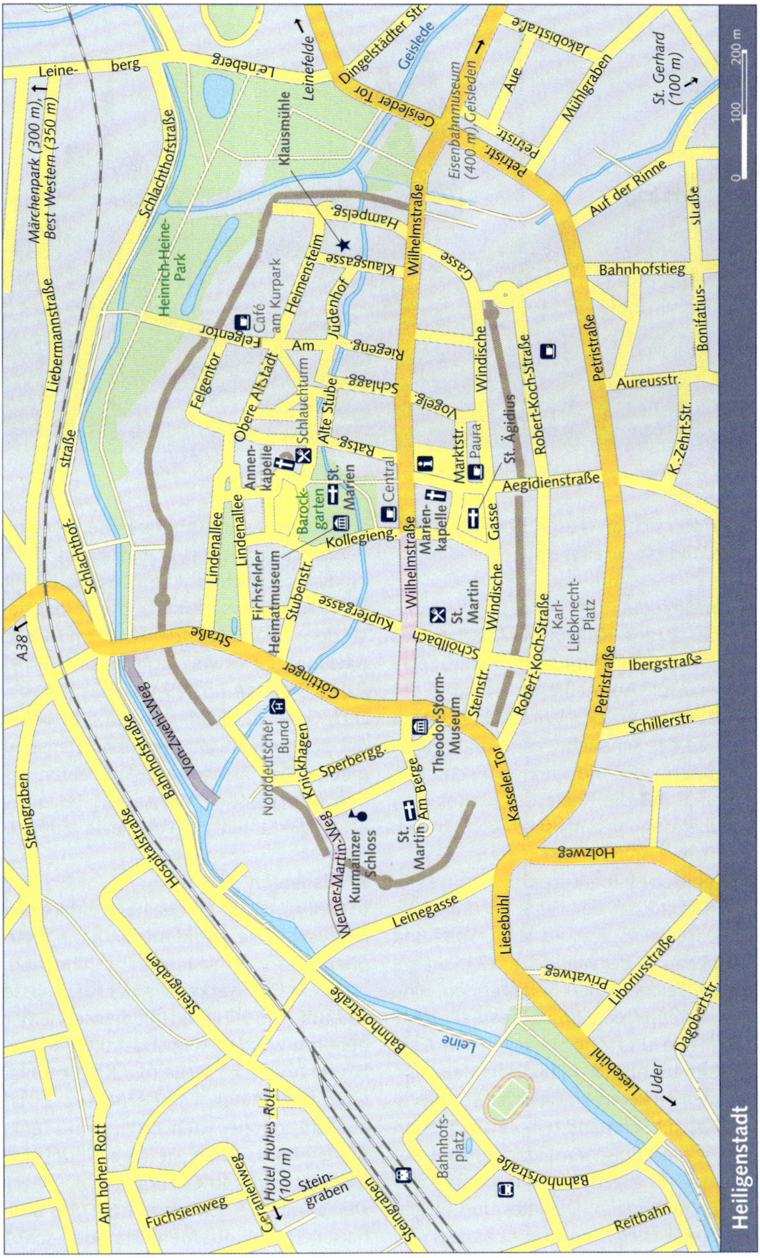
Heiligenstadt
0
100
200 m
Märchenpark (300 m), Best Western (350 m)
Leine-
berg
Leineberg
Leinefelde
Dingelstädter Str.
Geislede
Geisleder Tor
Eisenbahnmuseum (400 m) Geisleden
Jakobistraße
Aue
Mühlgraben
St. Gerhard (100 m)
Petristr.
Petristr.
Auf der Rinne
straße
Bahnhofstieg
Bonifatius-
Aureusstr.
K.-Zehrt-Str.
Petristraße
Klausmühle
Hampelsg.
Klausgasse
Heimensteim
Jüdenhof
Café am Kurpark
Heinrich-Heine-Park
Schlachthofstraße
Liebermannstraße
Felgentor
Felgentor
Am
Riegeng.
Schlagg.
Obere Altstadt
Schlauchturm
Alte Stube
Vogelg.
Ratsg.
Annen-kapelle
St. Marien
Barock-garten
Central
Wilhelmstraße
Wilhelmstraße
Gasse
Windische
St. Ägidius
Robert-Koch-Straße
Marktstr.
Paura
Aegidienstraße
Marien-kapelle
Gasse
Windische
Lindenallee
Lindenallee
Eichsfelder Heimatmuseum
Kollegieng.
Stubenstr.
Kupfergasse
St. Martin
Schollbach
Steinstr.
Robert-Koch-Straße
Karl-Liebknecht-Platz
Petristraße
Ibergstraße
Schillerstr.
straße
Schlachthof.
A38
Straße
Göttinger
Von-Zwehl-Weg
Bahnhofstraße
Norddeutscher Bund
Knickhagen
Sperbergg.
Theodor-Storm-Museum
Kasseler Tor
Am Berge
St. Martin
Kurmainzer Schloss
Werner-Martin-Weg
Holzweg
Leinegasse
Liesebühl
Steingraben
Hospitalstraße
Steingraben
Privatweg
Liboriusstraße
Bahnhofstraße
Leine
Liesebühl
Dagobertstr.
Uder
Hotel Hohes Rott (100 m)
Geranienweg
Stein-graben
Steingraben
Bahnhofs-platz
Bahnhofstraße
Am hohen Rott
Fuchsienweg
Reitbahn

St. Marienkirche und ehemaliges Jesuitenkolleg, heute Heimatmuseum

befanden sich an dieser Stelle die Stiftskurie und davor eine Burg.

Knickhagen

An der Straße Knickhagen finden sich zahlreiche kleine mittelalterliche Fachwerkhäuser. An mehreren Orten in der Stadt, etwa an der Windischen Gasse oder an der Scheuche, kann man schön erkennen, wie die kleinen Fachwerkgebäude auf die Reste der ehemaligen Stadtbefestigung aufgesetzt worden sind.

Heinrich-Heine-Kurpark

Der Kurpark an der Leine ist das Herzstück Heiligenstadts als Heil-, Sole- und Kneippbad. In der weitläufigen Parkanlage gibt es Teiche, einen Solebrunnen, eine Wassertreppe, eine Bronzebüste für Heinrich Heine und Kneippbecken. Im **Café** im Kurpark an der Klinik schaufelt man sich den leckeren Heiligenstädter Blechkuchen mit Schmand rein, um sich dann in den medizinischen Einrichtungen der Stadt wieder gegen Adipositas, Herz-Kreislauf-Erkrankungen, Diabetes und wegen orthopädischer Probleme behandeln zu lassen. Auf einer Anhöhe hinter der Kurparkklinik erinnert ein **Obelisk** von 1815 an die Völkerschlacht von Leipzig. Damit ist er das wahrscheinlich älteste existierende Völkerschlachtdenkmal. Im **Musikpavillon** gibt es von Frühling bis Herbst jeden Sonntag um 15 Uhr das Kurkonzert. Ganz im Osten des Kurparks befindet sich auch ein alter **Friedhof**. Daneben gibt es am Flüsschen Geislede einen sieben Meter hohen **Wasserfall**, bevor es etwas weiter hinten in die Leine mündet.

Klausmühle

In Heiligenstadt gibt es noch zahlreiche Mühlen. Eine Mühlentour kann man über die Tourismusinformation buchen. In einem Fachwerkbau in der Klausgasse soll um 1460 Tilman Riemenschneider geboren worden sein. Das aktuelle Gebäude an dieser Stelle, die Klausmühle, wurde allerdings 1748 errichtet. Es ist ein sehr schöner Fachwerkbau mit funktionierender Mühle. Heute befindet sich hier ein Tier- und Gartenhandel.

Der berühmte Schnitzmeister und Bildhauer Tilman Riemenschneider schuf

▶ Karte S. 65

beeindruckende Werke der Spätgotik. Nach seinem Tod am 7. Juli 1527 geriet er in Vergessenheit. Erst ab 1822 begann man wieder, sich mit dem Künstler zu beschäftigen und sein Schaffenswerk zu erforschen.

■ Märchenpark

Heiligenstadt befindet sich an der Deutschen Märchenstraße. Die Gebrüder Grimm besuchten auch diesen Ort, bevor sie sich ans Werk zum Deutschen Wörterbuch machten. Direkt beim Vitalpark liegt der Gebrüder-Grimm-Märchenpark mit zahlreichen Szenen aus den Märchen, Häuschen, einem Schloss sowie Märchenfiguren und Spielmöglichkeiten.

■ St.-Gerhard-Kirche

Ein paar Meter südöstlich der historischen Altstadt steht ›Auf der Rinne 18‹ die Gerhard-Kirche. Sie gehört zum Klemenskloster der Redemptoristen, unter Einheimischen besser bekannt als Paterkloster. Die Kirche wurde von 1925 bis 1927 erbaut und ist also recht jung. Doch diesen Eindruck macht die im sizilianischen Barockstil innen wie außen errichtete nicht; sie scheint mit aller Kraft zu versuchen, ihr zartes Alter hinter allerlei Historisierendem zu verbergen.

Rund um Heiligenstadt

Im **Naturparkzentrum Fürstenhagen** im ehemaligen Bahnhof und im alten Wasserturm kann man sich über den Naturpark Eichsfeld-Hainich-Werratal informieren. Es gibt einen Laden, einen Imbiss, einen Garten der Sinne, einen Erlebnispfad und ein Erlebnisbaumhaus. Am Zentrum beginnt auch der Wanderweg zum Eibenwald und zu den Dieteröder Klippen.

■ Grenzmuseum Schifflergrund

Das Museum zeigt vor allem Technik, die bei der Grenzsicherung zum Einsatz kam. Auf dem Gelände befinden sich auch zahlreiche Kunstwerke, die sich mit der deutschen Teilung auseinandersetzen. Ein Teil der Ausstellung beschäftigt sich auch mit dem Wanfrieder Abkommen, einem Gebietstausch und einer Grenzbereinigung zwischen der sowjetischen Zone in Thüringen und der amerikanischen Zone in Hessen. Das Areal des Museums war selbst von dem Gebietstausch betroffen.

■ Wahlhausen

Im Örtchen Wahlhausen direkt an der Werra gibt es die innen prächtig und wahrhaft sehenswert ausgemalte **Margarethenkirche**. Die **Camping Oase Wahlhausen** liegt direkt am Fluss, und bei ›Pias Radlerrast‹ bekommt man selbstgebackenes Brot.

■ Baumschule Walsetal

Bei der kleinen Baumschule Walsetal bekommt man ökologisch aufgezogene alte Obstsorten. Mit dem **Regionalgarten Eichsfeld** betreibt die Baumschule einen Schau- und Sichtungsgarten für regionale Kultur- und Nutzgehölze.

■ Lindewerra

Bei Wahlhausen kehrt die Werra noch einmal als Grenzfluss nach Thüringen zurück, bis sie bei Lindewerra endgültig nach Hessen und Niedersachsen verschwindet. Lindewerra ist das ›Stockmacherdorf Deutschlands‹. Aus Eichenholz werden hier seit 1836 Wander- und Gehstöcke hergestellt. Im **Stockmachermuseum** erfährt man die Geschichte des Stockmacherhandwerks und auch, wie ein Stock in 32 Arbeitsschritten entsteht.

Von Lindewerra aus gibt es **Wandermöglichkeiten** zur Teufelskanzel und Junkerkuppe mit einem einmaligen Rundblick über das Werratal. An der Teufelskanzel gibt es auch ein Wirtshaus (in Lindenwerra zwei weitere). Und auch die Burgruine

Imposant: Burgruine Hanstein

Hanstein liegt nur acht Kilometer nördlich. Ein 16,7 Kilometer langer Rundwanderweg verbindet Lindewerra mit Teufelskanzel, Hanstein und Werleshausen.

Burgruine Hanstein

Imposant erhebt sich die Burgruine Hanstein über dem schnuckeligen Ort Rimbach direkt an der ehemaligen innerdeutschen Grenze. Die frühmittelalterliche Burg ist eine der größten Burgruinen der Region. Die Hansteiner waren zwischenzeitlich auch Raubritter und lehrten die Händler im Werratal das Fürchten. Die Schweden beschädigten Hanstein im Dreißigjährigen Krieg schwer. Zu DDR-Zeiten nutzten die Grenztruppen die Burg als Beobachtungsposten. Höhepunkte heute sind das mittelalterliche Burgfest und der Ostermarkt. An der Burg ist auch ein Neidkopf angebracht. Er streckt seine Zunge in Richtung der 1415 von Landgraf Ludwig I. errichteten Trutzburg **Ludwigstein**. Diese thront auf einer Anhöhe direkt über der Werra und ist heute Jugendburg, allerdings bereits auf hessischem Gebiet.

Unbedingt besuchen sollte man den **Klausenhof** unterhalb der Burg im Ort, ein historisches Wirtshaus mit Übernachtungsmöglichkeiten und dem **Wurst- und Hausschlachtemuseum**.

Wingerode

Wingerode nördlich von Heiligenstadt ist ein schönes kleines Straßenstädtchen mit einer markanten **Kirche** in der Ortsmitte und hübschen **Fachwerkhäusern**. In einem dieser Häuser befindet sich das ›Café alte Schule‹ mit einem schönen Biergarten. Hier bekommt man neben Eis, Flammkuchen und Crêpes auch den für die Region typischen Eichsfelder Schmandkuchen.

Etzelsbach

Zwischen Heiligenstadt und Leinefelde, nördlich der A 38 bei Steinbach, liegt auf einem Feld die **Wallfahrtskirche St. Marien Etzelsbach**. Berühmt wurde die Kapelle aus rotem Backstein spätestens durch den Besuch von Benedikt XVI. am 23. September 2011. 90 000 Besucher wollten damals den Papst sehen.

Heiligenstadt und Umgebung

Vorwahl: 03606.

Tourist Information, Marktplatz 15, Im Rathaus. Tel. 677141; Mo–Fr 8–17, Sa 10–12, So (Mai–Sept) 10–12 Uhr. www.heilbad-heiligenstadt.de

Best Western Hotel am Vitalpark, In der Leineaue 2, Tel. 66370. Modernes Vier-Sterne-Haus direkt an der Therme. Große moderne Zimmer und Direktanschluss an den 4500 qm² großen Vitalpark; ab 65 € p. P. www.hotel-am-vitalpark.de

Hotel Norddeutscher Bund, Göttinger Str. 25, Tel. 55300. Farbenprächtig und stilvoll eingerichtetes Haus; EZ ab 50, DZ ab 73,50 €. www.hotel-norddeutscher-bund.de

Hotel Keppler's Ecke, Hauptstr. 52, Wingerode, Tel. 03605/501666. 8 km östlich von Heiligenstadt gelegen, bietet dieses Haus individuell eingerichtete Zimmer, ein Restaurant und Eiscafé mit schönem Hofgarten; EZ ab 80, DZ ab 100 €. www.kepplersecke.de

Kur- und Urlaubspension Hohes Rott, Nelkenweg 10, Tel. 619399. Sehr ruhig gelegenes Fünf-Sterne-Gästehaus mit großem Grundstück im Westen von Heiligenstadt; DZ ab 40 €. www.kneipp-bad.de

Jugendherberge Schloss Martinfeld, Bernteröder Str. 10, Martinfeld, Tel. 036082/90834. 13 km südlich von Heiligenstadt, im Grünen, liegt dieses wunderschöne Renaissanceschloss. Für Selbstversorger, aber auch mit Vollverpflegung, auch Zeltplatz oder Matratzenlager. Zahlreiche Sportmög-

Der Norden

lichkeiten und ein Grillplatz. Übernachtung ab 12,50 €, Zeltplatz 4,50 €, Bodenlager 6 €, Gäste ab 27 Jahre zahlen 4 € extra. www.schloss-martinfeld.de

Bildungs- und Ferienstätte Eichsfeld, Eichenweg 2, Uder, Tel. 036083 42311. Familienbildung, Ferienfreizeiten und Familienerholung hat man sich hier auf die Fahnen geschrieben. Den Kindern wird hier ein umfangreiches Freizeitprogramm geboten, damit die Eltern und Großeltern auch mal Erholung, Ruhe und Zeit für sich finden. Die Kurse gehen von Burn-Out über Kochen bis hin zu Yoga. www.bfs-eichsfeld.de

Wohnmobilstellplatz Heiligenstadt, Aegidienstr. 20, Tel. Tel. 677141. www.heilbad-heilgenstadt.de

Wohnmobilstellplätze Vitalpark → Baden.

Camping Oase Wahlhausen, Kreisstr. 32, Tel. 036087/98671. Schöne überschaubare Anlage direkt am Wasser, gute Infrastruktur, Restaurant; Erw. 5 €, Kinder bis 16 Jahre 3,50 €, Zelt 6 €, Stellplatz 7 €. www.camping-oase.de

Norddeutscher Bund, Göttinger Str. 25, Tel. 55300. Gemütliches Lokal mit kreativer, abwechslungsreicher Küche und freundlichem Personal. www.hotel-norddeutscher-bund.de

Altheiligenstädter Gasthaus St. Martin, Wilhelmstrasse 22, Tel. 602860. Uriges Restaurant mit kleiner Speise- und großer Getränkekarte, auf denen auch zahlreiche gute Spirituosen stehen. Spannend und kreativ arrangierte Gerichte. www.gasthaus-sankt-martin.de

Restaurant Schlauchturm, Schlauchturm, Ratsgasse 11, Tel. 607667. Gutbürgerliches Restaurant und Café mit gutem Essen am Barockgarten.

Central Café, Wilhelmstr. 37, Tel. 506265. Klassisches Caféangebot mit Frühstücks- und Tageskarte sowie Flammkuchen und Crêpes.

Paura, Marktplatz 6/7, Tel. 508130. Wein- und Delikatessenfachgeschäft, Vinothel und Café mit Kaffee, Tee und Wein. www.paura-spezialitaeten.de

Café am Kurpark, Felgentor 4, Tel. 663135. Vorwiegend von Kurgästen frequentiert, im Kurpark mit Außenterrasse.

St Georg (St Georges), Dorfstr. 16a, Dieterode, Tel. 036082/42128. Das wundervolle Fachwerkhaus an der deutschen Märchenstr., 15 km südlich von Heiligenstadt, serviert täglich wechselnde gute französische Küche und wurde vom Gault-Millau empfohlen. www.restaurant-st-georges.de

Klausenhof, Friedensstr. 28, Bornhagen, Tel. 036081/61422. Historisches, seit 1487 bestehendes Wirtshaus mit rustikaler Schänke, toll eingerichteten Sälen und Weinberg am Hanstein. Das Essen ist von hoher Qualität und Hausgemacht. Die Zutaten wie Wild und Kräuter kommen aus den heimischen Wäldern oder dem hauseigenen Garten. Auch der Feldgieker, die bekannte Eichsfelder Wurst trocknet direkt im Haus an der Luft. Und wie sie entsteht, erfährt man vor Ort im Wurst- und Hausschlachtemuseum. Der Klausenhof ist vom ADFC als fahrradfreundliche Unterkunft zertifiziert. DZ ab 90 €. Mittelalterliches Schlaflager sowie Pilgerunterkunft sind günstiger. www.klausenhof.de

Café alte Schule, Hauptstr. 79, Wingerode, Tel. 03605/2009390.

Heimatmuseum, Kollegiengasse 10, Tel. 677480; Di–Fr 10–17, Sa/So 14.30–17 Uhr. www.heilbad-heiligenstadt.de

Theodor-Storm-Museum, Am Berge, Tel. 613794; Di–Fr 10–17, Sa/So 14.30–16.30 Uhr. www.stormmuseum.de

Märchenpark, In der Leineaue 2, Tel. 677141; Mai–Okt. Mo–So 10–19 Uhr.

Eisenbahnmuseum, Dingelstädter Str. 45, Tel. 0175/8031150. Freigelände immer geöffnet, Führungen nach telefonischer Voranmeldung. www.hev-ev.de

▶ Karte S. 65

Wurst- und Hausschlachtemuseum, im Klausenhof (s.o.); Mi–So 12–17 Uhr und nach Vereinbarung.
Naturparkzentrum Fürstenhagen, Dorfstr. 40, Fürstenhagen, Tel. 03615/73915640; Ausstellung Mo–Do 9–16, Fr 9–14, Sa 14–17, So 10–17 Uhr.
www.naturpark-ehw.de
Burg Hanstein, Am Kulturzentrum 11, Bornhagen; März–Okt. Mo–So 10–18 Uhr, Nov. Mo–So 10–16 Uhr, Dez.–Feb. Sa/So 10–16 Uhr. Führungen auf Anfrage über das Kulturzentrum (Tel. 036081/61311) oder am Kassenhäuschen zu den Öffnungszeiten (Tel. 036081/67856).
www.burgruine-hanstein.de,
www.burghanstein.de
Grenzmuseum Schifflersgrund, Asbach-Sickenberg, Platz der Wiedervereinigung 1, Tel. 036087/98409; Mo–So 10–17 Uhr.
www.grenzmuseum.de
Stockmachermuseum Lindenwerra, Tel. 036087/98300; April–Okt. So 13.30–17 Uhr, ganzjährig nach Voranmeldung.
www.lindenwerra.de

Eichsfelder Kulturhaus, Aegidienstr. 11a, Tel. 608060. Theater, Konzerte, Ausstellungen. www.eichsfelder-kulturhaus.de
Fest der Heiligenstädter Möhrenkönige, Stadtfest Anfang September auf der Wilhelmstraße mit Kulturprogramm und großem Schaustelleraufgebot.
Heimensteiner Kirmes, Jährlich zu Pfingsten findet seit nun über 650 Jahren das Volksfest am Klausberg mit Festumzug am Pfingstmontag statt.
Ibergrennen, an jedem letzten Wochenende im Juni findet am Iberg im Stadtwald das Rennsport- und Tourenwagenrennen statt. www.ibergrennen.de

Leine-Werra-Radweg, Zwischen Neuwerth und Werleshausen verläuft der 11 km lange Verbindungsweg zwischen Werra-Radweg und Leine-Radweg.
Eichsfeldwanderweg, Das gesamte Eichsfeld – nicht nur das thüringische, sondern auch das niedersächsische – kann man mit dem Eichsfeldwanderweg erkunden. Er ist in zwölf Tagesetappen unterteilt.

Kurmittelhaus Vitalpark und **Eichsfeld-Therme**, In der Leineaue 1, Tel. 66390. Wellness, Spa und Fitness, 6 Badebecken, unter anderem einem 25-Meter-Sportbecken und Solebecken, 7 Saunen mit Meditationsgarten und Wasserfall.
www.vitalpark-heiligenstadt.de

Kartcenter Heiligenstadt, Auf der Rinne 37, Tel. 506484.
www.kart-center-heiligenstadt.de

Eichsfelder Wurst, Feldgieker, Stracke, Mett- und Blutwurst gibt es in so gut wie jeder Fleischerei. Ganz groß sind die Wursthersteller der Region auch im Onlineversand.
Kapsmühle, Zur Kapsmühle 5, Tel. 612349. Seit 1413 wird hier Korn gemahlen, im Hofladen gibt es Mehl aus eigener Produktion.
Baumschule Walsetal, Kreisstr. 13, Dietzenrode-Vatterode, Tel. 036087/90060.
www.bs13.baumschule-walsetal.de.
Mühlenbrennerei, Mühlplatz 18, Dietzenrode, Tel. 036087/90804. Ein Eichsfelder Ökolandwirt aus Bayern betreibt aus seinem Inselhof eine Destille. Ergebnis: Köstlich. Auch Führungen und Verkostungen werden angeboten.
www.muehlenbrennerei.de
Kuhmuhne Schönhagen, Dorfstr. 12, Schönhagen, Tel. 036083/54544. Es gibt eine Käserei sowie einen Schaugarten für Kulturpflanzenvielfalt mit rund 200 selten gewordenen Gemüse-, Blumen- und Kräutersorten. www.kuhmuhne.de,
www.dreschflegel-shop.de

Leinefelde-Worbis

Die Doppelgemeinde verfügt über einige sehenswerte Fachwerkbauten wie das ehemalige Kurmainzer Amtshaus **Rentamt** und das gegenüberliegende **Gülden Creutz** im Ortsteil Worbis. In Leinefelde entspringt die Leine.

St. Antonius

Die barocke Klosterkirche St. Antonius in Worbis mit ihrer glanzvollen Innenraumgestaltung wurde 1670 nach Plänen des Baumeisters Antonio Petrini erbaut und 1765 von den Franziskanern umgestaltet. Seit über 300 Jahren ist die Kapelle Wallfahrtsort für den heiligen Antonius von Padua. Im Juni findet die Große Wallfahrt statt.

Alternativer Bärenpark Worbis

Im vier Hektar großen Bärenpark Worbis finden nur Tiere aus nicht artgerechter Haltung ein neues Zuhause; zwei Schwarz- und zehn Braunbären leben derzeit hier. Ein als Gittertunnel gestalteter Bärenlehrpfad verbindet die weiträumigen Gehege miteinander. Hier ist quasi der Mensch eingesperrt und läuft durch die Wohnzimmer der Tiere. Ein Wolfsrudel gibt es auch, und ein Teil des Geländes ist Waschbären und seltenen Haustierrassen vorbehalten. So findet man auf dem Bauernhof etwa die Thüringer Waldziege und das Leineschaf. Im Heimtierbereich erfährt man alles über die artgerechte Haltung von Haustieren wie Meerschweinchen, Sittichen oder Schildkröten.

Brauerei Neunspringe Worbis

Ostdeutsche fühlen sich in die DDR-Zeit versetzt, wenn sie eine Neunspringe-Cola trinken. Denn die kleine Brauerei ist überregional weniger für ihr Bier bekannt, sondern vielmehr für ihre Cola, Himbi und andere Produkte nach traditionellem DDR-Rezept. Inzwischen sind

▶ Karte S. 62

Ein Bewohner des Bärenparks

die Limonaden der Brauerei in vielen Regionen Ostdeutschlands erhältlich. Zu DDR-Zeiten wurde auch in Worbis Vita-cola gebraut. Nach der Wende verblieb das Namensrecht bei Thüringer Waldquell in Schmalkalden. Worbis allerdings veränderte Rezept und Lieferanten nicht und stellt somit nach wie vor die originale DDR-Cola her.
Die Brauerei mit Fabrikverkauf liegt direkt hinter dem Bärenpark Worbis. Neu im Sortiment sind Brände, Rum, international prämierter Gin, seit 2013 wird auch ein hauseigener Whisky destilliert.

Japanischer Garten

Mitten in den Innenhof eines DDR-Plattenbauviertels hat Professor Kazuhisa Kawamura an die Stelle eines abgetragenen Wohnblocks einen Japanischen Garten setzen lassen. Im Rahmen des Stadtumbaus entstand hier ein ganz ungewöhnlicher Kontrast.

Burg Scharfenstein

Zu Leinefelde gehört auch der Ortsteil Beuren mit der umfassend sanierten Burg Scharfenstein. Die Höhenburg wurde erstmalig 1209 erwähnt. Sie erfuhr mehrfach Zerstörungen, unter anderem im Mai 1525, als Anhänger Thomas Müntzers sie bis auf die Grundmauern niederbrannten.

Heute gibt es auf der wiederaufgebauten Burg, einem beliebten Ausflugsziel, Pilgerzimmer, verschiedene Veranstaltungen, Konzerte und ein Burgcafé, wo man auch Fast Food bekommt. Highlight ist die Whisky-Erlebniswelt mit Whiskykino, die die Traditionsbrauerei Neunspringe hier eingerichtet hat.

Rund um Leinefelde-Worbis

In der ehemaligen Zollabfertigungsstelle und im Mühlenturm des kleinen Kurorts Teistungen befindet sich das **Grenzlandmuseum Eichsfeld**, eine Ausstellung zur Geschichte der deutsch-deutschen Grenze. So werden authentisch eingerichtete Zimmer, die Organisation des Staates, die Rolle der Staatssicherheit bei der Grenzsicherung, das Leben im Grenzgebiet und der Grenzübergang Duderstadt-Worbis gezeigt. Der sechs Kilometer lange **Grenzlandweg** mit teilweise originalen Grenzanlagen verläuft als Rundwanderweg mit 24 Stationen überwiegend entlang der ehemaligen Grenze.

■ Bleicherode und Umgebung

Wie Bischofferode lebte der Ort Bleicherode, 26 Kilometer östlich von Leinefelde-Worbis, lange von der Kalisalzgewinnung. Er weist einige sehenswerte Bauwerke wie **Rathaus**, **Kirche** sowie **Fachwerk- und Bürgerhäuser** auf.

Sechs Kilometer südöstlich, am Rand der Hainleite, liegt die verstreute Gemeinde Großlohra. Im Ortsteil **Münchenlohra** befindet sich eine romanische **Pfeilerbasilikakirche**. Die Klosterkirche der Zisterzienserinnen wurde gegen 1200 errichtet und 1882 nach Plänen von Carl Schäfer unter Berücksichtigung des historischen Originalzustandes wieder aufgebaut. Im Gemeindeteil Lohra steht die beeindruckend gut erhaltene **Burgruine Lohra** mit ihrer Doppelkapelle. Sie ist eine der größten Burganlagen Thüringens und wird vom Verein Offene Häuser Schritt für Schritt wieder belebt. Übernachten und zelten können Gruppen hier auch.

■ Burg und Kemenate Großbodungen

Etwa 20 Kilometer nordöstlich von Leinefelde-Worbis liegt eine ehemalige Wasserburg mit schönem Fachwerkinnenhof und 27 Meter hohem Turm. Sie ist in adeligem Privatbesitz. Hier ist eine Mineralien- und Fossilienausstellung untergebracht. Die Veranstaltungen und Ausstellungen finden in der ›Galerie in der Burg‹ in der historischen Kemenate statt, einem historischen Fachwerkbau, nur 200 Meter entfernt von der Burg. In der ›Kemnot‹ gibt es auch ein Café sowie einen Biergarten.

■ Bischofferode

Die ehemalige Kalistadt Bischofferode südöstlich von Leinefelde erlangte Anfang der 1990er Jahre überregionale Bekanntheit. Der Arbeitskampf der ostdeutschen Kalikumpel in Zusammenhang mit der Privatisierung und Schließung der Kaligruben erreichte 1993 in Bischofferode mit Grubenbesetzung und Hungerstreiks seinen Höhepunkt, war aber letztlich erfolglos. Im Ort gibt es ein **Kalibergbaumuseum** zur Geschichte des Kalisalzabbaus im Eichsfeld.

i Leinefelde-Worbis und Umgebung

Vorwahl: 03605 (Leinefelde) und 036074 (Worbis).

Bürgerbüro Leinefelde, Bahnhofstr. 43 (im Rathaus Wasserturm), Leinefelde, Tel. 03605/200400; Mo–Mi 8.30–16.30, Do 8.30–18.30, Fr 8.30–15, Sa 9–12 Uhr. www.leinefelde-worbis.de

Bürgerbüro Worbis, Haus Kaufeck, Rossmarkt 2, Worbis, Tel. 036074/200300; Mo–Di 8.30–16.30, Mi 8.30–12, Do 8.30–17.30, Fr 8.30–12.30, Sa 9–12 Uhr.

Victor's Residenz-Hotel Teistungenburg, Klosterweg 6–7, Teistungen, Tel. 036071/840. Sport- und Wellnesshotel mit Bäder- und Saunawelt auf 3000 qm sowie allerlei Möglichkeiten für andere Sportarten; EZ ab 85, DZ ab 95 €. www.victors.de

Bärenpark Worbis, Duderstädter Allee 49, Tel. 036074/20090; März–Okt. 10–18 Uhr, Nov.–Feb. 10–16 Uhr. www.baer.de

Japanischer Garten Leinefelde, Hahnstr., www.kawa-mura.de/garten/leinefelde.html

Burg Scharfenstein, Scharfenstein 1, Tel. 03605/200200. www.whiskywelt-burg-scharfenstein.de

Burg Bodenstein, Burgstr. 1, Bodenstein, Tel. 036074/970 Zimmer ab 38 € p. P., Sonderangebote für Familien. www.burg-bodenstein.de

Grenzlandmuseum Eichsfeld, Duderstädter Str. 5, Teistungen, Tel. 036071/97112; Di–So 10–17 Uhr. www.grenzlandmuseum.de

Burg Lohra, Anfragen über Open Houses, Tel. 03643/502390. www.openhouses.de

Burg und Kemenate Großbodungen, Fleckenstr. 41, 036077/18934. Besichtigung der Ausstellung in der Burg nach Vorabsprache. www.galerie-in-der-burg.de

Bergbaumuseum Bischofferode, Bischofferöder Str. 9, Tel. 036077/21844; Mo–Do 9–12, Fr 14–16 Uhr. http://www.hungerstreik-kaliwerk.de

Leine-Bad, Jahnstr. 17, Tel. 03605/200520. Unterhalb des Lunaparks gelegene Anlage mit 25-Meter-Becken, Kaskadenbecken, Babybecken, großer Rutsche und Welle. Das Wasser wird mit Natursole gesalzen. www.leine-bad.de

Wipperwelle Worbis, Am Stadion 2, Tel. 03605/200530. Hallenbad mit Außenbereich und Saunen. www.wipperwelle.de

Fischzucht Worbis, Nordhäuser Str. 57, Tel. 036074/92274. Angelteiche und Hofladen. Teiche zum Angeln April–Okt. Sa/So 10–16 Uhr.

Reiterhof Biermann, Siegfriederode 1, Tel. 036074/92774. www.reiterhof-biermann.de

Brauerei Neunspringe, Neunspringer Str. 4, Leinefelde-Worbis, Tel. 036074/9790. www.brauerei-neunspringe.de, www.number-nine.eu

Büschlebsmühle, Büschlebsmühle 1, Worbis, Tel. 036074/92535. www.bueschlebsmuehle.de

Thüringer Kaltblutzucht, Bockelnhagener Str. 11, Sonnenstein/OT Bockelnhagen, Tel. 036072/90531. Stutenmilch sowie Fleisch und Wurst von Pferd und Wild. www.thueringer-kaltblutzucht.de

Von Leinefelde-Worbis nach Mühlhausen

Nur ein paar Minuten westlich von Dingelstädt, in **Kefferhausen**, befindet sich die **Quelle der Unstrut**. Über die Architektur des **Quellenhauses** kann man sich freilich streiten.

Die Unstrut ist der größte und wasserreichste Zufluss der Saale. Nach 190 Kilometern mündet sie in Sachsen-Anhalt in Blütengrund bei Naumburg in die Saale. Bis 1795 wurde die Unstrut befahrbar gemacht, ausgebaggert und mit Schleusen, Wehren und Werften versehen. Heute ist sie ein Fluss für Paddler. Entlang der gesamten Unstrut verlaufen der Unstrutwanderweg und der Unstrutradweg.

Die knapp zwei Kilometer von Kefferhausen entfernt in offener Landschaft liegende **Werdigeshäuser Kirche** ist eine kleine Wallfahrtskirche für den Nothelfer Cyriakus. Sie soll nach Plänen

▶ Karte S. 62

des Barockarchitekten Johann Christoph Heinemann Mitte des 18. Jahrhunderts wiederaufgebaut worden sein. Aus dieser Zeit stammen auch die inzwischen stattlichen 19 Linden.

Wallfahrtskapelle Klüschen Hagis

Noch ein Stück weiter westwärts, neben der Burg Gleichenstein, liegt die Wallfahrtskapelle Klüschen Hagis. Sie gehörte zu einem Dorf, das aber verlassenen wurde. Zur Pietà pilgern die Menschen seit Jahrhunderten. Zu DDR-Zeiten wurde dieser Ort zum einem der Hauptwallfahrtsorte des Landes, unter anderem, weil der Hülfensberg zu nah an der Grenze lag und daher so gut wie nicht erreichbar war. Zur Männerwallfahrt an Christi Himmelfahrt, auch als Männertag bekannt, ist hier am meisten los. Zudem gibt es weitere Wallfahrten wie die der Magdeburger Fußwallfahrer an Maria Himmelfahrt.

Kloster Anrode

Das ehemalige Zisterzienserkloster Anrode liegt kurz vor Mühlhausen. Ein Förderverein bemüht sich, wieder Leben in die historische Nonnenklosteranlage zu bringen. So findet zwischen April und Oktober an jedem zweiten Samstag im Monat ein Tier- und Bauernmarkt statt. In dem weitestgehend erhaltenen Klosterareal wurde auch ein **Museum für historische Handwerksgeräte** eingerichtet. Es kann nach Vorabsprache besichtigt werden.

Effelder

An der höchsten Stelle des kleinen Ortes Effelder thront der sogenannte **Eichsfelder Dom**. Bei der St. Albanuskirche (1895) mit ihrem 56 Meter hohen Turm handelt es sich gleichzeitig um die am höchsten gelegene Kirche im Eichsfeld.

Kloster Zella

Die grandiose Klosteranlage von Zella ist wunderschön in ein abgeschiedenes bewaldetes Seitental eingebettet. Der überwiegende Teil der heute erhaltenen, vorwiegend im Fachwerkstil errichteten Gebäude stammt von 1603. Die romanische **St. Nikolauskirche** ist heute ökumenisch. In der weitläufigen, frei zugänglichen Anlage aus dem 12. Jahrhundert befindet sich heute ein Alten- und Pflegeheim.

Fachwerkschönheit: Kloster Zella

Am Kloster entspringt die Frieda, und unweit des Klosters erhebt sich der Annaberg, neben dem Hülfensberg einst einer der wichtigsten Wallfahrtsorte des Eichsfeldes.

Lengenfeld unterm Stein

Mit der Fahrraddraisine fährt man ab dem Bahnhof Lengenfeld auf der wildromantischen alten Kanonenbahnstrecke durchs Obereichsfeld. Direkt zu Beginn überquert man mit dem 24 Meter hohen und rund 240 Meter langen historischen **Eisenbahnviadukt** über Lengenfeld und das Friedatal eine der Hauptattraktionen. Er ist Teil der historischen Eisenbahnstrecke Berlin–Metz. Der eigentliche Star allerdings ist natürlich die Landschaft. Auf drei möglichen Routen windet sich die Trasse auf bis zu 20,7 Kilometern pro Fahrtrichtung durch Berge und Täler entweder in Richtung Geismar und Hülfensberg oder nach Küllstedt und sogar weiter bis Dingelstädt. Alle zwei Kilometer gibt es Haltepunkte. Für Leute mit dem Bedürfnis eines Erlebnisses ohne Anstrengung werden geführte Touren mit den Elektrodraisinen ›Kanonenbahn‹ und ›Rasender Arnold‹ angeboten. Im **Bahnhof Lengenfeld** gibt es ein Lokal, Ferienwohnungen und beim Parkplatz auch Stellplätze für Wohnmobile.

Hülfensberg

Allein schon die Anfahrt zum Hülfensberg, entlang der bewaldeten Hügel des Naturparks Eichsfeld, ist ein Genuss. Im Mittelalter war der Hülfensberg bei Döringsdorf einer der sieben bedeutendsten Wallfahrtsorte Deutschlands. Ohne Zweifel ist es der wichtigste und einer der ältesten Wallfahrtsorte des Eichsfeldes. Bereits für die Germanen war dieser Ort heilig. Zu Zeiten der deutschen Teilung zwischen 1952 und 1989 lag direkt hinter dem 448 Meter hohen Berg die innerdeutsche Grenze. Daher wich man auf die Wallfahrtskapelle ›Klüschen Hagis‹ aus. Heute befindet sich auf dem Hülfensberg wieder ein funktionierendes **Franziskanerkloster** mit einer Handvoll Mönche; es gibt auch einige Gästezimmer. Die gotische **Wallfahrtskirche** wurde 1367 geweiht und 1890 umfangreich verändert. Die Pilger zieht es im Inneren der Kirche zum Hülfenskreuz aus dem 12. Jahrhundert mit dessen besonderer Darstellung von Jesus am Kreuz.

Von Leinefelde nach Mühlhausen

Landhotel Berggaststätte Bickenriede, Anröder Weg 5, Anrode, Tel. 036023/50951. Familiengeführtes Drei-Sterne-Superior-Landhotel mit modern eingerichteten Zimmern. DVDs bekommt man an der Rezeption. Es gibt ein Restaurant mit Sonnendeck, gutbürgerlichen Gerichten mit regionalen Zutaten sowie eine Hotelbar mit großer Karte und Sky-Abo. Vom Hotel wird auch das am Wochenende geöffnete Wirtshaus Schinkenkrug im Kloster betrieben; EZ ab 40, DZ ab 60 €. www.landhotel-bickenriede.de

Unstrutradweg: www.unstrutradweg.de

Kloster Anrode, Klosterstr. 6, Tel. 036023/5700. www.kloster-anrode.de

Kloster Zella, Kloster Zella 1, Rodeberg-Struth, Tel. 036026/9700. www.kloster-zella.info.

Fahrraddraisine, Bahnhofstr. 43; Fahrtzeiten April–Okt. tgl. 9–18 Uhr, Nov.–März Di–So 1x tgl. ab 11 Uhr. Reservierung unter 036027/78866 (10–12.30 u. 14–17 Uhr). Feste Fahrtzeiten beachten. Bitte beachten Sie auch, dass Sie die Strecke auch wieder zurück nach Lengenfeld fahren müssen. Darüber hinaus Fahrten je nach Wetterlage auf Anfrage. Voranmeldung erforderlich. www.erlebnis-draisine.de

Hülfensberg: www.hülfensberg.de

▶ Karte S. 62

Mühlhausen

›Turmgeschmücktes Mühlhausen‹ wird die Stadt mitunter auch genannt. Sie trägt den Namen zu recht, verfügt sie doch neben einem vollständig intakten mittelalterlichen Stadtkern mit zahlreichen Kirchen auch über eine nahezu vollständig erhaltene mittelalterliche Stadtbefestigung mit Stadttoren und Türmen. All die Türme vereinen sich zu einer einzigartigen romantischen Stadtsilhouette. Wenn man bedenkt, dass im 19. Jahrhundert bis auf das Innere und Äußere Frauentor alle weiteren Stadttore abgerissen wurden, kann man sich vorstellen, wie imposant die Skyline davor ausgesehen haben muss. Auch zahlreiche Brände, die sich in der Enge der Stadt schnell zu großen Feuersbrünsten ausweiteten, trugen zu einer steten Veränderung Mühlhausens bei.

Geschichte

Mühlhausen ist im gesamten geschichtsträchtigen Thüringen eines der historisch bedeutsamsten Reiseziele. Ab 1135 war es Reichsstadt (Civitas Imperatoris) und ab 1251 Freie Reichsstadt. Somit war Mühlhausen noch vor Mainz, Worms oder Köln eine der ersten Freien Reichsstädte. Seine auf Deutsch niedergeschriebene städtische Rechtsprechung entstand etwa zur gleichen Zeit wie der Sachsenspiegel und gilt als älteste Stadtrechtsaufzeichnung des gesamten Abendlandes.

Im Spätmittelalter war die Freie Reichsstadt Mühlhausen nach Erfurt die bedeutendste und größte Stadt Mitteldeutschlands. Mit 10 000 Einwohnern – 5000 davon in der Innenstadt und jeweils 2500 in den Vororten und umliegenden Dörfern – lag sie sogar noch vor Leipzig. Auch gehörte Mühlhausen ab dem 13. Jahrhundert der Hanse an. Dies verdankte sie unter anderem ihrer Lage: zahlreiche bedeutende internationale Handelsstraßen verliefen durch die Stadt. Der heutige geographische Mittelpunkt Deutschlands liegt nur fünf Kilometer südlich der Stadt bei Niederdorla in Vogtei. Mühlhausen war im Mittelalter Kaiserpfalz. 13 imposante Kirchen, 11 davon gotisch, zeugen von dieser einstigen Bedeutung.

Aus Mühlhausen stammen der Architekt Friedrich August Stüler, ein Schüler Schinkels, der unter anderem den Berliner Dom, das Neue Museum, die Alte Nationalgalerie und die Kuppel des Stadtschlosses in Berlin sowie die Burg Hohenzollern in Hechingen entwarf. Das Pfarrhaus St. Marien gegenüber der Mühlhäuser Marienkirche ist sein Geburtshaus. Und auch der Konstrukteur der Brooklyn Bridge in New York, John August Röbling, wurde in Mühlhausen geboren, am 22. Juli 1869.

Thomas Müntzer (um 1489–1525), der Priester, radikale Reformer und Bauernanführer, wirkte im 16. Jahrhundert in Mühlhausen und machte den Ort zum Zentrum des Bauernkrieges in Thüringen. Müntzer war ein großer Anhänger Luthers und als Priester in Mühlhausen

Sankt Petri, farbenfroh umspielt

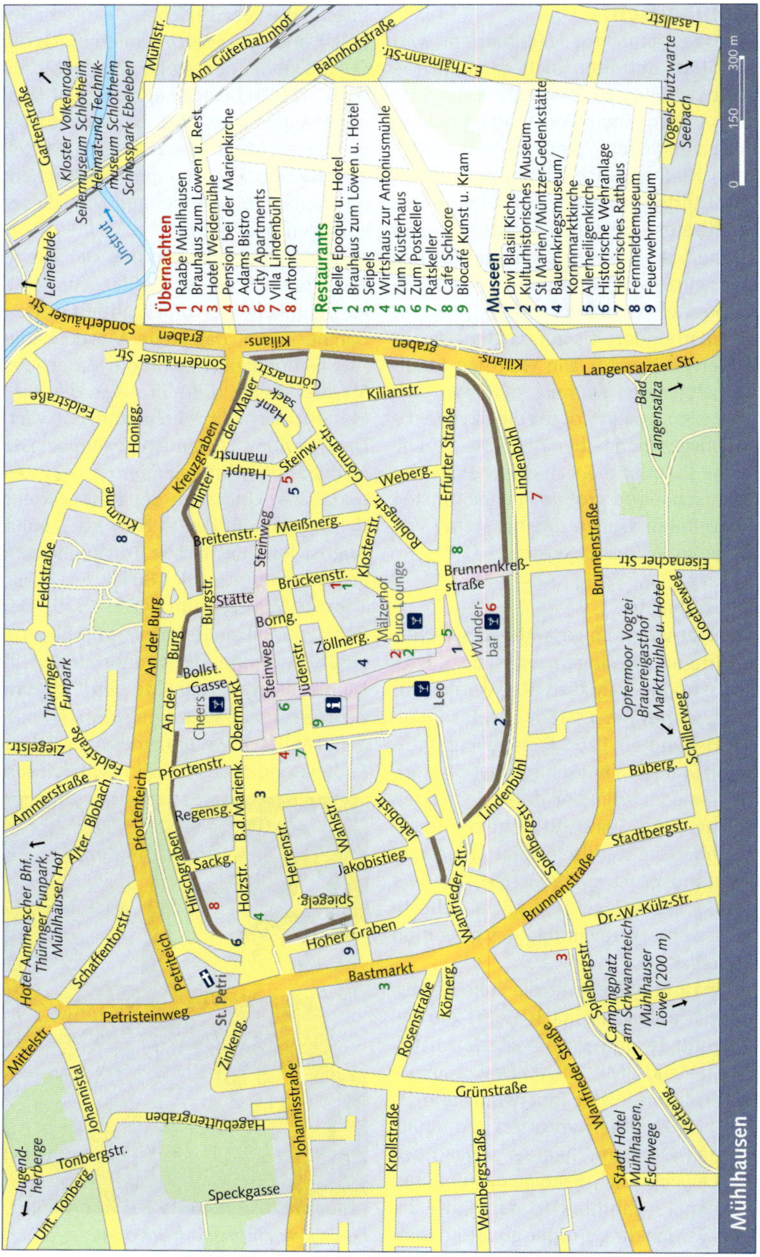
Mühlhausen
Übernachten
1 Raabe Mühlhausen
2 Brauhaus zum Löwen u. Rest.
3 Hotel Weidemühle
4 Pension bei der Marienkirche
5 Adams Bistro
6 City Apartments
7 Villa Lindenbühl
8 AntoniQ
Restaurants
1 Belle Epoque u. Hotel
2 Brauhaus zum Löwen u. Hotel
3 Seipels
4 Wirtshaus zur Antoniusmühle
5 Zum Küsterhaus
6 Zum Postkeller
7 Ratskeller
8 Cafe Schikore
9 Biocafé Kunst u. Kram
Museen
1 Divi Blasii Kiche
2 Kulturhistorisches Museum
3 St Marien/Müntzer-Gedenkstätte
4 Bauernkriegsmuseum/ Kornmarktkirche
5 Allerheiligenkirche
6 Historische Wehranlage
7 Historisches Rathaus
8 Fernmeldemuseum
9 Feuerwehrmuseum
0 150 300 m

tätig. Er wurde nach der Schlacht bei Frankenhausen hingerichtet. Er gilt als eine der wichtigsten Personen in den Deutschen Bauernkriegen und ein früher Menschenrechtler und Revolutionär, die DDR stilisierte ihn zu einem frühbürgerlichen Revolutionär.

Feste

Die **Mühlhäuser Stadtkirmes** beginnt am letzten Augustwochenende und ist eine echte Attraktion. Eine ganze Woche lang wird auf der laut eigenen Aussagen größten deutschen Stadtkirmes gefeiert, und dies seit 1877. In einer Gegend, die eigentlich nicht für Fasching oder Karneval bekannt ist, verkleiden sich die Leute, machen Umzüge und feiern. Mit dem rheinländisch angehauchten militärischen Marschieren der Prinzengarden hat das aber nichts zu tun, hier geht es eher bodenständig und familiär zu. Etwa 30 Kirmesgemeinden organisieren die Festivitäten. Vor über 130 Jahren hatte jede Kirche in Mühlhausen noch ihr eigenes Weihfest. Die Stadt bestand aus zahlreichen Gemeinden. Mühlhausen kam geradezu aus dem Feiern nicht mehr raus. Daher beschlossen die Kirchgemeinden, eine Woche lang eine gemeinsame Feier auszurichten. So entstand die Stadtkirmes. Einer ihrer Höhepunkte ist der Kirmesmarkt. Auf einem kleinen Teil davon bieten traditionelle Berufe wie Schmiede, Töpfer oder Buchbinder hier ihre Handwerkskunst an.

Ein weiterer Höhepunkt des Veranstaltungskalenders zur Mühlhäuser Kirmeszeit ist das **Rimbacher Männerballett**. Im Rimbacher Festzelt treten dann gesetzte Herren im Tütü und Baumwollunterhemd zu Schwanensee und anderen Hits an. Wer's mag – lustig ist es auf alle Fälle. Überhaupt scheinen in lustigen Kostümen auftretende Männer ein thüringisches Phänomen zu sein. Es finden sogar Landesmeisterschaften statt. Das **Müntzerspiel/Bauernkriegsspektakel** mit den Hauptakteuren Thomas Müntzer und seinem Weggefährten Heinrich Pfeiffer findet jährlich Ende Mai, Anfang Juni direkt an der Kornmarktkirche unter freiem Himmel statt.

Orientierung

Am schönsten ist es, sich einfach durch die Altstadt treiben zu lassen. Bei einer Fläche von etwa 50 Hektar und der sie umgebenden Stadtmauer kann man sich fast nicht verlaufen. Überall sind Informationstafeln zu interessanten und wichtigen Häusern angebracht. Die meisten Kirchen Mühlhausens dienen heute nicht mehr als Gotteshäuser. Sie beherbergen unter anderem die Thomas-Müntzer-Gedenkstätte, Museen, Jugendherbergen, Kindergärten oder die Stadtbibliothek.

Sankt-Blasius-Kirche

Die mächtige Kirche Sankt Blasius mit ihren Doppeltürmen dominiert die Mühlhäuser Unterstadt mit ihren faszinierenden Hausfassaden. Einige finden sich in unmittelbarer Nähe, etwa der Beuren-Hof oder das Haus der Kirche am Kristanplatz 1. Hier, in der ehemaligen Deutschordenskomturei, findet man auch die gotische **Annenkapelle** von 1290.

Die Blasiuskirche wurde im 13./14. Jahrhundert vom Deutschen Ritterorden als erste große gotische Kirche im mitteldeutschen Raum errichtet und war wohl ein bisschen zu mächtig. Einen Meter steht sie inzwischen schief. Johann Sebastian Bach war hier von Juni 1707 bis 1708 als Organist angestellt. Die Kirche trägt daher den Beinamen Bachkirche. Die **Skulptur** links von der Kirche zeigt den Komponisten in jungen Jahren.

Kulturhistorisches Museum am Lindenbühl

Geht man von der Sankt-Blasius-Kirche am Gebäude der Mühlhäuser Werkstätten vorbei in Richtung Therme, kommt man zum Kulturhistorischen Museum. Das etwas versteckt liegende Haus ist das Haupthaus des Mühlhäuser Museumszweckverbandes. Bei der Neukonzeption der Ausstellungen wurde großer Wert auf die besucherfreundliche Präsentation der Themen und Exponate gelegt. So sind alle Beschreibungen auf Deutsch und Englisch, und jeder Raum hat zudem eine Kinderstrecke. Das macht das Museum auch für junge Besucher attraktiv. Das Museum am Lindenbühl beherbergt eine der größten Thüringer Abteilungen zur Ur- und Frühgeschichte sowie der Archäologie. Unter dem Blickwinkel ›Migration und Mobilität‹ werden Funde aus der Unstrut-Hainich-Region von der Jungsteinzeit bis zum Mittelalter behandelt. Die Mühlhäuser Stadtgeschichte behandelt in fünf Themenräumen Mühlhausens Historie als Reichstadt, Kirchen- und Bürgerstadt, Industriestadt sowie den Aspekt ›Stadt und Wald‹. Mühlhausen ist nämlich auch größter kommunaler Waldbesitzer Thüringens. Historische Dioramen mit originalgetreuen Darstellungen bis ins kleinste Detail veranschaulichen auf wunderbare Weise die Vergangenheit. Die Abteilung KunstLand beschäftigt sich als kunstgeschichtliche Sammlung mit regionaler Thüringer Kunst und der Entwicklung der Kunstlandschaft Thüringen im 20. Jahrhundert.

Neben den ›Leuten vor Ort‹ ist aber auch internationale Kunst vertreten, darunter Werke von Lyonel Feininger und Paul Klee.

Bauernkriegsmuseum Kornmarktkirche

Die ehemalige Bettelordens- und Klosterkirche – als St. Crucis des Franziskanerklosters errichtet – mit ihrem schlanken und ungewöhnlich angeordneten Turm erfüllte schon viele Funktionen. So wurden im Bauernkrieg aus ihren Glocken Kanonen gegossen, und nach der Profanierung 1802 diente sie als Kornlager und Städtische Waage. 1975 schließlich wurde sie zum Bauernkriegsmuseum. Sie gehört zu den Mühlhäuser Museen.

▲ Karte S. 78

Am Untermarkt

Blick vom Mühlhauser Löwen auf die Altstadt

Bei der Ausstellung handelt es sich um die größte Sammlung zum Bauernkrieg in Deutschland, im großen Saal wird ausführlich das Thema Bauernkrieg und Reformation behandelt. Schwerpunkt dabei sind natürlich der Bauernkrieg im mitteldeutschen Raum und Thomas Müntzer. Sehenswert ist auch der Klostergarten. Immer montags von April bis Oktober um 14 Uhr finden Führungen auf den Kirchturm statt.

Historisches Rathaus und Reichsstädtisches Archiv

Das in die engen Gassen hineingesetzte Bauensemble Historisches Rathaus und Reichsstädtisches Archiv vereint eine Vielzahl unterschiedener Baustile und Epochen. Das **Treppenhaus** mit seinem hölzernen Aufgang und den Wappenfenstern wurde in den Jahren 1913/14 im Stile des Historismus neu gestaltet, während der **Kernbau** des Rathauses aus der Zeit um 1300 oder früher stammt. In dem Gebäude führt eine schwere Tür von der Großen Rathaushalle in das **Reichsstädtische Archiv**. Es ist im 1595/96 erbauten Südflügel untergebracht. Die zwei Räume umfassen zahlreiche Pergamente und Originaldokumente aus der Zeit Mühlhausens als Reichsstadt. Hier lagert auch das ›Mühlhäuser Rechtsbuch‹, neben dem Sachsenspiegel eine der ältesten mittelalterlichen Rechtsschriften. Die Bibliotheksschränke und Truhen entstanden maßgefertigt in den Jahren 1615 bis 1648 und stehen seitdem an dem für sie auserwählten Ort. Besonders aufwendig gestaltet ist der sogenannte W-Schrank, mit seiner original aus dem 17. Jahrhundert erhaltenen Inneneinrichtung ein Paradeschrank, der die Stadt- und Copialbücher enthält. Die vielen literarischen Kostbarkeiten weisen kaum Tintenfraß auf und sind bemerkenswert gut erhalten. Die **Große Ratsstube** stammt von 1370. Hier tagten die stolze Stadtregierung und auch der Ewige Rat des Bauernheeres bis zu seinem Untergang bei Frankenhausen. Linker Hand befinden sich Originalmalereien von 1460. Die sechs dargestellten Herren gehören zu den besterhaltenen Profanmalereien in deut-

schen Rathäusern. Die Zeit überstanden sie unter einer die Raumwände bedeckenden Vertäfelung beziehungsweise Tapete. Anlässlich eines Kurfürstentages 1572 wurde die Stube neu gestaltet. Aus dieser Zeit stammt auch die reich bemalte Holzvertäfelung wie die von Kaiser Maximilian II. mit den Kurfürsten und Wappen der Reichsstädte.
Zwischen 1912 und 1915 wurden die Räumlichkeiten nochmals renoviert. Dabei entdeckte man die Malereien aus dem 15. Jahrhundert wieder. In der Ratsstube stand früher ein Thron mit Tisch. Auf diesem lagen angedeutet die Reichsinsignien des deutschen Kaisers, des obersten Regenten über die Reichsstadt Mühlhausen.

Kirche St. Marien

Die massive Marienkirche mit ihrem gut 86 Meter hohen Turm prägt die Silhouette der Stadt. Dabei handelt es sich übrigens um den höchsten Kirchturm Thüringens und nach dem Erfurter Dom um die zweitgrößte Hallenkirche des Landes. Zu Zeiten des Bauernkrieges war die Kirche ein Zentrum der Aufständischen. Der Reformator Thomas Müntzer predigte in der Marienkirche und rief hier zum Bauernkrieg auf. Er wurde nach seiner vernichtenden Niederlage in der Schlacht bei Frankenhausen am 15. Mai 1525 und seiner Gefangennahme auf der Festung Heldrungen übrigens am 27. Mai vor den Toren Mühlhausens geköpft und aufgespießt.
Heute dient der Sakralbau als architektonisches und kulturhistorisches Museum sowie **Thomas-Müntzer-Gedenkstätte**; im Kirchenschiff geht es um Leben und Werk des radikalen Reformators. Im Turm befinden sich eine historische **Steinmetzwerkstatt** und weitere Exponate rund um den Kirchenbau. In der Marienkirche finden regelmäßig Musikveranstaltungen wie die ›Mühlhäuser Marienkonzerte‹ statt. Dabei kommt auch die Wilhelm-Sauer-Orgel von 1891 mit ihren mehr als 4000 Pfeifen und 61 Registern zum Einsatz.
Bei jedem Stadtratswechsel huldigten die Stadträte in der Marienkirche den Regenten. Am Südaltan schauen für dieses Ereignis daher auch Kaiser Karl IV. mit seiner Frau Elisabeth, einer Hofdame und einem Höfling über die Brüstung. Das Pendant dazu, nämlich schauende Mühlhäuser Bürger, findet man am **Fensterguckerhaus** in der Herrenstraße. Im Inneren wird eine Ausstellung zu mittelalterlicher Kunst aus Thüringen gezeigt. An der Kirche beginnt der **Steinweg**, die Fußgängerzone und Hauptstraße der Innenstadt.

▶ Karte S. 78

Allerheiligenkirche

Die ehemalige Museumsgalerie ist derzeit Baustelle und dient den Mühlhäuser Museen als Depot. Welche Nutzung die von 1287 stammende Kirche zukünftig haben wird, ist vorerst noch ein Geheimnis.

St. Petrikirche

Die Kirche mit ihren Fachwerkelementen und dem an Gebäude in Burgund erinnernden farbenprächtigen Dach beherbergt in ihrem Innern einen **Barockaltar** von 1746 und eine **Rühlmann-Orgel** im Biedermeierstil.

Jakobikirche

In dem Bau mit seinen markanten Doppeltürmen befindet sich heute die modern gestaltete Stadtbibliothek. Die Kombination von historischer Hülle und teils futuristischem Innern ergibt spannende Kontraste. In den sogenannten Archäologischen Fenstern im Kirchenschiff bekommt man Informationen zur Baugeschichte der Kirche.

Historische Wehranlage

Mühlhausen verfügt über eine der ältesten nichtrömischen deutschen Stadtbefestigungsanlagen. 2,2 des ehemals 2,8 Kilometer langen inneren Stadtmauerrings sind noch erhalten, auf einer Länge von 330 Metern ist er begehbar. In den Gartenhäuschen und ehemaligen Turmstümpfen sind kleine thematische **Ausstellungen** untergebracht. Als Postkartenmotiv dient vor allem das Ensemble mit Frauentor und Rabenturm, vom Rabenturm bietet sich ein phantastischer Rundumblick.

Mühlhäuser Löwe

Vom Kriegerdenkmal Mühlhäuser Löwe südwestlich der Altstadt – Schillerweg, Ecke Friedensstraße – hat man einen wundervollen Ausblick auf Mühlhausen.

Brunnenhaus Popperode

Das wunderschöne Brunnenhaus an der Popperöder Quelle liegt ganz versteckt, westlich der historischen Altstadt. Hier ist es still und romantisch. Jedes Jahr im Juni findet an diesem Ort das Brunnenfest statt; dann wird getanzt und gesungen und der magischen Quelle gedacht. Die Ursprünge des Festes gehen auf einen alten Wasserkult zurück.

Das Brunnenhaus Popperode

Kloster Volkenroda

In der nordthüringischen Abgeschiedenheit, 16 Kilometer östlich von Mühlhausen, ließen sich einst Zisterziensermönche nieder. Sie errichteten ihre Klosteranlage ab 1131 auf dem Gelände einer bereits um 1000 n. Chr. existierenden Reichsburg. Zur Wendezeit war die Klosterkirche Volkenroda bereits seit 30 Jahren geschlossen und in einem erbärmlichen Zustand. Sie wurde 1993 der Jesus-Bruderschaft zugesprochen, einer ökumenischen Gemeinschaft, in der auch Frauen und Familien willkommen sind. In der Gemeinschaft entstand die Idee des **Christuspavillons**, der Volkenroda heute prägt. Der endgültige Standort des Christuspavillons stand bereits vor dessen Bau fest. Der Architekt Meinhard von Gerkan passte das spektakuläre gläserne Gebäude also von vornherein an seinen endgültigen Standort an. Und vor allem konzipierte er das Gebäude als transportabel. Der Pavillon der evangelischen und katholischen Kirchen wurde auf der EXPO 2000 in Hannover erstmalig aufgebaut und nach der Weltausstellung in Volkenroda wieder errichtet. Er beinhaltet alle Elemente einer Klosteranlage: Kirche, Klostergarten und Kreuzgang. Das Leitmotiv der Expo wie auch des Christuspavillons war war ›Mensch, Natur und Technik‹. Überall in der aus doppelt verglasten quadratischen Glasscheiben bestehenden Außenhülle des Bauwerks stößt man auf Assoziationen zu diesem Thema. So sind die doppelten Scheiben etwa mit Lavagestein und daneben mit Feuerzeugen gefüllt – oder mit Kandis und Zahnbürsten.

Der Norden

Der markante Christuspavillon im Kloster Volkenroda

Die Überreste des **Kreuzganges** von 1150, Reste einer der ältesten Kirchen Deutschlands, wurden in die Anlage integriert. Der zentrale Baukörper misst 20 Meter im Quadrat und ist 17 Meter hoch. Durch die fingerdicken Marmorplatten strömt viel Licht, die Akustik ist bemerkenswert. Der Pavillon wurde zu 90 Prozent von der deutschen Industrie bezahlt.

Acht Mitglieder der Klostergemeinschaft kümmern sich mit einer Vielzahl von engagierten Mitarbeitern und Ehrenamtlichen heute um das Kloster. Der ›MDR Musiksommer‹ und weitere Konzerte finden hier statt, zwischen März undv Dezember veranstaltet das Klostergut an jedem ersten Samstagvormittag im Monat einen Tier- und Bauernmarkt. Nur ein kleines Stück entfernt vom Kloster steht die rund 625 Jahre alte **Königseiche**. Sie hat einen Stammumfang von über neun Metern. An ihr finden auch Gottesdienste statt.

Schlotheim

Östlich des Klosters Volkenroda liegt der kleine Ort Schlotheim, bei manchen Musikfans bekannt durch das ›PartySan Metal Open Air‹, das jedes Jahr stattfindet. Die Sammlung des **Heimat- und Technikmuseums** zeigt in dem ehemaligen Wirtschaftsgebäude eines Rittergutes eine beachtlich große Kollektion an Landtechnik, Motorrädern und Traktoren. Des Weiteren gibt es Themenräume wie Schule, Bäckerei und Tischlerei sowie viele Exponate rund um die DDR.

Schlosspark Ebeleben

In Ebeleben, zwischen Mühlhausen und Sonderhausen gelegen, finden sich die Überreste einer einst stolzen barocken **Schloss- und Parkanlage**. Errichten ließ sie das Fürstenhaus Schwarzburg-Sondershausen. 1945 brannten Schloss und Nebengebäude durch Beschuss aus. In der verwahrlosten Parkanlage, der sich allerdings inzwischen angenommen wurde, stehen noch Figuren, Treppen, eine große Wasserkaskade sowie zwei Grotten. Auch die Überreste des einstigen Schlosses sind noch deutlich erkennbar. Im unteren Bereich wurde die gegenüber der Kaskade liegende ehemalige Orangerie von 1774 (Karl-Marien-Haus) mit dem Jagdbrunnen davor bereits restauriert.

▲ Karte S. 62

Der Mittelpunkt Deutschlands

Die Frage, wo denn der Mittelpunkt Deutschlands liegt, lässt sich nicht eindeutig beantworten. Denn es gibt keine einheitliche Messmethode, und je nach Rechenmethode kommen eben andere Ergebnisse heraus. Und so streiten sich fünf Gemeinden um den Titel ›Mittelpunkt Deutschlands‹. Zum Glück liegen fast alle diese Gemeinden – Flinsberg, Silberhausen, Niederdorla und ein Ort, der tatsächlich den Namen Landstreit trägt – in Thüringen. Nur das niedersächsische Krebeck bei Göttingen sowie Besse bei Kassel in Hessen mischen sich von außen in den Thüringer Bruderzwist ein. Egal wie man rechnet: Thüringen liegt in der Mitte, man kann sogar behaupten, dass es das Herz Deutschlands ist, denn hier kann man sogar vier geographische Mittelpunkte Deutschlands besichtigen. In dem kleinen, südlich von Mühlhausen gelegenen Ort **Niederdorla** befindet sich der geographische Mittelpunkt Deutschlands – einer der Mittelpunkte, denn je nach Berechnungsmethode erhält man unterschiedliche Ergebnisse. Gekennzeichnet ist die Stelle in Niederdorla durch einen sogenannten **Mittelpunktstein** und eine **Kaiserlinde**.

Niederdorla sieht sich als einer der Mittelpunkte Deutschlands

Orangerie und Jagdbrunnen in Ebeleben

Die weitaus bedeutenderen Bäume in Niederdorla allerdings sind drei 500 Jahre alte **Mailinden**. Hier, zwischen Ober- und Niederdorla, wurde früher Gericht abgehalten und wurden auch Hinrichtungen vollzogen.

Archäologische Ausstellung Germanisches Opfermoor und Vogtei

Beim Torfabbau zwischen Ober- und Niederdorla stieß man ab 1947 immer wieder auf Tierknochen, Scherben und Werkzeuge. Nachdem 1957 eine größere Zahl an Fundstücken zutage kam, begannen unter Leitung von Professor Günter Behm-Blanke, Direktor des Weimarer Museums für Ur- und Frühgeschichte, mehrjährige Ausgrabungen. Mit zunehmenden Funden wurde klar, dass man eine einzigartige Kultstätte aus der Hallstattzeit, also dem 6. Jahrhundert v. Chr., entdeckt hatte. Es handelte sich gleichzeitig um die größte mitteleuropäische eiszeitliche Opferstätte. Ganze 80 Heiligtümer und 30 Götterbilder aus Holz wurden gefunden. Der über 2000 Jahre alte Opferplatz der Germanen wurde anhand der archäologischen

Die Vogelschutzwarte in der ehemaligen Wasserburg Seebach

Funde zum Teil rekonstruiert, ebenso wie ein germanischer Bauernhof aus dem 3. Jahrhundert. Im Museum befinden sich die Originalfunde aus dem Moor. Es werden auch Germanenfeste und Sonnenwendefeste veranstaltet.

Vogelschutzwarte Seebach

Die Vogelschutzwarte Seebach wurde Ende des 19. Jahrhunderts gegründet und ist somit die älteste staatliche Vogelschutzwarte Deutschlands. Ihr Domizil ist eine Wasserburg aus dem 12. Jahrhundert. Bereits 1884/85 ließ Hans Freiherr von Berlepsch auf seinem Familienstammsitz einen Vogelschutzpark anlegen. Die Vogelwarte war die erste Einrichtung weltweit, die sich dem Vogelschutz verschrieben hat. 1908 erhielt sie die staatliche Autorisierung durch die preußischen Behörden und war von nun an mit dem Titelzusatz ›staatlich‹ ausgestattet. In den als ›erlebbarer Vogelschutz‹ konzipierten Führungen erfährt man viel vor allem über die heimische Vogelwelt. Es gibt mehrere Ausstellungsräume zum Thema sowie die im Zustand der Jahre 1911–1913 erhaltenen Burgräumlichkeiten. Im zwei Hektar großen **Schlosspark** befinden sich die Vogelvolieren. Er ist auch ohne Führung zugänglich. Die Vogelschutzwarte liegt auf halbem Weg von Mühlhausen nach Bad Langensalza.

Mühlhausen und Umgebung

Vorwahl: 03601.

Tourist Information, Ratsstr. 20. Tel. 404770; Ostern–Okt. Mo–Fr 9–17, Sa/So 10–16 Uhr, Nov.–Ostern Mo–Fr 9–17, Sa 10–14 Uhr. Führungen durchs Reichsstädtische Archiv unter Tel. 452142 buchbar. www.muehlhausen.de

Hotel Raabe, Brückenstr. 9, Tel. 4039418. Elegantes Vier-Sterne-Boutique-Hotel mit dem besten Restaurant der Stadt (→ Restaurants, S. 87); EZ ab 98, DZ ab 124 €. https://www.raabe-muehlhausen.de

Brauhaus zum Löwen, Felchtaer Str. 2–4, Tel. 4710. Das Hotel ist Partner bei Göbel

▶ Karte S. 62/78

Hotels. Modern und stilvoll übernachten in historischem Ambiente, auch behindertengerechte Zimmer. Diverse Arrangements; EZ ab 60, DZ ab 90 €.
www.brauhaus-zum-loewen.de

Hotel Weidenmühle, Puschkinstr. 3, Tel. 402204. Modernes Haus unweit der Thüringentherme; freundliches Personal, gutes Frühstück, Garten und Spielplatz. Im Restaurant ›Puschkinhaus‹ regelmäßig Erlebnisgastronomie; EZ ab 54, DZ ab 80 €.
www.puschkinhaus.de

Brauereigasthof Marktmühle, Bahnhofstr. 18, Tel. 8882100, Oberdorla. 2015 eröffnete der Gasthof in einer alten Mühle, eingerichtet mit viel natürlichen Farben und Baumaterialien. Höhepunkt ist ohne Zweifel das Braulokal.
www.brauereigasthof-oberdorla.de

Pension bei der Marienkirche, Bei der Marienkirche 14, Tel. 888405. Schlicht und modern eingerichtete Zimmer direkt an der Marienkirche; EZ ab 38, DZ ab 53 €.
www.pm14.de

City-Apartments, Untermarkt 12, Tel. 0179/9224892. Zentral gelegene, stilvoll eingerichtete Ferienwohnung in historischem Kern. Benannt und eingerichtet sind sie nach Hauptstädten. Barrierefrei. Großer Garten mit Grill- und Feuerstätte; ab 37 € p.P. www.untermarkt12.de

Villa Lindenbühl, Lindenbühl 35, Tel. 46800. Geräumig und entspannend eingerichtete Ferienwohnungen in einer zentral gelegenen, denkmalgeschützten Villa.
www.villa-thuene.net

Jugendherberge Mühlhausen, Auf dem Tonberg 1, Tel. 813318. Modernes Haus mit Vollverpflegung, wenn gewünscht. Fahrradverleih; Übernachtung ab 23 €, ab 27 Jahren 26 €.
www.muehlhausen.jugendherberge.de

AntoniQ, Holzstr. 13, Tel. 889700. Unabhängige Jugendherberge und Gruppenunterkunft in einem ehemaligen, 5000 qm großen Hospizkomplex mit angeschlossener Kirche; Grünfläche, Pony- und Hasengehege, Grillplatz, Planschgelegenheiten. Laut eigenen Angaben ist es das älteste dokumentierte Krankenhaus Deutschlands. Für Pilger beziehungsweise Gruppen ab 12 Personen. www.antoniq.de

Campingplatz am Schwanenteich, Popperöder Gasse 2, Tel. 4085830. Große Zeltwiese, Stellplätze für Reisemobile und Wohnwagen mit See, Schwimmbad, Spiel- und Grillplatz unweit der Innenstadt. Im Angebot sind auch zahlreiche Sportangebote und Bootsverleih; Wohnwagen/Reisemobil/Zelt ab 5 €, Schlafhütte ab 34 €.
www.campingplatz-schwanenteich.de

Restaurant Raabe, Brückenstr. 9, Tel. 4039418. Küchenchef Simon Raabe, der mit seinem Küsterhaus 2015 14 Gault-Millau Kochhauben holte, ist in dem wohl besten Haus der Stadt zugange und zaubert herrliche Menüs.
https://www.raabe-muehlhausen.de

Brauhaus zum Löwen, Felchtaer Str. 2–4, Tel. 4710. Historisches Wirtshaus mit hauseigener Brauerei, Gewölbekeller, und Biergarten. Brauhausspezialitäten zu den verschiedenen vor Ort gebrauten Bieren, gutbürgerliche und internationale Küche.
www.brauhaus-zum-loewen.de

Seipels, Bastmarkt 10, Tel. 428280. Eines der besten Lokale vor Ort mit Kamin und Terrasse. Raffiniertes, auch mit vielen vegetarischen Gerichten, große Weinauswahl. Bei Seipel's Feinkost kann man die Leckereien auch kaufen und mitnehmen.
www.seipels-restaurant.de

Wirtshaus Zur Antoniusmühle, Am Frauentor 7, Tel. 403850. Mittelalterliches Schlemmen in einer alten Senf- und Getreidemühle von 1323 am Frauentor. Reguläre Karte und Menüs. Spezielles wie Rittermenüs, die Speisekarte der Titanic, das Bachmenü oder Mühlhausenmenü gibt es oft mit einer Führung. Manche Menüs müssen vorbestellt werden oder werden nur für Gruppen angeboten.
www.antoniusmuehle.de

Brauereigasthof Marktmühle, Bahnhofstr. 18, Tel. 8882100, Oberdorla. Gute und kreative regional geerdete Küche. Hier wird leckeres eigenes Bier gebraut. www.brauereigasthof-marktmuehle.de
Zum Küsterhaus, Johann-Sebastian-Bach Platz 3, Tel. 7996086, Kleines süßes Lokal in einem quietschgelben Fachwerkhaus direkt gegenüber von der Bachkirche. Schönes heimeliges Ambiente und gute Küche.
Ratskeller, Ratsstr. 19, Tel. 452193. Wo bekommt man noch Mittagstisch wie Rouladen oder Gulasch für unter 5 Euro? Genau hier! Dunkel wie in einem Keller ist es hier auch nicht, sondern hell und freundlich. Wochentags stehen immer zwei Gerichte zur Auswahl. Am 1. Freitag im Monat gibt's Kinoabend und darüber hinaus regelmäßig Musik. www.ratskeller-muehlhausen.de
Café Schikore, Erfurter Straße 1, Tel. 812797. Um die Ecke von der Bachkirche gibt es in der hauseigenen Konditorei eine große Auswahl an Backwaren, Kuchen und Torten. Eine der Hausspezialitäten ist der Unstrutschlamm. Der Autor bestätigt, dass es viel besser schmeckt, als es klingt. cafeschikore.de
Biocafé Kunst+Kram, Ratsstr. 18, Tel. 0162/7014220. Gemütliches Lokal neben der Tourismusinfo mit offener Küche, Mittag- und Bio-Essen, Kunst und kleinem Garten. www.villahügel.de

LEO, Brauhaus zum Löwen, Fechtaer Str. 2–4, Tel. 4710. Die Tanzlokalität direkt neben dem Brauhaus gehört zum Hotel, vor allem am Wochenende wechselnde Themenparties. www.brauhaus-zum-loewen.de
Wunderbar, Untermarkt 12, Tel. 0176/81025631. Schicke Cocktailbar mit stilbewusster Mischung aus Moderne, Farben, Licht sowie Steinwänden und massiven Holzmöbeln. www.wunderbar-mhl.de
Mälzerei Puro Lounge, Untermarkt 35, Tel. 812446. Moderne Szene-Lounge, vorwiegend mediterrane Küche, große Kaffeespezialitäten- und Cocktailkarte. Veranstaltungen und Live-Musik. www.maelzerhof-puro.de
Cheers, Steinweg 87, Tel. 816712. Populäres Bistro und Bar mit Kaffee, Burgern, Bier und Sky-Abo mitten in der Fußgängerzone. www.cheers-muehlhausen.de

Divi-Blasii-Kirche, Untermarkt, Tel. 446516; April–Okt. Di–Do 10–17, Sa 10–17, So 13–17 Uhr. Zwischen Pfingsten und Erntedankfest Mi 12 Uhr Orgelandacht.
Mühlhäuser Museen, Tel. 85660; Öffnungszeiten für alle Museen Di–So 10–17 Uhr. www.mhl-museen.de
• Kulturhistorisches Museum, ehem. Museum am Lindenbühl, Kristanplatz 7, Tel. 85660.
• St. Marien Müntzer-Gedenkstätte, Bei der Marienkirche. Tel. 870023, Turmführungen April–Okt. Mo 14 Uhr, Nov.–März nur nach Voranmeldung unter Tel. 856615.
• Bauernkriegsmuseum Kornmarktkirche, Kornmarkt, Tel. 404684.
• Allerheiligenkirche, Steinweg. Bis voraussichtlich 2020 geschlossen.
• Historische Wehranlage, Am Frauentor, Tel. 816020.
Historisches Rathaus, Ratsstr. 19, Tel. 4520; Mo, Mi, Do 9–16, Di 9–18, Fr 9–13, Sa 11–15 Uhr, Führungen durch Rathaus und Reichsstädtisches Archiv immer Mo–Fr 11 Uhr (Treffpunkt 1. OG im Rathaus). Führungen an den Wochenenden 11 Uhr Nov.–Ostern am Sa, Ostern–Okt. Sa/So laufen über die Tourismusinformation. Treffpunkt vor Tourismusinfo. Führungen durchs Reichsstädtische Archiv auch unter 452142 buchbar. www.muehlhausen.de
Fernmeldemuseum, An der Burg 1, Tel. 8556840; Besichtigung nach Terminabsprache. www.fernmeldemuseum-muehlhausen.de
Feuerwehrmuseum, Bastmarkt 36, Tel. 813272; Besichtigung nach Terminabsprache. www.muehlhaeuser-feuerwehr.de

▸ Karte S. 62/78

Kloster Volkenroda, Amtshof 3, Volkenroda, Tel. 036025/5590. Das Kloster bietet auch Pilgerunterkünfte. www.kloster-volkenroda.de

Seilermuseum Schlotheim An der Mühle 5. Tel. 036021/92607; Di 13–17 Uhr sowie nach Vereinbarung. www.seilermuseum.schlotheim.info

Heimat und Technikmuseum Mehler, Hauptstraße 38, 99996 Obermehler/ OT Großmehrla, Tel. 0173/8754343. Besichtigung nach Vorabsprache.

Schlosspark Ebeleben, Mühlhäuser Str. 34, Tel. 036020/74571. www.schlosspark-ebeleben.de

Opfermoor Vogtei, Schleifweg 11, Vogtei/ Niederdorla, Tel. 756040; März–Okt. tgl. 10–16 Uhr, Nov.–März Mi–So 10–15 Uhr. www.opfermoor.de

Vogelschutzwarte Seebach Lindenhof 3, Weinbergen/OT Seebach. Tel. 7891018; Mo–Do 9–15.30, Fr 9–12 Uhr, Führungen ohne Voranmeldung Mai–Okt. Sa/So 14 Uhr. www.vogelschutzwarte.de

Kiliankirche 3K – Theaterwerkstatt, Unter der Linde 7, Tel. 440937. Die Theatergruppe besteht aus einheimischen Laiendarstellern. www.3k-theaterwerkstatt.de

Stadtkirmes und **Kirmesmarkt**, Immer ab letztem Augustwochenende. www.traditionsverein-mhl.de

Müntzerspiel/Bauernkriegsspektakel, Kornmarkt, Tickets unter Tel. 03601/ 404770. www.muentzerspiel.de.

PartySan Metal Open Air, Tel. 03643/ 495300. Flugplatz Obermehler, Schlotheim. www.party-san.de

Thüringentherme, Lindenbühl 10, Tel. 40123. Erlebnisschwimmbad mit 75-Meter-Rutsche, Wellenbecken, Spaßbecken innen und außen, Saunalandschaft, respektablem Restaurant ›Zur Quelle‹ und angeschlossener Bowlinghalle. Massieren lassen und sich im Aktivzentrum abrackern kann man hier auch. www.thueringentherme.de

Stsdat Hotel Mühlhausen, Kasseler Str. 5, Tel. 4980. Saunalandschaft, aber auch Squash, Badminton, Tischtennis inklusive Schlägerverleih und Fitness. http://www.hotelstadtmuehlhausen.de

Thuringia Funpark, Industriestr. 10, Tel. 887219. Bei dem Indoor Skaterpark handelt es sich um eine der größten Skaterhallen Deutschlands. Hier fanden die Rampen von der World Championship in Dortmund ein neues Zuhause. Es gibt einen Street Parcours, eine der größten Halfpipes in Deutschland und noch so einiges anderes. Streetball, Badminton und Tischtennis spielen kann man hier übrigens auch. www.thuringia-funpark.nokanet.de

Gerberei Stölcker, Zöllnergasse 5, Tel. 812454. Der wohl letzte Gerber Thüringens arbeitet noch ganz traditionell mit historischen Maschinen und stellt Traditionelles, handwerklich Fundiertes her.

Bäckerei Mehler, Herrenstr. 13, Tel. 874144. Hier gibt es die regionalen Spezialitäten Süßkuchen und Pflaumenmus.

(K)östlich, Steinweg 46, Tel. 405033. Produkte aus den Neuen Ländern.

Unika, Bei der Marienkirche 17, Tel. 4087708. Handwerkliches, Selbstgemachtes, Individuelles aus den Bereichen Töpferwaren, Holzarbeiten, Kosmetik, Schmuck und Filz. Und um all das auch selbst herstellen zu können, gibt es Kurse. www.unika-atelier.de

Mühlhäuser Werkstätten für Behinderte, Im ›Lädchen am Laubengang‹, Steinweg 44, bieten die Werkstätten ihre Produkte sowie die anderer deutscher Werkstätten an. Es gibt hier auch einen großen Kostümverleih und eine Näherei. Am Kristanplatz gegenüber der Annenkapelle betreiben die Werkstätten einen Floristikladen. Hier bekommt man allerlei Handgefertigtes wie Sträuße, Kränze, Gestecke und Deko.

Bad Langensalza

So klein Bad Langensalza auch sein mag: Mit einer vollständig erhaltenen, von historischen Häusern dominierten Altstadt mit dem Marktplatz als Zentrum, den Kurbädern, der üppig bepflanzten Kurpromenade im ehemaligen Stadtmauergraben, zehn Parks und Themengärten ist es einfach zauberhaft. Die alte Stadtmauer ist gut erhalten und besitzt heute noch 17 Türme und ein Stadttor. Und das historische Zentrum präsentiert sich wunderbar saniert und bunt. Seit 200 Jahren ist die Unstrutregion in Nordthüringen wegen ihrer zahlreichen Heilbäder zudem Kurregion. Am schönsten ist die Kur- und Rosenstadt Bad Langensalza in der warmen Jahreszeit, wenn die zahlreichen Parks und Gärten ihre wahre Blütenpracht entfalten.

Schon die mittelalterliche Stadt war ziemlich reich. Grund dafür war der Färberwaid, aus dem der teure und begehrte Farbstoff Indigo gewonnen wurde. Langensalza war eine der wenigen Städte, die das Recht hatten, mit Färberwaid zu handeln. Dies machte es zu einer der bedeutendsten Städte des Thüringer Beckens.

Bekannt ist die Stadt auch durch die Schlacht von Langensalza. Im Laufe der Einigungskriege und dem Kampf zwischen dem Deutschen Bund unter Führung von Österreich und Preußen um die Vorherrschaft in Deutschland besetzten am 23. Juni 1866 die von der preußischen Armee abgedrängten Hannoveraner die Stadt. Bei der Schlacht bei Langensalza siegten am 27. Juni etwa 16 000 Hannoveraner über 9000

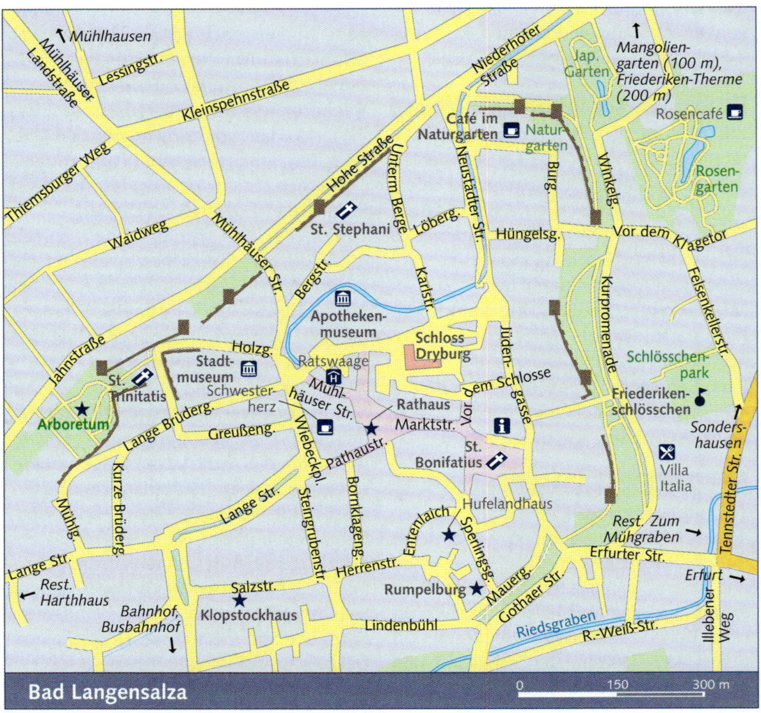

Der Figurenumlauf am Rathaus

Preußen. Es war ein sogenannter Pyrrussieg, letztendlich musste die nahezu vollständig versammelte hannoveraner Armee nur zwei Tage später doch vor den nachrückenden Preußen kapitulieren. Das Königreich Hannover wurde von Preußen annektiert. Interessant an der Schlacht ist noch der weltweit erste praktische Einsatz des erst 1863 in Genf gegründeten Roten Kreuzes. Eine Ausstellung im Stadtmuseum widmet sich dem historischen Ereignis.
Der Name der Stadt leitet sich von dem Flussnamen Salza ab.

Rathaus

Das Gebäude mit seinem auffälligen Turm besteht aus heimischem Travertin. Es wurde zwischen 1742 und 1752 erbaut. Die Kellergewölbe und der Turm stammen noch vom mittelalterlichen Vorgängerbau aus der Zeit vor dem Großbrand von 1711. Markant sind auch die 32 Glocken über dem Eingangsportal. Sie wurden 1995 am Rathaus angebracht und erklingen täglich um 12 und 18 Uhr. Das Repertoire umfasst 14 Melodien und wird von einem Figurenumlauf am Dachgiebel begleitet. Nach einem Trompeter erscheinen die berühmten Lokalgrößen Hermann von Salza, Christoph Wilhelm Hufeland und Friedrich Gottlieb Klopstock. Hermann von Salza lebte zwischen 1170 und 1239, nahm an Kreuzzügen teil, war Hochmeister des Deutschen Ritterordens und Berater des Kaisers. Christoph Wilhelm Hufeland war ein bedeutender Humanist und Mediziner. Er war der Hofarzt am Weimar Hof und versorgte die geistigen Größen der Stadt von Schiller, Goethe, Wieland und Herder gleich mit. Der studierte Theologe Klopstock war zwischen 1748 und 1850 der Hauslehrer der beiden Bürgermeisterkinder und Dichter.
Vor dem Rathaus steht der **Rathausbrunnen**. Ein paar Meter weiter in der Fußgängerzone steht die Replik einer **Kursächsischen Ganzmeilensäule** von 1729.

Marktkirche St. Bonifatius

Die evangelische Bonifatiuskirche besitzt einen 73,4 Meter hohen Kirchturm. Er ist das wahrscheinlich höchste Gebäude der Welt aus Travertin-Kalkstein, sicher-

Das hübsche Friederikenschlösschen, dahinter die Marktkirche

lich aber der zweithöchste Kirchturm Thüringens. In ihm schlägt eine Glocke von 1,88 Metern Durchmesser. Der Aufsatz mit dem Umgang wurde 1590 bis 1592 fertiggestellt. Im Innern finden sich eine bemalte **Holzkassettendecke** sowie spätgotische **Wandmalereien**. Die **Orgel** stammt übrigens von dem Langensalzaer Orgelbaumeister Friedrich Erdmann Petersilie. Auch die Instrumente in der Gottesackerkirche St. Trinitatis sowie der Bergkirche St. Stephan stammen von Petersilie, der damals als einer der besten Orgelbaumeister des Reiches galt. Das Instrument in der Bergkirche gilt als seine Glanztat und unter Kennern als ein Meisterwerk des Orgelbaus. Die Aussichtsplattform ist von Mai bis Oktober geöffnet.

■ Rund um die Marktkirche

Im **Hufelandhaus** am Kornmarkt wurde Christoph Wilhelm Hufeland geboren. Nur einen kurzen Spaziergang entfernt, an der Salzstraße, steht das **Klopstockhaus**. Das 1609 erbaute palaisartige Patrizierhaus mit seiner prächtig geschmückten Fassade war zwischen 1724 und 1750 das Wohnhaus des Dichters Friedrich Gottlieb Klopstock. Er war beim Eigentümer Johann Christian Weiß, einem Kaufmann und Bürgermeister Langensalzas, als Hauslehrer für dessen zwei Söhne angestellt.

Die **Kindererlebniswelt Rumpelburg** an der Sperlingsgasse ist einmalig in Thüringen. Der Spielplatz mit Holzhäusern, Baumhaus, Schiff und Netzbrücken liegt versteckt in einer ehemaligen Scheune mit Innenhof in dem verwinkelten Gassenwirrwarr der historischen Altstadt und wirkt ein wenig wie die Kulisse aus einem Tim-Burton-Film. Es gibt einen Innen- und einen Außenbereich. Überall kann man klettern, rutschen und herumrennen. Die Spielstadt, ein mehrstöckiges Spielhaus, Baumhaus, Puppenhaus und weitere Angebote lassen wirklich kaum noch Wünsche offen. Der pralle Veranstaltungskalender bietet Spiel-, Bastel- und Kreativnachmittage.

■ Friederikenschlösschen und Gärten

Das barocke **Sommerschlösschen** wurde von 1749 bis 1751 auf Veranlassung der Herzoginwitwe Friederike von Sachsen-Weißenfels erbaut. Zur Anlage gehören auch zwei Kavaliershäuser, die Orangerie und eine historische Schaudruckerei in der Kutscherremise. Zwei Sphinxe im Park schauen auf das Schloss. Im nördlichen Kavaliershaus, im ›Villa Italia‹, gibt es leckeres Eis.

Nach Norden schließen sich Kurpark, Rosengarten, Naturgarten und Japanischer Garten an.

Über 450 verschiedene Rosenarten in allen erdenklichen Farben, Größen und Duftnoten findet man im **Rosen-**

▶ Karte S. 90

garten. Zum Garten gehört auch das **Rosenmuseum**. Eine Besonderheit sind die 91 hier gezüchteten Bad Langensalzaer Rosen und das Rosencafé mit einer außergewöhnlichen Fassade direkt am Wasser.

Der **Naturgarten** an der Stadtmauer mit seinen Obstbäumen, Gemüsebeeten und Heilkräutern ist der urigste aller Stadtgärten, gerade weil er so wunderschön unaufgeräumt wirkt. Auf dem Gartengelände befindet sich auch das **BUND-Umweltzentrum** mit einer Ausstellung über ökologisches Bauen und einem schönen Biocafé.

Kofuku no niwa, der Garten der Glückseligkeit, ist der Name des **Japanischen Gartens**. Er erstreckt sich über 7000 Quadratmeter und präsentiert verschiedene japanische Gartenlandschaften. Auf dem Areal befinden sich ein **Schauhaus** und ein **Teehaus**. Am schönsten präsentiert sich der Garten zur Zeit der Kirsch- und Azaleenblüte. Gefeiert im Park wird standesgemäß japanisch. So findet im April das Hanami statt, das japanische Kirschblütenfest, und im Mai das Kodomo No Hi, eine Art japanischer Kindertag.

Der **Magnoliengarten** ist während der Blütezeit von März bis Ende Juli eine Pracht an Düften und Farben. Der **Botanische Garten** ist der mit Sicherheit exotischste aller Langensalzaer Gärten. Auf 15 000 Quadratmetern wachsen hier vor allem Yuccas, Agaven und Kakteen.

Friederiken-Therme

In der Friederiken-Therme dreht sich alles um Wellness, Baden und Sauna. Spezialisiert ist die Therme auf Schwefel-, Sole- und Trinkheilwasser, Herzstück einer Körperkältetherapie ist die Kältekammer mit einer Temperatur von wohligen Minus 110 Grad Celsius.

Schloss Dryburg

Schloss Dryburg ist das älteste Profangebäude aus Stein in der Stadt. Hier wurde auch Hermann von Salza geboren, der zweimal täglich als Figur am Rathaus seine Runden dreht. Der Westflügel des Schlosses stammt noch von der mittelalterlichen Burg. Zwischen 1694 und 1720 wurde sie zu einem Schloss umgebaut und der Südflügel entstand. Im Westflügel finden das Jahr über diverse Ausstellungen statt.

Formvollendete Harmonie: der Japanische Garten

Thüringer Apothekenmuseum

Das Museum befindet sich im Haus Rosenthal, einem Fachwerkhaus von 1515. Als einziges Museum in Thüringen widmet sich das Haus ganz der Pharmazie. Angefangen von dem Langensalzaer Apotheker Johann Christian Wieglieb (1732–1800) wird die gesamte Geschichte der Apotheke bis ins 20. Jahrhundert hinein anhand von zahlreichen Exponaten geschildert. Im **Apothekergarten** des Hauses wachsen typische Heilkräuter. Sie sind nach Erkrankungen geordnet.

Stadtmuseum im Augustinerkloster

Schon allein die Bausubstanz des alten Klosters lohnt einen Besuch. So sind der **Kreuzgang** und der ehemalige **Innenhof** noch erkennbar. Des Weiteren existiert auch noch die spätgotische **Kapelle** im einstigen Ostflügel des Klosters. Vom **Turm** der ehemaligen Klosterkirche hat man einen schönen Rundblick. Im Museum befindet sich eine Dauerausstellung zur Schlacht bei Langensalza vom 27. Juni 1866. Das Schlachtendiorama mit 11 000 Zinnfiguren sucht seinesgleichen. Auch zur Stadtgeschichte und den Stadtpersönlichkeiten erfährt man so einiges.

Arboretum

Oberhalb des Augustinerklosters liegen das Arboretum und im Park davor der **Dreitürmeblick**, der schönste Weitblick über Langensalza. Das 2,5 Hektar große Arboretum mit mehr als 130 Baumarten versteckt sich hinter der Gottesackerkirche, die für Konzerte und Veranstaltungen genutzt wird.

Etwas weiter südlich liegt der **Tracogarten**, eine Präsentation zur Garten- und Landschaftsgestaltung.

Bad Langensalza und Umgebung

Vorwahl: 03603.

Tourist Information, im ›Haus zum Grünen Schild‹, Bei der Marktkirche 11, Tel. 834424; April–Okt. Mo–Fr 9–18, Sa/So 10–16 Uhr, feiertags 13–16 Uhr, Nov.–März Mo–Fr 10–17, Sa 10–16 Uhr, an einigen Feiertagen 13–16 Uhr.
www.badlangensalza.de

Nationalparkverwaltung Hainich, Bei der Marktkirche 9, Tel. 39070. Hinter dem Haus liegt der ›Hainich im Kleinen‹. Hier findet man charakteristische Biotope des Waldgebietes.
www.nationalpark-hainich.de

Ferienwohnungen Am Butterturm, Mauergasse 1, Tel. 128373. Modern eingerichtete Zimmer in historischer Hülle direkt im Stadtzentrum, einige der Zimmer sind in Tonnengewölben untergebracht. Fahrradverleih; ab 50 € für 2 Pers.
www.butterturm.de

Residenz am Kurpark, Grabenweg 5–5b, Tel. 810051. Voll ausgestattete Ferienwohnungen in ruhiger Lage direkt an Kurpromenade und Japanischem Garten; ab 40 € für 2 Pers.
www.residenz-am-kurpark.de

Hotel Eichenhof, Schulgasse 42, Bad Langensalza/OT Eckardtsleben, Tel. 813025. Familiäre und gemütliche Pension 6 km südlich von Langensalza. Lokal mit Biergarten, gesicherte Stellplätze für Zweiräder; EZ ab 45, DZ ab 65 €.
www.hotelbadlangensalza.de

Ratswaage, Mühlhäuser Str. 40, Tel. 8955310. Haben Sie schon mal Blutwurstravioli oder kleine Bratwürstchen auf getrüffeltem Ravioli gegessen? Reichhaltige Karte, kreative Kombinationen aus Regionalem und meist Mediteranem, aber auch traditionell Zusammengestelltes sowie Vegetarisches und Veganes.
https://ratswaage-langensalza.eatbu.com

Harthhaus, Am Harth-Haus 55, Tel. 894275. Auf dem Berg in einem ehemali-

▸ Karte S. 90

gen preußischen Zollhaus, umfangreiche Karte, oft auch Veranstaltungen und Erlebnisgastronomie. Der Betreiber bewirtschaftet auch das Kavaliershäuschen in Bad Langensalza. www.harth-haus.de
Villa Italia, Im Kavaliershaus, Kurpromenade 5a, Tel. 892861. Guter Italiener mit hervorragender Lage im Kavaliershäuschen direkt am Friederikenschlößchen. Abwechslungsreiches Angebot, große Weinkarte, leckeres Eis. Im Winter kann man im Park auch Schlittschuh laufen. www.villa-italia.de
Zum Mühlgraben, Langensalzaer Str. 4a, Gräfentonna, Tel. 036042/76857. Thüringisch-deutsch-mediterrane Küche in drinnen wie draußen stilvollem Ambiente. Der eigene Anspruch ›Hausmannskost für Feinschmecker‹ wird hier punktgenau umgesetzt. www.muehlgraben.de
Café Schwesterherz, Mühlhäuser Str. 2, Tel. 3989345. Die beiden Damen betreiben ihr Geschäft mit Herzblut und Liebe. Der Kaffee ist lecker und erst recht der selbstgemachte Kuchen stilvolle Inneneinrichtung. Dazu gibt es Klimbim zu kaufen. Interessant sind die Kreativkisten, wo Leute ihre Handarbeiten aus Kleinstproduktion über das Café an den Mann bringen können.
www.cafe-schwesterherz.jimdo.com
Rosencafé, Am Rosengarten 11, Tel. 891601; Mai–Okt.
www.rosencafe-bad-langensalza.de
Café im Naturgarten, Burggasse 10–11a, Tel. 813125.
www.bund-umweltzentrum.de

Stadtmuseum im Augustinerkloster, Augustinerplatz 1–2, Tel. 813002. Voraussichtlich ab 2020 wieder geöffnet, bis dahin keine Besuche möglich.
Thüringer Apothekenmuseum und Apothekergarten, Bergstr. 15a, Tel. 8945896; April–Okt. Mi–Sa 13–17, So 10–17 Uhr; Nov.–März Mi und Sa 13–17 Uhr.
www.badlangensalza.de
Rosengarten, Vor dem Klagetor 3; April–Okt. tgl. 10–19 Uhr, Eintritt 4 €.
Japanischer Garten, Kurpromenade 15, März tgl. 10–16 Uhr, April–Okt. tgl. 10–19 Uhr.
Magnoliengarten; ganzjährig. Eintritt frei.
Botanischer Garten, Böhmenstraße 4; April–Okt. tgl. 10–19 Uhr.
Naturgarten; Mo–Fr 8–16 Uhr, April–Okt. zusätzlich Sa/So 14–18 Uhr. Eintritt frei.
Schlösschenpark; Mai–Okt. tgl. 9–20 Uhr, Nov.–April 9–18 Uhr.
Arboretum; April–Okt. tgl. 10–19 Uhr.
Tracogarten; Mo–Fr 9–19, So 13–18 Uhr, im Winter verkürzte Öffnungszeiten. Eintritt frei.
Schloss Dryburg, Schlosshof 1, Tel. 3985541; Do–Sa 14–17 Uhr. Der Kunstwestthüringer e.V. organisiert in der Galerie im Westflügel regelmäßig Ausstellungen.
https://www.kunstwestthueringer.com/

Burgtheater, Vor dem Schlosse 5e, Tel. 846206. 3D-Technik, neben Blockbustern auch Programmkinoangebot.
www.burg-theater.de
Mittelalterstadtfest, eines der größten deutschen Mittelalterfeste findet am letzten Wochenende im August in der historischen Altstadt statt.
Brunnenfest, einwöchige Feier im Juni zu Ehren der Schwefelquellen mit Rummel und Festumzug.

Friederiken Therme, Böhmenstr. 5, Tel. 39760; Bad tgl. 9–22 Uhr, Sauna tgl. 10–22 Uhr. www.friederikentherme.de

Kindererlebniswelt Rumpelburg, Sperlingsgasse 4, Tel. 3984604; Di–Fr 14–18, Sa 10–18, So 10–17 Uhr, In den Ferien tgl. 10–18 Uhr.
www.kindererlebniswelt-rumpelburg.de

Aschara, Gewerbegebiet Ost 9, 99947 Bad Langensalza, Tel. 82680. Der für die firmeneigene Webseite gewählte Name ist Programm. Das nach einem Ortsteil von Langensalza benannte Unternehmen bietet eine große Vielfalt an regionalen Wurstspezialitäten. Die Thüringer Bratwurst zählt zu den besten. Eine der Filialen von Aschara befindet sich auf der Marktstraße am Rathaus, ein gutes Dutzend ist im ganzen Land verteilt. www.beste-bratwurst.de

Eidner & Stangl, Gothaer Landstraße 12e, Tel. 892402. Auf 10 000 qm Ausstellungsareal mit Fachmarkt findet man alles für Wohnmobile, Anhänger sowie alles rund um Boote, Wandern und Zelturlaub. www.erlebnisfachmarkt.de

Hainich

So wie im Hainich muss es in Mitteleuropa einmal ausgesehen haben, bevor im Mittelalter und in der frühen Neuzeit nahezu alle Wälder abgeholzt wurden. Der ›Urwald mitten in Deutschland‹ mit seinen 13 000 Hektar Waldfläche gilt als das größte zusammenhängende Laubwaldgebiet Deutschlands. Der Hainich erstreckt sich über den südlichen Teil des am Westrand des Thüringer Beckens gelegenen, insgesamt 16 000 Hektar großen Höhenzuges Hainich. Er ist etwa 20 Kilometer lang und 4 bis 8 Kilometer breit. Seine höchste Erhebung ist der 494 Meter hohe Alte Berg. 7513 Hektar des Hainichs gehören zum 1997 gegründeten und einzigen Nationalpark Thüringens. Teile von Hainich und Kindel wurden jahrzehntelang intensiv von Wehrmacht, Roter Armee und auch NVA als Truppenübungsplatz genutzt. Der Großteil des Übungsplatzes Kindel zwischen Eisenach, Bad Langensalza und Gotha ist inzwischen fest in der Hand der Natur. Der Hainich ist seit 2011 gleichzeitig UNESCO-Weltnaturerbe. Die Welterberegion Wartburg-Hainich gehört zum Welterbe ›Buchenurwälder der Karpaten und Alte Buchenwälder Deutschlands‹. Während in den Karpaten die Gebirgsbuchenwälder dominieren, findet man im Hainich die typischen Mittelgebirgsbuchenwälder vor. 1573 Hektar des Nationalparks sind Welterbe-Gebiet.

▶ Karte S. 62

Eingebettet ist der Hainich in den Naturpark Eichsfeld-Hainich-Werratal. Der Naturraum umfasst ein Territorium von 870 Quadratkilometern. Nationalpark, die Uferareale entlang der Werra, Buchwälder, Muschelkalkplateaus und ein einmaliger Buchenwald- und Eibenbestand machen den Naturpark zu einem hervorragenden Wander- und Ausflugsziel. Der Hainich stellt eine mitteleuropäische Urwaldlandschaft dar und zeichnet sich vorwiegend durch sehr struktur- und artenreiche Laubwälder mit hohem Totholzanteil aus. Im Hainich wachsen etwa 25 Laubbaumarten wie Schwarzerle, Esche, Ahorn und Eiche. Die hauptsächlich vorkommende Baumart ist die Rotbuche (Fagus sylvatica). Von dieser Baumart dominierte Laubwälder kommen nur in Europa vor. Wer schon einmal die Atmosphäre eines typischen Buchenwalds mit seinen hochaufragenden glatten Stämmen und den oben wie ein Kirchendach abschließenden Laubkronen erlebt hat, bekommt eine Vorstellung davon, wie es an vielen Stellen im Hainich aussieht. Die alten Bäume sind hier übrigens im Schnitt 42 Meter hoch. Am Boden wachsen auf dem Kalkgestein zwischen Totholz unter anderem 22 Orchideenarten, auch wurden 1600 verschiedene Pilzarten, mehr als 1900 Käferarten und 800 verschiedene Schmetterlingsarten gezählt. Im Hainich leben Wildkatzen, Dachse, sieben Spechtarten, Schwarzstörche, Braunkelchen, Bechsteinfledermäuse, Trauerschnäpper und Rotbauchunken. Viele der hier anzutreffenden Tier- und Pflanzenarten stehen auf der Roten Liste der gefährdeten Arten.

Wandermöglichkeiten

Durch den Hainich führt der **Rennstieg**. Dieser leichte Wanderweg ist insgesamt 31,5 Kilometer lang und führt von Eigenrieden westlich von Mühlhausen über den Höhenrücken des Hainich nach Behringen im Süden. Er führt beispielsweise auch an der Burgruine Haineck bei Nazza vorbei. Insgesamt gibt es im Hainich fünf Fernwanderwege.

Der Hainich verfügt über **19 Lehr- und Themenpfade,** die alle als Rundwanderwege angelegt sind. Der beliebteste Rundwanderweg ist der **Betteleichenweg** ab Kammerforst. Die **Betteleiche** ist ein bizarrer 800 Jahre alter Baum mit markant ausgehöhltem, geteiltem Stamm. Er steht am Kreuzungspunkt von Rennstieg und Hoher Straße am Ortsrand von Ihlefeld.

Die Aussichtsplattform des Baumkronenpfades

Die Gesamtlänge der markierten Wanderwege im Nationalpark beträgt 120 Kilometer. Hinzu kommen etwa 50 Kilometer Radwander- und Kremserwege.

Für Rollstuhlfahrer gibt es den **Erlebnispfad Brunstal**, der auch für Blinde und Sehbehinderte geeignet ist. Darüber hinaus sind auch **Feensteig** und **Silberhornpfad** rollstuhlgerecht ausgebaut.

Langstreckenwanderern steht der 130 Kilometer lange **Hainichlandweg** zur Verfügung. Er führt über sieben Etappen als Rundwanderweg von und nach Weberstedt. Informationen und GPS-Daten unter www.natur-liebt-kultur.de

Nationalparkzentrum Thiemsburg und Baumkronenpfad

Das Nationalparkzentrum an der Thiemsburg liegt am südöstlichen Rand des Hainichs bei Schönstedt. Er besteht aus den **Ausstellungen**, einem Freizeit- und Gastronomieareal und dem **Baumkronenpfad**. Vom Zentrum aus starten auch einige Rundwanderwege. Auf 700 Quadratmetern erfährt man in der interaktiven Ausstellungsfläche nahezu alles Wissenswerte über Flora und Fauna des Hainichs, Nationalparks, Ökosysteme und Klimawandel. Im Bereich Wurzelhöhle durchquert man als Käfer ein Wurzelsystem mit all seinen Facetten. Das Zentrum verfügt über einen gut bestückten Laden mit Infomaterial, Karten und Büchern, Souvenirs und regionalen Lebensmitteln.

Baumkronenpfad Hainich

Im Zentrum des 534 Meter langen, sich bis zu 24 Meter über dem Boden spannenden Baumkronenpfades befindet sich in 44 Metern Höhe eine **Aussichtsplattform** mit großartigem Weitblick. Schaut man von hier oben auf den Hainich, wird einem klar, dass man sich lediglich an dessen Rand befindet. Beim Rundgang auf dem sich in zwei Schleifen durch die Baumkronen windenden Pfad erfährt man allerlei Wissenswertes über Flora und Fauna des Nationalparks. Der Baumkronenpfad ist barrierefrei, für Hunde stehen während des Besuchs Hundeboxen zur Verfügung. Mit zahlreichen Aufbauten wie den Netzhängebrücken gibt es auch genügend Möglichkeiten zum Rumturnen.

■ Wildkatzendorf Hütscheroda

In der Ausstellung im Wildkatzendorf erfährt man alles über das Symboltier des Hainichs, die Wildkatze, und das Naturschutzprojekt ›Rettungsnetz Wildkatze‹. Auf der Schauanlage Wildkatzenlichtung kann man einige Exemplare der sonst extrem scheuen Tiere in naturnaher Umgebung beobachten, am besten natürlich zu den Fütterungszeiten. Die Wildkatze war im 18. Jahrhundert noch überall in Deutschland verbreitet, heute durchstreifen nur noch etwa 6000 Exemplare die Wälder in Hainich, Schwarzwald, Harz und Steigerwald.

Ein sieben Kilometer langer **Wildkatzenpfad** führt vom Wildkatzendorf Hütscheroda zum **Hainichblick**. Der Blick von der Aussichtsplattform dieses Holzturms reicht über die Hörselberge, die Wartburg, den Thüringer Wald und die Rhön. Hier kann man auch sehen und lesen, wie der Wald sich selbst erneuert und ausbreitet.

■ Kletterwald Hainich

Über 100 Kletterelemente, verteilt auf zehn Parcours – das bietet der Kletterwald in Kammerforst. An der höchsten Stelle balanciert man in 17,5 Metern Höhe. Man kann unter anderem 120 Meter weit an einer Seilbahn durch die Baumwipfel fliegen und von einer 7 Meter hohen Plattform springen.

■ Wildkatzenkinderwald

Südlich von Kammerforst liegt der Wildkatzenkinderwald, ein phantastischer Abenteuerspielplatz. Es gibt Spieltiere aus Holz, ein Katzen-Kletter-Labyrinth, Kriechtunnel, Schaukeln und allerlei andere tolle Spielgeräte. Hier kann man mit seinen Kindern problemlos einige Zeit verbringen. Von der Bushaltestelle Parkplatz Zollgarten bei Kammerforst ist es zu Fuß nur noch einen Kilometer.

■ Urwald-Life-Camp Lauterbach

Im Westen des Hainichs schlängelt sich die Werra durch die Landschaft. Am Hainich bei Lauterbach gibt es eine besondere Art der Übernachtung. Hier kann man nämlich ›Nakundu‹ machen. Das steht bei der Jugendherberge Lauterbach für ›Natur erkunden‹. Dahinter verbirgt sich eine dreitägige Schnitzeljagd für die Gäste im Naturpark Eichsfeld-Hainich-Werratal. Das Geländespiel wurde von Wissenschaftlern entwickelt und gilt als pädagogisch wertvoll. Direkt neben der Jugendherberge mit seinen Tipis und Baumhäusern auf Stelzen und den dazwischen gespannten Netzen befindet sich übrigens das Nationalpark-Informationszentrum.

In Berteroda, von Lauterbach etwas nach Süden in Richtung Eisenach, steht eine **Tausendjährige Eiche**. Ihr tatsächliches Alter liegt bei rund 625 Jahren.

■ Grenzhaus Heyerode

Sehenswert ist das ein paar hundert Meter von Heyerode gelegene Grenzhaus: Die Straße verläuft durch dieses beeindruckende Fachwerkhaus. Im Mittelalter diente das Gebäude als Zollstation.

▸ Karte S. 62

Hainich

Nationalparkzentrum und **Baumkronenpfad**, Thiemsburg, Schönstedt, Tel. 03603/892464 oder 834424, für Buchungen und Anfragen 03603/825843; April–Okt. tgl. 10–19 Uhr, Nov.–März tgl. 10–16 Uhr. www.baumkronen-pfad.de, www.nationalpark-hainich.de, www.weltnaturerbe-buchenwaelder.de

Obergut Kammerforst, Straße der Einheit, Tel. 036028/36893; April–Okt. tgl. 10–18 Uhr, Nov.–März 10–16 Uhr. Ausstellung zu ›Wald im Wandel‹ mit Geschichten-Raum für Kinder.

Nationalpark-Information Harsberg, Harsbergstr. 4 (an der Jugendherberge), Harsberg, Lauterbach, Tel. 036924/47586; April–Okt. tgl. 10–18 Uhr, Nov.–März 10–16 Uhr. Tierpräparate, Schautafeln und Spielmöglichkeiten.

Nationalpark-Information Hütscheroda Schloßstr. 4, Hörselberg-Hainich/OT Hütscheroda, Tel. 036254/865180; Nov.–März Sa/So und den Schulferien 10–16 Uhr. In der Wildkatzenscheune geht es um den Hainich und die Wildkatzen.

Nationalpark-Information Behringen, Hauptstr. 98, Tel. 036254/85090; Mo–So 8–20 Uhr. Im Schlosshotel zeigen die Ausstellung mit interaktiven Stationen sowie der Skulpturenpark die Verbindung von Kunst und Natur.

Schlosshotel am Hainich, Hauptstr. 98, Tel. 036254 85090. Barrierefreies Drei-Sterne-Haus mit Zimmern und Appartements in historischem Schloss EZ ab 60, DZ ab 86 €. www.schlosshotel-am-hainich.de

Hotel zum Herrenhaus Hütscheroda, Schlossstr. 10, Hörselberg-Hainich, Tel. 036254/7200. Hotel in einem Adelssitz von 1680 in toller ruhiger Lage. Mit Restaurant, Fahrradverleih, Kinderspielplatz und Park. Angeboten werden auch Ferienhäuser; EZ ab 58, DZ ab 83 €.

Hainichhöfe, Ihlefelder Str. 24, Mülverstedt, Tel. 0174/2408771. Premium-Chalets auf einer ruhigen Wiese direkt am Hainich. Die ca. 70 qm großen Holzhäuser sind mit Kamin, Außendusche, Spa sowie Grill- und Feuerstelle ausgestattet. Fahrradverleih, Kochkurse; ab 170 € für 2 Pers. www.hainichhoefe.de

Jugendherberge Urwald-Life-Camp, Harsbergstr. 4, Lauterbach, Tel. 036924/47865; ab 26 €, ab 27 Jahren ab 29 €. www.jugendherberge.de

Waldresort Hainich, Hainichstr. 5–11, Weberstedt, Tel. 036022/13810. Deutschlands 1. Regenerationsresort. Im Gegensatz zu einem Kloster kann man sich hier komfortabel zurückziehen. Wer möchte, kann an den zahlreichen angebotenen Kursen teilnehmen oder die Gemeinschaftseinrichtungen nutzen. 2 Tage für 2 Pers. 239 €, für 3–4 Pers. 249 €. www.waldresort-hainich.de

Hainich Ferienhof, Straße der Einheit 96, Tel. 0173/5741167, Kammerforst. Ferienwohnungen in einem ökologisch sanierten Bauernhaus und Hofterrasse; FeWo ab 47 €.

Landgasthof Alter Bahnhof, Bahnhofstr. 69, Heyerode, Tel. 036024/62310. Auf halbem Weg zwischen Mühlhausen und Treffurt in einem schönen alten Bahnhofsgebäude. Gästezimmer, Ferienwohnungen und -häuser. Großes Außengelände und ein gutes Lokal. Auf dem Bauernhof leben viele Tiere, auch Reittouren mit dem Esel kann man unternehmen; EZ ab 45, DZ ab 70 €. www.landgasthof-hainich.de

Campingplatz am Tor zum Hainich, Hainichstr., Weberstedt, Tel. 036022/98690. Vom VCT mit 4 Sternen zertifizierter Platz mit Kiosk, Spielplätzen, Kaminzimmer und Fahrradverleih. Zelt ab 10, Wohnmobil ab 14 €. www.camping-hainich.de

Hainichbaude - Craulauer Hütte, Vom Ort Craula aus in Richtung Wald zum Wanderparkplatz Craulaer Kreuz, Tel. 0173/

9843806. Urige Hüttenwirtschaft, Herzhaftes und Hausgemachtes.
www.hainichbaude.de

Hainich-Zeit, Kreuzstraße 1, Rodeberg/OT Eigenrieden, Tel. 0178/1481447. Ferienwohnungen und kleines Hostel im Bauernhof eines schön abgelegenen Dorfes am Nordrand des Hainichs. Gemütlich, viel Natur und mit Freibad um die Ecke.
www.hainich-zeit.de

Wildkatzendorf Hütscheroda, Schlossstr. 4, Tel. 036254/865180; April–Okt. tgl. 9–18 Uhr, Jan.–März tgl. 10–16 Uhr.
www.wildkatzendorf.com

Wildkatzenkinderwald, Parkplatz ›Zollgarten‹ bei Kammerforst oder Parkplatz ›Rüspelsweg‹ bei Flarchheim.

Kletterwald Hainich, Am Reckenbühl, Kammerforst, Tel. 0160/8088046.
www.kletterwald-hainich.de

Creuzburg

Das westlich des Hainichs gelegene Werratal ist der wohl schönste Abschnitt dieses Flusses in Thüringen. Creuzburg liegt sehr romantisch in diesem Tal und ist eine sehenswerte Fachwerkstadt. Erstmalig erwähnt wurde sie 973 in einer Schenkungsurkunde von Kaiser Otto II. Das macht Creuzburg zu einer der ältesten Städte Thüringens. Teile der Ende des 12., Anfang des 13. Jahrhunderts errichteten Stadtmauer sind noch erhalten.

Der Ort lag strategisch sehr günstig und stellte eine wichtige Querung der Werra an der Handelsstraße ›Via Regia‹ dar. Zu deren Schutz errichtete das Thüringer Landgrafengeschlecht der Ludowinger auch die den Ort dominierende Burg und baute eine beeindruckende Steinbrücke über den Fluss. Seine Lage machte den Ort in seiner über 1000-jährigen Geschichte aber auch häufig zum Durchzugsort von Heeren. Auch brannte die Stadt des Öfteren nieder. Dennoch hat sich eine stattliche Zahl historischer Bauwerke erhalten.

Bis zur Fertigstellung einer neuen Brücke 1987 verlief der gesamte Straßenverkehr über die historische Werrabrücke. Leider schneidet die Straße, die im Rahmen des Brückenneubaus entstand, den Ort heute von der Werra ab.

▸Karte S. 62

Burg Creuzburg

Die Burganlage wurde ab 1170 von den Thüringer Landgrafen errichtet und diente der Sicherung des im Mittelalter so wichtigen Übergangs über die Werra an der ›Via Regia‹ zwischen Erfurt und Köln. Gleichzeitig war sie eine militärische Brücke zum damals zur Landgrafschaft gehörenden Hessen. Es werden fränkische Vorgängerburgen vermutet. Beim Burgenneubau erfolgte auch die Einbeziehung vorhandener Bausubstanz eines vorher hier bestehenden Benediktinerklosters. 724 soll der Missionar Bonifatius auf dem heutigen Burgberg ein Kreuz errichtet haben. So erhielt die Creuzburg ihren Namen. Zeitweise war die Creuzburg auch Residenz der Landgrafen. Sie zählt zu den größten romanischen Burganlagen Deutschlands. Die heilige Elisabeth von Thüringen hielt sich häufig auf ihr auf und gebar hier 1222 ihren Sohn Hermann. Mit den Thüringer Erbfolgekriegen und der anschließenden Abspaltung von Hessen sowie dem Übergang der thüringischen Gebiete in das Eigentum der Wettiner verlor die Creuzburg ihre zentrale Rolle. Jahrhundertelang fungierte sie anschließend als Verwaltungssitz des Amtsbezirkes Creuzburg. Im 18. Jahrhundert ließ der Herzog von Eisenach die Anlage zusätzlich in eine fürstliche Residenz umbauen. In dieser Zeit entstand etwa das heute noch existierende **Herzogenhaus**. Luther, Goethe, Napoleon und andere Berühmtheiten kamen zu Besuch auf die Burg. 1879 verlor die Creuzburg ihre Funktion als Verwaltungssitz und ging in der Folgezeit in Privatbesitz über. Nach der Verstaatlichung 1945 und diversen Nutzungen begann man 1981 mit Sanierungsmaßnahmen, um die inzwischen stark heruntergekommene Burg zu retten. Seit 1990 wurde die Burg wieder komplett instandgesetzt.

Im **Burghof** steht eine auf 500 Jahre geschätzte **Linde**. Daneben liegt der **Burggarten** des urigen Restaurants und Hotels ›Auf der Creuzburg‹. Auf dem Burggelände befindet sich im alten **Marstall** auch das **Tourismusinformationszentrum mit Museum**. Die Ausstellung informiert über die Geschichte von Burg und Stadt, die heilige Elisabeth und Michael Prätorius. Im Gelben Haus, dem ehemaligen Amtshaus, befindet sich zudem eine kleine **Ausstellung zur Justiz** in früheren Creuzburger Amtszeiten, ein Sonderausstellungsbereich und die **Heimatstube**. Auch eine **Töpferwerkstatt** hat sich auf dem Areal niedergelassen.

Von der Burg ist es nur ein kurzer Weg, zum Beispiel über den Märchenhaften Naturpfad, hinunter in den Ort und zur Werrabrücke dahinter. Immer zu Pfingsten findet das Burgfest Creuzburg statt, ein Mittelalterfest mit Markt, Ritterspielen und Unterhaltung.

■ Werrabrücke und Liboriuskapelle

Hat man sich im Wirrwarr der Zu- und Abfahrten der B 7 erst einmal zurechtgefunden, erreicht man die Werrabrücke. Die Brücke mit ihren sieben Bögen aus Naturstein sowie der Halbrundbastion stammt von 1223. Die ›Via Regia‹ überquerte hier die Werra. Die Brücke wurde 1945 zerstört, aber anschließend wieder aufgebaut. Seit dem Bau der neuen Brücke ist die historische Werrabrücke autofrei.

Direkt neben der Brücke befindet sich die spätgotische Liboriuskapelle von 1499, benannt nach dem heiligen Liborius, dem ehemaligen Bischof von Le Mans. Sie war im 15. Jahrhundert eine populäre Wallfahrtsstätte. Die **Fresken** im Inneren stammen von 1520. Sie wurden bereits sechs Jahre später, im Zuge der Reformation, wieder übermalt und erst 1938 wieder freigelegt. Die Wandmalereien stellen Episoden aus Leben und

Die Werra bei Creuzburg

Liboriuskapelle und Werrabrücke

Passion von Jesus Christus und dem Leben der heiligen Elisabeth dar.
Der Schlüssel für die Kapelle ist bei der Tourismusinformation erhältlich.

Plan und Markt

Plan und Markt bilden zusammen den größten Platz von Creuzburg. Die Häuserzeile um den attraktiven Fachwerkbau **Alte Posthalterei** unterteilt ihn in zwei Abschnitte. Die Abwesenheit eines Rathauses an diesem Marktplatz erklärt sich mit dem großen Stadtbrand von 1765. Zwar baute man das Rathaus wieder auf, doch verzichtete man nach der Zerstörung von 1945 durch US-amerikanischen Artilleriebeschuss und einen anschließenden Stadtbrand auf einen erneuten Wiederaufbau am Markt.
Die romanische **Nikolaikirche** am Plan markiert den Stadtmittelpunkt. Ihre älteste Bausubstanz stammt aus der Zeit um 1180, der Turm von 1428. Sehenswert ist vor allem der romanische Altarraum. An der Außenseite der Kirche ist eine Tafel für den Komponisten Michael Prätorius angebracht, der aus Creuzburg stammt.

▲ Karte S. 62

Gottesackerkirche St. Marien

Die älteste Kirche von Creuzburg, St. Marien, liegt oberhalb der Bahnhofstraße und bestand bereits seit dem 11. Jahrhundert. Bemerkenswert sind das **Renaissanceportal** und die zur Kirche hinaufführende **Treppe**. Im Inneren befindet sich heute eine kleine **Ausstellung** zum ›Naturpark Eichsfeld-Hainich-Werratal‹ und zum Naturparkwanderweg nach Heiligenstadt. Dieser beginnt direkt an der Kirche. Von hier hat man einen schönen Blick auf die Stadt.

Rund um Creuzburg

Unmittelbar hinter Creuzburg beginnt einer der schönsten Abschnitte der Werra. Hier zwängt sie sich bis nach Falken kurz vor Treffurt in ein enges Durchbruchstal mit hoch aufragenden Plateaufelsen aus Muschelkalk. Eigentlich beginnt der Werrataldurchbruch bereits bei Hörschel, doch ab Creuzburg ist er am spektakulärsten. Hier kann man wunderbar wasserwandern. Wer Rad fahren möchte, benutzt den alten **Werratal-Radweg** parallel zum Fluss auf dem Damm der stillgelegten Werratalbahn. Das Gebiet ist bekannt für seine zahlreichen seltenen Orchideenarten.

Zwischen Creuzburg und Heiligenstadt verläuft der **Naturparkweg Leine-Werra**. Er beginnt direkt an der Gottesackerkirche. Der vom Deutschen Wanderverband zertifizierte 98,2 Kilometer lange ›Qualitätsweg‹ verläuft teilweise auch entlang der ehemaligen innerdeutschen Grenze. Für den Gesamtweg werden fünf Tagesetappen angesetzt. Am **Lengenberg** am Weg wächst der größte und älteste Eibenwald Thüringens. Der Wanderweg führt auch am zehn Meter hohen Lutterwasserfall bei Großbartloff vorbei. Jedes Jahr verschiebt sich der Wasserfall um ein paar Millimeter aufgrund des Kalks nach vorn.

Auch der **Werra-Burgen-Steig** verläuft durch den Ort. Er verbindet auf rund 500 Kilometern zwischen Hann. Münden und Fehrenbach zahlreiche Naturschönheiten in Hessen, Niedersachsen und Thüringen.

Wer nicht tagelang wandern möchte, dem sei der knapp neun Kilometer lange felsige **Rundwanderweg Rund um die Nordmannsteine** über die steilen Muschelkalkfelsen **Ebenauer Köpfe** und die bis zu 100 Meter über der Werra aufragenden **Nordmannsteine** im Naturschutzgebiet ›Klosterholz und Nordmannsteine‹ empfohlen.

Stiftsgut Wilhelmsglücksbrunn

Nicht weit entfernt von Creuzburg befand sich früher die städtische Saline und Heilbadeanstalt. Ab 1905 wurde die Mineral- und Solequelle nach Eisenach geleitet, wo sie für Kurzwecke genutzt wurde. Heute befindet sich auf dem Areal der ehemaligen traditionsreichen Creuzburger Saline das Stiftsgut Wilhelmsglücksbrunnen mit Biohotel, Restauration, Hofladen und ökologischer Landwirtschaft; sogar Wasserbüffel und französische Lacauneschafe leben hier. Auch die Creuzburger Käsemanufaktur gehört zum Gut. Die Sorten Creuzburger Blauer und Creuzburger Hartkäse wurden bereits mit Auszeichnungen bedacht. Das Biohotel verfügt über Ferienwohnungen

Unverkennbar: das Graue Schloss in Mihla

und Zimmer. Restaurant, Hofladen und Café liegen direkt am Werratal-Radweg. Im Laden bekommt man natürlich auch den Käse sowie Wasserbüffel-, Galloway- und Lammfleisch. Es gibt auch einen eigenen Fahrradverleih.

Mihla

Unterhalb der **Barockkirche St. Martin** und des **Roten Schlosses**, ein nur von außen zugänglicher Fachwerkbau mit kleinem Park, liegt das **Graue Schloss**. Das Renaissanceschloss von 1536 ist heute Hotel sowie Restaurant und Zuhause für 800 Fledermäuse. Die ehemalige Wasserburg ist innen rustikal eingerichtet. Die Karte bietet vor allem Deftiges und Wild. Sehenswert im Ort sind auch das **Hölzerkopfhaus** mit seinen Masken und der **Anger**. Der Platz diente der Dorfgerichtsbarkeit, der Richtertisch aus dem 17. Jahrhundert steht sogar noch.

Von Mihla nach Falken

Zwischen Mihla und Frankenroda weicht die Werra dem Hainich-Höhenzug im sogenannten Werraknie nach Westen aus. Zwischen Frankenroda und Falken ist das Werraufer straßenfrei. Um genau zu sein, handelt es sich um den einzigen Flussabschnitt auf dem gesamten Werraverlauf, an dem keine Straße verläuft. **Propstei Zella** ist eine wahre Dorfidylle mit einer barocken ehemaligen Klosterkirche. Der zehn Kilometer lange Rundwanderweg **Lehrpfad Werraaue** führt von Propstei Zella nach Frankenroda und Falken und auf der anderen Flussseite wieder nach Propstei Zella zurück.

Die **Falkener Klippen** etwas weiter sind Lebensraum zahlreicher seltener Pflanzen. Vor der märchenhaften Kulisse dieses tief eingeschnittenen Muschelkalkfelsens an der Werra nur ein paar Meter von der Propstei Zella soll Thomas Müntzer 1525 den Bauernaufstand ausgerufen haben. Die Stelle heißt heute **Bauernkanzel**.

In der Alten Schule in **Falken** gibt es ein **DDR-Museum**. Ab Falken fließt die Werra wieder freier durchs Tal. Der enge Durchbruch ab der Creuzburger Felsenbarriere ist hier zu Ende.

i Creuzburg und Umgebung

Vorwahl: 036926.

Tourist Information, Auf der Burg Creuzburg, Tel. 98047; April–Okt. Di–Sa 12–17, So 10–17 Uhr, während der Schulferien in Thüringen und Hessen Di–So 10–17 Uhr, Nov.–März Do–So 12–16 Uhr. www.creuzburg-online.de

Biohotel Stiftsgut Wilhelmsglückbrunn, 1,5 km von Creuzburg. Wilhelmsglücksbrunn, Tel. 7100320; EZ ab 69, DZ ab 79 €. www.wilhelmsgluecksbrunn.de

Hotel Auf der Creuzburg, Burgberg 1, Tel. 71304 Stilvoll eingerichtetes kleines Haus in unschlagbarer Lage direkt auf der Burg oberhalb der Stadt; EZ ab 57, DZ ab 90 €. www.burg-creuzburg.de

Graues Schloss, Thomas-Müntzer-Str. 4, Mihla, Tel. 036924/42272. Nächtigen im behutsam restaurierten Schloss; EZ ab 42, DZ ab 54 €. www.graues-schloss.de

Pension Heinemann, Bahnhofstr. 35, Tel. 82368. Sehr freundliches familiengeführtes Haus mit modernen Zimmern, geselliger Gemeinschaftsküche, Terrasse und Grillmöglichkeit; p. P ab 20 €.

Werratal Camping, Am Troggenbagger 1, Tel. 72464 oder 0171/1425196. Für Zelte und Wohnmobile. Die Boote kann man bei der Kanustation ablegen. Grills und Feuerholz gibt's vor Ort. Zelt 4 €, Wohnmobil 6 €. www.werratal-tours.de

Wassersport Mihla, Bahnhofstr. 36, Mihla, Tel. 036924/42113. Die Eisenacher Wassersportfreunde bieten Wasserwanderern und Radfahrern auf ihrem

▶Karte S. 62

Gelände an der Werra die Möglichkeit, im eigenen Zelt oder im Haus zu übernachten. Am besten vorher anmelden. Bootsverleih. www.wassersport-mihla.de

Naturcampingplatz Ebenshausen, Neue Str. 19, Tel. 036924/47324. Zelt ab 6, Caravan ab 9 €.

Landgasthof und Campingplatz Propstei Zella, Zella, Frankenroda, Tel. 036924/41976. Direkt an der Werra, mit Bootsanleger. Im Landgasthof nebenan kann man frühstücken und speisen. Streichelzoo, Außenpool, Grillmöglichkeiten, man kann reiten oder angeln. Zelt ab 9, Wohnmobil ab 11 €.
www.zella.de/camping.html

Pension Veronika, Flutgraben 1, Tel. 036923 80356. Direkt an der Bootsanlegestelle gibt es Zeltmöglichkeiten, Zimmer und eine Ferienwohnung. Man kann Lagerfeuer machen, grillen, angeln. Boots- und Fahrradverleih. Zelt ab 5, EZ ab 37, DZ ab 61 €. www.veronikas-pension.de

Auf der Creuzburg, Burgberg 1, Tel. 71304. Kreative Kombinationen heimischer, mediterraner, saisonaler und internationaler Gericht, vorwiegend Fleisch und Fisch. www.burg-creuzburg.de

Saline, Wilhelmsglücksbrunn, Tel. 036926/7100320, Biorestaurant und Café auf dem Stiftsgut Wilhelmsglücksbrunn, regionale und saisonale Produkte aus ökologischem Landbau, u.a. Wasserbüffel, Lamm und Galloway-Rind, auch Vegetarisches und Veganes.
www.wilhelmgluecksbrunn.de

Graues Schloss, Thomas-Müntzer-Str. 4, Mihla, Tel. 036924/42272. Im sehenswerten Restaurant sowie im Garten gibt es Wildes, Thüringisches und Vegetarisches.
www.graues-schloss.de

Grillstübchen Angelika Schatz, Bahnhofstr. 93, Tel. 99327. Die besten Bratwürste gibt es bei diesem Imbiss, der gleichzeitig für seine Vogelvolieren bekannt ist.

Café Gisela, Carl-Grübel-Str. 4, Frankenroda, Tel. 036924/42079. Tolle Backwaren und Kuchen direkt am Werratal-Radweg.

Museum Burg Creuzburg; April–Okt. Di–Sa 12–17, So 10–17 Uhr, während der Ferien in Thüringen und Hessen Di–So 10–17 Uhr. Nov.–März Do–So 12–16 Uhr.

Liboriuskapelle; von Ostern bis zum Reformationstag tgl. Der Schlüssel ist auch in der Tourismusinformation hinterlegt.

Gottesackerkirche; April–Okt. Informationen bei der Tourismusinformation unter Tel. 98047.

DDR-Museum, Alte Schule, Falken. Besichtigung nach vorheriger Anmeldung unter Tel. 036923/50608.

Mittelalterfest, jährlich zu Pfingsten auf der Creuzburg: Markt, Musik, Gaukelei und Ritterspiele.

→ **Landgasthof Propstei Zella** (→ S. 329).

Werratal-Camping, Creuzburg; Zelt ab 8 €, Wohnmobil oder Caravan ab 10 €.

Werratal Tours, Büro: Feuergasse 1, Tel. 72464 oder 0171/1425196. Biwaken, Wohnmobilstellplätze, Kanu- und Schlauchbootverleih, Touren. Kanustationen in Creuzburg und Treffurt.
www.werratal-tours.de

Rasthaus Paddlertreff, Auf dem Sand 1 a, Mihla, Tel. 036924/42838. Bootsverleih, dazu im Rasthaus überwiegend deftige thüringische Hausmannskost.
www.paddlertreff.de

Bootsverleih, dazu im Rasthaus überwiegend deftige thüringische Hausmannskost.

Outdoor Team, Bahnhofstr. 27, Mihla, Tel. 0175/8929056. Campingplatz, Bootstouren auf der Werra und andere Freizeitaktivitäten wie Paintball; Zelt ab € 10. www.werra-erlebnistouren.de

Sportfischerverein Werra-Hörseleck, Tel. 03691/610437. Der Verein ist verantwortlich für die Werraabschnitte um Creuzburg und einige weitere Gewässer. Gastangelkarten oder Touristenfischereischeine erhält man in einer der gelisteten Verkaufsstellen. www.werra-hoerseleck.de

Creuzburger Käsemanufaktur, Stiftsgut Wilhelmglücksbrunn, Tel. 7100343. U.a. Bio-Käse, Honig, Fleisch, Eier. www.creuzburger-kaesemanufaktur.de

BIOLuna Hofladen, Kreuzgasse 7, Ifta, Tel. 90254. Ziegenkäse in verschiedenen Variationen von Thüringer Waldziegen im Hofladen. www.bioluna.info

Treffurt

Das an einen Berg geschmiegte Treffurt (5000 Einwohner) mit seinen mehreren hundert Fachwerkhäusern liegt an der Deutschen Fachwerkstraße. Bei einem Spaziergang durch den Ort kann man die zahlreichen sehenswerten Gebäude wie den **Mainzer Hof** von 1550 mit Garten, das **Ohrfeigenhaus**, den **Trottschen Hof** oder den **Sächsischen Amtshof** von 1550 mit dem einzigen noch erhaltenen Turm der Stadtmauer genießen. Viel wurde und wird zum Erhalt des historischen Ortes getan, allerdings stehen in Treffurt auch sehr viele Gebäude leer.

Das reich verzierte **Fachwerk-Rathaus** im Renaissancestil auf dem Marktplatz stammt ebenfalls von 1550. Besonders prunkvoll sind die Figurenschnitzereien an den Ecksäulen der Freitreppe unter dem Fachwerkturm. Im **Bürgerhaus** von 1880 wurde früher Zigarren gedreht. Heute befindet sich hier unter anderem die Tourismusinformation und eine **Eichsfeld-Hainich-Werratal Naturparkausstellung**, in der man unter anderem interaktiv-virtuell auf der Werra paddeln kann.

Hoch über dem Werratal thront der **Normannenstein**. Der Aufstieg zur auf einem Felsenplateau gelegenen romanischen **Festung** ist steil und dauert 15 Minuten, wenn man nicht die Route über die Serpentinenstraße wählt. Die Burg entstand im 11. Jahrhundert zur Vertei-

Noch immer scheint die Festung den Ort Treffurt zu bewachen

▶ Karte S. 62

digung der drei Furten, die hier durch die Werra führten. Treffurt wird auch als ›Stadt der Ritter‹ bezeichnet. Die auf der Burg lebenden Ritter dienten den Landgrafen von Thüringen. Im 14. Jahrhundert verfielen sie dem Raubrittertum, dem 1336 erst durch ein vereintes Heer von Ernestinern, Hessen und Mainzern endgültig Einhalt geboten werden konnte. Fortan wurde Treffurt von den drei ›Siegermächten‹ gemeinsam verwaltet. Nach den Napoleonischen Kriegen kam der Ort zu Preußen.

Das Restaurant Burg Normannstein offeriert Regionales. In der **Ausstellung Werraburgen und Werrafurten** im Burgturm erfährt man etwas über Verteidigung, Handel und das Leben an der mittelalterlichen Werra. Vom Burgturm hat man einen grandiosen Ausblick auf das Werratal.

Unterhalb des Burgberges befindet sich die eingefasste **Normannstein-Quelle**. An dieser Stelle liegt auch der Ursprung des Ortes Treffurt. Im **Abenteuerspielplatz Normannstein** nebenan sind hier im Grünen Häuschen sowie eine große Burg aus Holz aufgebaut. Es gibt zahlreiche Buddel-, Rutsch- und Klettermöglichkeiten.

Die am Hang gelegene **Bonifatiuskirche** wurde um 1230 erbaut und über die Jahrhunderte immer wieder erweitert und verändert. Im 19. Jahrhundert erfuhr sie eine neoromanische Neugestaltung. Besonders für die Region ist die Gestaltung des Nordportals mit normannischen Zickzackornamenten.

Das **Heimatmuseum** befindet sich im sogenannten Burgstieg. An dieser Stelle sind noch Teile der originalen Stadtmauer aus dem 13. Jahrhundert erhalten. In der Ausstellung erfährt man Details zur Stadtgeschichte, der bekannten Werrakeramik und zur für Treffurt bedeutenden Zigarrenproduktion.

Heldrastein

Der Heldrastein ist ein markantes 503,8 Meter hohes Kalksteinfelsmassiv mit fantastischem Weitblick über die Gegend. Er wird auch ›König des Werratals‹ genannt. 330 Meter weiter unten im Tal fließt die Werra. Beeindruckend ist zudem, dass auf einer Breite von zwei Kilometern die Wand bis zu 62 Meter nahezu senkrecht abfällt. Zu DDR-Zeiten war dieses markante, weit ins Feindesland reichende Felsplateau ein Abhörposten und somit militärisches Sperrgebiet. Nach der Wende wurden die Militäranlagen abgerissen. Stattdessen baute man einen 30 Meter hohen **Aussichtsturm** und mit der **Florian-Henning-Hütte** eine Wirtschaft (Mai–Okt. an Sonn- und Feiertagen).

Treffurt

Vorwahl: 036923.

Tourist Information, Puschkinstr. 3, Tel. 51542; Mo, Mi–Fr 10–15, Di 10–18 Uhr. www.treffurt.de

Wassersportler können nach vorheriger Anfrage auf dem Gelände des geschlossenen Freibades direkt an der Werra zelten. Freibad Treffurt, Badelachenweg, Tel. 88963.

Burg Normannstein, Auf der Burg Normannstein, Tel. 828744. Regionale Küche. http://www.restaurant-normannstein.de

Heimatmuseum, Bergstr.; nach vorheriger Anmeldung in der Touristinformation unter Tel. 51542.

Burgturm und Ausstellung, Schlüssel beim Burgrestaurant, Tel. 828744.

In Treffurt beginnt der **Werra-Unstrut-Radwanderweg** nach Mühlhausen.

Zwischen Langensalza und Sömmerda

Zwischen Bad Langensalza und Weißensee liegt der kleine Kurort **Bad Tennstedt**. Unter anderen Goethe ließ sich von den Schwefelquellen seine Wehwehchen heilen. Große Teile der **Stadtmauer** aus dem 15. Jahrhundert sind noch erhalten, ebenso wie zahlreiche historische Bauten wie das Rathaus, das Osthöfer Tor, der Ketzerturm und einige Kirchen. In der Fronveste ist das **Heimatmuseum** untergebracht. Eine Besichtigung ist nach Voranmeldung bei der Tourismusinformation möglich.

Werningshausen

In dem kleinen Dorf Werningshausen (700 Einwohner) zwischen Gebesee und Straußfurt befindet sich das **Benediktinerkloster Sankt Wigberti**. Es beherbergt sechs Benediktinermönche. Prior Pater Franz aus Bad Kösen gründete die Ordensgemeinschaft in den 1960er Jahren, 1987 wurde das Benediktinerkloster als erstes lutherisches Kloster nach der Reformation in Deutschland approbiert. In den Jahrzehnten sind Klosterbrüder und Dorfbewohner zusammengewachsen und fühlen sich eng verbunden. So halfen die Bewohner der Umgebung beim Renovieren und Bauen, etwa der **Kirche**, kräftig mit. Das 1776 erbaute und 1841 mit einem Turm bestückte Gotteshaus ist bereits das vierte an dieser Stelle und war so baufällig, dass es gesprengt werden sollte. Prior Franz und seine Benediktiner konnten diese Pläne verhindern. Zudem kümmerten sie sich um die Instandsetzung von mehr als 30 weiteren Kirchen in der Umgebung. Die Brüder bieten in dem romantisch anmutenden Kloster mit seinen Fachwerkbauten Zimmer an, in denen man auch als Laie eine Auszeit nehmen kann.

Die Kirche des Klosters Sankt Wigberti

▲ Karte S. 62

Greußen

Greußen mit seiner mittelalterlichen Stadtmauer ist vor allem für seine Salami bekannt. Im Rathaus am Markt 1 gibt es ein kleines **Heimatmuseum**, und die **Martinskirche** beheimatet eine Trost-Orgel. ›Ziegen-Peter‹ heißt der Ziegen- und Zuchthof für die Thüringer Waldziege mit Hofkäserei und Hofladen.

Auch der Ortskern von **Clingen** direkt neben Greußen ist von einer Mauer umgeben.

Funkenburg Westgreußen

Die Funkenburg Westgreußen ist ein archäologisches **Freilichtmuseum**. Bei Ausgrabungen zwischen 1974 und 1980 stieß man auf 500 Gruben und Reste von 60 Häusern einer germanischen Wehrsiedlung. Teile der Vor- und Hauptburg mit Gräben, Palisaden, Wällen und Türmen wurden am ursprünglichen Fundort rekonstruiert. So etwas gibt es nirgendwo sonst in Deutschland. Auf dem Gelände der Hauptburg wurden zudem einige Gebäude nachempfunden.

Zwischen Langensalza und Sömmerda

Stadtinformation Bad Tennstedt, Kurstr. 10, Tel. 036041/57076; Mo–Di 10–17, Mi und Fr 10–13, Do 10–18, Sa 10–12 Uhr. www.badtennstedt.de

Mühlenhof Bosse, Lange Str. 57, Dachwig, Tel. 036206/269914. Geschmacklich und stilsicher dezent unter Verwendung natürlicher Baumaterialien eingerichtete Zimmer und Ferienwohnungen. Im Restaurant zünftige Gerichte vom Lande und regionale Zutaten; EZ ab 49, DZ ab 59 €. www.muehlenhof-bosse.de

Priorat St. Wigberti, In der Pfarrgasse 108, Werningshausen, Tel. 036376/50226. Ein-, Zwei- und Dreibettzimmer, 25 € p. P. für Pilger günstiger. Nur mit vorheriger Anmeldung. www.wigberti.de

Rittergut Lützensömmern, Rittergut 99, 99955 Kutzleben/OT Lützensömmern, Tel. 036041/41914. Zwischen Bad Tennstedt und Greußen liegt dieses stark auf Kinder ausgerichtete Gut. Zimmer, Ferienwohnungen und Zeltplatz im großen Park; Kinderfreizeiten, Bildungsangebote und Tiere. Zelt 6–7,50 €, Übernachtung in Mehrbettzimmern 13,50–18,50 €. https://www.thueringen.info/rittergut-luetzensoemmern.html#beschreibung

Heimatmuseum Bad Tennstedt, In der Fronveste. Besichtigung nach Voranmeldung bei der Stadtinformation.

Dorfmuseum Dachwig, Langestr. 27, Dachwig, Tel. 036206/23720; So 14–17 Uhr und nach Vorabsprache. http://www.dorfmuseum-dachwig.de

Priorat Sankt Wigberti, In der Pfarrgasse 108, Werninghausen, Tel. 036376/50226. Das Kloster ist immer offen, für Führungen vorher anrufen. www.wigberti.de

Heimatmuseum Geußen, Markt 1 (im Rathaus), Tel. 03636/703367, Mo, Mi, Fr nach vorheriger Vereinbarung. www.vgem-geussen.de

Funkenburg Westgeußen, Rohnstedter Str., Westgreußen, Tel. 03636/704616; April–Okt. Mo–Fr 9–17, Sa/So 10–17 Uhr, Nov., Feb. und März Di–Do 10–15 Uhr, April–Okt. Mo–Fr 10–15 Uhr. Aktionswochenenden. www.funkenburg-westgreussen.de

In Schwerstedt wohnt der Märchenerzähler Andreas von Rothenbarth. Infos über Auftritte: www.maerchen-erleben.de

Ziegenhof Peter, Niedertopfstedter Str. 1, Greußen, Tel. 03636/701641, www.ziegen-peter.de

Sömmerda

Die Stadt Sömmerda verfügt noch über eine mit Türmen besetzte **Wehrmauer** sowie einige sehenswerte historische Gebäude, von denen das **Rathaus** sicherlich das erwähnenswerteste ist. Es entstand zwischen 1529 und 1539.

Nikolaus Dreyse entwickelte ab 1827 in Sömmerda das Zündnadelgewehr und legte damit den Grundstein für die Produktion von Munition vor Ort. Aus dieser entstand ab 1919 die Fabrik für Schreib- und Büromaschinen, später wurde unter dem Dach des Robotron-Kombinates und nach der Wende für Siemens und Fujitsu Computertechnik hergestellt. Das ehemalige Büromaschinenwerk Sömmerda zählte zu den Großbetrieben, die zu DDR-Zeiten die Wirtschaftsstruktur Thüringens prägten. Im **Historisch-Technischen Museum im Dreyse-Haus** geht es um Nikolaus Dreyse und die Industriegeschichte Sömmerdas bis 1990. Es gibt eine Sammlung historischer Waffen sowie Informationen dazu, wie die Menschen im 19. Jahrhundert gearbeitet und gelebt haben. Am Haus befindet sich ein **Rosengarten**.

Rund um Sömmerda

Im Landkreis Sömmerda existieren **Steppen- und Trockenrasenlandschaften**, so etwa an der Hohen Schrecke, an der Finne, bei Herrnschwende, Tunzenhausen, Battgendorf, Kleinbrembach oder bei Rastenburg. Zur Erhaltung dieser Landschaftsräume werden traditionell Schafherden eingesetzt, die die Flächen von Bewuchs freihalten. Da die Schäfer auch von etwas leben müssen, haben sie sich mit Fleischern und Vermarktern unter der Marke ›Weidewonne‹ zusammengeschlossenen und verkaufen das Fleisch ihrer ›Rasenmäher‹ in der Region und in Erfurt.

■ Kölleda

Östlich von Sömmerda hat das ehemals in Weberstedt am Hainich beheimatete **Trabiparadies** ein neues Zuhause gefunden. Die DDR-›Rennpappe‹ findet man hier in allen möglichen Variationen.

■ Beichlingen

Schloss Beichlingen ist über 1000 Jahre alt. Das Renaissanceschloss mit dem Hauptgebäude und der Schlosskirche aus der Zeit um 1500 sind wirklich sehenswert. Es gibt ein Hotel und Restaurant sowie klassische Konzerte im Rittersaal, Theatervorführungen und Ausstellungen.

■ Wiehe

In dem kleinen Ort Wiehe an der thüringisch-anhaltinischen Grenze steht eine 12 000 Quadratmeter große Modellbahn-Anlage, die **Mowi World**. Dabei handelt es sich um eine der größten Modellbahnanlagen der Welt. Ähnlich dem Miniatur-Wunderland in Hamburg wurden hier ganze Landschaften und Städte mit ihren originalgetreuen Bahnhöfen und Sehenswürdigkeiten gestaltet. Zudem gibt es noch weitere angeschlossene Ausstellungen wie die Terrakotta-Armee, eine Osterinselausstellung oder die Messe mit Branchenneuheiten aus der Modelleisenbahn- und Modellbaubranche.
Nur wenige Kilometer von hier, im anhaltinischen Nebra, wurde die berühmte Himmelsscheibe entdeckt.

Sömmerda und Umgebung

Wasserburg Markvippach, Unterdorf 79, Markvippach, Tel. 036371/874848. Eventgastronomie in mittelalterlichem Ambiente. Angeboten wird Deftiges, auch Ritteressen mit Unterhaltung, Krimidinner und Whiskyseminare.
www.wasserburg-markvippach.de

Historisch-Technisches Museum, Weißenseer Str. 15, Sömmerda, Tel. 03634/6929855; Di und Do 10–18, Fr 10–13, So 14–17 Uhr, Jun–Aug nur jeden 3. So im Monat. www.dreysehaus.de
Tirica, Mühlgasse 76, Vippachedelhausen, Tel. 036452/71559; in der Regel April–Okt. Fr–Sa 14–18, So 11–18 Uhr. www.tirica.de
Trabiparadies Kölleda, Weimarische Str. 29; Tel. 03635/6024761; April-Okt. 10–16 Uhr. www.trabiparadies-koelleda.de
Schloss Beichlingen, Schlossberg 1, Beichlingen, Tel. 03635/403642. Führungen und Ausstellungsbesichtigung Di–Fr 12–16, Sa 13.30–15 Uhr, April–Nov. auch So 13.30–15 Uhr; EZ ab 54, DZ ab 86 €. www.schloss-beichlingen.de

Waldschwimmbad Rastenberg, Mühltal 11, Rastenberg, Tel. 036377/80635 www.waldschwimmbad.com

Weidewonne, Hier bekommt man Informationen zu den Verkaufsstellen der Marke. Schönes unter Denkmalschutz stehendes Waldbad im Kahntal. www.weidewonne.de

▸Karte S. 62

Kürzlich renoviert: Burg Weißensee (Runneburg)

Weißensee

Für einen Ort dieser Größe – knapp 3400 Einwohner – hat Weißensee erstaunlich viel zu bieten. Die urkundliche Ersterwähnung Weißensees als ›wyssense‹ stammt von 1174, im Jahr 1265 wurde ihm das Stadtrecht zugesprochen. In Weißensee fanden Ende des 12., Anfang des 13. Jahrhundert einige Schlachten der zwischen die Fronten geratenen thüringischen Landgrafen mit den Welfen und Staufern statt.

Der historische Grundriss der Thüringer Landgrafenstadt ist noch sehr deutlich erkennbar, die heute unvollständig erhaltene Stadtmauer wurde in ihrem Verlauf durch Baumpromenaden sichtbar gemacht. Aus Weißensee stammt auch die älteste deutsche Landesverfassung: Am 9. Januar 1446 verabschiedete der allererste Landtag in der deutschen Geschichte die erste Thüringer Landesordnung. Und kulinarisch ist man den Bayern mit dem ältesten deutschen Reinheitsgebot um Jahrzehnte zuvorgekommen: Die hier entdeckte ›Statuta thaberna‹ stammt aus dem Jahr 1434.

Burg Weißensee (Runneburg)

Auf einer weithin sichtbaren Anhöhe befindet sich die Burg Weißensee. Der Name ›Runneburg‹ etablierte sich erst in den volkstümlichen Quellen des 20. Jahrhunderts. Mit einer Fläche von etwa 1,5 Hektar zählt sie zu den größten romanischen Burganlagen Deutschlands. Die Burg wurde von den Ludowingern ab Mitte des 12. Jahrhunderts angelegt und avancierte bald zu einem der Machtzentren der thüringischen Landgrafen. Zahlreiche archäologische Funde, qualitätvolle Bauplastiken sowie zeitgeschichtliche Schriftquellen zeugen noch heute von der herausragenden Bedeutung und einstigen höfischen Kultur der Burganlage und ihrer Bewohner, die seinerzeit den Minnesang förderten.

Auf dem Burggelände befinden sich das Torhaus (Anfang 17. Jahrhundert), das Wagenhaus (Anfang 18. Jahrhundert) sowie das von 1890 bis 1892 errichtete ehemalige preußische Landratsamt, das heute eine Bildungs- und Begegnungsstätte mitsamt Übernachtungsmöglichkeit beheimatet.

Detail an der Rathausfassade

■ **Rathaus**

Um den unweit von der Burg gelegenen Marktplatz gruppieren sich die anderen Sehenswürdigkeiten des Ortes. Dazu zählt das romanische Rathaus. Es wurde 1351 erstmals erwähnt und ist eines der ältesten, wenn nicht gar das älteste Rathaus Deutschlands. Seine Front ziert unter anderem eine Tür von 1547 mit den Wappen von Weißensee, der Wettiner und Meißner. Das Gebäude beherbergt eine kleine stadtgeschichtliche **Ausstellung**.

Im Rathausgebäude befindet sich auch die **Ratsbrauerei**. 1998 zog das in der Runneburg zwischengelagerte Stadtarchiv in das historische Rathaus zurück. Dabei beschloss man auch, einen genaueren Blick auf die Archivbestände zu werfen – und entdeckte eine Sensation. In einem ›Verzeichnis etlicher alter Statuten hier zue Weißensee‹ aus dem Jahr 1434 fanden sich unter anderem Gesetze zum Bierbrauen und zu Umgangsformen in Wirtshäusern. Der Arnstädter Historiker und Verleger Michael Kirchschlager bewertete es als Reinheitsgebot. Die örtlichen Archivare wollten sicher gehen, was es mit der ›Statuta thaberna› auf sich habe. Also schickte man die Dokumente an das nach wie vor für die historische preußische Provinz Sachsen zuständige Archiv in Magdeburg. Von dort kam nach detaillierter Auswertung die Information, es handele sich bei dem Dokument um das älteste Recht zum Bierbrauen. Besonders Artikel 12 der ›Statuta thaberna‹ erregte Aufmerksamkeit. Darin heißt es: ›Es soll auch nicht in das Bier weder Harz noch keinerlei andere Ungefercke. Darzu soll man nichts anderes geben als Hopfen, Malz und Wasser‹. Das Dokument ist somit das älteste niedergeschriebene Deutsche Reinheitsgebot und 82 Jahre älter als das spätere bayerische Landesgesetz zur Reinheit des Bieres von 1516. Der Archivfund und die lange Biertradition von Weißensee veranlassten die Stadt, ordentlich Geld in die Hand zu nehmen und in der Ratsbrauerei eine **Mikrobrauerei** einzurichten. Das Weißenseer Ratsbräu gibt es auch zum Mitnehmen. In der Brauerei findet man Informationstafeln zum Bierbrauen, der ›Statuta thaberna‹ sowie zu Weißensee.

▲ Karte S. 62

Kirchen

Die **Stadtkirche St. Peter und Paul** mit ihrem freistehendem Glockenturm stammt aus dem 12. Jahrhundert und wurde während des 16. und 17. Jahrhunderts umgebaut. Nach umfangreichen Sanierungsmaßnahmen dient sie nun als Kirche und Bürgersaal. Im nneren besonders interessant sind die **Skulpturengruppe Maria mit dem Bart** sowie die **Minnesänger-Steinplatten**.

Weit originaler als St. Peter und Paul zeigt sich die am Alten Markt gelegene **Nikolaikirche**, die wohl um 1170 errichtet wurde.

Chinagarten

Die neueste Attraktion Weißensees ist der Chinagarten. Die nicht ganz unumstrittene exotische Anlage im ehemaligen Johanniterhof erstreckt sich an einem Hang bis hinunter zum Gondelteich. Der älteste Nachweis der Johanniter in Weißensee und am Ordenshof stammt übrigens von 1234. Sämtliche Häuser, Skulpturen und Materialien des ›Gartens des ewigen Glücks‹ wurden in China gefertigt, nach Weißensee transportiert und hier größtenteils auch von chinesischen Bauarbeitern zusammengesetzt. Der Architekt stammt allerdings aus Weimar. Überall im Garten ist der besondere Kontrast von chinesischen Bauten und deutschem Fachwerk erlebbar.

Der Chinagarten, die jüngste Attraktion in Weißensee

Rund um Weißensee

Der kleine Ort **Bilzingsleben**, zwölf Kilometer nördlich von Weißensee, ist der Fundort eines der frühesten Menschen Mittel- und Nordwesteuropas, des Homo Erectus Bilzingslebenensis. Neben den Überresten des etwa 370 000 Jahre alten Menschen fand man in dem alten Steinbruch tausende Geräte aus Knochen, Stein, Geweih, Holz, Elfenbein, Feuersteinartefakten sowie mehrere Tonnen an tierischem und pflanzlichem Material. Darunter befanden sich auch Knochen längst ausgestorbener Großsäuger. Der Fundort Steinrinne zählt inzwischen zu den bedeutendsten altpaläolithischen Fundstellen Mitteleuropas und kann besichtigt werden.

In dem **Renaissanceschloss Kannawurf** befindet sich das Künstlerhaus Thüringen. Künstler aller Couleur arbeiten hier, bieten Aufführungen, Konzerte und Ausstellungen an. Auf dem Gelände ist auch das **Heimatmuseum**, eine ständige Ausstellung zum Leben auf dem Lande mit landwirtschaftlichem Gerät, historischem Mobiliar und altem Handwerkszeug.

Zwischen Kannawurf und Heldrungen, bei Sachsenburg, befindet sich die **Thüringer Pforte**. Die Unstrut durchbricht an dieser Stelle die nordthüringischen Höhenzüge. Als historischer Beweis für deren strategische Bedeutung stehen am dem Wächtersberg nur etwa 500 Meter voneinander entfernt die Ruinen der **Unteren** und der **Oberen Sachsenburg**.

Weißensee und Umgebung

Vorwahl: 036374.

Stadtinformation Weißensee, Marktplatz 26, Tel. 361016; Di–Do 11–16, Fr 11–15, Sa/So 12–15 Uhr. www.weissensee.de

Hotel Promenadenhof, Promenade 16, Tel. 2220. Hotel und Ferienwohnungen. Zum Hotel gehört auch das Hotel ›Am Fischhaus‹ sowie das empfehlenswerte Restaurant ›Columbus Steakhaus‹ im Alten Gewürzspeicher; EZ ab 72, DZ ab 88 €, Wochenendangebote.
www.promenadenhof.de

Campingplatz Weißensee, Günstedter Str. 4, Tel. 36936. Nördlich der Altstadt, hinter dem Gondelteich, liegt dieser schnuckelige Zelt- und Wohnmobilplatz. Die Anlage ist sehr gut in Schuss. Zahlreiche Freizeitangebote, u.a. Streichelzoo, Tischtennisplatten und Beachvolleyballplatz; Kiosk, Kinderspielplatz, Fahrradverleih, Grillplätze und Lagerfeuerstelle. Zelt ab 9, Wohnmobil ab 12 €.
www.campingplatz-weissensee.de

Columbus Steakhaus, Promenade 16, Tel. 2220. Gute Steaks, Burger und Fleischvariationen. www.columbus-steakhaus.de

Ratsbrauerei, Marktplatz 26, Tel. 18602. Weißenseer Ratsbräu an historischer Stelle in der sehr stilvoll eingerichteten Mikrobrauerei, Biergarten, Thüringer Küche.
https://www.ratsbrauerei-weissensee.de

Café am Markt, Marktplatz 23, Tel. 36660. Kleines Café mit bürgerlicher Gaststätte direkt am Marktplatz mit Straßencafé und Biergarten. Der Wirt betreibt auch die Ratsbrauerei und die Tee-Terrasse im Chinesischen Garten. Auch Zimmervermietung: EZ 29, DZ ab 52 €.
www.cafeammarktweissensee.de

Burg Weißensee/Runneburg, Tel. 36200, Areal frei zugänglich. Führungen April–Sept. Sa/So, in den Ferien auch wochentags.

Chinesischer Garten Weißensee, Marktplatz 21a; April–Okt. tgl. 10–18 Uhr. Kontakt über die Stadtinformation, kostenfreier Parkplatz am Gondelteich.
https://www.chinagarten-tourismus.de

Ausgrabungsstätte Steinrinne Bilzingsleben, Frömmstedter Str., Tel. 036375/50249; April–Okt. Di–So 10–16 Uhr, Nov.–März nur nach Voranmeldung. www.steinrinne-bilzingsleben.com

Schloss Kannawurf, Schlossplan 1, Tel. 036375/643083.

3 B Weißensee, Runneburg 3, Tel. 361803. Modern eingerichtete Bildungs- und Begegnungsstätte auf dem Areal der Burg mit Jugendgästehauscharakter. EZ ab 42, DZ ab 72 €. 3b-weissensee.de

Bad Frankenhausen

▸ Karte S. 62

Seit Jahrhunderten wird in Frankenhausen Salz gewonnen. Die Solequellen sind auch die Grundlage für das Kurwesen in der Stadt, das seine Anfänge im frühen 19. Jahrhundert hat. Im 16. Jahrhundert wurde die Stadt zu einem der Hauptschauplätze der Bauernkriege. Bekannteste überregionale Sehenswürdigkeit auf Stadtgebiet ist heute sicherlich das Panorama Museum.

Schiefer Turm und Hausmannsturm

Die gotische **Kirche Unserer lieben Frauen am Berge** in der Oberkirchgasse hat den schiefsten Turm Deutschlands. Ganze 4,60 Meter ist er inzwischen aus dem Lot. Damit ist er sogar schiefer als der Turm von Pisa. Der unweit von der Kirche stehende Hausmannsturm ist alles, was von der Oberen Burg noch erhalten geblieben ist.

Kurpark und Solewasser Vitalpark
Dort, wo sich heute Kurpark und Solewasser Vitalpark erstrecken, befanden sich früher die städtischen Salinen. Die Parks liegen am Südhang und bekommen ordentlich Sonne.
Im Kurpark steht ein **Schau-Salzsiedehaus**. Von April bis Oktober wird hier am Wochenende gezeigt, wie man im Mittelalter Salz gewann. Im Park entspringen **Elisabeth**- und **Kyffhäuser-Quelle**. Zwischen Mai und August finden im **Musikpavillon** Konzerte statt, es gibt auch eine **Minigolf-Anlage**. Der unmittelbar angrenzende Vitalpark bietet Spielplätze, Fitnessgeräte, Therapieeinrichtungen und das Solewasserbad.
Sehenswert ist auch der etwas weiter westlich gelegene **Botanische Garten**.

Schloss und Regionalmuseum
Das Renaissanceschloss steht an der Stelle der einstigen Unteren Burg. Es entstand nach 1533. Das ehemalige Schloss der Grafen von Schwarzburg und Schwarzburg-Rudolstadt im Renaissancestil beherbergt das Regionalmuseum der Kyffhäuserregion. Hier ist alles für die Region relevante zu Geschichte, Geologie, Kur- und Bäderwesen, der einst bedeutenden Knöpfeindustrie, Natur, Besiedlung und Salz sehenswert zusammengetragen. Besonders interessant ist das Diorama der Schlacht bei Frankenhausen.

Kyffhäuser
Direkt im Norden Bad Frankenhausens liegt das Kyffhäusergebirge. Es ist insgesamt 70 Quadratkilometer groß und Teil des 305 Quadratkilometer großen Naturparks Kyffhäuser, zu dem auch Hainleite und Windleite gehören. Das kleine Gebirge bildet hier die natürliche Grenze zwischen Thüringen und Sachsen-Anhalt. Der Naturraum umfasst das waldbestandene Gebirge, Wasser- und Feuchtwiesenlandschaften, Magerrasen, Steilhänge, Salzquellen und steppenartige Gebiete. Dieser Abwechslungsreichtum an in Mitteleuropa rar gewordenen Landschaftsformen führt zu einer großen Artenvielfalt: rund 1300 unterschiedliche Pflanzenarten wachsen hier. Auch Fledermäuse fühlen sich hier wohl, etwa die sehr seltene Mopsfledermaus. 20 aller in Deutschland vorkommenden 24 Fledermausarten finden man im Kyffhäuserland.
Der Kyffhäuser ist durchzogen von Rad- und Wanderwegen wie dem Kyffhäuserweg, einem 37 Kilometer langen Qualitätswanderweg.

Der ›Schiefe Turm‹ macht seinem Namen alle Ehre

Am Eingang zum Panorama Museum

Schlachtberg

Hier befindet man sich auf historischem Boden. Denn genau an dieser Stelle nördlich von Frankenhausen, in den südlichen Ausläufern des Kyffhäusers, fand am 15. Mai 1525 die letzte große Schlacht der deutschen Bauernkriege statt. Unter Führung Thomas Müntzers kämpften etwa 8000 Aufständische gegen 6000 Soldaten der vereinten hessisch-braunschweigischen und albertinischen Heere. Doch trotz göttlichen Beistands – das Bauernheer trug einen Regenbogen in seiner Fahne und genau zu Müntzers Predigt erschien ein solcher am Himmel – wurden die Rebellen in ihrer Wagenburg von Geschützen, Söldnern und Reitern niedergemetzelt. Panik brach unter den Bauern aus, mindestens 6000 von ihnen starben. Durch eine Hohlrinne am Fuße des Berges soll laut Überlieferung das Blut der Bauern bis in die Stadt Frankenhausen geflossen sein. Kein Wunder, dass man sie von da an Blutrinne nannte. Von den gefangen genommenen Rebellen wurden am Folgetag 300 auf dem Anger und vor dem Frankenhäuser Rathaus hingerichtet.

Im Bauernkrijeg wandte sich Luther gegen die deutschen Bauern, die sich auf ihn und seine Bibel beriefen. Stattdessen stellte er sich in diesem Befreiungskampf auf die Seite der Grundherren, Fürsten und Ritter. Überliefert ist seine Aussage: »Drum soll hier zuschmeißen, wurgen und stechen, heimlich oder offentlich, wer da kann, und gedenken, daß nichts Giftigers, Schädlichers, Teuflischers sein kann denn ein aufruhrischer Mensch, gleich als wenn man einen tollen Hund totschlahen muß.«

▸ Karte S. 62

In der DDR wurde denn auch Müntzer als großer Held der ›frühbürgerlichen Revolution‹ geehrt, während Luther als deren größter Widersacher und ein Bösewicht galt.

Panorama Museum

Auf dem Schlachtberg steht als Monument und Mahnmal am Ort des Geschehens das im September 1989 eröffnete Panoramamuseum. Das große runde und weiße Gebäude wird im Volksmund manchmal auch Elefantenklo genannt. Es ist aber eher ein Bildtempel. Mit 1722 Quadratmetern ist das Bauernkriegspanorama eines der größten der Welt. 123 Meter lang und 14 Meter hoch ist die Leinwand.

Das Monumentalbild im Stil der damaligen Zeit stammt vom Leipziger Kunstprofessor Werner Tübke und seinem Werkstattteam, fast zwölf Jahre arbeiteten sie daran.

Über 3000 Personen sind auf dem äußerst detailreichen Bild zu sehen, das sich wie ein Puzzle aus einer Vielzahl von Szenen zusammensetzt. Man sollte eine Führung buchen, denn allein wird man sich in der Vielfalt schwerlich einen Über- und Durchblick verschaffen können. Unterhalb des Panoramabildes gibt es Wechselausstellungen.

Barbarossahöhle

Die durch Zufall entdeckte Höhle mit ihren großen, weitgespannten Hohlräumen, den smaragdschimmernden klaren Seen und den weltweit einmaligen bizarren Gipslappen ist eine von weltweit nur zwei existierenden Anhydrithöhlen, also Gipshöhlen. Beim Besuch der 15 000 Quadratmeter großen Höhle erfährt man bei der Tour auch allerlei Sagengeschichten zum Kaiser. Persönlich begegnet man ihm im sogenannten Tanzsaal.

Barbarossadenkmal

Das Kyffhäuserdenkmal, auch bekannt als Barbarossadenkmal, ist mit 81 Metern Höhe eines der größten Denkmäler in Deutschland. Erbaut wurde es zwischen 1890 und 1896 zu Ehren von Kaiser Wilhelm I, dessen Tod im Jahr 1888 im frisch vereinigten Reich einen wahren Denkmalkult auslöste.

Zu Füßen der Reiterstatue Wilhelms I. sitzt der eigentliche Hauptakteur, Kaiser Barbarossa (Friedrich I.) aus dem Geschlecht der Staufer. Er begab sich 1189 auf einen Kreuzzug, um das Heilige Land von den Ungläubigen zu befreien. Er kehrte nicht in seine Heimat zurück, denn 1190 ertrank er im Flusse Saleph in Kleinasien. Da daheim im Deutschen Reich bei den Menschen keinerlei oder kaum Informationen ankamen, entstand die bekannte Legende vom schlafenden Kaiser.

Eine Version besagt, dass Barbarossa im Kyffhäuser ruht und wartet, bis sein roter Bart drei Mal um den Tisch gewachsen ist. Eine andere spricht davon, dass er alle 100 Jahre einen Zwerg hinauf an die Oberfläche schickt. Dieser soll nachsehen, ob die Raben nach wie vor um den Kyffhäusergipfel herum fliegen. Wenn dem so ist, wird der Kaiser nicht erlöst und verfällt erneut in einen 100-jährigen Schlaf. Erst wenn die Raben verschwunden sein werden, kommt die Zeit seines Erwachens und er wird auf der Oberfläche für Ordnung, Wohlstand und bessere Zeiten sorgen.

Das Kyffhäuserdenkmal steht auf historischem Grund: Gleich dahinter erhebt sich die fast 1000 Jahre alte **Reichsburg**. Sie ist 600 Meter lang und wurde in der Regierungszeit Barbarossas (1152–1190) vollendet. Das Burggelände wurde durch das Kyffhäuserdenkmal teilweise überbaut. Der Burgbrunnen ist mit 176 Metern der tiefste der Welt.

Hier soll Barbarossa ruhen

Dass Barbarossa höchstpersönlich auf der Burg anwesend war, ist zwar wahrscheinlich – schließlich war er der Auftraggeber –, aber nicht schriftlich verbürgt. Die erste Burg geht auf Heinrich IV. zurück, der durch seinen Gang nach Canossa berühmt wurde. 1118 wurde sie von Lothar von Supplinburg (heute Süpplingenburg bei Helmstedt) zerstört, später von ihm allerdings wieder aufgebaut.

Königspfalz Tilleda

Tilleda liegt zwar schon in Sachsen-Anhalt, aber hier war Barbarossa auf jeden Fall und hielt 1174 Hofstaat. Die Königspfalz wurde 972 in einer Heiratsurkunde erstmals erwähnt und 300 Jahre lang genutzt. Danach wurde das Gelände zu Ackerland. Das führte dazu, dass die noch erhaltene Original-Bausubstanz unangetastet im Boden schlummerte. Archäologen machten sich an deren Ausgrabung. Es handelt sich um die einzige vollständig freigelegte Königspfalz. Heute ist die früh- und hochmittelalterliche Königspfalz Tilleda **Freilichtmuseum**.

36 Kurven

Zwischen Kyffhäuserdenkmal und Kelbra verläuft eine vor allem bei Motorradfahrern sehr beliebte Straße. Diese alte Kyffhäuser-Rennstrecke wartet auf gerade einmal vier Kilometern mit 36 Kurven auf. Das Kyffhäuser-Bergrennen fand erstmalig in den 1920er Jahren statt und wird bis heute ausgetragen. Roswitha Hagedorns **Café 36** befindet sich im Alten Zollhaus bei Kelbra. Hier verläuft die Grenze zwischen Thüringen und Sachsen-Anhalt. Während das Café in Thüringen liegt, befindet sich dessen Parkplatz in Sachsen-Anhalt. Ein Grenzstein markiert die genaue Stelle. Vor Blitzern warnt ein einfacher Trick: Wenn am Kiosk an der ›Biker Oase‹ die Langnese-Fahne draußen hängt, wird geblitzt.

Kannibalenhöhle

Die ›Kannibalenhöhle‹ am Kosackenberg gehören zu den bedeutendsten Fundstätten der Bronzezeit in Mitteleuropa. Bei Ausgrabungen zwischen 1951 bis 1957 in den 20 teilweise miteinander verbundenen Höhlen wurden neben Gerätschaften und Gefäßen in einem Höhlenopferplatz auch die Knochen von mindestens 130 Menschen gefunden.

Rund um Bad Frankenhausen

In einer Flussschleife etwas flussabwärts des Wipperdurchbruchs liegt der Ort **Göllingen** mit den Resten des **Klosters St. Wigbert**. Es handelt sich um eines der ältesten Klöster Thüringens. Der einzigartige spätromanische **Westturm** mit seiner byzantinisch-maurischen Krypta ragt noch empor, der einstige Umfang

▸ Karte S. 62

der Anlage wurde mit Steinen sichtbar gemacht. 2005/06 feierte man 1000 Jahre Kloster Göllingen. Im Turm sind heute audio-visuelle Vorführungen zu Baugeschichte und zum Stifter Günther von Käfernburg sowie Informationen zur Klostergeschichte untergebracht. Es gibt ein Café und einen Klosterladen. Regelmäßig am Tag des Offenen Denkmals findet das Klosterturmfest statt.

Wasserburg Heldrungen

Die dreiflügelige Wasserburg Heldrungen mit ihren Nebengebäuden und der vorgelagerten Bastion stammt in ihren ältesten Teilen aus dem 12. Jahrhundert. Sie gilt als die einzige vollständig intakte befestigte Wasserburg französischer Festungsbaukunst in Deutschland. Thomas Müntzer wurde nach der Niederlage bei der Schlacht von Frankenhausen 1525 in der Anlage gefangen gehalten.
Seit vielen Jahren befindet sich hier eine **Jugendherberge**. Auf dem Areal kann man so einiges anstellen. Es gibt eine Bogenschießanlage im Gewölbekeller, die Möglichkeit, auf dem Wassergraben Boot zu fahren, sowie ein **Mittelalterkabinett**. Am letzten Septemberwochenende findet der Mittelaltermarkt statt.

Artern

In Artern befand sich früher ein Weinberg; mit dem Beginn der Kleinen Eiszeit nach 1580 endete der Anbau allerdings. 200 Jahre später wurde der Berg bepflanzt. Hier liegt, etwas versteckt im Wald, der 1863 erbaute **Jüngkens Aussichtsturm**. Vom Weinberg hat man einen schönen Ausblick auf Hainleite, Hohe Schrecke, Kyffhäuser, Goldene Aue und Harz.

Kelbrastausee

Das manchmal auch Helmestausee genannte Gewässer ist der bedeutendste Kranichrastplatz Thüringens. Zwar kommen hierher keine zehntausende Vögel wie an die großen deutschen Plätze an der Mecklenburger Boddenküste, dem Rhin- und Havelluch oder dem Diepholzer Moor, einige tausend sind es zu den Hin- und Rückreisewellen – je nach Wetter meist Mitte bis Ende Oktober

Der Kelbrastausee ist ein bedeutender Kranichrastplatz

und Ende Februar/Anfang März – aber immer. Der Helmestausee gewinnt als Rastplatz bei den Kranichen offenbar zunehmend an Bedeutung. So wurden laut NABU 2012 12 300 und 2013 sogar 30 130 Tiere gezählt. Mehrere hundert Kraniche verbringen am Helmestausee sogar den gesamten Winter.

Naturschutzgebiet Badraer Schweiz

Zwischen Badra und dem Kelbrastausee liegt das Naturschutzgebiet Badraer Schweiz, eine hügelige Karstlandschaft mit Steilhängen, Steppenflora sowie zahlreichen Blumen wie Kuhschelle oder Adonisröschen.

Esperstedter und Ringleber Ried

Ein Paradies für Vögel wie Rohrweihe, Kibitz, Bekassine oder Rotmilan sind die Salzstellen im Esperstedter und Ringleber Ried östlich von Bad Frankenhausen. Die 500 Hektar große Senke ohne Abfluss entstand durch Auslaugung von Salz in tiefer liegenden Schichten. Zahlreichen seltenen Salzpflanzen sowie etwa 200 Vogelarten dienen die Riede als Lebensraum.

Bad Frankenhausen und Kyffhäuser

Vorwahl: 034671.

Tourist Information, Anger 14, Bad Frankenhausen, Tel. 71717; April–Okt. Mo–Fr 9–18, Sa/So 9–15 Uhr, Nov.–März Mo–Fr 10–17, Sa 10–12 Uhr. www.bad-frankenhausen.de

Hotel Residenz, Am Schlachtberg 3, Tel. 750. Vier-Sterne-Haus mit Panoramaanlage. Mit Pianobar, zum Hotel gehört auch ein Spa mit Pool und Sauna; EZ ab 94, DZ ab 120 €. www.bachmann-hotels.de

Burghof Kyffhäuser, Tel. 034651/45222. Historisches Hotel unterhalb des Kyffhäuserdenkmals mit Denkmalwirtschaft mit Terrasse sowie Grill und Sauna; EZ ab 85, DZ ab 95 €. www.burghof-kyffhaeuser.de

Haus Toskana, Kurstr. 10, Tel. 55575. Ruhig und zentral gelegenes Appartementhaus, im italienischen Stil gestaltet; Appartement für 2 Pers. ab 59 €. www.haus-toskana-badf.de

Hotel Garni Anger 5, Anger 5, Tel. 56990. Zentral gelegen, interessante Mischung aus Historie und Moderne; EZ ab 59, DZ ab 69 €. www.hotel-bad-frankenhausen.de

Alter Ackerbürgerhof, Kurstr. 18, Tel. 51010. Große mit Antiquitäten eingerichtete Zimmer sowie ein Appartement; EZ ab 55, DZ ab 90, App für 2 Pers. ab 95 €. www.alter-ackerbuergerhof.de

Ferienwohnungen Hoff, Am Schacht 7, Göllingen, Tel. 034671/54550. Tolle Appartements in einem Fachwerkhaus mit Garten, Fahrradverleih und Grillmöglichkeit; für 2 Pers. ab 55 €. www.ferienwohnung-hoff.de

Jugendherberge Wasserburg Heldrungen, Schlossstr. 13, Tel. 034673/91224; Übernachtung ab 26, ab 27 Jahren 29 €. Führungen nach vorheriger Anmeldung bei der Jugendherberge. www.wasserburg-heldrungen.de

Jugendherberge Kelbra, Forsthaus 90a, Kelbra/OT Sitzendorf, Tel. 034651/55890. Bereits in Sachsen-Anhalt gelegen, an der Talsperre; ab 22 €. www.jugendherberge-kelbra.de

Seecamping Kelbra, Lange Str. 150, Tel. 034651/45290. Campingplatz direkt am Kelbrastausee, nebenan ist das Strandbad. Hier finden auch Konzerte statt. Zelt ab 9,50, Wohnmobil ab 12,50 €. www.stausee-kelbra.de

Wohnmobilstellplätze, An der Kyffhäuser Therme, August-Bebel-Platz 9, Tel. 5123.

Alte Hämmlei, Bornstr. 33, Tel. 5120. Urige Erlebnisgastronomie mit Frankenhäuser und Thüringer Gerichten. www.alte-haemmelei.de

Karte S. 62

Alter Ackerbürgerhof, Kurstr. 18, Tel. 51010. Uriges Wirtshaus mit urigen Gerichten. Tischvorbestellung wird erbeten. Wird vom Hotel Thüringer Hof betrieben www.alter-ackerbuergerhof.de

Thüringer Hof, Anger 15, Tel. 51010. Angenehmes helles Gasthaus mit typischen Thüringer Gerichten und großer Schnitzelkarte. www.thueringer-hof.com

Bahnhof Roßla, Nördlich des Kyffhäusergebirges, an der A 38, gibt es, die Bahnhofskneipe in Roßla. Sie liegt zwar auf sächsisch-anhaltinischem Gebiet, ist aber unbedingt erwähnenswert. Hier bekommt man richtig gute Bratwurst, Bockwurst, selbstgemachte Salate sowie regionale Getränke – in einem sehenswerten musealen Ambiente aus DDR- und Bahnhofsgastronomie.

Biker Oase – Café 36, an den berühmten 36 Kurven. Wenn die Langnese-Fahne draußen hängt, wird geblitzt.

Forsthaus Rothenburg 2, 06537 Kelbra (Kyffhäuser), Tel. 034651/498528. Hausmannskost, Gegrilltes und Kuchen, gleicher Betreiber wie Biker Oase. www.cafe36-online.de

Gutshaus von Bismarck, Heidelbergstr. 1, Braunsroda, Tel. 034673/97974. Gaststube mit Ferienwohnungen, jeden 1. Sa im Monat 10–15 Uhr Bauernmarkt, am Wochenende mit beliebtem Cafe. www.gutshaus-von-bismarck.de

Regionalmuseum, Schlossstr. 13, Tel. 62086; Mi–So 10–17 Uhr. www.regionalmuseum-bfh de

Kloster Göllingen, Klosterstr. 1, Tel. 034671/52689; tgl. 10–16 Uhr, April–Okt. 10–16 Uhr, Nov.–März 10–15 Uhr. www.kloster-goellingen.de

Panoramamuseum, Am Schlachtberg 9, Tel. 034671 6190; April–Okt. Di–So 10–17 Uhr, Nov.–März Di–So 10–17 Uhr, Juli/Aug. auch Mo 13–17 Uhr. www.panorama-museum.de

Barbarossahöhle, Mühlen 6, 99707 Kyffhäuserland/OT Rottleben Tel. 54513; April–Okt. 10–17 Uhr. https://barbarossahoehle.de/

Königspfalz Tilleda, Ernst-Thälmann-Str. 4c, Kelbra/OT Tilleda, Tel. 034651/2923; April–Okt. 10–18 Uhr, Nov. und März 10–16 Uhr. www.pfalz-tilleda

Knutfest, ganz nach der skandinavischen Ikea-Tradition verbrennt man auch in Bad Frankenhausen am 1. Sa im Januar kollektiv am Untergelgen seine Weihnachtsbäume.

Fliederfest, Volksfest rund um den Rathausplatz immer Mitte Mai.

Frankenhäuser Bauernmarkt, immer Mitte Sept. zwischen Therme und Anger. Flankiert von zahlreichen Veranstaltungen, Umzug des Bauernheeres, Lagerfeuer und Feuerwerk.

Kyffhäuser-Therme, August-Bebel-Platz 9, Tel. 5123. Verschiedene Solebecken für Groß und Klein, Salzgrotte und Saunalandschaft. Div. Themenveranstaltungen, z.B. Ostereiertauchen im Solebad zu Ostern. www.kyffhaeuser-therme.de

Solewasser Vitalpark, Am Quellgrund 14, Tel. 540011; Mai–Sept. tgl. 10–19 Uhr, März, April, Okt, Nov. tgl. 10–17 Uhr. Großes Solebad, Therapie- und Kneippbecken, Inhalierpavillon, Freilandgeräte und Fußreflexzonenparcours. www.solewasser-vitalpark.de

Stausee Kelbra, auf dem mit 6 km² größten Gewässer der Gegend kann man segeln und surfen.

Goethe Chocolaterie, Gewerbegebiet 13, Oldisleben, Tel. 034673/776550. Hier dreht sich alles um Schokolade und Kaffee. Mit Erlebniswelt, Schaumanufaktur, Ausstellung, Café und Werksverkauf. www.goethe-chocolaterie.de

Der Norden

Sondershausen

Sonderhausen (rund 22 000 Einwohner) war von 1571 bis 1918 Hauptstadt der Grafschaft und des späteren Fürstentums Schwarzburg-Sondershausen. Von der Zeit als Residenz zeugt das Schloss. Es ist das größte und bedeutendste Schlossensemble Nordthüringens. Sonderhausen ist eine Berg- und Musikstadt. Bis 1991 arbeiteten in der heimischen Kalisalzindustrie des kleinen Städtchens fast 3000 Menschen. Dieses Erbe beschert Sondershausen heute einen der außergewöhnlichsten Erlebnisorte, das Bergwerk ›Glückauf‹.

In der Stadt lebt auch der bekannte Künstler Gerd Mackensen. Sein Atelier hat er in einer ehemaligen Schule.

■ Residenzschloss Sondershausen

Die auf einem Bergvorsprung errichtete Dreiecksanlage oberhalb des Marktes ist mehr als 800 Jahre alt. Sie wurde Ende des 17. Jahrhunderts barock umgestaltet und später klassizistisch verändert. Die Anlage war Regierungssitz der Fürsten von Schwarzburg-Sondershausen und bis 1918 Adelssitz. Der letzte Eigentümer war ein Rudolstädter, denn zu diesem Zeitpunkt war das Geschlecht der Schwarzburg-Sondershausener bereits ausgestorben.

Im Schlosshof steht der **Herkulesbrunnen**. Im **Schlossmuseum** sind zahlreiche Sammlungen untergebracht. Sie befassen sich zum einen mit der Geschichte der Schwarzburger und umfassen den fürstlichen Kunst- und Kunsthandwerksbesitz sowie die Räumlichkeiten des Schlosses. Unter ihnen ragt der **Blaue Saal** heraus. Er diente zu Repräsentationszwecken und ist in den Farben blau und weiß gehalten, den Farben der Schwarzburger. Gold darf in einem Rokokosaal natürlich auch nicht fehlen. In den Räumlichkeiten haben sich prachtvolle Details wie Stuck und Kassettendecken erhalten. Besonders eindrucksvoll sind der **Riesensaal** mit seinen opulenten Stuckverzierungen, das **Liebhabertheater**, das **Steinzimmer**, die **Schlosskapelle**.

Das Schloss beherbergt weiter die **fürstliche Ahnengalerie**. Zum Bestand gehört auch eine goldene Kutsche. Der zweite

▲ Karte S. 124

Das Schloss

Die Schlosswache am Marktplatz

Schwerpunkt der Ausstellungen liegt auf der Stadt- und Schwarzburgischen Landesgeschichte.

Achteckhaus und Schlosspark

Seit 1619 hat das Schloss auch seine eigene Hofkapelle, das spätere Loh-Orchester. Der Name leitet sich davon ab, dass das Orchester in einem Teil des Schlossparks musizierte, dem damals aus Eichenbäumen bestehenden Lohwäldchen. Zu dieser Zeit gewann man aus deren Rinde die Gerberlohe. Das Orchester musiziert bis heute im Achteckhaus, im Blauen Saal des Schlosses und im Haus der Kunst. Jährlich finden im Schlosshof die Thüringer Schlossfestspiele statt, eine Open-Air-Veranstaltung, mit der das Loh-Orchester bis zu 10 000 Besucher anzieht.

Eine der Spielstätten des Orchesters ist das barocke Lust- und Spielhaus, das wegen seiner Form auch Karussell genannt wird. Das innen mit zwei Galerien, hohen Säulen und viel Stuck und Wandbemalung verzierte Haus befindet sich westlich des Schlosses im Park. Dessen heutige Gestalt stammt überwiegend aus dem 19. Jahrhundert und entspricht einem englischen Landschaftspark. Er liegt an der Wipper und der kleinen Wipper und hat einen großen und einen kleinen Parkteich.

Markt

Die große **Schlosstreppe** verbindet das Schloss mit dem darunter liegenden Marktplatz. Wer keine Stufen nehmen möchte oder kann, nimmt den an der Nordseite der Residenz verlaufenden Weg zum Markplatz. Hier duckt sich auch die **Alte Wache** mit ihrer klassizistischen, an einen Tempel erinnernden Fassade an die Burgmauer. Karl Scheppig, ein Schüler Schinkels, baute das Gebäude in Anlehnung an die Neue Wache seines Lehrmeisters in Berlin.

Erlebnisbergwerk Glückauf Sondershausen

Das Kalibergwerk in Sondershausen ist das älteste noch befahrbare Kaliwerk

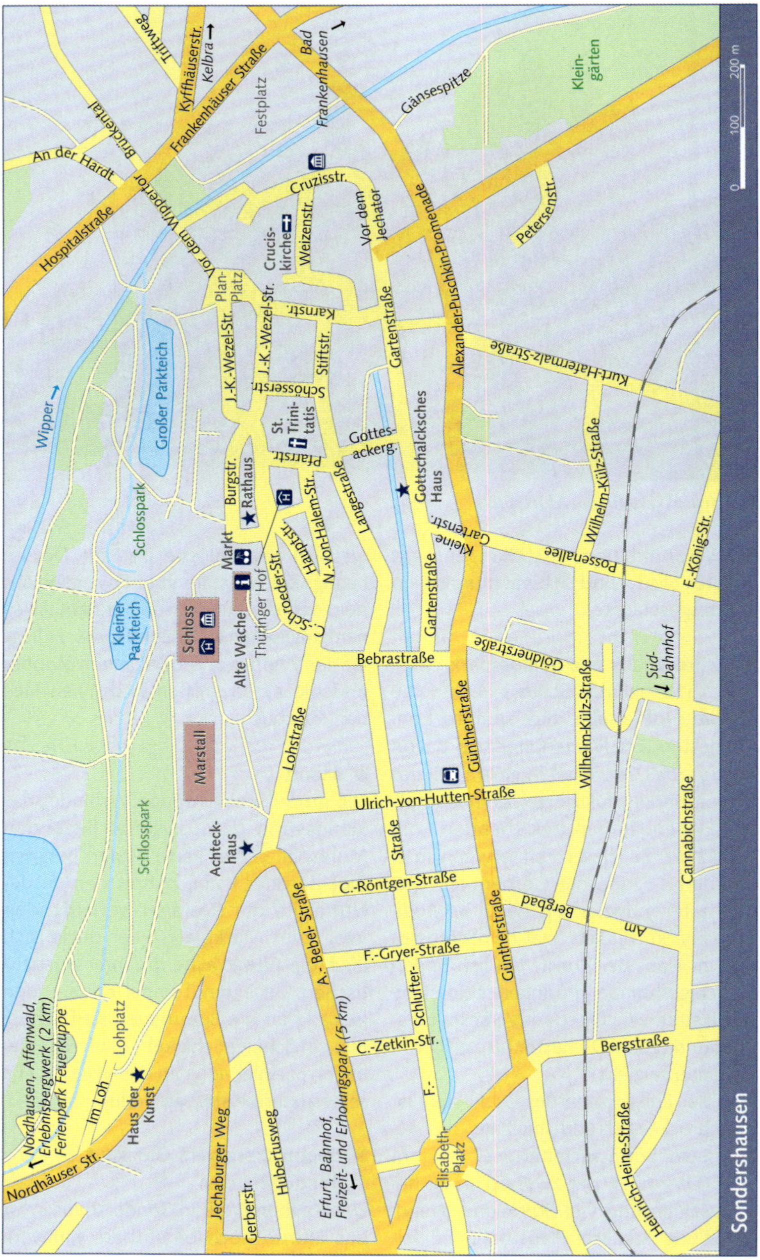
Sondershausen
Triftweg
Kyffhäuserstr.
Kelbra
Frankenhäuser Straße
Bad Frankenhausen
Festplatz
Gänsespitze
Klein-gärten
Brückental
An der Hardt
Hospitalstraße
Vor dem Wipertor
Cruzisstr.
Crucis-kirche
Weizenstr.
Vor dem Jechator
Alexander-Puschkin-Promenade
Petersenstr.
Plan-Platz
J.-K.-Wezel-Str.
Karnstr.
Stiftstr.
Gartenstraße
Kurt-Hafermalz-Straße
Wipper
Großer Parkteich
Schlösserstr.
St. Trini-tatis
Gottes-ackerg.
Gottschalcksches Haus
Wilhelm-Külz-Straße
Burgstr.
Rathaus
Pfarrstr.
Langestraße
N.-von-Halem-Str.
Hauptstr.
Kleine Gartenstr.
Possenallee
E.-König-Str.
Schlosspark
Markt
Thüringer Hof
C.-Schroeder-Str.
Kleiner Parkteich
Schloss
Alte Wache
Bebrastraße
Göldnerstraße
Süd-bahnhof
Güntherstraße
Lohstraße
Marstall
Ulrich-von-Hutten-Straße
Cannabichstraße
Achteck-haus
C.-Röntgen-Straße
Am Bergbad
A.-Bebel-Straße
F.-Gryer-Straße
F.-Schlufter-Straße
C.-Zetkin-Str.
Bergstraße
Nordhausen, Affenwald, Erlebnisbergwerk (2 km) Ferienpark Feuerkuppe
Lohplatz
Im Loh
Haus der Kunst
Nordhäuser Str.
Jechaburger Weg
Hubertusweg
Gerberstr.
Erfurt, Bahnhof, Freizeit- und Erholungspark (5 km)
Elisabeth-Platz
Heinrich-Heine-Straße
0 100 200 m

der Welt. Heute befindet sich hier der tiefste Konzertsaal der Welt. Bei einer Führung kann man sogar mit einem echten Spreewaldkahn den unterirdischen 160 Meter langen Solesee befahren. Die Salzrutsche ist eine 32 Meter lange Bohrung im Salz zwischen zwei Kammern. Man bekommt eine Matte und los geht's. Auch eine Kegelbahn wurde eingerichtet. Eine **Dauerausstellung** befasst sich mit dem Thema der anderweitigen Nutzung von Bergwerken in der Zeit von 1933 bis 1945 als Heeresmunitionsanstalten und zur Lagerung von Gold und Kunstschätzen.

Freizeit- und Erholungspark Zum Possen

Der im Süden der Stadt gelegene Park Zum Possen ist die Hauptbesucherattraktion von Sondershausen. Um das vierflügelige **Jagdschloss** aus dem 18. Jahrhundert herum gibt es zahlreiche Spielmöglichkeiten für Kinder, einen Indoorspielplatz in der alten Reithalle und ein Tiergehege mit Haustieren, aber auch Geparden, Erdmännchen und Bären. Das gesamte Jahr über finden Veranstaltungen für Kinder und Erwachsene statt. Zu den Attraktionen gehören auch ein **Hochseilgarten** und **Kinderkletterwald**.

Der 42 Meter hohe **Possenturm** im Park ist Europas höchster und ältester in Fachwerk erbauter Aussichtsturm.

Rund um Sondershausen

Bei **Wolkramshausen**, westlich von Sondershausen, befindet sich der **Affenwald** mit seinem barocken Herrensitz Hue de Grais. Im Wildlife-Park leben Berberaffen, Varis, Kattas und Kängurus. In den Durchgangsgehegen kommt man mit den Tieren in direkten Kontakt. Die **Sommerrodelbahn** ist 760 Meter lang.

Nur einige hundert Meter südlich dieses Erlebnisparks, bei der Burg Straußberg aus dem 13. Jahrhundert, liegt im Wald der **KIEZ Ferienpark Feuerkuppe**. Auf 19 Hektar Fläche kann man hier baden, minigolfen und bowlen. Es gibt einen Kunstrasensportplatz, Kletterturm sowie eine Kletter- und Erlebnishalle

Das **Tiefe Tal**, ein Seitental des vom Fluss Helbe durchzogenen Helbetals, ist zur Blütezeit ein einziges Meer von Märzenbechern. Es liegt nördlich des Dorfes Kleinberndten.

Sondershausen und Umgebung

Vorwahl: 03632.

Tourist Information, Markt 9, Tel. 788111; Okt.–Mai Mo–Fr 9–17, Sa 10–12 Uhr, Juni–Sept. Mo–Fr 9–17, Sa 10–14 Uhr.
www.sondershausen.de

Hotel Thüringer Hof, Hauptstr. 30–32, Sondershausen, Tel. 6560. Am Markt gelegenes Haus mit modernen Zimmern am Markt mit Gasthaus, Pub und Billardtisch; EZ ab 69, DZ ab 89 €.
www.thueringerhof.com

Burg Großfurra, Schlossstr. 8, Großfurra, Tel. 5420002. Wohnen auf der Burg in mittelalterlichem Flair. Zum Speisen gibt es Junkerschänke, Gewölbekeller und Kaminzimmer; EZ ab 45, DZ ab 80, FeWo für 2 Pers. ab 70 €.
www.burg-großfurra.de

Ferienpark Feuerkuppe, Zur Feuerkuppe 2, Sondershausen/Straußberg, Tel. 036334 53261; Zelt p. P. ab 7 €, Bungalow ab 13 p. P.
www.ferienpark-feuerkuppe.de

Hofküche im Schloss, Schloss 1, Tel. 6672400, Sondershausen. Abwechslungsreiche gute Küche in schönem Ambiente. Wohl das beste Haus der Stadt.
www.hofkueche-sondershausen.de

Schlossmuseum Sondershausen, Schloss 1, Sondershausen, Tel. 622420; Di–So 10–17 Uhr. https://www.sondershausen.de/schlossmuseum-sondershausen.html

Erlebnisbergwerk Glückauf, Schachtstr. 20, Sondershausen, Tel. 655280. Führungen nach vorheriger Reservierung Di–Fr 11 und 14, Sa 10 und 14, So 11 Uhr. www.erlebnisbergwerk.com

Freizeit- und Erholungspark Zum Possen, Possen 1, Tel. 782884; März/April, Okt.–Mitte Nov. Fr 13–19, Sa/So 10–19 Uhr, Mai–Sept. und während der Thüringer Ferien tgl. 10–20 Uhr. www.possen.de

Ferienpark Feuerkuppe, Zur Feuerkuppe 2, Sondershausen/Straußberg, Tel. 036334/53261. www.ferienpark-feuerkuppe.de

Affenwald, Unterer Straußberg, Straußberg, Tel. 03633/453214; April–Okt. tgl. 9–17 Uhr. www.affenwald.de

Loh-Orchester, Theater Nordhausen/Loh-Orchester Sondershausen, Käthe-Kollwitz-Str. 15, Nordhausen, Tel. 03631/983452. Oder über die Tourismusinformation, Tel. 788111.

Schlossfestspiele, Kartenvorverkauf 03631/983452 oder über Touristinformation, Tel. 788111. Klassische Musik und Theater im Juni und Juli. www.schlossfestspiele-sondershausen.de

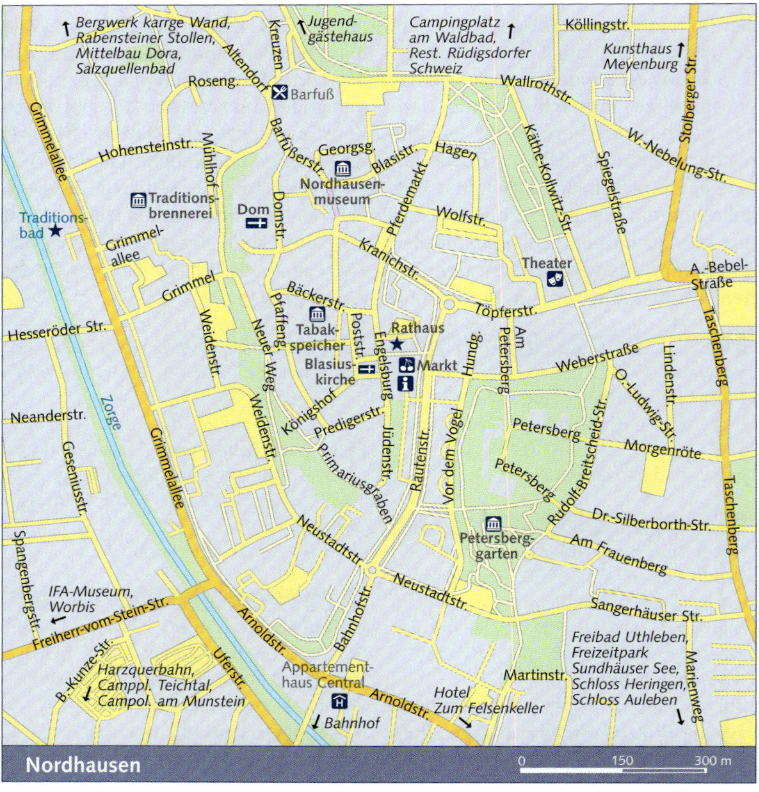

Nordhausen

Der Roland vor dem Rathaus

Nordhausen

An den südlichen Ausläufern des Harzes liegt Nordhausen. Als ein Zentrum der deutschen Rüstungsindustrie im Zweiten Weltkrieg wurde die Stadt heftig bombardiert und stark zerstört. Mit dem Wiederaufbau veränderte Nordhausen sein Antlitz vollends und wurde zur Plattenbaustadt. Einige historische Bauwerke und Fachwerkhäuser in der ehemaligen Reichsstadt blieben allerdings erhalten beziehungsweise wurden, wie das Rathaus, nach dem Krieg originalgetreu wieder aufgebaut. Die Wende führte zu einem neuen Leitbild: Man bemüht sich nun um den Erhalt der historischen Bausubstanz, auch die Stadtmauer wurde restauriert. Die Stadt hat trotz ihrer Größe (rund 42 000 Einwohner) sogar ein eigenes Straßenbahnnetz.

Überregional bekannt ist der Nordhäuser Doppelkorn, der seit 1507 hier gebrannt wird.

Markt und Umgebung

Am Markt steht das Renaissance-**Rathaus** mit dem **Roland-Standbild**. Genau genommen gibt es zwei Rolande: Die 3,3 Meter große Figur auf dem Marktplatz ist eine Kopie, der originale Holz-Roland steht im Neuen Rathaus.

Der **Dom zum Heiligen Kreuz** besteht aus einer dreischiffigen, gotischen Halle mit romanischer Krypta und den ebenfalls romanischen Überresten eines Kreuzganges. Die größte evangelische Kirche Nordhausens ist die **Blasiuskirche**, eine spätgotische und ebenfalls dreischiffige Hallenkirche mit spätromanischem Westbau.

In den Straßen zwischen Blasiuskirche und Dom kann man noch gut erkennen, wie Nordhausen vor der Zerstörung ausgesehen hat.

Kunsthaus Meyenburg

In einer Jugendstilvilla von 1907 mit hauseigenem Aussichtsturm und schönem Park sind die Kunstsammlung und die Ausstellung historischer Möbel untergebracht. Das Kunsthaus Meyenburg konzentriert sich wechselweise auf regionale beziehungsweise überregionale Kunst. Benannt wurde das Museum nach dem Nordhäuser Bürgermeister Michael Meyenburg, einem Freund Luthers.

Petersberg

Im Nordhäuser Petersberggarten, einer durch die Bombenangriffen entstandenen und in der Nachkriegszeit nicht wieder aufgebauten innerstädtischen Brachfläche, fand 2004 die Landesgartenschau statt. Von dem terrassenförmig angelegten **Park** hat man einen schönen Blick auf Nordhausen und Umgebung. Die Plätze werden für Veranstaltungen genutzt. Im Zusammenhang mit der Gartenschau entstanden auch ein **Skaterparcours**, ein

Das Theater in Nordhausen hat sich überregional einen Namen gemacht

Abenteuerspielplatz mit Ritterburg, der **Hochseilgarten** und der 20 Meter hohe **Kletterturm** ›PeterStein20‹.

Nordhausen Museum

In dem gotischen Fachwerkgebäude Flohburg und dem modernem Erweiterungsbau ist das Nordhausen Museum untergebracht, das Stadtmuseum. Es wurde 2012 restauriert. Entsprechend anschaulich und auf dem pädagogisch neuesten Stand ist die Ausstellung aufgebaut. Auf 1000 Quadratmetern Ausstellungsfläche wird die Stadtgeschichte präsentiert. Man kann unter anderem einen original erhaltenen Tiefkeller und eine Bohlenstube besichtigen. Zur Ausstellung gehören auch eine Mineraliensammlung und archäologische Funde. Hier steht auch der originale Nordhäuser Aar, eines der sieben Wunder Nordhausens. Vorbild waren die sieben Weltwunder der Antike, wonach sich zahlreiche Städte eigene lokale Wunder schufen.

Museum Tabakspeicher

In dem ehemaligen Tabakspeicher entstand vor einigen Jahren ein interaktives Museum für regionales Gewerbe, Industrie und Archäologie Nordhausens. Präsentiert werden in diesem Museum zum Anfassen die traditionellen städtischen Wirtschaftszweige Tabak, Kornbrand und Maschinenbau.
Nordhausen hatte eine lange Tradition in der Tabakverarbeitung, die erst im Jahr 2002 endete.

Erlebnismuseum Traditionsbrennerei

Der Nordhäuser Doppelkorn war und ist auch im wiedervereinigten Deutschland einer der bekanntesten Brände Ostdeutschlands. Bei einem Rundgang durchläuft man alle Stationen der Kornproduktion, einen Zollkeller, die alte Kontorei sowie die Niederlage, in der der Schnaps für den Versand vorbereitet wurde. Am Ende der Tour steht eine Verkostung.

▶ Karte S. 126

IFA-Museum

Nordhausen war mit seinen IFA-Motorenwerken ein bedeutendes Zentrum der Automobilindustrie und der größte Dieselmotorenhersteller der DDR. Im ehemaligen IFA-Kulturhaus entstand ein Technikmuseum mit Grubenlokomotiven, Traktoren und Motoren. Beleuchtet wird auch die Geschichte des Werkes während der Nazizeit und in der sowjetischen Besatzungszeit.

KZ-Gedenkstätte Mittelbau-Dora

Im 1943 eingerichteten Konzentrationslager Dora schufteten bis zu 60 000 Häftlinge aus mehreren dutzend Ländern, überwiegend aus Frankreich, Polen und der Sowjetunion. Das Lager wurde angesichts der zunehmenden Bombardierungen der Alliierten auf deutsche Rüstungsbetriebe untertage eingerichtet, im August 1943 die Raketenproduktion von Peenemünde auf Usedom hierher verlegt. Die V2-Raketen wurden nun in den unterirdischen Stollen gefertigt. Später kamen Flugzeug- und Treibstoffproduktion hinzu. Bald schon existierten zur Unterbringung der Häftlinge zusätzlich nahezu 40 über die gesamte Gegend verteilte Außenlager. Ab Herbst 1944 wurden die Einrichtungen zum eigenständigen KZ Mittelbau zusammengefasst. Dora war ein Außenlager des Konzentrationslagers Buchenwald. 20 000 Menschen fanden hier den Tod, also jeder dritte Zwangsarbeiter. Am 9. April 1945 wurde es von amerikanischen Truppen befreit und aufgelöst. Die Rüstungsproduktion ist auch der Grund, warum Nordhausen im April 1945 starken alliierten Bombardements ausgesetzt war. Dabei wurde der Ort weitgehend zerstört.

Auf dem Gelände des Lagers wurde 1964 die ›Mahn- und Gedenkstätte Mittelbau Dora‹ eröffnet. Ein Teil der Außenanlagen und Stollenanlagen ist seitdem zugänglich, eine Dauerausstellung informiert über den Ort und die schrecklichen Geschehnisse. Die Stiftung Gedenkstätten veranstaltet auch zahlreiche Sonderausstellungen.

In der Nähe des KZs befindet sich die **Salza-Quelle**. Mit 700 Litern austretendem Wasser pro Sekunde ist sie die größte Karstquelle Thüringens.

Schloss Heringen

Das Schloss Heringen wird nach dessen ehemaligen Besitzern auch Schwarzburger Haus genannt. Es besteht aus einem neuen und einem alten Schloss. Den älteren Teil bildet ein 34 Meter hoher, sechsstöckiger **Wohnturm** mit drei Ecktürmen von 1327. Für den Erhalt des Schlosses ist eine Bürgerinitiative verantwortlich, die Restaurierung konnte 2015 abgeschlossen werden.

Das Schloss kann besichtigt werden. Die ständige **Ausstellung** beschäftigt sich unter anderem mit dem Leben der Gräfin Clara von Schwarzburg-Frankenhausen, es gibt eine Ausstellung landwirtschaftlicher Geräte, zu Heringen sowie Wechselausstellungen und auch Heimatmuseum mit Tante-Emma-Laden.

Schloss Auleben

Das nach Wilhelm von Humboldt auch Humboldt'sches Schloss genannte Schloss Auleben ist ein schlichter, massiver, 1518 fertiggestellter Bau. Humboldt lebte zwischen 1791 und 1793 in dem Gebäude mit Treppenturm und Fachwerkdach, das oberhalb des historischen und denkmalgeschützten Ortskerns liegt. Im Schloss gibt es ein Humboldt-Zimmer und die Heimatstuben.

Bei Auleben befindet sich das mit 200 Hügelgräbern größte **Gräberfeld** Nordthüringens.

Rund um Nordhausen

Dichterstätte Sarah Kirsch

Im Pfarrhaus von **Limlingerode** wurde 1935 die Schriftstellerin Sarah Kirsch geboren. Das Fachwerkhaus mit Forschungsbibliothek, heute **Dichterstätte Sarah Kirsch**, wird für Literaturveranstaltungen und Ausstellungen genutzt.

Grenzlandmuseum Bad Sachsa

Empfehlenswert ist ein Besuch des Museum zur deutschen Teilung auf der niedersächsischen Seite unmittelbar hinter der Grenze. Es informiert, mit regionalem Bezug auf den Südharz, anhand von Schautafeln, Dokumenten, Exponaten und Dioramen über die frühere deutschdeutsche Grenze.

Naturpark Südharz

Nördlich von Nordhausen bildet der Naturpark Südharz den nördlichsten Zipfel von Thüringen. 267 Quadratkilometer von insgesamt über 2200 Quadratkilometern nimmt der thüringische Teil des Harzes ein.
Am schönsten ist die Reise von Nordhausen aus mit der Harzquerbahn. Die Strecke endet in Wernigerode am nördlichen Harzrand, schon in Sachsen-Anhalt gelegen. Geprägt ist die Landschaft von den südlichen Randhöhenzügen des Harzes und zum anderen durch die Karstlandschaft im Gebirgsvorland mit ihren Buchenwäldern und Wiesen. Luchse, Wildkatzen, Schwarzstörche und Uhus leben hier. Eine der am stärksten gefährdeten Fledermausarten, die Mopsfledermaus, hat hier ihr Deutschlandweit größtes Winterquartier. Sehenswert sind unter anderem die **Gipshöhle Kelle** bei Appenrode oder die **Burgruine Hohnstein** und die romanische **Burgruine Ebersburg**. Beide liegen in der Nähe von Neustadt.
Typisches Gericht der Region ist die ›Fette Henne‹, eine mit Harzer Käse und Schmalz belegte Scheibe Brot. Die regionale Rinderrasse Harzer Rote Höhenvieh liefert das Fleisch für Rouladen. ›Hackus mit Knieste‹ ist Schweinehack mit kleinen Kartoffeln, die im Knien geerntet werden.

Harzquerbahn

Auf der Harzquerbahn, Deutschlands längstem Schmalspurstreckennetz, fährt

Sanft gewellt zeigt sich der Südharz bei Nordhausen

▲ Karte S. 62

Die Harzquerbahn in voller Fahrt

man dampfbetrieben von Nordhausen durch Täler bis nach Wernigerode und mit einer Abzweigung hinauf zum Brocken. Das aus Harzquerbahn, Brockenbahn und Selketalbahn bestehende Streckennetz – Spurbreite 1000 Millimeter – ist insgesamt 140,4 Kilometer lang. Das **Harzquerbahnhof** in Wernigerode besitzt eine jugendstilverzierte Fassade und stammt von 1913. Auf der Strecke liegen Sehenswürdigkeiten wie etwa die Baumannshöhle und die benachbarte Hermannshöhle. (www.harzer-hoehlen.de)

■ Ilfeld

Hauptattraktion in Ilfeld ist das **Besucherbergwerk Lange Wand**. Das Kupferschiefer-Schaubergwerk präsentiert sich in seinem ursprünglichen Zustand. Neben Kupferschiefer wurde hier auch Kobalt und Schwerspat abgebaut. Es gibt einen unterirdischen Bach und junge Tropfsteine. Oberirdisch an der ›Langen Wand‹ lassen sich die einzelnen Abschnitte der erdgeschichtlichen Entstehung gut ablesen. Einen Kilometer entfernt, am Nordrand des Ortes, erstreckt sich der **Ahornpark**.

■ Ilfeld-Netzkater

Wenige Kilometer nördlich vom Besucherbergwerk Lange Wand liegt die **Erlebniswelt Rabensteiner Stollen**. Eine Grubenbahn führt ins einzige mitteldeutsche Steinkohle-Besucherbergwerk. Zu Fuß geht es dann in den älteren Teil des Bergwerks, eine Fahrraddraisine gibt es hier auch. Oberirdisch wurde eine Bergarbeiterhütte rekonstruiert. Im Zechenhaus gibt es eine Ausstellung zum Steinkohlebergbau im Harz; im Freigelände steht allerlei Technik. Die Haltestelle der Harzquerbahn liegt direkt an der Erlebniswelt.

■ Ziegenalm Sophienhof

Eingebettet in die Bergwiesen und Wälder des Naturparks Südharz liegt der Sophienhof mit Almstube und Hofladen. Wurst und Käse kommen hier aus der eigenen Produktion. Auch Johann Lafer hat die Harzziegen, Heidschnucken, Schweine, Hühner, das Damwild und Tiroler Grauvieh vom Sophienhof schon besucht und vom Ziegenkäse und dem Ziegeneis genascht. Angeboten werden regelmäßig Events und auch Übernachtungen.

Nordhausen und Umgebung

Vorwahl: 03631.
Stadtinformation Nordhausen, Markt 1, Tel. 696797; Mo–Fr 9–18, Sa 10–13 Uhr. www.nordhausen.de

Appartementhaus Central, Friedrichstr. 3, Tel. 471877. Schön eingerichtete Appartements in zentraler Lage; ab 30 €. www.appart-zentral-nordhausen.de

Gästehaus Zum Felsenkeller, Unter dem Schellenberg 9, Nordhausen/Steigerthal, Tel. 895455. Schlichte, ruhig gelegene Pension knapp 10 km östlich von Nordhausen; freundliches Personal und gutes Frühstück; EZ 35, DZ 60 €. www.felsenkeller-steigerthal.com

Jugendgästehaus Rothleimmühle, Parkallee 2, Tel. 902391. Die Jugendherberge in historischem Fachwerkhaus mit 14 Gästezimmern ist vor allem für Familien geeignet. Für Gäste bis 26 J. ab 25 €, für Gäste ab 27 J. ab 28 €. www.jugendherberge-thueringen.de/jugendgaestehaus-nordhausen

Zeltplatz am Bielener Kiesteich, An den Kiesteichen 3, Tel. 47990; Zelt ab 9,50 €. www.badehaus-nordhausen.de

Campingplatz Teichtal, Hauptstraße 108, Hainrode, Tel. 036334/53231; April–Dez. 2016 eröffnet, Camperplätze, Bungalows, Schwimmbad und auch das ›Märchenreich Teichtal‹, in dem mit 70 Figuren 23 Märchen präsentiert werden. Zelt, Wohnmobil, Wohnwagen inkl. 2 Pers. ab 13 €. www.teichtalamsee.de

Campingplatz am Waldbad, Neustadt, Tel. 036331/479891. Moderner Platz unterhalb der Burgruine Hohnstein im Luftkurort Neustadt. Waldbad und Gondelteich sind direkt um die Ecke. Zelt ab 9, Wohnmobil ab 11 €. www.neustadt-harz-camping.de

Campingplatz Am Hünstein, Wollerslebener Landstr., Nohra, Tel. 036334/53807. Zeltplatz unweit der Wipper am See und Freibad Hünstein in der Hainleite südöstlich von Nordhausen. Hier kann man auch angeln und Boot fahren. Zelt ab 8, Wohnmobil ab 11 €. www.campingplatzhünstein.de

Feine Speiseschänke Rüdigsdorfer Schweiz, Winkelberg 13–15, Rüdigsdorf, Tel. 4736490. 7 km nordöstlich der Nordhäuser Innenstadt, in der Rüdigsdorfer Schweiz. Hier am Orbach im Südharz sind die Wege kurz. Auch die Hochlandrinder und Bisons kommen direkt von den Weiden um den Ort herum. Auf den Teller kommt Regionales mit mediterranem Touch. Das war eine Gault-Millau-Auszeichnung wert. www.speiseschenke.de

Restaurant Barfuß, Altendorf 1, Nordhausen, Tel. 6515870. Lebhaftes Haus, große Speise- und Getränkekarte: von Frühstück über Mittag- bis zu Abendessen, auch Salate und Vegetarisches. www.barfuss-nordhausen.de

Ziegenalm Sophienhof, Dorfstr. 44, Sophienhof, Tel. 036331/48235. www.ziegenalm.de

Kunsthaus Meyenburg, Alexander-Puschkin-Str. 31, Tel. 881091; Di–So 10–17 Uhr. www.nordhausen.de

Petersberggarten, Eingänge Rudolf-Breitscheid-Str./Ecke Morgenröte und Rautenstr.; März–Okt. 9–21 Uhr, Nov.–Feb. 9–18 Uhr.

Flohburg – Nordhausen Museum, Barfüßerstr. 6, Tel. 4725680; Di–So 10–17 Uhr. www.nordhausen.de

Museum Tabakspeicher, Bäckerstr. 20, Tel. 982737; Di–So 10–17 Uhr. www.nordhausen.de

Traditionsbrennerei, Grimmelallee 11, Tel. 636363; Mo–Sa 10–16 Uhr, Führungen ohne Voranmeldung 14 Uhr. www.traditionsbrennerei.de

▸ Karte S. 62/126

IFA-Museum, Montaniastr. 13, Tel. 4791543; Mo, Mi u. F 10–14, Di u. Do 10–16 Uhr, jeden 2. und 4. Sa im Monat 10–16 Uhr. www.ifa-museum-nordhausen.de
Mittelbau Dora, Kohnsteinweg 20, Tel. 495820; März–Sept. Di–So 10–18 Uhr, Okt.–Feb. Di–So 10–16 Uhr. Anreise mit ÖPNV: Straßenbahnlinie 10, Harzquerbahn oder Rufbus Linie G. www.buchenwald.de
Harzquerbahn, HSB-Dampfladen, Bahnhofsplatz 3a, Tel. für Auskünfte 03943/5580. www.hsb-wr.de
Schloss Heringen, Schlossplatz 1, Heringen, Tel. 036333/73888; Di–Fr 10–17, Sa/So 10–16 Uhr. www.stadt-heringen.de
Schloss Auleben, Steinerstock 9, Heringen/OT Auleben, Tel. 036333/77580; Di, Do 10–14 Uhr, Sa/So nach Vereinbarung. www.tourismus-goldeneaue.de
Dichterstätte Sarah Kirsch, Lange Reihe 11, Hohenstein/OT Limlingerode, Tel. 03631/990960, Informationen auf der offiziellen Facebook-Seite. Vorträge meist am letzten Sa im Monat 14.30 Uhr.
Grenzlandmuseum Bad Sachsa, Am Kurpark 6, Tel. 0177/5319231; März–Dez. Mi, Fr 13–17, Sa 12–17, So 11–17 Uhr. www.grenzlandmuseum-badsachsa.de
Besucherbergwerk Lange Wand, Steinfeld 20, Harztor/OT Ilfeld Tel. 036331/46286; Führungen Sa 14 Uhr und nach Absprache. www.lange-wand.de
Erlebniswelt Rabensteiner Stollen, Ilfeld/OT Netzkater, Tel. 036331/48153; Führungen April–Okt. Di–So 10.15, 11.30, 12.45, 14.00, 15.15 Uhr, Nov.–Dez. So 10.15 und 11.30 Uhr, Jan.–März 10.15, 11.30, 12.45 Uhr; Mo/Di Ruhetage. www.rabensteiner-stollen.de

Theater Nordhausen, Käthe-Kollwitz-Str. 15, Tel. 983452. Vorführungen aller Genres im neoklassizistischen Theater von 1917 und im Theater unterm Dach. www.theater-nordhausen.de

Im Naturpark Harz gibt es zahlreiche Wanderwege wie den **Karstwanderweg** oder **Harzer Grenzweg.**

Badehaus Nordhausen, Grimmelallee 40, Tel. 47990. Am schönsten badet man in Nordhausen im 1907 errichteten Jugendstilbad. Hier befindet sich das Gesundheitsbad. Im Neubau gibt es ein Sportbecken, Saunen und ein Familienbad mit einer 58 Meter langen Rutsche. www.badehaus-nordhausen.de
Freibad Uthleben, Schulplatz 2, Heringen/OT Uthleben, Tel. 03633/370219. Schönes, inmitten der Natur gelegenes Freibad mit Mehrzweck- und Planschbecken. www.sgndh.de

Tauch- und Freizeitpark Sundhäuser See: Tauchsportzentrum, Uthleber Weg 27, Tel. 471272. www.actionsport-nordhausen.de
Oasis Tauchbasis, Uthleber Weg 45, Tel. 0176/25272462. Mehrere Tauchplätze mit guter Sicht. Shop. Als Attraktionen findet man auf dem Seegrund auch eine Stadt und drei Schiffswracks. Bis zur Wiederherstellung des vertragsgemäßen und sicheren Zustandes durch der Vermieter ist Tauchen derzeit nur in Absprache mit Oasis möglich. tauchen-nordhausen.de

Kletterturm, Tel. 03631/982187; Tel. 902391. Ende März–Okt. Fr ab 14 Uhr betreutes Klettern: Klettern am 20 m hohen Kletterfelsen ›PeterStein20‹, Klettermaterial wird gestellt, nur bei trockenem Wetter. www.jugendsozialwerk.de

Entlang der historischen Via Regia reihen sich Thüringens bedeutendste Städte von Westen nach Osten aneinander: Gotha, Erfurt, Weimar und Jena. Zu den wichtigsten Sehenswürdigkeiten in Thüringens Mitte gehören Schloss Friedenstein in Gotha, der Erfurter Domberg und die UNESCO-Welterbestätten in Weimar.

DIE MITTE

Der Erfurter Dom von der Zitadelle aus gesehen

Die Mitte
Mühlhausen/ Thüringen
Büttstedt
Lengefeld
Eigenrieden
Volkenroda
Körner
Schlotheim
Großenehrich
Greußen
Grabe
Neunheiligen
Blankenburg
Heyerode
Langula
Nieder-dorla
See-bach
Großen-gottern
Großwelsbach
Bad Langensalza
Urleben
Bad Tennstedt
Straußfurt
Weißensee
Sömmerda
Wundersleben
Nazza
Mihla
Weber-stedt
Zimmern
Gräfentonna
Herbsleben
Gebesee
Berka vor dem Hainich
Craula
Burgtonna
Walschleben
Nöda
Stotternheim
Groß-rudestedt
Bad Hersfeld
Hütsch-roda
Beh-ringen
Reichenbach
Wangenheim
Oester-beringen
Ballstädt
Eschenbergen
Exleben
Kleinmölsen
Erfurt
Bollerode
Eisenach
Melborn
Friedrichs-werth
Eberstädt
Metebach
Aspach
Westhausen
Pfullendorf
Friemar
Tröttelstädt
Gamstädt
Gotha
Wutha-Farnroda
Heiligen-stein
Seebach
Schwarz-hausen
Walters-hausen
Günthers-leben
Wechmar
Drei Gleichen
Gleichen
Cobstädt
Egstedt
Wilhelms-thal
Ruhla
Bad Tabarz
Friedrichroda
Mühlberg
Mühlburg
Wachsenburg
Holzhausen
Hohenkirchen
Brotte-rode
Georgenthal
Tambach-Dietharz
Ohrdruf
Arnstadt
Bad Liebenstein
Trusetal
Liebenstein
Plaue
Ilmenau
Wermings-leben
Elleben
Witzleben
Stadtilm
Klettbach
Nauendorf
Hohen-felden
Dienstedt
Niedernissa
Gutendorf
Tiefengruben
Tonn-dorf
Tannroda
Kranichfeld
Rittersdorf
Bad Berka
Blankenhain
Neckeroda
Lohma
Magdala
Döbritschen
Milda
Keßlar
Geunitz
Bucha
Altendorf
Kahla
Jena
Gera
Lehesten
Neuengönna
Isserstedt
Kapellen-dorf
Weimar
Schwabsdorf
Utzberg
Niederzimmern
Ettersburg
Groß-obringen
Oßmann-stedt
Heichel-heim
Ramsla
Neumark
Dielsdorf
Großbrembach
Buttelstedt
Liebstedt
Pfiffelbach
Obertreba
Apolda
Dornburg
Wormstedt
Willerstedt
Rannstedt
Bad Sulza
Buttstädt
Eßleben
Olbersleben
Vogelsberg
Kölleda
Rastenberg
Bachra
Burgwenden
Beichlingen
Heimleben
Bucha
Bernsdorf
Wippach
Tröbsdorf
Bad Bibra
Lauche
Frankroda
Eckartsberga
Hainich
Thüringer Wald
71
4
0
5
10 km

Gotha

Die frühere Residenzstadt Gotha ist recht unbekanntes, aber ein wahres Kleinod. Sie zeichnet sich durch die für Thüringen so typische Mischung aus Architektur, Parks, Kultur und Landschaft aus. Gotha entstand an einem strategisch günstigen Ort, an einer Kreuzung der Via Regia mit einer Verbindung vom Thüringer Wald nach Bad Langensalza. Und auch heute ist die Stadt mit dem Zug oder Auto problemlos erreichbar. Im 16. Jahrhundert hatte die Stadt so viele Einwohner wie Dresden oder Leipzig, heute sind es etwa 45 000.

Im Jahr 1630, im Dreißigjährigen Krieg, wurde Gotha nahezu vollständig zerstört. Herzog Ernst I. der Fromme kümmerte sich um den Aufbau von Stadt und Staat und errichtete mit seinem Gothaer Landesmodell einen protestantischen Musterstaat Sachsen-Gotha. Bemerkenswert sind auch seine Reformleistungen in der Verwaltung, im Finanz- und Rechtsbereich sowie bei der Bildung. Zu den weniger ruhmreichen Taten seiner Amtszeit gehört die Hexenverfolgung, der in der Landesordnung von 1666 sogar ein eigener Paragraph gewidmet war. Auf dessen Basis fanden viele Menschen in seinem Herrschaftsgebiet den Tod. Erst 1828 und 1836 schaffte man das Hexengesetz ab.

Aus dem Adelsgeschlecht der Coburg-Gothaer stammt auch der Ehemann der britischen Königin Victoria, Prinz Albert von Sachsen-Coburg-Gotha. Sie heirateten 1840. Das britische Königshaus trug seitdem den Namen Sachsen-Coburg-Gotha und änderte diesen erst 1917, als Folge des Ersten Weltkrieges, zu Windsor. Bekannt ist Gotha auch dafür, dass das seit 1763 herausgegebene Genealogische Handbuch des Adels den Namen ›Der ›Gotha‹ trägt.

Sehenswürdigkeiten

Der auf einer Anhöhe thronende Regierungssitz des 1640 neu gebildeten Herzogtums Sachsen-Gotha ist die größte frühbarocke Schlossanlage Deutschlands. Ernst I. der Fromme kam durch die Landesteilung unter ihm und seinen zwei Brüdern Wilhelm und Albrecht zum extra für ihn geschaffenen Sachsen-Gotha und ließ Friedenstein zwischen 1643 und 1654 erbauen. Der Name drückte die Sehnsucht nach friedlicheren Zeiten aus – ringsherum tobte der Dreißigjährige Krieg.

Gotha befand sich immer ein wenig abseits der großen Bühnen. Dieser Lage verdanken wir es, dass **Schloss Friedenstein** mit seinen über 1000 Fenstern und 365 Zimmern die Zeiten nahezu unverändert überstanden hat. So haben sich die herrschaftlichen Räume des 17. bis 19. Jahrhunderts nahezu im Originalzustand erhalten. Die Kunstsammlungen zählen zu den bedeutendsten in ganz Thüringen. Das gewaltige, von außen recht schlicht wirkende Schloss steht für ein tief verwurzeltes protestantisches

Das prächtige Treppenhaus im Herzoglichen Museum

Herrschaftsverständnis und war nicht nur Repräsentationsbau, sondern auch Regierungs- und Verwaltungssitz des Herzogtums Sachsen-Gotha (ab 1672 Sachsen-Gotha-Altenburg). Ernst I. errichtete mit seinem Fürstentum einen modernen protestantischen Musterstaat. So reformierte er Wirtschaft und Verwaltung mit dem Ziel, die Wirtschaftskraft und die Staatseinnahmen zu erhöhen. Zudem erneuerte er die Kirche durch Einführung des Luthertums und modernisierte das Schulwesen mit der Einführung der allgemeinen Schulpflicht an Volksschulen. Diese Maßnahmen zur Erhöhung des Reservoirs an gebildeten Staatsbürgern für die in der Neuzeit wachsenden Aufgaben in Verwaltung und Wirtschaft wurden von Schloss Friedenstein aus zentral dirigiert. Wie der Bau selbst geht auch die fürstliche Kunstkammer, aus der die Museen und Sammlungen Gothas hervorgegangen sind, auf das Jahr 1643 zurück. Seit über 350 Jahren befinden sie sich somit am Ort ihrer Entstehung. Das Schloss beherbergt mehrere Museen mit kunstgeschichtlichen, historischen und naturkundlichen Sammlungen sowie das Ekhof-Theater und eine zur Universität Erfurt gehörende Forschungsbibliothek. Gemeinsam mit dem Herzoglichen Museum und der Orangerie bilden sie das ›Barocke Universum Gotha‹. Es umfasst insgesamt eine Million Objekte.

Den großen **Schlosshof** zieren zahlreiche Wappen. In einem der Schlosszimmer hat Napoleon 1813 kurz vor der Völkerschlacht bei Leipzig übernachtet. Er soll Überlieferungen zufolge jedoch nicht besonders ruhig geschlafen haben.

Schlossmuseum

Das Museum zeigt die historischen Wohn- und Repräsentationsräume der Fürsten sowie die Kunstkammer. An den Wänden hat sich die Ahnengalerie ausgebreitet. Natürlich gehörte auch eine Kunstkammer zum unerlässlichen Repertoire eines höheren Adelsgeschlechts. Und so finden sich hier Kunstgegenstände aller Art. Ein Höhepunkt in der Schatzkammer ist der Elefant aus vergoldetem Silber des königlich-sächsischen Hofgoldschmiedes unter August dem Starken, Johann Melchior Dinglinger. Unter den Exponaten ist auch ein originaler Zweispitz von Napoleon. Auch damals schon mopste man Utensilien von Stars. Herzog August war ein großer Verehrer des Franzosen und besorgte sich den Hut – wohl über Napoleons Diener.

Im Jahr 1979 fand im Schloss der größte Kunstraub der DDR statt. Die fünf gestohlenen Gemälde kehrten erst 2020 ins Herzogliche Museum zurück.

Schlosskirche mit Orgel

Die **Orgel** auf der Empore hinter dem Kanzelaltar stammt von 1856, der Orgelprospekt ist jedoch original Barock. Das **Schlosskirchenportal** ist eines der wenigen Zeugnisse des Vorgängerbaus Schloss Grimmenstein. Ernst der Fromme ließ das dynastisch bedeutende Portal aus den Trümmern bergen und als Eingang zu seiner neuen barocken Schlosskirche in Friedenstein einbauen. Es wurde 2015 restauriert. Unter der Schlosskirche befindet sich die **fürstliche Gruft**.

Zusammen mit dem Schlosskirchenportal wurden auch die **Grabplatten** der ludowingischen Landgrafen aus dem alten Schloss gerettet. In deren Rechte traten die Ernestiner ein. Portal und Grabplatten hatten daher große Bedeutung für die Legitimation der Dynastie.

Historisches Museum

Das Museum beschäftigt sich mit der Regionalgeschichte und Volkskunde von Gotha und dem Gothaer Land. Es versammelt unter anderem die archäologi-

▸ Karte S. 139

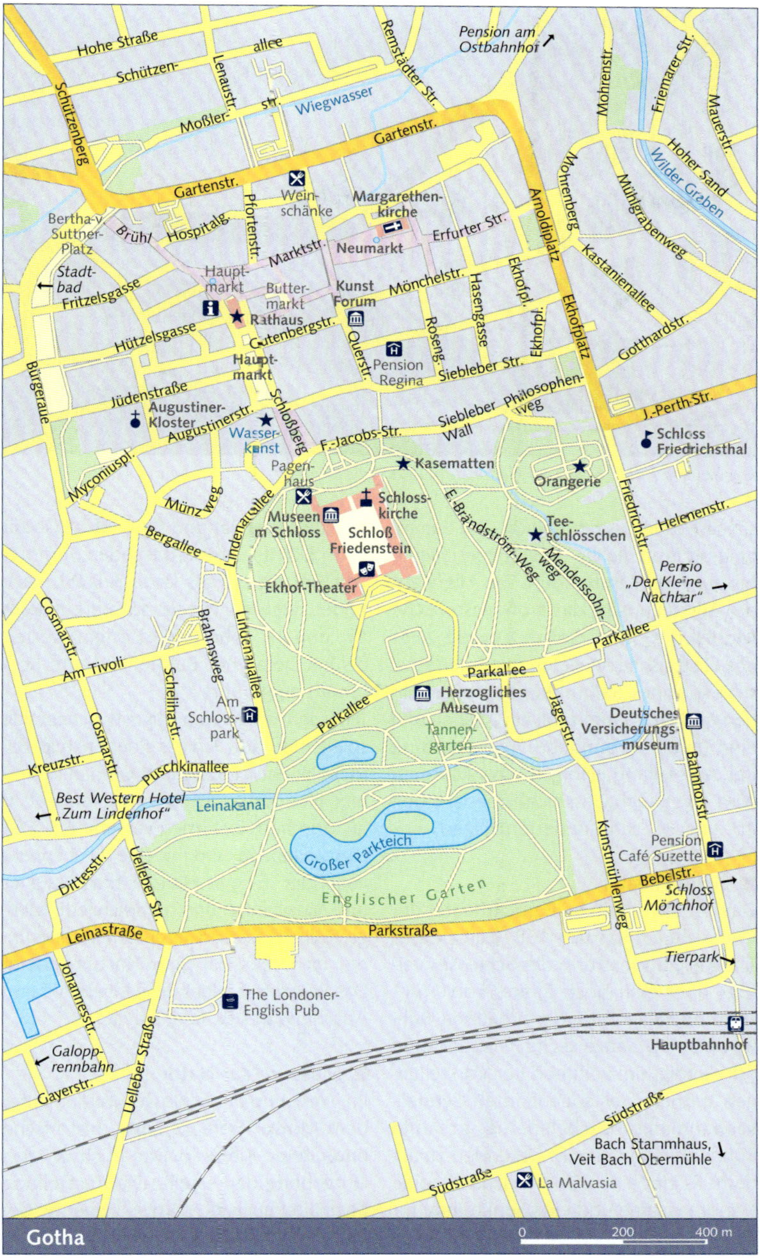
Hohe Straße
Schützen-
allee
Lenaustr.
Remstädter Str.
Pension am Ostbahnhof
Mohrenstr.
Friemarer Str.
Mauerstr.
Schützenberg
Wiegwasser
Moßler-
str.
Gartenstr.
Hoher Sand
Wilder Graben
Mohrenberg
Mühlgrabenweg
Gartenstr.
Wein-schänke
Margarethen-kirche
Arnoldiplatz
Bertha-v.-Suttner-Platz
Brühl
Hospitalg.
Pfortenstr.
Erfurter Str.
Marktstr.
Neumarkt
Kastanienallee
Stadt-bad
Fritzelsgasse
Haupt-markt
Butter-markt
Kunst Forum
Mönchelstr.
Hasengasse
Ekhofpl.
Ekhofplatz
Rathaus
Gutenbergstr.
Roseng.
Eckhofpl.
Gotthardstr.
Hützelsgasse
Querstr.
Pension Regina
Haupt-markt
Siebleber Str.
Bürgeraue
Jüdenstraße
Augustiner-Kloster
Augustinerstr.
Philosophen-weg
J.-Perth-Str.
Schloßberg
Wasser-kunst
F.-Jacobs-Str.
Siebleber Wall
Schloss Friedrichsthal
Myconiuspl.
Pagen-haus
Kasematten
Orangerie
Münz weg
Lindenauallee
Schloss-kirche
E.-Brändström-Weg
Museen im Schloss
Schloß Friedenstein
Tee-schlösschen
Friedrichstr.
Helenenstr.
Bergallee
Mendelssohn-weg
Ekhof-Theater
Pensio „Der Kleine Nachbar“
Cosmarstr.
Brahmsweg
Lindenauallee
Parkallee
Am Tivoli
Scheliinastr.
Parkallee
Herzogliches Museum
Am Schloss-park
Parkallee
Jägerstr.
Deutsches Versicherungs-museum
Cosmarstr.
Tannen-garten
Kreuzstr.
Puschkinallee
Bahnhofstr.
Best Western Hotel „Zum Lindenhof“
Leinakanal
Großer Parkteich
Pension Café Suzette
Dittesstr.
Uelleber Str.
Kunstmühlenweg
Bebelstr.
Schloss Mönchhof
Englischer Garten
Leinastraße
Parkstraße
Tierpark
Johannesstr.
The Londoner-English Pub
Uelleber Straße
Hauptbahnhof
Galopp-rennbahn
Gayerstr.
Südstraße
Bach Stammhaus, Veit Bach Obermühle
Südstraße
La Malvasia
Gotha
0
200
400 m

Die Mitte

Exponierte Lage: Schloss Friedenstein und Wasserkunst

schen Funde aus der Region. Die Sammlung umfasst die Ur- und Frühgeschichte bis zum 18. Jahrhundert. Ein Highlight der Ausstellung ist das große historische Modell der Stadt Gotha. Derzeit zeigt das Historische Museum nur einen Ausschnitt seines Sammlungsbestandes. In den nächsten Jahren soll ein Ausbau und eine damit verbundene Neugestaltung der Ausstellung erfolgen. Das Museum wird dann auch Geschichtliches aus den 19. und 20. Jahrhunderten zeigen.

Ekhof-Theater

Das älteste erhaltene Barocktheater der Welt geht auf das Jahr 1681 zurück. Das Theater im Westturm des Schlosses verfügt über eine noch ältere, von 1641 stammende vollständig erhaltene Bühnentechnik. Ganze sechs Personen sind notwendig, um während der Vorstellungen mithilfe der sogenannten Schnellverwandlungsmaschinerie das gesamte Bühnenbild in nur acht Sekunden zu ändern. Es gibt einen Donnerschacht, eine Windmaschine und eine Senkbühne für das Verschwindenlassen der Schauspieler.

Ekhof-Festival und Barockfest Gotha

Beim Ekhof-Festival, das jeden Sommer von Anfang Juli bis Ende August stattfindet, werden Theaterstücke aus dem 17. und 18. Jahrhundert originalgetreu bis ins Detail mit Bühnenbild und Kostümen aufgeführt.

Jedes Jahr am letzten Augustwochenende spielt man auf Schloss Friedenstein Barock. Neben Herzog und Gemahlin sind hier Hundertschaften vom Hofstaat in historischen Kostümen versammelt. Der Samstagabend wird mit einem Feuerwerk vollendet. Es gibt Handwerker, Gaukler und Musikanten und natürlich jede Menge Kulinarisches. Kurzentschlossene finden im Schlosshof einen Kostümverleih. Das Barockfest bildet den Höhepunkt und Abschluss des Ekhof-Festivals.

Museum der Natur

Im Westturm des Schlosses werden unter dem Motto ›Tiere im Turm‹ historische und neuere Tierpräparate in natürlicher Umgebung dargestellt. Die Ausstellung beinhaltet auch interaktive Elemente. Genau wie beim Historischen Museum wird

▶ Karte S. 139

gegenwärtig nur ein kleiner Bestand der Sammlung gezeigt, auch das Museum der Natur soll in den kommenden Jahren ausgeweitet werden. Regelmäßig veranstaltet das Museum die ›Glanzlichter‹. Der internationale Wettbewerb ist der größte auf dem Gebiet der Naturfotografie in Deutschland.

Schlosskasematten

Unter dem Schloss befinden sich die ehemals 2,5 Kilometer langen und 350 Jahre alten Kasematten. Die stärksten barocken Festungsanlagen Mitteldeutschlands dienten der Verteidigung und sind nicht regulär zugänglich. 300 Meter der in drei Ebenen übereinander liegenden Katakomben kann man im Rahmen von Führungen oder nach Voranmeldungen besichtigen. Ihr Bau war sündhaft teuer und kostete schließlich mehr als das eigentliche Schloss. Hier unten soll auch der Engelseher spuken. Er wurde Mitte des 16. Jahrhundert gehängt und soll kurz vorher in den Kasematten einen Schatz versteckt haben.

Schlosspark

Der weitläufige 35 Hektar große Schlosspark soll nach Angaben der Gothaer die älteste Gartenanlage im englischen Stil auf dem europäischen Festland sein. Die Wörlitzer denken darüber sicherlich etwas anders, zumindest ist sie eine der ältesten. Der Park erstreckt sich um Schloss Friedenstein und auf der anderen Seite der Parkallee hinter dem Herzoglichen Museum. Dieser Teil bis zum Leinakanal heißt **Tannengarten**. Zwischen 1869 und 1882 wurden hier 40 verschiedene Nadelbaumarten gepflanzt. Der Tannengarten wird derzeit wieder hergestellt, um seine ursprüngliche Anlage wieder sichtbar zu machen. Hinter dem Leinakanal liegt der **Englische Garten** mit einem großen Parkteich. Auf der Insel wurden einige Mitglieder der herzoglichen Familie beigesetzt. Dieser Teil des Parks wurde ab 1769 unter anderem von dem britischen Gartenkünstler John Haverfield d. J. aus Kew Gardens gestaltet.

Im **Teeschlösschen** unweit vom Schloss, mitten im nachbarocken Teil des Parks, befindet sich einer der wohl am schönsten gelegenen Kindergärten Deutschlands. Die im neogotischen Stil 1786 erbaute Villa diente der Herzogin ursprünglich als Gartenhaus.

Herzogliches Museum

Bei dem klassizistischen Prachtbau am Fuße des Schlossbergs handelt es sich um einen der ersten Museumsbauten Deutschlands. Er beherbergt die herzoglichen Kunstsammlungen und deckt von der Antike bis zur Neuzeit so ziemlich alles ab, darunter eine der ältesten europäischen Ägypten-Sammlungen. Hier findet man Gemälde von Rubens, Rembrandt, Caspar David Friedrich sowie eine umfangreiche Kollektion der Künstlerfamilie Cranach. Es gibt auch Skulpturen, eine umfassende Porzellansammlung und kunsthandwerkliche Gegenstände.

Orangerie

Genau wie das Sammeln von Kunst, Porzellan sowie allerlei Handwerklichem und Bizarrem war das Exotische fester Bestandteil fürstlicher Sammlungen. Damit repräsentierten und untermauerten sie ihren Herrschaftsanspruch. Die Funktion einer exotischen Sammlung erfüllten auch Pflanzen aus der weiten Welt. Auch Gotha verfügt daher über eine Orangerie. Die herrschaftliche Kollektion wurde ab dem 18. Jahrhundert im barocken Orangeriegarten präsentiert. Herzog Ernst II. von Sachsen-Coburg und Gotha veranlasste um 1830 zusätzlich die Anlage erster Blumenbeete. Kurz nach 1900 präsentierte sich der Orangeriegarten in der heutigen Form. Der Gartentradition folgt man noch heute und bepflanzt die Beete jedes Jahr aufwendig mit rund 30 000 unterschiedlichen Blumen. Muster und Blumensorten wechseln dabei jährlich. Am schönsten ist ein Besuch Ende Juli, Anfang August, wenn die Blütenpracht ihren Höhepunkt erreicht. Am letzten Sonntag im Juni findet in der Orangerie jährlich das Orangenblütenfest fest. Die Orangeriegebäude Lorbeerhaus, Orangenhaus und auch das Treibhaus dienen den Pflanzen als Winterquartier und sind nur im Rahmen bestimmter Veranstaltungen zugänglich.

Schloss Friedrichsthal

Ein prachtvolles geschmiedetes Tor an der Ostseite der Orangerie führt zum Schloss Friedrichsthal auf der anderen Seite der Straße. Herzog Friedrich II. ließ es 1710/11 als Sommerschloss errichten. Das dreiflügelige Gebäude wird heute als Fachschule genutzt.

Das Rathaus

▶ Karte S. 139

Wasserkunst

Der überlieferte Name der ersten Siedlung, aus der später die Stadt Gotha wurde, war Gothaha, was ›gutes oder fließendes Wasser‹ bedeutet. Das Wasser für die Parkteiche und die Gothaer Wasserkunst aus dem Jahr 1895 unterhalb des Schlosses kommt heutzutage nach wie vor aus dem Leinakanal, einem im Mittelalter zur Versorgung Gothas angelegten 28,6 Kilometer langen Wassersystem. Die Wasserkunst bildet mit seinen Brunnen und Treppenanlage die Verbindung vom Schloss hinunter zur Altstadt.

Rund um den Markt

Das **Rathaus** unterteilt den Marktplatz in oberen und unteren Hauptmarkt. Der 1567 begonnene rote Prachtbau aus der Renaissancezeit war ursprünglich ein Kaufhaus. Seit wann genau das Gebäude als Rathaus genutzt wird, ist nicht belegt. Mit Sicherheit allerdings zählt der Renaissancebau zu den schönsten, die man in Deutschland finden kann. Er ist reicht verziert und besitzt einen auffälligen, 35 Meter hohen Turm. In 23 Metern Höhe befindet sich eine öffentlich zugängliche Aussichtsplattform. Der goldene Kopf mit dem beweglichen Mund über der Rathausuhr soll den 1567 geköpften Ritter Wilhelm von Grumbach darstellen. Ernst I. der Fromme bewohnte das während dieser Zeit ›Fürstliches Residenz-Haus‹ genannte Gebäude zwischen 1641 und 1646, bis sein Schloss fertig war.

An einem Bürgerhaus am Markt, zur Wasserkunst hin, prangt das **Wappen von Lucas Cranach** dem Älteren. Es ist das Geburtshaus seiner Frau. Sankt Gothardus ist der Schutzheiligenpatron der Stadt. Seine Statue ziert den **Brunnen** am Platz.

Die mächtige spätgotische **Margarethenkirche** am Neumarkt wurde nach

Detail an der Rathausfassade

dem Stadtbrand ab 1636 wieder aufgebaut. 1652 ließen die Herzöge von Sachsen-Gotha hier die Fürstengruft einrichten. Mehrere Gedenktafeln sind noch erhalten.

Das **Maria-Magdalena-Hospital** soll von Elisabeth von Thüringen höchstpersönlich gegründet worden sein. Heute beherbergt der später barock veränderte Bau die Stadtverwaltung.

400 Quadratmeter stehen dem **Kunst-Forum Gotha** für Wechselausstellungen moderner und zeitgenössischer Kunst wie Malerei, Fotografie, Bildhauerei und Installationen zur Verfügung. Es befindet sich in einem sanierten Altbau.

Das Gothaer **Augustinerkloster** ist neben Erfurt und Bad Langensalza eines von drei von Augustinermönchen in Thüringen gegründeten Klöstern. 1258 urkundlich belegt ist es älter als das Kloster in Erfurt. Heute kann man hier auch übernachten oder im Klostercafé einkehren und sich über die Geschichte des Augustinerklosters informieren.

Im ehemaligen Gebäude der Gothaer Lebensversicherungsbank und Staatlichen Versicherung der DDR ist heute das **Deutsche Versicherungsmuseum Ernst Wilhelm Arnoldi** beheimatet. Besucher sehen die historischen Räume des Vorstands der Lebensversicherungsbank, Ausstellungsstücke zu ihrem Gründer Arnoldi sowie zum deutschen Versicherungswesen, das in Gotha begründet wurde. Die Ausstellung macht das Thema Versicherung so spannend, wie es wohl maximal sein kann. Das von 1904 stammende sehenswerte Treppenhaus-Relief symbolisiert die einzelnen Altersabschnitte des Menschen. Der Bau selbst stammt von 1894.

■ Außerhalb des Zentrums

Nur eine kurze Distanz südöstlich des Hauptbahnhofs beginnt das **Wald- und Naturschutzgebiet Kleiner Seeberg**. Hier liegt auch der **Tierpark Gotha**. Auf einer Fläche von sechs Hektar wohnen über 850 exotische und einheimische Tiere. Neben wilden Tieren werden auch Haustierrassen wie Sattelschweine, Rhöner Schafe und Thüringer Landziegen präsentiert. Auch gibt es einen Streichelzoo, zwei Spielplätze und einen Kletterpfad mit Aussichtsplattform für die Kinder.

Die **Galopprennbahn** auf dem Boxberg mit ihrer viktorianischen Tribüne entstand 1878. Zu empfehlen ist auch die Rennbahn-Gaststätte, denn die Klöße hier werden noch original handgemacht.

Rund um Gotha

Östlich von Gotha, in Tüttleben, findet sich die einzige **Windhunderennbahn** Thüringens. Dreimal im Jahr werden hier Rennen abgehalten.

Der kleine Ort **Wechmar** gilt als Stammort der Musikerfamilie Bach, gleich sechs originale Wirkungsstätten der Familie befinden sich hier. Das Bach-Stammhaus beherbergt eine **Bach-Gedenkstätte** mit dem größten Stammbaum der Familie und auch das **Museum der Thüringer Spielleute und Instrumentenbauer**. Die **Veit-Bach-Obermühle** im Ort gilt als älteste Wohn und Arbeitsstätte der Familie Bach. Im historischen Mühlenwohnhaus befindet sich eine originale Thüringer Bohlenstube von 1585.

Friedrichswerth, das ›Klein-Versailles an der Nesse‹ westlich von Gotha, war die Sommerresidenz der Gothaer Herzöge. Wie die Bezeichnung bereits sagt, orientierte man sich beim 1677 begonnenen Bau des barocken **Schlosses** an Versailles. Die Anlage steht seit Jahren leer und bröckelt vor sich hin.

Gotha und Umgebung

Vorwahl: 03621.

Touristinformation Gotha und Gothaer Land, Hauptmarkt 40, Tel. 510450. Mit großem Souvenirshop; Mo–Fr 10–18, Sa 10–16 Uhr, Mai–Sept auch So 10–14 Uhr. www.gotha-adelt.de

Best Western Hotel Zum Lindenhof, Schöne Aussicht 5, Tel. 7720. Modernes Vier-Sterne-Haus mit Sauna- und Fitnessbereich, zahlreiche gastronomische und kulturelle Veranstaltungen; EZ ab 95, DZ ab 125 €. www.der-lindenhof-gotha.de

Hotel am Schlosspark, Lindenauallee 20, Tel. 4420. Vier-Sterne-Haus, nur einen Steinwurf vom Residenzschloss und Herzoglichem Museum, direkt am Schlosspark. Die exklusiven und großzügigen Zimmer wurden von einer englischen Architektin eingerichtet und präsentieren sich klassisch-elegant. Wellnessbereich mit Saunen, Salzgrotte, einer Vielfalt von Anwendungen und Therapien. 2 Restaurants mit regionaler und internationaler Küche; EZ ab 88, DZ ab 115 €, Sonderangebote. www.hotel-am-schlosspark.de

Schloss Mönchhof, Salzgitter Str. 90. Hier im Schloss mit Park und Parkteich findet man das besondere Übernachtungserlebnis, 2 FeWos mit zahlreichen Extras, FeWo ab 80 €. www.schloss-moenchhof.de

Pension Der kleine Nachbar, Weimarer Str. 16, Tel. 400795. Gemütliche, familiengeführte, schlichte Pension; EZ ab 49, DZ ab 72 €. www.derkleinenachbar.de

Pension Café Suzette, Bebelstr. 8, Tel. 856755. Kleine Pension unweit vom Schlosspark, Frühstück gibt's in der hauseigenen Konditorei; EZ ab 40, DZ ab 65 €. www.pension-suzette.de

Pension Regina, Schwabhäuser Straße 4, Tel. 408020. Zentral gelegen, schöne Zimmer, leckeres Frühstück. EZ ab 39, DZ ab 65 €. www.pension-regina.de

Augustinerkloster Gotha, Jüdenstr. 27/Klosterplatz 6, Tel. 302901. Funktionale Zimmer ohne TV und Radio; EZ ab 58, DZ ab 84 €. www.augustinerkloster-gotha.de

Das kulinarische Angebot in Gotha ist sehr überschaubar. Nichtsdestotrotz gibt es einige passable Einkehrmöglichkeiten:

Weinschänke, Gartenstr. 28, Tel. 301009. Gutbürgerliche Küche in uriger Umgebung mit dunkler Holzvertäfelung. www.weinschaenke-gotha.de

▸ Karte S. 137/139

Pagenhaus, Schloss Friedenstein, Tel. 403612. Direkt auf dem Schlossberg an der Wasserkunst, vorwiegend Thüringer Küche und umfangreiches Angebot für die Kaffeezeit, idyllischer Biergarten. www.pagenhaus.de

La Malvasia, Fabrikstr. 2, Tel. 7372633. Guter Italiener mit kleiner abwechslungsreicher Karte.

The Londoner English Pub, Im Alten Schlachthof, Parkstr. 15, Tel. 3518030. Kleinkunstbühne, Sportübertragung und Terrasse. Im Sommer auch mit Beach-Bar, nach eigenen Angaben ›Gothas größte Sandkiste‹. www.thelondoner.de

Museen im Schloss Friedenstein, Schloßstr. 1, Tel. 82340; Di–So und feiertags April–Okt. 10–17 Uhr, Nov.–März 10–16 Uhr. Schlosskasematten: Führung 2x tgl., Treffpunkt: Eingang Kasematten, Elsa-Brandström-Weg. Dauer: 1 Stunde. www.stiftung-friedenstein.de

Herzogliches Museum, Parkallee 15, Tel. 82340; April–Okt. tgl. 10–17 Uhr, Nov.–März 10–16 Uhr.

Schlosskirche, Tel. 302915. Mi 11–15 Uhr. Anfragen zu Öffnung und Gruppenführung: www.kirchengemeinde-gotha.de

Forschungsbibliothek Gotha, Tel. 0361/737554; Mo–Fr 9–18, Sa 9–13 Uhr. www.uni-erfurt.de/bibliothek/fb

Deutsches Versicherungsmuseum, Bahnhofstr. 3a, Tel. 0171/3522937; Mo 10–16 Uhr, zusätzliche Terminvereinbarung über Tourismusinformation. www.dvm-gotha.de

KunstForum, Westthüringen-Center, Querstr. 13–15, Tel. 7387030; Di–So 10–17 Uhr. www.kultourstadt.de

Bach Stammhaus in Wechmar, Bachstr. 4, Günthersleben/Wechmar, Tel. 036256/22680; April–Sept. Di–Do 10–16, Sa/So 13–16 Uhr. www.bach-stammhaus-wechmar.de

Veit-Bach Obermühle, Mühlenstr., Wechmar, Tel. 036256/22680; Besichtigung nur nach vorheriger Anfrage.

Stadtbad Gotha, Bohnstedtstraße 6, Tel. 229530; Di–Sa 10–22, So 10–20 Uhr. Das Jugendstilbad mit Saunabereich und modernem Anbau mit Sportschwimm,- Lehr- sowie Planschbecken zählt zu den schönsten Bädern Mitteldeutschlands.

Tierpark Gotha, Töpfleber Weg 2, Tel. 510460; im Sommer tgl. 9–18 Uhr, im Winter tgl. 9–16 Uhr; Übergangszeit tgl. 9–17 Uhr. www.tierpark-gotha

Galopprennbahn, Am Boxberg, Leinatal, Gotha-Boxberg. Restaurant, Am Boxberg 1a, Tel. 03622/208364. www.eventpark-boxberg.de

Windhundrennbahn, Thüringer Windhundclub, Riet-Chaussee, Tüttleben. www.windhundclub.de.

Maxxi's, Gewerbegebiet Pfauseeallee, Emleben, Gotha, Tel. 0151/18242577. Auf 2500 qm finden sich hier Rutschen, Trampoline, Hüpfburgen und Klettermöglichkeiten; Mo, Mi, Do, Fr 14–18.30, Sa/So 11–18.30 Uhr. maxxis-paradies.de

Thüringen Philharmonie Gotha, Reinhardsbrunner Str. 23, Tel. 751776. www.thphil.de.

Ekhof-Festival, www.ekhof-festival.de.

Barockfest www.stiftungfriedenstein.de.

Wishproject, Hauptmarkt 6, Tel 7333488. Die beiden Schwestern stellen u.a. Kleidung, Accessoires, und Monster-Kuscheltiere her. Es gibt z.B. T-Shirts mit Aufdrucken in echtem Gothsch, der lokalen Mundart. www.wishproject.de

Erfurt

Die Hauptstadt des Freistaates ist mit etwa 211 000 Einwohnern zugleich auch Thüringens größte Stadt und neben Jena die einzige Großstadt im Bundesland. Erfurt verbindet Urbanität und Kleinstadtromantik, präsentiert sich als wahrhaft entspannte kleine Großstadt und und besitzt hohe Lebensqualität. Erfurt ist Garten- und Blumenstadt – bereits Luther bezeichnete Erfurt als ›des Heiligen Römischen Reiches Gärtner‹ – und beeindruckt zugleich mit seiner Dichte an Sehenswürdigkeiten und Kultureinrichtungen, Restaurants und Bars. Es ist durchdrungen von Grün, das sich entlang der verzweigten Wasserwege in der Stadt ausbreitet und herrliche Erholungsoasen bietet. Ganze 2000 Hektar Waldfläche gibt es im Stadtgebiet.

Erfurt ist eine der am besten und am vollständigsten erhaltenen mittelalterlichen Städte Deutschlands. Von größeren Zerstörungen wurde es weitgehend verschont, obwohl die Stadt mit insgesamt etwa 25 Angriffen immer wieder Ziel alliierter Bombenangriffe war. Zwar wurden dabei etwa 530 Häuser zerstört und weitere 8560 beschädigt, dennoch waren die Schäden, verglichen mit anderen Städten, relativ gering. Ein Zeugnis der Bombardierungen ist die Ruine der Barfüßerkirche. Eine für den 4. April 1945 geplante große Flächenbombardierung der Royal Air Force fand nur deshalb nicht statt, weil die Amerikaner bereits zu nah an die Stadt herangerückt waren und Verluste in den eigenen Reihen befürchteten.

Heute gilt Erfurt als eines der größten deutschen Flächendenkmäler, 1600 Kulturdenkmäler verzeichnet die Denkmalliste. Die vielen mittelalterlichen, geschwungenen, mal größeren, mal ganz schmalen Gassen mit ihrem historischen Häuserbestand und den ständig wechselnden Blickwinkeln und Perspektiven machen jeden Spaziergang zu einem unvergesslichen Erlebnis.

▲ Karte: hintere Umschlagklappe

Geschichte

Erstmalig wurde Erfurt 742 in einem Brief an Papst Zacharias erwähnt. Mit der Empfehlung von Bonifatius, den Ort als Sitz eines Bistums zu etablieren, wurde Erfurt zum geistigen Zentrum Thüringens. Durch seine Lage am Kreuzungspunkt mehrerer deutscher und europäischer Handelsstraßen wie der Via Regia und durch die Königspfalz entwickelte sich Erfurt zu einem bedeutenden und wohlhabenden Handelszentrum. 755 wurde das Bistum Erfurt aufgelöst und dem Bistum Mainz angegliedert. Ganze 1000 Jahre gehört es diesem an. Daher rührt auch das dem Mainzer Wappen entlehnte Stadtwappen Erfurts mit dem silbernen Rad. Seit 1988 ist Mainz Partnerstadt von Erfurt.

Karl der Große erklärte 805 die Stadt zum Grenzhandelsplatz an der Ostgrenze des Frankenreiches. Bis zum Mittelalter entwickelt sich Erfurt zu einer bedeutenden Stadt. Zahlreiche Kaiser hielten in der europaweit bedeutenden Stadt regelmäßig Hof. Allein für Kaiser Friedrich I. Barbarossa sind im 12. Jahrhundert sechs Erfurt-Aufenthalte verbürgt. Ab dem 13. Jahrhundert machte sich die Erfurter Bürgerschaft zunehmend unabhängig von der kurfürstlichen Mainzer Obrigkeit. 1331 erhielt die Stadt das kaiserliche Messeprivileg. Mit dem Gründungsdatum 1379 ist die Universität Erfurt nach denen in Prag, Krakau und Wien die viertälteste deutsche Universität. 1392 wurde der Lehrbetrieb aufgenommen, die Alma Mater Erfordensis eröffnete mit allen damals gängigen vier Fakultäten: Medizin,

Erfurt weist ein wunderbares historisches Ortsbild auf

Bernd das Brot am Rathaus

Philosophie, Theologie und Recht. Im 15. Jahrhundert war sie eine der führenden Universitäten Mitteleuropas. Die Lehranstalt wurde 1816 geschlossen und 1994 wieder gegründet. Derzeit sind hier über 5000 Studenten eingeschrieben.
1430 trat Erfurt gemeinsam mit Mühlhausen und Nordhausen der Hanse bei, im 15. Jahrhundert befand sich die Stadt auf dem Höhepunkt ihrer Entwicklung als Handels-, Gartenbau- und Kulturstadt. Eines ihrer wertvollsten Handelsgüter war das Färberwaid. Erfurt strotzte vor Kraft und Selbstbewusstsein. Seinem Reichtum verdankt die Stadt zahlreiche beeindruckende Händlerhäuser. Als Symbol seiner weitgehenden Autonomie und dem faktischen Status als Reichsstadt steht noch heute die 1591 errichtete Römerstatue auf dem Fischmarkt vor dem Rathaus. Formal wurde der letzte Schritt zu einer wahren Reichstadt jedoch nie vollzogen. Allerdings besaß Erfurt mit der Wasserburg Kapellendorf ein echtes Reichslehen, das den Status als reichsstadtähnlich unterstrich. Der Ausspruch ›Turmreiches Erfurt‹ stammt von Luther. Zu seiner Zeit zählte die Stadt 15 Klöster und Stifte, 25 Kirchen und 10 Kapellen, deren Türme allesamt die Stadtsilhouette prägten. Die meisten der vorwiegend mittelalterlichen Bauten existieren noch heute. Seit 1994 hat das überwiegend evangelisch und atheistisch geprägte Thüringen in Erfurt sogar wieder einen römisch-katholischen Bischofssitz.
Nach dem 15. Jahrhundert ging es für Erfurt allerdings langsam bergab. 1664 wurde die weitgehend unabhängige Stadt unter dem Kurfürsten und Erzbischof Johann Philipp von Schönborn wieder der Mainzer Landesherrschaft unterstellt. 1802 endete mit dem Übergang an Preußen die kurmainzische Herrschaft über Erfurt. Seit 1806 war die Stadt von französischen Truppen besetzt und unterstand ab 1807 als ›kaiserliche Domäne‹ direkt dem Kaiser. Napoleon Bonaparte lud 1808 den russischen Zaren Alexander I. zum Fürstenkongress nach Erfurt. Am 6. Januar 1814 wurde die Stadt nach mehr als sieben Jahren französischer Besatzung und nach 73-tägiger Belagerung durch Truppen der Koalition befreit. Davor musste die sich nach Frieden sehnende Bevölkerung am 6. November 1813 allerdings erst noch einen heftigen Beschuss über sich ergehen lassen. Allein auf dem Domplatz wurden 121 Häuser bei dem eigentlich gegen die von den Franzosen besetzte Zitadelle auf dem Petersberg gerichteten Bombardement zerstört. Noch 130 Tage nach der Einnahme der Stadt durch preußische, österreichische und russische Truppen blieb die Stadt geteilt. Denn die Franzosen räumten die beiden städtischen Zitadellen erst am 16. Mai 1814.
Mit der Weimarer Republik brachen für Erfurt kulturelle und architektonische goldene Zwanziger Jahre an. Die beiden Weltkriege überstand die Stadt nahezu

▲ Karte: hintere Umschlagklappe

ohne Zerstörungen. Zu DDR-Zeiten war Erfurt Bezirksstadt des gleichnamigen Bezirks. Das erste deutsch-deutsche Treffen fand 1970 in Erfurt statt. Willy Brandt winkte vom Hotel Erfurter Hof den auf dem heute nach ihm benannten Platz versammelten Menschen zu. Mit der Neugründung des Freistaates Thüringen wurde Erfurt am 10. Januar 1991 zu dessen Landeshauptstadt.

Nach der Wende bezog auch der Kinderkanal seinen Sitz in Erfurt. Seitdem trifft man überall in der Innenstadt auf lebensgroße Figuren vom Sandmännchen, Bernd dem Brot und Co, mit denen sich sowohl Einheimische als auch Touristen immer wieder gerne fotografieren. Jeder in der Stadt geborene Mensch ist eine Erfurter Puffbohne. Der Begriff leitet sich von ›Dicke Bohne‹ ab und hat sich mit der Zeit als Bezeichnung für die Erfurter etabliert. Und es ist Brauch, dass Neugeborene der Stadt Puffbohnen als Geschenk bekommen, heutzutage gerne auch in Form von Puffbohnen-Plüschtieren. Die Bohne hat sich seit der offiziellen Wiedereinführung im Jahr 2000 inzwischen als Stadtmaskottchen etabliert. Wohlgenährte Kinder werden im Erfurter Umland auch heute noch als ›Buffen‹ bezeichnet. Sogar ein Internationales Puffbohnen-Turnier im Hockey wird veranstaltet.

Persönlichkeiten

Viele bedeutende Persönlichkeiten prägten das Leben in der Stadt. Martin Luther lebte 1501 bis 1505 als Student in Erfurt. Er trat im Juli 1505 in das Augustinerkloster ein und wurde 1507 im Erfurter Dom zum Priester geweiht. Adam Ries, Deutschlands bekanntester Rechenmeister, verfasste in Erfurt sein bedeutendstes Werk ›Rechnung auff der Linihen‹ und verhalf damit den heute gängigen Rechenmethoden und Zahlzeichen zum Durchbruch. Der Astronom Johann Hieronymus Schröter wurde 1745 in Erfurt geboren und wuchs hier auf. Friedrich Schiller und Johann Wolfgang Goethe waren oft in Erfurt zu Gast.

In der Stadt erblickte auch Max Weber das Licht der Welt, am 21. April 1864. Am Geburtsort ›Haus am Ententeich‹ auf dem ehemaligen Kartäuserring, am heutigen Juri-Gagarin-Ring, hängt eine Gedenktafel. Sein Bruder Alfred Weber, ebenfalls Soziologe, kam hier am 30. Juli 1868 auf die Welt.

Juri Gagarin war tatsächlich auch hier, er fuhr nach seiner Reise als erster Mensch in den Kosmos mit einem Tschaika das Spalier begeisterter Erfurter ab. Zu dieser Zeit hieß die Chaussee übrigens noch Mao-Tse-Dong-Ring. Ein Jahr nach dem Besuch des Kosmonauten wurde sie zu seinen Ehren umbenannt.

Der Sänger Thomas Hübner alias Clueso ist echter Erfurter. Im ausrangierten Teil des Erfurter Güterbahnhofs befindet sich das von ihm gegründete Musikstudio ›Zughafen‹.

Das Lutherdenkmal am Anger

Die Wandgemälde im Rathaus stellen Episoden der Erfurter Stadtgeschichte dar

Auch Papst Benedikt XVI. hat Erfurt 2011 besucht. Allerdings fuhr er durch fast leere Straßen. Die Erfurter waren nämlich DDR-Zeiten gewohnt, dass sie daheim bleiben mussten, wenn Staatsbesuch kam.

Vom Domplatz zur Krämerbrücke

Erfurts bedeutendste Gotteshäuser und gleichzeitig Wahrzeichen stehen nebeneinander auf dem Domberg nebeneinander: Mariendom und Severikirche. In der ab 1278 erbauten **Sankt Severikirche**, einer fünfschiffigen gotischen Hallenkirche, werden die Reliquien des heiligen Severi aufbewahrt. Der ebenfalls gotische **Mariendom** beherbergt mit der 11,5 Tonnen schweren Gloriosa die größte freischwingende mittelalterliche Kirchenglocke der Welt. Diese Kostbarkeit von 1497 wird allerdings geschont, so dass sie nur noch an acht hohen kirchlichen Feiertagen pro Jahr erklingt. Wertvoll sind auch die zwischen 1370 und 1420 entstandenen Kirchenfenster sowie das Chorgestühl. Der Erfurter Dom war eines der größten Bauvorhaben des Mittelalters in Deutschland. Im nördlichen Seitenschiff des Domes hängt ›Die Verlobung der Heiligen Katharina‹ von Lucas Cranach dem Älteren.

Die berühmten 70 **Domstufen** führen auf den Berg. Sie sind, wenn man so will, die höchstwahrscheinlich schönste Aussichtsplattform der Stadt. Am 20. Februar 1990 hielt Helmut Kohl hier eine berühmte Rede vor 100 000 Zuhörern. Bei seinem Wahlkampfauftritt soll der damalige Bundeskanzler erstmals von den seitdem immer wieder gern zitierten und berühmt gewordenen ›blühenden Landschaften‹ gesprochen haben. Jeden Sommer finden hier die DomStufen-Festspiele statt. Dabei bilden Dom und Severinskirche eine einzigartige Kulisse für Theater- und Opernaufführungen.

■ Allerheiligenkirche

Die Allerheiligenkirche war ursprünglich Teil eines Klosters und Armenhospitals und entstand im frühen 12 Jahrhundert. Im Rahmen der zahlreichen Neu-, Um- und Anbauten erhielt sie ihren sich am Straßenverlauf orientierenden eigensinnigen Grundriss.

▸ Karte: hintere Umschlagklappe

Naturkundemuseum

In der Ausstellung des Naturkundemuseums werden die Thüringer Lebensräume von fossilen Funden aus der Erdgeschichte über die Etagen ›Wälder‹, ›Offenland‹ und ›Stadt‹ präsentiert. Eine 350-jährige Eiche im Treppenhaus verbindet die einzelnen Etagen symbolisch miteinander. Im Keller befindet sich der Höhepunkt des Museums, eine tatsächlich als Schiff gestaltete ›Arche Noah‹ mit zahlreichen ausgestopften Tieren. Das Haus verfügt über eine der bedeutendsten naturwissenschaftlichen Spezialbibliotheken Thüringens.

Predigerkirche

Die gotische Dominikanerkirche aus dem 13./14. Jahrhundert ist heute die evangelische Hauptkirche und nach dem Dom die zweitgrößte Kirche Erfurts.

Fischmarkt

Nirgendwo in Erfurt findet man auf kleinstem Raum so viele unterschiedliche

Prächtige Fassaden umrahmen den Fischmarkt – das Haus zum Breiten Herd

Architekturstile wie am Fischmarkt. Das **Rathaus** stammt vom Ende des 19. Jahrhunderts und soll in seinen Formen an eine Kirche erinnern. Errichtet wurde es treffenderweise im neogotischen Stil. Die zahlreichen Wandgemälde im Innern präsentieren reale und imaginäre Szenen zur Stadtgeschichte. Ein Wandbild stellt den heiligen Martin dar, den Schutzheiligen Erfurts.

Die Fassaden des Hauses **Zum Breiten Herd** und des **Gildehauses** scheinen identisch. Das Gildehaus wurde jedoch nahezu 200 Jahre später als sein ›Doppelgänger‹ errichtet: Es entstand 1873 im Neorenaissancestil, während das Haus Zum Breiten Herd 1584, in der Renaissance, fertiggestellt wurde. Hinter der Renaissancefassade des **Hauses zum Roten Ochsen** residiert die Kunsthalle Erfurt.

Neben der Renaissance prägen zahlreiche weitere Baustile den Platz. So findet man Häuser im Stile des Rokoko, Barock, Klassizismus, Historismus, Jugendstils und mit dem Sparkassengebäude rechts neben dem Rathaus sogar des Bauhauses. Das älteste Gebäude am Platz ist übrigens das wohl im 14. Jahrhundert im gotischen Stil erbaute Gebäude der **BB Bank**. Auf dem Platz steht die Römer-Statue von 1591, die manchmal auch als Roland bezeichnet wird.

Collegium Maius

Das Collegium Maius war das Hauptgebäude der Universität und Sitz der philosophischen Fakultät. Der Vorgängerbau diente wohl von Anfang an als Kolleg. Er wurde im August 1510 bei Kämpfen zwischen Studenten und Bürgern zerstört. Der Nachfolgebau mit seiner spätgotischen Fassade und dem Kielbogenportal fiel dann am 9. Februar 1945 amerikanischen Bombern zum Opfer. 1998 wurde mit dem Wiederaufbau des Gebäudes begonnen und

Die berühmte Krämerbrücke von der Kreuzgasse aus gesehen, rechts die Mikwe

seine historische Fassade, abgesehen vom Dach, originalgetreu wiederhergestellt. Aufgrund finanzieller Querelen zwischen Universität und Stadt verkaufte die Stadt das Haus allerdings schließlich an die Kirche und die Uni ging leer aus. Heute dient es der Evangelischen Kirche Mitteldeutschland als Landeskirchenverwaltung.

■ Krämerbrücke

Die Krämerbrücke ist die längste bebaute und bewohnte Brücke Europas. Das heutige steinerne Bauwerk wurde 1325 als Nachfolger für einen hölzernen Vorgängerbau errichtet. Da diese hölzernen Brücken allerdings ständig abbrannten, entschloss man sich im Rat schließlich zum Bau einer Steinbrücke. Erstmalig erwähnt wurde eine Brücke an dieser Stelle im 11. Jahrhundert. Spätestens seit 1510 war die Bezeichnung ›Krämerbrücke‹ etabliert. Die ›Via Regia‹ führt direkt über sie.

Auf der 79 Meter langen Gewölbebrücke standen 62 Fachwerkhäuser, deren Zahl durch Zusammenlegungen auf heute 32 zusammengeschrumpft ist. Die Krämerbrücke ist die einzige gänzlich mit Gebäuden bebaute und bewohnte Brücke nördlich der Alpen. Wenn man über sie spaziert, ist sie als Brücke allerdings überhaupt nicht erkennbar. Erst von außen, zum Beispiel von der Rathausbrücke aus, sieht man, dass es sich um eine Brücke handelt. Im **Haus der Stiftungen** (Nr. 31) von 1579 steht ein Modell der Krämerbrücke. Der Besuch lohnt sich auch wegen der restaurierten historischen Bohlenstube von 1578/79 und dem begehbaren Keller im Brückenpfeiler mit Guckloch auf die Gera.

Die Krämerbrücke ist voll mit unikalen **Geschäften, Kunstgewerbe- und Anti-**

▲ Karte: hintere Umschlagklappe

quitätenläden. Das Geschäft von **Goldhelm-Schokolade** und der benachbarte Eiskrämer sind ein Renner. Essen gehen kann man beispielsweise in die **Mundlandung**. Hier gibt es eine kleine feine Karte. Auch werden Lebensmittel verkauft, wie die Marmeladen aus eigener Herstellung. Wie die Pastel-Pflanze in Südfrankreich, so erlebt auch das Färberwaid in Thüringen wieder eine Renaissance. Die Italienerin Rosanna Minelli hat sich der Kulturpflanze angenommen, baut sie in Erfurt an und verkauft ihre Farbwaren und italienischen Papierwaren in ihrem Laden **Erfurter Blau** auf der Krämerbrücke. Seit 2018 gehört Blaudruck zum immateriellen Kulturerbe der Menschheit der UNESCO. Zu den letzten seines Faches gehört auch der Erfurter Blaudrucker Kris Wezyk im Dürerhaus in der Schlösserstraße 38 in der Nähe vom Rathaus (www.duererhaus-erfurt). Besonders spannend ist das Schaufenster der Puppentheater-Werkstatt. Hier befindet sich ein **Theatrum Mundi**, ein mechanisches Theater mit wechselnden Themen. Wirft man eine Münze in den Automaten, fängt das Diorama an, sich zu öffnen und zu bewegen.

Jedes Jahr am dritten Juniwochenende findet das Krämerbrückenfest mit Mittelaltermarkt, Kleinkunst und Musik statt. Es ist das größte Altstadtfest Thüringens.

Aegidienkirche

Den östlichen Zugang zur Krämerbrücke und den Übergang zum Wenigemarkt bildet der Torbogen der Aegidienkirche. Die erste Kirche wurde bereits 1110 als Brückenzugang urkundlich erwähnt, brannte jedoch 1293 ab. Der **Turm** ist begehbar. Früher gab es mit der Benediktkirche auch eine Kirche an der Westseite der Brücke. Diese wurde jedoch bis 1896 abgerissen. Wo einst ihr Turm stand, baute man später die Rathausbrücke.

Jüdisches Erfurt

Rund um Krämerbrücke und Fischmarkt konzentrieren sich die Spuren des früheren jüdischen Lebens in Erfurt. Wohl bereits ab dem 11. Jahrhundert verfügte Erfurt über eine nennenswerte jüdische Gemeinde. Sie gehörte zu den größten im Heiligen Römischen Reich und hatte ihr kulturelles und geistiges Zentrum am Westufer der Gera in der Nähe der Krämerbrücke. Die jüdische Bevölkerung wohnte in einem recht klar umgrenzten Gebiet, das sich von der Michaeliskirche bis in die Gassen östlich des Rathauses erstreckte.

Die prosperierende jüdische Gemeinde in Erfurt hörte mit dem Pogrom 1349 auf zu existieren. Ab 1354 bewohnten wieder Juden die Stadt, bis der Stadtrat 1453/54 den Wegzug aller Juden anordnete und im Anschluss ein Wiederansiedlungsverbot aussprach. Danach war das jüdische Leben lange Zeit aus Erfurt verschwunden. Erst ab 1802, aufgrund der Gesetzgebung der neuen preußischen

Die Aegidienkirche an der Krämerbrücke

Machthaber, begannen sich wieder Juden niederzulassen. Diese errichteten 1840 die ›Kleine Synagoge‹ als ihren Versammlungsort. Das jüdische Leben endete auch in Erfurt während der NS-Zeit mit der Deportation und Ermordung der Juden. Seit 1989 wird das bedeutende jüdische Leben Erfurts im wahrsten Sinne Stück für Stück wiederentdeckt. Erfurt hat sich mit der Alten Synagoge und der Mikwe um den Titel ›UNESCO Welterbe‹ beworben und steht mit seinem ›jüdisch-mittelalterlichem Erbe‹ seit 2014 auf der deutschen Vorschlagsliste für künftige Welterbestätten. 2020, so hofft man, soll es dann endlich so weit sein und der begehrte Titel gewonnen werden. Neben den erhaltenen Gebäuden zeugen noch zwei Friedhöfe, der Mittelalterliche Jüdische Friedhof und der Neue Jüdische Friedhof, vom einstigen jüdischen Leben in Erfurt.

Alte Synagoge

Die Alte Synagoge wurde ab 1049 errichtet und gehört damit eine der ältesten erhaltenen Synagogen Europas. Eine der am besten erhaltenen ist sie noch dazu. Mit dem Pogrom 1349 geriet die Synagoge in Vergessenheit. Sie diente als Lagerhalle, später Kneipe oder Tanzsaal. Der Tanzsaal aus dem 19. Jahrhundert mit seinen umlaufenden Emporen im Obergeschoss ist noch deutlich erkennbar. Durch die Umnutzung, bauliche Veränderung und Verbauung kann man tatsächlich sagen, dass diese Synagoge während der Reichpogromnacht von den Nationalsozialisten regelrecht übersehen wurde. Erst 1989 wurde das Gebäude als Synagoge wiederentdeckt.

Im Innern befindet sich eine **Ausstellung zur Geschichte des Gebäudes**, unter anderem alte Bilder der Synagoge. Darauf ist gut zu erkennen, dass sie so verbaut und abgeändert war, dass man es wahrlich schwer als jüdisches Gotteshaus erkennen konnte. Die baulichen Spuren wurden an den Außenfassaden der Synagoge bei der Sanierung auch bewusst erhalten. In der Ausstellung ist das Gebäude der eigentliche Star. Exemplarisch steht das Gebäude für die Entwicklung und das Leben der jüdischen Gemeinde in Erfurt. Die Sammlung umfasst etwa die größte bekannte hebräische Bibel oder den ›Erfurter Judeneid‹. Er stammt aus dem 12. Jahrhundert und ist der älteste erhaltene auf Deutsch. Im Keller des Gebäudes befindet sich der **Erfurter Schatz**. Er bringt insgesamt 28 Kilogramm auf die Waage und besteht aus Silber- und Goldgegenständen, unter anderem einem prächtigen Hochzeitsring aus dem frühen 14. Jahrhundert. Vermutlich wurde er von einem jüdischen Händler namens Kalman von Wiehe während des Pogroms 1349 in dessen Haus in der Michaelisstraße versteckt. 1998 entdeckte man ihn bei Bauarbeiten wieder.

Mikwe

In unmittelbarer Nähe zur Krämerbrücke wurde 2007 am Ufer der Gera ein jüdisches Bad aus dem 13. Jahrhundert entdeckt, die Mikwe. Sie wurde wohl bis zum erzwungenen Abzug der jüdischen Bevölkerung 1453/54 genutzt, vorwiegend von Frauen. Die Mikwe in der Kreuzgasse wurde zugeschüttet, darüber entstand ein Kellerraum. Diesem Umstand verdankt man die Erhaltung eines der wenigen jüdischen Ritualbäder Europas. Nach 1945 wurden die über der Mikwe liegenden Häuser am Kreuzsand abgerissen; es entstand eine Grünfläche. Die ehemaligen Keller und das Ritualbad lagen nun hinter einer Uferbefestigung. Als diese 2007 einbrach, kam der einzigartige Schatz nach Jahrhunderten wieder zum Vorschein. Seit 2011 präsentiert sich die Mikwe nun in neuer ›Fassung‹.

▲ Karte: hintere Umschlagklappe

Vor ihrer Wiederentdeckung 1989 war die Alte Synagoge völlig in Vergessenheit geraten

Kleine Synagoge

Das 1840 von der neu entstandenen jüdischen Gemeinde errichtete Gebäude liegt etwas versteckt an der Gera: zwischen Rathausbrücke, Fluss und Rathausgasse, hinter der Tourismusinformation. Als die Synagoge am 10. Juli 1840 eingeweiht wurde, war sie die erste in Erfurt seit fast 400 Jahren. Mit dem Bau eines größeren Gotteshauses für die angewachsene Gemeinde, der Neuen Synagoge, wurde das Haus nach rund 45 Jahren Nutzung als Synagoge verkauft und ab 1885 als Produktionsstätte für Spirituosen und Essenzen, Lager und zwischen 1918 und 1993 als Wohnhaus genutzt. So ›getarnt‹, wurde auch diese Erfurter Synagoge von den Nazis nicht zerstört. Das Gebäude dient heute als jüdischer Ausstellungs-, Veranstaltungs- und Konzertort.

Neue Synagoge

Nachdem die Kleine Synagoge die wachsende Zahl der Gemeindemitglieder nicht mehr aufnehmen konnte, zog man 1884 in die Große Synagoge am heutigen Juri-Gagarin-Ring um. Diese wurde 1938 zerstört. 1947 erhielt die jüdischen Gemeinde das Grundstück zurück. Die Neue Synagoge wurde am 31. August 1952 eingeweiht und blieb der einzige Synagogenneubau der DDR.

Erinnerungsort Topf & Söhne

Die Firme Topf & Söhne war in der NS-Zeit für den Bau von Verbrennungsöfen unter anderem im Vernichtungslager Auschwitz verantwortlich. Im ehemaligen Verwaltungsgebäude der Firme ist seit 2011 die **Dauerausstellung Techniker der Endlösung** untergebracht.

Östlich und nördlich der Krämerbrücke

Auf der östlichen Seite der Krämerbrücke liegt der **Kaisersaal**. Das historische und traditionsreiche Konzert- und Ballhaus war 1808 Ort von Napoleons Fürstenkongress. Auch heute noch wird er für verschiedene Veranstaltungen wie Konzerte, Musicals und Jugendweihen genutzt.

Die aus dem 15. Jahrhundert stammende **Schottenkirche** ist die einzige noch genutzte romanische Kirche Erfurts.

Stadtmuseum – Haus zum Stockfisch

Allein schon das aufwendige Museumsgebäude von 1607 im Stil der Spätrenaissance ist eine Augenweide. Anhand von Persönlichkeiten und Themen wird die Stadtgeschichte präsentiert. So bekommt man einen Einblick in die zu Luthers Zeit in Erfurt vorherrschenden Verhältnisse. In der Ausstellung ›Metamorphosen einer Stadt‹ geht es um Erfurt im Wandel von der Zeit der Industrialisierung bis 1990. Das Geschichtslabor schlägt einen Bogen von historischen Themen in die Moderne. Zum Stadtmuseum gehören auch die Neue Mühle, Benary-Speicher, Luftschutzkeller, Bartholomäusturm und die außerhalb Erfurts liegende Wasserburg Kapellendorf.

Architektonisch herausragend: das historische Waidhändlerhaus Zum Stockfisch

Augustinerkloster

Ab 1276 begann der Augustiner-Eremiten-Orden mit dem Neubau der Augustinerkirche und des Kreuzganges. Die meisten anderen Klostergebäude entstanden in den darauffolgenden 80 Jahren. Heute noch ist das Kloster mit Kirche, drei umbauten Höfen, Konvents- und Wirtschaftsgebäuden nahezu vollständig in seiner mittelalterlichen Form und als originale Lutherstätte erhalten. Allerdings wurde es im Zweiten Weltkrieg stark zerstört und musste wiederaufgebaut werden. Die Fenster der Kirche hat sich Luther wohl zum Vorbild genommen, als er sein Wappen mit der Lutherrose kreierte.

Die **Historische Bibliothek** verfügt über einen umfangreichen Bestand an kirchlichen Büchern. Die **Dauerausstellung Bibel-Kloster-Luther** im ehemaligen Schlafsaal der Mönche behandelt die Geschichte der Bibel, das Mönchsleben und Martin Luthers Lebensstationen in Erfurt. Hier kann man auch die rekonstruierte Lutherzelle besichtigen. Luther soll von April 1501 bis Juli 1505 in der Georgenburse gewohnt haben und trat am 17. Juli 1505 dem Augustinerkloster bei. Bis zu seinem Fortzug nach Wittenberg 1511 lebte er im Augustinerkloster als Mönch. Über seine Hochschule sagte Luther: »Die Erfurter Universität ist meine Mutter, der ich alles verdanke.« Im Kloster tagte vom 20. März bis zum 29. April 1850 das ›Parlament der Deutschen Union‹. Auf Initiative des preußischen Königs Friedrich Wilhelm IV. sollte es eine Verfassung für ein Deutsches Reich verabschieden. Otto von Bismarck war als Repräsentant der Preußen anwesend und verdiente sich hier in Erfurt seine ersten diplomatischen Sporen.

Wegen seiner historischen Bedeutung trägt das Augustinerkloster das Europäische Kulturerbe-Siegel.

Museum für Thüringer Volkskunde

Der Sammlungsschwerpunkt des großen und gut ausgestatteten Museums

▸ Karte: hintere Umschlagklappe

für Thüringer Volkskunde liegt in der ländlichen Alltagskultur Thüringens. Entsprechend reichen die Exponate von Alltagsgegenständen wie Möbeln, Schmuckgegenständen, Trachtenpuppen und Kleidung, Exponaten zum historischen Dorfleben und Arbeiten bis zur Alltagskultur in der DDR. Zu erwähnen sind auch der umfangreiche Bibliotheksbestand und die Volkstümliche Beratungs- und Dokumentationsstelle.

Nikolaiturm

An der Lehmannsbrücke über die Gera ist von der Nikolaikirche nur noch der Nikolaiturm erhalten geblieben. Die Kirche war wie die Aegidienkirche an der Krämerbrücke eine Brückenkopfbrücke. Die **Secco-Malereien** des Elisabethzyklus aus dem 14. Jahrhundert in der Elisabethkapelle im Turm gehören zu den ältesten Thüringer Malereien. Direkt auf der anderen Seite des Flusses liegen Georgenburse und Theater im Palais.

Georgenburse

Das erstmals 1456 erwähnte Gebäude ist dank seines prominenten Bewohners Martin Luther die bekannteste Erfurter Burse. Dessen Anwesenheit bezeugt ein Schreiben von Luthers Verwandtem Dietrich Lindemann von 1526. Ob Luther seine gesamte Studienzeit hier verbrachte, lässt sich aber nicht nachweisen. Die Vorderhäuser fielen dem Bombardement vom 9. Februar 1945 zum Opfer. In Vergessenheit geraten, erhielt die Georgenburse erst 1983, zum 500. Geburtstag Luthers, ihr heutiges Aussehen zurück und eine Funktion als Lutherstätte.

Im Erdgeschoss gibt es eine **Ausstellung** zum mittelalterlichen Universitätsleben in Erfurt. Darunter befindet sich auch ein Modell der einstigen Gesamtanlage der Burse. Unter dem Dach ist eine kleine Pilgerherberge untergebracht.

Südlich der Krämerbrücke

Die zentral an der Gera gelegene **Neue Mühle** fand im 13. Jahrhundert ihre Ersterwähnung, heute ist sie technisches Denkmal und Museum. Nach dem großen Stadtbrand von 1735 wurde sie innerhalb von nur einem Jahr wieder aufgebaut; seitdem nennt man sie ›Neue Mühle‹. Ursprünglich gab es in Erfurt über 60 Mühlen, die Neue Mühle ist die einzig erhaltene funktionstüchtige Mahlmühle. Zu besichtigen ist die Mühle selbst, dazu gibt es eine Ausstellung zur Geschichte der Mühlen in Erfurt. Zum **Mühlenmuseum** gehört auch das am Wasser gelegene empfehlenswerte Restaurant ›Kaffeemühle‹. Neue Mühle und Restaurant sind derzeit bis auf weiteres wegen Baumängeln am Gebäude geschlossen.

Am Anger

Der historische Handelsplatz Am Anger ist noch heute der lebhafteste Platz der Stadt und die Hauptgeschäftsstraße Erfurts. Viele prächtige Gebäude wie das Renaissancehaus Dacheröden oder die Post säumen die Straße. Die **Kirche Am Anger**, auch Kaufmannskirche genannt, ist die Traukirche der Eltern von Johann Sebastian Bach. Ihre Vermählung hier fand 1668 statt. Sehenswert ist vor allem der Hochaltar aus der Spätrenaissance. Das **Angermuseum** ist in einem prunkvollen Barockgebäude von 1709 untergebracht, das als kurzmainzischer Pack- und Waagehof eingeweiht wurde. Es beherbergt seit 1886 die Kunstsammlungen der Stadt Erfurt und zeigt unter anderem Gemälde ab dem 19. Jahrhundert, Kunsthandwerk, die größte Sammlung Thüringer Fayencen, mittelalterliche Kunst und eine umfangreiche Kollektion von Grafiken. Das Wohnhaus der Weberin und Bauhauskünstlerin Margaretha Reichardt und die Barfüßerkirche gehören als Außenstellen zum Museum.

Romantisch gelegen: das Technische Denkmal und Museum Neue Mühle

Der Turm der ehemaligen, ab 1182 errichteten **Bartholomäuskirche** hat ein 60 Bronzeglocken umfassendes Carillon. Es spielt täglich um 10, 12 und 18 Uhr. Regelmäßig finden auch Konzerte mit dem hauseigenen Carillonneur und internationalen Gästen statt.

■ Museum der Kunst des Mittelalters
Die Barfüßerkirche des ehemaligen Franziskanerklosters war ein herausragendes Beispiel für die deutsche Bettlerordenarchitektur. Bei einem Bombenangriff 1944 wurde sie weitestgehend zerstört. Im Hohen Chor ist heute das Museum der Kunst des Mittelalters untergebracht. Es zeigt die ältesten Erfurter Glasmalereien, Skulpturen und Grabplatten sowie den Färberaltar von 1420 und den Marienkrönungsaltar, den ehemaligen Hochaltar der Bartholomäuskirche von 1446.

Zitadelle Petersberg

Schräg hinter dem Dom erstreckt sich der Petersberg mit der gleichnamigen Zitadelle. Mit ihrem Bau wurde bereits 1665 begonnen, die Arbeiten waren aber erst gegen 1726 vollendet. Die Zitadelle ist neben der Cyriaksburg die zweite Erfurter Zitadelle. Während des Dreißigjährigen Krieges hielten sich die Schweden hier auf, und 1806, während der napoleonischen Kriege, waren die Franzosen auf der Zitadelle stationiert. Die Preußen erhoben nach 1815 Erfurt zur Festungsstadt ersten Ranges und bauten die Festungsanlagen als Zitadellen entsprechend um.
Zum Glück wurde die Anlage im Gegensatz zu vielen anderen nach der deutschen Einigung 1871 nur sporadisch zurückgebaut. Und so präsentiert sie sich dem Besucher noch heute nahezu originalgetreu erhalten. Die Zitadelle Petersberg gehört zu den am besten erhaltenen Stadtfestungsbauten in Deutschland und ist eine der größten barocken Festungsanlagen des Landes. Von hier aus hat man einen schönen Ausblick auf die Stadt.
Im Rahmen einer Führung durch die Horchgänge gelangt man auch in die zwei Räume der **Militärhistorische Aus-**

▸ Karte: hintere Umschlagklappe

stellung. Neben historisch kostümierten Soldaten und einer nachgebildeten Schlafstätte gibt es hier Waffen, Uniformen und Munition zu sehen. Die außergewöhnlichsten Exponate der Sammlung sind jedoch mit Sicherheit drei mumifizierte Katzen. Sie wurden unter den Dielen des alten Patronenhauses entdeckt. Auf dem Gelände der Zitadelle befindet ein Überbleibsel des historisch äußerst bedeutenden **Benediktinerklosters Peterskloster**. Die romanische Pfeilerbasilika wurde zwischen 1103 und 1147 errichtet und verfügt im Innern über interessante Wandmalereien aus der Romanik. Nach Zerstörungen im 19. Jahrhundert wurde die Peterskirche als Lagergebäude genutzt. Ab wann die Kirche und das ehemals im Erdgeschoss untergebrachte Forum Konkrete Kunst wieder für die Öffentlichkeit zugänglich sind, ist noch unklar. Geplant ist, sie wie den gesamten Petersberg als Teil der Bundesgartenschau 2021 mitzunutzen. Die Freilichtbühne Petersberg gegenüber der Peterskirche wird regelmäßig mit interessanten Veranstaltungen bespielt. Empfehlenswert ist der an zwei Wochenenden in der Adventszeit von Kindern und Jugendlichen des Thüringer Folklore Ensembles Erfurt aufgeführte Weihnachtszauber auf der Tanztenne Petersberg.

Gedenkstätte Andreasstraße

Unterhalb vom Petersberg befindet sich Thüringens größte Ausstellung zur DDR und SED. In ehemaligem Stasigefängnis gibt es Originalzellen und eine Multimediaausstellung zu den Wendejahren In Thüringen.

Parks und Gärten

Erfurt ist voll mit Parks und Wäldern. 1000 Hektar Wald und 550 Hektar Grünfläche findet man im Stadtgebiet.

egapark

Der egapark nimmt eine Fläche von 36 Hektar auf dem 265 Meter hohen Cyriaksberg ein. Ab 1961 entwickelte sich das Areal an der Zitadelle mit der regelmäßig stattfindenden Internationalen Gartenbauausstellung (IGA) zur wichtigsten Gartenschau in den sozialistischen Staaten. Zu diesem Zeitpunkt war Erfurt bereits lange als Blumen- und Gartenstadt etabliert. Bereits um 1700 entstand hier die erste Gartenbaufirma, und 1838 fand hier die erste Erfurter Gartenbauausstellung statt. Nach der Wiedervereinigung musste Ostdeutschland den Namen IGA abgeben, das westdeutsche Pendant war ein Jahr früher gegründet worden. Von nun an nannte man sich ega, Erfurter Gartenausstellung.

Gegenwärtig wird das unter Denkmalschutz stehende Areal sensibel restauriert. Denn 2021 findet hier, auf dem Petersberg, im Nordpark mit der nördlichen Geraaue und um den Kilianipark die Bundesgartenschau (BUGA) statt. So wurden Gebäude und die Wasserachse saniert. Gleichzeitig wurde massiv umgebaut, neukonzeptioniert und weiterentwickelt. Ein **Japanischer Garten** wurde angelegt. Auch die berühmte **Kinderwelt,** ein Spiel- und Erlebnisparadies für Kinder, wurde umgestaltet und erweitert. Es handelt sich hier um den größten Spielplatz Thüringens. Vor allem der Kinderbauernhof, die Wasserspiele mit ihren Rutschen und der künstliche Spielbach mit Matschplatz sind eine Wucht. So manches Kind bekommen Sie selbst nach Stunden nur mit großen Schwierigkeiten von hier weg. Im ›Grünen Klassenzimmer‹ sollen Kinder den verantwortungsvollen Umgang mit Umwelt und Ressourcen lernen. Die Kinderwelt zählt mit dem **Schmetterlingshaus** und den **Schaugärten** sicherlich zu den beliebtesten

Zielen auf der ega. Das größte Blumenbeet Europas mit 6000 Quadratmetern befindet sich ebenfalls hier. 2020 fertig ist auch das Vorzeigeprojekt der BUGA: Danakil, das dem äthiopischen Original nachempfundene Wüsten- und Tropenhaus.

Durch den Park fährt von April bis September der **egapark-Express**. Zahlreiche Veranstaltungen wie etwas das **Sommerkino im egapark** machen den Garten zu einem regelmäßigen Besucherziel. Im Nordpark wird der Schwerpunkt auf aktuellen Trends wie Urban Gardening, Sport und Spiel sowie Kleinkunst und Street Food liegen.

Auf dem Gelände der ega steht auch die zweite Erfurter Zitadelle, die **Cyriaksburg**. Von 1123 bis 1478 befand sich auf diesem strategisch wichtigen Hügel ein Benediktinerinnenkloster, ab 1480 ein Kastell. Davon zeugen heute noch die zwei stattlichen Rundtürme von 1528 und 1530 sowie Mauerreste. Ab dem 17. Jahrhundert wurde das Kastell verstärkt und ausgebaut. Allerdings trat das Bauwerk militärisch nie in Erscheinung und kostete viel Geld. Zwischen 1874 und 1900 erfolgte daher ein Teilabriss. Im noch bestehenden Teil, der aus der Zeit zwischen 1825 und 1829 stammt, residiert seit 1961 das **Deutsche Gartenbaumuseum**. Auf 1500 Quadratmetern Fläche dreht sich alles um Pflanzen, Kultivierung, Gartenbau und Gartenkunst – und das in militärhistorischem Ambiente. So existiert im Museum zum Beispiel der 40 Meter tiefe Festungs- oder Kriegsbrunnen noch. Die Räumlichkeiten sind thematisch aufgeteilt, einer der Höhepunkte ist die mittelalterliche Klosterküche.

Auf einem der zwei von der Cyriaksburg erhaltenen Festungstürme existiert eine **Aussichtsplattform**. Der Blick von 272 Metern Höhe auf Erfurt ist entzückend.

Luisenpark

Der Luisenpark ist mit seiner Lage zwischen Bergstrom und Walkstrom der Gera und seinem alten Baumbestand einer der schönsten Parks Erfurts. Er befindet sich unmittelbar zwischen ega-Gelände und **Steigerwald**, dem beliebten Naherholungs- und Ausflugsgebiet Erfurts. Das 2,3 Hektar große Areal wurde von Otto Linne gestaltet und 1900 der Öffentlichkeit zugänglich gemacht.

Flussaufwärts auf dem Parkgelände befindet sich der **Drei-Quellen-Brunnen**. Die drei nebeneinander liegenden Quellen des Mineralbrunnens sind artesisch, das heißt, das Grundwasser tritt aufgrund des Drucks von allein zutage. Jedes Wasser schmeckt etwas anders. Die Anlage entstand 1843 und wurde nach der Wende nach historischen Bauplänen restauriert, nachdem sie lange verfallen war.

Zum Parkgelände gehört auch der zwischen 1959 und 1961 angelegte **Botanisch-Dendrologische Garten**. Im Gartendenkmal wachsen vorwiegend Rosengewächse und Blütenkirschen. Man betritt ihn durch die einzige überdachte Holzbrücke Erfurts. Jedes Jahr im Frühjahr ist die Brücke Schauplatz für einen ganz besonderen Vogelzug. Beim berühmten ›Erfurter Entenrennen‹ stürzen sich bei ihrem Rennen bis zur Krämerbrücke tausende bunte Plastikenten von hier in die Gera.

Schloss Molsdorf

Gustav Adolph von Gotter, ein zum Reichsfreiherren und später Reichsgrafen aufgestiegener bürgerlicher Diplomat, kaufte die ehemalige Wasserburg 1734 und ließ sie ab 1736 zu einem der schönsten Gartenschlösser mit Gartenanlage in spätbarockem Stil umbauen. Gotter war eine bedeutende Persönlichkeit seiner Zeit und nutzte sein Geschick als Diplomat, um bedeutende Künstler

▶ Karte: hintere Umschlagklappe

Schloss Molsdorf vom acht Hektar großen Park aus gesehen

für sein Vorhaben zu verpflichten. So erhielt Molsdorf die Bezeichnung als ›Residenzschloss eines Bürgerlichen‹. Gemächer wie das ›Weiße Blumenzimmer‹ oder ›Grüne Blumenzimmer‹ zeugen vom enormen Repräsentationsbedürfnis des Bauherren. Besonders prunkvoll ausgestaltet sind Festsaal und Marmorsaal. Gotter wollte mit seinem inszenierten höfischen Zeremoniell fürstlichen Höfen in keinster Weise nachstehen. Allerdings musste er die Rokokoperle nach bereits 15 Jahren aus finanziellen Gründen wieder verkaufen. Ab 1826 erfolgt die Umgestaltung des acht Hektar großen Parks in einen **Landschaftsgarten** englischen Stils. Dabei blieben Strukturen des Barockgartens teilweise erhalten. An noch vorhandenen Elementen wie dem Wasserkanal und den geometrisch verlaufenden Wegen ist die Grundstruktur der einst zu den prachtvollsten Gärten Thüringens des 18. Jahrhunderts zählenden Anlage noch erkennbar.
2015 wurde Molsdorf zum ›Thüringer Schloss des Jahres‹. Im Schloss und im Schlosspark finden Konzerte, Ausstellungen und Veranstaltungen statt, im Schloss befindet sich ein Restaurant. Die Stimmung im Park wird leider etwas durch die unmittelbar südlich verlaufende A4 sowie die neue Hochgeschwindigkeitsstrecke der Bahn getrübt.

Zoopark Erfurt

Ab 1957 begann man am Roten Berg im Erfurter Norden mit den Bauarbeiten für einen Tierpark. Heute leben hier über 2000 Tiere von nahezu 350 Arten auf 63 Hektar. Besondere Erwähnung verdienen das Aquarium und die vielen großen Freigehege.

Lutherstein in Stotternheim

Ein Gedenkstein knapp zehn Kilometer nördlich von Erfurt erinnert an ein einschneidendes Erlebnis des jungen Martin Luther. Auf dem Heimweg von seinen Eltern in Mansfeld geriet der Student in ein schweres Gewitter. Dabei bekam er solche Angst um sein Leben, dass er geschworen haben soll: ›Heilige Anna, hilf! Lässt du mich leben, so will ich ein Mönch werden‹. Luther hielt sich an seinen Schwur, ein Gedenkstein erinnert daran.

Erfurt

Vorwahl: 0361.

Erfurt Tourismus, Benediktsplatz 1, Tel. 66400; Jan.–Nov. Mo–Sa 10–18, So 10–15 Uhr, Dez Mo–Sa 10–18, So 10–14 Uhr. Direkt an der Krämerbrücke. www.erfurt-tourismus.de

Tourist Information Thüringen, Willi-Brandt-Platz 1 (am Hauptbahnhof), Tel. 37420; Mo–Fr 9–19, Sa/So 10–16 Uhr. Das für ganz Thüringen zuständige Haus der Thüringen Tourismus GmbH bietet Hilfe bei Reiseorganisation, Informationen und Material zum gesamten Land, der ThüringenCard, Karten- und Prospekte sowie Souvenirs.

In der 360-Grad-Erlebniswelt kann man Thüringen auch digital und interaktiv erleben. Die **Thuringia.MyCulture-App** bietet zwei kostenlose Touren durch Erfurt an. www.thueringen-entdecken.de

Hotel Domizil, Andreasstr. 36, Tel. 38033100. Stilvollendetes, klassisch und modern eingerichtetes kleines Hotel mit viel Flair, am Dom; EZ ab 105, DZ ab 125 €. www.hotel-domizil-erfurt.de

Hotel Zumnorde, Anger 50–51 (Eingang über Weitergasse 26), Tel. 56800. Vier-Sterne-Boutiquehotel, edel, geschmackvolle Einrichtung, Sky-Empfang auf den Zimmern, Sauna auf dem Dach; EZ ab 89, DZ ab 119 €. www.hotel-zumnorde.de

Goldhelm Krämerhaus Pension, Krämerbrücke 15, Tel. 644188. Goldhelm kann nicht nur spitzen Pralinen und Eiscreme. Jetzt gibt es in dem Haus auf der Krämerbrücke auch schicke Suiten. DZ ab 110, Suite für 2 Pers. ab 85 €. www.kraemerhaus.de

Hotel am Kaisersaal, Futterstr. 8, Tel. 658560. Modernes Drei-Sterne-Haus in idealer Lage: gegenüber vom Kaisersaal in fußläufiger Entfernung zur Krämerbrücke. Auch behindertengerechte Zimmer, EZ ab 84, DZ ab 104 €. www.hotel-am-kaisersaal.de

Mr. & Ms. President, Domplatz 32, Tel. 6010888. Stilvoll klassische Apartments in Toplage direkt am Domplatz mit tollem Concierge-Service; DZ ab 99 €. www.mr-mrs-president.de

Hotel Brühlerhöhe, Rudolfstr. 48, Tel. 2414990. Modernes, sehr sauberes Hotel westlich der Altstadt mit servicefreundlichem Personal; EZ ab 75, DZ ab 85 €. www.bruehlerhoehe.de

Apartments Junger Moritz, Moritzstr. 35, Tel. 0160/90533973. Moderne großzügige Apartments in ruhiger zentraler Lage mit freundlichen Gastgebern; FeWo p. P. ab 50 €. www.junger-moritz.de.

Schottennester, Gotthardtstr. 25–26, Tel. 64456088. Grandios übernachten in barrierefreien eleganten Studios und Apartments direkt an der Krämerbrücke. Unten im Haus ist das empfehlenswerte Restaurant ›Ballenberger‹ der gleichen Besitzerin; DZ ab 89 €. www.schlafen-an-der-kraemerbruecke.de

Villa Altstadtperle, Michaelistr. 29, Tel. 5535191. Zimmer, Apartment und Ferienwohnung zentral und ruhig einen Katzensprung von der Krämerbrücke entfernt; EZ ab 59, DZ ab 69 €. www.altstadtperle-erfurt.de

Villa am Park, Tettaustr. 5, Tel. 7894860. Gemütliche Vier-Sterne-Pension in einer Jugendstilvilla mit südländischem Flair, im Villenviertel beim egapark. Mit Garten, Grillplatz und Gemeinschaftsküche; EZ ab 47, DZ ab 50 €. www.villa-am-park-erfurt.de

City Apartments, Löberstr. 14, Tel. 0174/6248724. Jedes Zimmer in dem kleinen Apartmenthaus hat eine eigene Küche; EZ ab 45, DZ ab 50 €. www.cityapartment-online.de

Pension Weber, Eislebener Str. 2a, Tel. 66343930. Moderne ruhige Apartments. Zur Innenstadt sind es 15 min Fußweg, mit der Tram 7 min; Zi ab 55 €. www.pension-weber-erfurt.de

prizeotel Erfurt City, Kurt-Schumacher-Str. 2, Tel. 0421/59499401. 2-Sterne-

▶ Karte: hintere Umschlagklappe

Superior-Zimmer mit ungewöhnlichem Design am Erfurter Hauptbahnhof, gestaltet von der New Yorker Designlegende Karim Rashid; EZ ab 67, DZ ab 73 €. www.prizeotel.com

Jugendherberge Erfurt, Hochheimerstr. 12, Tel. 5626705. Das Haus ist Bett + Bike-zertifiziert. Auch behindertengerechte Zimmer. Die ›Medienherberge‹ hat viele Angebote zum Thema Medien parat, man kann Billard und Tischtennis spielen und grillen. Sporteinrichtungen befinden sich um die Ecke; ab 28 €, ab 27 Jahren ab 30 €. www.jugendherberge.de

Jugendherberge Erfurt, Klingenstr. 4, Tel. 5626705, Das 500 m entfernte kleinere Schwesternhaus ist ebenfalls ›Medienherberge‹. Die 21 Zimmer sind familiengerecht eingerichtet; ab 32 €, ab 27 Jahren ab 35 €.

Augustinerkloster, Augustinerstr. 10, Tel. 576600. Das Augustinerkloster bietet vier Übernachtungsmöglichkeiten. Gästezimmer direkt im Kloster und im Waidhaus: EZ ab 69, DZ ab 99 €; im modernen Waidhaus auf dem Klostergelände: EZ ab 63, DZ ab 126 €. Zudem kann man im Gästehaus Nikolai und in der Georgenburse übernachten. www.augustinerkloster.de

Gästehaus Nikolai, Augustinerstr. 30, Tel. 576600. Stilvoll übernachten im zum Augustinerkloster gehörenden Haus. Das Gebäude aus dem 13. Jhd. wurde 1995 zu einem Hotel und Gästehaus umgebaut. Jedes Zimmer strahlt historischen Charme aus; EZ ab 89, DZ ab 99 €. www.augustinerkloster.de

Georgenburse, Augustinerstr. 27, Tel. 576600. Die günstige Alternative zum Gästehaus Nikolai ist das nebenan gelegene Hostel. Allerdings ist es nur für Pilger. Hier soll schon Luther mehr als vier Jahre als Student gewohnt haben. Ganz sicher ist das allerdings nicht. Im Erdgeschoss gibt es eine Ausstellung zum Studentenleben im Mittelalter. Übernachtung für Pilger: EZ 18, DZ ab 30 €. www.augustinerkloster.de

Campingplatz Erfurt am See, Steinfeld 4, Erfurt/OT Kühnhausen, Tel. 0176/51752386. Campingplatz am Wasser am Nordrand von Erfurt mit Naturbad und Angelsee. Zelt ab 10, Wohnmobil, Wohnwagen ab 12,50 €. www.erfurtamsee.de

Campingpark Erfurt, Feiningerstraße 79, Tel. 0177/2875996. 2020 eröffneter Campingplatz in unmittelbarer Nähe des Stadtzentrums mit Stellplätzen für Wohnmobile und Wohnwagen, Zeltwiese und Campinghütten. Wohnmobil ab 27 €, Wohnwagen ab 37 €, Zelt mit Auto ab 25 €, Campinghütte ab 39 €. campingpark-erfurt.de

Clara – Restaurant im Kaisersaal, Futterstr. 15–16, Tel. 5688207. Die hier betriebene kulinarische Kochkunst hat die Tester von Gault-Millau überzeugt. 2017 gaben sie dem Restaurant die höchste Punktzahl aller Erfurter und Thüringer Gasthäuser. Als eines der wenigen Thüringer Restaurants schmückt man sich hier auch mit einem Guide Michelin Stern. www.restaurant-clara.de

Il Cortile, Johannesstr. 150, Tel. 5664411. Der deutsche Küchenchef kocht die wohl besten italienischen Gerichte Erfurts und ist mit hohen Punktzahlen Dauergast im Gault-Millau. www.ilcortile.de

Ballenberger, In den Schottenhöfen, Gotthardtstr. 25–26, Tel. 64456088. Liebevoll leckere Küche im Bistro an der Krämerbrücke. Nachdem die ehemalige Journalistin und ihr Team 2011 bereits die ZDF-Küchenschlacht für sich entschieden haben, landete man 2017 erstmalig als Empfehlung im Gault-Millau. Wir sagen, das wurde aber auch Zeit. www.das-ballenberger.de

Zum güldenen Rade, Marktstr. 50, Tel. 5613506. Traditionsreiche Gaststätte in einem schönen Patrizierhaus von 1551 mit sehr schönem Biergarten und thüringischen Speisen. Das Köstritzer Schwarzbierhaus wird von Einheimischen auch

ZDF-Garten genannt, weil sich in den oberen Etagen des Hauses dessen Studios befinden. www.zum-gueldenen-rade.de

Augustiner an der Krämerbrücke, Horngasse 3–4, Tel. 6019070. Beeindruckend an dem typisch bayerisch eingerichteten Brauhaus ist vor allem die Lage direkt an der Gera mit Blick auf die Krämerbrücke. www.augustiner-erfurt.de

Nudelmacher, Andreasstr. 37 und Pilse 8, Tel. 430220446 o. 26596614. Schnellrestaurant für Nudeln, Alles ist frisch und das Lokal profitiert eindeutig davon, dass der Numa-Chef früher reichlich Erfahrung in der gehobenen Gastronomie gesammelt hat. www.numa-erfurt.de

Kromers, Kleine Arche 4, Tel. 64477211. Getreu der Slow-Food-Bewegung sind die Speisen und Zutaten frisch und vorwiegend regional. www.kromers-restaurant.de

Zumnorde, Grafengasse 2–6, Tel. 5680426. Gehobene Küche in stilvollem traditionellem Ambiente einer Weinstube. Zum Restaurant gehören ein überdachten Biergarten und ein Tabakskolleg. www.restaurant-zumnorde.de

Feuerkugel, Michaelisstr. 3–4, Tel. 7891256. Sehenswert im Stile der 1920er Jahre eingerichtet, bekommt man hier Thüringer Weideschaf, Oberweißbacher Rind, Erfurter Schwarzbierfleisch und natürlich Roulade. Und dazu gibt es definitiv hausgemachte Klöße. www.feuerkugel-erfurt.de

Zum Goldenen Schwan, Michaelisstr. 9, Tel. 2623742 Nahe der Krämerbrücke, kreativ arrangierte Brauhausküche. Hierher kommt man vor allem auch wegen des leckeren Biers aus eigener Herstellung und dem schönen Biergarten. Brauseminare werden ebenfalls angeboten. www.zum-goldenen-schwan.de

Wirtshaus Christoffel, Michaelisstr. 41, Tel. 2626943. Das mittelalterliche Gasthaus tischt mittelalterliche Gerichte auf. Passend dazu werden oft Gaukler und anderes fahrendes Volk sowie Ritter aufgeboten. www.wirtshaus-christoffel-erfurt.de

Gasthaus am Bismarckturm, Am Tannenwäldchen 28, Tel. 3405740. Mitten im Steigerwald liegt am 1901 errichteten Bismarckturm eines der ältesten Ausflugslokale Erfurts. Der Schwerpunkt liegt auf Wild, Thüringischer Küche und Steaks. www.bismarckturm-erfurt.de

Drogerie-Bistro, Wenigemarkt 8, Tel. 6422850. Das Bistro entstand direkt nach der Wende und wartet mit selbstgebackenen Kuchen, Käse-Baisers und weiteren liebevollen kulinarischen Kleinigkeiten auf. Herrliche Inneneinrichtung.

Mathilda, Barfüßerstr. 1–2, Tel. 2169096. Klein und fein. Restaurant mit mediterraner Küche und frischer Pasta. Zum Restaurant gehört ebenfalls die kleine Nudelbar nebenan, wo man das Essen auch mitnehmen kann. Der Chef betreibt auch die Mundlandung. www.mathilda-restaurant.de

Abendbrot, Augustinerstr. 5, Tel. 6003687. Lässig-entspanntes Bistro mit leckerem ungarischem Essen.

Mundlandung, Krämerbrücke 28, Tel. 6443844. www.mundlandung.de

Goldhelm Eiskrämer und **Goldhelm Schokoladen Manufaktur**, Krämerbrücke 12–14 und 15, Tel. 6441880. Um die Ecke bei der Mikwe in der Kreuzgasse 5 ist die Manufaktur mit Werkstatt-Café. Kulinarische Veranstaltungen. www.goldhelm-schokolade.de

Altstadtkneipe Noah, Große Arche 8, beim Hochzeitshaus, Tel. 6421840. Uriger geht's kaum. Bis unter die Decke reichen draußen wie drinnen die Bilder und Schilder. Und richtig gutes Essen wie etwa das Rostbrätl und ein über mehrere Seiten reichendes Angebot an Bier bekommt man auch. www.altstadtkneipe-noah.de

Franz Mehlhose, Löberstr. 12, Tel. 01577/8910083. Beliebtes Café mit zünftiger Theke und zahlreichen Kulturveranstaltungen im Club. www.franz-mehlhose.de

Peckhams, Pergamentergasse 11, Tel. 0361/34199691. Alternatives Kaffeehaus und Bistro mit origineller, liebevoller Innen-

▶ Karte: hintere Umschlagklappe

ausstattung mit selbstgemachtem Essen ohne Zusätze. Es gibt auch Vegetarisches, Veganes, Laktose- und Glutenfreies. 2 Zimmer kann man hier auch mieten. www.peckhams.de

Café Hilgenfeld, Domplatz 4, Tel. 26569846. Umfangreiches Sortiment an Kaffee und Espresso, aber auch Bier und Wein. Wenn man eine Pause vom herrlichen Blick auf den Dom braucht, kann man diesen durch die zahlreichen Zeitungen, Zeitschriften, Bücher und Spiele schweifen lassen. Da der Schwerpunkt des Cafés auf den Getränken liegt, darf man sogar sein eigenes Essen ins Hilgenfeld mitbringen. Der Kaffee gibt es auch frischgemahlen für zuhause. www.cafe-hilgenfeld.de

Kulturzentrum Engelsburg, Allerheiligenstr. 20–21, Tel. 30259910. Eine Institution in Erfurt mit abwechslungsreichem Programm und tollem Innenhof. Steinhaus, Eburg Club und Café Duck-Dich bieten immer wieder Spannendes. www.engelsburg.club

Modern Masters, Michaelisstr. 48, Tel. 5507251. Stilvolle und elegante Bar. Betreiber Torsten Spuhn ist mehrfacher Cocktail-Weltmeister. www.modern-masters.de

Metropolitan, Pergamenterstr. 33a, Tel. 64479720. Modern eingerichtete gute Cocktailbar. Es gibt auch Lounge-Abende mit Musik. www.metropolitan-drinks.de

Dubliner Erfurt, Neuwerkstr. 47a, Tel. 7892595. Pub mit Biergarten und pubtypischen Gerichten und Veranstaltungen wie Pubquiz und den alljährlichen Erfurter Whiskytagen. www.dublinererfurt.de

Heiligen Mühle, Mittelhäuser Str. 16, Tel. 733297. Im historischen Ambiente der Mühle gibt es Ausstellungen, Feste und viele Konzerte mit Cover Bands. www.heiligenmuehle.de

Jazzclub Erfurt, Fischmarkt 13–16. www.jazzclub-erfurt.de.

Dom St. Marien und **Severi Kirche**, Mai-Okt. Mo–Sa 9.30–18, So 13–18 Uhr. Nov.–April Mo–Sa 9.30–17, So 13–17 Uhr.

Gedenk- und Bildungsstätte Andreasstraße, Andreasstr. 37a, Tel. 2192120. Hier finden auch zahlreiche Veranstaltungen statt. Di, Do 12–20 Uhr, Fr–So 10–18 Uhr. www.stiftung-ettersberg.de

Naturkundemuseum, Große Arche 14, Tel. 6555680; Di–So 10–18 Uhr. www.naturkundemuseum-erfurt.de

Kunsthalle Erfurt, Fischmarkt 7, Tel. 6555660. Wechselnde Ausstellungen zu allen Genres der Bildenden Kunst. Di–So 11–18 Uhr. Do 11–22 Uhr. www.kunstmuseen.erfurt.de

Aegidienkirche, Wenigemarkt 4, Tel. 3733301; Turm und Kirche Di–So 11–17 Uhr.

Alte Synagoge, Waagegasse 8, Tel. 6551520. Di–So 10–18 Uhr. www.juedisches-leben.erfurt.de

Mikwe, Kreuzgasse, Besichtigung durchs Glasfenster oder im Rahmen von Führungen. Treffpunkt an der Mikwe, April–Okt. Do 16, Sa 14 Uhr, Nov.–März Do 15 Uhr.

Kleine Synagoge, An der Stadtmünze 5, Tel. 6551661; Di–So 11–18 Uhr. www.juedisches-leben.erfurt.de

Erinnerungsort Topf & Söhne, Sorbenweg 7, Tel. 6551681; Di–So 10–18 Uhr. www.topfundsoehne.de

Kulturhof Krönbacken, Michaelisstr. 10, Tel. 6551960. Hier soll in den kommenden Jahren Großes und Faszinierendes entstehen. Bereits heute ist ganz viel los. Open Air Kino, Krämerbrückenfest und weitere Veranstaltungen, Zahlreiche Ausstellungen in der Galerie Waidspeicher im Innenhof Di–So 11–18 Uhr. www.galerie-waidspeicher.de

Stadtmuseum Erfurt, Haus zum Stockfisch, Johannesstr. 169, Tel. 6555651; Di–So 10 –18 Uhr. www.stadtmuseum-erfurt.de

Neue Mühle, Schlösserstr. 25a, Tel. 6461059; Di–So 10–17 Uhr. Bis auf Weiteres geschlossen. www.stadtmuseum-erfurt.de

Benary-Speicher, Brühler Str. 37, Tel. Druckereimuseum und Schaudepot 6555652. Besichtigung nach Voranmeldung. Im 1879 erbauten attraktiven Speicher des Gartenbaubetriebes der Firma Benary betreibt das Stadtmuseum ein Schaudepot und ein Druckereimuseum mit historischen Druck- und Setzmaschinen sowie Werkzeugen der Druckereibranche.
www.stadtmuseum-erfurt.de
Luftschutzkeller, Meister-Eckehart-Str. 2 Besichtigung nach Voranmeldung unter 6555652. www.stadtmuseum-erfurt.de
Angermuseum, Anger 18, Tel. 6551651; Di–So 10–18 Uhr. kunstmuseen.erfurt.de
Barfüßerkirche - Museum für Kunst des Mittelalters, Barfüßerstr. 20. Für Öffnungszeiten siehe Webseite.
www.barfuesserkirche.de
Margaretha Reichardt Haus, nach Voranmeldung unter 7968726. Informationen im Angermuseum unter 6551640.
Bartholomäusturm, Anger 52. Informationen zu Konzerten unter
www.bartholomaeusturm.de.
Besuch auf Anfrage unter 0177/7975493.
www.geschichtsmuseen.erfurt.de
Museum für Thüringer Volkskunde, Juri-Gagarin-Ring 140a, Tel. 6555607; Di–So 10–18 Uhr.
www.volkskundemuseum-erfurt.de.
Augustinerkloster, Augustinerstr. 10, Tel. 576600. Die Ausstellung ist nur mit Führung zu besichtigen. Im Kloster kann man Übernachten, eine Auszeit nehmen, einen Gottesdienst oder eine der regelmäßig stattfindenden Ausstellungen, Konzert- und Kulturveranstaltungen besuchen.
www.augustinerkloster.de
egapark, egapark Erfurt, Gothaer Str. 38, Tel. 5643737; tgl. Nov.–Anfang März 10–16 Uhr, Anfang März–Okt. 9–18 Uhr. Zahlreiche Kulturveranstaltungen, Führungen, Feste und Märkte.
www.egapark-erfurt.de
Gartenbaumuseum, Cyriaksburg, Gothaer Str. 50, Tel. 223990; März–Okt. Di–So 10–18 Uhr, Juli-Sept. Mo–So 10–18 Uhr, Nov.–Feb. nur für Gruppen. Zahlreiche Sonderausstellungen, Führungen, Veranstaltungen, Museumsprojekte und Angebote für ältere und junge Leute. Fachbibliothek. www.gartenbaumuseum.de
Kinderkanal, Gothaer Str. 36, hinter dem ega-Gelände. Tel. 0180/2151514. Zahlreiche Besucherangebote für Kinder und Jugendliche. www.kika.de
Schloss Molsdorf, Schlossplatz 6, Tel. 036202/22085; Schlossmuseum Di–So 10–18 Uhr, Park immer geöffnet.
www.thueringerschloesser.de
Heimatmuseum Ingersleben, Karl-Marx-Str. 40, Nesse-Apfelstädt/OT Ingersleben, Tel. 036202/82211; So–14–18 Uhr. Heimatgeschichtliche Sammlung und zu den Schriftstellern Frieda von Bülow, Margarethe von Bülow und Hermann Anders Krüger. www.nesse-apfelstaedt.de
Zoopark Erfurt, Am Zoopark 1, Tel. 6554151; März–Okt. 9–18 Uhr, Nov.–Feb. 9–16 Uhr. www.zoopark-erfurt.de
Erfurter Puppenstubenmuseum, Fischersand 9, Tel. 3450809. Steffi Rebettge-Schneider hat über die letzten Jahre einiges an Puppenhäusern, Bauernhöfen, Puppenküchen und Kaufmannsläden zusammengetragen. Das Museum mit seinen über 60 Exponaten, die aus der Zeit zwischen 1890 und 1980 stammen, bietet miniaturhaft auch einen Einblick in die jeweiligen Lebenswelten der damaligen Zeit.
www.erfurter-puppenstubenmuseum.de

TheaterErfurt, Theaterplatz 1, Tel. 2233155. Im modernen Großen Haus und weiteren Spielstätten gibt es Konzerte, Musiktheater, Tanz und Schauspiel. Auch die Domstufen-Festspiele gehören zum Haus.
www.theater-erfurt.de
Kabarett Die Arche, Domplatz 18, Tel. 5982924. Erfurter Instanz seit 1979. Vielfältiges Programm mit festem Ensemble und wechselnden Gästen vorwiegend im Theater Waidspeicher.
www.kabarett-diearche.de

Karte: hintere Umschlagklappe

Theater Waidspeicher, Domplatz 18, Tel. 5982924. Professionelles Puppentheaterensemble in Erfurt. Regelmäßig wird hier auch das internationale Puppentheaterfestival Synergura veranstaltet. www.waidspeicher.de

Kabarett Erfurter Puffbohne Lange Brücke 29, Tel. 551166. Das Kabarett hat mittlerweile 5 Veranstaltungsorte wie etwa die Alte Oper und bietet neben Kabarett diverse andere Kulturevents an. www.dasdie.de

Theater im Palais, Michaelisstraße 30, Tel. 55049901. Theater für Kinder und Erwachsene. Veranstaltet werden auch Theaterkurse und Kindergeburtstage. www.theaterimpalais.de

Speicher Erfurt, Waagegasse 2, Tel. 30258283. Konzerte, Lesungen, Theater und Ausstellungen. Oder einfach Hof, Haus und Bar besuchen. www.speicher-erfurt.de

Kinoklub am Hirschlachufer, Hirschlachufer 1, Tel. 6422194. Eines der ältesten Programmkinos der DDR, gegründet 1975. Im Sommer Kino-Open-Air im Kulturhof Krönbacken. www.kinoklub-erfurt.de

Forsthaus Willrode, Forststr. 71, Tel. 036209 43020. Das ganze Jahr über gibt es in dem eher wie eine Wasserburg anmutenden sehr sehenswerten Forsthaus Theater, Konzerte, Feste oder Märkte. www.willrode.de

Krämerbrückenfest, An jedem dritten Wochenende im Juni findet das größte Altstadtfest Thüringens mit mittelalterlichem Flair, Markt und Aufführungen statt. Fällt es mit der Fête de la Musique zusammen, tobt in Erfurt der Bär.

Fête de la Musique, Frankreichkennern ist das jährlich am 21. Juni begangene Straßenmusikfest ein Begriff. Seit 2010 findet es auch in Erfurt statt. Überall in der Innenstadt wird kostenlos Musik gemacht. Viele gut gelaunte Menschen sorgen für eine tolle Atmosphäre.

Domstufen-Festspiele, Besucherservice im Theater, Tel. 2233155. Jeden Sommer wird auf dem Domplatz und den Domstufen eines der beliebtesten und berühmtesten Theater- und Opernfestivals in Thüringen veranstaltet. www.domstufen.de

Altstadtfrühling, Domplatz, Große Kirmes auf dem Domplatz.

Töpfermarkt, Immer im Frühjahr gibt es zwischen Wenigemarkt, Krämerbrücke und Fischmarkt an ca. 75 Ständen eine riesige Auswahl an Keramik.

Oktoberfest, Domplatz, Wie auch in Bayern feiert man in Erfurt mit Umzug, Festbieranstich, Bierzelt und Fahrgeschäften.

Martinsfest, Großer Lampionumzug mit ökumenischer Feier auf dem Domplatz. Dabei wird nicht nur dem Heiligen Martin, sondern auch Martin Luther gedacht.

Erfurter Weihnachtsmarkt, Wunderschöne Atmosphäre vor einmaliger Kulisse auf dem Domplatz direkt unterhalb von Severikirche und Dom.

Karneval, Karneval wird in Erfurt und Umgebung auch gefeiert. Der Festumzug ist der größte in Thüringen.

Gera-Radweg, Erfurt ist eine grüne Stadt mit vielen Wasserwegen. Eine der schönsten Möglichkeiten, die Stadtnatur mit dem Rad zu entdecken, ist der Gera-Radweg. Er ist insgesamt 75 Kilometer lang, führt von der Schmücke nach Gebesee und auf 10 Kilometern durch Thüringens Hauptstadt. Der Radweg verläuft an den Auen entlang des Flusses von den Villen- und Parkanlagen im Süden der Stadt, durch die mittelalterliche Innenstadt und weiter zu den Industrie- und Plattenbaugebieten im Norden Erfurts. So erfährt man in einer Art Querschnitt einen guten Überblick über sämtliche Facetten Erfurts.

Pelto Bad, Ringstr. 39, Sohnstedt, Tel. 036203 51656. Knapp 15 Minuten Fahrtzeit liegt etwa mittig zwischen Erfurt und Weimar die Finnland-Sauna Peltobad mit 8 Saunen und großer Liegewiese. www.peltobad.de

Kanuverleih, **Kanustation Luisenpark**, Hochheimer Straße, hinter dem Dreibrunnenbad. Kanadier, Kajaks, und SUP, So 14–18 Uhr, bei schlechtem Wetter geschlossen. www.bewegen-ev.de

Erfurter Seen in Elxleben, Die entstehende stadtnahe Seenplatte verdankt ihre Existenz dem Kiesabbau. Sie entwickelt sich zunehmend zum Zentrum für baden, Wassersport und angeln. www.erfurter-seen.de

Krämerbrücke: Unikale Cafés und Läden wie Erfurter Blau (www.apiscolori.com), Eiskrämer und Goldhelm Schokoladen Manufaktur (www.goldhelm-schokolade.de). Thüringer Spezialitätenmarkt (www.thueringer-spezialitaeten.de) oder das Theatrum Mundi (www.martin-gobsch.de).

BORN-Senf-Laden, Weinigemarkt 11. Mit Senfmuseum. www.born-feinkost.de

Destille Erfurt, Bastion Martin, Lauentor 14. Tel. 64436600. Im ehemaligen Festungslabor wird lecker gebrannt. Es gibt auch Veranstaltung rund ums Destillieren und Proben. Die Destille gehört zur Weinmanufaktur Erfurt mit vielen Angeboten rund um Wein. www.rolshausen-erfurt.de

Braumanufaktur Heimathafen, Zum Güterbahnhof 20, Tel. 01512/1052388. Erfurter Craftbier von Jan Schlennstedt mit überwiegend regionalen Rohstoffen, Werksverkauf, Braukurse und Verkostungen. www.heimathafen-bier.de

Arnstadt

Arnstadt gilt aufgrund seiner Lage auch als das ›Tor zum Thüringer Wald‹; derzeit hat es knapp 25 000 Einwohner. Die älteste Stadt Thüringens und Ostdeutschlands wurde bereits 704 erstmals erwähnt. Auf dem Reichstag in Arnstadt am 17. Dezember 954 beendete Otto I. interne Machtkämpfe im Königshaus und konnte sich nun ganz auf die drohende Invasion der Ungarn im ostfränkischen Reich konzentrieren. Im Folgejahr trug sein Heer den entscheidenden Sieg gegen die Magyaren auf dem Lechfeld davon. 1506 hielt sich ein junger Mönch Namens Martin Luther im Franziskanerkloster der Oberkirche auf. Im 16. und 17. Jahrhundert brannte die Stadt gleich zweimal nahezu vollständig nieder und wurde anschließend wieder aufgebaut.

In Sachen Gastronomie hat die Stadt einige Bedeutung. In einer Arnstädter Klosterrechnung von 1404 wird die Thüringer Rostbratwurst erstmals erwähnt, und das erste nachgewiesene Weizenbier Deutschlands wurde hier ab 1617 gebraut. In Arnstadt findet sich auch der älteste Nachweis von rohen Kartoffelklößen in einem handgeschriebenen Koch- und Backbuch von 1842. Das Buch von Johanne Leonhard beinhaltet zwei Rezepte für rohe Kartoffelklöße. Das Original befindet sich im Kloßhotel ›Goldene Henne‹. Das älteste Rezept für Thüringer Klöße stammt übrigens aus Effelder bei Sonneberg (→ Extra S. 342). In Arnstadt kann man auch das mit 20 000 Litern Fassungsvermögen größte Weinfass Thüringens besichtigen. Es befindet sich im Restaurant Schellhorns.

Zwar gab es im Zweiten Weltkrieg durch Bombardierung und Artilleriebeschuss sowie in der Nachkriegszeit durch Vernachlässigung einige Verluste in der Bausubstanz, das Zentrum aber ist gespickt mit wunderbaren historischen Bauten.

Arnstädter Bachsommer

Auch in Arnstadt dreht sich fast alles um die Familie Bach. Die Stadt war über Generationen eine Sammelstelle der Familie Bach, bereits Johann Sebastians Vorfah-

▲ Karte S. 169

ren waren hier als Türmer, Organisten, Instrumentenbauer und Hofmusikanten tätig. Johann Sebastian Bach selbst erhielt mit 18 in Arnstadt seine erste Anstellung als Organist und lebte von 1703 bis 1707 hier. Arnstadt verfügt mit 19 Wohn- und Wirkungsstätten der Bachs über so viele Originalschauplätze wie keine andere Bachstadt. 25 Mitglieder der Familie sind auf dem Alten Friedhof beigesetzt.

Das große Festival des Ortes dreht sich natürlich um die Bachs, ihre Vorbilder und Einflüsse. Der Arnstädter Bachsommer gilt nach wie vor als Geheimtipp, die Qualität seiner Veranstaltungen muss sich aber hinter der weitaus größerer Orte wahrlich nicht verstecken.

Neues Palais

Das barocke Stadtschloss wurde von 1729 bis 1734 im Auftrag des Fürsten Günther I. von Schwarzburg-Sondershausen als Nebenresidenz – Hauptresidenz war Sondershausen – und später Witwensitz seiner Ehefrau Elisabeth-Albertine errichtet. Das ehemalige fürstliche Palais beherbergte bereits zur Zeit des Fürstenpaares deren Kunstsammlungen. Höhepunkt im heutigen **Schlossmuseum** ist die Puppensammlung Mon plaisier, die Fürstin Auguste Dorothea von Schwarzburg-Arnstadt (1666–1751) während ihrer 35-jährigen Witwenzeit in ihrem heute nicht mehr existierenden Lustschloss Augustenburg bei Arnstadt zusammentrug. Mit 391 Figuren

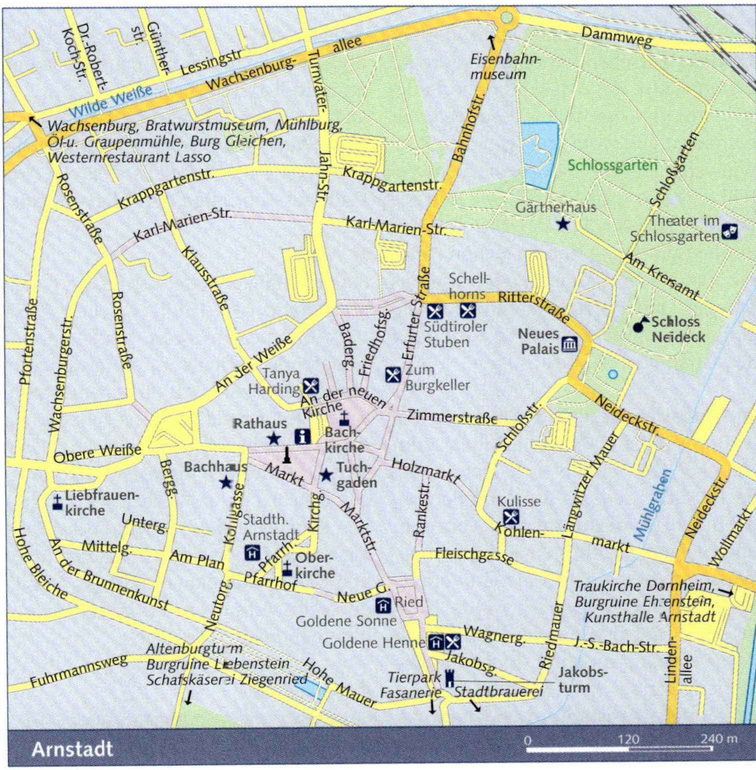

Die Tuchgaden am historischen Marktplatz von Arnstadt

in 82 Szenen wird das Leben in einer kleinen deutschen Residenzstadt in der ersten Hälfte des 18. Jahrhunderts detailgetreu nachgestellt. Diese weltweit einmalige und wohl umfassendste Puppenwelt bildet das barocke höfische Leben genauso realistisch ab wie den Alltag aller sozialen Schichten. Neben der Puppensammlung sind im Neuen Palais die fürstlichen Räumlichkeiten wie das Spiegel- und Porzellankabinett sowie eine interaktive Ausstellung zu Johann Sebastian Bach zu besichtigen.

Schloss Neideck und Schlossgarten

In unmittelbarer Nachbarschaft zum Neuen Palais befindet sich Schloss Neideck. Außer dem 65 Meter hohen begehbaren **Neideckturm** sind von dem ehemaligen prächtigen Renaissance-Wasserschloss lediglich die Grundmauern erhalten geblieben. Es wurde 1553 bis 1565 auf den Fundamenten einer Vorgängerburg errichtet. Innerhalb des Ruinengeländes kann man heute große Modelle Arnstädter und Thüringer Sehenswürdigkeiten besichtigen. Im ehemaligen Wirtschaftshof des Schlosses befindet sich heute das mit neueren Bauten ergänzte Landratsamt.

Im weitläufigen benachbarten Schlossgarten kann man im ältesten **Gärtnerhaus** Thüringens ein Modell Modell von Arnstadt aus dem Jahre 1740 besichtigen.

Markt

Stattliche Bürgerhäuser und das nach dem Stadtbrand von 1581 zwischen 1583 und 1585 neu errichtete, markanten rot leuchtende **Rathaus** im Renaissancestil umrahmen den Markt. An seiner Ostseite liegen die **Tuchgaden**. Dieser Laubengang besteht aus fünf schiefergedeckten Häusern und wird von insgesamt 18 Säulen getragen. In der Apotheke ging der Sagen- und Märchenerzähler Ludwig Bechstein in die Lehre. Auf dem Marktplatz befindet sich das **Bachdenkmal**, das das Musikgenie im Alter von 18 Jahren locker herumlümmelnd darstellt.

Bachkirche

Bei dem großen Stadtbrand von 1581 wurde auch die Bonifatiuskirche zer-

▶ Karte S. 137

stört. Der Nachfolgebau (1676–1683) erhielt den Namen Neue Kirche. Johann Sebastian Bach war hier zwischen 1703 und 1707 angestellt, es war sein erster Arbeitsplatz als Organist. Er weihte auch die vom Orgelbaumeister Johann Friedrich Wender 1703 für die Kirche erbaute Orgel ein. Die Kirche wurde ihm zu Ehren später in Bachkirche umbenannt. Unterhalb der Wenderorgel steht eine Steinmeyerorgel von 1913.

Oberkirche

Die Kirche ist Teil des ehemaligen Franziskanerklosters, in dem auch Luther übernachtete und sich heute das Arnstädter Pfarramt befindet. Innen ist sie prächtig ausgestattet. Heinrich Bach, der 2015 seinen 400. Geburtstag gefeiert hätte, war hier Kantor. Auf dem Pfarrhof, dem Platz vor der Kirche, finden sich eine stattliche Friedenseiche sowie zahlreiche historische Gebäudeensembles wie etwa der von 1582 stammende Fachwerkbau **Hotel Stadthaus Arnstadt**, eine vorbildlich sanierte, ehemalige Handschuhfabrik.

Bachhaus

Ganze 45 Jahre war das Haus in der Kohlgasse 7 im Besitz der Familie Bach. Somit verfügt Arnstadt über die bedeutendste originale Bach-Wohnstätte. Nirgendwo anders existiert noch ein Haus, das so lange von den Bachs bewohnt wurde und in dem Johann Sebastian Bach leibhaftig ein und aus ging. Ob er auch hier wohnte, ist nicht eindeutig belegt, aber sehr wahrscheinlich. Im Erdgeschoss befindet sich eine **Ausstellung** zum Haus und seinen Bewohnern.

Liebfrauenkirche

Die romanisch-gotische Liebfrauenkirche (1220) ist der markanteste Kirchenbau Arnstadts. Mit seinen beiden Türmen zählt er zu den bedeutendsten Bauwerken des 13. Jahrhunderts in Mitteldeutschland.

In dieser Ecke von Arnstadt lohnt sich auch ein Blick auf die **Papiermühle** (An der Liebfrauenkirche 4). Das Fachwerkhaus von 1633 gehört zu den schönsten in der Stadt.

Das farbenfrohe Rathaus, links im Vordergrund das Bachdenkmal

Der Neideckturm

Ried

Am Ried gibt es viele historische Gebäude, Herbergen und Gaststätten. Der **Jakobsturm** ist der Kirchturm der nicht mehr vorhandenen St. Jakobskirche. Gemeinsam mit dem **Riedtor** bildet er ein schönes Ensemble. Sein von 1996 stammendes **Glockenspiel am Jakobsturm** spielt täglich zwischen 11 und 19 Uhr eine andere Melodie. Am Riedtor befindet sich eine Informationstafel mit der Liste der Lieder.

Durch das Tor führte die historische Handelsstraße ins Gebirge. Ein großes Wandbild des heiligen Christopherus, des Schutzheiligen der Reisenden, ziert ein Gebäude am Riedplatz.

▸ Karte S. 137/169

Alteburgturm

Beliebt ist der Alteburg, Arnstädter Hausberg im Süden der Innenstadt, vor allem als Ziel für Spaziergänger. Von der in 20 Metern Höhe gelegenen Galerie des **Alteburgturms** hat man einen weiten Ausblick auf die Stadt und das Umland. Einkehren kann man im Berggasthaus Alteburg direkt nebenan. Die Öffnungszeiten des Turms entsprechen denen der Gaststätte. Sollte der Turm dennoch einmal geschlossen sein, bekommt man den Schlüssel in der Gaststätte.

Tierpark Fasanerie

Der kleine Tierpark am Flüsschen Gera südlich der Innenstadt ist eher ein Bauernhoferlebnis und Streichelzoo für Kinder. Hier leben vor allem heimische Haus- und Wildtiere, unter anderem seltene einheimische Haustierrassen wie das Thüringer Barthuhn oder die Thüringer Waldziege. Für Kinder gibt es einen großen **Spielplatz**.

Eisenbahnmuseum

Im ringförmigen Lokschuppen von 1895 stehen alte Dampf- und Diesellokomotiven. Es gibt eine Schmiede und Werkräume mit originalen funktionierenden Maschinen. Des Weiteren kann man das Außengelände des Bahnbetriebswerks besuchen. Regelmäßig finden große Feste statt.

Auf dem Gelände befindet sich auch eine Ausstellung zur Geschichte des **KZ-Außenlagers S III Ohrdruf, Crawinkel und Espenfeld** im Jonastal. Der Jonastalverein Arnstadt erhält das Erbe am Leben und hat zum Beispiel einen Geschichts- und Naturlehrpfad eingerichtet. Vom 6. November 1944 bis zum 3. April 1945 trieben etwa 19 000 Häftlinge innerhalb von nur sechs Monaten 26 Stollen in den Berg im Jonastal. Wofür das als Sonderbauvorhaben bekannte Projekt dienen sollte, weiß man bis heute nicht so recht.

Rund um Arnstadt

Unmittelbar östlich von Arnstadt liegt das kleine **Dornheim**. Hier befindet sich die wunderschöne **St. Bartolomäuskirche**. Sie war die Traukirche Johann Sebastian Bachs, in der er am 17. Oktober 1707 seine Cousine zweiten Grades Maria Barbara heiratete. Die ältesten Teile der Kirche wie etwa der Turm und die Westwand stammen aus dem 12. Jahrhundert.

Im Jahr 1813, nach der Völkerschlacht bei Leipzig, trafen sich in Dornheim der preußische König, der österreichische Kaiser und der russische Zar.

■ Die Drei Gleichen

In der Ebene zwischen Arnstadt und Gotha erhebt sich auf drei Bergkegeln das Burgenensemble aus Wachsenburg, Mühlburg und Burg Gleichen. Der Name ›Die Drei Gleichen‹ soll auf ein Ereignis im Mai 1231 zurückgehen, als ein Kugelblitz alle Burgen gleichzeitig traf und diese in dessen Folge wie drei riesige lodernde Fackeln weithin sichtbar brannten. Ein 18 Kilometer langer Rundweg, die **Burgenroute**, verbindet Arnstadt mit den ›Drei Gleichen‹.

Die **Wachsenburg** ist mit 421 Metern die höchstgelegene der drei Burgen und die am besten erhaltene. Von der ab 936 begonnenen originalen Veste ist allerdings nicht mehr allzu viel übrig. Den heutigen Zustand verdankt sie vielmehr dem Wiederaufbau ab 1651 sowie dem zu Kaiserzeiten beliebten historisierenden Umbau in den Jahren 1890 sowie 1905. Im 15. Jahrhundert verbreitete der Raubritter Apel von Vitzthum von der Wachsenburg aus seinen Schrecken. Heute ist die Burg in Privatbesitz und beherbergt ein Burgmuseum, Hotel sowie Gastronomie.

Oberhalb von Mühlberg, Thüringens ältestem Dorf, erhebt sich die **Mühlburg**, die 704 erstmals erwähnte und somit älteste Burg der Drei Gleichen. Gleichzeitig gilt sie als ältestes Bauwerk Thüringens. Ein Wanderweg von der Mühlburg zur Wachsenburg wurde zu Ehren des Schriftstellers, der die Mühlburg zu literarischer Unsterblichkeit erhob, Gustav-Freytag-Wanderweg genannt.

Die historische **Öl- und Graupenmühle** unten im Ort ist die einzige ihrer Art in Thüringen. Stampf- und Presswerk stammen aus dem 18. Jahrhundert und funk-

Die Wachsenburg beherbergt heute Hotelgäste

Die begehbare Bratwurst in Holzhausen

tionieren noch. An der Mühle klappert ein 3,4 Meter großes Wasserrad. Einen Trödel- und Antikladen gibt es hier auch. Von **Burg Gleichen**, der nördlichsten der drei Burgen, sind heute noch die Mauer, Torhaus, Bergfried und die Überreste der Burggebäude erhalten. Eine der bekanntesten Sagen der Burg bei Wandersleben aus dem 11. Jahrhundert handelt vom Grafen von Gleichen. Er zog in den Kreuzzug in den Orient und wurde vom Sultan gefangen genommen. Allerdings verliebte sich die Tochter des Sultans dermaßen in den Grafen, dass sie ihm zur Flucht verhalf und sogar mit ihm floh. Die daheim gebliebene Gräfin von Gleichen war aufgrund der bereits sehr lange andauernden Abwesenheit des Gatten inzwischen vollkommen verzweifelt und so froh über dessen Rückkehr, dass die mit angebrachte zweite Frau überhaupt nicht ins Gewicht fiel. Und so lebten sie fortan glücklich zu dritt auf der Burg. Auf der Burg befindet sich auch das **Burgmuseum Gleichen**.

■ Holzhausen

Das Dorf Holzenhausen unterhalb der Wachsenburg besitzt als Hauptattraktion das privat initiierte **Erste Deutsche Bratwurstmuseum**. Bekanntlich wurde die Thüringer Bratwurst in Arnstadt erstmals erwähnt. Neben Museum, Laden, einer begehbaren Riesenbratwurst und dem Bratwursttheater gibt es allerlei lustige Feste, Kurse und Veranstaltungen. Zwischen Arnstadt (ab dem Hotelpark Stadtbrauerei) und dem Deutschen Bratwurstmuseum in Holzhausen wurde ein 16 Kilometer langer **Geo- und Genussweg Vom Bier zur Bratwurst** angelegt. Weitaus spannender als die skurrilen Skulpturen und begehbaren Bratwürste sind allerdings die landschaftlichen Reize in der Karstebene der ›Drei Gleichen‹. Für den Spaziergang sollte man etwa fünf Stunden einplanen.

■ Burgruine Liebenstein

Ein Abstecher lohnt sich auch zur Burg Liebenstein an den Rand des Thüringer Waldes bei Gräfenroda. Die Burganlage aus dem 13. Jahrhundert war im Besitz der Käfernburg-Schwarzburger und steht markant auf einem Bergsporn. Mauern sowie gotischer Palas und Turm sind noch gut erhalten.

▸ Karte S. 137

■ **Stadtilm**

Aufgrund seiner Lage an historischen Handelswegen war Stadtilm bereits im 12. Jahrhundert von Bedeutung. Im 13. und 14. Jahrhundert war die Stadt unter den Häusern Schwarzburg und Käfernburg aufgeteilt. Die Stadt weist einige Besonderheiten auf. So steht das **Rathaus** nicht am mit 10170 Quadratmetern größten Marktplatz Thüringens, sondern an einer Straße am Rande der historischen Stadt. Das Rathaus hat seinen architektonischen Ursprung in der Kirche eines Zisterzienserklosters, das 1275 von Saalfeld nach Stadtilm verlegt wurde. Nach dessen Auflösung um 1533 diente es den Schwarzburgern als Kammergut und Schloss.

Die Ursprünge der **St. Marienkirche** gehen auf das frühe 12. Jahrhundert zurück. Aus dieser Zeit stammen die Fresken an den Turmgewölben. Die spätromanischen Malereien gelten als Denkmal von nationaler Bedeutung. Die Doppeltürme zeigen nach Westen, was vor allem in Thüringen nicht sehr häufig vorkommt. Nach einem großen Stadtbrand 1780 wurde die Kirche anschließend barock neu ausgestaltet.

Die Bahntrasse Arnstadt–Saalfeld führt durch das Ilmtal in Stadtilm auf dem 1891 erbauten **Ilmtalviadukt**.

Arnstadt und Umgebung

Vorwahl: 03628.

Tourist Information, Markt 1, Tel. 602049; Mo–Fr 10–18, Sa 10–15.30 Uhr, Feiertage 10–17 Uhr. Bei den sehr netten Mitarbeitern gibt es neben Informationen zu Sehenswürdigkeiten, Buchung von Übernachtungen, Führungen und Tickets auch einen guten Souvenir- und Literaturverkauf. www.arnstadt.de

Handystadtführung Arnstadt: An touristisch interessanten Stationen überall in der Stadt findet man Schilder für die Handyführung. QR-Code einscannen oder Tel. 5886644 anrufen, und man erhält relevante Informationen zur Attraktion.

Stadthaus Arnstadt, Pfarrhof 1, Tel. 5869991. Boutique-Hotel, 6 Zi und 2 FeWos in historischem Flair mit Kassettendecken, Balken, Biedermeierstuck, und geschichtsträchtigen Fußböden; EZ ab 89, DZ ab 109 €. www.stadthaus-arnstadt.de

Goldene Sonne, Ried 3, Tel. 602776. Das 1497 erstmalig erwähnte Wirtshaus war im 18. Jahrhundert Treffpunkt der Musikerfamilie Bach. Zentrale Lage, modern eingerichtete Zimmer. Die Speisekarte des Restaurants bietet vorwiegend Deftiges und Thüringisches; EZ ab 38, DZ ab 58 €. goldene-sonne.arnstadt.de

Goldene Henne, Ried 14, Tel. 589560. Nette Unterkunft, zentrale Lage, Gastronomie und ein Laden für kulinarische Thüringer Souvenirs; EZ ab 53, DZ ab 59 €. www.henne-arnstadt.de

Stadtbrauerei Arnstadt, Brauhausstraße 1–3, Tel. 607400. Zentrumsnah gelegen, bietet dieses 4-Sterne-Haus modern und stilvoll eingerichtete Zimmer, Pool und Brauerei. EZ ab 86, DZ ab 106 €. www.hotelpark-arnstadt.de

Tanya Harding, Schulgasse 1, Tel. 6617099. Die Kanadierin bringt Frische und Regionalität in ihre Küche, bietet Catering an und veranstaltet Kochkurse, die Spaß machen. www.tanyaharding.de

Westernrestaurant Lasso, Arnstädter Straße 93, Amt Wachsenburg, Tel. 661715. Bis aus Gotha reisen die Gäste an, um im Lasso die guten und kreativen Gerichte zu genießen. Vor allem die Dry-Age Steaks aus und Exoten wie Strauß von der Thüringer Straußenfarm Krieger in Schwerstedt sind äußerst lecker. Krokodil, Zebra oder Büffel landen manchmal auch auf dem Grill. Kreative Thüringer Küche und einen tollen Ausblick von der Terrasse hat Familie Rau auch im Angebot, die einen kulinarischen Höhepunkt mit regionaler Ausstrahlung geschaffen hat. www.das-lasso.de

Café Marlitt, Markt 12, Tel. 519780. Sehr gemütliches kleines Café mit Frühstück, Eis und Kuchen, in den historischen Tuchgaden im Geburtshaus der Schriftstellerin Eugenie Marlitt. www.lokalfinder-thueringen.de/lokal/cafe-marlitt/

Goldene Henne, Ried 14, Tel. 589560. Die Goldene Henne ist eines der ältesten Gast- und Logierhotels Thüringens (seit 1608). In einem Haus mit diesem Beinamen dreht sich natürlich fast alles um den Kloß. www.henne-arnstadt.de

Stadtbrauerei, Brauhausstr. 1–3, Tel. 607400. Im denkmalgeschützten Backsteingebäude mit Biergarten war einst das Sudhaus der Felsenkeller Brauerei untergebracht. Heute knüpft man mit der Kleinbrauerei und ihren typischen Brauhausangeboten an die 600-jährige Tradition von Thüringens ältester Weizenbierbrauerei an. Das gesamte ehemalige Brauereigelände mit Hotel und Stadthalle wurde vollkommen umgebaut.
www.hotelpark-arnstadt.de

Schellhorns, Ritterstr. 3–5, Tel. 602780. Restaurant, Bar und Weinhof in der ältesten Apfelweinkelterei Thüringens, deftige, regionale Küche. Urig, mit dem größten Thüringer Weinfass und Kyffhäuser-Grotte. Die Inhaberin Beatrice Schellhorn hat übrigens die Thüringer und Deutsche Meisterschaft im Cocktailmixen gewonnen.
www.schellhorns-weinstube.arnstadt.de

Schafskäserei Ziegenried, Dosdorf 63, Tel. 036207/518759. Der Landgasthof mit Café und eigener Käseherstellung liegt direkt am Gera-Radweg zwischen Arnstadt und Plaue. Auch Verkauf von Fleisch und Spezialitäten aus der Region, in der warmen Jahreszeit auch Eiscreme aus Schafsmilch. Mit Spielplatz und Streichelzoo. www.landhof-ziegenried.de

Kneipe Kulisse, Kohlenmarkt 8, Tel. 78288. Kultkneipe mit kultigem Publikum. Schöner Biergarten.

Schlossmuseum Arnstadt Neues Palais, Schlossplatz 1, Tel. 602932; Di–So 9.30–16.30 Uhr. www.kulturbetrieb.arnstadt.de

Schloss Neideck, Im Schlosspark, Tel. 580920; Mo–Do 10–15.30, Fr 10–12, Sa/So 14–16 Uhr.

Gärtnerhaus im Schlossgarten, Tel. 580920; Mo–Do 10–14, Fr 10–12, Sa/So 14–16 Uhr. Das Gärtnerhaus ist Sitz des Neideckvereins Arnstadt.
www.stadtmodell.arnstadt.de

Bachkirche, Markt, Tel. 740963; Mo–Sa 10–16, So 11–16 Uhr.
www.kirche-arnstadt.de

Oberkirche, Pfarrhof, Tel. 740960; Sa/So 11–15 Uhr. www.oberkirche-arnstadt.de

Bachhaus, Kohlgasse 7, Tel. 602049 o. 5897370; Di 14–17, Do 10–12 Uhr oder nach Voranmeldung in der Tourist Information.

Liebfrauenkirche, An der Liebfrauenkirche 2, Tel. 740960; Mai–Okt. Mo–Sa 11–15, So 14–16 Uhr. kirche-arnstadt.de

Alteburgturm, Alteburg 3, Tel. 45061. Öffnungszeiten wie **Berggasthaus Alteburg**: April–Okt. Mi–Fr ab 11.30, Sa/So ab 11 Uhr, Nov.–März Mi–Do 10–18, Fr 12–22, Sa/So ab 11 Uhr.
www.alteburg-arnstadt.de

Tierpark Fasanerie, An der Eremitage 5, Tel. 602068; tgl. Sommerzeit 9–18 Uhr, Winterzeit 9–16 Uhr.
www.kulturbetrieb.arnstadt.de

Eisenbahnmuseum, Rehestädter Weg 4, Tel. 584849; April–Okt. Fr–So 10–17 Uhr.
www.ebm-arnstadt.de

Kunsthalle Arnstadt, Angelhäuser Str. 1, Tel. 5888000; Mi–Fr und So 14–18 Uhr. Internationale Wechselausstellungen mit Schwerpunkt Moderne und zeitgenössische Kunst. www.kunsthalle-arnstadt.de

Traukirche Dornheim, Hauptstr. 65, Dornheim, Tel. 70308; Besichtigung nur nach vorheriger Anmeldung.
www.bach-in-dornheim.de

Wachsenburg, Holzhausen, Tel. 74240; Burg: Mo–Sa 11–20, So 11–16 Uhr; Mu-

▶ Karte S. 137/169

seum: Ostern–Okt. Mi–So 11–16 Uhr, Nov.–Ostern Sa/So 11–15 Uhr. www.wachsenburg.com

Deutsches Bratwurstmuseum, Bratwurstweg 1, Holzhausen, Tel. 604412; April–Okt. Di–So 11–18 Uhr. In der Bratwurstscheune kann man nach einen Besuch essen – unter anderem Bratwurst. www.bratwurstmuseum.de

Mühlburg, Mühlberg, Tel. 0160/2250918; März–Okt. 10–16, Sa/So 10–18 Uhr. Burggelände immer geöffnet. www.drei-gleichen.de.

Öl- und Graupenmühle, Haarhäuser Str. 23, Mühlberg, Tel. 0174/9518751; Antik-und Trödelhandel Mo–Fr 8–18 Uhr, Mühle: Besichtigung und Führung nach Voranmeldung unter Tel. 36256860038. www.haarhausen.de

Burg Gleichen, Wandersleben, Kontakt unter Tel. 036202/82440 oder über Naturkundemuseum Erfurt, Tel. 0361/6555680. Museum im Wehrturm: April–Okt. Mo–So 10–18 Uhr. www.naturkundemuseum-erfurt.de

Burgruine Liebenstein, Buschweg 6, Liebenstein; Führungen nach Anmeldung unter 0176/21863346. www.burgverein-liebenstein.de

Theater im Schlossgarten, Im Schlossgarten, Tel. 61860, Kartenbestellung unter 618633. www.theater-arnstadt.de

Bach-Festival, Ende März, Tickets und Informationen über die Tourist Information. Das spannendste an diesem kleinen Festival sind wohl die Spielorte. So kann man Bachs Werke an Originalschauplätzen wie der Bachkirche oder der Dornheimer Kirche erleben. www.bachfestival.arnstadt.de

Jazz-Weekend, Anfang Juni, Tickets und Information über die Tourist Information. International besetzt, in interessanten Lokalitäten der Stadt. www.ig-jazz-arnstadt.de

Kleinkunstfest Künste in Haus und Hof, Mitte Juli, Tickets und Information über die Tourist Information. Die Gelegenheit, sonst für die Öffentlichkeit verschlossene Gebäude und Innenhöfe zu sehen. Als Bonus gibt es ein vielfältiges Kulturprogramm obendrauf. www.kuenste.arnstadt.de

Stadtfest, Am ersten Wochenende im September. www.arnstadt.de/stadtfest

Bach-Advent, Von Vereinen und Privatpersonen am ersten Adventswochenende in Häusern und Höfen veranstalteter Kulinarik-Event mit Konzerten, Theater, Kunst. www.bach-advent.de

Burgenroute Drei Gleichen, **Genusswanderweg Vom Bier zur Bratwurst**. Durch Arnstadt führt auch der **Themenwanderweg Von Bach zu Goethe**, kreuzen sich mehrere Abschnitte des **Lutherwegs**.

Sport & Freizeit Bad, Am Wollmarkt 19, Tel. 603379. Gelungene Kombination aus historischem und modernem Bad mit Sportbecken, Freizeitbad mit Kinder- und Babybecken sowie Saunaareal. www.bad-arnstadt.de

Thüringer Golfclub Die Drei Gleichen, Gut Ringhofen, Mühlberg, Tel. 036256/21740. Lange Fairways, Panoramablicke, eine Driving Range mit Flutlicht, für Nichtmitglieder geöffnet. www.thueringer-golfclub.de

Arnstadt Kristall, Bierweg 27, Tel. 66000. Auf in Handarbeit hergestelltes Bleikristall spezialisiertes Unternehmen mit Werksverkauf. www.arnstadt-kristall.com

Senf- und Kunstmühle, Dorfstr. 44, Kleinhettstedt, Tel. 03629/801037. Senfkreationen in spannenden Geschmacksvarianten. www.premium-senf.de, www.senfmuehlentenne.de

Straussenhof Kleinhettstedt, Kleinhettstedt 56, Ilmtal, Tel. 03629/641380. Führungen oder Küken, Eier, Fleisch und andere Straussenprodukte kaufen. www.straussenhof-kleinhettstedt.de

Weimar

Gleich dreimal ist Weimar in der UNESCO-Welterbeliste aufgeführt: als ›Klassisches Weimar‹ in seiner Gesamtheit, als Bauhaus-Wirkungsstätte mit seinen weltweiten Impulsen für Design und Architektur (›Bauhaus und seine Stätten in Weimar, Dessau und Bernau‹), als Goethe-Schiller-Archiv. Das ist als Aufbewahrungsort von Goethes handschriftlichem Nachlass aufgrund seiner Bedeutung für die Weltliteratur in das kulturelle Gedächtnis der Menschheit (›Memory of the World‹) aufgenommen worden.

Zum Welterbe ›Klassisches Weimar‹ gehören die Wohn,- Wirkungs-, und Ruhestätten der Dichter und ihrer Mäzene: Goethes Wohnhaus, Schillers Wohnhaus, Wittumspalais, Stadtschloss, die Herderstätten Stadtkirche, Herderhaus und Altes Gymnasium, Herzogin Anna Amalia Bibliothek, Park an der Ilm mit Römischem Haus und Goethes Gartenhaus, Fürstengruft mit dem historischen Friedhof, Schloss Belvedere, Schloss Ettersburg und Schloss Tiefurt.

Wohl keine andere Stadt dieser Größe – Weimar hat derzeit rund 65 000 Einwohner – verfügt über eine derartige kulturgeschichtliche Bedeutung. Goethe, Schiller, Nietzsche, Liszt, Herder, Wieland, Bach, Van de Velde, Gropius, Böcklin, Cranach der Ältere, Liebermann und viele andere Persönlichkeiten haben die Stadt geprägt. Johann Sebastian Bach etwa war am Weimarer Hof als Konzertmeister der Hofkapelle und Hoforganist tätig. 1703 sowie zwischen 1708 und 1717 lebte er in der Stadt und verfasste hier drei Viertel seiner Orgelwerke.

Weimar war seit 1546 ständige Residenzstadt, und als geistiges Zentrum spielte es im 18., 19. und 20. Jahrhundert eine herausragende Rolle. Mit Herzogin Anna Amalia regierte zwischen 1759 und 1775 eine der wenigen weiblichen Herrscherinnen des Heiligen Römischen Reiches. Bald schon wurde es zum kulturellen Mittelpunkt eines sich formierenden deutschen Nationalstaates. Daher verwundert es nicht, dass Weimar 1999 zur europäischen Kulturhauptstadt ausgerufen wurde.

▲ Karte S. 179

Geschichte

Bereits vor rund 150 000 Jahren siedelten Menschen in dem Gebiet (Das Skelett des ›Ehringsdorfer Urmenschen‹ und weitere Funde befinden sich im Museum für Ur- und Frühgeschichte). Die Ersterwähnung Weimars stammt aus dem Jahr 899.

Mit dem Aussterben der Grafen von Weimar-Orlamünde fiel das Gebiet an die Wettiner, mit der Leipziger Teilung 1485 wurde die Stadt Teil des Ernestinischen Herrschaftsbereiches. Dem ehemaligen Kurfüsten Johann Friedrich I. blieb nach seiner Niederlage im Schmalkaldischen Krieg Weimar als einzige Residenzstadt, nach seiner Entlassung aus der Gefangenschaft zog er sich 1552 hierher zurück. Mit Herzogin Anna Amalia regierte zwischen 1759 und 1775 eine der wenigen Herrscherinnen des Heiligen Römischen Reiches. Sie und ihr Sohn Herzog Carl-August brachten Persönlichkeiten wie Goethe, Schiller, Wieland und Herder an den Hof, die die herausragende Rolle Weimars als geistiges Zentrum begründeten.

Sachsen-Weimar-Eisenach wurde im August 1815, beim Wiener Kongress, vom Herzogtum zum Großherzogtum erhoben und verdoppelte sich beinahe in Fläche und Einwohnerzahl. 1816 erhielt es seine erste liberale Verfassung, die erste in ganz Deutschland. 1842 wurde Franz

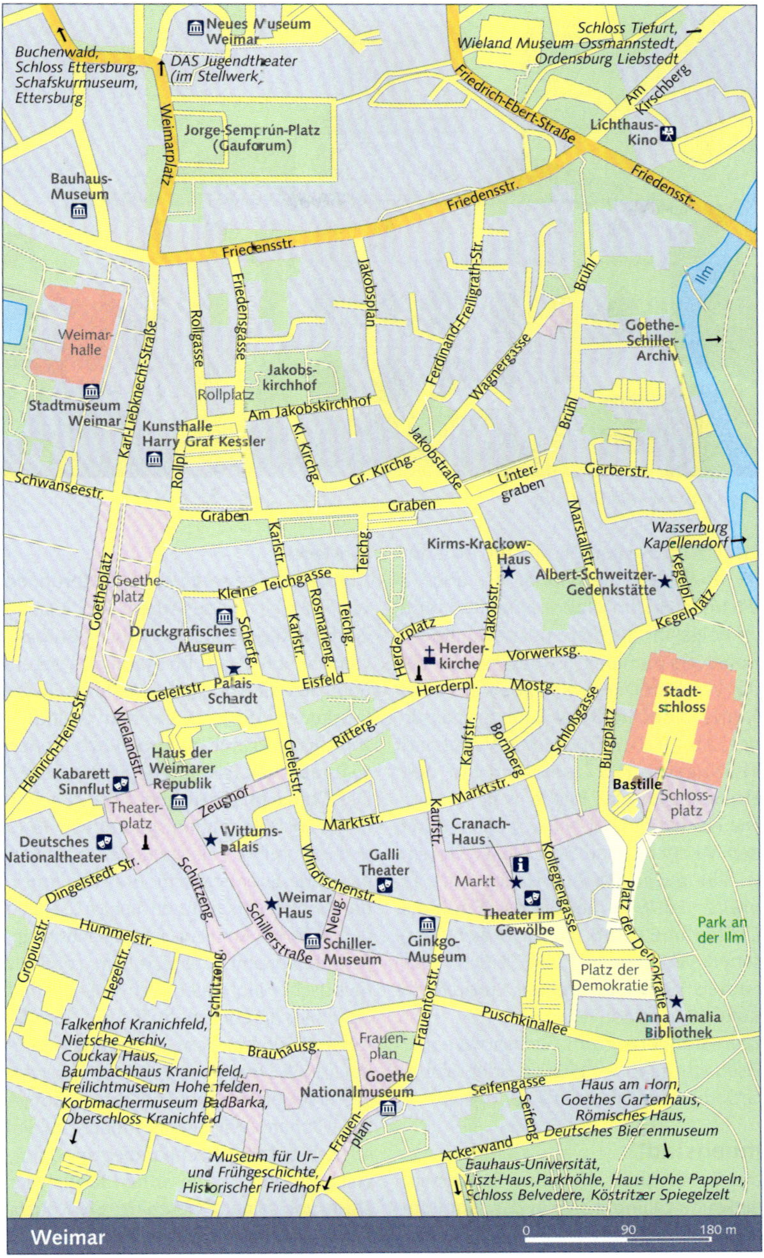
Neues Museum Weimar
Buchenwald, Schloss Ettersburg, Schafskurmuseum, Ettersburg
DAS Jugendtheater (im Stellwerk)
Schloss Tiefurt, Wieland Museum Ossmannstedt, Ordensburg Liebstedt
Friedrich-Ebert-Straße
Am Kirschberg
Lichthaus-Kino
Weimarplatz
Jorge-Semprún-Platz (Gauforum)
Bauhaus-Museum
Friedensstr.
Friedensstr.
Friedensstr.
Ilm
Weimarhalle
Stadtmuseum Weimar
Karl-Liebknecht-Straße
Rollgasse
Friedensgasse
Jakobsplan
Ferdinand-Freiligrath-Str.
Brühl
Goethe-Schiller-Archiv
Wagnergasse
Jakobskirchhof
Rollplatz
Am Jakobskirchhof
Kunsthalle Harry Graf Kessler
Kl. Kirchg.
Jakobstraße
Brühl
Rollpl.
Gr. Kirchg.
Unter-graben
Gerberstr.
Schwanseestr.
Graben
Graben
Marstallstr.
Wasserburg Kapellendorf
Karlstr.
Teichg.
Kirms-Krackow-Haus
Albert-Schweitzer-Gedenkstätte
Kegelpl.
Goetheplatz
Goethe-platz
Kleine Teichgasse
Karlstr.
Rosmarieng.
Teichg.
Jakobstr.
Kegelplatz
Druckgrafisches Museum
Scherfg.
Herderplatz
Herder-kirche
Vorwerksg.
Stadt-schloss
Geleitstr.
Palais Schardt
Eisfeld
Herderpl.
Mostg.
Heinrich-Heine-Str.
Wielandstr.
Ritterg.
Schloßgasse
Burgplatz
Haus der Weimarer Republik
Geleitstr.
Kaufstr.
Bornberg
Kabarett Sinnflut
Zeughof
Marktstr.
Bastille
Schloss-platz
Theater-platz
Marktstr.
Kaufstr.
Cranach-Haus
Deutsches Nationaltheater
Wittums-palais
Galli Theater
Kollegiengasse
Dingelstedt Str.
Schützeng.
Windischenstr.
Markt
Weimar Haus
Neug.
Theater im Gewölbe
Platz der Demokratie
Park an der Ilm
Hummelstr.
Schillerstraße
Schiller-Museum
Ginkgo-Museum
Gropiusstr.
Hegelstr.
Schützeng.
Platz der Demokratie
Frauentorstr.
Puschkinallee
Anna Amalia Bibliothek
Falkenhof Kranichfeld, Nietsche Archiv, Couckay Haus, Baumbachhaus Kranichfeld, Freilichtmuseum Hohenfelden, Korbmachermuseum BadBarka, Oberschloss Kranichfeld
Brauhausg.
Frauen-plan
Goethe Nationalmuseum
Seifengasse
Seifeng.
Haus am Horn, Goethes Gartenhaus, Römisches Haus, Deutsches Bierenmuseum
Frauen-plan
Ackerwand
Museum für Ur- und Frühgeschichte, Historischer Friedhof
Bauhaus-Universität, Liszt-Haus, Parkhöhle, Haus Hohe Pappeln, Schloss Belvedere, Köstritzer Spiegelzelt
0
90
180 m
Weimar

Markttag vor dem Rathaus

Liszt zum Hofkapellmeister ernannt. 1918 dankte die Monarchie auch in Weimar ab. Im Nationaltheater tagte im Folgejahr die erste frei gewählte Nationalversammlung. Es begann die Zeit der Weimarer Republik. Ebenfalls 1919 wurde in der Stadt das Bauhaus gegründet. Ab 1920 war Weimar Hauptstadt Thüringens. 1937 entstand auf dem Ettersberg das KZ Buchenwald.

Die Nachkriegszeit war vor allem durch den Wiederaufbau und die Weiterentwicklung der Museumslandschaft geprägt. 1996 erhielten die Bauhaus-Stätten und 1998 die Orte des Klassischen Weimar den UNESCO-Welterbetitel. 1999 war Weimar Europäische Kulturhauptstadt.

Das Großherzogtum Sachsen-Weimar-Eisenach gehörte 1920 zu den sieben Gründungsmitgliedern Thüringens.

Innenstadt

Der Großteil der Weimarer Sehenswürdigkeiten befindet sich in der sehr kompakten Innenstadt.

■ Markt

Die Neptunfigur auf dem **Marktbrunnen** von 1774 ist eine Arbeit von Martin Gottlieb Klauer, das neogotische **Rathaus** stammt von 1841. Im **Stadthaus** gegenüber sitzt die Touristinformation. Dieses Gebäude wurde im Zweiten Weltkrieg zerstört und mit der noch erhaltenen spätgotischen Fassade neu aufgebaut.

Das **Cranachhaus** (Markt 11–12) neben der Touristinformation stammt von 1549 und ist somit das älteste Renaissancehaus der Stadt. Es entstand für Christian Brück, den Schwiegersohn von Lucas Cranach dem Älteren. Am Haus ist Cranachs Wappen angebracht. Cranach kam 1552 als sächsischer Hofmaler nach Weimar und lebte hier bis zu seinem Tod am 16. Oktober 1553. Vor dem Cranachhaus wurde am 22. Dezember 1815 übrigens der allererste öffentliche Christbaum aufgestellt. Johann Wilhelm Hoffmann, zu dieser Zeit einziger Buchhändler der Stadt, platzierte ihn für die armen Kinder der Stadt vor seinem Geschäft. Den Buchladen Hoffmann's gibt es noch heute.

▶ Karte S. 179

Ginkgo-Museum

Der Ginkgo spielt in Weimar eine wichtige Rolle und speist die Tourismus- und auch die Esoterikerindustrie. Das Museum ist im Erdgeschoss ein Laden für alle nur erdenklichen Produkte rund um den Wunderbaum. Im Obergeschoss allerdings hat tatsächlich eine Ausstellung zu dem aus China stammenden Baum Platz gefunden. Der älteste Weimarer Ginkgobaum steht übrigens am Fürstenhaus und wurde 1815 gepflanzt.

Goethe-Nationalmuseum mit Goethes Wohnhaus

Goethes früheres Wohnhaus ist das weltweit bedeutendste Goethemuseum. Ganze 50 Jahre lebte und arbeitete Goethe im Haus am Frauenplan, von 1782 bis zu seinem Tod am 22. März 1832. Der barocke gelbe Gebäudekomplex erfuhr zahlreiche Veränderungen nach den Vorstellungen des großen Dichters. Viele originale Möbel, Einrichtungsgegenstände, Reisesouvenirs und Sammlungsobjekte bringen einem die Person Goethe näher. Die Farbgestaltung erfolgte gemäß Goethes Farbenlehre. Das Haus zeigt als einen Höhepunkt auch sein Arbeitszimmer sowie seine Bibliothek. In den modernen Museumsgebäuden des Komplexes sind mit Schaudepot und dem naturwissenschaftlichen Kabinett weitere Sammlungen Goethes untergebracht. Zum Areal gehört auch der **Hausgarten**.

Die Klassik Stiftung Weimar verwaltet als eine der größten deutschen Stiftungen auch die umfassenden **Graphischen Sammlungen** mit 230 000 Werken aus ganz Europa vom 15. bis 21. Jahrhundert. Sie befinden sich im Museum und in der Anna Amalia Bibliothek.

Schillers Wohnhaus

Goethe erhielt Gartenhaus und Wohnhaus von Herzog Carl August als Geschenk. Schiller dagegen bekam sein Haus nicht geschenkt, sondern hatte große finanzielle Mühen, als er es 1802 erwarb. Bereits 1805 starb er an einer vermutlich durch eine Tuberkulose verursachten Lungenentzündung. Seine Frau Charlotte bewohnte das Haus bis zu ihrem Tod 1826. 1847 öffnete es als Schiller-Gedenkstät-

Goethes früheres Wohnhaus, heute Museum

*Eines der bekanntesten Denkmäler in Deutschland:
Goethe und Schiller vor dem Deutschen Nationaltheater*

te. 1945 wurde das Gebäude bei einem Bombenangriff stark in Mitleidenschaft gezogen. Originales Interieur wurde um zeitgenössische Stücke ergänzt, um dem Besucher einen authentischen Eindruck von Schillers Lebens- und Arbeitssituation zu vermitteln. Das Arbeitszimmer ist nahezu im Originalzustand erhalten. Man stellte bei einer Untersuchung der Tapetenreste dieses Arbeitszimmers fest, dass sie giftig waren; womöglich trug die Arsen- und Schwermetallbelastung zu Schillers frühem Tod bei.

Die **Ausstellung Schiller in Thüringen** beschäftigt sich im Detail mit den Stationen des Dichters in Bauerbach, Rudolstadt, Jena und Weimar. Im modernen Gebäude nebenan von 1988 befindet sich das **Schiller-Museum**. Es zeigt thematisch mit Schiller verbundene Wechselausstellungen.

Weimar-Haus

Das Weimar-Haus an der Schillerstraße, einer Fußgängerzone, bietet auf 500 Quadratmetern ein anschaulich und ansprechend inszeniertes Geschichtserlebnis. In sieben Räumen wurden mithilfe von bei Madame Tussauds hergestellten Wachsfiguren und digitaler Technik reale Bilder aus verschiedenen Weimarer Epochen entworfen. Die Ausstellung entstand in Zusammenarbeit mit dem Goethe-Nationalmuseum. So kann man beispielsweise bei der von Herzogin Anna Amalia veranstalteten Tafelrunde vorbeischauen.

Deutsches Nationaltheater

Das Theater ist nicht das Originalgebäude, in dem fast alle späten Dramen Schillers uraufgeführt wurden. Dieses brannte 1825 ab, der heutige neoklassizistische Bau des Architekten Max Littmann stammt von 1908.

Das Hoftheater Weimar wurde 1791 durch Herzog Carl August im Komödienhaus gegründet, das sich an eben jener Stelle befand, wo sich jetzt das Nationaltheater erhebt. Erster Intendant war Goethe. Er wirkte gemeinsam mit Schiller bis zu dessen Tod 1805 hier. Goethe folgten weitere berühmte Namen am Theater wie die Kapellmeister Franz Liszt und Richard Strauß. Nach dem Ende der Monarchie wurde im Januar 1919 die Hofkapelle in Weimarische Staatskapelle und das Theater in Deutsches Nationaltheater Weimar umbenannt. Am 31. Juli 1919 verabschiedeten die im Hause tagenden Mitglieder der Nationalversammlung hier die erste deutsche demokratische Verfassung. Mit der traditionsreichen Staatskapelle Weimar verfügt das Haus über das einzige Spitzenorchester Thüringens.

Das **Goethe-Schiller-Denkmal** von Ernst Rietschel stammt von 1857 und stand bereits vor dem Haupteingang des Vorgängerbaus des heutigen Nationaltheaters. Es symbolisiert die großen Dichter in kreativer Eintracht und ist zum Wahrzeichen Weimars geworden.

Wittumspalais

Wieder einmal war das Schloss abgebrannt, und so erwarb Herzogin Anna Amalia das barocke Palais am Theaterplatz 1774. Die Fürstin ließ das Haus innen nach Plänen von Adam Friedrich Oeser herrschaftlich stilvoll einrichten und wurde zur langjährigen Bewohnerin. Hier fanden auch ihre berühmten Tafelrunden statt. Die illustre Tafelrunde traf sich ab 1775 zum Austausch über Theater, Musik, Kunst, Literatur und andere Themen. Zu den Teilnehmern gehörten unter anderem der frisch nach Weimar gezogene Goethe, Herder, Knebel, Seckendorff und Wieland.

Zu besichtigen sind die historischen Räumlichkeiten, die teilweise im Originalzustand erhalten sind und von Carl

Alexander um 1870 zur Gedenkstätte für Anna Amalia umgestaltet wurden.

Palais Schardt und Goethepavillon
Charlotte von Stein, Goethes enge Vertraute und Freundin, verbrachte in dem barocken Palais Schardt ihre Kindheit und Jugend. Hier lernte sie auch Goethe kennen. Später zog sie in das ›Haus der Frau von Stein‹ an der Ackerwand 25–27. Hier lebte sie 50 Jahre lang bis zu ihrem Tod 1827.
Zu sehen ist das Palais Schardt selbst mit seiner Ausstattung aus verschiedenen Stilepochen. Das Puppenstubenmusem präsentiert Wohnwelten des 19. und 20. Jahrhunderts im Kleinen. Das Café Charlotte kredenzt Kaffeehausspezialitäten aus der Goethezeit.

Druckgrafisches Museum
Das Druckgrafische Museum in einem der ältesten Häuser Weimars verfügt über Druckereimaschinen, Arbeitswerkzeuge, Druckformen, Hand- und Druckschriften und eine Fachbibliothek.

Neues Museum Weimar
Das 1869 als Großherzogliches Museum eröffnete Haus im neoklassizistischen Stil wurde im Zweiten Weltkrieg stark beschädigt und war bis zur Wiedereröffnung im Kulturhauptstadtjahr 1999 Ruine. In der Dauerausstellung und mit regelmäßigen Sonderschauen präsentiert es den Weg der Stadt in die Moderne von der Weimarer Malerschule bis zu Henry van de Velde. Zudem gibt es eine große Museumswerkstatt.

Stadtmuseum im Bertuchhaus
Das Museum in dem klassizistischen Gebäude des Schriftstellers und Verlegers Friedrich Justin Bertuch umfasst die Geschichte Weimars. So erfährt man anhand der vielfältigen Ausstellungsobjekte über das Leben etwa zur Goethezeit oder in der Weimarer Republik.
Die **Kunsthalle Harry Graf Kessler** schräg gegenüber vom Stadthaus wird vom Stadtmuseum und der Stadt für verschiedene Ausstellungen genutzt.

Jakobskirchhof
Auf dem bereits im 12. Jahrhundert angelegten Friedhof befindet sich unter anderem die Grabstätte von Lucas Cranach dem Älteren. Auch Goethes Frau Christiane Vulpius ist hier beerdigt worden. Der Friedhof war auch erste Begräbnisstätte von Friedrich Schiller. Er wurde 1805 in einem Massengrab für angesehene Bürger beigesetzt und 21 Jahre später in die Fürstengruft umgebettet – allerdings war es der falsche Schiller.

Kirms-Krackow-Haus
Das Kirms-Krackow-Haus, ein mehrgeschossiges Bürgerhaus im Renaissancestil, wurde nach dem Stadtbrand von 1424 auf den Fundamenten eines Ritterhauses errichtet. Mit der Zeit kamen die umliegenden Gebäude und Grundstücke hinzu, überhaupt erfolgten zahlreiche An- und Umbauten. So entstand 1750 der Raritäten-Garten, 1754 folgte der Gartenpavillon.
Mit den Jahren sammelten die zahlreichen Eigentümer so einiges im Hause an, darunter Biedermeiermöbel, Musikinstrumente, Kunst- und Einrichtungsgegenstände.
Das Haus eröffnete 1917 als **Museum** und gibt seitdem einen Einblick in die Weimarer bürgerliche Wohnkultur der Klassik und Nachklassik. Im 18. und 19. Jahrhundert spielte das Gebäude eine wichtige Rolle als gesellschaftlicher Treffpunkt der Stadt. Im Kirms-Krackow-Haus befindet sich auch das sehr empfehlenswerte ›La Tarte – Cafe du Jardin und Vinothek‹.

▸ Karte S. 179

Der kostbare Flügelaltar in der Kirche St. Peter und Paul

Herderplatz

Am Herderplatz finden sich alle drei Herderstätten Weimars: Kirche, Gymnasium, Pfarrhaus.

In ihrem heutigen Erscheinungsbild geht die **Stadtkirche St. Peter und Paul** auf das Jahr 1500 zurück. 1726 wurde sie innen barock überformt. In der Stadtkirche steht ein einzigartiger Flügelaltar von Lucas Cranach dem Älteren, den 1555 Cranach der Jüngere vollendete. Dargestellt ist Johannes der Täufer neben Luther und Cranach dem Älteren. In der Kirche ist die originale Grabplatte des 1553 verstorbenen älteren Cranach erhalten. Hier finden sich auch die aufwendig gestalteten Grabmale von Angehörigen der Herzogsfamilie. Als letzte Person wurde Herzogin Anna Amalia 1807 hier beigesetzt. Bach spielte hier auf der Orgel. Johann Gottfried Herder war ab 1766 für die Gemeinde zuständig, weshalb sie auch Herderkirche genannt wird. Luther predigte auch in dieser Kirche.

Neben der Kirche steht das **Alte Gymnasium**. Herder lehrte hier und gestaltete die Schule maßgeblich. Das Gebäude mit der Doppeltreppe erhielt sein heutiges Aussehen in der Barockzeit. Versteckt hinter der Herderkirche, am Herderplatz 8, befindet sich das **Pfarrhaus**. Hier lebte Herder mit seiner Familie 27 Jahre lang, bis zu seinem Tod 1803. Bis heute wohnt hier der amtierende Superintendent. Der **Herdergarten** hinter dem Pfarrhaus wurde anlässlich von Herders 250. Geburtstag rekonstruiert und ist für Besucher zugänglich.

Stadtschloss Weimar

Die Schlossanlage geht auf das 10. Jahrhundert zurück. Nach Verlust der Kurwürde und bedeutender Ländereien wurde Weimar ab 1547 Regierungssitz von Ex-Kurfürst Johann Friedrich I. und das Schloss entsprechend ausgebaut. Der Brand von 1774 ließ vom Barockschloss Wilhelmsburg nicht viel übrig. Bereits in den Jahrhunderten zuvor hatte es immer wieder gebrannt. Der Wiederaufbau begann 1789. Goethe saß der vom Herzog einberufenen Schlossbaukommission vor,

Bastille und Turm des Stadtschlosses stammen noch von der Wasserburg

Architekten des Residenzschlosses waren die Baumeister Johann August Arens, Heinrich Gentz und Nikolaus Friedrich Thouret. Aufgrund der Napoleonischen Kriege konnte Herzog Carl August mit seiner Familie das Schloss mit seinen klassizistischen Räumen erst ab 1803 beziehen. Bis zur Abdankung des Großherzogs 1918 wurde das Areal weiter ausgebaut. 1919 konstituierte sich hier die Reichsregierung der Weimarer Republik. Im Stadtschloss befindet sich das **Schlossmuseum**. In über 50 Räumen werden Kunstwerke vom Mittelalter bis zur Moderne um 1900, die Malerei berühmter Künstler wie die Cranach-Galerie, Kunsthandwerk und Plastiken sowie die Repräsentationsräume der Herzöge gezeigt.

Von der mittelalterlichen Wasserburg Hornstein ist heute noch die aus Schlossturm, Hofdamenhaus und Torbau bestehende sogenannte **Bastille** erhalten. Künftig sollen hier die Ausstellungen ›Schatzkammer Thüringen‹ und ›Burgenstraße Thüringen‹ einen Überblick über die Schlösser, Sammlungen und Gärten des Landes vermitteln. Zudem wird die Bau- und Nutzungsgeschichte der Bastille und des Schlosses beschrieben.

Albert-Schweitzer-Gedenkstätte

In der Ausstellung im Musäushaus geht es um Albert Schweitzers Leben, das Spital in Lambarene im Urwald von Gabun sowie die Ursprünge und Inhalte seiner Philosophie und Ethik. Auch Weggenossen und Personen, die ihn geprägt haben, werden vorgestellt. Schweitzer selbst hat nie in Weimar gelebt, wurde jedoch durch hier wirkende Personen wie Bach, Goethe, Nietzsche oder Schopenhauer beeinflusst.

Goethe-Schiller-Archiv

Das repräsentative Gebäude von 1896 in einem Garten an der Ilm ist das älteste deutsche Literaturarchiv. Mit seinen zahlreichen Beständen und Nachlässen bedeutender Persönlichkeiten, Gesellschaften und Verlage ist es ein wahrhaftiges literarisches Schatzkästchen. Vor allem die Nachlässe von Schiller und Goethe

▶ Karte S. 179

sind bedeutsam. Goethes schriftliches Erbe wurde durch die Einstufung der UNESCO als kulturelles Gedächtnis der Menschheit Weltkulturerbe.

Herzogin-Anna-Amalia-Bibliothek

In dem Gebäude am Park ist die Forschungsbibliothek für Literatur- und Kulturgeschichte untergebracht. Der Sammlungsschwerpunkt liegt auf deutscher Literatur um 1800. Neben den sagenhaften literarischen Schätzen und Bibliotheken von Berühmtheiten wie Liszt und Nietzsche beherbergt das Haus weitere Kostbarkeiten, etwa den von Erhard Weigel geschaffenen Himmelsglobus von 1699. Herzstück der prächtigen Innenausstattung ist der unikale Rokokosaal. Literarische Höhepunkte erhalten hier eine äußerst repräsentative Bühne. Zu den Direktoren gehörte auch Goethe höchstpersönlich, der auch für die Bestände und Neueinkäufe verantwortlich war. 2004 wütete eine verheerender Brand in der Bibliothek, 50 000 Bücher und zahlreiche weitere Schätze fielen dabei den Flammen und dem Löschwasser unwiederbringlich zum Opfer.

Nur einige Schritte entfernt, am Platz der Demokratie, stehen das **Carl-August-Reiterstandbild** und das **Fürstenhaus**, heute Hochschule für Musik ›Franz Liszt‹. Um die Ecke an der Ackerwand befindet sich das **Haus der Frau von Stein**.

Gauforum

Das Gauforum in Weimar ist das einzige in die Realität umgesetzte Projekt dieser Art. Für alle Gauhauptstädte Deutschlands gab es ähnliche Planungen, der Kriegsbeginn verhinderte deren Umsetzung. Hitler persönlich erkor den Entwurf von Hermann Giesler für Weimar 1936 zum Sieger. So entstanden das ›Gebäude des Reichsstatthalters und Gauleiters‹ mit dem Glockenturm, die ›Halle der Volksgemeinschaft‹, das ›Gebäude der Deutschen Arbeiterfront‹ sowie das an das Neue Museum Weimar angrenzende ›Gebäude der Gliederungen der NSDAP‹. 139 Gebäude der nördlichen Innenstadt sowie der Asbachgrünzug und der Park vor dem Landesmuseum mussten dem Bauprojekt weichen.

Park an der Ilm

Der 48 Hektar große Landschaftspark beginnt direkt hinter Stadtschloss und der Herzogin-Anna-Amalia-Bibliothek. Er umfasst 48 Hektar links und rechts der Ilm und wurde zwischen 1778 und 1828 angelegt. Der Park mit seinen Pfaden, Bäumen, Wiesen und zahlreichen Bauten ist einfach nur wunderbar.

Goethes Gartenhaus

Legt man heutige Maßstäbe zugrunde, kann man vielleicht nicht verstehen, warum sich der alte Goethe von dem Trubel Weimars hierher ins Gartenhaus zurückzog, liegt es doch nur einen kurzen Spaziergang vom Weimarer Zent-

Hübsch gelegen: Goethes Gartenhaus

Das Liszt-Haus ist weitgehend original erhalten

rum entfernt. Man dachte damals wohl in etwas anderen Dimensionen. 1776 bezahlte Herzog Carl August Goethe den Kauf des Hauses und des Grundstücks. Der Dichter verbrachte hier bis zum Umzug an den Frauenplan 1782 die meiste Zeit. Bereits 1886 wurde es zur **Goethe-Gedenkstätte**. Der Garten, die Farbgestaltung im Haus und die Inneneinrichtung sind original erhalten oder wurden in den Zustand von Goethes Lebzeiten gebracht.

Römisches Haus

Der Herzog gab das Römische Haus in Auftrag. Bauleiter des zwischen 1791 und 1797 entstandenen, innen wie außen klassizistischen Hauses im Stile eines antiken Tempels war Goethe, Architekt der Hamburger Johann August Arens. Besichtigen kann man die Räume mit ihren Malereien sowie eine **Ausstellung** zum Park an der Ilm.

Deutsches Bienenmuseum

Im ehemaligen Reichsbienenzuchtmuseum ganz am südlichen Ende des Parks geht es um Bienen und die Kulturgeschichte der Imkerei. Man bekommt historische Behausungen für Bienen, sogenannte Bienenbeuten, Gerätschaften sowie vieles zur Biologie der Tiere gezeigt. Im **Museumsgarten** stehen einige Stöcke für über 30 Bienenvölker, im **Hofladen** gibt es Honig in unterschiedlichsten Geschmacksrichtungen, Bienenwachskerzen und weitere Bienenprodukte.

Liszt-Haus

Am westlichen Rand des Parks, neben der Bauhaus-Universität, steht das Liszt-Haus. Der Hofkapellmeister Franz Liszt verbrachte von 1869 bis zu seinem Tod 1886 jeden Sommer hier in der ehemaligen Hofgärtnerei, die Winter dagegen im milderen Klima Budapests und Roms. Liszt war war bereits zwischen 1848 und 1861 in Weimar tätig und wohnte in der heute von der Hochschule für Musik Franz Liszt genutzten Altenburg in der Jenaer Straße.
Das klassizistische Haus ist bis auf Speisezimmer und Schlafzimmer vollständig original eingerichtet. Einige der von Liszt höchstpersönlich gespielten Tasten-

▶ Karte S. 179

instrumente sind hier im Museum zu sehen. Auf dem Bechstein-Flügel zum Beispiel wird auch heute noch musiziert. Zusätzlich zum von Liszt bewohnten Obergeschoss zeigt das Erdgeschoss eine Ausstellung zum Leben und Schaffen des Künstlers.
Zwischen Liszthaus und Mensa befindet sich auch die **Parkhöhle**. Der 12 Meter in der Tiefe liegende Stollen entstand künstlich. Herzog Carl August dürstete es als Mann nach einer eigenen Brauerei, der Stollen sollte das Abwasser der Brauerei aufnehmen. Die Brauerei kam nie, die unterirdischen Gänge wurden zum Museum. Für das Weimarer Bier ist übrigens die Ehringsdorfer Brauerei zuständig, die auch ein Brauerei-Museum hat.

Museum für Ur- und Frühgeschichte

Das bedeutende Archäologiemuseum vermittelt auf 1000 Quadratmetern nicht weniger als 400 000 Jahre Geschichte auf dem Gebiet des heutigen Thüringens – anschaulich präsentiert mit Originalfunden, Rekonstruktionen, Modellen und informativ multimedial unterlegt. So findet man hier unter anderem das Original des Bilzingslebener Homo Erectus oder die in Weimar gefundenen Knochen von frühen Neandertalern.

Fürstengruft

Auf dem Historischen Friedhof sind zahlreiche Persönlichkeiten begraben. Die bedeutendsten sind wohl Schiller und Goethe, deren Sarkophage in der klassizistischen Fürstengruft neben denen der Herzogsfamilie von Sachsen-Weimar und Eisenach liegen. Schillers Sarkophag ist mittlerweile leer, denn eine DNA-Analyse wies nach, dass zwar die Gebeine und Schädel von gleich drei Personen im Grab lagen, die von Schiller allerdings nicht. Ein Schädel konnte als der von Großherzog Ernst August identifiziert werden. An welcher Stelle genau die originalen Überreste Schillers abhanden gekommen sind, bleibt eine Aufgabe für die Zukunft.
Direkt an die 1828 vollendete Fürstengruft ist die **Russisch-orthodoxe Kapelle** angebaut. Hier liegt Maria Pawlowna, die mit Herzog Carl Friedrich verheiratete Enkelin von Katharina der Großen.

Fürstengruft und Russisch-orthodoxe Kapelle

Das Bauhaus und Weimar

Das Bauhaus wurde im April 1919 gegründet. Es ging aus der Fusion der Großherzoglichen Sächsischen Kunstgewerbeschule mit der Großherzoglichen Hochschule für Bildende Kunst (Kunsthochschule Weimar) hervor. 1919 siedelte der Berliner Architekt Walter Gropius nach Weimar über und wurde Nachfolger von Henry van de Velde. Daher kann man auch den Belgier zu den Gründervätern des Bauhauses zählen. Am 12. April wurde der von Gropius beantragte Name für die neue Hochschule – ›Staatliches Bauhaus in Weimar‹ – genehmigt.

Das Bauhaus war die erste deutsche Hochschule für Gestaltung. Ziel war ein gänzlich neuer Gestalter-Typus. Der Designer war geboren, eine Person, die Handwerker und Künstler in einem Beruf vereinte. Das Motto des Bauhauses lautete: ›Alles ist gestaltbar. Alles ist Design.‹ Die Hochschule war ein offenes Experimentierfeld für den Designbegriff. Dabei wurde ein umfassender Gestaltungsauftrag zugrunde gelegt. So ging es nicht nur um Produkte und Architektur, sondern eben auch um Denken und gesellschaftliche Haltung. Themen waren Mensch und Maschine, Individuum und Gemeinschaft, Einzelprodukt versus Massenproduktion. Es ging um den Umgang mit neuen Techniken und Materialien, fachübergreifende Zusammenarbeit, aber auch um die gesellschaftliche Verantwortung des Designers. Kritiker argumentieren, dass die Ideen gar nicht so bahnbrechend waren, sondern lediglich Gropius' Gespür für neue Ideen und Trends – eine riesige Marketingmaschine, die unter anderem dazu führte, dass man unter Bauhaus im Ausland oft nur Baumarkt versteht.

Die Werkstätten waren in Lehr- sowie in Versuchs- und Produktionswerkstätten aufgeteilt. Vom 15. August bis zum 30. September 1923 fand die erste große Bauhausausstellung statt. Die Ausgangssituation für das Bauhaus war von Anfang an schwierig: Inflation, Krieg sowie der konservative Geist in Weimar. Der rechtsgerichteten Regierung Thüringens war das teilweise von kollektiven und linken Ideen durchdrungene Bauhaus ein Dorn im Auge. Sie sparte

Das Bauhaus-Museum am Stéphane-Hessel-Platz

▲ Karte S. 179

es daher regelrecht tot, und 1924 erfolgte aus eben diesen politisch motivierten Gründen die Kündigung der Verträge aller Bauhausmeister zum 31. März 1925. Dies bedeutete das Aus des Bauhauses in Weimar.

Ab 1925 ging das Bauhaus erste Industriekooperationen ein. Dank der Großzügigkeit des Flugzeugbauers Hugo Junkers bekam es eine neue Chance und zog 1925 nach Dessau um; Junkers hatte hier seinen Firmensitz.

Vom Jahr 1926 an firmierte das Bauhaus mit dem Untertitel ›Hochschule für Gestaltung‹. Am 4. Dezember 1926 wurden die neuen Gebäude des Architekten Walter Gropius feierlich eingeweiht. Die 1927 neu eröffnete Architekturabteilung wurde von dem Schweizer Hannes Meyer geleitet. Meyer war von basisdemokratischen und linken Ideen geprägt und richtete Lehre und Werkstätten danach aus. So rückte unter ihm im Bauhaus die Arbeit im Kollektiv in den Mittelpunkt. Von nun an stand der Bedarf des Volkes im Mittelpunkt, nicht Luxuswaren.

Mit dem Rücktritt von Walter Gropius zum 1. April 1928 wurde Meyer neuer Direktor des Bauhauses. Erstmals gab es nun auch Verkäufe von Bauhausentwürfen an die Industrie für eine Serienfertigung. Die Stadtregierung Dessau entließ Meyer schließlich am 1. August 1930 wegen ›kommunistischer Machenschaften‹. Neuer Direktor des Bauhauses wurde Ludwig Mies van der Rohe. 1931 wurden Werkstätten und Architekturabteilung zusammengefasst. Die neue Abteilung nannte sich ›Bau und Ausbau‹.

Nach dem Wahlsieg der NSDAP bei den Gemeindewahlen in Dessau musste das Bauhaus im September 1932 schließen. Mies van der Rohe verhandelte mit mehreren Städten über die Weiterführung der Hochschule, schließlich folgte der Umzug in eine ehemalige Telefonfabrik nach Berlin-Steglitz und die Neueröffnung als privates Institut. Unter dem Druck der Nationalsozialisten, die nach der Wahl im Januar 1933 auch die Reichsregierung übernommen hatten, löste van der Rohe mit Zustimmung des Meisterrates das Bauhaus schließlich am 20. Juli 1933 endgültig auf.

Das Bauhaus setzte als Kunstschule weltweit Impulse für Design und Architektur. Dem berühmten Leitmotiv ›Form folgt Funktion‹ folgen viele Designer heutzutage noch immer. Bauhausschüler wie Carl Fieger und Richard Paulick begründeten später aber auch den sozialistische Plattenbauweise der DDR.

Um den Titel der Bauhausstadt streiten sich mehrere Städte. Neben Weimar sind dies Dessau und Berlin. Entstehungsort des Bauhauses allerdings ist Weimar. Zu den Bauhaus-Welterbestätten in Weimar zählen das Hauptgebäude der Bauhaus-Universität, die ehemalige Kunstgewerbeschule sowie das Haus am Horn.

Großherzoglich-Sächsische Kunstgewerbeschule

Die Großherzoglich-Sächsische Kunstgewerbeschule ging 1908 aus einem privaten kunstgewerblichen Seminar des aus Belgien stammenden Universaldesigners Henry van de Velde hervor. Sie existierte bis 1915 und wurde dann von der Großherzoglich-Sächsischen Hochschule für Bildende Kunst, kurz Kunsthochschule Weimar, übernommen.

Beide Gebäudeflügel der Kunstgewerbeschule entstanden nach Plänen van de Veldes zwischen 1904 und 1906. Während der Weimarer Zeit des Bauhauses (1919–1925) diente es der Hochschule als Werkstattgebäude, heute gehört es der Bauhaus-Universität Weimar und ist Lehrgebäude und Sitz der Fakultät für

Gestaltung. Im Treppenhaus wurde die Wandgestaltung von Oskar Schlemmer nach ihre Zerstörung nachgebildet.

Hauptgebäude der Bauhaus-Universität

Die Bauhaus-Universität Weimar residiert neben der Kunstgewerbeschule, im ›Henry-van-der-Velde-Bau‹. Das auch vom Belgier entworfene ehemalige Kunstschulgebäude war der einstige Sitz der Großherzoglich-Sächsischen Hochschule für Bildende Kunst. Es wurde von 1904 bis 1911 erbaut. Der Gründungsort des Bauhauses ist innen wie außen äußerst sehenswert.

Die Universität bietet empfehlenswerte Bauhaus-Spaziergänge an, bei denen man die wichtigsten Stätten besucht und auch sonst der Öffentlichkeit nicht zugängliche Bereiche kennenlernt.

Haus Am Horn

Das Gebäude oberhalb des Parks an der Ilm entstand als Musterbungalow anlässlich der Bauhausausstellung von 1923. Der Bauhausarchitekt Georg Muche entwarf das Versuchshaus. Es handelt sich um das einzige tatsächlich umgesetzte Gebäude im Stile der Bauhausarchitektur in Weimar. Muche erprobte mit dem Einfamilien- und Musterwohnhaus den ›Baukasten im Großen‹.

Beim Haus Am Horn handelt es sich um ein System aus industriell gefertigten Bauteilen und flexibel erweiterbaren Raumclustern. Laut Gropius, dem auch eine tragende Rolle bei der architektonisch-künstlerischen Idee zukam, ging es hierbei, wie auch bei anderen Ansätzen des Bauhauses, um nicht weniger als eine ›Rationalisierung des Bauwesens‹ durch vorfabrizierbare modulare Häuser. Man kann alle Räume besichtigen. Eine Dauerausstellung vermittelt das ursprüngliche Erscheinungsbild des Hauses Am Horn und macht seine wechselvolle Nutzungsgeschichte sichtbar.

▸ Karte S. 179

Weitere Orte

Interessant ist auch ein Rundgang zu den nicht als Weltkulturerbe gelisteten Wohn- und Wirkungsstätten der Bauhausmitglieder. Diese kann man aber überwiegend nur von außen ansehen. Vom **Tempelherrenhaus**, dem ehemaligen Maleratelier des Bauhausmeisters Johannes Itten am Park an der Ilm, ist nur noch eine kleine Ecke übrig. Es wurde bei dem Bombenangriff im Februar 1945 auf Weimar beinahe vollständig zerstört. Gut erhalten ist dagegen das **Wohnhaus von Itten und László Moholy-Nagy** in der Leibnizallee 1. Paul Klee bewohnte eine Wohnung **Am Horn 53**, Wassily Kandinsky lebte in der **Wilhelm-Külz-Straße 3,** Oskar Schlemmer zog mit seiner Familie in die **Prellerstraße 3**, Georg Muche in die **Steubenstraße 40**. In der **Gaststätte Ilmschlösschen** traf man sich zum Trinken, Essen und Feiern. Das Restaurant existiert bis heute und bietet Thüringische Küche.

Bauhaus-Museum Weimar

Das Bauhaus-Museum Weimar besitzt die älteste und mit 13 000 Exponaten weltweit größte Bauhaussammlung nach Berlin. Bis 2019 entstand an der Grün-, Kultur- und Sportachse aus Zeiten der Weimarer Republik, hinter dem nationalsozialistischen Gauforum, ein Neubau. Zusätzlich zu der wesentlich vergrößerten Ausstellung wurde ein modernes Museumskonzept umgesetzt, bei dem Ideen und Geschichte der Designschule mit Fragen zur heutigen und zukünftigen Lebensgestaltung verbunden werden.

Haus der Weimarer Republik – Forum für Demokratie

Im alten Bauhaus-Museum, der ehemaligen Wagenremise, geht es, wie der Name

Nur ein Teil des Belvedere-Komplexes

bereits sagt, um die Weimarer Republik und um Demokratiebildung. Direkt hinter dem Haus ist mit dem Künstlergarten ein wunderbarer Ort für öffentliche Veranstaltungen entstanden.

Sehenswürdigkeiten außerhalb des Zentrums

An der steilen Humboldtstraße, im Haus Nummer 36, verstarb am 25. August 1900 der Philosoph Friedrich Nietzsche. Nach seinem Tod ließ Elisabeth Förster-Nietzsche Fassade und Erdgeschoss der Villa ›Silberblick‹ von Henry van de Velde neu gestalten und das Haus als Gedenkstätte und Archiv für ihren Bruder einrichten. Es wurde eine der großartigsten Arbeiten van der Veldes. Das Haus wird oft als Nietzsche-Archiv bezeichnet, obwohl die Archivbestände heute in verschiedenen Einrichtungen der **Klassik Stiftung Weimar** verwahrt werden.

■ Haus Hohe Pappeln

Der Entwurf für das 1907/08 errichtete Haus Hohe Pappeln an der Belvederer Allee stammt von Henry van de Velde, der es neun Jahre lang als Wohnhaus nutzte. Er entwickelte das Haus von innen nach außen nach dem Grundsatz ›Form folgt Funktion‹ als Gesamtkunstwerk. Jedes Zimmer hatte eine spezielle Funktion und einen festgelegten Platz im Gebäude.

■ Schloss Belvedere

Die herzogliche Sommerresidenz im Süden Weimars entstand zwischen 1724 und 1748. Umgeben ist der Gebäudekomplex um das Rokokoschloss von einem herrlichen, 43 Hektar großen **Park**. Es war der perfekte Ort für Goethe und Herzog Carl August, die hier ihrer Leidenschaft für pflanzenkundliche Studien nachgingen. Ergebnis ihrer Passion war unter anderem ein artenreicher Botanischer Garten. Nachdem 1811 Großfürstin Maria Pawlowna und ihr Gemahl Carl Friedrich das Schloss als ständigen Wohnsitz bekamen, kam der Russische Garten dazu. Im Schloss ist das **Museum für das Kunsthandwerk des 18. Jahrhunderts** untergebracht. Zum Fundus gehören vor allem Möbel, Porzellan und Waffen.

Vom Schloss aus kann man zum **Irrgarten**, der **Riesengrotte** oder dem **Waldspielplatz** an der Pfeifferquelle spazieren.

Die Figurengruppe ist ein Teil des Mahnmals Buchenwald

Schloss und Park Tiefurt

Östlich von Weimar, in einer Ilmschleife hinter dem Webicht-Wald, liegt Schloss Tiefurt. Das 1765 als Pächterhaus für das herzogliche Kammergut erbaute Gebäude wurde von 1776 als Wohnsitz für Mitglieder der Herzogsfamilie genutzt. Es erfolgten der Umbau zu einem Landschloss und die Anlage eines Landschaftsparks. Herzogin Anna Amalia erkor Tiefurt ab 1781 zu ihrem Sommersitz und verlegte somit auch das kulturelle und höfische Leben gleich mit hierher. Schloss und Park entwickelten sich zu einem Musenhof, alle geistigen und höfischen Größen gingen in den nächsten Jahrzehnten bei den Soireen und Theaterveranstaltungen in Tiefurt ein und aus. Auch Goethe und Schiller präsentierten hier ihre Stücke, Goethes ›Die Fischerin‹ etwa wurde 1782 im Schloss uraufgeführt. Mit der Plünderung und Verwüstung durch napoleonische Truppen 1806 und dem Tod Anna Amalias endete die Blütezeit von Tiefurt. Die Neugestaltung des beidseitig der Ilm verlaufenden 21 Hektar großen Parks erfolgte zwischen 1846 und 1850 durch Carl Eduard Petzold. Die Räumlichkeiten des Schlosses geben einen Eindruck in das höfische Leben der Zeit von Herzogin Anna Amalia zum Ende des 18. Jahrhunderts.

Was sich in **Schloss Kromsdorf** am anderen Ende des von Großherzogin Maria Pawlowna initiierten Promenadenweges in Zukunft entwickelt, bleibt abzuwarten. In **Schloss Denstedt** etwas weiter östlich kann man jetzt saunieren und das Fitnesscenter besuchen.

▶ Karte S. 179

Gedenkstätte Buchenwald

In nicht einmal zehn Kilometer Entfernung von einem der Glanzpunkte deutscher Kultur und Geschichte befindet sich eine Gedenkstätte für das dunkelste Kapitel deutscher Geschichte, die Gedenkstätte Buchenwald. Hier, auf dem Ettersberg, richtete die SS ab 1937 ein Arbeitslager ein, in dem bis Kriegsende etwa 278 000 Häftlinge inhaftiert wurden; 56 000 von ihnen starben: durch Misshandlungen und Erschießungen, Krankheiten und Haftbedingungen.

Es war eines der größten Lager auf deutschem Gebiet. Zunächst waren hier Deutsche inhaftiert, im Laufe des Krieges stieg der Anteil ausländischer Häftlinge stark an.

Organisiert war das Arbeitslager wie ein Großkonzern mit vielen Filialen. Buchenwald besaß insgesamt 139 Außenlager in Deutschland und sogar im Ausland. Die Häftlinge wurden hauptsächlich zur Arbeit in Rüstungsbetrieben gezwungen, Haft- und Arbeitsbedingungen waren katastrophal. US-Truppen erreichten Buchenwald am 11. April 1945 und befreiten die verbliebenen Häftlingen – einige tausend waren kurz zuvor von den Wachmannschaften auf sogenannte Todesmärsche geschickt worden. Von 1945 bis 1950 fungierten Teile der Anlage als sowjetisches Speziallager Nr. 2, in dem die sowjetische Besatzungsmacht vor allem NSDAP-Funktionäre und als Kriegsverbrecher Eingestufte Inhaftierte. 1958 wurden die Nationale Mahn- und Gedenkstätte (NMG) Buchenwald eingeweiht. In der Ausstellung und in den Kunstwerken wurde einerseits der kommunistische Widerstand überbetont, andererseits das Schicksal anderer Häftlingsgruppen kaum und die Geschichte des Lagers nach 1945 nicht thematisiert. Ab 1991 wurde eine umfassende Neukonzeption beschlossen und umgesetzt und auch der Name in Gedenkstätte Buchenwald geändert.

Diese Gedenkstätte ist das meistbesuchte Museum Thüringens und besteht unter anderem aus den Ausstellungen, dem SS-Bereich, den ehemaligen Häftlingslagern, dem Krematorium, den Arrestzellen, den Gräberfeldern des Speziallagers Nr. 2 sowie dem 1958 erbauten weithin sichtbaren Mahnmal an den Massengräbern am Ettersberg. Die im April 2016 neu eröffnete Dauerausstellung beschäftigt sich mit der Geschichte Buchenwalds zwischen 1937 und 1945 und zeigt Objekte des Lageralltags. Sie wurde von Überlebenden des Lagers mitgestaltet und ließ auch deren Erlebnisse einfließen. Diese wollten, so Direktor Volkhardt Knigge, »nicht bloß eine erkenntnisarme Darstellung von Leid und Gewalt«, sondern vermitteln helfen, wie es so weit kommen konnte und wie sich Ähnliches in Zukunft verhindern ließe.

Im Innenhof von Schloss Ettersburg

Nördlich und östlich von Weimar

Ettersburg

Die 1706 bis 1712 im Jagdrevier der Herzöge erbaute Ettersburg befindet sich im gleichnamigen Dorf am Nordrand des Ettersberges, unweit von der Gedenkstätte Buchenwald. 1740 kam als Vollendung der hufeisenförmigen barocken Anlage das **Neue Schloss** hinzu. Anna Amalia setzte auch hier die kulturellen Glanzpunkte, indem sie zwischen 1776 und 1780 in Ettersburg ihre Sommerresidenz hatte und ihre Abendkreise abhielt, bevor sie nach Tiefurt umzog. Ab 1842 ließ der Urenkel der Herzogin die **Gartenanlage** am Schloss und den **Landschaftspark** durch Carl Eduard Petzold gestalten. Auch Ideen von Pückler flossen dabei in die Gestaltung ein. Er schlug die Ausweitung der Schlossallee vor, die heute Pücklerschlag heißt. Die Ettersburg erlebte eine neue kulturelle Blüte. Auch heute dient die Ettersburg wieder der Bildung; es gibt es gibt Kulturveranstaltungen, ein Tagungshotel, Restaurant und Zimmer.
Im **Schafschurmuseum** im Dorf erklärt Herr Dormann Schafschurgerätschaften aus drei Jahrhunderten.

Weinberge am Ettersberg

Unweit von Schloss Ettersburg wird seit 2008, nach fast 150 Jahren Unterbrechung, wieder Wein angebaut. Prinz Georg zur Lippe leistete hier Pionierarbeit, verkaufte die Weinberge 2015 jedoch, weil sich ein Weingut mit eigenständiger Kellerei trotz zahlreicher vorgelegter Konzepte nicht realisieren ließ.

Heichelheim

▸ Karte S. 137

Thüringer Klöße von Hand herzustellen ist eine Kunst – Kloßteig ist nicht gleich Kloßteig – und eine Plackerei. Die Firma Heichelheimer im Ort Heichelheim stellt verschiedene Kloßarten her und hat um die Produktion herum die **Thüringer Kloßwelt** aufgebaut. Dazu zählt die Besichtigung der Herstellung, ein Kloßmuseum, verschiedene Kinderattraktionen wie ein Kochstudio und die längste PIKO-Modellbahn in Größe G, ein Café, ein Speiseeismuseum sowie eine DDR-Oldtimerausstellung.

Liebstedt

Die frühere **Zollburg** in Liebstedt mit ihrem dreifachen Wallgrabensystem ist über 1000 Jahre alt. Sie stellt im wörtlichen Sinn eine Durchgangsburg dar: Die Kupferstraße von Venedig nach Hamburg führte direkt durch die Anlage hindurch – einmalig in Mitteleuropa. Von 1331 bis zu ihrer Auflösung 1809 durch Napoleon war Liebstedt eine Komturei des Deutschen Ritterordens. Sie ist die einzige noch vollständig erhaltene thüringische Kreuzritterburg. Nachdem die Ordensburg-Gilde, die jahrelang das Museum betrieb und Veranstaltungen organisierte, im Zuge eines Verkaufs der Burg ausziehen musste, finden inzwischen vereinzelt wieder Events wie Mittelaltertag und Tag der offenen Burg statt.

Wielandgut

Sechs Jahre lang bewohnte der Dichter Christoph Martin Wieland ab 1797 das barocke Gut bei Oßmannstedt. Nach dem Tod seiner Frau Anna Dorothea und von Sophie Brentano zog er 1803 zurück nach Weimar, ließ sich 1813 jedoch im Gutspark Oßmannstedt, neben den beiden Frauen, begraben. Teile der Gartenanlage und Gebäude wie das Gutshaus, Brunnenhaus und die barocke Grotte sind noch erhalten.

Kapellendorf

Das zwischen Weimar und Jena gelegene Kapellendorf hat zwar nur 450 Einwohner, ist mit der Ersterwähnung im Jahr 833 – als ›Capellendorf‹ – allerdings einer der ältesten Orte Thüringens. Sein Prunkstück ist die in ihrem Zustand als Wehrburg aus der zweiten Hälfte des 14. Jahrhunderts überwiegend erhaltene **Wasserburg Kapellendorf**. Sie ist eine Nebeneinrichtung des Erfurter Stadtmuseums ›Haus zum Stockfisch‹. Die Ursprünge der Burg gehen auf das 12. Jahrhundert zurück. Sie diente ab 1348 dem Schutz der Erfurter Landbesitzungen. Strategisch wichtig zwischen Weimar und Jena gelegen, unterstrich sie als durch den König vergebenes Reichslehen zudem Erfurts Status als Quasi-Reichstadt. Von 1446 betraute die Stadt Erfurt den Ritter Apel Vitztum mit der Burg. Dieser etablierte ihren Ruf als Raubritterburg. Für Erfurt erwies sich diese Ernennung als Bumerang, mehrfach überfielen die Gebrüder Vitztum in der Folgezeit Erfurt. Als die streitsüchtigen Brüder im Oktober 1451 auch noch eine burgundische Hochzeitsgesandschaft auf ihrem Weg zum sächsischen Kurfürsten kidnappten und nach Kapellenhof entführten, war das Fass für alle Beteiligten endgültig übergelaufen. Die sächsischen Herzöge zogen gemeinsam mit Erfurt, Mühlhausen, Sangerhausen, Nordhausen und weiteren Verbündeten gegen die Burgen der Brüder. Im Dezember 1451 fiel auch die Kapellenburg. Die Burgunder konnten zu den Hochzeitsverhandlungen weiterreisen und die Burg wurde wieder direkt von Erfurt aus verwaltet. Bis 1508 war die Burg im Besitz der Stadt Erfurt, bis sie ins Eigentum der Wettiner überging. Diese richteten hier ihren Amtssitz mit Justiz- und Rentamt ein.

Der Charakter einer Wehrburg mit Torhaus, Wassergraben, Türmen, Mauern und Elementen der Inneneinrichtung wie der historischen Burgküche ist noch deutlich erkennbar. Während der Schlacht von Jena und Auerstedt im Oktober 1806 war die Burg Hauptquartier der preußischen Teilarmee unter Fürst von Hohenlohe-Ingelfingen. Das zwölf Meter hohe **Denkmal** (1907) auf dem Sperlingsberg erinnert an die in der Schlacht von 1806 Gefallenen.

Die Wasserburg bietet eine **Dauerausstellung** zur Kapellenburg und zur Entwicklung der Thüringer Burgen, Sonderschauen sowie ein sehr abwechslungsreiches Veranstaltungsprogramm mit Theateraufführungen, Ritterlager und Kulturabenden. Die Kurz- und Kleinkunstbühne Jena nutzt regelmäßig die Burg, um im Sommer unter offenem Himmel das ›Burghoftheater Kapellendorf‹ zu veranstalten.

Die **Dorfkirche** von Kapellendorf gehört zu den ältesten Gotteshäusern Thüringens.

Südlich von Weimar

Clemens Wenzeslaus Coudray, von 1816 bis 1845 Weimars oberster Baumeister, entwarf dieses von Herzog Carl August als Bade- und Kurhaus geplante Gebäude; 1825 wurde es eröffnet. Es wird heute meist **Coudray-Haus** genannt. **Bad Berka** sollte die Kurstadt Sachsen-Weimars werden. Goethe besuchte den Ort mit seinen Heilquellen häufig, daher gibt es hier einen Goethebrunnen. Noch heute nennt sich Bad Berka das ›Goethebad im Grünen‹. Die **Ausstellung Berkaer Badegeschichten** im Haus befasst sich mit Berkas Geschichte als Kurstadt.

■ Hohenfelden

Über 30 historisch und kulturell bedeutende Gebäude Mittelthüringens aus vier Jahrhunderten wurden zum **Freilichtmuseum Hohenfelden** zusammengetragen und verdeutlichen die Architektur und das Leben in früheren Zeiten. Unter

Die Talsperre Hohenfelden im Abendlicht

anderem stehen hier die älteste Windmühle Thüringens, eine Dorfschule und ein Dorfbrauhaus. Das Freilichtmuseum verfügt auch über eine Museumsgaststätte in der ›Einkehr zur alten Pfarre‹ und einen Limonadenpavillon.

Das Jahresprogramm umfasst Vorführungen, Aktionstage, Märkte und Spezialführungen. Rund 40 Handwerker präsentieren sich jedes Jahr Ende März auf dem ›Handwerkertag mit großem Museumsfest‹ und zeigen traditionelle historische Arbeitstechniken. Übers Jahr finden Veranstaltungen wie Käsemarkt, Oldtimertag und Erntefest statt. Beim ›Thüringer Schäfertag‹ stehen Thüringer Schafs- und Ziegenrassen im Mittelpunkt. Höhepunkt ist die Ermittlung des Landesmeisters unter den Thüringer Schäfern und ihren Hütehunden.

Die **Talsperre Hohenfelden** ist ein populäres Naherholungsziel. Die **Avenida-Therme** mit Saunalandschaft im mallorquinischen Stil liegt direkt an der Talsperre. Es gibt ein Innen- und ein Außenbad mit verschiedenen Attraktionen und Rutschen, einen Vulkan und Geysire und sogar ein Schiff.

▶ Karte S. 137

Auf der Talsperre Hohenfelde kann man auch Boot fahren. Die Verleihstation befindet sich am Freizeitpark unweit der Therme.

Kranichfeld

Durch die Zwei-Burgen-Stadt Kranichfeld führten entlang der Ilm bereits seit dem frühen Mittelalter wichtige Handelsstraßen. Die Region war strategisch wichtig und daher umstritten. Kranichfeld stand bis 1912 stand unter einer Doppelherrschaft und hat daher auch zwei Burgen. Das Mitte des 16. Jahrhunderts zum Renaissanceschloss umgebaute **Oberschloss** auf dem Schlossberg oberhalb der Ortschaft Kranichfeld wurde durch einen Großbrand 1934 weitgehend zerstört. Einige Teile der sich danach in SS-Besitz befindlichen Ruine wurden durch KZ-Häftlinge wieder aufgebaut. Seit den 1980er Jahren und vor allem seit der Übernahme durch die Stiftung Thüringer Schlösser und Gärten wird die Anlage Stück für Stück saniert. Der noch aus der Anfangszeit im 12. Jahrhundert stammende Dicke Turm ist ein beliebter Aussichtsturm. Weithin bekannt ist auch Leckarsch am Südwesterker. Am besten bildet sich jeder sein eigenes Bild, was es mit dieser Drolerie auf sich hat. Auf der Burg gibt es eine Ausstellung zur Geschichte der Anlage. Immer am Pfingstwochenende findet das große Burgfest mit Mittelaltermarkt statt.

Im Adler- und Falkenhof auf der **Niederburg** leben Greifvögel wie Uhu, Milan, Falke, Adler und Bussard. Besonders stolz ist man hier darauf, einen der weltweit seltensten Vögel präsentieren zu können: den Andenkondor. Es gibt regelmäßig Flugvorführungen, auf der Freilichtbühne an der Niederburg mit 1450 Plätzen finden verschiedene Veranstaltungen statt. In einem der ältesten Kranichfelder Gebäude, dem rund 350 Jahre alten Meyengut, wurde am 28. September 1840 der

Dichter Rudolf Baumbach geboren. Er verfasste Romane und Erzählungen, Gedichte und Märchen. Das Museum mit nettem Museumscafé heißt heute **Baumbachhaus** und präsentiert dessen Leben und Schaffen. Über das Jahr gibt es Konzerte und andere Veranstaltungen, beeindruckend ist die Linde vor dem Haus.

Tannroda

Östlich von Kranichfeld befindet das **Korbmachermuseum Tannroda**. Im Laubenganggebäude des Tannrodaer Schlosses erfährt man alles rund um dieses schöne Handwerk, kann Korbmacherwerkzeuge und am Sonnabend echte Korbmacher sehen.

Weimar und Umgebung

Vorwahl: 03643.

Touristinformation, Markt 10, Tel. 7450; Jan–März Mo–Fr 9.30–17.00, Sa/So 9.30–14 Uhr, April–Dez Mo–Sa 9.30–18, So 9.30–14 Uhr
www.weimar.de/tourismus

Bauhaus-Spaziergang, Bauhaus.Atelier, Geschwister-Scholl-Str. 6a, Tel. 583000; April–Okt. Di, Fr–So 13.30 Uhr ab Bauhaus-Museum, Theaterplatz 1, oder Mi, Fr/Sa 14 Uhr ab Bauhaus.Atelier, Innenhof des Hauptgebäudes der Universität, Geschwister-Scholl-Str. 6a. Nov.–März Fr–Sa 13.30 Uhr ab Bauhaus-Museum oder 14 Uhr ab Bauhaus Atelier. Anmeldung nicht erforderlich. Tickets gibt es bei der Touristinformation oder online unter www.weimar.de. www.uni-weimar.de

Pension La Casa dei Colori, Eisfeld 1a, Tel. 489640. Das moderne Haus der Farben im mediterranen Stil mitten in der Innenstadt passt sich gut in die historische Raumstruktur ein. Jedes der hellen Zimmer hat eine andere Farbe; EZ ab 70, DZ ab 80 €. www.casa-colori.de

Design Apartments Hier war Goethe nie, Fuldaer Str. 85, Tel. 0172/3646905. Wer die Einrichtung toll findet, kann vieles auch gleich kaufen. Die Gastgeber betreiben einen Laden in der Schillerstraße 22 und einen Onlineshop. 1 Pers. ab 69, 2 Pers. ab 79, 3 Pers. ab 89 €.
www.hier-war-goethe-nie.de

Romantik Hotel Dorotheenhof, Dorotheenhof 1. Tel. 4590. Romantik-Hotel in einem ehemaligen Anwesen mit eigenem Park. Zwei Restaurants und lauschige Terrassen, die gute Küche bietet auch Kochkurse an. Der Wellnessbereich besitzt 4 Saunen; EZ ab 55, DZ ab 70 €
www.wellnesshotel-weimar.de

Grand Hotel Russischer Hof, Goetheplatz 2, Tel. 7740. Klassisch und geschichtsträchtig nächtigen im über 200 Jahre alten Vier-Sterne-Hotel mit Sauna und kleinem Fitnessraum; EZ ab 110, DZ ab 125 €.
www.russischerhof-weimar.de

Familienhotel Weimar, Seifengasse 8, Tel. 4579888. Preisgekröntes Haus mit brillantem und stimmigem Konzept. Das ökologische Boutiquehotel aus Holz mit seinen Ferienwohnungen überzeugt durch Lage am Goethemuseum, Design, Funktionalität und vor allem Familienfreundlichkeit. Zur Entspannung der Kinder und somit auch ganzen Familie hat man sich viele tolle Sachen ausgedacht. So gibt es im guten Restaurant einen großen Spielbereich, auf dem Dach Spielplatz und Kräutergarten; FeWo ab 75 €.
www.familienhotel-weimar.de

Dorint Am Goethepark, Beethovenplatz 1–2, Tel. 872-0. Vier-Sterne-Haus mit Blick auf den Park an der Ilm, Zimmer im Bauhaus- und Jugendstil, geräumiges Ginkgo-Spa mit Saunabereich und Fitnessraum, gemütlicher Hotelpub und Lobbybar, freundliches Personal; EZ ab 85, DZ ab 97 €.
https://hotel-weimar.dorint.com

Hotel Pension am Goethehaus, Frauentorstr. 13, Tel. 516879. Modernes Haus mit freundlichem Personal, direkt am Frauenplan mit Blick aufs Goethe-Nationalmuseum; EZ ab 69, DZ ab 85 €.
www.pension-am-goethehaus.de

Hotel Amalienhof, Amalienstr. 2, Tel. 5490. Klassisch eingerichtetes Drei-Sterne-Haus mit gutem Frühstück, Bibliothek und Terrasse mit Aussicht; EZ ab 60, DZ ab 80 €. www.amalienhof-weimar.de

Hotel und Apartments Fürstenhof am Bauhaus, Rudolf-Breitscheid-Str. 2, Tel. 833231. Moderne Zimmer in Gründerzeitumfassung am alten Friedhof; EZ ab 59, DZ ab 79 €. www.hotel-fuerstenhof-weimar.de

Hotel Villa Hentzel, Bauhausstr. 12, Tel. 86580. Große, geschmackvoll gestaltete Zimmer, nur einen Katzensprung vom Park an der Ilm in einer schönen Ecke Weimars; EZ ab 70, DZ ab 85 €. www.hotel-villa-hentzel.de

Pension Villa Gisela, Wilhelm-Külz-Str. 35, Tel. 88680. Ruhige Zimmer mit Kühlschrank südwestlich der Innenstadt (20 Min.); EZ ab 42, DZ ab 55 €.

Hotel Elephant, Markt 19, Tel. 8020. Das zu den Luxury Collection Hotels gehörende traditionsreiche Haus hat schon viele Berühmtheiten beherbergt, elegant und klassisch im Stile des Art déco und Bauhauses ausgestattete Zimmer und mehrere gute gastronomische Einrichtungen wie das Sternerestaurant ›AnnA‹; EZ ab 109, DZ ab 124 €. www.hotelelephantweimar.de

Pension Refugium überm Schwansee, Herbststr. 7, Tel. 506075. In dieser Pension spürt man die Liebe zum Detail. In einer schönen ruhigen Gegend gelegen, ist man nach einem kurzen Spaziergang durch den Weimarhallenpark im Stadtzentrum. Im Sommer wird der Garten zum Kleintierzoo. Dann krabbeln hier die Schildkröten, Kaninchen und Meerschweinchen umher; Zi ab 66 €.

Labyrinth Hostel, Goetheplatz 6, Tel. 811822. Die beste unter den günstigen Übernachtungsmöglichkeiten in Weimar. Tolle Lage, guter Service und kunstvoll gestaltete Inneneinrichtung; Bett ab 14, EZ ab 30, DZ ab 42 €. www.weimar-hostel.com

▸ Karte S. 201

A&O Weimar, Hotel und Hostel, Buttelstedter Str. 27c, Tel. 49300. Das Haus liegt ein Stück hinterm Hauptbahnhof. Kinder unter 18 schlafen im Zimmer der Eltern umsonst; Bett ab 9, EZ ab 17, DZ ab 34 €. www.aohostels.com/de/weimar

Jugendherberge Am Ettersberg, Ettersburger Str. 300, Tel. 421111. Während die anderen Weimarer Jugendherbergen sich auf Kultur konzentrieren, ist man hier im Naturschutzgebiet Prinzenschneise eher auf Familienurlaub bedacht. Mit familienfreundlichen Zimmern sowie schönem Spiel- und Sportplatz; Bett ab 29, ab 27 Jahren ab 32 €. www.jugendherberge.de

Jugendherberge Maxim Gorki, Zum Wilden Graben 12, Tel. 850750; Bett ab 30, ab 27 Jahren ab 32 €. www.jugendherberge.de

Jugendherberge Am Poseckschen Garten, Humboldtstr. 17, Tel. 850792. Am Alten Friedhof in fußläufiger Lage zu allen Sehenswürdigkeiten; Bett ab 28 €, ab 27 Jahren ab 31 €. www.jugendherberge.de

Jugendherberge Germania, Carl-August-Allee 13, Tel. 850490. Zwischen Hauptbahnhof und Zentrum; Bett ab 29 €, ab 27 Jahren ab 31 €. www.jugendherberge.de

Camping Im Kleinen Gütchen, Hauptstr. 2a, Weimar/OT Tiefurt, Tel. 850121. Schöner kleiner Platz direkt an Tiefurter Schlosspark und Ilmtal-Radweg. Zelt ab 9,50, Wohnwagen ab 12,50, Wohnmobil ab 15,50 €. www.camping-weimar-tiefurt.de

Bad-Camp Ettersburg, Badteichweg 1, Weimar/OT Ettersburg, Tel. 493494. Kleiner Platz mit Freibad sowie Grill- und Feuerstelle. Zelt ab 11 €, Wohnwagen und Wohnmobil ab 12,50 €. www.camping-weimar.de

Campingplatz Oettern, Baumschulenweg 2a, Weimar/OT Oettern, Tel. 0160/6433121. Großer Campingplatz im Grünen mit Verpflegung. Zelt ab 9 €, Wohnwagen und Wohnmobil ab 11,50 €. www.camping-oettern.de

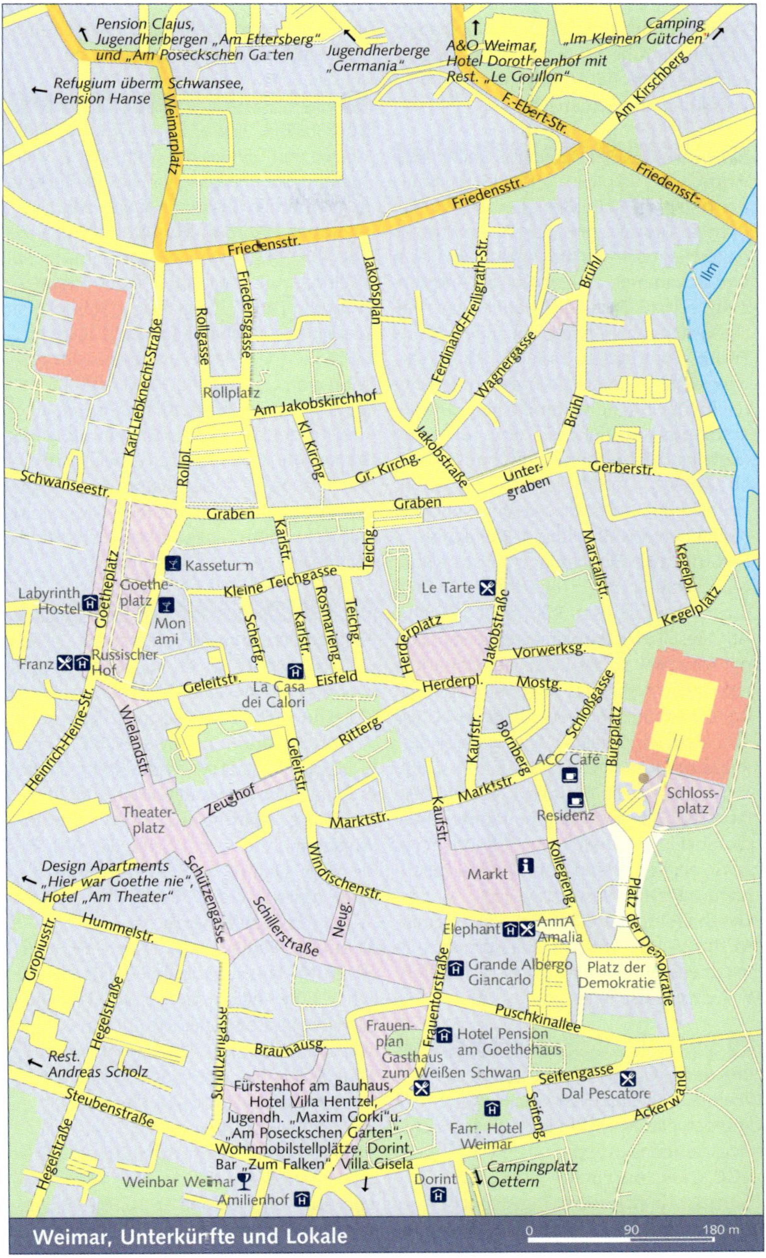

Weimar, Unterkünfte und Lokale

Wohnmobilstellplätze, Am Saunabad, In der Buttergrube 11, Tel. 953003. Gebührenfreier Platz für 10 Wohnmobile. www.saunabad-weimar.de

AnnA, Markt 19, Tel. 8020. Eines der besten in Thüringen. Die wohldurchdachten Gerichte sind ebenso meist regionaler Herkunft wie die riesige Weinkarte und bekommen zu recht hohe Anerkennung, seit 2019 allerdings ohne Guide-Michelin-Stern. www.hotelelephantweimar.de
Franz, Goetheplatz 2, Tel. 774814. Das ehemalige ›Anastasia‹ serviert nun österreichische Küche in modernem Grandambiente mit viel Holz und zeitlosem Mobiliar mit frischen, stylischen Farben.
Le Goullon, Dorotheenhof 1, Tel. 4590. Hochwertige und hochgepriesene Thüringer Küche. www.wellnesshotel-weimar.de
La Tarte, zwei Einrichtungen: Bistrot Français, Jakobstr. 5–7, Tel. 2117326; Café du Jardin, Jakobstr. 10, Tel. 2176310. Am Gesellschaftsgarten gelegenes Café mit Vinothek sowie Bistro auf der anderen Straßenseite. Das Angebot ist typisch französisch und von hoher handwerklicher und kreativer Qualität. www.latarte.eu
Restaurant Andreas Scholz, Prellerstraße 2 (im Hotel ›Alt Weimar‹), Tel. 86190. Der Chef des nach ihm benannten Restaurants kocht kreativ und auf hohem Niveau, ausgezeichnet vom Gault&Millau. restaurant-andreas-scholz.de
Gasthaus zum Weißen Schwan, Frauentorstr. 23, Tel. 908751. Speisen nach alten überlieferten Thüringischen Rezepten. www.weisserschwan.de

Residenz, Grüner Markt 4, Tel. 59408. Weimars ältestes Kaffeehaus, 1839 gegründet. Das Publikum ist recht gemischt. www.residenz-cafe.de
ACC Café, Burgplatz 1, Tel. 851161. Günstige und leckere Tagesgerichte im Kulturzentrum ACC. Sitzmöglichkeiten innen und außen; viele Ausstellungen und Veranstaltungen. www.acc-cafe.de

Zum Falken, Trierer Str. 7, Tel. 505566. Kneipe und DER Insider-Treffpunkt in Weimar mit Schachabenden, Live-Konzerten, gemeinsamen Tatortsonntagen etc..
Weinbar Weimar, Humboldtstraße 2, Tel. 4699533. Wunderbar gemütliche Weinbar mit über 100 offenen Weinen. Marcello Fabbri, langjähriger Sternekoch des Hotels Elephant, kredenzt jetzt hier seine 5-Gänge-Menüs. weinbar-weimar.de
Mon ami, Goetheplatz 11, Tel. 84770. Jugend- und Kulturzentrum mit Theater, Kino und Konzerten. www.monami-weimar.de
Kasseturm, Goetheplatz 10, Tel. 851670. Studentenclub in der historischen Stadtbefestigungsanlage, vielfältiges Programm mit Konzerten, Tanz und weiteren Veranstaltungen. www.kasseturm.de

Ginkgo-Museum, Windischenstr. 1, Tel. 805452; Mo–Fr 10–17, Sa/So 10–15 Uhr. www.ginkgomuseum.de
Goethe-Nationalmuseum, Frauenplan 1, Tel. 545400; Ende März–Okt. Di–So 9.30–18 Uhr, Nov.–Ende März Di–So 9.30–16 Uhr. www.klassik-stiftung.de
Schillers Wohnhaus und **Schiller-Museum**, Schillerstr. 12, Tel. 545400; Ende März–Okt. Di–So 9.30–18 Uhr, Nov.–Ende März Di–So 9.30–16 Uhr. www.klassik-stiftung.de
Weimar Haus, Schillerstr. 16, Tel. 901890; April–Sept. tgl. 9.30–18.30 Uhr, Okt.–März tgl. 9.30–18 Uhr. www.weimarhaus.de
Wittumspalais, Am Palais 3, Tel. 545400; Ende März–Okt. Di–So 10–18 Uhr, Nov.–Ende März Di–So 10–16 Uhr. www.klassik-stiftung.de
Palais Schardt, Scherfgasse 3, Tel. 902279; Jan.–März Fr–Sa 13–16 Uhr, April–Juni und Aug.–Okt. Di und Fr 16.30–18 Uhr. www.goethepavillon.de

▶ Karte S. 201

Pavillon-Presse – Druckgrafisches Museum, Scherfgasse 5, Tel. 53544; Mo u. Fr 13–17 Uhr. www.pavillon-presse.de
Haus am Horn, Am Horn 61, Tel. 545400; Ende März–Okt Mi–Mo 10–16 Uhr, Nov–Ende März Mi–Mo 10–16 Uhr. www.hausamhorn.de
Bauhausmuseum Weimar, Stéphane-Hessel-Platz 1, Tel. 545400; Mi–Mo 9.30–18 Uhr. www.bauhausmuseumweimar.de
Haus der Weimarer Republik – Forum für Demokratie, Theaterplatz 4, Tel. 827571. www.hdwr.d
Neues Museum Weimar, Jorge-Semprún-Platz 5, Tel. 545400; Anf. April–Anf. Juli Mo, Mi–So 10–18 Uhr. www.klassik-stiftung.de
Stadtmuseum Weimar, Karl-Liebknecht-Str. 5–9, Tel. 82600; Di–So 10–17 Uhr. www.stadtmuseum.weimar.de
Jakobskirchhof, Tel. 545400. www.klassik-stiftung.de
Kirms-Krackow-Haus, Jakobstr. 10, Tel. 036450 30460; Mitte April–Anf. Okt. Fr 14–17, Sa/So 11–17 Uhr, Garten ganzjährig ab 9 Uhr. www.thueringerschloesser.de
Herderkirche, Herderplatz, Tel. 903182; April–Okt. Mo–Fr 10–18, Sa 10–12 u. 14–18, So 11–12 u. 14–16 Uhr, Nov.–März Mo–Fr 10–12 u. 14–16, Sa 10–12 u. 14–17, So 11–12 u. 14–16 Uhr; im Sommer Kirchenführung Mo und Fr 17 Uhr, Altarführung Sa 16 Uhr, Turmführung Di 17 Uhr; im Winter Kirchenführung Mo und Fr 14 Uhr, Altarführung Sa 15 Uhr. www.ek-weimar.de
Stadtschloss, Burgplatz 4. Bis 2023 wegen Sanierungsmaßnahmen geschlossen.
Bastille; Di–So 10–17 Uhr.
Albert-Schweitzer-Gedenkstätte, Kegelplatz 4, Tel. 202739; Mai–Okt. 12–17 Uhr, Nov.–April 12–16 Uhr, zusätzl. ganzjährig jedes 1.Wochenende im Monat geöffnet. www.albert-schweitzer-komitee.de
Goethe- und Schiller-Archiv, Jenaer Str., Tel. 545266; Besichtigung zu den Öffnungszeiten des Archivs: Mo–Fr 8.30–18, Sa/So 11–16 Uhr. www.klassik-stiftung.de
Anna-Amalia-Bibliothek, Platz der Demokratie 1, Tel. 545400; Rokokosaal Di–So 9.30–14.30 Uhr, Renaissancesaal Ende März–Okt. Di–So 9–18 Uhr, Nov.–Ende März Di–So 9–17 Uhr. Limitierte Anzahl an Tagestickets an der Kasse ab 9 Uhr oder über Vorbestellung bei der Klassik Stiftung Weimar. www.klassik-stiftung.de
Goethes Gartenhaus, Park an der Ilm, Tel. 545400; Ende März–Okt. Di–So 10–18 Uhr, Nov.–Ende März Di–So 10–16 Uhr. www.klassik-stiftung.de
Römisches Haus, Park an der Ilm, Tel. 545400; Ende März–Okt. Mo, Mi–So 10–18 Uhr. www.klassik-stiftung.de
Deutsches Bienenmuseum, Tel. 4920401; April–Okt. Di–So 10–18 Uhr, Nov.–März Di–So 10–17 Uhr. bienenmuseum.lvthi.de
Liszt-Haus, Marienstr. 17 Tel. 545400; Ende März–Okt. Mo, Mi–So 10–18 Uhr, Nov.–Ende März Mo, Mi–So 10–16 Uhr. www.klassik-stiftung.de
Parkhöhle, Park an der Ilm, Am Liszt-Haus, Tel. 545400; Ende März–Okt. Mo, Mi–So 10–18 Uhr, Nov.–Ende März Mo, Mi–So 10–16 Uhr. www.klassik-stiftung.de
Museum für Ur- und Frühgeschichte, Humboldtstr. 11, Tel. 573223333; Di 9–18, Mi–Fr 9–17, Sa/So 10–17 Uhr. www.alt-thueringen.de
Historischer Friedhof, Am Poseckschen Garten, Tel. 545400; Nov.–Ende März Mo, Mi–So 10–16 Uhr, Ende März–Okt. Mo, Mi–So 10–18 Uhr. www.klassik-stiftung.de
Nietzsche-Archiv, Humboldtstr. 36, Weimar, Tel. 545400; Ende März–Okt. Mo, Mi–So 10–18 Uhr, Nov.–Ende März 10–16 Uhr. www.klassik-stiftung.de
Haus Hohe Pappeln, Belvederer Allee 58, Tel. 545400; Ende März–Okt. Mi–Mo 10–18 Uhr, Nov–Ende März Mi–Mo 10–16 Uhr. www.klassik-stiftung.de
Schloss Belvedere, Weimar-Belvedere, Tel. 545400; Park ganzjährig, Schloss Ende März–Okt. Di–So 11–18 Uhr, Orangerie und Pflanzensammlung Langes Haus Ende März–Ende Dez.–Ende März Fr–So

11–16 Uhr, Ende März–Mitte April Fr–So 11–17 Uhr. www.klassik-stiftung.de
Schloss Tiefurt, Hauptstr. 14, Tel. 545400; Ende März–Okt. Mo, Mi–So 11–17 Uhr. www.klassik-stiftung.de
Gedenkstätte Buchenwald, Tel. 430200; Außenanlagen tgl. geöffnet bis zum Einbruch der Dunkelheit. Museen: April–Okt. Di–So 10–18 Uhr, Nov.–März 10–16 Uhr, Torgebäude und Krematorium 10–15 Uhr. Vom Weimarer Stadtzentrum gelangt man mit der Buslinie Nr. 6 (Richtung Buchenwald, nicht Ettersberg) zur Gedenkstätte. www.buchenwald.de
Schloss Ettersburg, Am Schloss 1, Ettersburg, Tel. 7428420; ganzjährig frei zugänglich. www.schlossettersburg.de
Schafschurmuseum, Am Kessling 4, Ettersburg, Tel. 03643/779844 und 0175/9402620; Besuch nach Absprache.
Thüringer Kloßwelt, Hauptstr. 3, Heichelheim, Tel. 03643 4412223; Mo–Fr 9–16, Sa/So 11–16 Uhr.
www.thueringer-kloss-welt.de
Ordensburg Liebstedt, Berggasse 95, Tel. 036461/930372. www.burg-liebstedt.de
Wielandgut Oßmannstedt, Wielandstr., Oßmannstedt, Tel. 03643/545400; Wieland Museum Ende März–Okt. Mo, Mi–So 11–17 Uhr, Park ganzjährig geöffnet. www.klassik-stiftung,
www.gartenkultur-thueringen.de
Wasserburg Kapellendorf, Am Burgplatz 1, Tel. 036425/22485; Burgareal Mo 10–16, Di–So 10–17 Uhr, Museum Di–So 10–12 und 13–17 Uhr.
www.burg-kapellendorf.de
Coudray-Haus, Parkstr. 16, Bad Berka, Tel. 036458/5790; Fr–So 14–17 Uhr. www.bad-berka.de
Freilichtmuseum Hohenfelden, Im Dorfe 63, Tel. 036450/43918; April–Okt. tgl. 10–18 Uhr, Nov.–Dez. Mi–So 11–17 Uhr, Feb.–März Sa/So 11–17 Uhr. Von Nov.–März sind nur die alte Pfarre mit der Ausstellung sowie die Dorfschule geöffnet. Das Gelände am Eichenberg kann in dieser Zeit nicht besichtigt werden.
www.freilichtmuseum-hohenfelden.de
Korbmachermuseum, Lindenberg 9, Bad Berka/OT Tannroda, Tel. 036450/43936; Ende April–Mitte Okt. Sa/So 14–16 Uhr.
www.thüringer-korbmachermuseum.de
Oberschloss Kranichfeld, Tel. 036450/30460 oder Förderverein unter Tel. 036450/30243; März–April und Nov. Di–So 10–16 Uhr, Mai–Okt. Di–Fr 10–17, Sa/So 10–18 Uhr. www.oberschloss-kranichfeld.de,
www.thueringerschloesser.de
Falkenhof Kranichfeld, Niederburg, Schloßgasse 18/Auenweg, Kranichfeld, Tel. 036450/44191; Flugschauen April–Okt. Di–So 15–16 Uhr.
www.falkenhof-kranichfeld.de
Baumbachhaus Kranichfeld, Rudolf-Baumbauch-Platz 1, Kranichfeld, Tel. 036450/39669; Di–So 14–17 Uhr.
www.baumbachhaus-kranichfeld.de
Ehringsdorfer Brauerei-Museum, Hainweg 13, Tel. 8760, Brauerei mit Führungen und Brauseminaren; Di und Do 11–16 Uhr.
www.ehringsdorfer.de

Zwiebelmarkt Weimar (2. Oktoberwochenende), als Viehe- und Zippelmarckt 1653 erstmalig erwähnt, heute eines der größten Thüringer Volksfeste. Über zehn Bühnen mit umfangreichem Kulturprogramm, 600 Stände, rund 300 000 Besucher. Natürlich bekommt man an jeder Ecke die traditionellen Zwiebelzöpfe, Zwiebelkuchen und Zwiebelfleisch. Es gibt eine Zwiebelkönigin, Riesenrad, Feuerwerk und einen Mittelaltermarkt. Auch der Weimarer Stadtlauf findet im Rahmen des Zwiebelmarktes statt.
Deutsches Nationaltheater und Staatskapelle Weimar, Tel. 755334, Spielstätten: Großes Haus, Theaterplatz 2; E-Werk, Am Kirschberg 4. Mit der Staatskapelle Weimar unterhält das Nationaltheater das einzige A-Orchester Thüringens.
www.nationaltheater-weimar.de
Weimarhalle, UNESCO-Platz 1, Tel. 745100. Die 1999 anstelle des 1932 errichteten Vorgängerbaus von Meinhardt Gerkan Architekten neu errichtete Halle

▶ Karte S. 201

ist der Hauptveranstaltungsort Weimars mit einem breiten Spektrum an Veranstaltungen. www.weimarhalle.de

KöstritzerSpiegelzelt, Tel. 776941. Theater, Kabarett und Musik in besonderer Atmosphäre. www.koestritzer-spiegelzelt.de

Theater im Gewölbe, Markt 11–12, Tel. 777377. Theater im Cranachhaus. Thematischer Schwerpunkt des Privattheaters ist die Zeit der Klassik in Weimar. www.theater-im-gewoelbe.de

Palais Schardt, Scherfgasse 3, Tel. 902279. Musik, Theater, Literaturveranstaltungen. www.goethepavillon.de

DAS Jugendtheater im Stellwerk, Schopenhauerstr. 2, Tel. 490800. Junges Theater Weimar am Hauptbahnhof. www.stellwerk-weimar.de

Galli Theater, Windische Str. 4–6 (im Restaurant ›Shakespeare‹), Tel. 778251. Programm mit Märchen für Kinder, aber auch Erwachsene. www.galli-weimar.de

Kabarett SinnFlut, Theaterplatz 2a, Tel. Tel. 779386. Überwiegend politisches Kabarett mit Eigenproduktionen und Gastauftritten. www.kabarett-sinnflut.de

Lichthaus-Kino, Am Kirschberg 4. Programmkino im ehemaligen Straßenbahndepot. www.lichthaus-info.de

Weimarer Sommer. Geballte Kultur: zahlreiche Veranstaltungen wie die Open-Air-Konzerte auf der Seebühne, Straßenfeste, Festivals, Sommertheater, Ausstellungen und die Theaterferien. Zahlreiche Restaurants der Stadt bieten spezielle Menüs an. www.weimarer-sommer.de

Kunstfest Weimar. Das Festival für zeitgenössische Künste ist ein Teil des Weimarer Sommer. www.kunstfest-weimar.de

Zwiebelmarkt; Fr–So am zweiten Oktoberwochenende in der gesamten Innenstadt. Der Markt beginnt am Freitag um 12 Uhr mit dem traditionellen Zwiebelkuchenanschnitt. www.weimar.de

Yiddish Summer Weimar, Tel. 858310. Die Veranstaltung ist das größte jiddische Kulturfestival Europas. Rund um die Festivalwoche Anfang August gibt es Musik, Tanz, und Theater und jede Menge Workshops. www.yiddishsummer.eu

Weimarer Frühjahrstage der zeitgenössischen Musik. Schwerpunkte dieses Festivals sind internationale Kompositionswettbewerbe für Orchester und Kammermusik sowie Konzerte der aktuellen klassischen Musikszene. www.via-nova-ev.de

Goethewanderweg von Weimar nach Großkochberg (→ Schiefergebirge)

Fahrradverleih:

Grüne Liga, Goetheplatz 9b, Tel. 492796. Günstiger Fahrradverleih im Innenhof, zugänglich vom Rollplatz. www.gruenelige-thueringen.de

Touristinformation, s.o.

Avenida Therme, Am Stausee 1, Tel. 036450/4490. www.avenida-therme.de

Saunabad, In der Buttergrube 11, Tel. 953003. Saunalandschaft. www.saunabad-weimar.de

Spa & Golf Resort Weimarer Land, Weimarer Str. 60, Blankenhain, Tel. 036459/61640. 36-Loch-Anlage, 2013 als ›bester neuer Golfplatz Deutschlands‹ ausgezeichnet. Mit stilvollem On-Course-Hotel und 2500 m² großer Lindentherme, großes Angebot für Kinder. www.golfresort-weimarerland.de

Thüringer Spezialitätenmarkt, Kaufstr. 9, Tel. 204670. www.thueringer-spezialitaeten.de.

Kindererlebniswelt Andilli, Weimar Atrium, Tel. 03643/775690. Während die Eltern einkaufen, können sich die Kinder hier wunderbar austoben. www.andilli-kindererlebniswelt.de

Jena

Wenige andere Städte Ostdeutschlands haben die Wende so erfolgreich gemeistert wie Jena. Die moderne boomende Universitätsstadt knüpft an ihr seit Jahrhunderten bestehendes Prinzip aus Kreativität, Erfindergeist, Innovationskraft und Kunstsinnigkeit an. Forschung und Wissenschaft waren schon früh die Motoren der Jenaer Stadtentwicklung. Diese wirtschaftlich so erfreuliche Entwicklung hat Auswirkungen auf die Stadtplanung: Um die wenigen verbliebenen Freiflächen wird hart gekämpft, stellen sie doch das letzte Bauland in dem von allen Seiten von Muschelkalkbergen eingeklemmten Saaletal dar. Bauland ist in Jena äußerst knapp, daher sind die Grundstückspreise entsprechend hoch. Die Mieten stiegen in den letzten Jahren zweistellig.

Die Friedrich-Schiller-Universität bestimmte und bestimmt wie wohl nur noch Carl Zeiss und Jenoptik die Entwicklung und das Leben der Stadt. Bereits 1527 sowie 1533 kam Jena mit einer Universität in Berührung. Damals verlegte man wegen der Pest die Universität Wittenberg hierher. Mit der Niederlage im Schmalkaldischen Krieg hatte Johann Friedrich I. neben der Kurwürde und großen Territorien auch die Universität Wittenberg verloren. Daraufhin wurde im Jahr 1548 auf seine Initiative in Jena eine neue Hohe Schule eröffnet, die zehn Jahre später den Status einer Universität erhielt. Dabei war dieses ›neue Wittenberg‹ von Anfang an territorialübergreifend angelegt, also als Gemeinschaftsbildungsstätte des gesamten ernestinischen Herrschaftsbereiches. Heute hat Jena eine der höchsten Akademikerdichten Deutschlands: etwa 24 000 Studierende bei rund 110 000 Einwohnern insgesamt.

▶ Karte S. 208

Carl Zeiss, der Physiker Ernst Abbe sowie Otto Schott legten die Grundlagen für das heutige Wirtschaftscluster. Zeiss begann in seinem Unternehmen mit dem Bau von Mikroskopen, Abbe schaffte die theoretischen Grundlagen zu deren Verbesserung und Schott stellte die optischen Gläser her. In deren Umfeld siedelten sich weitere Forschungsinstitute und forschungsintensive Branchen an.

Persönlichkeiten wie Clemens Brentano, Johan Gottlieb Fichte, Friedrich Hegel, Friedrich Hölderlin, die Gebrüder Wilhelm und Alexander von Humboldt, Carl Leonhard Reinhold, Ludwig Tieck, Friedrich Wilhelm Joseph Schelling, Friedrich Schiller, Caroline Schlegel und Friedrich von Hardenberg lebten und lehrten Ende des 18., Anfang des 19. Jahrhunderts hier und machten Jena zu dieser Zeit mit seinen gerade einmal 4500 Einwohnern zwischen 1785 und 1803 zu einem geistigen Zentrum Deutschlands und Europas. Goethe hielt sich oft hier auf, Schiller wohnte am Stück zehn Jahre hier, so lange wie an keinem anderen Ort. Die Romantik hat in dieser Stadt gewissermaßen ihren Ursprung, Jena war die ›Hauptstadt‹ der Frühromantik.

Am 12. Juni 1815 wurde in Gasthaus ›Zur Grünen Tanne‹ in Jena die erste deutsche Burschenschaft gegründet, die Jenaer Urburschenschaft. In Anlehnung an das Lützowsche Freikorps, in dem viele Studenten in den Befreiungskriegen gegen Napoleon kämpften, gaben sie sich die Farben Schwarz-Rot-Gold.

Trotz wechselnder territorialer Zugehörigkeiten herrschte zwischen Weimar und Jena immer eine Symbiose. Die eine Stadt war für die Kultur und das Regieren zuständig, die andere für die Bildung, Wissenschaft und Forschung.

Der JenTower, das Wahrzeichen Jenas

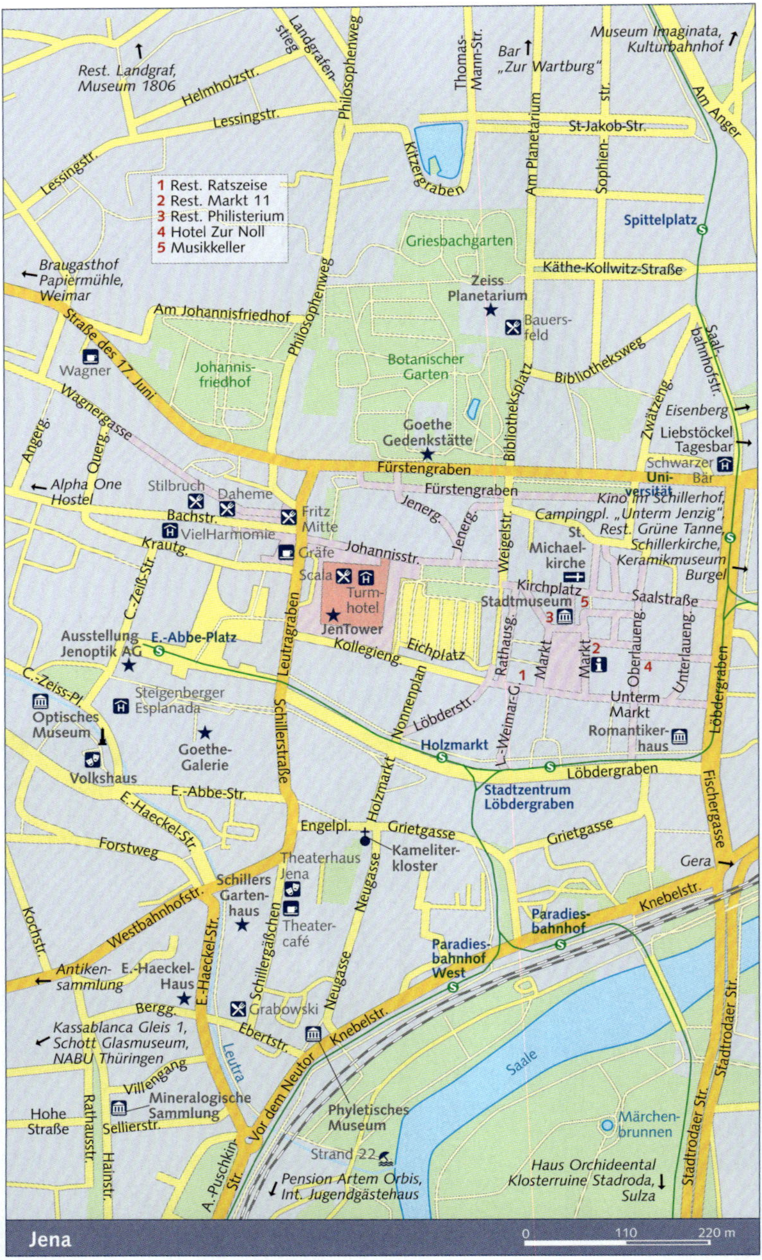
1 Rest. Ratszeise
2 Rest. Markt 11
3 Rest. Philisterium
4 Hotel Zur Noll
5 Musikkeller
Rest. Landgraf, Museum 1806
Bar „Zur Wartburg"
Museum Imaginata, Kulturbahnhof
Braugasthof Papiermühle, Weimar
Helmholtzstr.
Lessingstr.
Landgrafenstieg
Philosophenweg
Thomas-Mann-Str.
Am Anger
St-Jakob-Str.
Kitzergraben
Am Planetarium
Sophienstr.
Spittelplatz
Griesbachgarten
Käthe-Kollwitz-Straße
Zeiss Planetarium
Bauersfeld
Am Johannisfriedhof
Straße des 17. Juni
Wagner
Johannisfriedhof
Botanischer Garten
Bibliotheksweg
Saalbahnhofstr.
Bibliotheksplatz
Wagnergasse
Angerg.
Querg.
Goethe Gedenkstätte
Zwätzeng.
Eisenberg
Liebstöckel Tagesbar
Schwarzer Bär
Fürstengraben
Uni-versität
Alpha One Hostel
Stilbruch
Daheme
Jenerg.
Kino im Schillerhof, Campingpl. „Unterm Jenzig", Rest. Grüne Tanne, Schillerkirche, Keramikmuseum Burgel
Bachstr.
Fritz Mitte
VielHarmonie
Krautg.
Gräfe
Johannisstr.
Weigelstr.
St. Michaelkirche
C.-Zeiß-Str.
Scala
Turmhotel
Kirchplatz
Stadtmuseum
Saalstraße
JenTower
Leutragraben
Ausstellung Jenoptik AG
E.-Abbe-Platz
Kollegieng.
Eichplatz
Rathausg.
Markt
Oberlaueng.
Unterlaueng.
Löbdergraben
C.-Zeiss-Pl.
Optisches Museum
Steigenberger Esplanada
Schillerstraße
Nonnenplan
Löbderstr.
L.-Weimar-C.
Unterm Markt
Romantikerhaus
Goethe-Galerie
Volkshaus
Holzmarkt
Stadtzentrum Löbdergraben
E.-Abbe-Str.
E.-Haeckel-Str.
Engelpl.
Grietgasse
Fischergasse
Forstweg
Kameliterkloster
Theaterhaus Jena
Gera
Schillers Gartenhaus
Neugasse
Knebelstr.
Kochstr.
Westbahnhofstr.
Theatercafé
Paradiesbahnhof
Paradiesbahnhof West
Schillergäßchen
Antikensammlung
E.-Haeckel-Haus
Bergg.
Grabowski
Kassablanca Gleis 1, Schott Glasmuseum, NABU Thüringen
Ebertstr.
Leutra
Saale
Stadtrodaer Str.
Villengang
Mineralogische Sammlung
Vor dem Neutor
Phyletisches Museum
Hohe Straße
Rathausstr.
Sellierstr.
Märchenbrunnen
Strand 22
Haus Orchideental Klosterruine Stadroda, Sulza
Hainstr.
A.-Puschkin-Str.
Pension Artem Orbis, Int. Jugendgästehaus
Jena
0 110 220 m

Erst in diesem Zusammenspiel erschließen sich Weimar und Jena. Diese gegenseitige Ergänzung ist heute noch sichtbar.

Sehenswürdigkeiten

Jena ist eine fragmentierte Stadt. Im Zweiten Weltkrieg erlitt das Zentrum schwere Schäden, und zu DDR-Zeiten wurde ein Teil der erhalten gebliebenen historischen Bebauung abgerissen, vor allem rund um den Eichplatz. Das Zen-trum stellt sich als eine Mischung aus historischer Bebauung, Industriegebäuden wie dem zur ›Goethe-Galerie‹ umgebauten ehemaligen Hauptwerk von Zeiss, DDR-Architektur wie dem im Wortsinn überragenden JenTower und Brachflächen dar. Ob und wie diese Freiflächen wieder bebaut werden sollen, ist derzeit Gegenstand lebhafter städtischer Diskussionen. Die Saale fließt – ein wenig stiefmütterlich behandelt, fast unbemerkt – am Stadtzentrum vorbei. Die Saale lag außerhalb der Stadtmauern, und bis heute hat sich die Stadt dem Fluss nicht wirklich geöffnet.

■ Markt

Der Markt mit dem ab 1365 erstmals genannten **Rathaus** mit der Replik des berühmten **Schnapphans** auf der Rathausuhr (→ Stadtmuseum) sowie die unmittelbar nördlich und östlich anschließenden Straßen sind der historisch am vollständigsten erhaltene Teil Jenas.

Die Stadtkirche **St. Michael** ist dem Schutzpatron Jenas gewidmet. Mitten auf dem Marktplatz steht der **Hanfried**. So wird in Jena der sächsische Kurfürst Johann Friedrich I. genannt, der als Folge der Niederlage im Schmalkaldischen Krieg die Kurwürde an die Albertiner verlor. Damit einher ging auch der Verlust der Universität Wittenberg. Als Folge dessen gründete der Kurfürst eine neue Hochschule, die Universität Jena.

■ Stadtmuseum und Kunstsammlung

Im Haus ›Alte Göhre‹ sind das **Stadtmuseum** und die Kunstsammlung untergebracht. Bereits dessen spät- und neogotischen Gebäude sind an sich schon einen Besuch wert. Ein Höhepunkt der Dauerausstellung ist das Stadtmodell von Jena um 1500. Spannend, allerdings mit viel Lesen verbunden, sind die im Treppenhaus vom Keller bis zum Obergeschoss führenden Zeitstrahlen, die die Jenaer, Thüringer und europäische Geschichte zusammenbringen.

Das Jenaer Stadtmuseum setzt seit 1990 einen Sammlungsschwerpunkt auf das Burgauer Porzellan. Die von 1901 bestehende Porzellan-Manufaktur Burgau an der Saale gestaltete bis zu ihrer Auflösung 1929 zahlreiche Designklassiker vom Jugendstil bis zum Art déco. Henry van de Velde entwarf 1914 für sie ein Tee- und Kaffeeservice. Allerdings ging dieses aufgrund des Ersten Weltkrieges nie in Serienproduktion. Als Museumsreplik ist es allerdings heutzutage wieder erhältlich.

Der Schnapphans im Stadtmuseum

Der hübsche Markt mit dem Rathaus

Intensiv wird in der Ausstellung auch auf die ›Sieben Wunder von Jena‹ eingegangen. Dazu gehören der Schnapphans, der siebenköpfige Drache, die Camsdorfer Brücke, Jenzig, Fuchsturm, das Weigelsche Haus und der Altardurchgang in der Michaelskirche.

Die relativ junge Jenaer **Kunstsammlung** beschäftigt sich in wechselnden Ausstellungen schwerpunktmäßig mit Gegenwartskunst. Präsentiert werden Kunstwerke der internationalen klassischen Moderne, Werke der DDR sowie thematische und einzelnen Künstlern gewidmete Schauen.

■ Romantikerhaus

Das Romantikerhaus ist das dritte städtische Museum und befindet sich im ehemaligen Wohnhaus von Johann Gottlieb Fichte. Es wurde 1669 erbaut. Thematisch kreist in diesem Literaturmuseum alles um die Frühromantik, die ja sozusagen in Jena entstand. Beleuchtet werden die historischen, kulturellen und geistigen Voraussetzungen für die Entstehung der Epoche, das geistige Leben zur Zeit der Romantik selbst sowie deren Verschmelzung mit anderen Lebensbereichen.

■ Sankt-Michael-Kirche

In der dem Stadtheiligen geweihten, spätgotischen Sankt-Michael-Kirche befindet sich die originale **Grabplatte Martin Luthers**. Lukas Cranach lieferte dafür die Vorlage. Durch den Schmalkaldischen Krieg gelangte das Original nie, wie eigentlich geplant, nach Wittenberg. Vom 80 Meter hohen **Turm** kann man sich eine gute Übersicht über Jena verschaffen. Hinter dem **JenTower**, dem höchsten Gebäude der Stadt mit dem zweithöchsten Hotel Deutschlands und dem besten Ausblick auf die Stadt, stehen mit **Johannistor und Pulverturm** Reste der mittelalterlichen Stadtbefestigung. Auch hier kann man hoch.

■ Botanischer Garten

Der Botanische Garten wurde 1586 gegründet und ist nach Leipzig der zweitälteste in Deutschland. Bedeutende Persönlichkeiten waren hier tätig, die berühmteste ist natürlich wieder einmal

▲ Karte S. 208

Goethe. Er wies 1794 den Bau mehrerer Gewächshäuser und des Inspektorhauses an und war an seiner Anlage nach morphologisch-systematischen Kriterien beteiligt. Im Botanischen Garten steht ein Goethe-Ginkgo. Der zwischen 1792 und 1794 gepflanzte Baum ist der älteste Ginkgo Thüringens. Insgesamt präsentieren sich auf der relativ überschaubaren Fläche von 4,5 Hektar 900 Gehölzsorten. Artenreichstes Areal ist das Alpinum mit etwa 2000 Arten. Im **Teich** sowie den fünf **Gewächshäusern** wohnen zudem Baumsteigerfrösche, Unken und Fische wie etwa Piranhas. Besonders interessant ist auch der **Nutz- und Heilpflanzengarten**.

Zwischen Goethe, dem in Jena wohnenden Schiller und der hiesigen Universität gab es eine enge Beziehung, und Goethe hielt sich oft und dann länger in Jena auf; insgesamt fünf Jahre. Im Inspektorhaus des Botanischen Gartens ist eine kleine **Ausstellung** zu Goethe und seinem wissenschaftlichen Wirken in Jena untergebracht. Diese ist derzeit allerdings bis auf Weiteres geschlossen und ihre Zukunft ungewiss.

Zeiss-Planetarium

Das Zeiss-Planetarium, ein rundes Gebäude mit großer Kuppel, befindet sich direkt hinter dem Botanischen Garten. Es wurde 1926 eröffnet und ist eines der Wahrzeichen Jenas. Das Planetarium wurde immer wieder erweitert und auf den neuesten technischen Stand gebracht. Der Veranstaltungskalender ›eines der bekanntesten Sternensäle Europas‹ – Eigenaussage – ist prall gefüllt; es gibt Programme zum Weltall, Mondscheindinner im Kuppelsaal, Kinovorführungen, Shows, Musicals, Konzerte, Märchenvorstellungen – eben alles, was man mit einer 360-Grad-Kuppel, Projektionstechnik und Lasern anstellen kann. Zum Planetarium gehört auch das stilvolle Restaurant ›Bauersfeld‹ mit Lounge im Art-déco-Stil und Piano-Abenden, Kaminzimmer, Palmengarten und Galerie.

Johannisfriedhof

Der historische Johannisfriedhof liegt neben dem Botanischen Garten und ist mit über 700 Jahren der älteste Friedhof Thüringens. Hier befinden sich unter anderem die Gräber von Carl Zeiss,

Die Wagnerstraße bildet zusammen mit der Johannisstraße die Ausgehmeile Jenas

Das Ernst-Abbe-Hochhaus, davor das Ernst-Abbe-Denkmal

Johanna Schopenhauer, Karl Ludwig von Knebel oder Carl Friedrich Ernst Frommann. Für den Bau der Fernstraße nach Weimar wurde der südliche Teil des Friedhofs 1938 verkleinert. Bis dahin reichte er bis zur Wagnerstraße und schloss die Kirche St. Johann Baptist mit ein. Seit 1947 finden auf dem Friedhof keine Begräbnisse mehr statt, seit 1978 wird die Anlage als Park genutzt. Das Areal um die barocke **Friedenskirche** steht unter Denkmalschutz.

Wagnergasse

Die Wagnergasse ist die Kneipenstraße von Jena. Hier reiht sich eine Kneipe und Gaststätte an die nächste, das Flair ist mediterran. Es gibt tolle individuelle Läden, bei ›Fritz Mitte‹ stehen die Leute nach Pommes Frites und Currywurst Schlange.

▸ Karte S. 208

Goethe-Galerie

Die Goethe-Galerie, das größte Einkaufszentrum Jenas, ist vor allem durch die Integration der historischen Gebäude des ehemaligen Zeiss-Hauptwerks interessant. Dazu gehört auch das **Ernst-Abbe-Hochhaus** mit seinem Skulpturen- und Fassadenschmuck. Das 66 Meter hohe Gebäude wurde 1934/35 errichtet und ist heute Sitz der Jenoptik-Hauptverwaltung. In ihm finden die ›tangente‹-Kunstausstellungen statt. Hier befindet sich auch eine Produktausstellung zum Thema ›Was macht Jenoptik?‹. In der Galerie stehen interessante Exponate wie ein Carl-Zeiss-Teleskop.

Ernst-Abbe-Denkmal

Der zu Ehren von Ernst Abbe von Henry van de Velde entworfene Gedenkpavillon steht direkt vor dem Optischen Museum und dem Volkshaus auf dem Carl-Zeiss-Platz. Ernst Abbe war Wissenschaftler, Unternehmer und Hochschullehrer. Er begann 1866 für Zeiss zu arbeiten und schuf die Grundlagen für einen wissenschaftlich fundierten Mikroskopebau. Ab 1870 war er Professor für Physik und Mathematik an der Universität Jena, zwischen 1878 bis 1900 auch Direktor der Sternwarte. Er führte nach dem Tod von Carl Zeiss das Unternehmen und gründete die Carl-Zeiss-Stiftung. Diese engagierte sich unter Abbes Führung auch im sozialen Bereich, wovon unter anderem das Volkshaus zeugt.
Es gibt in Jena noch ein weiteres Ernst-Abbe-Denkmal: am Fürstengraben.

Volkshaus Jena

Neben dem Optischen Museum steht das Volkshaus Jena. Ernst Abbe persönlich hatte sich damals vehement für den Bau einer solchen Einrichtung eingesetzt, die allen offen stehen sollte. Der Veranstaltungskalender des 1903 eröffneten Gebäudes ist prall gefüllt und vielfältig. Von Lesungen, Tanzaufführungen über Theaterstücke bis Musik kann man hier nahezu alles erleben. Das Gebäude ist Heimstätte der Jenaer Philharmonie. Zu DDR-Zeiten diente das Gebäude dem VEB Carl Zeiss Jena als Kulturhaus. Im Volkshaus befindet sich auch die Ernst-Abbe-Bücherei.

Optisches Museum

Zeiss, Abbe und Schott prägten die Industriegeschichte der Stadt Jena und die Entwicklung der optischen Industrie in Deutschland. Diese Bedeutung vermittelt das Optische Museum. Die aufsehenerregende ›Schatzkammer der Optik‹ umfasst beispielsweise 400 Jahre Geschichte der Mikroskopie, historische Fernrohre und -gläser oder Brillen aus sieben Jahrhunderten. Die Brillensammlung ist eine der größten in Europa. Erzählt wird auch die Geschichte der Unternehmen Carl Zeiss und Schott sowie ihrer Hauptprotagonisten. So gibt es etwa einen Nachbau der historischen optisch-mechanischen Werkstatt von Zeiss. Man ist um den Titel ›Deutsches Optisches Museum‹ bemüht und möchte auch die etwas angestaubte Sammlungspräsentation überarbeiten.

Karmeliterkloster

Am recht stark befahrenen Engelsplatz beim Theater stand bis 1655 das Karmeliterkloster. Nach dessen Säkularisierung ließ der Kurfürst 1550 eine Druckerei einrichten, in der auch die Jenaer Lutherausgabe verlegt wurde. Die Dimensionen des ehemaligen Klosterareals sind heute kenntlich gemacht und seine zwei noch vorhandenen Räume – Sakristei und Kapitelsaal – beherbergen die **Ausstellung zur Klostergeschichte und der Jenaer Lutherbibel**.

Theaterhaus Jena

Die Geschichte des Theaters ist äußerst spannend. Das 1922 von Walter Gropius umgebaute Theaterhaus wurde anlässlich einer bevorstehenden Sanierung 1986 teilweise gesprengt. Dann ging Jena das Geld aus. 1991 begann man

Das Volkshaus beherbergt unter anderem eine Bücherei

Die Mitte

Die Gartenzinne in Schillers Garten ist ein detailgetreuer Nachbau des Originals

mit einem kleinen Ensemble aus Absolventen der Berliner Ernst-Busch-Schauspielschule und Nachwuchsregisseuren im übrig gebliebenen Bühnenhaus der Jenaer Stadttheater-Ruine. Durch Qualität und Arbeit, Alternatives und Gewagtes erwarb man sich bald den Ruf, ›Deutschlands kreativste Ruine‹ zu sein. Experimentell, arbeitsam und kreativ ist man noch immer. Man zeigt freie Produktionen, setzt Improvisationsprojekte um, kooperiert mit anderen Häusern der Freien Szene und richtet die Auftaktveranstaltung der ›Kulturarena‹ aus, das ›Open-Air-Sommerspektakel‹. Im Juli und August, wenn die Sonne lange scheint und das Leben draußen stattfindet, erreicht das kulturelle Leben Jenas seinen Höhepunkt. Der Theatervorplatz wird dann zur Bühne. Das Programm umfasst Konzerte, Theater und Filme.

Theater, Außengelände und Nebengebäude stehen inzwischen stabil da.

Schillers Gartenhaus

Direkt gegenüber von dem Theater liegt Schillers Gartenhaus. Schiller nahm 1789 einen Lehrauftrag an der Universität Jena an, 1797 erwarb er das Gartenhaus und bewohnte es mit seiner Familie drei Sommer lang. 1799 zog er schließlich endgültig nach Weimar um. 1801 kam er nochmals für ein paar Wochen hierher, um an seinem Stück ›Die Jungfrau von Orleans‹ zu schreiben. 1802 verkaufte Schiller sein Anwesen.

▶ Karte S. 208

Im Erdgeschoss gibt es eine Ausstellung zu Schillers Jahren in Jena und zum Gartenhaus. Die oberen beiden Etagen sind der damaligen Wohnung der Schillers originalgetreu nachempfunden. Kubatur, Farbgebung und Tapeten entsprechen größtenteils dem Originalzustand aus der Schillerzeit.

In der Gartenzinne im Garten, einem kleinen aufgestockten Häuschen mit einem einzigen Zimmer im oberen Stock, zu dem eine Treppe führt, schrieb Schiller an der ›Wallenstein‹-Trilogie, ›Maria Stuart‹, der ›Jungfrau von Orleans‹ und verfasste die Balladen für den Musen-Almanach. Schiller hatte sich dieses turmähnliche Gebäude 1798 eigens als Arbeitsort errichten lassen. Schiller starb 1805 in Weimar. Goethe persönlich setzte sich 1817 für den Erhalt der inzwischen marode gewordenen Gartenzinne ein – vergebens, sie wurde kurz darauf abgerissen. In den Jahren 1978/79 erfolgte allerdings der originalgetreue Wiederaufbau.

Von einer Seite wird der Garten von der **Universitätssternwarte** flankiert, die 1889 auf Initiative von Ernst Abbe eröffnet wurde. Der direkt an das Gartenhaus angrenzende Vorgängerbau war 1813 noch von Goethe persönlich eingerichtet, aber später abgerissen worden. Als Direktor der Sternwarte wohnte Abbe zwischen 1878 bis 1886 in Schillers Gartenhaus. Teile des Anbaus und die Veranda am Haus gehen auf seine Initiative zurück.

■ Ernst-Haeckel-Haus und Phyletisches Museum

Der an der Universität Jena lehrende Zoologe und Darwinist lebte und arbeitete mit seiner Familie in der Villa Medusa. Das Universitätsmuseum ist Gedenkstätte und Archiv für Haeckels Nachlass. Haeckel verbreitete Darwins Lehre und entwickelte sie weiter. Er gründete auch das Phyletische Museum. In diesem Naturkundemuseum geht es um die Evolutionsbiologie und Stammesgeschichte von Organismen und des Menschen. Eine halbe Million Exponate – Fossilien, Insekten, Vögel und Säugetiere, aber auch bereits ausgestorbene Arten – stellt die Evolution auf der Erde umfassend dar.

■ Mineralogische Sammlung

Die Ursprünge der Mineralogischen Sammlung gehen unter anderem auf Goethe zurück. Gezeigt werden Mineralien aus der Gegend um Jena, weltweite Funde und Meteoriten sowie durch deren Einschlag entstandenes Glas, sogenannte Tektite. Im UV-Kabinett leuchten die Exponate besonders intensiv.

■ Schott-Glasmuseum

1884 gründete Otto Schott mit Carl Zeiss, Roderich Zeiss und Ernst Abbe das Glastechnische Laboratorium und schuf somit die Grundlage für die Optische Industrie in Jena. Damit war er recht erfolgreich, wovon sein großes Wohnhaus zeugt. Heute ist es Museum und führt das Leben Schotts sowie die auch von der Deutschen Teilung und Wiedervereinigung geprägte Firma Schott vor.

■ Antikensammlung

Die Sammlung antiker Kleinkunst umfasst mehr als 1500 Originale und Gipsabdrücke aus dem Mittelmeerraum. Ein Teil der Großabgüsse antiker Plastiken wird nach Auflösung des Archäologischen Museums heute in verschiedenen Universitätsgebäuden gezeigt.

■ Schillerkirche

Eigentlich heißt die Dorfkirche von Wenigenjena ›Unserer lieben Frau‹. Charlotte von Lengefeld und Friedrich von Schiller ließen sich am 22. Februar 1790 in dieser Kirche trauen, daher der heute gebräuchliche Name.

Imaginata

Im ›Experimentarium für die Sinne‹ in einem ehemaligen Umspannwerk dreht sich alles um die Vorstellungskraft und die Erkundung naturwissenschaftlicher Phänomene. Drinnen wie draußen wurde ein Stationenpark zum Ausprobieren, Schauen, Spielen und Verstehen aufgebaut. Zusätzlich gibt es im Umspannwerk Ausstellungen, Theater und Konzerte.

Außerhalb des Zentrums

Wer ein wenig ins Grüne möchte, kann an die Saale oder zu einem der Jenaer Berge gehen. An Fuße des 385 Meter hohen **Jenzig**, oberhalb eines Weihers, steht die 1893 errichtete Skulptur des **Erlkönigs**. Die Anlage war einst Teil des Parks von Schloss Thalstein. Dessen noch erkennbare Wege führen durch das Schutzgebiet mit seiner artenreichen Pflanzen- und Tierwelt sowie interessanten geologischen Strukturen.

Der Erlkönig am Fuß des Jenzig

▸ Karte S. 208

Der **Landgraf** ist einer der Jena umgebenden Berge. Er ist 278 Meter hoch und hält besonders schöne Weitblicke auf das Saaletal bereit. Nicht umsonst nennt man ihn auch den ›Balkon Jenas‹ (Aussichtsturm: Karfreitag bis Nov. Fr–So 13–18 Uhr). Der Aufstieg ist nicht ganz ohne. Es gibt mehrere Aufgänge mit recht unterschiedlich beschaffenen Wegen. Am angenehmsten ist der Aufstieg über einen nicht asphaltierten Pfad. Wer am Gipfel noch fit ist, findet hier einen **Abenteuerspielplatz** im Wald, einen **Streetball-Platz**, einen **Trimm-dich-Pfad** sowie **Laufstrecken** und weitere **Wanderwege**. Unter anderem kann man von hier aus hinüber zum Schlachtfeld und Museum der Schlacht von Jena-Auerstedt in Cospeda laufen. Auf dem Landgraf findet man auch das **Panorama-Restaurant Landgrafen**.

Schlacht bei Jena und Auerstedt

Im preußisch-französischen Krieg trafen am 14. Oktober 1806 bei der Doppelschlacht von Jena und Auerstedt etwa 240 000 Soldaten aufeinander und lieferten sich heftige Gefechte. Als Ergebnis der Schlacht von Jena und Auerstedt wurden die preußischen Truppen von König Friedrich Wilhelm III durch die französischen Truppen unter Napoleon vernichtend geschlagen. Das Herzogtum Sachsen-Weimar musste 1806 nach der Niederlage exakt zwei Jahresbudgets seines Staatshaushaltes als Reparation an Frankreich zahlen. Alles rund um die Schlacht erfährt man im **Museum 1806**.

Die Reste des Klosters in Stadtroda

Rund um Jena

Das **Naturschutzgebiet Leutratal** im Süden Jenas gehört zu den ältesten in Deutschland, und mit 27 wild wachsenden Orchideenarten ist es die orchideenreichste Gegend des Landes. Markantester Punkt ist der 397 Meter hohe **Cospoth**. Führte die Autobahn 4 bis ins Jahr 2014 noch direkt durchs Leutratal und beeinträchtigte Flora und Fauna massiv, so leitet der über drei Kilometer lange Jagdbergtunnel die Verkehrsströme nun unter dem Naturschutzgebiet hindurch. Der NABU Thüringen hat am Leutratal eine **Informationsstelle** und bietet verschiedene Führungen an, auch eine zu Orchideen. Insgesamt 40 von 60 in Deutschland heimischen Orchideenarten wachsen an den Muschelkalkhängen rund um Jena.

Der 1992 von der Roten Armee aufgegebene **Truppenübungsplatz Rothenstein** im Saaletal südlich von Jena hat eine Fläche von 544 Hektar und beheimatet Orchideen und zahlreiche weitere seltene Pflanzen, 32 gefährdete Arten sind hier heimisch. 315 Hektar wurden inzwischen von der NABU-Stiftung gekauft und werden als Schutzgebiet ›Spitzenberg–Schießplatz Rothenstein–Borntal‹ betreut.

Der kleine Ort **Bürgel** wenige Kilometer östlich von Jena ist Töpferstadt und Zentrum des Thüringischen Töpferhandwerks. Noch heute sind zahlreiche Keramikwerkstätten und Töpfereien im Ort angesiedelt. Neben dem blau-weißen Muster wurde Bürgel vor allem durch die von Henry van de Velde für die Bürgeler Werkstätten entworfenen Stücke bekannt. Im **Keramikmuseum** werden alle nur erdenklichen im Alltag genutzten Tongefäße aus dem Vorindustrie- und Vorplastikzeitalter ausgestellt. Auch van de Veldes Kreationen werden hier präsentiert. Jedes Jahr im Juni findet der große Töpfermarkt mit 100 Ständen, Sammlermarkt für alte Keramik, kulinarischem Markt und Kinderfest statt.

Die **Klosterruine** im Städtchen **Stadtroda** ist der Überrest des 1240 von den Lobdeburgern als Hauskloster gegründeten Zisterzienserinnenklosters Roda. Nur noch die Kirche blieb nach der Auflösung 1534 in ihren Grundformen erhalten.

Jena und Umgebung

Vorwahl: 03641.

Tourist Information, Markt 16, Tel. 498050; Jan.–März Mo–Fr 10–18, Sa 10–15 Uhr, April–Dez. Mo–Fr 10–19, Sa/So 10–15 Uhr. Große Tourismusinformation mit allen Dienstleistungen, Souvenir- und Literaturladen. Sehr gelungene architektonische Verknüpfung von Alt und Neu. Hier bekommt man auch die JenaCard. www.visit-jena.de

Scala Turm Hotel, Leutragraben 1 (im JenTower), Tel. 3113888. Modern Wohnen im höchsten Gebäude der Stadt, Küchenchef Christian Hempfe ist für Gault & Millau Thüringens bester Koch; EZ ab 119, DZ ab 139 €. www.scala-jena.de

VielHarmonie, Bachstr. 14, Tel. 7962171. Schnuckeliges, zentral gelegenes Hotel. Jede Etage ist einem musikalischen Ereignis Jenas gewidmet; EZ ab 60, DZ ab 84 €. www.hotel-vielharmonie.de

Pension Artem Orbis, Rathausplatz 1, Jena-Lobeda Altstadt, Tel. 6351132. Schick und stilvoll an dieser tollen Pension, knapp 5 km vom Zentrum, ist vor allem die Kombination aus Alt und Neu. Es gibt auch eine Gemeinschaftsküche; Zi 83 €. www.artem-orbis.de

Haus Orchideental, Siedlung Göschwitz, Jena, Tel. 605824. Kleines, sehr beliebtes Haus im Grünen im Süden Jenas; EZ ab 65, DZ ab 69 €. www.hotel-jena.de

Schwarzer Bär, Lutherplatz 2, Tel. 4060. Im Zentrum, moderne Zimmer. Hier tranken und übernachteten bereits Luther und Bismarck; EZ ab 48, DZ ab 100 €. www.schwarzer-baer-jena.de

Zur Noll, Oberlauengasse 19, Tel. 597710. Stilvolle Wohlfühlzimmer in einem historischen und einem modernen Gebäude; EZ ab 65, DZ ab 70 €. www.zurnoll.de

Hotel am Paradies, Knebelstr. 3, Tel. 6395627. Nettes Haus am Rande der Innenstadt; Zi ab 55 €. www.hotel-am-paradies.com

Alpha One Hostel Jena, Lassallestr. 8, Tel. 597897. Gepflegtes und ruhig gelegenes Haus mit Gemeinschaftsküchen unweit der Kneipenstr. Wagnergasse; Bett ab 20, EZ 40, DZ 55 €. www.hostel-jena.de

Internationales Jugendgästehaus, Am Herrenberge 3, Tel. 678230. Knapp 3 km vom Zentrum, Grillplatz und Radverleih; Bett ab 26, EZ ab 29, DZ ab 62 €. www.gaestehaus-jena.de

Campingplatz Jena Unterm Jenzig, Am Erlkönig 3, Tel. 66668. Vom Platz am Ostbad sind es 20 min Fußweg zum Zentrum. Übernachten kann man auch in historischen Wohnwagen, dem sogenannten Airstream Hotel. Stellplatz ab 8,50 €. www.jenacamping.de

Eine gastronomische Koryphäe hat an der Ecke beim C&A ein großes Loch hinterlassen: Ende September 2015 hörte Olaf Drescher alias Bockwurst-Olaf aus Altersgründen auf. Damit verschwand nach 16-jähriger Tätigkeit ein Jenaer Original. Aber es gibt noch viel Kulinarisches in der Stadt zu entdecken.

Scala, Leutragraben 1 (im JenTower), Tel. 356666. Das Scala, 28 Etagen über der Stadt, ist Jenas Restaurant mit dem tollsten Rundumblick. In den Gault-Millau hat es das Lokal auch geschafft. Es ist sicherlich eines der besten Lokale in der Gegend. Kreativ zusammengestellte Gerichte mit Fleisch und Fisch. Auch für Vegetarier gibt es ausgefallene Kreationen. Auf 128 Metern Höhe befindet sich mitten im Zentrum zudem eine öffentlich zugängliche Aussichtsplattform. www.scala-jena.de

Markt 11, Markt 11, Tel. 356703. Kaffeerösterei und Café in zentralster Lage. www.markt11.de

Philisterium, Markt 7, Tel. 498252. Außergewöhnliches Lokal in einer echten historischen Kaffee- und Weinstube aus der ›Alten Göhre‹, leckere Kuchen. www.philisterium-jena.de

Ratszeise, Markt 1, Tel. 470600. Direkt im historischen Rathaus, vorwiegend def-

▸ Karte S. 137/208

tige lokale und internationale Gerichte aus lokalen Produkten. www.ratszeise.de
Grünowski, Schillergäßchen 5, Tel. 446620. Café und Kneipe mit gutem Koch, auch für Vegetarier. Großer, mit Girlanden behangenen Garten, auch Konzerte. www.gruenowski.de
Theatercafé, Schillergäßchen 1, Tel. 445455. Sehr entspanntes und angenehmes Künstler- und Kreativenlokal mit vielen Büchern direkt am Theater und Schillerhaus. www.theatercafe-jena.com
Stilbruch, Wagnergasse 1–2, Tel. 827171. Café und Restaurant mit mediterranem Flair, große Frühstückskarte sowie leckere Thüringer und mediterrane Gerichte. www.stilbruch-jena.de
Fritz Mitte – Frittierstation, Johannisplatz 21, Tel. 3474797. Die besten Pommes der Stadt, hausgemachte Soßen und Burger. In der Neugasse 5 gibt es auch das Fritz Mitte Streetfood. www.fritzmitte.de
Daheme, Johannisplatz 15, Tel. 2698225. Wirtshauskultur, traditionelle Gerichte und regionale Küche. Jenaer Bier aus der Papiermühle, Jenaer Bauernbrot und Nudeln. www.daheme-jena.de
Zur Noll, Oberlauengasse 19, Tel. 597710. Renommiertes und beliebtes Lokal mit Garten, gutem Essen, regelmäßigen Ausstellungen in der Kneipengalerie und Musikveranstaltungen. www.zurnoll.de
Braugasthof Papiermühle, Erfurter Str. 102, Tel. 459898. Erster Jenaer Brau-Gasthof mit regionalen Gerichten, Biergarten und verschiedenen Sorten leckeren selbstgebrauten Mühlenbräus. Auch Brände und Whisky, im Sommer auf der Festwiese allerlei Feten. www.jenaer-bier.de
Café Immergrün, Jenergasse 6, Tel. 447313. Bei Studenten, jungen Leuten und Gästen beliebtes Café mit umfangreichem kulinarischem Angebot. Ausstellungen und Partys. www.cafe-immergruen.com
Liebstöckel Tagesbar, Lutherplatz 3, Tel. 3166966. Schickes stilvolles Lokal mit Bioprodukten aus der Region und selbstgemachten Smoothies. www.liebstoeckel-tagesbar.de
Bauersfeld, Am Planetarium 5, Tel. 885450. Restaurant mit Lounge im Art-déco-Stil und Piano-Abenden, Kaminzimmer, Palmengarten und Galerie sowie vielfältigem Veranstaltungsprogramm. www.cafe.bauersfeld-jena.de
Kaffeehaus Gräfe, Johannisplatz 8, Tel. 229374. Kaffeehaus mit Weltklassetorten. www.kaffeehausgraefe.de
Landgrafen, Landgrafenstieg 25, Tel. 507071. Balkon Jenas beim Landgrafenturm mit Biergarten und guter internationaler Küche. www.landgrafen.com
Gasthaus Grüne Tanne, Karl-Liebknecht-Str. 1, Tel. 6361550. Historisches Gasthaus mit guter Hausmannskost an der Saale mit Aussicht auf die Camsdorfer Brücke. www.gasthaus-gruene-tanne.de

Zur Wartburg, Theo-Neubauer-Str. 12, Tel. 441711. Eckkneipe wie zu DDR-Zeiten. Auch wenn Rolf und Doris aufgehört haben, erinnert hier viel an die kultige Eckkneipe wie zu DDR-Zeiten. Gebratene Klöße und andere Thüringer Speisen wie eh und je, mittlerweile Kult.
Strand 22. Direkt an der Saale in diesem temporären Café im Paradiespark, Getränke, Konzerte und Elektrobeats. Boot fahren kann man hier auch. www.derstrand22.de
Musikkeller, Markt 8. Von allen Jenaer Kneipen hat diese Musikkneipe in der ganzen Stadt wohl am längsten geöffnet. Oben trinken und reden, unten tanzen.
Studentenklub Rosenkeller Johannisstr. 13, Tel. 9400920. Zentral gelegen in den Tonnengewölben des historischen Renaissancehauses ›Zur Rosen‹ aus dem 13. und 14. Jahrhundert, nicht nur bei Studenten beliebt, großer Konzert- und Programmvielfalt. www.rosenkeller.org
Café Wagner, Tel. 472153. Der Verein für studentische Kultur hat ein Café mit veganem und vegetarischem Essen. Vor allem aber ist es vielfältiger Veranstaltungs- und Konzertort, meist für die Alternativszene. www.wagnerverein-jena.de

Kassablanca Gleis 1, Felsenkellerstr. 13A, Tel. 28260. Seit 1990 alternative Kulturinstitution. Tolles Konzertprogramm mit Ska, Punk, Hip Hop, Techno, Kultur, Film und Kunst. Die Veranstaltungspalette ist breit gefächert, die Lokalität mit Turmbühne, Turmkaffee, Lokschuppen und ihrem Außengelände spannend. Der Name Kassablanca leitet sich übrigens nicht von der Stadt in Marokko ab, sondern von ›Blanke Kasse‹. www.kassablanca.de

Kulturbahnhof, Spitzweidenweg 28. Kultur- und Veranstaltungszentrum im alten Jenaer Hauptbahnhof Saalbahnhof und Sammelpunkt Zentrum der kreativen Szene Jenas mit Ausstellungen, Ateliers, Vorführungen und Jazzcafé. www.kulturbahnhof-jena.de

Kino im Schillerhof, Helmboldstr. 1, Tel. 2675075. Das beste Programmkino der Stadt mit gutem Café/Restaurant. www.schillerhof.org

Stadtmuseum und Kunstsammlung Jena, Markt 7, Tel. 498261; Di, Mi, Fr 10–17, Do 15–22, Sa/So 11–18 Uhr. www.stadtmuseum.jena.de

Romantikerhaus, Unterm Markt 12a, Tel. 498249; Di–So 10–17 Uhr. www.romantikerhaus.jena.de

St. Michaelkirche, Kirchplatz; So/Mo 12–17, Di–Sa 10–17 Uhr. www.stadtkirche-jena.de

JenTower, Leutragraben 1, Tel. Restaurant 356666; Aussichtsplattform tgl. 10–22 Uhr (Hotel und Restaurant: www.scala-jena.de). www.jentower.de

Botanischer Garten, Fürstengraben 26, Tel. 949274; April–Okt. tgl. 10–19 Uhr, Nov.–März tgl. 10–18 Uhr. www.botanischergartenjena.de

Karmeliterkloster, Engelsplatz; Führungen über Touristinformation unter Tel. 498050.

Goethe-Gedenkstätte, Fürstengraben 26, Tel. 940107; derzeit geschlossen.

Zeiss-Planetarium, Am Planetarium 5, Tel. 885488. www.planetarium-jena.de

Ausstellung Jenoptik AG, Ernst-Abbe-Hochhaus; Mo–Do 8–18, Fr 8–16 Uhr.

Optisches Museum, Carl-Zeiss-Platz 12, Tel. 443165. Die Ausstellung des Deutschen Optischen Museums wird derzeit neu konzipiert und umgebaut und ist bis 2023 geschlossen. www.optischesmuseum.de

Schillers Gartenhaus, Schillergässchen 2, Tel. 931188; April–Okt. Di–So 11–17 Uhr, Nov.–März Di–Sa 11–17 Uhr. https://www4.uni-jena.de/Gartenhaus.html

Ernst-Haeckel-Haus, Berggasse 7, Tel. 949500. Das Haus wird bis voraussichtlich Oktober 2020 saniert. www.ehh.uni-jena.de

Phyletisches Museum, Vor dem Neutor 1, Tel. 949180; Di–Fr 9–13 und 14–17, Sa/So 10-16 Uhr. www.phyletisches-museum.de

Mineralogische Sammlung, Sellierstr. 6, Tel. 948714; So–Do 13–17 Uhr. www.minsmlg.uni-jena.de

Schott Glasmuseum und Villa, Otto-Schott-Str. 13, Tel. 6815304; Di–Do 13–17 Uhr. www.schott.com/museum

Antikensammlung, Carl-Pulfrich-Str. 2, Tel. 944829; Besuch auf Anfrage. www.altertum.uni-jena.de

Schillerkirche, Schlippenstr. 32, Besichtigung nach Anmeldung (Tel. 0179/3922708). www.schillerkirche-jena.de

Imaginata, Löbstedter Str. 67, Tel. 889920; So 10–18 Uhr. www.imaginata.de

Museum 1806, Jenaer Str. 12, Jena-Cospeda, Tel. 820925; Feb.–Nov. Di–So 10 –13 und 14–17 Uhr, Dez.–Jan. nach Vereinbarung. www.stadtmuseum-jena.de/de//822701

NABU Thüringen, Leutra 15, Jena, Tel. 605704; Führungen im Mai und Juni Sa/So 10 und 14 Uhr oder nach Vorabsprache. www.thueringen.nabu.de

Keramikmuseum, Am Kirchplatz 2, Bürgel, Tel. 036692/37333; März–Nov. Di–So 11–17 Uhr, Dez.–Feb. Di–So 11–16 Uhr. www.keramik-museum-buergel.de

Klosterruine Stadtroda, Klosterstr., Stadtroda.

▸ Karte S. 137/208

Klosterkirche Thalbürgel, Klosterstraße 23, Tel. 036692/22210; April–Okt Fr–So 13–17 Uhr.
www.klosterkirche-thalbuergel.de

Theaterhaus Jena, Schillergässchen 1, Tel. 886944. Theater mit Theater für erwachsene und junge Zuschauer, Open-Air-Bereich, Workshops und AGs im Jugendhaus und im Kinderhaus.
www.theaterhaus-jena.de
Kurz- und Kleinkunstbühne Jena, Teutonengasse 3, Tel. 221490. Theater für Kabarett, Comedy und Kleinkunst.
www.kurz-und-kleinkunst.de
Volkshaus, Carl-Zeiss-Platz 15, Tel. 498130. Einer von Jenas Hauptveranstaltungsorten und Heimstätte der Jenaer Philharmonie, des größten Orchesters Thüringens. www.volkshaus-jena.de
Kulturarena, Tel. Ticket-Hotline 498060. Hochklassiges Kulturfestiva von Anf. Juli bis Ende Aug. auf dem Theatervorplatz. Breite Palette an Live-Musik, Clubveranstaltungen und Kinovorführungen.
www.kulturarena.de

GalaxSea, Rudolstädter Str. 37, Tel. 429231. Erlebnisbad mit Rutschen, Bade- und Spielbereich, Saunen und Wellness.
www.jenaer-baeder.de
Südbad - Schleichersee, Freibad in einem ehemaligen Tagebau im Süden des Zentrums mit Sandstrand, Strandscleicher-Strandbar, Sportfeldern und Spielplatz.

Saalestrand Kanu, Kontakt Jena: Tel. 03641/9263599 und 0178/6918244; Kontakt Naumburg: Tel. 03445/677141 und 0176/10315610. Halbtages-, Tages- und Mehrtagestouren zwischen Kahla und Naumburg. www.saalestrand-kanu.de

FC Carl Zeiss Jena, Ernst-Abbe-Sportfeld, Im Paradies, Jena. Tickets unter Tel. 765129, www.fc-carlzeiss-jena.de.
Joggen: www.jenaer-laufwege.de.

Gaudipark Kinderland Jena, Löbstedter Straße 50, Tel. 470063. Spaßpark für Kinder jeden Alters mit Kletterwand, Trampolinen, Bällebad oder Go-Kart-Bahn.
www.kinderland-jena.de

Agent Cooper, Bachstr. 17, Tel. 3464433. Stilvolles für den Herren, wird von den Inhabern von Fritz Mitte (s.o.) betrieben.
www.theconceptstore.de
Whisky Center Jena, Bachstr. 31, Tel. 666037. 300 Sorten Whisky, Bier, Cognac und andere Spirituosen sowie Zigarren. Wenn man eine stilvoll-ungesunden Abend verbringen möchte, sollte man sich hier eindecken. whisky-jena.de
Jenaer Senfmanufaktur, Drackendorf-Center 3, Jena-Drackendorf, Tel. 234619. Große Auswahl an ungewöhnlichen Senfsorten aus eigener Produktion und wirklich Ausgefallenes wie Senfschokolade oder Senfschnaps. www.jenaersenf.de
Kaseee, Wagnergasse 36, Tel. 516393. 1. Fashion Store des Design-Labels aus Apolda. www.kaseee.com
Heimatkiosk, Westbahnhofstr. 16a, Tel. 2950947. Endlich mal kreative und schöne Souvenirs, Designs und Textil drucke. www.heimatkiosk.de
Lebeschön, Westbahnhofstr. 4, Tel. 5284483. Ausgefallene und unikale Kleidung sowie Schmuck und Accessoires.
www.lebeschoen-shop.de
Fräulein Meier, Wagnergasse 12, Tel. 0176/34399526. Kreative Handarbeit Made in Jena: u.a. Schmuck, Taschen, Portemonnaies. www.fraeulein-meier.de
Hauptsache, Wagnergasse 35, Tel. 824245. Friseur allein kann jeder, dachten sich die beiden Damen und verkaufen zusätzlich exklusiven handgefertigten Schmuck und schöne Accessoires für Erwachsene und Kinder.
www.hauptsache-in-jena.de

Dornburg

Der kleine Ort Dornburg liegt reizvoll auf einem Kalkfelsen am Rand der Saale, seine Hauptsehenswürdigkeit stellen die drei Schlösser dar. In den Schlössern und Gärten findet jährlich im August die Dornburger Schlössernacht mit Konzerten, Lesungen, Verköstigungen und weiteren Veranstaltungen statt. Ein weiteres Fest ist das Dornburger Rosenfest am letzten Juniwochenende.

Von Dornburg lohnt sich auch ein Ausflug in die auf sächsisch-anhaltinischer Seite gelegenen Sehenswürdigkeiten Bad Kösen, Naumburg mit seinem Dom sowie Freyburg, das regionale Weinanbauzentrum.

■ Dornburger Schlösser

Die drei Dornburger Schlösser erstrecken sich auf einem langgezogenen Steilhang 90 Meter über der Saale und werden auch als ›Balkon Thüringens‹ bezeichnet. Sie dienten den Herzögen von Sachsen-Weimar als Sommerresidenz. Unter anderem Goethe hielt sich hier gern auf und lebte einen ganzen Sommer lang hier. Großherzog Carl Alexander veranlasste ab 1870 die Gestaltung des Schlossensembles als ›dynastischen Erinnerungsort‹. Er sollte die verschiedenen Phasen der Ernestinischen Herrschaft repräsentieren: Das Alte Schloss stand für das 16., das Renaissanceschloss für das 17. und das Neue Schloss im Rokoko für das 18. Jahrhundert. Die drei Schlösser sind durch den Obst- und Grasegarten, einen Weinberg, den formalen sowie den Landschaftsgarten miteinander verbunden.

Das **Alte Schloss** entstand ab 1560 auf den Resten einer Burg aus dem 12. Jahrhundert. Burgfried und Saalbau sind von der Vorgängerburg noch erhalten. Nach mehrfachem Eigentümerwechsel wurde die Anlage bis 1560 vom Renaissance-

Rokokoschloss und Barockgarten – nur ein Teil der Dornburger Pracht

▸ Karte S. 137

Baumeister Nikolas Grohmann zu einer Dreiflügelanlage umgestaltet.

Das **Renaissanceschloss** geht auf ein Rittergutshaus von 1540 zurück. Die Umgestaltung zu seiner heutigen Erscheinung fand Anfang des 17. Jahrhunderts statt. 1824 wurde es von den Großherzögen gekauft und in die Gesamtanlage integriert. Es wird auch Goetheschloss genannt, weil Goethe im Sommer 1828 nach dem Tod seines Chefs, Großherzog Carl August, hier einige Wochen verbrachte. Dem Dichter ist eine Gedenkstätte im Schloss gewidmet.

Im 18. Jahrhundert veranlasste Herzog Ernst August I. von Sachsen-Weimar die Errichtung eines Rokoko-Lustschlosses mitsamt Lustgarten nach Entwürfen von Gottfried Heinrich Krohne. Das **Neue Schloss**, ein relativ kleines Gebäude, verfügt über die schönste Inneneinrichtung aller drei Schlösser. Der Marstall hinter diesem Schloss diente in den 1920ern als Töpferwerkstatt und Atelier für das Bauhaus. Die historische ehemalige Bauhaustöpferei wird noch heute betrieben.

Camburg

Der Dornburger Ortsteil Camburg war bereits zu Zeiten der Karolinger ein befestigter Ort an der Saale. Zu Zeiten der Ottonen führte eine bedeutende Salzstraße nach Bad Sulza. Am ehemals Meißnischen Ostufer der Saale steht von der originalen **Burg Camburg** aus dem 12. Jahrhundert nur noch der Bergfried. Unterhalb der Burg führt die überdachte **Hausbrücke Camburg** aus dem 18. Jahrhundert über den Saale-Seitenarm Lache auf die Flussinsel.

Von Dornburg-Camburg lohnt sich auch ein Ausflug in die auf sächsisch-anhaltinischer Seite gelegenen Sehenswürdigkeiten Bad Kösen, Naumburg mit seinem Dom und das Zentrum des dortigen Weinbaus, Freyburg.

Dornburg

Dornburger Schlösser, Rokoko- und Renaissanceschloss, Max-Krehan-Str. 2, Dornburg-Camburg, Tel. 036427/2151-30/-31; April–Okt. tgl. außer Mi 10–17 Uhr. Schlossgärten im Sommer ab 7 Uhr, Winter ab 9 Uhr bis Sonnenuntergang. www.dornburg-schloesser.de

Schlössernacht Dornburg, Tel. 036427/215130. www.schloessernacht-dornburg.de

Dornburger Rosenfest, Tel. 036427/205166. www.dornburger-rosenfest.de

KanuTours Camburg, Schießplatz 12, Dornburg-Camburg, Tel. 036421 23998. Touren im Kanadier oder Kanu sowie Bootsverleih. www.kanutours-camburg.de

Saale Kanutours, Döbritschen 11, Camburg, Tel. 036421/24736. Touren und Bootsverleih zwischen Jena und Naumburg. www.saalekanutours.de

Bauhaus-Töpferei und Werkstatt-Museum, Max-Krehan-Str. 1, Tel. 036427/219511. Die ehemalige Bauhaustöpferei im Marstall wird noch heute betrieben. Museum: April–Okt. Di–So 10–17 Uhr, Nov.–März 10–16 Uhr. www.bauhaus-keramik.de

Apolda

Einst galt Apolda wegen seiner Textilindustrie als ›thüringisches Manchester‹. Zeugnis dieser wirtschaftlichen Glanztage ist beispielsweise noch das 1846 fertiggestellte, 95 Meter lange und bis zu 23 Meter hohe Eisenbahnviadukt. Wie die mittelenglische Stadt wurde auch Apolda hart vom Strukturwandel getroffen, die Stadt leidet noch immer stark unter Entvölkerung. Lebten 1989 noch über 30 000 Einwohner hier, so sind es heute gerade einmal 22 000. Umso wichtiger ist es, dass interessante Konzepte zur Erhaltung und Neubelebung entwickelt werden. Dazu zählen die Thüringer Landesgartenschau 2017 und die beim Wettbewerb ›Land der Ideen‹ ausgezeichnete Kulturfabrik Apolda.

Sehenswürdigkeiten

Dominiert wird der historische **Marktplatz** mit seinen farbenfrohen Häusern vom **Renaissance-Rathaus** (1558/59). Nach einem Stadtbrand 1647 wurde es wieder aufgebaut und dabei barock umgestaltet. Seit 1772 ist Apolda Glockengießerstadt. An der Rückseite des **Stadthauses**, zum Brauhof hin, wurde zum Ersten Weltglockengeläut 1999 ein **Glockenspiel** mit 18 Glocken angebracht. Es spielt täglich um 9.55, 11.55 und 16.55 Uhr zwei Melodien. Das Weltglockengeläut findet alle paar Jahre statt. Dabei läuten überall in die Welt verbreitete, in Apolda hergestellte Glocken mithilfe der modernen Übertragungsmöglichkeiten gemeinsam. Die größte jemals in Apolda gegossene Glocke ist übrigens der ›Dicke Pitter‹ vom Kölner Dom mit einem Gewicht von 24 Tonnen. Es ist die größte frei schwingende Glocke der Welt. Zwischen Rathaus und Stadthaus führt eine Gasse den kurzen Weg zum **Schloss Apolda**. Das auf einer Anhöhe gelegene Schloss hat seine Ursprünge in einer Burganlage aus dem 12. Jahrhundert. Heute wird es unter anderem für Kulturveranstaltungen genutzt. Dahinter erstreckt sich das Gelände der **Vereinsbrauerei Apolda** mit ihren preisgekrönten Bieren.

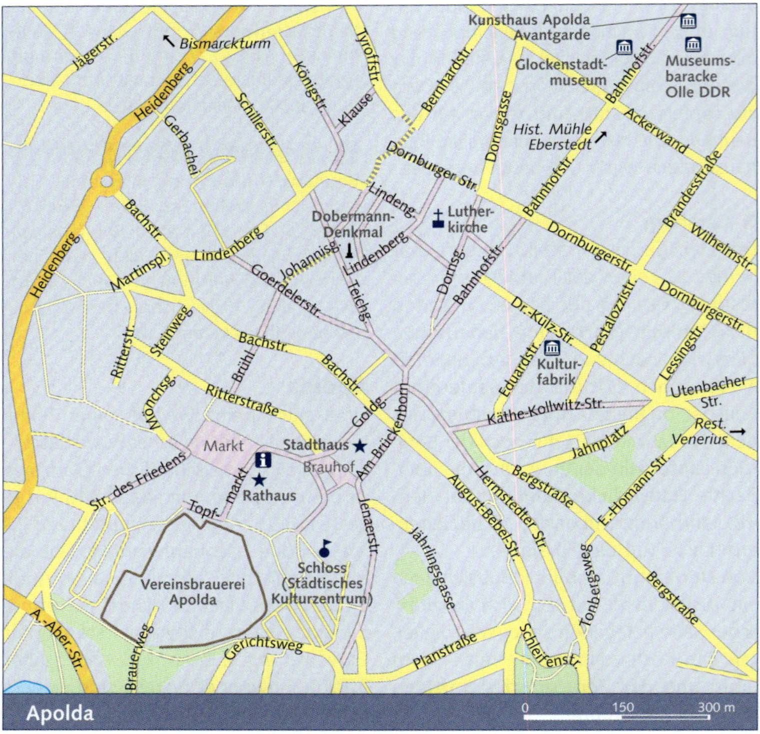

In der Teichgasse befindet sich Europas einziges **Dobermann-Denkmal**. Es zeigt eine Dobermannfamilie und ist Karl-Friedrich-Louis Dobermann gewidmet, einem echten Apoldaer, dem diese Schoßhundrasse ihre Existenz verdankt. Die 1894 aus rotem Backstein fertiggestellte neogotische **Lutherkirche** dominiert mit ihrem 72 Meter hohen Turm die Stadtsilhouette von Apolda. Die Sauer-orgel präsentiert ihre Klangfülle bei regelmäßigen Konzerten. Nicht weit davon entfernt liegt die **Kulturfabrik Apolda**. Auf einem alten Fabrikareal entstanden Flächen für Ausstellungen und die Kreativindustrie. Hier können Künstler bezahlbare Werkstätten und Ateliers mieten, sich dem Publikum präsentieren und ihre Kunstwerke anbieten, austauschen und professionelle Unterstützung erhalten. Außerdem finden die Vergabe des ›European Design Award‹ sowie der bekannte Strick- und Textilworkshop hier statt. Apolda knüpft mit dieser Einrichtung auch an seine alte Tradition als Textilstadt an. Bis 1988 bestand die Apoldaer Glockengießerei. Über die Kunst und das Handwerk des Glockengießens, deren mehrere tausend Jahre alte Geschichte sowie Form und Bedeutung von Glocken in verschiedenen Kulturkreisen informiert das **Glockenmuseum.** Im **Stadtmuseum** geht es vor allem um die Textilindustrie, die Apolda so sehr geprägt hat. Zum Bestand gehören Textilmaschinen und Textilmuster. Das **Kunsthaus Apolda Avantgarde** residiert in einer 1871 errichteten Villa eines Textilfabrikanten im italienischen Landhausstil. Hier werden spannende Ausstellungsprojekte realisiert. In der Museumsbaracke **Olle DDR** sind mehr als 12 000 Exponate zum Alltagsleben in der DDR zusammengetragen worden. So wurden etwa das Büro eine Parteisekretärs und eine Neubauwohnung authentisch nachgebildet.

Der 1904 eingeweihte **Bismarckturm** im Norden von Apolda ist knapp 24 Meter hoch und bietet von seiner zinnenbesetzten Aussichtsplattform neben dem Turm der Lutherkirche den wohl erhabensten Blick auf Apolda.

Apolda

Vorwahl: 03644.

Tourist Information, Markt 1, Tel. 650100; Mo–Fr 10–13 und 14–17, Do 9–18 Uhr. www.apolda.de

Venerius, Darnstedter Str. 23, Eckolstädt. Tel. 036421/35556. 9 km östlich von Apolda auf dem Weg nach Dornburg, etwas steril und im Industriegebiet gelegen. Aber kulinarisch und mit dem guten Sortiment an Weinen, viele auch von der Saale-Unstrut, überzeugt man sogar den Gault-Millau. www.restaurant-venerius.de

Kulturfabrik Apolda, Dr.-Külz-Str. 4. Tel. 6525280; Di–So 10–17 Uhr. www.kulturfabrikapolda.de

Lutherkirche, Melanchtonplatz, Tel. 562650. Im Sommer regelmäßig Konzerte, Lesungen, Vorträge und Filme. www.kirche-apolda.de

GlockenStadtMuseum Apolda, Bahnhofstr. 41, Tel. 5152570; Di–So 10–17 Uhr. www.glockenmuseum-apolda.de

Kunsthaus Apolda Avantgarde, Bahnhofstr. 42, Tel. 515364; Di–So 10–17 Uhr. www.kunsthausapolda.de

Museumsbaracke Olle DDR, Bahnhofstr. 42, Tel. 560021; April–Okt. Di–So 10–18 Uhr, Nov.–März Di–So 10–17 Uhr. www.olle-ddr.de

Bismarckturm, Information über die Touristinformation unter Tel. 650100; April–Okt. Sa/So 10–18 Uhr.

Modenacht – Design Award Karl Lagerfeld war auch schon da. www.apolda-design-award.de

Bad Sulza

Die Kurstadt Bad Sulza mit Kurpark, Trinkhalle, Gradierwerk und den historischen Salineanlagen ist das Zentrum des Thüringer Saale-Unstrut Weinbaugebiets und dessen südlichster Ort. Bad Sulza liegt in der ›Toskana des Ostens‹. Die Gegend mit Ilm und Saale, den Muschelkalkfelsen, kleinen Weinbergen, Äckern und Wäldchen erinnert in der warmen Jahreszeit tatsächlich an die Toskana. Nach Norden schließt sich der reizvolle Naturpark Saale-Unstrut-Trias an.

Sehenswürdigkeiten

Im **Saline- und Heimatmuseum** dreht sich denn alles um Salz und Kurwesen.
Die **Toskana Therme** mit Thermalsole, Sauna und anderen Wellnesseinrichtungen hat es in die Liste der 100 besten Bäder der Welt geschafft. Beim ›Liquid Sound‹ sorgen Ton, Farbe und Licht unter Wasser für die besondere Atmosphäre. Über Wasser gibt es Sinneseindrücke wie Vollmondkonzerte, DJs und andere Events.
Goethes Gartenhaus II, die Kopie von Goethes Weimarer Gartenhaus, war ein Projekt im Kulturstadtjahr 1999. Anschließend errichtete man das Haus in Bad Sulza wieder. Im Gegensatz zum Original darf man im Zwilling alles anfassen, sich überall hinsetzen und sogar in Goethes Kopiebett legen.
Mit den **Auerworld Projekten** im Stadtteil Auerstedt hat sich ein ganz neues ökologisch-alternatives Flair im Ort ausgebreitet. So gibt es hier das Maloca-Haus, ein den Gemeinschaftshäusern von Amazonasindianern nachempfundenes Holzhaus, einen überdimensionales Weidenpavillon und einen ebenfalls aus Weiden bestehenden noch größeren Auerworldpalast.
Schloss Auerstedt bildet den Mittelpunkt eines behutsam restaurierten Gebäudeensembles. 1806 war es Hauptquartier der Preußischen Truppen, und das **Heimatmuseum** ist heute Gedenkstätte für die Napoleonschlacht. Sehenswert ist vor allem das Diorama. Zudem gibt es in der Heimatstube Exponate zum Leben auf dem Lande und zum regionalen Brauchtum. Von der Auerstedterin Else Eiermann soll Alfred Hitchcock unter anderem seine Ideen zu seinem Film ›Psycho‹ bekommen haben: Bei einem Besuch des Gruselgroßmeisters in Auerstedt versorgte sie ihn offenbar mit genügend Stoff für seine Filme. Die Geschichte der Dame wird in der Ausstellung vorgestellt.
Das **Kutschenmuseum** im ehemaligen Marstall des Schlosses Auerstedt präsentiert die umfangreiche Sammlung der Herzöge und Großherzöge von Sachsen-Weimar und Eisenach. Der Fuhrpark reicht von einfachen Sänften bis zu Staats- und Hochzeitskarossen. Sehen kann man hier auch den Hochzeitsreisewagen, mit dem die russische Großfürstin und ihre Gemahl Carl Friedrich von Sankt Petersburg nach Weimar fuhren, sowie das weltweit zweitälteste Exemplar einer von Karl Freiherr von Drais persönlich angefertigten Draisine.

Wein

Das **Thüringer Weingut Bad Sulza** mit seinem Gutshof im Ortsteil Sonnendorf gehört mit seinen 45 Hektar Rebfläche zu den großen privaten Weingütern des Saale-Unstrut-Gebiets. Die Einzellagen sind ›Bad Sulzaer Sonnenberg‹, ›Auerstedter Tamsel‹, ›Dornburger Schlossberg‹ und ›Jenaer Grafenberg‹.
Das **Weingut Zahn** baut an der Saale auf 12 Hektar an. Es gibt ein Weinrestaurant mit Straußenwirtschaft direkt am Fluss. Geboten werden auch schöne Weinwanderungen und andere Outdoor-Events rund um Reben.
Die kleinen Lagen sind im Thüringer Weinbauverband Bad Sulza zusammengeschlossen.

▸ Karte S. 137

Bad Sulza und Umgebung

Vorwahl: 036461.
Tourist Information, Kurpark 2 (im historischen Inhalatorium im Kurpark), Tel. 8210; Mo–Fr 9–17, Sa 10–12 Uhr, Mai–Okt. zusätzl. So 14.30–16.30 Uhr. www.bad-sulza.de

Wellness-Pension Vier Napoleonslinden, Sackberg 65, Tel. 21831. Die Zimmer tragen italienische Namen, Gemeinschafts-Kaminzimmer und auch Ferienwohnungen. Im Komplex gibt's Wellness, Kosmetikbehandlung und Massagen; Zi ab 38, Apartment ab 40 €. www.auerstedt.com
Hotel Traumparadies, Sophienstr. 1–7, Tel. 20832. In der Pension Schwanenteich und dem Hotel Traumparadies nicht weit von der Therme gibt es charmante Zimmer mit gemütlichen Betten; EZ ab 30, DZ ab 60 €.
www.am-schwanenteich-bad-sulza.de
Hotel Resort Schloss Auerstedt, Tel. 87762. Apartments und Maisonettes in ländlicher Idylle. Die Küche im Restaurant ›Reinhardt's im Schloss‹ ist innovativ, geradlinig und manchmal außergewöhnlich; EZ ab 69, DZ ab 84 €.
www.toskanaworld.net
Historische Mühle in Eberstedt, Dorfstr. 29, Tel. 87463. Eine Unterkunft, in der man eigentlich tagsüber gar keine Ausflüge machen muss; alles ist vor Ort: Übernachten in der zum Landhotel umgestalteten historischen Mühle oder in einer der auf dem Wasser schwimmenden Hütten. Zudem Erlebnisinsel mit Spielplatz, Tiergehegen, Stellplätzen für Wohnmobile, Biergarten und Grillhütten. Hütte für 2 Personen ab 48 €, DZ im Hotel ab 78 €.
www.oehlmuehle-eberstedt.de
Jugendherberge Bad Sulza, August-Bebel-Str. 27, Tel. 20567. In der ›Erlebnisschule‹ ist man auf die Organisation von Aktivreisen spezialisiert. Das Haus mit dem großen Freigelände und zahlreichen Sport- und Freizeitmöglichkeiten ist familienfreundlich. Bett ab 25, ab 27 Jahren ab 27 €.
www.jugendherberge.de
Historische Mühle Eberstedt, Dorfstr. 28–29, 99518 Eberstedt. Tel. 036461/87463. Landhotel mit Deutschlands einzigem schwimmenden Hüttendorf, Mühlenschänke, Biergarten, Streichelzoo, Spielplatz und Fisch aus eigener Züchtung.
www.schwimmendehuetten.de

Saline- und Heimatmuseum, Naumburger Str. 2, Tel. 82110; Mi und Sa 10–15 Uhr.
www.bad-sulza.de
Goethe Gartenhaus II, Wunderwaldstr., an der Toskana Therme, Tel. 91040; Mai–Sept. Fr–So 13–16 Uhr.
www.goethegartenhaus.de.
Kutschenmuseum Auerstedt und **Heimatmuseum**, Schlossplatz und Schlosshof 6, Tel. 036461/87762; Rundgang auf Anfrage. www.auerworld.de,
www.klassik-stiftung.de

Toskana Therme, Wunderwaldstr 2a, Tel. 920000. www.toscanaworld.net,
www.liquidsound.com

Freizeitspaß Eckartsberga, Burgstr. 4, Tel. 034467/40359. Im benachbarten Sachsen-Anhalt gibt es Sommerrodelbahn, Irrgarten, Minigolfanlage, Dinowald, ein Geister- und Spielehaus, Trampoline und eine Miniaturlandschaft ›Burgenland‹.
www.freizeitspass-eckartsberga.de

Thüringer Weingut Bad Sulza, Sonnendorf Nr. 17, Tel. 20600; Mo–Fr 10–18, Sa 10–16, So 10–13 Uhr.
www.thueringer-wein.de
Thüringer Weingut Zahn, Weinbergstr. 16, Großheringen/OT Kaatschen, Tel. 034466/179984. www.erlebnisweingut.de

Der Thüringer Wald gilt als das größte zusammenhängende Waldgebiet Deutschlands. Der Gebirgszug ist fast 1000 Meter hoch und erstreckt sich von Eisenach und der Wartburg bis nach Schmiedefeld am Rennweg. Das Gebiet bietet Aktiv- und Winterurlaubern hervorragende Möglichkeiten, einer der Hauptanziehungspunkte ist die berühmte Wartburg bei Eisenach.

THÜRINGER WALD

Blick auf Steinbach

Creuzburg
Spichra
Österbehringen
Wangenheim
Westhausen
Bienstadt
Weimar
Erfurt
Friedrichswerth
Eisenach
Hörselberge
Bad Hersfeld
Metebach
Aspach
Gotha
Pferdingsleben
Wutha-Farnroda
Teutleben
Großrettbach
Wilhelmsthal
Seebach
Drei Gleichen
Wechmar
Gleichen
Molsdorf
Ruhla
Reinhardsbrunn
Waltershausen
Wachsenburg
Ettenhausen
Tabarz
Mühlburg
Mühlberg
Thüringer Wald
Bad Salzungen
Bad Liebenstein
Friedrichroda
Brotterode
Georgenthal
Ohrdruf
Arnstadt
Barchfeld
Bairoda
Luisenthal
Kleinschmalkalden
Tambach-Dietharz
Liebenstein
Plaue
Trusetal
Breitungen/Werra
Floh-Seligenthal
Gräfenroda
Schmalkalden
Rennsteig
Wernshausen
Steinach
Hallenberg
Oberhof
Altersbach
Ilmenau
Roßdorf
Zillbach
Werra
Schwallungen
Zella-Mehlis
Viernau
Schmücke
Wasungen
Gehren
Benshausen
Schmiedefeld
Stützerbach
Wahns
Vorderrhön
Allzunah
Walldorf
Kühndorf
Neustadt am Rennsteig
Oberkatz
Suhl
Vesser
Meiningen
Frauenwald
Altenfeld
Vessertal
Großbreitenbach
Helmershausen
Marisfeld
Bischofrod
St. Kilian
Gießübel
Sülzfeld
Schleusingen
Schönbrunn
Werraquelle
Willmars
Themar
Waldau
Henneberg
Einsiedel
Grabfeld
Kloster Veßra
Ostheim
Bibra
Exdorf
Hildburghausen
Sachsenbrunn
Westenfeld
Mellrichstadt
Haina
Zeilfeld
Eisfeld
Bastheim
Römhild
Roth
Veilsdorf
Rappershausen
Milz
Irmelshausen
Grattstadt
Bad Neustadt an der Saale
Eicha
Streufdorf
Bad Rodach
Waltershausen
Ottelmannshausen
Meeder
Westhausen
Gauerstadt
Saal a. d. Saale
Kronach
Bad Königshofen im Grabfeld
Fränk. Saale
Heldburg
Bad Colberg
Coburg
Rieth
Großwenkheim
Weitramsdorf
Münnerstadt
Dürrenried
Tambach
Thundorf
Bundorf
Altenstein
Maroldsweisach
Seßlach
4
71
73
Thüringer Wald
0
6
12 km

Der Rennsteig

Der 169,3 Kilometer lange Rennsteig ist einer der beliebtesten Weitwanderwege Deutschlands und gleichzeitig der älteste; er gilt als Urvater der europäischen Wanderwege. Erstmalig erwähnt wurde der Rennsteig 1330, und bereits 1830 gab es die erste Rennsteigwanderung. Am höchsten Punkt des Wanderweges, auf 973 Metern, steht der nach Julius von Plänckner benannte Aussichtsturm. Von Plänckner legte 1830 als erster den Rennsteigverlauf fest und beschrieb ihn. Der Rennstieg ist auch Wasserscheide zwischen den Flusssystemen Werra/Weser, Saale/Elbe und Main/Rhein, Sprachgrenze und Kümmeläquator in einem: Südlich des Kamms spricht man die fränkische, nördlich davon die thüringische Mundart. Im Norden kommt Kümmel in die Thüringer Bratwurst, im Süden nicht.

Die Wanderroute führt immer auf dem Mittelgebirgskamm zwischen den Flüssen Werra und Selbitz entlang und erstreckt sich von Hörschel an der Werra über Oberhof, Neustadt am Rennsteig, Masserberg, Neuhaus am Rennweg bis nach Blankenstein an die Saale und Selbitz sowie in den nördlichen Frankenwald hinein. Zwischen Tettau und Lehesten verläuft er auf bayerischem Gebiet. Über 800 historische Grenzsteine entlang seines Verlaufs zeugen davon, dass zu früheren Zeiten die thüringisch-bayerische Grenze nicht die einzige war. Bereits seit dem Mittelalter verbindet der Rennsteig als Handels- und Versorgungsweg traditionell Thüringer Wald, Schiefergebirge und Frankenwald miteinander. Die Grenzsteine stehen wie der Wanderweg selbst unter Denkmalschutz. Zwischen Eisenach und Neuhaus am Rennweg verläuft am Rennsteig gleichzeitig auch der **Internationale Bergwanderweg Eisenach–Budapest**.

Offiziell gekennzeichnet ist der Rennsteig durch ein weißes ›R‹. Traditionell wird am Ausgangspunkt in Hörschel, der zugleich der tiefstgelegene Punkt des Rennsteigs ist, der Wanderstab in die Werra getaucht, und man nimmt als Glückbringer einen Stein in der Tasche mit. So kann beim Wandern nichts mehr schief gehen. Man wünscht sich ›Gut Runst‹ und dann geht es los. Den Stein wirft man am Ziel in Blankenstein ins Wasser der Selbitz. Ein kleines Stück flussaufwärts von Hörschel, in Wartha, steht übrigens die kleinste Fachwerkkirche Thüringens und in unmittelbarer Nähe, in Neuenhof, in einem von Eduard Petzold entworfenen Schlosspark das neogotische Schloss Neuenhof.

Bei jährlich über 100 000 Besuchern kann der Rennsteig stellenweise auch schon mal ganz schön überlaufen sein. Aber natürlich kann man den Rennsteig verlassen und immer wieder links und

Verirren unmöglich: Der Rennsteig-Wanderweg ist perfekt ausgeschildert

rechts in die Täler gehen. Der größte Vorteil ist allerdings, dass wirklich alle – auch Ungeübte, Kinder und alte Menschen, Leute mit Beeinträchtigungen oder Eltern mit Kinderwagen – den Rennsteig nutzen können.

Es gibt auch einen **Rennsteig-Radwanderweg**. Er zieht sich 195 Kilometer weitgehend parallel zum Wanderweg von Hörschel bis ins Thüringer Schiefergebirge und zur Oberen Saale entlang. Der seit Jahrzehnten stattfindende **GutsMuths-Rennsteiglauf** durch den Thüringer Wald ist mit etwa 15 000 Teilnehmern Europas größter Crosslauf. Er findet immer im Mai statt. Es gibt verschiedene Strecken von Super- über Marathon und Halbmarathon bis hin zu Wanderung, Nordic Walking und Junior Cross. Während die Starts je nach Strecke in unterschiedlichen Orten sind, ist das Ziel für alle Schmiedefeld. Hier gibt es dann ein großes Volksfest (www.rennsteiglauf.de).

Zwischen Erfurt und dem Bahnhof Rennsteig in Schmiedefeld – mit Halt in Ilmenau und Stützerbach – verkehrt die Rennsteigbahn an Wochenende als sogenannter **Rennsteig-Shuttle**; es werden auch Sonderfahrten mit der historischen Dampflok angeboten.

Infos: Das Informationszentrum befindet sich am Anfang des Fernwanderwegs in einem ehemaligen Feuerwehrhaus. Es gibt eine Ausstellung und vor allem viele Informationen und Karten zum Rennsteig. **Rennsteigwanderhaus in Hörschel**, Rennsteigstr. 9, 99817 Eisenach-Hörschel, Tel. 036928/91194; April–Okt. Mo–Fr 8.30–16.30, Sa 9–11 und 14–16, So 9–11 Uhr. www.naturpark-thueringer-wald.eu

Bahnhof Rennsteig, Rennsteig 3, Schmiedefeld, Tel. 036782/70666, www.rennsteigbahn.de

Eisenach

Eisenach liegt am nordwestlichen Rand des Thüringer Waldes. Direkt hinter der Altstadt erheben sich die mit Villen und mit der Wartburg bestandenen Ausläufer des Gebirges. Eisenach ist die Geburtsstadt von Johann Sebastian Bach; er wurde hier am 21. März 1685 geboren. Ganze Generationen der Musikerfamilie Bach wirkten in der Stadt. Die Wirkungsstätten der Bachs wie auch die anderer bedeutender

Der Markt mit Stadtschloss (links) und Rathaus

▲ Karte S. 230

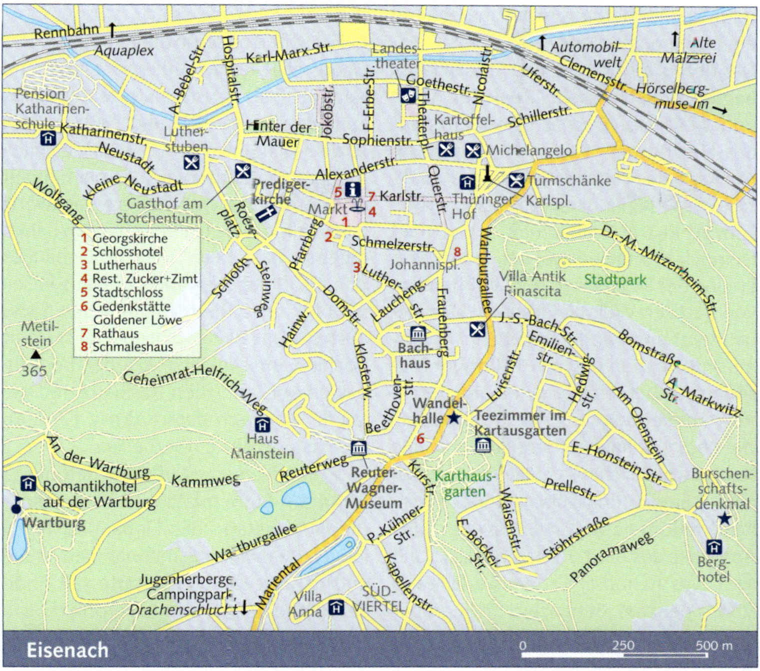

Persönlichkeiten wie Luther oder Reuter sind nahezu originalgetreu erhalten.

Große Politik fand hier auch statt. Beim berühmten Wartburgfest am 18. Oktober 1817 forderten die Studenten und Burschenschaftler in der ersten demokratischen deutschen Versammlung unter anderem einen einheitlichen Nationalstaat und schwangen schwarz-rot-goldene Fahnen. Die Sozialdemokratische Arbeiterpartei Deutschlands, eine der Vorläuferparteien der SPD, wurde 1869 in Eisenach gegründet. Daran erinnert die Gedenkstätte ›Goldener Löwe‹. Berühmteste Sehenswürdigkeit aber ist die Wartburg, die untrennbar mit dem Namen Martin Luther verbunden und heute in der UNESCO-Welterbeliste eingetragen ist. Hier übersetzte er das Neue Testament ins Deutsche. Überhaupt ist der Reformator überall in der Stadt präsent. Neben dem Lutherhaus gibt es das Lutherdenkmal sowie einen Lutherplatz. Seit der zweiten Hälfte des 19. Jahrhunderts prägte die Industrie die Stadtentwicklung, insbesondere der Automobilbau. Diese Branche dominiert auch heute noch die Wirtschaft Eisenachs.

■ Markt

Der Markt von Eisenach präsentiert sich als geschlossenes historisches Ensemble und ist Teil des Flächendenkmals Altstadt Eisenach, zu dem auch der Karlsplatz und der Theaterplatz gehören.

An der östlichen Seite steht das **Rathaus** von 1641, auf dem Marktplatz seit 1549 der **Marktbrunnen** mit dem heiligen Georg, dem Schutzheiligenpatron von Eisenach und dem Mansfeld. Im **Creutznacher Haus**, einem Fachwerkbau von 1539, befand sich während der Sanierung des Lutherhauses vorübergehend die Lutherausstellung.

Das dezent zurückhaltende **Stadtschloss** begrenzt die Nordseite. Zwischen 1569 und 1741 war Eisenach Residenzstadt des Herzogtums Sachsen-Eisenach. Im Auftrage des Herzogs wurde das Stadtschloss mit seiner barocken Fassade 1742 vom Weimarer Hofbaumeister Gottfried Heinrich Krohne entworfen. Später war es eine der Residenzen der Großherzöge von Sachsen-Weimar-Eisenach. Das Gebäude ist unter anderem Sitz der Tourismusinformation und des **Thüringer Museums**. Es beherbergt eine bedeutende Volkskundesammlung, die großherzogliche Kunstsammlung, Porzellane und eine stadtgeschichtliche Ausstellung. Zu sehen gibt es Einrichtungsgegenstände, Kunsthandwerk, Schätze, Glas, Porzellan, eine Apotheke aus dem 17. Jahrhundert und alles, was im höfischen Sammlerleben so zusammenkam. Sehenswert ist darüber hinaus auch eine historische Apotheke aus dem 18. Jahrhundert.

An der südlichen Seite erhebt sich die protestantische **Georgenkirche,** die bedeutendste und größte Kirche der Stadt. Hier heiratete Ludwig VI. 1221 die ungarische Königstochter Elisabeth, aus der später die heilige Elisabeth von Thüringen wurde. Martin Luther sang als Teenager in der Kurrende (Laufchor) und predigte hier im Frühjahr 1521, nun als Wittenberger Mönch, vor und nach seiner Reise zum Reichstadt in Worms. Johann Sebastian Bach wurde hier am 23. März 1685 getauft, seine Familie war über 132 Jahre ununterbrochen Herrscher über die Orgel in der Kirche. Bachs Taufstein befindet sich nach wie vor am Altar, in der Turmgruft stehen die fürstlichen Särge. Das Wartburgfest von 1817 nahm hier seinen Ausgang. Zum Repertoire der Kirche gehören regelmäßig Konzerte.

▲ Karte S. 233

Lutherhaus

Das Luthermuseum liegt südlich der Georgenkirche, am Lutherplatz. Während seiner Zeit als Lateinschüler lebte Martin Luther zwischen 1498 und 1501 im Hause der Ratsfamilie Cotta, wahrscheinlich im heutigen Lutherhaus. Dabei handelt es sich um das wohl älteste Fachwerkhaus Thüringens. Untersuchungen haben ergeben, dass einige Teile des Gebäudes von 1269 datieren und das Haus in seinem heutigen Raumvolumen seit 1356 besteht. Das Renaissanceportal stammt höchstwahrscheinlich von der benachbarten kurfürstlichen Residenz und gelangte erst nach deren Abriss 1742 an die Fassade des Lutherhauses.

Eine amerikanische Luftmine detonierte 1944 am Lutherplatz und beschädigte die Nordfassade des Gebäudes. Nach langen Renovierungsmaßnahmen ist die europäische Kulturerbestätte seit Ende September 2015 wieder eröffnet. Die multimediale **Dauerausstellung Luther und die Bibel** widmet sich der historischen Bedeutung der Bibelübersetzung in all ihren Facetten. Eingerahmt in die Lebenswelt des Spätmittelalters werden

Das Lutherhaus

Museum in zwei Gebäuden: das Bachhaus

auch zahlreiche historische Schätze wie Cranachgemälde oder das Kirchenbuch mit dem Taufeintrag von Johann Sebastian Bach gezeigt. Zu sehen sind auch die sogenannten Lutherstuben, in denen Luther als Schüler gewohnt haben soll. Das umfassende Evangelische Pfarrhausarchiv befindet sich inzwischen im 2014 neu gebauten Landeskirchenarchiv Eisenach.

Bachhaus

Das Bachhaus ist das weltweit größte Museum für den Musiker. Es existiert seit 1907 und besteht aus einem historischen Gebäude und einem modernen Anbau des Architekten Berthold Penkhues. Das Bachhaus beherbergt so gut wie alles, was mit dem Komponisten und der Bachzeit zu tun hat. Im historischen Fachwerkhaus von 1456 ist die barocke Lebenswelt der Musikerfamilie Bach untergebracht, hier findet man historische Zimmer und Tasteninstrumente. Das Bachhaus wird häufig auch als das Geburtshaus des Komponisten bezeichnet. Geboren wurde Johann Sebastian Bach allerdings höchstwahrscheinlich in der heutigen Lutherstraße 35. Der Museumsneubau beherbergt wertvolle Erstdrucke und Exponate und beschäftigt sich auf multimediale Art und Weise mit Bachs Musik. Im Instrumentensaal kann man stündlich ein Live-Konzert auf fünf historischen Instrumenten – zwei Orgeln, Cembalo, Clavichord und Silbermann-Spinett – aus der Zeit Bachs erleben. Zu empfehlen ist auch das ›Begehbare Musikstück‹. Im Museum findet man auch recht kuriose Sammelobjekte wie etwa die Eingangstür zu Bachs Kantorenwohnung in Leipzig.

Zum Museum gehören auch das ›Café Kantate‹, ein Instrumentendepot, Archiv, Bibliothek und Notenverleih.

Schmales Haus

Nur 2,05 Meter Breite misst das Schmale Haus am Johannisplatz, die Grundfläche beträgt gerade einmal 20 Quadratmeter. Und es wohnen tatsächlich Menschen darin. Somit gilt das Gebäude als das wohl schmalste bewohnte Fachwerkhaus Deutschlands. Das 1974 in Eigeninitiative von Eigentümern und Freunden vor dem Abriss bewahrte Haus beherbergt auch eine – natürlich ebenfalls kleine – Galerie.

Geschichte des Automobilbaus in Eisenach

Eisenach war und ist eine Autostadt. Bereits 1896 wurde hier das erste Automobilwerk als ›Fahrzeugfabrik Eisenach‹ von dem Großindustriellen Heinrich Ehrhardt als Fertigungswerk für die kaiserliche Rüstungsindustrie gegründet. Ab 1898 kam zur Erhöhung der Auslastung der Bau von Wartburg-Motorwagen als Lizenzproduktion des französischen Decauville hinzu. Eisenach wurde somit zum dritten Automobilproduktionsstandort des Deutschen Reiches. Bis 1904 firmierten die Fahrzeuge unter dem Namen Wartburg. Die Bayerischen Motorwerke (BMW), die 2016 ihr 100-jähriges Bestehen feierten und mit der Fertigung von Flugzeugmotoren begannen, avancierten erst mit dem Kauf des Eisenacher Werks zum Automobilhersteller, wie man ihn heute kennt. Ab 1928 baute das Unternehmen hier Autos. Man übernahm ein Unternehmen mit einer hochmodernen Fertigungsanlage für den ›Dixi‹, mit 30 Jahren Erfahrung im Automobilbau und einer bis dahin in Europa äußerst seltenen Fließbandproduktion. Ab Mai 1942 verlagerte BMW seine gesamte Motorradproduktion nach Eisenach, da die Kapazitäten in München vollständig für den Flugzeugmotorenbau benötigt wurden. So baute man hier das als ›Wehrmachtsgespann‹ bekannt gewordene Motorrad BMW R 75 mit Beiwagen. Circa 19 000 Exemplare wurden davon produziert. Im hochmodernen Dürrerhof bei Eisenach, wegen seiner intensiven Tarnung auch ›Waldwerk‹ genannt, produzierte BMW während des Zweiten Weltkriegs Flugzeugmotoren.

Nach dem Krieg kam das Eisenacher Automobilwerk unter sowjetische Verwaltung. Die nun wieder zivilen Fahrzeuge aus Eisenach trugen weiterhin den Namen BMW, bis die Bayern die Nutzung ihres Namens gerichtlich untersagten. Ab 1951 firmierte die Fabrik daher unter dem Namen EMW (Eisenacher-Motoren-Werk). Da BMW seinen gesamtem Maschinenpark für die Fertigung von Motorrädern in Eisenach gelassen hatte, konnte man hier auch die Produktion der EMW R 35 aufnehmen. Das Logo war nach wie vor mit dem von BMW identisch, nur war es rot-weiß statt blau-weiß. 1952 wurde das Werk zum Volkseigenen Betrieb (VEB), ab 1953 produzierte man unter dem Namen VEB Automobilwerk Eisenach (AWE). Hier wurde zunächst der IFA F 9 produziert und ab 1955 der Wartburg 311. Ihm folgten Wartburg 312, Wartburg 353 und Wartburg 1.3. Am 10. April 1991 lief der letzte Wartburg vom Band – direkt ins Museum. AWE wurde am 10. April 1991 geschlossen. Im Zeitraum von eineinhalb Jahren nach der Wende entstanden aus dem VEB AWE 32 Unternehmen mit insgesamt 8000 Mitarbeitern.

Das Automobilwerk Eisenach beschäftigte zu DDR-Zeiten 10 000 Mitarbeiter. Nach der Wende interessierten sich von allen angefragten Autounternehmen weder der alte Eigentümer BMW noch Mitsubishi oder VW ernsthaft für die Fahrzeugproduktion in Eisenach. Nur Opel zeigte echtes Interesse. Bereits ab dem 5. Oktober 1990 existierte eine gemeinsame Montagelinie für den Vectra, Kanzler Helmut Kohl kam zum offiziellen Besuch. Opel baute 1991 ein neues Werksgelände für eine Milliarde DM und produzierte ab September 1992 am Standort Klein- und Kompaktwagen. Heute montieren hier rund 1800 Beschäftigte den Kleinwagen Adam.

Karlsplatz

Auf dem Karlsplatz liegt der Ursprung der Stadt Eisenach. Der Platz wurde 1368 erstmals erwähnt. Die Platzmitte ziert das **Lutherdenkmal** von 1885. Im romanischen **Nikolaitor** befindet sich das beste Restaurant der Stadt, die Turmschänke. Die romanische **Kirche** am Karlsplatz wurde ab 1180 erbaut und diente als Basilika für ein Benediktinerkloster.

Landestheater

Am 1. Januar 1879 weihten die Eisenacher ihr neues Theater ein. Gestiftet wurde es von einem lokalen Mäzen. Das Haus im klassizistischen Stil ist Heimat der Landeskapelle Eisenach und fasst 501 Zuschauer. Das Landestheater verfügt über eine Schauspiel-, Musiktheater,- Ballett- sowie Kinder- und Jugendtheaterabteilung. Die Darstellungspalette umfasst nahezu alles von Oper, Operette, Ballett, Musical bis hin zu Sinfoniekonzerten, Kabarett und Puppentheateraufführungen. Seit 2003 kooperiert das Theater mit dem Südthüringischen Staatstheater Meiningen, 2009 wurden beide Häuser in eine gemeinsame Kulturstiftung überführt

Predigerkirche

Die wohl aus dem Jahr 1240 stammende saalartige und einschiffige Kirche war einst Teil eines Dominikanerklosters zu Ehren der heiligen Elisabeth. Sie beherbergt eine **Sammlung sakraler mittelalterlicher Schnitzkunst**, die umfangreichste ihrer Art in Thüringen. Um die Kirche herum gruppieren sich noch weitere erhaltene Gebäude des ehemaligen Klosters.

Automobile Welt Eisenach

Das Museum zur Geschichte des Automobilbaus in Eisenach ist unbedingt einen Besuch wert. Äußerst anschaulich

Japanische Raumausnutzung in Thüringen: das Schmale Haus

rückt die von einer Stiftung getragene Ausstellung den lokalen Automobil- und Fahrzeugbau in einen historischen und kulturellen Kontext. Neben zahlreichen Fahrzeugen werden in den einzelnen Abschnitten auch Ausstellungsobjekte gezeigt, die die damals vorherrschenden Lebensverhältnisse beleuchten. Im ersten Obergeschoss befinden sich die Ausstellung ›Opel heute‹ und die Prototypenausstellung von Wartburg. Ein großes Modell stellt das ehemalige Fahrzeugwerk dar. Ein Teil der Ausstellungsfläche dient Sonderausstellungen.
Das Museum ist auf dem alten Originalgelände des Automobilwerks Eisenach (AWE) untergebracht, genauer gesagt im 1935 errichteten O2. Hier befand sich bis 1991 die Verwaltung des AWE. Vor dem Gebäude steht eine alte Schuler-Presse, die AWE-Stiftung sitzt im historischen Haupttorgebäude.

Kulturfabrik Alte Mälzerei

Die Alte Mälzerei wurde Ende des 19. Jahrhunderts eigentlich als Rösterei erbaut. Heute ist sie Kulturfabrik, in der Partys und Veranstaltungen stattfinden. Und sie beherbergt ein einzigartiges Jazzarchiv: Fast 100 000 Schallplatten und weitere Schätze hat Reinhard Lorenz hier auf 700 Quadratmetern zusammengetragen. Seitdem er am 7. April 1965 ein Konzert von Louis Armstrong in der Erfurter Thüringenhalle besucht hat, brannte er für den Jazz. Sogar Berühmtheiten wie Wim Wenders nutzen das Archiv, der Regisseur recherchierte hier für seinen Film ›The Soul of a Man‹.

Wandelhalle

Die Wandelhalle ist ein Überbleibsel aus der Zeit Eisenachs als Kurbad. Von Creuzburg wurde das Sole- und Mineralwasser in die Stadt geleitet, wo es in der Wandelhalle, dem Sophienbad und Kurhotel zum Trinken und Baden genutzt wurde.

Im **Karthausgarten** dahinter befindet sich im klassizistischen Gartenhaus das Teezimmer mit wertvollen Wandtapeten.

Südviertel

Mit seinen Jugendstil- und Gründerzeitvillen ist das Eisenacher Südviertel als Flächendenkmal eingetragen. Um die Jahrhundertwende wollten viele wohlhabende Leute aus dem gesamten Reich unbedingt ein Häuschen in Eisenach haben und ließen sich ihre Traumwillen unterhalb der Wartburg errichten. Das Südviertel gehört zu den größten zusammenhängenden Villenvierteln Deutschlands, seine bezaubernden Häuser sind ein architektonischer Höhepunkt in Thüringen.

Panoramaweg mit Burschenschaftsdenkmal

Die Göpelskuppe liegt im Südosten der Stadt. Auf dem Hausberg der Eisenacher wird spaziert, gerodelt und vieles mehr, und die Aussicht von hier auf Stadt, Wartburg und Umgebung ist atemberaubend. Ein 620 Meter langer **Kammweg** führt auf der Göpelskuppe entlang. Am Fuße des Panoramaweges steht das **Burschenschaftsdenkmal**. Es misst 33 Meter Höhe und wurde 1902 in Erinnerung an das Burschenschaftsfest auf der Wartburg von 1817 errichtet. Im

Ein ›Dixi‹ in der Automobilen Welt Eisenach

▲ Karte S. 233

Unterwegs in der Drachenschlucht

Innern der Rotunde befindet sich das Burschenschaftsmuseum. Neben dem Burschenschaftsdenkmal liegt das **Berghotel**. Für Lauffaule oder Leute, die es etwas eiliger haben, befindet sich etwas unterhalb ein Parkplatz.

■ Reuter-Wagner-Museum

Wenn man sich von Eisenach aus zu Fuß zur Wartburg macht, kommt man im Helltal an einem stattlichen Gebäude vorbei. Das zwischen 1866 und 1868 erbaute, von Ludwig Bohnstedt für den Dichter Fritz Reuter im Stile einer alten römischen Villa entworfene Haus beherbergt zwei Museen. Der niederdeutsche Dichter verbrachte hier im typischen romantischen Wohnambiente des 19. Jahrhunderts mit seiner Frau seinen Lebensabend bis zu seinem Tod 1874. Die Wohnungseinrichtung ist nahezu vollständig erhalten.

Seit 1897 befindet sich in der Fritz-Reuter-Villa auch die aus einer Privatsammlung hervorgegangene Richard-Wagner-Sammlung. Sie umfasst insgesamt 200 000 Objekte wie Originalpartituren, Briefe und Fotos. Herzstück der Sammlung ist die mehr als 5000 Bände umfassende Bibliothek.

Das Eisenacher Museum verfügt somit nach Bayreuth über die umfangreichste Richard-Wagner-Sammlung. Richard Wagner selbst besuchte 1842 die Wartburg und machte sie später zum Schauplatz für seinen ›Tannhäuser‹.

■ Drachenschlucht

Prächtig liegen die Villen unterhalb der Wartburg im Mariental im Eisenacher Süden. Von hier aus, vom Prinzenteich, beginnt die Wanderung in die sich immer weiter verengende Drachenschlucht. Die von rot leuchtenden Felswänden eingegrenzte Schlucht ist ein Geologisches Naturdenkmal südlich von Eisenach. Die 198 Meter lange Klamm ist an ihrer schmalsten Stelle gerade einmal 68 Zentimeter breit. Dann trennt den Bach von den eigenen Schuhen nur noch der Gittersteg. Schaut man an den bis zu zehn Meter hohen Felswänden und den darüber liegenden Bäumen in Richtung Himmel, fühlt man sich in eine Höhle versetzt. Die Drachenschlucht liegt im Naturschutzgebiet **Wartburg-Hohe**

Sonne. Am Gasthaus ›Hohe Sonne‹ verläuft auch der Rennsteig. Am anderen Ende läuft man durch die Annaschlucht zur ›Hohen Sonne‹, von wo aus man den Bus zurück nach Eisenach nehmen kann. Neben der ›Hohen Sonne‹ gibt es auch am Prinzenteich und auf der Sängerwiese Einkehrmöglichkeiten. Drachenschlucht, ›Hohe Sonne‹ , Weinstraße und Landgrafenschlucht lassen sich aber auch hervorragend zu einer Wanderung kombinieren (ca 3,5 Std.). Diese leichte Tour ist etwa 11 Kilometer lang. Von der Wartburg aus verläuft der Weg zur Drachenschlucht über Katzensprung, Eliashöhle und Sängerwiese. Auch das Ausflugslokal ›Phantasie‹ im Mariental an der Straße stadtauswärts in Richtung Hohe Sonne, das 1850 errichtet wurde, ist nach Jahrzehnten der Stille inzwischen wiederbelebt. Es wird seit 2016 wieder als Biergarten und Veranstaltungsort genutzt.

Wartburg

Die Wartburg ist ein herausragender Symbolort deutscher Geschichte. Sie war Ort für Burschenschaftsfeste, unter denen das erste von 1817 sicherlich am bekanntesten ist, und neben Eisleben und Wittenberg die bedeutendste Wallfahrtsstätte für Lutherfans. Bereits im 19. Jahrhundert war sie ein nationales Denkmal.

Die Wartburg mag auf den ersten Blick mittealterlich wirken, präsentiert sich aber als Sammelsurium aus Romanik, Gotik, Renaissance und Historismus. Diese Stilmischung ist Ergebnis der vielen Um- und Anbauten im Laufe der Jahrhunderte. Ihr heutiges Erscheinungsbild geht im Wesentlichen auf die umfassende Restaurierung der Burg im historisierenden Stil zurück, die im 19. Jahrhundert auf Veranlassung von Großherzog Carl Alexander von Sachsen-Weimar-Eisenach vorgenommen wurde.

Die Ansicht auf und der Ausblick von der Wartburg sind grandios. Die einzigartige Burganlage ist seit 1999 UNESCO-Weltkulturerbe. Hinsichtlich ihrer Architektur, der Lage auf einem Hochplateau am Ausläufer eines Gebirges und dem damit verbundenem Weitblick über die Ebene entspricht sie dem idealtypischen Bild einer Burg. Im Jahr 1080 wurde die Wartburg erstmals erwähnt. 200 Jahre lang war die Burg ein Zentrum der Ludowinger, eines der bedeutendsten Adelsgeschlechter im Heiligen Römischen Reich. Sehr bekannt ist auch der Minnesängerstreit, auch Sängerkrieg

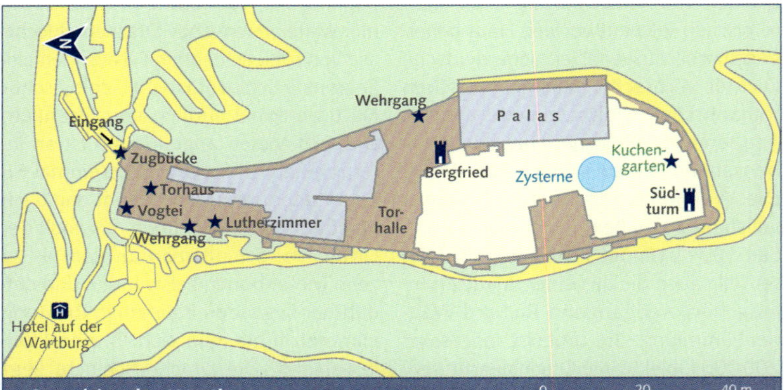

Grundriss der Wartburg

Nationales Denkmal: die Wartburg

genannt, an dem Walther von der Vogelweide, Wolfram von Eschenbach, Heinrich dem Schreiber und Heinrich von Ofterdingen teilnahmen und der 1206 auf der Burg fast ein ganzes Jahr lang stattgefunden haben soll. Bis heute steht dieses Ereignis symbolisch für unsere Vorstellung von ritterlich-höfischer Dichtkunst.

Der Vogelfreie Luther kam 1521 inkognito als Junker Jörg auf die Wartburg. Sein Landesherr, Kurfürst Friedrich der Weise, hatte den Geächteten zu dessen eigener Sicherheit vor Kirche und Kaiser dorthin entführen lassen. In nur elf Wochen übersetzte Luther in seiner Stube in der Burgvogtei das Neue Testament aus dem Altgriechischen ins Deutsche. Allerdings handelte es sich wohl nicht um die erste umfassende Übersetzung ins Deutsche. Ein Unbekannter übertrug die Evangelien bereits 200 Jahre vor Luther, allerdings aus dem Lateinischen, ins Deutsche. Regelmäßig besuchte Luther während seines Aufenthalts Eisenach. In seiner Kammer, der heutigen **Lutherstube**, soll ihm auch der Teufel erschienen sein, nach dem er sein Tintenfass warf. Davon ist heute allerdings nichts mehr zu sehen. 1522 konnte Luther die Wartburg nach 10 Monaten endlich verlassen.

Das Wartburgfest der Burschenschaften von 1817 und deren zentrale Forderung nach einem einheitlichen deutschen Nationalstaat machten die Wartburg zur ›Burg der Deutschen‹ und zum Symbol der Integration und Einheit. Zu dieser Zeit befand sich die Burg in einem ruinösen Zustand.

Heute steckt die ›deutscheste Burg der Deutschen‹ voller Kunstschätze. Zu dieser im **Museum** sowie überall in der Burg gezeigten Kunstsammlung gehören Werke von Cranach, der ›Dürerschrank‹ oder die riesige Besteckssammlung des Freiherren Gottfried von und zu Egloffstein.

Auf der Wartburg finden zahlreiche Kulturveranstaltungen statt, etwa der MDR Musiksommer, die Tannhäuser-Aufführungen und die Klassikkonzerte von Deutschlandradio Kultur.

EXTRA

Martin Luther

Im Jahr 2017 feierte man das 500. Jubiläum der Reformation. Martin Luther (1483–1546) ist ihre zentrale Persönlichkeit. Der bis dahin unbedeutende Mönch leitete in Wittenberg am 31. Oktober 1517 mit seinen 95 Thesen gegen den päpstlichen Ablasshandel die größte Krise der ›einzigen Kirche‹ ein. Das Wirken Luthers führte letztlich zur Spaltung der christlichen Kirche und zur Bildung weiterer protestantischer Glaubensrichtungen. In ihrer Wirkung kaum zu überschätzen war seine Übersetzung des neuen Testaments, dessen Inhalte nun dem ganzen Volk zugänglich waren. Die Übersetzung fand rasch in allen deutschsprachigen Regionen Verbreitung und ebnete so den Weg hin zu einer relativ einheitlichen deutschen Schriftsprache. Man darf sich Luther keinesfalls als asketischen Mönch vorstellen, dem dem weltlichen Leben und seinen Genüssen entsagte. Er heiratete 1525 Katharina von Bora und hatte mit ihr sechs Kinder, und er galt bei seinen Zeitgenossen als trinkfest. Luther konnte wohl auch recht ungehobelt sein, direkt und unmittelbar, ein Freund klarer Worte, der kein Blatt vor den Mund nahm.

Geboren wurde Martin Luther am 10 November 1483 in Eisleben. Er zog im 14. Lebensjahr nach Magdeburg um, aber bereits im Folgejahr nach Eisenach, die Heimatstadt seiner Mutter. Nach kurzer Zeit bei Verwandten kam er bei dem Ratsherrenehepaar Cotta unter. Im Frühjahr 1501 verließ er Eisenach und nahm in Erfurt das Studium auf. Luther verbrachte in Eisenach eine sehr schöne Zeit ›ynn meiner lieben Stadt‹. Das philosophische Grundstudium an der Universität Erfurt beendete er 1505. Nach seinem ›Gewittererlebnis‹ bei Stotternheim brach er sein Jurastudium ab und trat am 17. Juli 1505 ins Augustinerkloster ein. 1507 wurde er im Erfurter Dom zum Priester geweiht. 1508 nahm der Augustinermönch an der Universität der kleinen sächsischen Residenzstadt Wittenberg die Stelle am Lehrstuhl für Moralphilosophie an und zog 1511 endgültig dorthin. Hier veröffentlichte er auch am 31. Oktober 1517 seine 95 Thesen. Anlass dafür waren schwere Gewissenskämpfe mit der institutionellen Kirche mit ihren ›Scholastikern und Höflingen‹, unter anderem seine Abneigung gegen den damals gängigen Ablasshandel und den aus seiner Sicht zu beobachtenden grundsätzlichen moralischen Verfall. Aber auch das Zinswesen kritisierte er.

Dank der Erfindung der Druckerpresse und des Buchdrucks waren seine Thesen bald überall zu lesen. Ende 1520 wurde er mit dem Reichsbann und somit der Reichsacht belegt. Diese beinhaltete das Verbot, Luther zu unterstützen oder zu beherbergen, seine Schriften zu lesen oder zu drucken, und gebot, ihn festzusetzen und dem Kaiser zu überstellen. Am 10. Dezember 1520 verbrannte Luther in Wittenberg die Bulle mit der Androhung des Kirchenbannes durch den Papst. 1521 wurde er zur Anhörung vor den Reichstag in Worms geladen. Eigentlich war diese Zusammenkunft geplant, damit Luther seine Thesen widerrufen sollte, stattdessen aber legte er vor dem Kaiser eine triumphale Rede aufs Parkett. Am 4. Mai 1521 wurde Luther bei seiner Rückreise über Eisenach und Möhra bei der Burg Altenstein von bewaffneten Reitern gestoppt und auf die Wartburg ›entführt‹. Kurfürst Friedrich der Weise brachte Luther auf diese Weise in Sicherheit, denn nach seinem verweigerten Widerruf beim Wormser Reichstag drohte ihm die Reichsacht.

Kurze Zeit später wurde er tatsächlich exkommuniziert, geächtet und zum Ketzer erklärt. Zudem verbot man die Verbreitung seiner Schriften. Ab Mitte Dezember 1521 übersetzte Luther auf der Wartburg in gerade einmal elf Wochen das gesamte Neue Testament vom altgriechischen Urtext ins Deutsche. Zu dieser Zeit gab es noch keine einheitliche deutsche Sprache. Luther verwendete die sächsische Kanzleisprache. Zudem übersetzte er einige Worte und Passagen der griechischen Bibel aus Mangel an deutschen Entsprechungen frei und erfand somit Ausdrücke, die bis heute prägen. In diesem Zusammenhang kann man Luther nicht nur als Reformator, sondern ebenso als eine der treibenden Kräfte hin zu einer einheitlichen deutschen Sprache bezeichnen. Im März 1522 kehrte er nach Wittenberg zurück. Hier überarbeitete er gemeinsam mit Philipp Melanchthon seine Übersetzung, bevor sie am 20. September des Jahres als sogenanntes Septembertestament publiziert wurde. 1525 heiratete Luther in Wittenberg Katharina von Bora. 1534 lege Luther dann in Wittenberg erstmals eine vollständige hochdeutsche Bibelübersetzung vor.

Mit seinen Positionen und Äußerungen zu Müntzer, den Bauernkriegen, Frauen, Katholiken, Muslimen sowie den Juden kommt allerdings auch eine sehr negative Seite von Luther zutage. Er lehnte die Bauernerhebungen mit scharfen Worten ab und verteidigte die bestehenden, für viele bedrückenden Verhältnisse. In seinem Traktat ›Von den Juden und ihren Lügen‹ spricht er von den Juden als ›giftige, gehässige Würmer‹. Luther forderte, deren Synagogen, Eigentum, Wohnungen niederzubrennen und die Juden zu versklaven oder zumindest aus Deutschland zu vertreiben. Es wundert nicht, dass später die Nazis nur allzu gern auf dieses Schriftwerk zurückgriffen. Auch mit Erasmus von Rotterdam, auf dessen allererste vollständige Übersetzung des neuen Testaments ins Griechische von 1516 er bei seiner Übersetzung ins Deutsche zurückgegriffen hatte, zerstritt er sich. Luther kritisierte auch die vielen üblichen Feiertage und sorgte so gewissermaßen für deren Begrenzung.

Martin Luther starb am 18. Februar 1546 in Eisleben. Als Zeichen des Triumphes im Schmalkaldischen Krieg über die Protestanten und quasi auch ihn besuchte Kaiser Karl V. 1547 dessen Grab in der Wittenberger Schlosskirche. Die religiöse Welt allerdings sah von nun an völlig anders aus, auch dank anderer Reformatoren neben Luther wie Erasmus, Huldrych Zwingli und seinem Schüler Jean Calvin. Aus einer Kirche und einem Glauben entstand ein religiöser Pluralismus mit vielen konkurrierenden Kirchen. Und vor allem stand die Kirche nicht mehr über dem Staat. Die Reformation entpuppte sich als Revolution, die über das Religiöse hinaus sämtliche gesellschaftlichen Bereiche des Lebens wie Politik, Wirtschaft, Kultur und Bildung erfasste und für immer veränderte. Diese Revolution war allerdings unter hohen Verlusten erstritten, und erst 1555 wurde der Augsburger Religionsfrieden zwischen Katholiken und Protestanten geschlossen, der eine gewisse Befriedung brachte.

Thüringen verfügt gemeinsam mit Sachsen-Anhalt über die meisten Reformations- und Lutherstätten. Das Wegenetz des **Lutherwegs** verbindet allein in Thüringen auf 1010 Kilometern mit Luther und seinen Zeitgenossen verbundene historische Reisewege und über 30 Orte (www.lutherweg.de). 2017 wurden auch im Lutherland Thüringen 500 Jahre Luther und Reformation groß gefeiert.

Die wichtigsten Gebäude

Der **Palas** entstand zwischen 1157 und 1170. Er gilt als besterhaltener spätromanischer Profanbau nördlich der Alpen und ist der älteste Teil der Burganlage. Die die Vorburg säumenden **Vogtei**, **Ritterhaus**, **Margarethengang** und **Elisabethgang** stammen aus dem 15. Jahrhundert, die **Fachwerkbauten** und **Wehrgänge** aus dem 14. und 15. Jahrhundert. Nach einem Besuch der Wartburg veranlasste Großherzog Carl Alexander von Sachsen-Weimar-Eisenach den Wiederaufbau der ruinösen Burg. Bis 1890 wurde die verbliebene mittelalterliche Bausubstanz der Burg daraufhin wiederhergestellt und um zahlreiche neue Gebäude erweitert. **Neue Kemenate**, **Torhalle** oder **Bergfried** stammen aus dieser Zeit, ebenso wie **Ritterbad** und **Burgschänke**. Chefarchitekt des Wiederaufbaus der heruntergekommenen Anlage war Hugo von Ritgen.

Die Wartburg hat in der Geschichte Thüringens große Bedeutung und ist eines der wichtigsten Wahrzeichen des Landes. Die Mosaike in der **Elisabethkemenate** erzählen die Geschichte Elisabeths von Thüringen. 1221 heiratete sie mit 14 Jahren den thüringischen Landgrafen Ludwig IV. Sie lebten auf der Wartburg. Inspiriert von den Idealen des Franziskanerordens, engagierte sie sich frühzeitig für die Bedürftigen und ließ am Fuße der Burg ein Hospital einrichten. Nach dem Tod ihres Gatten entsagte sie ihrem Adelsleben und wurde Krankenschwester. Sie teilte ihr Vermögen unter den Armen auf. Vier Jahre nach ihrem recht frühen Tod wurde sie heiliggesprochen.

Als Großherzog Carl Alexander den Umbau des dreigeschossigen Palas der Burg im Stil des Historismus plante, ließ er sich von seinem Hofkapellmeister Friedrich Liszt bezüglich der Akustik des Festsaals beraten. Der Maler Moritz Schwind malte Liszt auch in sein Fresko zum Sängerkrieg hinein. Im **Sängersaal** präsentiert sich der Komponist als Wolfram von Eschenbach mit wallendem Haar und grünem Gewand im Stile des 13. Jahrhunderts. Dieser **Freskenzyklus** von Moritz Schwind im Landgrafenzimmer im Palas ist ohne Zweifel eine der Hauptsehenswürdigkeiten der Burg. Im prächtigen **Festsaal** finden zahlreiche Veranstaltungen statt. Natürlich wird mehrmals jährlich Wagners ›Tannhäuser‹ aufgeführt.

Auf dem Südturm befindet sich eine **Aussichtsplattform**.

▶ Karte S. 240

Elisabethplan

Der spannendste Aufstieg zur Wartburg ist sicherlich der Ritt mit dem Esel zur Burg hinauf. Unterwegs passiert man eine Stelle mit einer 2007 aufgestellten **Bronzefigur der heiligen Elisabeth**. Im Spätmittelalter befand sich hier ein Franziskanerkloster. Die Grundmauern wurden nach archäologischen Grabungen kenntlich gemacht, heute ist der Ort inoffizieller Wallfahrtsort und Gedenkstätte für die ehemalige Thüringer Landgräfin Elisabeth. Am Elisabethplan befindet sich auch der **Elisabethbrunnen**. Er diente als Hauptquelle zur Versorgung der Wartburg mit Wasser. Bereits früher mussten Packesel zur Trinkwasserversorgung das Wasser bis zur Burg hinauftragen. Die Esel haben somit auf der Wartburg eine sehr lange Tradition.

Rund um Eisenach

Das Renaissanceschloss mit hohem Fachwerkturm im südwestlich von Eisenach gelegenen **Marksuhl** wurde zwischen 1587 und 1591 als Jagdschloss errichtet. Mit der Zeit und dem Verlust seiner Bedeutung verfiel es jedoch zunehmend. Seit einigen Jahren aber wird die vierflügelige Anlage umfassend restauriert. Seinen Bedeutungsverlust verdankt Schloss Marksuhl unter anderem der Schlossanlage im Wilhelmsthal. Gegenüber dem Schloss steht die **Sankt-Hubertus-Kirche** aus dem 15. Jahrhundert mit ihrem wuchtigen gotischen Turm.

Wilhelmsthal

Fährt man die im Tal eingebettete B 19 von Eisenach in südliche Richtung nach Ruhla und Bad Salzungen, bietet sich einem nach etwa zehn Kilometern einer dieser bizarren Thüringer Anblicke: Umgeben von Seen und ziemlich abgeschieden stehen hier die sterblichen Hüllen eines faszinierenden Gebäudeensembles. Herzog Johann Wilhelm von Sachsen-Eisenach ließ die Gebäude und den Park am Fuße der Hohen Sonne ab 1698 anlegen. Schwamm, Schädlinge und Feuchtigkeit haben den Schlössern und Wirtschaftsgebäuden von Wilhelmsthal über die Jahre schwer zugesetzt, und die Hochwasserkatastrophe von 2013 erwischte auch das Schlossensemble. Wilhelmsthal mit **Altem Schloss**, **Neuem Schloss**, **Marstall** und weiteren Gebäuden erwacht aber langsam wieder zum Leben und wird inzwischen ab und an für Veranstaltungen wie etwa die Thüringer Bachwochen als Veranstaltungsort genutzt. So werden der als ältester freistehender Konzertsaal geltende Telemannsaal und der nutzbar gemachte Festsaal im Alten Schloss bespielt. Der **Schlosspark** mit Staudamm am See wird ebenfalls Stück für Stück wieder restauriert.

Hörselberge

Südöstlich von Eisenach liegt die Gemeinde Wutha-Farnrode. Die Hörselberge mit ihren zerklüfteten Kalkfelsen, Höhlen, dem Kleinen und dem großen Hörselberg sind eine landschaftlich und botanisch sehr reizvolle Gegend. Im **Hörselbergmuseum** im Ortsteil Schönau gibt es auch ein Modell der Hörselberge.

i Eisenach und Umgebung

Vorwahl: 03691.

Tourist Information, Markt 24 (im Stadtschloss), Tel. 79230; Mo–Fr 10–18, Sa/So 10–17 Uhr. www.eisenach.info

Romantikhotel auf der Wartburg, Auf der Wartburg 2, Tel. 7970. Näher an der Wartburg kann man nicht wohnen. Das Fünf-Sterne-Haus mit seinen individuell eingerichteten Zimmern wurde 1913/14 erbaut. Das Hotel hat auch Zimmer auf der Wartburg, direkt um die Lutherstube herum. Vitalbereich mit Spa und Sauna; Zi ab 140 €. www.wartburghotel.de

Pension Katharinenschule, Katharinenstr. 149, Tel. 8864202. Moderne Zimmer und Appartements im Zentrum Eisenachs mit gutem Preis-Leistungs-Verhältnis, leckeres Frühstück. Zum Haus gehören auch ein Garten und eine Kleinkunstbühne; EZ 56, DZ 92 €. www.katharinenschule.com

Boutique-Hotel Villa Anna, Fritz-Koch-Str. 12, Tel. 23950. Vier-Sterne-Haus am Fuße der Wartburg in einem Jugendstilhaus von 1907. Auch innen alles sehr stilvoll, allerdings modern. Freundlicher Service und Terrasse mit Blick ins Grüne; EZ ab 80, DZ ab 90 €. www.hotel-villa-anna.de

Haus Hainstein, Am Hainstein 16, Tel. 2420. Stilvoll-klassisches Hotel mit tollem Blick auf die Wartburg, mit Fitnessstudio. Im Restaurant ›Lutherstube‹ mit Wartburgblick gibt es Traditionelles; EZ ab 67, DZ ab 86 €. www.haushainstein.de

Berghotel Eisenach, An der Göpelskuppe 1, Tel. 22660. Komfortables gehobenes Hotel mit Ambiente am Burschenschafts-

denkmal, Gastronomie mit Terrasse; EZ ab 66, DZ ab 109 €.
www.berghotel-eisenach.de
Steigenberger Hotel Thüringer Hof, Karlsplatz 11, Tel. 280. Elegantes traditionsreiches Hotel direkt in der Stadt, mit Fitness und Sauna; Zi ab 55 €.
www.steigenberger.com/eisenach
Schlosshotel Eisenach, Markt 10, Tel. 702000. Ruhig gelegene, im historischen Franziskanerkloster direkt am Lutherhaus; EZ ab 65, DZ ab 115 €.
www.schlosshotel-eisenach.de
Jugendherberge Eisenach, Mariental 24, Tel. 743259. Villa im Grünen zu Füßen der Wartburg. Bett-und-Bike-zertifiziert; ab 24, ab 27 Jahren ab 27 €.
www.jugendherbege.de
Campingpark Eisenach, Am Altenberger See, Wilhelmsthal, Tel. 215637. Mitten im Wald am Altenbergersee mit Bademöglichkeiten, Gaststätte ›Seeblick‹, Sauna, Matschplatz und Sportmöglichkeiten. Zelt und PKW ab 14,50, Wohnmobil ab 19,50 €.
www.campingplatz-eisenach.de
Gasthof am Storchenturm, Georgenstr. 43 a, Tel. 733263. Tolle, zentral gelegene Wanderherberge in mittelalterlichem Ambiente und mit romantischer empfehlenswerter Gastronomie sowie schönem Biergarten. Eine weitere Besonderheit ist das Kerkertheater des Betreibers; EZ ab 23, DZ ab 34 €.
www.gasthof-am-storchenturm.de

Weinrestaurant Turmschänke, Karlsplatz 28, Tel. 213533. Das beste Lokal vor Ort mit wahrlich stilvollem historischem Ambiente. Chefkoch Ulrich Rösch wird in sämtlichen großen Gourmetführeren hochgelobt, die Freude am Kochen schmeckt man bei jedem Gang.
www.turmschaenke-eisenach.de
Lutherstuben, Katharinenstr. 13, Tel. 73400. Erlebnisrestaurant im Eisenacher Hof. Man fühlt sich hier der Lutherzeit, seinen Gerichten und der spätmittelalterlichen Einrichtung verpflichtet. Zum Haus gehört auch die ›Bräterey‹ mit offener Grillstelle. www.lutherstuben.de
Villa Antik Rinascita, Grimmelgasse 4 (im Glockenhof), Tel. 8822382. Der wahrscheinlich beste und kreativste Italiener der Stadt. www.villa-rinascita.de.
www.villa-antik-rinascita.de
Weinwirtschaft Leander, Karlsplatz 11 (im Steigenberger Hotel Thüringer Hof), Tel. 280. Jugendstilinterieur, regionale und internationale Küche und natürlich große Weinauswahl.
www.weinwirtschaft-eisenach.de
Kartoffelhaus, Sophienstr. 44, Tel. 721568. Der vollständige Name ›Das total verrückte Kartoffelhaus‹ trifft zu. Interessante Inneneinrichtung mit allerlei Klimsbims überall, Deftiges und rustikales zu moderaten Preisen.
Zucker + Zimt, Markt 2, Tel. 741141. Beliebtes Café mit leichter Bio-Küche, eigenem Eis, Hausgebackenem und auch vegetarischen Gerichten.
www.zucker-zimt-eisenach.de
Landgrafenstube Hotel auf der Wartburg, Auf der Wartburg 2. Tel. 7970. Gehobene Gastronomie direkt an der Wartburg mit weiter Aussicht. Traditionelle Menüs, zeitgenössisch interpretiert – das Ergebnis überzeugt.
www.wartburghotel.de
Michelangelo, Karlsplatz 21, Tel. 734081. Italienisches und internationales in Eisenachs traditionsreichem Italiener. Zum Restaurant gehört auch ein wunderschöner Biergarten. www.italiener-eisenach.de

Alte Mälzerei, Palmental 1, Tel. 036920/8410. www.lippmann-rau-stiftung.de, www.jazzclub-eisenach.de

Gedenkstätte Goldener Löwe, Marienstr. 57, Tel. 75434; Mo–Fr 11–17 Uhr.
www.august-bebel-gesellschaft.de

Karte S. 230/233

Thüringer Museum-Stadtschloss, Markt 24, Tel. 670450; Mi–So 10–17 Uhr. www.eisenach.de
Georgenkirche, Markt, Tel. 732620, Ostermontag bis Okt. Mo–Sa 10–12.30 und 14–17 Uhr, Nov.–Ostersonntag Mo–Sa 10–12 und 14–16 Uhr.
Lutherhaus, Lutherplatz 8. Tel. 29830; April–Okt. tgl. 10–17 Uhr, Nov.–März Di–So 10–17 Uhr. www.lutherhaus-eisenach.com
Bachhaus, Frauenplan 21. Tel. 79340; tgl. 10–18 Uhr, Weihnachten und Silvester 10–14 Uhr. www.bachhaus.de
Predigerkirche, Predigerplatz, Tel. 784678; Fr/Sa 11–17 Uhr. www.eisenach.de
Automobile Welt Eisenach, Friedrich-Naumann-Str. 10, Tel. 77212; April–Okt. Di–So 10–18 Uhr, Nov.–März Di–So 11–17 Uhr. www.awe-stiftung.de
Teezimmer im Kartausgarten, Waisenstr. 2, Anmeldung über Reuter-Villa unter Tel. 743293. www.eisenach.de
Burschenschaftsdenkmal, An der Göpelskuppe 1, Tel. 2453028; März–Okt. tgl. 10–18 Uhr, Nov.–Feb. tgl. 11–16 Uhr.
Reuter-Wagner-Museum, Reuterweg 2, Tel. 743293; Mi–So 14–17 Uhr. www.eisenach.de
Wartburg, Auf der Wartburg, Tel. 2500; April–Anfang Nov. 8.30–17 Uhr (letzter Einlass Museum und Lutherstube), Schließung Burg um 20 Uhr; Anfang Nov.–März 9–15.30 Uhr (letzter Einlass), Schließung Burg 17 Uhr. www.wartburg.de
Schloss Wilhelmsthal, Wilhelmsthal 5, Eckardtshause/OT Wilhelmsthal Tel. 8821194. Außenanlage frei begehbar. Führungen nach tel. Vereinbarung mit Förderkreis (Tel. 036921/17013). www.schloss-wilhelmsthal.de, www.thueringerschloesser.de
Hörselbergmuseum, Hörseltalstr. 39, Tel. 036921/27852, Wutha-Farnroda Schönau; Mai–Okt. Do und So 14–18 Uhr. www.wutha-farnroda.de

Landestheater Eisenach, Theaterplatz 4–7, Tel. 256219. www.theater-eisenach.de
Theater am Markt, Goldschmiedenstr. 12, Tel. 7409470. www.theaterammarkt.de
Sommergewinn, www.sommergewinn-eisenach.de

Aquaplex, Sportpark 4, Tel. 682300. Hallenbad, Freibad, Saunalandschaft und Wellness. www.sportbad-eisenach.de

Handball: Eisenach ist eine Handballhochburg. Der ThSV Eisenach ist mal in der 2., mal in der 1. Handball-Bundesliga unterwegs. Die Heimspiele finden vor meist ausverkauftem Haus in der 3000 Zuschauer fassenden Werner-Aßmann-Halle statt. www.thsv-eisenach.de

Ruhla

Früher war Ruhla eine geteilte Stadt. Die Grenze zwischen dem Herzogtum Sachsen-Gotha und dem Großherzogtum Sachsen-Weimar-Eisenach verlief genau durch den Ort. Zu DDR-Zeiten war das kleine beschauliche Ruhla die Uhrenhauptstadt des Landes, fast jeder DDR-Bürger hatte eine Ruhla-Armbanduhr oder einen Ruhla-Wecker daheim.

Begonnen hatte alles mit den Gebrüdern Thiel, die ab 1891 in ihrer Metallwarenfabrik mit der Produktion von Kinderspiel- und Taschenuhren begannen. Später kamen Armbanduhren und Wecker hinzu. Während der Zeit der Weltkriege produzierte man Zünder für die Rüstungsindustrie. Nach dem Zweiten Weltkrieg wurde die Uhrenfabrik nicht demontiert, sondern verstaatlicht und 1952 zum VEB Uhrenwerke Ruhla. In den folgenden Jahrzehnten wurden die vor allem für den Export hergestellten Produkte millionenfach verkauft,

In Ruhla finden sich zahlreiche hübsche Fachwerkhäuser wie etwa in der Köhlergasse

in den 1980 Jahren baute man sogar eine eigene Chipverarbeitung auf. Zu Hochzeiten waren bis zu 4000 Mitarbeiter in der Uhrenproduktion tätig. Inzwischen ist wieder Ruhe in die beschauliche Kleinstadt eingekehrt, man führt seit 1991 einen Teil der Uhrenproduktion auf kleinem Niveau weiter. Das seitdem unter Gardé Uhren und Feinmechanik Ruhla firmierende Unternehmen beschäftigt heute noch rund 70 Mitarbeiter. In dem einzig verbliebenen Uhrenwerk befindet sich auch das Uhrenmuseum.

■ Uhrenmuseum

Im Museum bieten über 1300 Uhren, Maschinen zur Uhrenherstellung und Automaten einen Überblick über die Tradition der Uhrenherstellung in Ruhla. Die Ausstellung umfasst nahezu die gesamte Produktpalette der in Ruhla hergestellten Uhren und feinmechanischen Produkte. Die zahlreichen Schautafeln zeigen historische Dokumente und erklären anschaulich die Uhrenherstellung und deren Entwicklung in Ruhla.

■ Uhrenstübchen

Im Ruhlaer Uhrenstübchen in einem alten Fachwerkhaus kann man zuschauen, wie Uhrmacher Uhren herstellen. Zudem gibt es eine kleine Ausstellung und einen Werksverkauf.

■ Orts- und Tabakpfeifenmuseum

Die Ausstellung befindet sich in einem der schönsten Fachwerkgebäude des Ortes; es stammt von 1614. Das Museum präsentiert Trachten, gibt Informationen zum regionalen Bäderwesen, zur Schulhistorie sowie zur Industriegeschichte wie der ehemals bedeutenden Tabakpfeifenindustrie in Ruhla und natürlich auch zur Uhrenindustrie.

■ mini-a-thür

Der **Miniaturenpark** in einem grünen Seitental ist die Hauptsehenswürdigkeit Ruhlas. Hier findet man über 100 detailgetreue Modelle Thüringer Sehenswürdigkeiten. Allerdings sind diese nicht modelleisenbahn-, sondern eher mannshoch. Und so bekommt man einen guten Eindruck über die wichtigsten touristi-

▲ Karte S. 230

schen Attraktionen, ohne überall gewesen sein zu müssen. Das ist unter anderem auch für Personen empfehlenswert, die sich nur kurz in Thüringen aufhalten. Des Weiteren hat der Park eine zünftige **Sommerrodelbahn**, einen **Spielplatz**, ein **Freigehege** und eine **Modellbahn- und Modellbootanlage** sowie gastronomie Einrichtungen.

Weitere Sehenswürdigkeiten

Interessant sind auch die **Bauhaus-Wohnanlage** am Ortsausgang in der Altensteinerstraße sowie der **Carl-Alexander-Turm**, ein 21 Meter hoher Eisenturm auf dem Ringberg von 1889. Ein weiterer Aussichtsturm ist der alte Bergfried auf der **Burgruine Scharfenstein** im Ortsteil Thal.

Die Umgebung

Die **Greifenwarte Falknerei am Rennsteig** liegt etwas südwestlich von Ruhla am Waldgasthaus ›Ruhlaer Skihütte‹ und präsentiert ihre Eulen und Greifvögel in einer einstündigen Flugvorführung.

Im Ruhlaer Stadtteil **Kittelsthal** befindet sich eine ausgebaute Tropfsteinhöhle. In der Schauhöhle befinden sich sehr sehenswerte Stalagmiten und Stalagtiten wie etwa die sogenannte Pyramide.

Ruhla

Vorwahl: 036929.

Naturpark- und Touristinformation, Neuer Markt 1, Tel. 89013; Mo–Fr 10–16 Uhr. www.ruhla.de, www.naturpark-thueringer-wald.de

Hotel Thalfried, Am Park 11, Tel. 79000. Reizend und ruhig gelegenes Vier-Sterne-Hotel mit freundlichem Personal, Wellness und gutem Restaurant; EZ ab 59, DZ ab 80 €. www.thalfried.de

Waldhotel Rennsteighof, Liebensteiner Str. 8, Winterstein, Tel. 6020. Ruhige und idyllische Lage, empfehlenswerte Gastronomie, gute Lage für Wanderer und Wintersportler; EZ ab 65, DZ ab 90 €. www.rennsteighof.de

Hotel Waldhaus-Hutzelhöh, Knaudtstr. 5, Tel. 62293. Hotel mit zweckmäßig ausgestatteten Zimmern und Panoramablick; EZ ab 60, DZ ab 80 €. www.waldhaus-hutzelhoeh.de

Villa Martha, Seebacher Str. 1, Tel. 61161. Pension im Grünen in der Nähe der Burgruine Scharfenberg. Garten, Grill und Fahrradverleih; EZ ab 33, DZ ab 58 €.

Gästehaus Regina, Wintersteiner Str. 9, Tel. 86219. Gemütliche und zweckdienlich eingerichtete Appartements, Garten mit Grill und Kinderspielplatz; EZ ab 35, DZ ab 70 €. www.gaestehaus-regina.de

Ferienhaus-Lichtung, Altensteiner Str. 34, Tel. 799630. Wunderschöne, moderne und naturnahe Ferienhaussiedlung am Waldbad. Häuser mit Panoramafenstern aus naturbelassenen Materialien in der Stille. 2019 von HolidayCheck zum zweitbeliebtesten Hotel Deutschlands gewählt; Haus ab 129 €. www.ferienhaus-lichtung.de

Wanderherberge Rennsteig, Aue 2, Tel. 62288. Schlicht ausgestattetes Haus mit Gemeinschaftsraum, Speisesaal und Terrasse; April–Okt. ab 20 p. P. www.wanderherberge-rennsteig.de

Landgrafenstube im Hotel Thalfried, Am Park 11, Tel. 79000. Spannend zusammengestellte Menüs mit schmackhaften Zutaten und Kräutern. www.thalfried.de

Geissenalm, Vorderer Nesselrain 1, Tel. 63584. Familiär, der Wirt ist ein Thüringer Original und auch Jäger. Man hält Thüringer Waldziegen und macht Heu noch mit der Sense. Auch das Haus mit seiner rustikalen Hüttenromantik hat man selbst gebaut. Alles, was hier auf den Tisch kommt, ist aus der Region. Auch Übernachtungsmöglichkeiten.

Ruhlaer Uhrenmuseum, Bahnhofstr. 27, Tel. 700; Mo–Do 10–16.30, Fr 10–15, Sa 10–14 Uhr. www.garde-uhren.de

Ruhlaer Uhrenstübchen, Marien-str. 1, Tel. 700; Do–Sa 10–14 Uhr. www.garde-uhren.de

Orts- und Tabakpfeifenmuseum, Obere Lindenstr. 29-31, Tel. 89014; Di, Do 14–17, Mi, Fr 10–13, Sa/So 13–17 Uhr. www.ruhla.de

Mini-a-Thür, Geschwister-Scholl-Str., Tel. 80008; April–Anf. Okt. tgl. 10–18 Uhr, Anf. Okt.–Anf. Nov. tgl. 10–17 Uhr. www.mini-a-thuer.de.

Burgruine Scharfenstein; Mai–Sept. 9–20 Uhr, Okt.–April 10–16 Uhr.

Greifenwarte Falknerei am Rennsteig, Liebensteiner Str. 108, Tel. 80264; Thüringer Winterferien–15. Dez. Di–So 10.30–12 u. 13–17 Uhr, Flugschau 15 Uhr, sonst Di–So 13–16 Uhr. ww.rennsteigfalknerei.de

Kittelsthaler Tropfsteinhöhle, Bergstr., Ruhla/OT Kittelsthal, Tel. 63318; Di–Fr 9–17, Sa/So 10–18 Uhr.

Venter Glocken, Tel. 036849/21506 www.venter-glocken.de

Bad Liebenstein

Auf halbem Wege zwischen Ruhla und Bad Salzungen, am Rand des Thüringer Waldes, liegt Thüringens ältestes Heilbad mit seinen klassizistischen Kuranlagen, Hotels und Villen. In der **Wandelhalle** befindet sich ein Heilwasserbrunnen, im **Brunnentempel** sprudelt Liebensteins älteste Quelle. Die Tourismusinformation hat ihren Sitz im **Weimarer Palais**, im **KurTheater** von 1800 finden zahlreiche Veranstaltungen statt. Der Pädagoge Friedrich Fröbel verbrachte im Ortsteil Schweina seine letzten Lebensjahre und liegt hier auf dem Friedhof begraben.

Burgruine Bad Liebenstein

Nur einen kurzen Spaziergang vom Vitalbrunnen und Kurhotel Kaiserhof, oberhalb von Bad Liebenstein, liegt im Wald die gleichnamige Burgruine. Die Burganlage nordöstlich der Stadt mit dem in seinen Außenmauern vollständig erhaltenen Palas stammt aus dem 14. Jahrhundert. Nachweislich 1340 wurde die Familie von Stein, der auch der Altenstein gehörte, von dem Thüringer Landgrafen mit der Burg belehnt. Sie baute den Liebenstein aus und zog 1386 dorthin um. Die Burg erlebte zahlreiche für sie unglücklich verlaufende kriegerische Auseinandersetzungen und wurde gegen Ende des 17. Jahrhunderts aufgegeben. Herzog Georg I. veranlasste ab 1800 die Konservierung und Restaurierung der Anlage. 1932 wurde eine **Aussichtsplattform** eingefügt, die auch heute noch zugänglich ist.

Im **Tierpark** im Elisabethpark unterhalb der Burgruine von Bad Liebenstein leben rund 200 einheimische und exotische Tiere.

Altenstein

Altenstein liegt etwa zwei Kilometer nördlich von Bad Liebenstein, in der Nähe des Glasbachgrunds. Hier wurde Martin Luther im Mai 1521 auf dem Heimweg von Worms überfallen und auf die Wartburg gebracht. Den Ort markiert seit 1857 das **Lutherdenkmal**. Der ›Stein‹ wurde 1150 erstmals urkundlich erwähnt. 1733 vernichtete ein schwerer Brand die Burg. Drei Jahre später ließ der Meininger Herzog Anton an deren Stelle ein Barockschloss erbauen. Ab 1798 wurde Altenstein von seinem Sohn Herzog Georg I. von Sachsen-Meiningen als Sommerresidenz genutzt.

▸ Karte S. 230

Das historische Postgebäude in Bad Liebenstein

Herzstück der Anlage ist der wunderschöne 160 Hektar große **Landschaftspark** mit artenreichem Baumbestand, Wasserfall, Naturhöhle, Teufelsbrücke und neu errichtetem Chinesischem Häuschen auf dem Felsen ›Hohler Stein‹. Zur Parkpflege kommen auch schon mal Schafe als Rasenmäher zum Einsatz.

Das heutige **Schloss** im Neorenaissancestil mit den buntglasierten Dachschindeln stammt vom Ende des 19. Jahrhunderts und mutet an wie ein englischer Landadelssitz; der Architekturstil sucht in Thüringen seinesgleichen. Theaterherzog Georg II. von Sachsen-Meiningen ließ dabei den Baukörper des barocken Schlossvorgängers zum großen Teil bestehen. Der Park wurde allmählich in einen englischen Landschaftspark umgewandelt. Fürst Hermann von Pückler-Muskau brachte dabei seine Vorstellungen ein. Diese legte er in die Hände des Weimarer Hofgärtners Carl Eduard Petzold. Auch Peter Joseph Lenné brachte sich einige Jahre nach Pücklers Visite in die Gestaltung des Parks mit ein.

1982 brannte es im Schloss, seit 1995 nun wird Altenstein umfassend saniert. Im Mittelpunkt der Maßnahmen stehen die Wiederherstellung des Festsaals sowie der Bau eines neuen Konzertsaals. Nach Abschluss der Sanierungen durch die ›Stiftung Thüringer Schlösser und Gärten‹ soll Schloss Altenstein als Brahms-Gedenkstätte und Kulturzentrum genutzt werden.

In dem als **Museum** genutzten Hofmarschallamt dreht sich alles um die Geschichte des Schlosses Altenstein. Zu sehen gibt es archäologische Funde, Exponate aus Schloss und Park, Baupläne und Infos zur Schlosssanierung durch den Eigentümer ›Stiftung Thüringer Schlösser und Gärten‹. Ein Teil der Präsentation ist dem Aufenthalt von Johannes Brahms auf dem Schloss gewidmet. Im **Informationszentrum Altenstein** dreht sich alles um den Park und die landschaftlichen Besonderheiten der Region.

Altensteiner Höhle

Die Höhle unweit von Schloss Altenstein in Steina ist die längste Höhle Thüringens und eine der ältesten. 1799 entdeckte man sie bei Straßenbaumaßnahmen. Von den 1960 Metern sind 330 für Besucher zugänglich. Die Höhle zeigt verschiedene Abschnitte des Altensteiner Riffs, eines 258 Millionen Jahre alten Tropenriffs. Hier finden sich zahlreiche Fossilien. Als man die Höhle entdecke, barg man auch eine Vielzahl von Knochen des Höhlenbären. Heute finden hier Höhlenkonzerte statt.

Schaubergwerk Am Aschenberg

Über 1000 Jahre betrieb man in der Gegend Bergbau. In der Ausstellung mit zahlreichen Exponaten geht es um dessen Geschichte. Gezeigt werden auch Mineralien und Edelsteine sowie Grubenlampen. Zum Schaubergwerk gehört auch eine Freilandmodelleisenbahn.

Bairoda

In der Ortsmitte des etwa fünf Kilometer von Altenstein entfernten Ortsteils Bairoda steht eine **1000-jährige Linde**, die bereits um 913 als Grenzbaum schriftlich erwähnt wurde.

i Bad Liebenstein und Umgebung

Vorwahl: 036961.

Tourist Information, Juliushof, Herzog-Georg-Str. 16, Tel. 69320; April–Okt. Mo–Sa 10–12.30 und 13–18, So 13–18 Uhr; Nov.–März Mo, Di, Sa 10–12.30 und 13–17 Uhr, Mi–Fr 10–12.30 und 13–18 Uhr.

www.bad-liebenstein.de

Karte S. 230

Kulturhotel Kaiserhof, Esplanade 9, Tel. 73370. Prächtiges klassizistisches Hotel im ehemaligen Stadtschloss mit Wellnesoase. Modern-minimalistische Zimmer, auch Kulturveranstaltungen; EZ ab 65, DZ ab 75 €. www.kulturhotel-kaiserhof.de

Hotel Fröbelhof, Heinrich-Mann-Str. 34a, Tel. 510. In diesem traditionell eingerichteten Haus mit Rosengarten verbrachte Fröbel seinen Lebensabend. Im Haus erfährt man natürlich einiges über diesen Mieter. Direkt am Haus liegt eine der Kurkliniken. www.froebelhof.de

Hotel Herzog Georg, Herzog-Georg-Str. 36, Tel. 550. Klassisch-modernes Vier-Sterne-Haus im Ortskern, mit Fitness und Sauna; EZ ab 59, DZ ab 89 €. www.hotel-herzog-georg.de

Hotel Kapelle, Wiserweg 3, Tel. 69060. Drei-Sterne-Hotel in einer ehemaligen Kirche, Zimmer für unterschiedliche Ansprüche; EZ ab 49, DZ ab 79 €. www.hotel-kapelle.de

Villa Rossek, Parkstr. 19, Tel. 69592. Ruhig und im Grünen gelegenes Fachwerkhaus im Jugendstil mit sehr familiärer und individueller Note; EZ ab 45, DZ ab 70 €. www.villa-rossek.de

Villa 39, Herzog-Georg-Str. 39, Tel. 69560. Moderne Apartments und Ferienwohnungen in historischem Gebäude. ab 75 € für 2 Pers. www.villa39.de

Chausseehaus Zur Einnahme, Herzog-Georg-Str. 10, Tel. 72408. Restaurant mit Loungebar und Seeterrasse mit Live-Musik im Sommer. Thüringer, und moderne italienische Küche. www.chausseehaus-zur-einnahme.de

Restaurant Villa 39, Herzog-Georg-Str. 39, Tel. 69560. Gastronomisch anspruchsvolles und kreatives Erlebnis mit Schwerpunkt Fisch. www.villa39.de

Café Olga, Esplanade 3, Tel. 72542. Am Kurpark, schönes Café mit leckerem Kuchen und Waffeln. www.pension-cafe-olga.de

Schloss Altenstein, Schloss- und Parkverwaltung unter Tel. 72513 oder Förderverein im Informationszentrum unter Tel. 734118 oder 33401. Ausstellungen Ende März–Okt. tgl. 11–16 Uhr. www.schlosspark-altenstein.de

Altensteiner Höhle, OT Schweina, Tel. 69320; Apr.–Okt. Mo–Mi, Fr 10–17, Sa/So 10–18 Uhr, Nov.–März Do und So 14 Uhr. Park frei zugänglich, Anmeldung zu Führungen über die Tourist-Info (s.o.). www.bad-liebenstein.de

Burgruine Bad Liebenstein, Tel. 72222. Burggelände und Burgruine mit Aussichtsturm: Mai–Sept. tgl. 10–18 Uhr, Okt.–April Sa/So 10–18 Uhr bei guter Sicht. Ist die Fahne nicht gehisst, ist die Burg geschlossen.

Schaubergwerk Am Aschenberg, Inselbergstr. 26, Tel. 30252; Di–Fr 13.30–22, Sa/So 10–22 Uhr.

Tierpark Bad Liebenstein, Tennisanlage am Elisabethpark, Tel. 33865; tgl. 9–18 Uhr, im Winter 9–17 Uhr. www.tierpark-bad-liebenstein.de

Comödienhaus, Herzog-Georg-Str. 16; Karten über die Tourist-Info (s.o.). www.bad-liebenstein.de/comoedienhaus.

Reiterhof Bad Liebenstein, Barchfelder Str. 43, Tel. 69741. Unterricht, Ausritte, Wanderreiten und therapeutisches Reiten mit Thüringer Reitpferden, Haflingern und Schweren Warmblütern. www.reiterhof-badliebenstein.de

Kurhaus, Esplanade 7a, Tel. 73030. Anwendungen, Spa, Sauna sowie Bade- und Wellnesslandschaft. www.kurhaus-badliebenstein.de

Naturbad Schweina, Kisseler Str. 68, Schweina, Tel. 699263. Hier sucht man das typische rechteckige Becken vergeblich.

Inselsberg und Umgebung

Die kleine Doppelstadt Brotterode-Trusetal ist staatlich anerkannter Erholungsort und Sportstadt mit **Inselbergschanze** und **Inselbergbad**. Man kann wandern, biken, Langlauf machen oder am Seimberg Alpinski fahren.

Den **Zwergenpark**, in dem auf 5000 Quadratmetern Fläche über 2500 Gartenzwerge stehen, durchfährt man mit einer Bimmelbahn. Im Haus des Zwerges befindet sich das **Thüringer Gartenzwergmuseum**, wo es um regionale thüringische Zwergenhersteller geht. Im **Zwergen-Shop** kann man sich mit allerlei zwergenbezogenen Mitbringeln eindecken.

Haben sie schon mal einen Wasserfall erlebt, den man abstellen kann? Aber genau das kann man am **Trusetaler Wasserfall** machen – ihn im Winter einfach ausschalten. Der 58 Meter hohe Wasserfall wurde 1865 nämlich künstlich angelegt. Um zum oberen Anfang des Wasserfalls zu gelangen, muss man 228 steile Stufen erklimmen.

Bis 1990 wurde im Bergwerk Hühn Spat abgebaut. Heute ist es ein **Besucherbergwerk**, zahlreiche Bergbaugeräte, Anlagen und Gleise sind noch vorhanden. Man fährt mit der Bahn in die Grube ein und legt den Rest der einstündigen Tour zu Fuß zurück. Zum Bergwerk gehört ein **Bergbau- und Mineralienmuseum**, hier steht unter anderem das originalgetreue Modell einer Bergbaugrube.

■ Großer Inselsberg

Der 916,5 Meter hohe Große Inselsberg mit seiner Sendeanlage ist er kaum zu übersehen. Der Funkturm ist als **Aussichtsturm** begehbar, von dem aus sich bei gutem Wetter eine Weitsicht von bis zu 100 Kilometern eröffnet; sogar den Brocken im Harz kann man dann sehen. Der Rennsteig führt hier entlang, und am und um den Inselsberg kann man auch klettern und Mountainbike fahren. Es werden Touren mit Vera Hohlfeld angeboten, der Viertplazierten im Straßenradsport bei den Olympischen Spielen in Atlanta. Viele Angebote kann man über die Herberge Großer Inselsberg buchen.

Der **Funpark** auf dem Inselsberg bietet eine 1000 Meter lange Sommerrodelbahn und weitere Attraktionen wie eine 500 Meter lange Flugzeuggondelbahn, Trampoline, Spielplätze und Seilrutschen.

▶ Karte S. 230

■ Bad Tabarz

Nördlich vom Inselsberg liegen die Urlaubsorte Waltershausen, Friedrichroda, Reinhardsbrunn und Tabarz. Von Gotha aus verkehrt die Thüringerwaldbahn, eine 21,7 Kilometer lange Straßenbahnstrecke durch den Wald, in 58 Minuten über Waltershausen, Reinhardsbrunn und Friedrichroda bis zum Endhaltepunkt im Kneipp-Heilbad Tabarz.

www.waldbahn-gotha.de

In Tabarz gibt es mit der **Fußballzeitreise** eine Ausstellung zur Deutschen Fußballgeschichte mit zahlreichen Trikots uns anderen Exponaten. Der **Struwwelpeterpark** im Lauchagrund ist voller Figuren aus dem Buch von Heinrich Hoffmann. Dieser liebte die Natur und Luft in Tabarz und verbrachte hier mit seiner Familie viele Sommer.

■ Waltershausen

Waltershausen besitzt einen schönen **Marktplatz** mit Thüringens ältestem **Fachwerk-Rathaus**, das von der Stadtbefestigung noch erhaltene **Klaustor** aus dem 14. Jahrhundert und Thüringens erste große barocke **Stadtkirche** vom Architekten George Bähr. Ihre Decke ist großartig ausgemalt, im Innern steht eine Orgel von Gottfried Trost.

Auf dem Burgberg liegt die Hauptsehenswürdigkeit von Waltershausen, **Schloss**

Tenneberg. Zahlreiche Wanderwege führen am Schloss entlang. Im **Schlossmuseum** geht es um die Stadtgeschichte, Volkskunde und die bekannten Waltershäuser Puppen. Sehenswert sind die Schlosskapelle und der barocke Festsaal von 1719. Er stammt aus der Zeit der letzten großen baulichen Veränderung unter dem Baumeister von Schloss Friedenstein, Zorn von Plobsheim. Die faszinierende Decke des Festsaals gestaltete Johann Heinrich Ritter.

Friedrichroda

Friedrichroda war einst Bergbaustadt und ist heute ein beliebter und staatlich anerkannter Luftkurort, inzwischen als erster heilklimatischer Kurort der östlichen Bundesländer mit dem Zertifikat ›Premium Class‹ ausgezeichnet. Es gibt das **Parkbad und Therapiezentrum** am Kurpark, **Heilquellen**, mehrere Kneippanlagen und heilklimatische Wanderungen. An der **Ludowingerquelle** befand sich

Schönste Neogotik: Schloss Reinhardsbrunn bei Friedrichroda

einst das Hauskloster der Ludowinger. In Friedrichroda fanden die Amerikaner 1945 auch den Rumpf des von den Gebrüder Horten konstruierten ›Nurflügelflugzeuges‹. In Friedrichroda existiert die einzige noch für Wettkämpfe genutzte **Natureisbahn** Deutschlands.

In dem ehemaligen Gipsbergwerk **Marienglashöhle** wurde von 1778 bis 1903 Gips abgebaut, ebenfalls 1778 entdeckte man auch die **Kristallgrotte**. Mit ihren bis zu 90 Zentimeter großen Marienglas-Gipskristallen gehört sie zu den größten und schönsten in Europa. Überall glitzert und funkelt es, die Lichtwirkung der Kristalle ist gewaltig. Bereits am Anfang der Tour präsentiert sich die Höhle mit einer großzügigen Eingangshalle. Der Höhlensee ist 68 Meter lang, ein Steg führt darüber hinweg. Es gibt einen künstlichen Wasserfall und natürlich auch Tropfsteine. Geologische Schaufenster und Exponate bieten Informationen zum Bergbau und der Natur.

In Friedrichroda wohnt der einzige Schnitzer von Krampusmasken in Thüringen. Markus Völmer stellt die schaurigen Masken her, die vor allem im süddeutschen Raum und in den Alpen Tradition sind. Der Bildhauer und Schnitzer stellt seine Kunstwerke auch in einem Schaufenster am Markt aus.

Reinhardsbrunn

Inmitten dunkler Bergwälder, in einem Tal mit stillen Seen und Teichen, liegt **Schloss Reinhardsbrunn**. Herzog Ernst I. von Coburg-Gotha ließ hier auf den Fundamenten eines alten Klosters bis 1835 ein Schloss im neogotischen Stil errichten. Das Kloster Reinhardsbrunn war von Ludwig dem Springer gestiftet worden. Er selbst trat ihm bei und starb 1123 auch hier. Bis 1440 wurden die thüringischen Landgrafen in der Benediktinerabtei Reinhardsbrunn bestattet,

später wurden die Grüfte in die Schlosskirche überführt. Seit 1952 stehen die Grabsteine in der Georgenkirche von Eisenach. Das Kloster bestand bis zu den Bauernkriegen, es wurde 1525 geplündert und weitestgehend zerstört.
Heute ist Schloss Reinhardsbrunn ein Rapunzelschloss und ein sogenannter Lost Place. Im verwachsenen Schlosspark stehen zahlreiche stattliche und rare Bäume aus verschiedenen Regionen der Welt. Selbst Fürst Pückler war von der Anlage äußerst angetan.
Eine in Deutschland einmalige Enteignung durch das Land aus Gründen des Denkmalschutzes soll das Schloss retten.

Inselsberg und Umgebung

Kur- und Tourismusamt, Hauptstr. 55, Friedrichroda, Tel. 03623/36420; Mo–Do 9–17, Fr 9–18, Sa 9–12 Uhr. www.friedrichroda.info

Stadtinformation Waltershausen, Brauhausgasse 2, Tel. 03622/630113; Mo, Mi 9–12 und 13–15 Uhr, Di 9–12 und 13–18 Uhr, Do 9–12 und 13–17 Uhr, Fr 9–13 Uhr. www.waltershausen.de

Touristinformation Tabarz, Lauchagrundstraße 12a, Tel. 036259/5600; Mo–So 10–12.30 und 13–17 Uhr. www.tabarz.de

Herberge Inselsberg, Inselsbergstr. 126, Großer Inselsberg, Tel. 036259/159870. Herberge mit wahrem Weitblick und großem Freizeitangebot; Jugendliche von 6 bis 16 ab 17,50, Erwachsene ab 22 €. www.herberge-inselsberg.de

Kunstpark Reinhardsbrunn, Reinhardsbrunn 7a, Tel. 0152/02962296. Moderne Ferienhäuser an Schlosspark und See. Kunstkurse, Grillmöglichkeiten, kostenlose Leiräder; Bungalows ab 88 €. www.kunstpark-rb.de

Ratsherberge Waltershausen, Brauhausgasse 1, Waltershausen, Tel. 0151/40095702. Schöne Zimmer im Landhausstil im historischen Gebäude; EZ ab 50, DZ ab 60 €. www.ratsherberge.de

Pension Waldesblick, Georg-Ernst-Str. 6, Friedrichroda, Tel. 03623/306283. Moderne Pension in schöner grüner Lage; p. P. ab 32 €. www.pension-waldesblick.de

Pension Tannenrausch, Herzogsweg 24, Friedrichroda, Tel. 03623/304956. Direkt an den Wander- und Radwanderwegen gelegen, die wohl ruhigste Pension Friedrichrodas; EZ ab 42, DZ ab 66 €. www.tannenrausch-friedrichroda.de

Brauhaus Friedrichroda, Bachstr. 14, Tel. 03623/304259. Uriger Gasthof mit Thüringer Küche in einem alten Fachwerkgebäude, nach eigenen Angaben mit der kleinsten Brauerei Westthüringens. Schakobräu nennt sich das Ergebnis. Mit Führungen und Verkostungsmöglichkeit, Biergarten und Pension. www.brauhaus-friedrichroda.de

Struwwelpeterpark, Lauchagrundstraße, Bad Trabarz. Unweit der Touristinformation befindet sich dieser frei zugängliche Park mit Holzfiguren aus dem Struwwelpeter. Zwischen Nov. und Ostern sind die Figuren im Winterquartier.

Fußballzeitreise, Lindenstraße 28, Trabarz, Tel. 036259/31523; So 10–13 Uhr und nach Vereinbarung. www.fussballzeitreise.de

Zwergenpark Trusetal, Brotteroder Str. 55, Brotterode-Trusetal, Tel. 036840/40153; Ostern–Okt. tgl. 10–17 Uhr. www.zwergen-park.de

Schloss Tenneberg, Tennebergstraße 1, Waltershausen. Tel. 03622/69170; April–Okt. Mi–So 10–17 Uhr, Nov.–März Mi–So 10–16 Uhr. www.schloss-tenneberg.de

Schloss Reinhardsbrunn, Infos über: Verein Kirche und Tourismus. Tel. 03623/303085 oder am WE 0152/25233309; Schloss-

▸ Karte S. 230

parkführungen April–Okt. Mi, Do, Sa, So 15 Uhr vom Kavaliershaus aus. Der Verein betreibt auch das Informations- und Ausstellungszentrum Spiritueller Tourismus am Nordeingang zum Park mit einer Ausstellung zu Christentum, Judentum und Islam sowie zur Entwicklung des Christentums in Thüringen (Mo–Fr 10–16 Uhr). www.schloss-reinhardsbrunn.de

Salzmann-GutsMuths-Museum, Klostermühlenweg 2–8, Waltershausen/OT Schnepfenthal, Tel. 03622/9130; Besuche nach Anmeldung unter 0173/2665431. www.salzmannschule.de

Marienglashöhle, Tel. 03623/311667; April–Okt. 10–17 Uhr, Nov.–März 10–16 Uhr. 800 m außerhalb von Friedrichroda an der B 88 in Richtung Tabarz. www.marienglashoehle-friedrichroda.de

Heimatmuseum Friedrichroda, Reinhardsbrunner Str. 6, Friedrichroda, Tel. 03623/200557; Di 10–13, Mi 15–17 Uhr. www.friedrichroda.info

Heimatmuseum Finsterbergen, Hauptstr. 17, Finsterbergen, Tel. 03623/306143; Do 9–16 Uhr. www.friedrichroda.info

Thüringer KloßTheater, Hauptstr. 4, Friedrichroda, Tel. 03623/307306. Ort mit vor allem kabarettistischen Veranstaltungen. www.klosstheater.de

Inselbergbad, Inselbergbad Brotterode, Am Bad 1, Tel. 036840/3730. Baden in mehreren Becken, große Rutsche, Kleinkinderbad, Sauna. Am Bad gibt es auch Wohnmobilstellplätze. www.inselbergbad.de

tabbs, Schwimmbadweg 10, Tabarz, 036259/67340. Großes Bad mit Sportbecken, Kinder- und Erlebnisbad sowie Freibad. Saunalandschaft, Fitness, Wellness und Reha. www.tabbs.de

Freizeitzentrum Gleisdreieck, Steinbachstr. 18, Waltershausen, Tel. 03622/902027. Großes Sport- und Erlebnisfreibad, Sauna, Schlittschuhhalle, Fitness und Bowling. www.freizeitzentrum-gleisdreieck.de

Parkbad und Therapiezentrum Friedrichroda, Burchardtsweg 1, Friedrichroda, Tel. 03623/3520. Schwimmbad mit 50-m-Becken, Spa und Saunabereich. www.ramada-friedrichroda.de

Schwimmbad Finsterbergen, Friedrichrodaer Weg, Finsterbergen, Tel. 03623/306217. Freizeit- und Erlebnisbad am Wald mit beheizten Becken, Minigolfanlage und Beachvolleyballfeld sowie FKK-Liegewiese. www.stadtbetriebe-friedrichroda.de

Funpark Inselsberg, Kleiner Inselsberg 3, Brotterode-Trusetal, Tel. 036840/32370; April–Okt. tgl. 10–17 Uhr, Nov.–März am Wochenende 13–16 Uhr. www.sommerrodelbahn-inselsberg.de

In der Gegend gibt es zahlreiche Wanderwege, Rad Trails, Loipen, einen Abfahrtshang und eine Skischanze.

Kletterwald Tabarz, Am Datenberg, Tabarz, Tel. 036259/189834 o. 0172/1693146. Sechs Parcours, Fahrende Liane, zwei Tarzansprünge hintereinander. Im Kletterwald kann man auch schon mal für die Anden üben und angeseilt mit seinem Bike über eine Holzhängebrücke rasen. Die Kinder können mit dem Bobby Car durch den Wald düsen; Ende März bis Anfang Nov. www.kletterwald-tabarz.de

Natureisbahn, Informationen zur Wettkämpfen und Trainingsläufen auf der Bob- und Rennschlittenbahn ›Am Spießberg‹ über die Touristinfo oder unter www.friedrichroda.info.

Krampusschnitzer, Nelkenweg 13, Friedrichroda, Tel. 03623/308930. Krampusmasken und andere schöne Sachen aus Holz. www.markus-voellmer.de

Georgenthal

In Georgenthal (rund 7200 Einwohner) am Nordrand des Thüringer Waldes begann vor etwa 100 Jahren der Kurbetrieb. Davon zeugen heute noch die Villen im Baustil der deutschen Bäderarchitektur. Seine Entstehung verdankt der Ort einem Kloster.

Das ehemalige **Zisterzienserkloster** wurde um 1140 von Abt Eberhard vom Berg mit tatkräftiger Unterstützung von Graf Sizzo von Käfernburg als schwarzburgkäfernburgisches Hauskloster gegründet. Es entstand wohl als Gegenstück zu dem 1085 von den Ludowingern bei Friedrichroda eingerichteten Kloster Reinhardsbrunn, das zum Hauskloster der Thüringer Landgrafen avancierte. Schon bald zog das Kloster vom Georgsberg hinunter an den Fluss Apfelstädt. Hier errichtete man eine stattliche Klosteranlage, von der heute nur noch Reste übrig sind. Aber selbst diese sind noch beeindruckend. Zwischen 1505 und 1508 war Georg Spalatin hier als Novizenlehrer tätig. 1525 kam das Ende für das reiche und prosperierende Kloster, im Zuge von Reformation und Bauernkriegen vertrieben aufständische Bauern die Mönche ins Augustinerkloster nach Gotha. Das romanische Kloster verfiel in der Folgezeit und diente als Steinbruch. Erst zwischen 1840 und 1906 wurde es Stück für Stück wieder freigelegt.

Im Kornhaus gegenüber der Anlage, das früher vermutlich einmal als Klosterspital diente, wurde eine **Ausstellung** mit Fundstücken aus dem Kloster eingerichtet. Eine Besichtigung ist auf Anfrage möglich.

Das Gebäude nur einige Meter entfernt vom Kornhaus sieht nicht wie ein Turm aus, sondern eher wie eine historische Scheune. Es heißt aber **Hexenturm**. Es steht an der Kirche und am Schloss, einer ehemaligen Sommerresidenz Ernst des Frommen, und ist heute Altersheim. Der Hexenturm diente als Gefängnis für Angeklagte. Im Wald auf dem Hirzberg nördlich von Georgenthal wurden im 17. Jahrhundert zahlreiche Hexen bei lebendigem Leib verbrannt. Zwischen 1646 und 1711 fanden allein im Amt

Die Kirche des Klosters Georgenthal

▶ Karte S. 230

Georgenthal 71 Hexenprozesse statt, ein besonders engagierter Georgenthaler Amtsschösser namens Benedikt Leo brachte es allein 1674 auf 13 Hexenprozesse. Sogar Leos Frau wurde schließlich der Hexerei beschuldigt. Leo stellte sich schützend vor seine Frau und war ab diesem Zeitpunkt kein fanatischer Hexenjäger mehr.

Die **St. Elisabethkirche** lohnt sich für einen Besuch, weil in ihren Kirchenfenstern die für das Kloster und den Ort wichtigen Persönlichkeiten dargestellt sind.

Georgenthal und Umgebung

Jugendherberge Tambach-Dietharz, Oberhoferstr. 3, Tel. 036252/36149. Familienfreundlich ausgestattete Herberge mit Sauna und kindergerechtes Essen; Ü/F 23,50 €, ab 27 Jahren 25,70 €. www.jugendherberge.de

Kloster Georgenthal, Klosterstr., Tel. 036253/38108 (Geschichtsverein St. Georg: Tel. 036253/40687). Klostergelände frei zugänglich, Ausstellung im Kornhaus mit Fundstücken des ehemaligen Klosters nach vorheriger Anfrage. www.kloster-georgenthal.de

Ohrdruf

Das kleine, 724 erstmalig durch Bonifatius erwähnte Ohrdruf mit seinen historischen Straßenzügen und Marktbrunnen liegt an den nördlichen Ausläufern des Thüringer Waldes. Es gilt als die kleinste Bachstadt, 170 Jahre lang hinterließ die Musikerfamilie hier ihre Spuren. Johann Sebastian Bach selbst lebte nach dem Tod seiner Eltern fünf Jahre hier bei seinem Bruder Johann Christoph. Dieser gab dem späteren Musikgenie dessen erste Klavier- und Orgelstunden.

Es gab hier früher eine bedeutenden Porzellan- und Spielzeugindustrie, und im Ort wurde das ausgestopfte Schaukelpferd erfunden.

Ende 2013 wurde **Schloss Ehrenstein**, eine imposante Renaissanceanlage, durch einen Großbrand schwer in Mitleidenschaft gezogen. Die immensen Schäden außen sind mittlerweile nahezu beseitigt, der Schlosshof ist wieder begehbar. Die Reparaturarbeiten in den Innenräumen dauern jedoch nach wie vor an. Das **Museum** im Schloss wird nach Abschluss aller Bauarbeiten mit erweiterter Ausstellungsfläche wieder eröffnen und Exponate zur Stadt- und Schlossgeschichte, zur Geschichte der Fürsten zu Hohenlohe, Johann Christoph und Johann Sebastian Bach sowie eine Ausstellung zur lokalen Porzellan- und Spielzeugindustrie umfassen.

In Ohrdruf bestand seit 1906 ein Truppenübungsplatz. In den Weltkriegen diente ein Teil des Areals als Kriegsgefangengenlager. Die Kalkfelsen im zum Truppenübungsplatz gehörenden Jonastal sind voller Stollen. Hier sollte gegen Ende des Zweiten Weltkrieges das letzte ›Führerhauptquartier‹ entstehen. Dazu wurde der Truppenübungsplatz von der SS übernommen und das Kriegsgefangenlager in ein Konzentrationslager umgewandelt. Bis zu 13 000 Häftlinge – die meisten waren aus Buchenwald hierher gebracht worden – gruben 25 Tunnel in den Berg, bei den Arbeiten kamen bis zu 6000 Gefangene um. Eine **Ausstellung** im Bahnbetriebswerk Arnstadt befasst sich mit der Geschichte des Konzentrationslagers.

Bei dem **Tobiashammer** handelt es sich um ein 1482 erbautes Technisches Denkmal in einer Fachwerkscheune. Mit der Kraft von vier Wasserrädern werden hier fünf Fallhämmer, ein Walzwerk sowie Poch- und Schleifwerke angetrieben. Die Großdampfmaschine leistet 12 000 PS.

■ Die Umgebung von Ohrdruf

Fünf Kilometer südlich von Ohrdruf, im tief eingeschnittenen Ohratal, liegt romantisch die Stutzhäuser Brauerei. Das moderne Gasthaus mit Kamin und Biergarten mit seinen Brauhausgerichten und lokalen Spezialitäten ist sehr empfehlenswert, es gibt Übernachtungsmöglichkeiten und im **Stutzhäuser Brauereimuseum** erfährt man etwas über das Brauhandwerk. Bier und Bierlikör gibt es auch zum Mitnehmen.

Das winterliche Schloss Ehrenstein

Am Waldhotel Berghof in **Luisenthal** finden an einem Wochenende im Juli die ›Triumph Rocket Days‹ statt. Es handelt sich um das größte internationale Treffen der Besitzer des mit 2300 Kubikzentimetern hubraumstärksten Serienmotorrades der Welt, der Rocket III.

In **Gräfenroda** erblickte der allererste Gartenzwerg das Licht der Welt. Das **Gartenzwergmuseum Gräfenroda** der Zwergenherstellerfirma Griebel beschäftigt sich mit der Entstehung und Produktion von Deutschlands liebstem Gartenmitbewohner.

Auf dem Weg von Georgenthal nach Tambach-Dietharz befindet sich das Gasthaus ›Zur Lohmühle‹ mit dem **Lohmühlenmuseum**. Zahlreiche Werkstätten historischer Handwerksberufe sowie Klassenräume und heimatkundliche Exponate bilden den Grundstock der Sammlung. Es gibt eine historische Müllerwohnung und eine Ausstellung über Samuel Hahnemann, den Gründervater der Homöopathie. Auf dem Freigelände kann man angeln, spielen, Eisenbahntechnik anschauen und sein Wohnmobil parken. Ab der Lohmühle beginnt auch der einen Kilometer lange **Saurierpfad am Bromacker**.

Der bei Tambach-Dietharz gelegene **Kletterfelsen Falkenstein** ist mit 96 Metern der höchste Kletterfelsen in Thüringen. Östlich von Tambach, zwischen Tambach und Floh-Seligenthal, liegt im Wald einer der schönsten Seen des Thüringer Waldes, der **Bergsee Ebertswiese**. Der 3000 Quadratmeter große idyllische Waldsee mit Schutzhütte versteckt sich hinter einem Felsen und ist eines der wenigen Gewässer entlang des Rennsteigs.

Etwas weiter in Richtung Steinbach-Hallenberg, bei Rotterode, bietet die **Silberwiese** mit viel Arnika sowie Knabenkrautorchideen einen botanischen Höhepunkt.

▲ Karte S. 230

Ohrdruf und Umgebung

Thüringen anders, Tel. 036205 77227. Der Heimatforscher Norbert Dack wohnt in Gräfenroda in der einzigen Erbförsterei Thüringens und betreibt das Reiseunternehmen ›Thüringen anders‹ mit spannenden Angeboten. www.thueringen-anders.de

Jugendherberge Gräfenroda, Waldstr. 134, Gräfenroda, Tel. 036205/76290. Schöne und schön gelegene Unterkunft auch mit Ferienwohnung. ab 22 €. www.jugendherberge.de

Stutzhäuser Brauerei, Karl-Marx-Str. 8, Luisenthal, Tel. 036257/317990. www.stutzhaeuser-brauerei.de

Schloss Ehrenstein, Schlossplatz 1, Tel. 03624/311438. www.ohrdruf.de

Tobiashammer Ohrdruf, Suhler Str. 34, Tel. 03624/402792; Mai–Okt. Mi–So 10–18 Uhr. www.tobiashammer.de

Stutzhäuser Brauereimuseum, Karl-Marx-Str. 8, Luisenthal, Tel. 036257/40216. www.stutzhaeuser-brauerei de

Gartenzwergmuseum Gräfenroda, Ohrdrufer Str. 1, Gräfenroda, Tel. 036205/76470; März–Okt. Di–Fr 10–17, Sa 10–14 Uhr. www.zwergen-griebel.de

Lohmühlenmuseum, Lohmühle 1–5, Georgenthal, Tel. 036252/46000; Di, Mi, Fr, So 10–18 Uhr. www.lohmuehle.info

Rocket Days: www.rocketdays.de.

Huskyerlebnisse, Julia Kraft, Schmalkalderstr. 42, Tambach-Dietharz, Tel. 0151/51270360. www.huskyerlebnisse.de

Oberhof

Wie kaum eine andere Region steht der Thüringer Wald für den ostdeutschen Wintersport. Keine andere Gegend kann so viele Weltklasse-Athleten im nordischen Bereich vorweisen. Und dessen Herz ist Oberhof, der bekannteste Ort am Rennsteig.

Markantestes Gebäude des Ortes ist das Panoramahotel, das wie zwei nebeneinander stehende Skischanzen aussieht. Zu DDR-Zeiten war es fast unmöglich, hier ein Zimmer zu bekommen. Und auch heute noch ist es mit seinen 3200 Gästebetten eine der besten Adressen vor Ort. Bei internationalen Wettkämpfen – davon gibt es in Oberhof reichlich – steigen hier die Sportler und Fans aus aller Welt ab. Andere Gebäude sind dagegen aus dem Stadtbild verschwunden, so wurden wegen entstandener Überkapazitäten einige Hotelhochhäuser aus DDR-Zeiten abgerissen. In der Ortsmitte klafft nun eine große Lücke, die nur mit der Zeit und durch Grünzüge überdeckt werden wird. Oberhof ist wegen seiner Lage am 982 Meter hohen Großen Beerberg, dem höchsten Berg Thüringens, und dem daneben gelegenen Schneekopf relativ schneesicher. Wenn die Wetterverhältnisse es zulassen, werden um Oberhof zahllose Kilometer Langlaufloipen gespurt. Viele laufen über den ›Grenzadler‹, einen Grenzstein, der die ehemalige Grenze zwischen Sachsen-Coburg-Gotha und Preußen markiert. Neben Langlaufmöglichkeiten bietet Oberhof einen Abfahrtshang und Rodelplätze, viele der Sportstätten stehen auch Gästen zur Verfügung. In der wärmeren Saison kann man wandern, radfahren, Moutainbike fahren und baden.

Erholungsort ist Oberhof seit Kaiserzeiten. Bereits 1906 warfen sich hier die ersten Wagemutigen die Schanze hinunter oder fuhren die Bobbahn ins Tal hinab. 1931 fanden hier die Weltmeisterschaften im Zweierbob in der Nordischen Kombination statt. Im Weltcupkalender der Wintersportler hat Oberhof heute einen festen Platz, und mit vielen neuen Sportstätten behauptet sich der nur knapp 1600 Einwohner zählende Ort unter den internationalen Sportzentren. Hier finden die ›Tour de Ski‹ im Langlauf, der Rennrodel-Weltcup im 1354,5 Meter langen Oberhofer Eiskanal, Skisprungwettbewerbe auf den Schanzen oder der Biathlon-Weltcup in der Rennsteig-Arena statt. Die Veranstaltungen mit zehntausenden Zuschauern haben wegen der Stimmung und der Lautstärke teilweise die Atmosphäre von Musikfestivals. Außerhalb der sportlichen Wettkämpfe und Ferienzeiten kann es hier aber auch gespenstisch ruhig sein.

Skisporthalle

Selbst im Thüriner Wald sind die Winter wegen des Klimawandels nicht mehr so schneesicher. Daher baute man hier die erste Skilanglaufhalle Deutschlands. Es ist die größte und längste Skihalle Europas – wie es sich für ein Leistungszentrum gehört, in dem Athleten ihren Sport ganzjährig betreiben. Nicht nur die deutschen Profis trainieren hier. 1,7 Kilometer ist der von außen bizarr anmutende Komplex lang, die Innentemperatur beträgt konstante minus vier Grad. Zum Sportbau gehört auch eine Schießhalle für die Biathleten. Waffen, Stöcke und Ski sowie Kleidung zum Ausleihen und Kaufen gibt es direkt vor Ort.

Das Hotel ›Panorama‹ im Winter

▶ Karte S. 230

Rennschlitten- und Bobbahn

Die berühmte Rennschlitten- und Bobbahn ist 1300 Meter lang und hat 14 Kurven. Im Sommer kann man den Eiskanal in Bobs auf Rollen hinunterjagen. Ein erfahrener Bobfahrer steuert das Gerät vom ›Hintersitz‹ aus mit über 80 km/h die Eisrinne herunter. Für Gäste gibt es Fahrten im Ice Rafting Boot, der Ice Tube und im Viererbob.

Fallbachhang

Parallel zur Bobbahn verläuft die 800 Meter lange Abfahrtspiste. Hier gibt es auch eine Kinderskischule und einen Kinderhang und für Snowboarder den Snowpark. Zur warmen Jahreszeit gehört das Gebiet den Mountainbikern.

Skischanzen

Mit den Schanzen im Kanzelsgrund und am Wadeberg verfügt Oberhof über zwei große Schanzenanlagen. Und wenn kein Schnee liegt, dann springt man eben auf Matten.

Skiarena

Wenn das Wetter in Oberhof mal nicht so gut ist, ist die Skiarena so ungefähr der letzte Ort, an dem man noch Langlaufski fahren kann. Sobald die Temperaturen es zulassen, werden hier nämlich die Schneekanonen angeworfen. Und man kann im Scheinwerferlicht noch lange Runden drehen. Einmal im Jahr fin-

Oberhof bietet Wintersportlern hervorragende Möglichkeiten

det hier der Biathlon-Weltcup statt. Die Anlage fasst bis zu 25 000 Menschen.

Naturrodelbahn und Snow Tubing

Am Rondell befindet sich die mit zwei Kilometern Länge längste Naturrodelbahn in Thüringen. Die Strecke hat 12 Prozent Gefälle. Ein Shuttle fährt die Rodler anschließend für die nächste Rodelpartie wieder nach oben.

An der ›Alten Golfwiese‹ kann man ebenfalls rodeln oder in einem Gummireifen den Hang herunterfahren.

H2Oberhof

Das Wellness- und Erlebnisbad H2-Oberhof verfügt über ein Erlebnisbecken mit Wasserfall und 110-Meter-Riesenrutsche, drei Whirlpools, Babybecken mit Innenspielplatz und Kletterturm sowie Spa- und Saunaareal. Im Außengelände findet man ein Schwimmbecken, einen Beachvolleyballplatz und einen weiteren Spielplatz.

Exotarium

Im Untergeschoss der Oberhofer Einkaufspassage leben auf 600 Quadratmetern in Terrarien und Aquarien zahlreiche Schlangen, Echsen, Frösche, Schildkröten, Fische und Insekten.

Rennsteiggarten

In dem auf alpine Pflanzen spezialisierten Park am 868 Meter hohen Pfanntalskopf wachsen über 4000 Arten aus den Gebirgsregionen Europas, Amerikas, Asiens, Neuseelands und der arktischen Zonen. Angelegt ist der Garten als ein Kilometer langer Rundweg mit Nebenwegen. Es ist der artenreichste alpine Garten Deutschlands. Im Hauptgebäude befinden sich eine **Ausstellung** und ein **Naturparkinformationszentrum**. In dem Botanischen Garten gibt auch Spielstationen für Kinder und das Café ›Enzian‹.

Schneekopf und Beerberg

Östlich von Oberhof und Zella-Mehlis erheben sich im ›Zentralmassiv‹ des Thüringer Waldes sieben Berge über 900 Meter. Der Schneekopf mit 978 und der Große Beerberg mit 982 Metern sind dabei die höchsten. Der **Gipfelwanderweg** verbindet alle sieben Berge zu einem 30 Kilometer langen Wanderweg.

Während man die Spitze des Beerberges nicht einmal erkennt, hat man vom Schneekopf aus eine herrliche Weitsicht. Auf dem zweithöchsten Thüringer Berg befindet sich der **Schneekopfturm**. Mit 1001,1 Metern ist dessen Aussichtsplattform der höchste Punkt Thüringens. Und hier befindet sich auch Thüringens höchstgelegener Briefkasten. Im Postshop im Informationszentrum bekommt man den Schneekopf-Sonderstempel. Der Aussichtsturm wird auch als Kletterturm genutzt.

In der **Neuen Gehlberger Hütte** unterhalb des Sendeturms auf dem Schneekopf kann man einkehren und übernachten. Weiter unten am Fuße des Schneekopfes steht das berühmte, historische **Gasthaus Schmücke**, ein idealer Ausgangspunkt für Wintersportaktivitäten.

Oberhof und Umgebung

Vorwahl: 036842.

Tourist Information, Crawinkler Str. 2, Tel. 2690; tgl. 9–18 Uhr. www.oberhof.de

Pension Mund, Dr.-Theodor-Neubauer-Str. 9, Tel. 20387. Klein, im Ortskern gelegene Pension mit Zimmer und Ferienwohnungen, die wohl günstigste Unterkunft in ganz Oberhof; EZ ab 30, DZ ab 40 €. www.pension-mund.de

Treff Hotel Panorama Oberhof, Dr.-Theodor-Neubauer-Str. 29, Tel. 5050. Größtes Hotel im Ort und aufgrund seiner Architektur Wahrzeichen Oberhofs. Hier steigen bei Wettkämpfen auch die Sportler ab. Es gibt einen Innenpool, Wellnessbereich, Fitnessraum, Kegelbahnen, Minigolfanlage und Beachvolleyballplatz. Das Haus ist auch sehr kinderfreundlich und bietet einen 1200 qm großen **Kids Club** mit großem Angebot, Kinderkino, Sportanlagen und Abenteuerspielplatz; EZ ab 59, DZ ab 79 €. www.treff-hotel-panorama.de

Haus Repin, Neue Str. 7, Tel. 534743. Ruhig gelegene Ferienwohnungen in einen Schieferfachwerkhaus. FeWo ab 53 €. www.oberhof-apartments.de

Pension Oberhof 810 M, Crawinkler Str. 19, Tel. 57380. Kleine schöne Pension auf 810 m Höhe mit netten Gastgebern, Küche im Gemeinschaftsraum; Zi ab 55 €. www.oberhof-810.de

Hotel Chalet Sonnenhang, Crawinkler Str. 22, Tel. 27700. Guter Service, gutes Preis-Leistungs-Verhältnis, alle Zimmer mit Küchenzeile. Sauna und Grillmöglichkeiten; EZ ab 50, DZ ab 60 €. www.chalet-sonnenhang-oberhof.de

Berghotel Oberhof, Dr.-Theodor-Neubauer-Str. 20, Tel. 270. In diesem schönen großen roten, skandinavisch anmutenden Vier-Sterne-Haus findet man stilvoll eingerichtete Zimmer mit Pay-TV-Angebot und freundlichen Service. Für Kinder wird kostenfrei umfangreiche Zimmerausstattung zur Verfügung gestellt. Zum Hotel gehört ein ansprechender Wellness- und Spabereich. Zum Hotel gehört auch die Villa Silva; EZ ab 73, DZ ab 126 €. www.berghotel-oberhof.de

Haus Vergissmeinnicht, Crawinkler Str. 10, Tel. 22346. Süßes, kleines und zentral gelegenes historisches Haus mit gutem Restaurant; EZ ab 65, DZ ab 90 €. www.haus-vergissmeinnicht.de.

Pension Traumblick, Gräfenrodaer Str. 36, Tel. 53151. Modern eingerichtetes Haus mit Ausblick und Wellnessbereich; EZ ab 45, DZ ab 80 €. www.pension-traumblick.de

Pension Haus am Waldesrand, Tambacher Str. 30, Tel. 22559. Freundliches und familiäres B&B direkt am Wald; EZ ab 39, DZ ab 59 €. www.pension-haus-am-waldesrand.de

Sporthotel Oberhof, Am Harzwald 1, Tel. 2860. Schlichte moderne Zimmer und Appartements mit Sky-Anschluss. Auch Ferienhäuser, Sauna, Bowlingbahnen, Rad- und Skiverleih sowie eine Sportbar; EZ ab 55, DZ ab 80 €. www.sporthotel-oberhof.de

Waldschlösschen, Tambacher Straße 24, Tel. 20992. Bikerfreundliches Haus mit

▶ Karte S. 230

großen modernen Zimmern und Sauna; EZ ab 55, DZ ab 80 €. www.waldschloesschen-oberhof.de

Hotel Quisisana, Dr.-Theodor-Neubauer-Str. Appartements, Zimmer und Ferienwohnung in familiengeführtem, zentral gelegenem Hotel; EZ ab 55, DZ ab 80 €.

Aktiv Pension, Gräfenrodaer Straße 19, Tel. 571108. Familiengeführtes Haus in ruhiger Lage mit funktional eingerichteten Zimmern, Garten und Grillplatz. Bett-und-Bike-zertifiziert; EZ ab 36, DZ ab 70 €. www.sommer.aktiv-pension.de

Oberhof Camping, Am Stausee 9, Frankenhain, Tel. 036205/76518. Schöner Campingplatz im Wald an der Lütschetalsperre, ca. 5 km nördlich von Oberhof. Hier kann man auch allerlei Wassersport betreiben oder reiten. Zelt ab 13, Wohnmobil ab 15 €. www.oberhofcamping.de

Waldgaststätte Forsthaus Sattelbach, Tel. 22451. Freundliche Wirtsleute und empfehlenswerte Küche. Direkt vom Forsthaus aus kann man vor allem im Winter wilde Tiere an den Futterkrippen beobachten.

Vergißmeinnicht, Crawinkler Str. 10, Tel. 22346. Kreative und erfrischende regional orientierte Küche. Jeden Sonntag gibt es ein kulinarisches Highlight mit Klößen. www.haus-vergissmeinnicht.de

Thüringer Hütte, Am Grenzadler 3, Tel. 52323. Rustikale Blockhütte am Biathlonstadion. Rustikale Thüringer Gerichte, bei Sportveranstaltungen tobt hier der Bär.

Cortina, Dr.-Theodor-Neubauer-Str. 8, Tel. 22323. Hochwertige italienische Alpenküche in entsprechender toller Atmosphäre. www.restaurant-cortina.de

Neue Gehlberger Hütte, Schneekopf 1, Tel. 036845 49911. www.schneekopf.eu

Waldmarie, Dr.-Theodor-Neubauer-Str. 29 (im Hotel ›Panorama‹), Tel. 500. Legendäre Musikkneipe, Tanz- und Nachtclub. Nachdem man Anfang Januar 2016 dicht gemacht hatte, wird die Waldmarie inzwischen sporadisch zu Weihnachten und Sportevents geöffnet. Vor allem während internationaler Sportveranstaltungen steppt hier anschließend der Bär.

Exotarium, Crawinkler Str. 1, Tel. 21404; tgl. 10–18 Uhr. www.exotarium-oberhof.de

Rennsteiggarten, Am Pfanntalskopf 3, Tel. 22245; Mitte April–Sept. tgl. 9–18 Uhr, Okt.–Anfang Nov. 9–17 Uhr. Es gibt Veranstaltungen wie das Blütenfest Ende Juni und das Herbstfest im September. www.rennsteiggartenoberhof.de

Schneekopfturm; Do–So 10–16 Uhr.

Um Oberhof herum gibt es zahlreiche Wanderwege, wie etwa die zum Aussichtshügel ›Donnershauk‹ oder den Gipfelwanderweg.

H2Oberhof, Dr.-Curt-Weidhaas-Str. 2, Tel. 2920, www.h2oberhof.de.

Lütschesee, s. Oberhof Camping.

Skipsorthalle, Tambacher Str. 44, Tel. 2690. www.oberhof-skisporthalle.de

Bobfahren und Ice Rafting, Termine für Gästefahrten unter Tel. 2690 oder www.bob-icerafting.de.

Naturrodelbahn, Rondell, Rennsteiggarten, Tel. 03675 406804. www.outdoor-inn.de

Alte Golfwiese, Skiliftbetrieb Schmiechen, Zellaer Str. 42, Tel. 22959. www.skilift-oberhof.de

Kletterturm Thüringen on the Top, Tel. 03675/406804. www.outdoor-inn.de

Thüringer Elixiere, Im Oberen Hof, Crawinkler Str. 1. Hier kann man allerlei Thüringer Liköre, Schnäpse und andere Wässerchen erwerben.

Zella-Mehlis

Nur ein kleines Stück südwestlich von Oberhof liegt Zella-Mehlis, einst eine bedeutende Stadt der Waffenindustrie. Bis heute überlebt hat der Sportartikelhersteller Germina.

Meeresaquarium

In diesem phantastischen Wasserzoo erlebt man die gesamte Farbpracht der Salzwasserbewohner. Die detailreich eingerichteten Becken werden von Korallen, Anemonen und exotischen Fischen bewohnt. Daneben beherbergt das Haus auch Reptilien. Etwas Besonderes ist das eine große Haibecken. Hervorgegangen ist das ganze Projekt aus einem pleite gegangenen Unternehmen für Zierfische.

Stadtmuseum in der Beschussanstalt

Laut eigenen Angaben handelt es sich bei dem Museum in der Beschussanstalt und dem Technischen Museum um die beiden weltweit größten und schönsten Museen zur Geschichte von Zella-Mehlis. Im 1893 errichteten Industrieareal wurde fast 50 Jahre lang die Haltbarkeit von Waffen getestet. Heute befindet sich hier das Stadtmuseum mit seinen Sammlungen zur Stadt- und Regionalgeschichte, Technik und Volkskunde. An zahlreichen Werkstätten lernt man etwas über die regionale Industrie wie die Büchsenmacherei, die Kleineisenherstellung oder über die Büromaschinen-Werke von Mercedes. Diese, 1908 eröffnet, wurden schnell zu einem der größten europäischen Schreib- und Büromaschinenhersteller.

Explorata Mitmachwelt

An etwa 100 Experimentierstationen kann man sich hier mit physikalischen Phänomenen des Alltags auseinandersetzen. Das interaktive Erlebnis beruht auf selbständigem Ausprobieren und Verstehen und bietet großen und kleinen Forschern gleichermaßen Aha-Effekte.

Technisches Museum Gesenkschmiede

Im Technischen Denkmal stehen die ältesten deutschen Brettfallhämmer. Sie haben ein Gewicht von 16 Tonnen und sind 4 Meter hoch. Gezeigt werden historische Maschinen und Arbeitsgeräte ebenso wie die Herstellung von Gesenkschmiedeteilen und Werkzeugen. Als Antrieb für die historischen Schmiedeverfahren dient ein funktionstüchtiges Wasserrad. Am Haus befindet sich eine Kneippanlage.

Ein Kugelfisch im Meeresaquarium

▲ Karte S. 230

Steinbach-Hallenberg

Der Erholungsort Steinbach-Hallenberg erstreckt sich im Haselgrund, ist von 900 Meter hohen Bergen umgeben und ein Zentrum des Wintersports. Er liegt etwa 15 Kilometer von Zella-Mehlis entfernt. Bekannteste Sportlerin aus diesem Ort ist Kati Wilhelm, die mehrfach bei Olympiaspielen und Weltmeisterschaften im Biathlon Gold gewann. Ihr ist im Ort sogar der **Kati-Wilhelm-Fitnessparcours** gewidmet. Das Netz an **Skiwanderwegen** im Haseltal beträgt 100 Kilometer. Am Knüllfeld gibt es einen **Abfahrtshang** mit dem schönen Namen Kniebreche.

Im **Metallhandwerksmuseum** kann man eine weltweit einzigartige Korkenzieherwerkstatt und weitere Eisenwerkstätten besichtigen. Regelmäßig finden in den Schauwerkstätten Schmiedevorführungen statt.

Oberhalb von Steinbach-Hallenberg, auf einem 80 Meter hohen Felsen, erhebt sich die **Hallenburg**. Die Burg von 1212 diente den Grafen von Henneberg bis ins 15. Jahrhundert als Wohnsitz. Vom Burgturm hat man einen schönen Ausblick.

Viernau

Die 2000-Seelen-Gemeinde Viernau liegt im Haseltal und gilt als eine Thüringer Karnevalshochburg. Hier feiert man den Gagen-Karneval und ruft ›Gag Helau‹. Gag bedeutet Rabe und ziert auch das Wappen des Ortes. Das gesamte Programm wird hier aufgeboten: Weiberfastnacht, Fastnachtsumzug sowie die Gala mit befreundeten Karnevalsvereinen.

Im **Deutschen Geflügelmuseum Viernau** dreht sich alles um Rassegeflügelzucht und ihre künstlerische Darstellung. Schließlich kommen von hier Taubenzüchter von europäischem Rang. Und auch eine Friseurweltmeisterin hat Viernau. Susi Hoffmann hat im Ort ihren Salon.

Zella-Mehlis und Umgebung

▸ **Zella-Mehlis**:

Meeresaquarium, Beethovenstr. 16, Tel. 03682/41078; tgl. 10–18 Uhr. www.meeresaquarium-zella-mehlis.de

Beschussanstalt, Anspelstr. 25. Tel. 03682/464698; Mo, Di, Do, Fr 10–17, Sa/So 10–16 Uhr. www.museum.zella-mehlis.de

Explorata, Forstgasse 29, Tel. 03682/4787451; tgl. 10–18 Uhr. www.explorata.de

Technisches Museum, Lubenbachstr. 4, Tel. 03682/43345; Mo, Di, Do, Fr 10–17, Sa/So 10–16 Uhr. www.museum.zella-mehlis.de

▸ **Steinbach-Hallenberg**:

Metallhandwerksmuseum, Hauptstr. 45, Tel. 036847 41065; Di–Fr 10–16, Sa 10–15 Uhr, März und Nov. Di–Fr 10–15 Uhr. www.metallhandwerksmuseum.de

▸ **Viernau**:

Deutsches Geflügelmuseum, Hügelstr. 3a, Tel. 036847 42987; tgl. 10–13 Uhr. www.viernau.de

Friseur Kosmetik Hoffmann, Ernst-Thälmann-Str. 85, Tel. 036847/42999.

Suhl

Bekannt ist Suhl vor allem durch seine 600-jährige Fertigung von Handfeuerwaffen. Die Waffen- und Rüstungsindustrie entwickelte sich aus der bereits im 13. Jahrhundert bestehenden Eisenerzeugung. 1563 erhielten die Suhler von den Grafen von Henneberg das Innungsrecht zur Herstellung von Büchsen. Auch im Fahrzeugbau hatte in Suhl große Bedeutung. Der DDR-Kultroller Schwalbe und alle anderen mit Vogelnamen versehenen Motorräder sowie die Simsons wurden in den hiesigen Simson-Werken produziert.

Zu DDR-Zeiten war Suhl Hauptstadt des nach Berlin flächenmäßig kleinsten und bevölkerungsärmsten Bezirks. Der nach der Wende erlittene Bedeutungsverlust durch den Wegfall ist nicht zu unterschätzen. Wirtschaftlich befindet sich Suhl noch immer in einer schwierigen Lage, was sich an der nach wie vor vollziehenden Abwanderung ablesen lässt. 1988 hatte die Stadt rund 56000 Einwohner, derzeit sind es etwa 37000. Mit 50,2 Jahren ist Suhl nicht zufällig die Stadt mit dem deutschlandweit höchsten Durchschnittsalter.

Kulinarisch orientierte man sich in Suhl bereits zu DDR-Zeiten mitunter an der großen weiten Welt: Rolf Anschütz betrieb in seinem ›Waffenschmied‹ das einzige Sushirestaurant der DDR. Leider gibt es das Lokal nicht mehr.

Sehenswürdigkeiten

Die Innenstadt ist von interessanten Kontrasten geprägt, historische Bausubstanz steht in unmittelbarer Nachbarschaft zu Häusern aus DDR- oder Nachwendezeiten: Mit den umfassenden Stadtumbaumaßnahmen ab 1952 ging ein großflächiger Abriss vorhandener Bauten einher. Erhalten sind etwa **Malzhaus** und **Amtsgericht** am Markt mit dem Brunnen des Suhler Waffenschmieds. Auch in der Fußgängerzone Steinweg blieben zahlreiche Gebäude erhalten. An deren westlichen Ende steht die von 1731 bis 1739 erbaute barocke **Kreuzkirche**. Südlich des Marktplatzes befindet sich die ebenfalls barocke **Marienkirche** von 1761. Unbehelligt blieb auch ein Areal in der Nähe des Bahnhofs.

Suhl-Heinrichs

Der wohl schönste Teil Suhls ist das besonders sehenswerte Bauensemble am langgestreckten **Straßenmarkt** Heinrichs. Hier stehen nach der Nahezu-Auslöschung durch kaiserliche Truppen im Jahre 1634 während des Dreißigjährigen Krieges errichtete beeindruckende Fachwerkbauten im fränkisch-hennebergischen Stil – verschwenderischer Fachwerk-Barock. Das historische **Rathaus** mit seinem Sockelgeschoss von 1551 und dem Fachwerkaufbau von 1657 ist zweifelsohne eines der prächtigsten Fachwerkgebäude der Region. Es ist heute Volkshochschule.

Die Heinrichser **Kirche St.Ulrich** ist die älteste Kirche der Stadt. Ihr Bau begann 1452. Sie wurde als einzige Kirche Suhls nie zerstört und ist mit bemerkenswerten Kunstwerken und Besonderheiten ausgestattet, etwa dem Kruzifix von 1340/50, das es in dieser Form nur dreimal in Deutschland gibt. Es zeigt Jesus mit gekreuzten Armen. Das Original befindet sich im Angermuseum in Erfurt. Das Pfarrhaus blieb ebenfalls verschont. Es gibt auch Überbleibsel der Jüdischen Gemeinde von Heinrichs wie den Jüdischen Friedhof.

Die meisten Gebäude sind leider nur von außen zu besichtigen.

Waffenmuseum

Das wunderschöne Fachwerkgebäude Malzhaus behauptet sich widerspenstig in seiner sozialistisch geprägten Umgebung. Es beherbergt das Waffenmuseum, in dem eine sehr ansehnliche und moderne Ausstellung zu sieben Jahrhunder-

›Suhler Original‹ vor dem Waffenmuseum

▲ Karte S. 269

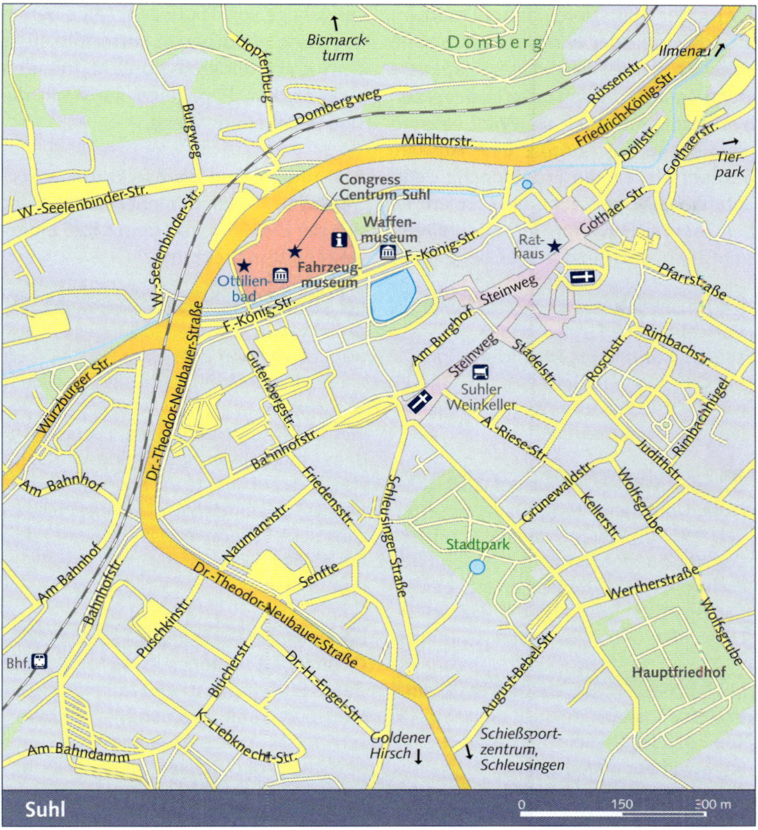

ten Waffengeschichte in Suhl präsentiert wird. Es ist das einzige Spezialmuseum für Waffen in Europa. Im Hause findet man alles vom Eisenerzbergbau über Waffenherstellung, Prunk-, Jagd-, und Militärwaffen sowie eine Präsentation der Suhler Büchsenmacher. Eine wichtige Rolle spielen auch Sportwaffen. An einem Licht-Schießstand kann man sich im Biathlonschießen üben.

Fahrzeugmuseum

Schwerpunkt der Sammlung mit ihren nahezu 200 Exponaten ist die Suhler Fahrzeugindustrie rund um das Unternehmen Simson. Zu den Exponaten wie Autos, Motorrädern und Rennmaschinen gehört auch ein Tretkurbelfahrrad. Der Mechaniker und Mundartdichter Heinrich Mylius baute es 1845 in Themar. Es gilt als das erste Tretkurbelfahrrad Deutschlands. Und eigentlich war es auch das erste moderne Fahrrad der Welt. Die Sonderausstellungen stellen unter anderem andere Fahrzeughersteller in den Mittelpunkt.

Tierpark

Die Bewohner des Parks in den östlichen Bergausläufern Suhls kommen überwiegend aus der Region. Es gibt

Thüringer Haustiere, denen man im Streichelzoo oder Ferkelhof ganz nahe kommen kann. Viele dieser Haustiere stehen auf der Roten Liste und werden hier gezüchtet. Auch die Wildtiere sind vorwiegend aus Europa. Eine Ausnahme hier stellen die Erdmännchen dar. Zahlreiche Vögel, auch viele Eulen, leben ebenfalls hier. Im Tierpark befindet sich auch das einzige frei begehbare Lorigehege von Thüringen. Mit einer an der Kasse erworbenen Futtertüte steht dem unmittelbaren Kontakt mit den australischen Papageien nur noch die eigene Scheu im Wege.

Domberg und Bismarckturm

Direkt im Norden der Innenstadt erhebt sich der Domberg mit dem 1896 eingeweihten Bismarckturm.

Suhl

Vorwahl: 03681.

Tourist Information, Friedrich-König-Str. 7 (im Congress Centrum Suhl), Tel. 788405; Mo–Fr 10–18, Sa 10–16, So 10–14 Uhr. www.suhl-tourismus.de

Hotel Goldener Hirsch, An der Hasel 91, Tel. 79590. Vier-Sterne-Hotel mit modernen Zimmern in einem historischen Fachwerkhaus, gutes Restaurant und Biergarten. Auch Fahrradverleih; EZ ab 74, DZ ab 98 €. www.goldener-hirsch-suhl.de

Waffenmuseum, Friedrich-König-Str. 19, Tel. 742218; Di–So 10–18 Uhr. www.waffenmuseumsuhl.de

Fahrzeugmuseum, Friedrich-König-Str. 7 (im Congress Centrum), Tel. 705004; tgl. 10–18 Uhr. www.fahrzeug-museum-suhl

Tierpark Suhl, Carl-Fiedler-Str. 58, Tel. 760441; April–Sept. tgl. 9–18 Uhr, Okt.–März tgl. 10–16.30 Uhr. www.tierpark-suhl.eu

Congress Centrum Suhl, Friedrich-König-Str. 7, Tel. 7880. Der Große Saal der ehemaligen Stadthalle fasst 2354 Personen. Die Palette der Veranstaltungen ist groß. Es gibt Kabarett, Musicals, Theater, Konzerte oder Auftritte des Suhler Marionettentheaters. www.suhl-ccs.de

Gipfelwanderweg, Der 30 km lange Rundwanderweg führt auf sieben 900er, unter anderem den Großen Beerberg und den Schneekopf.

Herbert-Roth-Wanderweg, Dieser nach dem Komponisten des Thüringer Rennsteigliedes benannte 25 Kilometer lange ›Suhler Panoramaweg‹ präsentiert einem zahlreiche Sehenswürdigkeiten und zahlreiche Weitblicke auf die im Talkessel gelegene Stadt.

Ottilienbad, Friedrich-König-Str. 7, Tel. 7880. Erlebnisbad mit 50-Meter-Becken, Erlebnisbad mit Strömungskanal, Wasserrutsche, Kinderbadelandschaft, Fitnessstudio und Saunen. Jeden 1. Fr im Monat ist Nacktbadetag. www.ottilienbad.de

Schießsportzentrum, Schützenstr. 6, Tel. 8840. Die ausgedehnte Anlage bietet auch touristisches Schießen an und ist eine der schönsten Deutschlands. www.ssz-suhl.eu

Suhler Weinkeller, Steinweg 33, Tel. 454732. Thüringer Geschenkartikel wie u.a. den Kräuterlikör Suhler Waffenöl, Suhler Haselwasser, Motorenöl zum Trinken, Schneekopfkugeln, Wein, Senf und Wurst. www.suhl-waffenoel.de

▶ Karte S. 269

Romantik im Vessertal

Biosphärenreservat Vessertal-Thüringer Wald

Zwischen Suhl, Schleusingen, Ilmenau und Neustadt am Rennsteig liegt das UNESCO-Biosphärenreservat Vessertal. Es besteht bereits seit 1979 und wurde seitdem mehrfach erweitert, gegenwärtig umfasst es knapp 17 100 Hektar. Charakteristisch sind große zusammenhängende Waldgebiete und eingestreute Bergwiesen, Bäche und Moore. Die namensgebende Vesser windet sich durch teilweise enge, buchenbestandene Täler, der Lebensraum entlang des Flüsschens dient vielen seltenen Arten als Lebensraum. Bekannt ist das Vessertal für seine Orchideen, Schwertlilien und auch Arnika, das gern in der Naturapotheke verwendet wird.

Aktivitäten

In der Region kann man hervorragend Wintersport betreiben, in nahezu jedem Ort gibt es Loipen, Rodelhänge oder Schneeschuhwandermöglichkeiten. In Frauenwald findet jeden Februar das europaweit größte Internationale Schlittenhunderennen statt. Im Sommer gehört die Gegend vor allem den Wanderern. Der **Vessertal-Rundwanderweg** ist 25 Kilometer lang und führt durch verschiedene Schutz- und Vegetationszonen des Vessertals. Bei einer Umfrage unter MDR-Zuschauern 2007 wurde es zum schönsten Tal gewählt. Von der Einkehrmöglichkeit ›Stutenhaus‹ hat man einen herrlichen Ausblick auf die mit Mischwald bestandenen Hänge des Glasbachtals.

Informationszentrum Biosphärenreservat

Das Haus ist Informationszentrum und Ausstellung in einem. Man erfährt alles zu Flora und Fauna des Vessertals. In der Ausstellung werden die einzelnen charakteristischen Lebensräume präsentiert und deren Bewohner vorgestellt, auch die Menschen.

Schmiedefeld

In Schmiedefeld gibt es zahlreiche Wander- und Radwege und ein **Nordic Aktiv Zentrum**. Im Winter werden überall kilometerlange Loipen gezogen, und ›Am Eisenberg‹ befindet sich ein 900 Meter langer beleuchteter Abfahrtshang sowie ein ebenfalls beleuchteter Rodelhang.

Bergbau wir in der Gegend schon sehr lange betrieben. Die Region mit einem vier Kilometer großen Durchmesser rund um das **Besucherbergwerk Schwarze Crux** gilt als ältester geologischer Punkt Deutschlands. Durch eine geologische Anomalie befindet sich hier an der Oberfläche eine gigantische Magnetitblase, die man normalerweise in 2000 Metern Tiefe findet. Genau dieses Eisenerz bauten die Bergleute ab. Das Bergwerk ist der einzige zu besichtigende Crux-Magnetit-Stollen. Die Tour dauert 40 Minuten.

Der Bestand des **Wilderermuseums** von Gehlberg hat Ende 2016 in Schmiedefeld wieder eröffnet. Mit vielen Tierpräparaten geht es um die Geschichte der Wilderei und die Geschichten drumherum. Was fingen sie, wie fingen sie es, und – wie wurden sie gefangen?

Der **Bahnhof Rennsteig** bei Schmiedefeld ist einer der am höchsten gelegenen Bahnhöfe Thüringens. Er ist Anlaufpunkt für Sportler und Urlauber und wird auch von Museumsbahnen angesteuert. Es gibt Pläne, hier ein Informationszentrum einzurichten. Ein nettes Café ist bereits vorhanden.

Stützerbach

Stützerbach ist ein besonders bei Wintersportlern beliebtes Reiseziel. Im Gundelachschen Haus des Glashüttenfabrikanten bezogen Goethe und sein Herzog Karl August von Sachsen-Weimar-Eisenach oft Quartier – ganze 13 Mal kam Goethe hierher. Das **Goethemuseum** zeigt das original erhaltene Wohn- und Arbeitszimmer Goethes sowie die Goethestube. Briefe, Dokumente und naturwissenschaftliche Studien dokumentieren dessen Aufenthalt.

Im Kern geht es im **Heimat- und Glasmuseum** um die Entwicklung Stützerbachs von einem Waldarbeiterdorf zu einem modernen Standort der Glasindustrie. Glastechnisch hat Stützerbach weltweit bedeutende Innovation angeschoben. Die erste deutsche Glühlampe, das erste Fieberthermometer und die erste Röntgenlampe stammen von hier. Man sieht, wie die Leute und Glasarbeiter früher lebten und arbeiteten.

Bunkermuseum Frauenwald

Am Hotel ›Rennsteighöhe‹ befindet sich der ehemalige zivile Führungsbunker der Bezirkseinsatzleitung Suhl mit nahezu komplett erhaltener Ausstattung und Einrichtung. Die Ausweichführungsstelle aus den 1970er Jahren ist 3600 Quadratmeter groß und trug den Decknamen Trachtenfest. Angeboten wird auch ein Erlebnisprogramm mit Übernachten im Bunker und NVA-Feeling.

Neustadt am Rennsteig

Die Ausstellung im **Rennsteigmuseum** befasst sich mit dem Rennsteig und sammelt alles an Literatur, was mit ihm zu tun hat. Der Wanderweg ist der Schwerpunkt des Museums, und wer möchte,

Romantisch: der Wald im Biosphärenreservat Vessertal

Karte S. 230

Bahnhof Rennsteig bei Schmiedefeld

kann hier dazu wirklich alles erfahren. Darüber hinaus geht es um die Köhlerei, die Streichholz- und Zigarrenherstellung, die Schachtelmacherei und Glasbläserkunst. Die Ausstellung umfasst auch eine Zunderschwammausstellung, einen Pilz, den man zum Feuermachen, aber auch für allerlei andere Dinge im Alltag verwendete.

Altenfeld

In seinem kleinen **Musikautomatenmuseum** hat Axel Eger alles zusammengesammelt, was mechanisch Wohlklänge produziert, von der Spieluhr über Automatikinstrumente bis zum Musikautomaten und einer anhängergroßen Orgel. Zur Sammlung gehören auch Leierkästen, ein Orchestrion sowie ein Phonograph von Edison.

Schönbrunn

Im ans Werk der Gewürzfirma Fuchs angeschlossenen **Gewürzmuseum** in der Fabrikantenvilla Schmitt geht es um die wechselvolle Geschichte des Werkes und die Gewürztradition in Thüringen. Und natürlich wird auch viel gerochen und probiert.

Naturtheater Steinbach-Langenbach

An den südlichen Ausläufern des Thüringer Waldes liegt bei Schleußingen Deutschlands größtes Naturtheater: Im Amphitheater mitten im Grünen haben 3000 Zuschauer Platz. Das gebotene Veranstaltungsangebot ist sehr weit gestreut.

Großbreitenbach

In einem Fachwerkhaus von 1730 befindet sich das **Heimatmuseum**, in dem es um die Porzellanmalerei, Olitäten Vogelfängerei und den örtlichen Musikinstrumentebau geht. In einem Raum werden forstwirtschaftliche Gerätschaften gezeigt. Zum Haus gehört auch das **Erste Deutsche Kloßpressmuseum**. Anhand historischer Küchengerätschaften und Rezepten bekommt man einen Einblick in die Thüringer Nationalspeise. Im Außenbereich befindet sich ein wunderbarer Kräutergarten. Regelmäßig finden Kurse wie ›Traditionelle Ostereierbemalung› oder ›Klöße herstellen‹ statt.

Vessertal-Thüringer Wald

Informationszentrum Biosphärenreservat, Haus am Hohen Stein, Brunnenstr. 1, Schmiedefeld, Tel. 0361/573924610; tgl. 10–18 Uhr.

Gleis 1, Rennsteig 3, Schmiedefeld (Bahnhof Rennsteig), Tel. 036782/701835. www.rennsteigbahn.de

Schwarzer Crux, Crux-Str. 1, Suhl-Vesser, Tel. 036782/60606; tgl. außer Do 10–16 Uhr. www.schwarzer-crux.com

Wilderermuseum, Suhler Str. 2, Schmiedefeld, Tel. 036782 60606; Di, Mi, Fr, Sa 14–16.30 Uhr. www.wilderermuseum-thueringen.de

Goethemuseum, Sebastian-Kneipp-Str. 18, Stützerbach, Tel. 036784/50277; Mi–So 10.30–15.30 Uhr.

Heimat- und Glasmuseum, Bahnhofstr. 1, Stützerbach, Tel. 036784/50211; Mo -Do 10–12 und 14–17 Uhr. www.hgv-stuetzerbach.de

Bunkermuseum, Am Rothenberg 1, Frauenwald, Tel. 036782/62200; Führungen (Dauer ca. 45 min.) 3. Nov–20. Dez. und 2. März–19. Apr. stündlich Sa/So 10–16, Mo–Fr 11, 14 und 15 Uhr, 21. Dez -1. März tgl. stündlich 11–16 Uhr, 20. April–2. Nov. tgl. stündlich 10–17 Uhr. www.waldhotel-rennsteighoehe.de

Naturtheater Steinbach-Langenbach, Straße zum Naturtheater 5, Steinbach, Tel. 036874/38536; Pfingsten-Sept. www.theater-im-gruenen.de

Gewürzmuseum, Neustädterstr. 20, Schönbrunn, Tel. 036874/38255;. Di–Fr 9–16, Sa 9–12, So 13–16 Uhr. www.fuchs.de, www.schleusegrund.de

Rennsteigmuseum, Rennsteigstr. 46 (im Gemeindezentrum), Neuhaus, Tel. 036781/237778; Mo–Fr 10–15 Uhr. www.neustadt-rennsteig.org

Musikautomatenmuseum, Grundstr. 12, Altenfeld, Tel. 036781/42640; tgl. 9–18 Uhr. Es empfiehlt sich, vorher anzurufen.

Wald-Kreativ-Museum, Myliusstr. 6, Großbreitenbach, Tel. 036781/441815; Di–Fr 10–16, Sa/So 13–16 Uhr.

Internationales Schlittenhunderennen. Immer im Februar versammeln sich bis zu 150 Musher und ihre Gespanne zum Rennen in Frauenwald. www.ssct.de

Two Sports, Eisfelderstraße 39, Schönbrunn, Tel. 036874/264809. Das Sportkurseangebot reicht von Kiteboarding, Allterainboarding bis hin zu Skilanglauf auf Rollen und Winterkursen. www.two-sports.com

Ilmenau

▲ Karte S. 275

Wo die Ilm aus ihrem engen Flussbett im Thüringer Wald ausbricht, liegt Ilmenau. Bekannt ist die Stadt für Glas und Porzellan sowie als Standort einer Technischen Universität mit über 6000 Studierenden. Und auch Goethe wirkte hier, wie man vielen Hinweisschildern entnehmen kann. Ilmenau besitzt eine kleine gepflegte Altstadt, direkt ans Stadtgebiet grenzt das Ilmenauer Teichgebiet. Mit knapp 100 Hektar Fläche ist es eines der größten Teichgebiete in Thüringen. Hier kann man entspannen, Boot fahren, die artenreiche Tierwelt beobachten oder das **Tiergehege** mit 200 Tieren besuchen.

Schlittenscheune

Sportlich setzte Ilmenau vor allem im Rodel- und Bobsport Zeichen. Davon kann man sich im Museum Schlittenscheune einen Eindruck machen. 100 historische Schlitten sind hier ausgestellt, dazu allerlei Bob- und Rodelgerätschaften. Wer im

Sommer oder Winter einmal selber eine Rennschlittenbahn ausprobieren möchte, kann das auf der **Freizeit- und Rennschlittenbahn Wolfram Fiedler** machen.

Amtshaus

Goethe war zwischen 1776 und 1831 wohl 28 Mal in Ilmenau und verbrachte hier insgesamt 220 Tage. Er sollte im Auftrage der Weimarer Fürsten das marode Finanzwesen sanieren sowie den Kupfer- und Silberbergbau wieder in Gang bringen. Er ließ sich im Amtshaus nieder. Das fürstliche Amtshaus von 1616 brannte beim großen Stadtbrand 1752 ab, wurde im Barockstil wieder aufgebaut und beherbergt heute das **Goethe-Stadt-Museum**. Es beschäftigt sich mit Goethes Ilmenauer Zeit, den die Stadt prägenden Wirtschaftszweigen wie dem Bergbau, der Porzellanherstellung, dem Kurbetrieb, der Glasindustrie und der Hochschule.

Am Amtshaus, dort, wo Goethe entspannt auf der Bank sitzt, beginnt der **Goethewanderweg**. Dieser mit einem ›G‹ gekennzeichnete 20 Kilometer lange Wanderweg verläuft zwischen Ilmenau und Stützerbach und führt zu den Goethestätten Ilmenaus. Es ist eine romantische Wanderung voller Ausblicke wie etwa vom Großen Hermannstein mit seiner Aussichtsplattform und künstlichen Höhle.

Rund um den Kickelhahn

Auch der 861 Meter hohe Kickelhahn mit seinem **Aussichtsturm** von 1855,

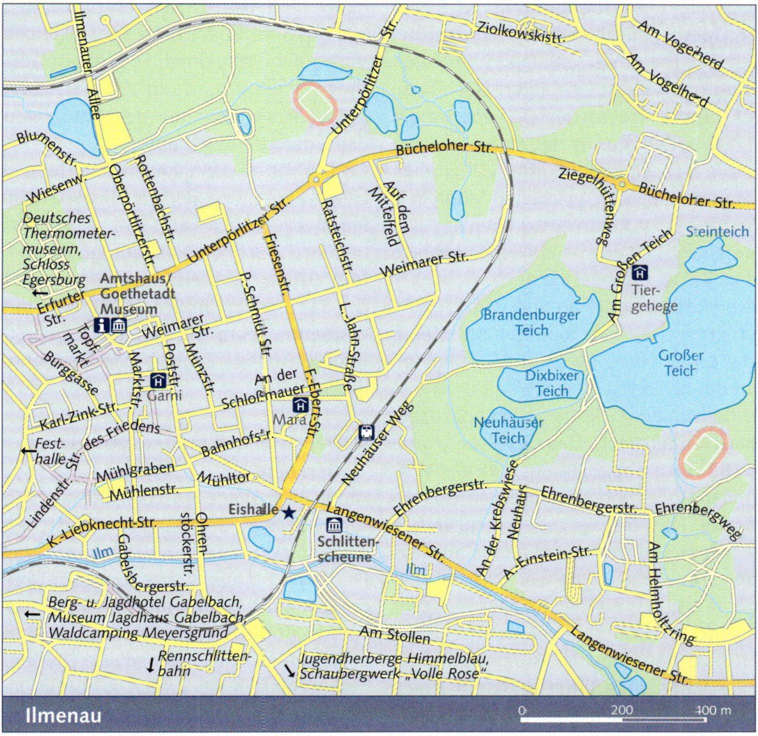

Der Aussichtsturm auf dem Kickelhahn

elf Kilometer vom Amtshaus entfernt, liegt direkt am Goethewanderweg. Hier im **Goethehäuschen**, einer Schutzhütte, hat Goethe eines seiner berühmtesten Gedichte verfasst, ›Wandrers Nachtlied‹. Wohl am Abend des 6. Septembers 1780 kritzelte er es mit einem Bleistift in die Holzwand der Hütte: »Über allen Gipfeln / Ist Ruh' / In allen Wipfeln / Spürest Du / Kaum einen Hauch; / Die Vögelein schweigen im Walde. / Warte nur! Balde / Ruhest du auch.«

Die Hütte brannte ab und wurde 1874 originalgetreu wiederaufgebaut. Heute stehen Goethes Verse in 16 Sprachen an den Wänden.

Unterhalb des Kickelhahns liegt das **Jagdhaus Gabelsbach**. Das Gebäude wurde 1783 für die Jagdgesellschaft des Weimarer Hofes und dessen Gäste eilig errichtet. Nachdem es zunehmend verfiel, wurde es von Ilmenauer Goethefans wieder aufgebaut. Denn der Dichter kam gerne als Gast hierher. Im Museum geht es um die Vergnügungen am Weimarer Hof, zu denen auch die Jagd gehörte. Hier findet man unter anderem einige präparierte Kickelhähne, also Auerhähne. Sie gaben auch dem Berg Kickelhahn ihren Namen, wurden aber durch die Jagd hier ausgerottet. Mehrere Ausstellungen sind Goethe gewidmet. Es geht um Goethes Wirken in und um Weimar sowie den Bedeutungswandel des Waldes von der Goethezeit bis heute.

Östlich vom Kickelhahn, im Schortetal in Langewiesen, liegt der alte **Flussspatstollen**. Beim Besuch kann man eine Fahrt mit der Schortefeldbahn auf 2,5 Kilometern erhaltener Gleise machen und mit der Bahn in den Stollen einfahren. Zum **Grubenmuseum** gehören auch etwa 30 funktionsfähige Gruben- und Feldbahnlokomotiven.

Deutsches Thermometermuseum Geraberg

Auf halbem Wege zwischen Ilmenau und Oberhof liegt Geraberg. Im Deutschen Thermometermuseum erfährt man viel Neues und Interessantes rund um Temperatur und Temperaturmessung. Natürlich gibt es allerlei Thermometer in allen erdenklichen Formen und Größen. Thermometerbläser zeigen in Vorführungen, wie die Geräte hergestellt werden.

▶ Karte S. 230

Ilmenau und Umgebung

Vorwahl: 03677.

Ilmenau-Information, Am Markt 1 (im Amtshaus), Tel. 600300; Di–Fr 10–18, Sa/So 10–17 Uhr. www.ilmenau.de

Schloss Elgersburg, Tel. 4680770. Fürstlich schlafen in einer von Thüringens schönsten Burgen; DZ ab 94 €. www.schloss-elgersburg.de

Hotel Garni am Kirchplatz, Fachgraben 6, Tel. 2081666. Schlichte und moderne Zimmer in zentraler Lage; EZ ab 53, DZ ab 83 €. www.pension-am-kirchplatz.de

Berg- und Jagdhotel Gabelbach, Tel. 8600. Traditionelle und moderne Zimmer in einem in der Natur gelegenen Hotel von 1912 mit modernen Anbauten. Restaurant und Spa mit Schwimmbad, Sauna und Fitnessraum; EZ ab 85, DZ ab 120 €. www.hotel-gabelbach.de

Mara, Krohnestr. 5, Tel. 4680390. Zentral gelegenes, modernes Designhotel; EZ ab 68, DZ ab 89 €. www.mara-ilmenau.de

Jugendherberge Himmelblau, Am Stollen 49, Tel. 884681. Modern, ganztägig hauseigene Küche, Spielplatz. ab 24, ab 27 Jahre 26,50 €. www.jugendherberge.de

Waldcamping Meyersgrund, Schmückerstraße 91, Manebach, Tel. 036784/50636. Bungalows, Caravan- und Zeltstellplätze an der Ilm, nördlich von Stützerbach in Richtung Ilmenau. Lagerfeuer-, Grill- und Spielmöglichkeiten Zelt ab 10, Caravan ab 13 €. www. meyersgrund.de

ILSC, Zusammenschluss der 5 Ilmenauer Studentenclubs, Veranstaltungen nicht nur für Studenten.

Jazzclub Ilmenau. Veranstaltungen an verschiedenen Lokalitäten. www.jazzclub-ilmenau.de

Tiergehege, Am Großen Teich 2, Tel. 64480. Der Park am Schullandheim hat rund 200 Tiere und einen Streichelzoo. www.sfz-ilmenau.de

Schlittenscheune, Langewiesener Straße 2a; Sa 14–16 Uhr oder nach Terminvereinbarung unter 689577. www.schlittenscheune.de

Amtshaus, Am Markt 1, Tel. 600300; Di–So 10–17 Uhr. www.ilmenau.de

GoetheStadtMuseum, Am Markt 1, Tel. 600300; Di–So 10–17 Uhr. www.ilmenau.de

Museum Jagdhaus Gabelbach, Waldstr. 24, Tel. 202626; April–Okt. Di–So 10–17 Uhr, Nov.–März Di–So 10–16 Uhr. www.ilmennau.de

Schaubergwerk Volle Rose, Tel. 899065; April–Anfang Nov. Mi–Fr 9–16, Sa/So 10–18 Uhr. www.schaubergwerk-langewiesen.de

Deutsches Thermometermuseum, Plan 9, Geraberg, Tel. 205681; Di–Sa 10–15 Uhr. www.thermometermuseum.de

Festhalle Ilmenau, Naumannstr. 22, Tel. 600840. Hauptveranstaltungsort der Stadt mit einer großen Bandbreite an Veranstaltungen. www.ilmenau.de

Altstadtfest (Anfang Juni): zahlreiche Musikveranstaltungen auf mehreren Bühnen.

Internationale Jazztage Ilmenau (Ende April): Festival des zeitgenössischen Jazz an mehreren Veranstaltungsorten.

Ilmtal-Radwanderweg, Von Allzunah über Ilmenau, Stadtilm, Bad Berka Weimar, Apolda bis nach Großheringen über Flussauen, weite Ebenen, Parks sowie sanfte und waldreiche Mittelgebirgshügel.

Rennschlittenbahn Wolfram Fiedler, Steinstr. 61, Tel. 202726. Gästerodeln. www.ilmenau.de

Eishalle Ilmenau, Weimarerstraße 74, Tel. 600610. www.ilmenau.de

Von den Werraquellen im Thüringer Wald bis zum heutigen Grünen Band schlängelt sich die Werra durch sanfte grüne Landschaften mit kleinen Fachwerkdörfern und Wehrkirchen sowie ehemaligen fürstlichen Städten. Die Rhön, das ›Land der offenen Fernen‹, zeichnet sich durch dünn besiedelte bergige Landschaften mit viel Natur aus. Im äußersten Süden liegt das Grabfeld, eine leicht hügelige und ländliche Region.

WERRATAL, GRABFELD UND RHÖN

Bad Salzungen, historisches Gradierwerk

Frauensee
Hohen-roda
Vacha
Springen
Wilhelms-thal
Wutha-Farnroda
Sättel-städt
Teutleben
Merkers
Tiefenort
Möhra
Ruhla
Seebach
4
Erfurt
Buttlar
Bad Salzungen
Stadt-lengsfeld
Allendorf
Bad Liebenstein
Bad Tabarz
Walters-hausen
Geisa
Bremen
Friedrichroda
Dermbach
Berns-hausen
Breitungen/Werra
Trusetal
Brotter-ode
Tann (Rhön)
Zella
Neidharts-hausen
Roßdorf
Helmers
Kleinschmal-kalden
Georgenthal
Empferts-hausen
Schmal-kalden
Floh-Seligenthal
Tambach-Dietharz
Unterweid
Kalten-westheim
Kalten-nordheim
Friedelshausen
Schwallungen
Ellenbogen 813
Kaltensundheim
Wahns
Wasungen
Breiten-bach
Rotterode
Steinbach-Hallenberg
Reichen-hausen
Aschen-hausen
Oberkatz
Christes
Viernau
Ilmenau
Geba
Walldorf
Zella-Mehlis
Oberhof
Fladungen
Helmers-hausen
Seeba
Kühndorf
71
Benshausen
Roth
Meiningen
Rohr
Schmücke
Unter-maßfeld
Ostheim vor der Rhön
Henne-berg
Bauer-bach
Schmeheim
Suhl
Untereisbach
Belrieth
73
Leuters-dorf
Grub
Vachdorf
Bischofrod
Hirschbach
Nord-heim
Bibra
Mellrichstadt
Jüchsen
Themar
St. Kilian
Bastheim
Kloster Veßra
Exdorf
Bad Neustadt a.d. Saale
Behrungen
Westenfeld
Schleusingen
Bahra
Reurieth
Schönau
Mendhausen
Junkershausen
Gleich-berge
Zeilfeld
Römhild
Hildburg-hausen
Saal a.d. Saale
Mitz
Bedheim
71
Sachsen-brunn
Aubstadt
Bad Kissingen
Eicha
Klein-bardorf
Veilsdorf
Eisfeld
Bad Königshofen im Grabfeld
Streufdorf
Kleinwenkheim
73
Westhausen
Rothof
Sulzfeld
Bad Rodach
Ahlstadt
Oerlenbach
Aub
Zimmerau
Holzhausen
Stadtlauringen
Rieth
Heldburg
Bad Colberg
Carlshan
Birnfeld
Hellingen
Meeder
Wettringen
Bundorf
Einöd
Wiesenfeld
Weitramsdorf
Reich-manns-hausen
Marolds-weisach
Eckarts-hausen
Coburg
Großmannsdorf
Dietersdorf
Pfaffendorf
Bam-berg
Abersfeld
Ibind
Seßlach
Werra
Vordere Rhön
Hohe Rhön
Grabfeld
Thüringer Wald
Rennsteig
Werratal
Werratal und Rhön
0 6 12 km

Die Werra

Die Werra entspringt in der Höhen des Thüringer Waldes auf 797 Metern Höhe am Zeupelsberg südlich von Masserberg im Schiefergebirge. Um die genaue Quelle wird aus touristischen und patriotischen Gründen emsig gestritten. Ein weiterer Arm des Flusses entspringt am Bleßberg bei Siegmundsburg auf 800 Metern und konkurriert mit der Quelle am Zeupelsberg. Mehrere in Auftrag gegebene Untersuchungen erbrachten kein eindeutiges Ergebnis. Und so gibt es weiterhin eine ›echte‹ und eine ›falsche‹ Werraquelle – je nachdem, auf welcher Seite man steht. Die Thüringer haben sich jedoch inzwischen weitestgehend darauf geeinigt, dass es zwei gleichberechtigte Quellen gibt: Vordere und Hintere Quelle. Bei Sachsenbrunn fließen beide Quellflüsse friedlich zusammen.

Nach 293 Kilometern, im hessischen Hann. Münden, vereinigt sich die Werra mit der Fulda und wird zur Weser: »Wo Werra und Fulda sich küssen, sie ihre Namen büßen müssen.«

Der Fluss als Grenze

Die Werra ist der deutsche Grenzfluss schlechthin. Große Abschnitte der deutsch-deutschen Grenze in Thüringen wurden vom Fluss gebildet. Sie verlief mal in der Flussmitte, mal am rechten, mal am linken Ufer. Zudem wechselte die Werra häufig die Seiten. Mal floss sie aus Thüringen hinaus, einen Kilometer später wieder hinein, um einige hundert Meter weiter wieder Grenzfluss zu sein und dann erneut von Thüringen nach Hessen zu entschwinden. Die Grenzsperranlagen führten an diesen Stellen mitten durch den Fluss. Die Gründe für einen dermaßen verworrenen Grenzverlauf mögen die Historiker erläutern können, zu sehen ist davon heute so gut wie nichts mehr.

Eines der imposantesten erhaltenen Grenzbauwerke ist wohl die **Flusssperre bei Heldra** westlich von Treffurt. Die ins Wasser ragenden Metallgitter wurden entfernt, der obere Teil dient heute als Rad- und Wanderweg. Wegen ihres blauen Anstrichs heißt die Sperre heute bei Einheimischen auch ›Blaues Wunder‹ oder ›Blaue Brücke‹.

Umweltproblem Kalibergbau

Nach wie vor sehr problematisch ist die Belastung des Flusses durch die Salze des Kalibergbaus. Imposante Abraumhalden bestimmen die Landschaft im thüringisch-hessischen Grenzgebiet, über 200 Meter etwa türmt sich die Halde beim hessischen Heringen auf, die auch ›Monte Kali‹ oder ›Kalimandscharo‹ genannt wird.

Bei der Kaliförderung entstehen große Mengen salzhaltigen Abwassers. Die Prozessabwässer werden in den Untergrund abgegeben, die Abfallsalze also indirekt oder direkt über die Werra entsorgt. Die Einleitstellen befinden sich derzeit bei Dorndorf, Philippsthal und Heringen (beide in Hessen). Zu Hochzeiten der Kaliförderung hatte der Fluss einen Salzgehalt wie die Ostsee. Das Ökosystem des einzigen großen mitteleuropäischen Flusssystems, dessen gesamtes Einzugsgebiet vollständig in Deutschland liegt, war nahezu vollständig zerstört. Trotz maßgeblicher Reduzierung der Einleitungen und Versenkmengen nach der Wende sind die Salzkonzentrationen nach wie vor zu hoch. 2015 beschlossen die sieben Anrainerbundesländer des Flussökosystems Werra-Weser, der sogenannte ›Weserrat‹, Salzberge abzudecken und Kristallisationsanlagen zu installieren. Die Salzbelastung der Werra soll so bis 2027 halbiert werden, zudem soll die Versenkung von Salzlauge im Boden zum Schutze des Grundwassers 2021 eingestellt werden. In Zusammenhang mit diesen Zukunftsplänen wurde die Hoffnung geäußert, dass die Flüsse Werra und Weser deutlich vor dem Jahr 2060 wieder Süßwasserqualität erreichen.

Die zentrale Rolle beim Thema Gewässerverunreinigung spielt der Salz- und Düngemittelhersteller K+S. Er ist einer der größten Arbeitsplatzgeber in der Region und betreibt seit 2015 ein für 30 Millionen Euro errichtetes Analytik- und Forschungszentrum in der Nähe des thüringischen Unterbreizbach.

Aktivurlaub

Ab Themar ist die Werra als Wasserwanderweg ausgebaut und mit Kanus befahrbar. Bei Niedrigwasser im Sommer startet man ab Meiningen, geübte Wildwasserfahrer können ihre Tour bei hohem Wasserstand bereits in Eisfeld beginnen. Den Fluss für Wasserwanderer attraktiv zu machen, war ein großes Projekt des Thüringer Tourismus. Überall findet man kleine Pavillons zum Rasten und Informationstafeln rund um die Werra. Der gesamte Fluss wurde mit Ein- und Ausstiegsstellen an den Wehren ausgestattet. Vor allem im steileren oberen ersten Abschnitt ab Henfstädt gibt es viele davon hintereinander. Dass hier zwar mit viel Engagement Hand angelegt wurde, allerdings nicht immer Kenner am Werk waren, macht das Wasserwandern nicht ganz einfach. Oft sind die Umtragestellen nicht perfekt konstruiert und, was im wahrsten Sinne viel schwerer wiegt, mehrere hundert Meter voneinander entfernt. Will man sein Wanderkajak nicht immer entladen, hat man also ganz schön schwer zu tragen. Und ein Bootswagen ist nicht überall einsetzbar. Immerhin gibt es auf dem befahrbaren Teil der Werra bis zur Mündung bei Hann. Münden 29 Wehre, an denen

Die Werrabrücke in Themar

Auf dem Werratal-Radweg bei Lindewerra

man das Boot umtragen muss. Eine Paddeltour auf der Werra lohnt sich aber auf jeden Fall, denn die Flusslandschaft ist wunderschön und man ist ziemlich allein auf dem Fluss.

Einfacher als zu paddeln ist eine Radtour. Der **Werratal-Radweg** führt über die gesamte Strecke von den beiden Quellen in Fehrenbach bis hin zur Mündung in die Weser in Hann. Münden und ist, abgesehen vom starken Gefälle ab den Quellen, überwiegend mittelgebirgig und flach. Die Streckenführung verläuft meist über asphaltierte Wege.

Werra-Burgen-Steig

Der Fernwanderweg führt von der Quelle der Werra durch den Thüringer Wald bis nach Hannoversch Münden. Über weite Strecken verläuft er entlang des ehemaligen Mauerstreifens durch das Grüne Band. www.werra-burgen-steig.de

Werra-Kalibergbau-Museum, Dickesstr. 1, Heringen, Tel. 06624/919413. Das Museum bietet Touren auf den Monte Kali an. kalimuseum.heringen.de

Die beste Literatur zum Thema Paddeln auf der Werra bietet der Thomas Kettler Verlag an: **Werra–Themar–Hann. Münden** und **Rund um Lahn, Fulda, Werra, Weser, Leine**.

Das beste Kartenmaterial: **Tourenatlas Nr. 4: Oberweser-Leine**. Wasserwandern, Jübermann-Kartographie und Verlag.

Die Broschüre **Paddelblatt. Der Reiseführer für Wasserwanderer auf der Werra** enthält sämtliche Informationen zu Flusskilometern, Anlege- und Umtragestellen sowie sehr nützliche Tipps zu Übernachtungsmöglichkeiten und Sehenswürdigkeiten. Gebühr: 3€, zu bestellen unter anderem bei Werratal Touristik e.V., Am Flößrasen 1, 36433 Bad Salzungen, Tel. 03695/693420. www.werratal.de

Der beste Radwandererführer: **Werratal-Radweg – 15 Tagesetappen mit Karten**, Bruckmann Verlag.

Eisfeld und Umgebung

Die kleine Stadt Eisfeld erlitt in den vergangenen Jahrhunderten zahlreiche Zerstörungen. Zweimal, 1632 und 1641, wurde es gar vollständig zerstört und entvölkert. Nach dem Zweiten Weltkrieg lag unmittelbar an der innerdeutschen Grenze, zwischen 1963 und 1972 in der Fünf-Kilometer-Sperrzone. Ab 1973 wurde zwischen Eisfeld und Rottenbach in Bayern ein Grenzübergang eingerichtet. Durch Eisfeld führen zahlreiche Wander- und Radwanderwege.

Trotz seiner komplizierten Geschichte verfügt Eisfeld über einige Sehenswürdigkeiten. Der **Marktplatz** mit dem Rathaus, dem Brunnen und den schieferbekleideten Häusern sowie die am anderen Ende der Marktstraße gelegene **Dreifaltigkeitskirche** sind durchaus sehenswert. Hauptattraktion Eisfelds jedoch ist das direkt um die Ecke vom Markt gelegene Schloss.

Schloss Eisfeld

▲ Karte S. 280

Schloss Eisfeld

In seinem Ursprung geht das Schloss auf eine mittelalterliche Burganlage zurück. Die Grundmauern des ›Steinernen Hauses‹ stammen aus dem Jahr 1080, sind also nur unwesentlich älter als der Palas der Wartburg. Der Bergfried entstand im 12. Jahrhundert. Mit der Einrichtung des neuen Fürstentums Sachsen-Hildburghausen zogen 1680/81 die Herzöge von Sachsen-Hildburghausen kurzfristig hier ein. Daher spricht man heute auch von Schloss und nicht von Burg. Aus Ermangelung einer Wasserleitung verlegte die Adelsgesellschaft ihren Hauptsitz jedoch bereits nach 11 Monaten nach Hildburghausen. Zwischen 1728 und 1741 diente Schloss Eisfeld der Herzogin Sophie Albertine als Altersruhesitz. An die Phase als Residenz und Schloss erinnert heute allerdings nicht mehr viel, denn beim Auszug 1741 wurde alles mitgenommen. Die Bauten dienten fortan als Amtsgebäude, Gefängnis und Wohnungen den Amtsbediensteten. Gegenwärtig erfolgen umfassende Baumaßnahmen. Bis Ende 2016 wurde die Außenhülle in den Zustand von 1645 versetzt, bis 2019 sollen die Arbeiten im Innern abgeschlossen sein.

Heute befindet sich im Schloss unter anderem die **Tourismusinformation** und das **Museum Otto Ludwig**. Diese 21 Räume umfassende Sammlung zeigt historische Handwerkstradition wie etwa eine Schaukelpferdproduktion, eine informative Ausstellung zum Thüringer Porzellan, Exponate zur Volkskunde, Archäologie und Stadtgeschichte. Eine Besonderheit des Gebietes um Eisfeld, Coburg und Sonneberg ist das Vorkommen von porenfreiem Muschelkalkstein. Daraus stellten die Märbelpicker in mühsamer Arbeit kleine Würfel und Murmeln her. Die ›Eisfelder Steinmärbel‹ dienten als Schiffsballast und in

Blick vom Markt auf die Dreifaltigkeitskirche

Kugelform als Kinderspielzeug. Das **Eisfelder Museum** erklärt dieses Gewerbe genauer und besitzt eine Steinmärbelmühle von 1867. Ein weiteres Murmelmuseum befindet sich im Nachbarort Sachsenbrunn.

Otto-Ludwig-Gartenhaus

Das 1814 im spätklassizistischen Stil errichtete Gartenhaus beherbergt das **Museum für Otto Ludwig**. Er wurde am 12. Februar 1813 in Eisfeld geboren. Er liebte das väterliche Gartenhäuschen und verbrachte sehr viel Zeit dort. Von Ludwig stammen unter anderem die Novellen ›Die Heiterethei‹, ›Aus dem Regen in die Traufe‹ sowie ›Zwischen Himmel und Erde‹. Mit ›Der Erbförster‹ und ›Die Makkabäer‹ etablierte er sich zudem als bedeutender Dramatiker. Im Garten steht ein **Denkmal** für den Dichter.

Dreifaltigkeitskirche

Die spätgotische Dreifaltigkeitskirche entstand, nachdem Zerstörungen des Vorgängerbaus von 1632 im Dreißigjährigen Krieg zerstört worden war. Die Kassettendecke im Inneren der dreischiffigen Hallenkirche mit den verzierten Rundpfeilern orientiert sich an der Renaissance. Der Turm wurde durch den 1952 hinzugefügten Umgang zu einem Aussichtsturm ausgebaut.

An der Kirche stehen zwei imposante **Fachwerkhäuser**. Das eine ist das Pfarrhaus und die ehemalige Superintendentur von 1670, das andere die Alte Schule von 1575. Bei dem Nischenmännchen mit Hund in einer Einlassung an der Mauer handelt es sich um das **Eisfelder Schulmännle**. Der Sage nach soll es einen Schatz gefunden haben, mit dem anschließend die Schule gebaut wurde.

Die Umgebung

In **Sachsenbrunn** gibt es ein **Murmelmuseum**. Einen Besuch wert ist auch die etwa 360 Jahre alte **Tanzlinde**, deren Stammumfang vier Meter misst. In ihrem Geäst befindet sich ein Tanzpodium. Unterhalb des 867 Meter hohen Bleßberges, im Ortsteil Stelzen, befindet sich die **Itzquelle**. Angeblich soll sie Blinde und Lahme heilen.

Feriendorf Auenland

Auf dem Weg von Masserberg nach Eisfeld befindet sich das Feriendorf Auenland mit seinem anderthalb Hektar großem Abenteuerspielplatz und der 420 Meter langer Sommerrodelbahn. Hier kann man auch in dem ›Herrn der Ringe‹ nachempfundenen Erdhäusern übernachten.

Gedenkstätte Innerdeutsche Grenze

Die Grenzübergangsstelle Eisfeld-Rottenbach bestand bis November 1989. Den Schlüssel zur Ausstellung im Grenzturm bekommt man in der Tankstelle. Neben Fotos und Dokumenten findet man hier auch ein Modell des ehemaligen Grenzübergangs.

Der Kreis Hildburghausen war Grenzgebiet. 120 Kilometer des fast 1400 Kilometer langen ›Grünen Bandes‹ verlaufen hier. Der ehemalige Kolonnenweg zwischen Linden und dem früheren Grenzübergang Eisfeld-Rottenbach mit Zeugnissen der alten Grenzanlage wird sukzessive erschlossen und in das thüringisch-bayerische Wanderwegesystem eingebunden.

Eisfeld und Umgebung

Vorwahl: 03686.

Tourist Information, Marktplatz 2 (im Schloss). Tel. 300308; Di–Fr 10–16, Sa/So 13–17 Uhr. www.stadt-eisfeld.de

Schaumberger Hof, Georgstr. 21, Tel. 322264. Hotel und Gasthof mit gutem Preis-Leistungs-Verhältnis. www.schaumberger-hof.de

Feriendorf Auenland, Zum Burgberg 1, Waffenrod/Hinterrod, Eisleben, Tel. 618900. Übernachten wie die Hobbits in Drei-Sterne-Erdhäuschen; für 2 Pers ab 99 €. www.feriendorf-auenland.de

Campingplatz am Werra Radweg, Münchhausenallee 4, Bockstadt, Tel. 306282. Toller, 2014 eröffneter Campingplatz am Werratal-Radweg. Stellplätze für Camper, Zeltplatz und festen Unterkünfte, Grillkota, Saunalandschaft und Außenwhirlpool. Nebenan liegt übrigens in einem verwunschenen Park Schloss Bockstadt. Freiherr von Münchhausen ließ es im Stile eines schottischen Landhauses errichten; Zelt ab 9,50, Wohnmobil ab 12, Bungalow ab 40 €. www.unterkunft-werraradweg.de

Athen, Markt 2 (im Schloss), Tel. 302339. Gutes Restaurant mit Spitzenlage im Schloss, mit Terrasse.

Zum Glöckle, Otto-Ludwig-Str. 3, Tel. 618366. Hier werden die Klöße noch handgemacht und die Einheimischen holen sich hier auch ihre Knollen fürs Festessen am Sonntag ab. 2016 gewann das Glöckle den ›Thüringer Kloßpreis‹. www.gloeckle-eisfeld.de

Zum König, Marktstr. 8, Tel. 300225. Schlicht, aber auch hier werden die Klöße fürs Restaurant und zum Mitnehmen handgemacht.

Museum Otto Ludwig, Marktplatz 2 (im Schloss), Tel. 300308; Di–Fr 10–16 , Sa/So 13–17 Uhr. www.museum-eisfeld.de

Otto-Ludwig-Gartenhaus; Besuch nur nach vorheriger Anmeldung im Schloss möglich unter Tel. 300308 oder museum@stadt-eisfeld.de

Murmelmuseum, Mo–Fr 13–16.30 Uhr. www.bleistiftzeichnung.de

Grenzgedenkstätte; tgl. 8–18 Uhr. Sollte niemand am Grenzturm sein, bekommt man den Schlüssel an der Tankstelle.

Kuhschwanzfest (Di nach Pfingsten). Die Ursprünge dieses Festes liegen in einer alten Wehrübung aus dem 17. Jahrhundert. Aus Ermangelung an ausreichend Pferden griff man kurzerhand auf Kühe zurück. www.kuhschwanzfest-eisfeld.de

▸ Karte S. 280

Hildburghausen

In Thüringen sind selbst kleine Städtchen wie das nur 12 000 Seelen zählende Hildburghausen ehemalige Residenzen und Hauptstädte. Das Zwergfürstentum Sachsen-Hildburghausen existierte ab 1680, Hildburghausen wurde 1681 zu dessen Hauptstadt. Mit dem Tod des letzten Herzogs der Gotha-Altenburger Linie 1825 teilen die Ernestiner ihren Gesamtbesitz neu auf. Der Herzog von Sachsen-Hildburghausen übernahm die Regierung des neu gegründeten Herzogtums Sachsen-Altenburg – ein großer Schritt auf der Adelskarriereleiter. Sachsen-Hildburghausen wurde anschließend unter den Herzogtümern Sachsen-Meiningen und Sachsen-Coburg-Gotha aufgeteilt und hörte 1826 auf, als Staat zu existieren.

Sehenswürdigkeiten

Der **Marktplatz** wie auch der Großteil der historischen Altstadt von Hildburghausen ist von Gebäuden aus der Zeit nach dem Großen Stadtbrand von 1779 geprägt. Er wird vom **Renaissancerathaus** dominiert. Der mächtige Bau von 1595 ist das wohl älteste Gebäude der Stadt. Direkt am Rathaus befindet sich auch das **Chirotherium-Monument**. Die Fährten des 240 Millionen Jahre alten Ursauriers wurden 1833 bei Hildburghausen gefunden.

Der Architekt der **Christuskirche,** Albrecht Friedrich von Keßlau, war auch am Karlsruher Schloss beteiligt. Bis 1785 entstand der klassizistisch-spätbarocke Neubau. Innen präsentiert er sich mit einer großen Kuppel und in den Farben Weiß und Gold.

Das **Stadttheater** entstand 1721 als Ball- und Fechthaus und wurde 1755 in ein Hoftheater umgewandelt. Es gehört zu den am längsten durchgehend bespielten Theaterhäusern Deutschlands.

Das barocke Schloss wurde am Ende des Zweiten Weltkriegs stark beschädigt und in der Nachkriegszeit abgerissen. Übrig blieb lediglich der **Schlossgarten**.

Im **Stadtmuseum Alte Post** geht es um die Geschichte Hildburghausens vom Mittelalter bis heute und die nahe Lage an der ehemaligen Grenze. Zur Sammlung gehören auch Exemplare des Meyer Lexikons und von Brehms Tierleben. Diese Bände wurden vom einst in der Stadt ansässigen Bibliographischen Institut herausgegeben.

Am Bertholdstor an der Stadtmauer ist heute das **Milch- und Reklamemuseum** mit einer umfangreichen Sammlung von Emailleschildern untergebracht. Es widmet sich auch der Milchwirtschaft und zeigt, womit Käse und Butter hergestellt wurden, sowie eine Sammlung von Verpackungen für Milchprodukte.

Das prächtige Rathaus

Hildburghausen

Vorwahl: 03685.

Tourist Information, Markt 25 (Im Rathaus), Tel. 774184; Mo, Fr 10–14, Di 13–18, Do 10–18 Uhr. www.hildburghausen.de

Wohnmobilstellplatz, Parkplatz an der Friedrich-Rückert-Str. Gebührenfrei.

Stadtmuseum, Apothekengasse 11, Tel. 403689; Mi–Fr 10–17, Sa/So 13–17 Uhr. Führungen im Rathaus mit Besichtigung der Türmerwohnung können ebenfalls über das Museum gebucht werden. www.museum-hildburghausen.de

Milch- und Reklamemuseum, Knappengasse 26, Tel. 705409; Mi–So 13.30–16.30 Uhr.

Dingslebener Brauerei, Tel. 036873/2840. Besichtigung der kleinen Familienbrauerei ab 10 Pers. www.dingslebenerbrauerei.de

Stadttheater, Coburgerstraße 22. Tickets über die Touristinformation unter Tel. 40583.
www.stadttheater-hildburghausen.de

Theresienfest (Ende Sept./Anf. Okt.), Tel. 0175/4467800. Mit dem Theresienfest gedenkt man jährlich der Hochzeit von Prinzessin Therese von Sachsen-Hildburghausen mit König Ludwig I. von Bayern. Bierzelt, Festumzug, Fackelzug und Feuerwerk. In München gedenkt man dieses Ereignisses mit dem Oktoberfest auf der Theresienwiese. www.theresienfest.de

Werra Sport- und Freizeitbad, Freizeitbad mit Schwimm- und Spaßbecken mit Rutsche, Kinderbecken, und Freibad sowie Saunalandschaft.

Schleusingen

Das Städtchen Schleusingen ist klein (gut 5000 Einwohner), besitzt aber einige Sehenswürdigkeiten. Der **Marktplatz** präsentiert sich als sehenswerte Ansammlung von historischen Häusern. Das **Renaissance-Rathaus** von 1550 ist das älteste Gebäude am Platz. Im Innern befinden sich Malereien zu bedeutenden Ereignissen in der Geschichte Schleusingens. Die 1498 erbaute und später barock veränderte **Johanniskirche** steht unmittelbar neben dem Schloss. In der **Ägidienkapelle** befindet sich die Fürstengruft der Henneberger, die 1566 aus Veßra hierher verlegt wurde. Die hier aufgestellten aufwendigen Standbilder entstanden zwischen 1558 und 1583.

▸ Karte S. 280

Naturhistorisches Museum Schloss Bertholdsburg

Bei Schloss Bertholdsburg, der imposanten Anlage mitten in der Stadt, handelt es sich um den bedeutendsten Profanbau Südthüringens. Zudem befindet sich in seinem Nordflügel der größte profane **Bildzyklus** der Renaissance in Deutschland; die Malereien stammen aus dem späten 16. Jahrhundert. Auf sechs Wandgemälden wird die Herkuleslegende dargestellt.

Die Burganlage entstand zwischen 1226 und 1232 unter Poppo VII. von Henneberg. Nach der Teilung der Hennebergschen Grafschaft 1274 war sie über 300 Jahre Stammsitz der Schleusischen Linie der Henneberger Grafen. Nach dem wichtigsten von Ihnen, Berthold VII., wurde später die Burg benannt. Im Anschluss an die Zerstörung im Bauernkrieg 1525 erfolgte der Umbau zu einemRenaissanceschloss, wobei auch Teile der alten Fachwerkburg erhalten blieben. Mit dem kinderlosen Tod des letzten Henneberger Grafen 1583 wurde die Bertholdsburg als sächsischer, ab 1660

Schloss Bertholdsburg beherbergt ein sehenswertes Museum

albertinischer und von 1815 an als preußischer Behördensitz genutzt. Der höchste der noch sieben vorhandenen Türme ragt 30 Meter über den Ort und dient als **Aussichtsturm**.

Seit 1984 befindet sich hier das **Naturhistorische Museum**. Abertausende Exponate geben Einblick in 300 Millionen Jahre Erdgeschichte. Bestandteil des Museums ist auch die Regionalgeschichtliche Sammlung mit Informationen zur Burg und Region.

Vom Ausstellungsbereich kann man durch einen Glasboden auf das erst 2014 wiederentdeckte unterirdische Tonnengewölbe schauen.

Schleusingen

Naturhistorisches Museum, Burgstr. 6, Schleusingen, Tel. 036841/5310; Di–Fr 9–17, Sa/So 10–18 Uhr. www.museum-schleusingen.de

Bergsee Ratscher, Am Bergsee 40, Schleusingen, Tel. 036841/40015. Am Schleusinger Haussee kann man baden (auch FKK), segeln, surfen, mit dem Boot fahren, wasserrutschen und campen. Zelt ab 11 €. www.schleusingen.de

Entlang der Werra von Veßra nach Meiningen

Entlang der Werra gibt es zahlreiche Kirchenburgen. Die zu Wehrkirchen ausgebauten und vorwiegend im 12. und 13. Jahrhundert errichteten Gotteshäuser dienten zum Schutze der Bevölkerung und ihrer Habe. Die Dorfkirchen waren meist die einzigen in Stein errichteten Gebäude. Und so wurden sie zweckmäßig mit Toren, hohen Mauern und teilweise auch mit Verteidigungsanlagen versehen. Bedeutung erlangten die Kirchenburgen noch einmal während der Bauernkriege, unter denen das Werratal wegen der durchziehenden Bauernheere stark zu leiden hatte. Neben Kirchenburgen gibt es auf der landschaftlich reizvollen Strecke zwischen Veßra nach Meiningen noch andere Sehenswürdigkeiten.

Hennebergisches Museum Kloster Veßra

Das ehemalige Prämonstratenkloster wurde 1130/31 als Hauskloster der Henneberger gegründet. Auf dem knapp sechs Hektar großen Gelände der Anlage verstreuen sich die erhalten gebliebenen Gebäude. Die **Klosterkirchenruine**

Idyllisch an der Werra gelegen: Henfstädt

St. Marien ist ein bedeutendes romanisches Bauzeugnis der Region. In den 1970er Jahren wurde das Kloster zum Agrarhistorischen- und Freilichtmuseum und um hierher versetzte bauhistorisch bedeutende Häuser ergänzt. So findet man innerhalb der Klostermauern eine **Wassermühle**, **eine Schmiede**, ein **Backhaus** und das **Dorfbrauhaus** aus Wolfmannshausen, in dem das Veßraer Klosterbier gebraut wird. Im ehemaligen Wanderarbeiterhaus des Klosters wurde ein Café eingerichtet. Das ganze Jahr über finden auf dem Klostergelände Veranstaltungen wie Orgelkonzerte und Museumsfeste statt.

Themar

Die kleine Stadt Themar direkt an der Werra wurde 796 erstmals erwähnt. Der historische mittelalterliche Ortskern ist von einer aus dem 15. Jahrhundert stammenden und weitgehend erhaltenen **Stadtmauer** mit sieben Wehrtürmen und zwei Halbtürmen umgeben. Das schnuckelige Örtchen gehörte zum Machtgebiet der Grafen von Henneberg. Das große **Amtshaus** von 1665 im hennebergisch-fränkischen Baustil beherbergt das kleine **Stadtmuseum** und die Tourismusinformation. Das **Rathaus** wurde zwischen 1708 und 1711 erbaut. Die **Stadtkirche St. Bartholomäus** mit ihrem massiven Steinturm entstand zwischen 1488 und 1502. Im Innern befinden sich ein geschnitzter Marienaltar sowie Schnitzereien und Holzköpfe entlang der Emporen und die Mondsichelmadonna aus dem 15. Jahrhundert. Georg Christoph Bach wohnte zwischen 1667 und 1688 in Themar und war an der Kirche Kantor und Organist.

Wenn man sich unter die Einheimischen mischen möchte, geht man in das Restaurant ›Grüner Baum‹ am Marktplatz. Es gibt echte Thüringer Hausmannskost wie etwa ›Wildpfanne und Thüringer Klöße mit überbackenem Käse‹ zu moderaten Preisen, die Atmosphäre ist meist locker und lustig.

Jüchsen

Fährt man von Themar aus die kleine Landstraße nach Südwesten ein Stück ins Grabfeld hinauf, gelangt man nach Jüchsen. Auf dem Weg dorthin liegt der **Rittersrain**. Wohl bereits im Neolithikum besiedelt, befand sich in der Widderstatt

▲ Karte S. 280

in der Mittleren Bronzezeit eine größere Siedlung. Deren Begräbnisstätten, von denen heute noch zehn **Grabhügel** erhalten sind, findet man im Rittersrain. 1960 fanden archäologische Grabungen statt. Der neun Kilometer lange **Keltenrundweg** in Jüchsen führt dorthin.

Nach 15 Jahren systematischer archäologischer Forschung stand 1981 fest, dass man mit der bei Jüchsen gelegenen **Siedlung Widderstatt** einen der bedeutendsten Ausgrabungsorte Deutschlands entdeckt hatte. Der Ort war seit 8000 v. Chr. besiedelt. Steinwerkzeuge aus der Mittelsteinzeit, Nachweise von Häusern aus der Hallsteinzeit, Waffen, Bronzen und vor allem Keramik gehörten zu den überaus reichen Funden. Zahlreiche dieser Fundstücke befinden sich heute im **Kulturgeschichtlichen Museum Jüchsen**, das 1997 neu eingerichtet wurde. Die Exponate mit ihren zugeordneten Erläuterungen gewähren anschaulich Einblick in das Leben und die Geschichte des Siedlungsortes und von Jüchsen selbst.

Henfstädt

Zurück an der Werra, erreicht man als nächstes Henfstädt. Der Ort wurde 914 erstmals erwähnt. Der Platz unmittelbar an der steinernen Werrabrücke mit dem großen Baum, den renovierten **Fachwerkhäusern** und der **Kirchenburg** mit kleiner Ausstellung in der Heimatstube des ehemaligen Pfarrhauses und der Gemeindeverwaltung ist unglaublich romantisch.

Der kleine Ort war Adelssitz für gleich drei Lehnsherren. Daher gibt es in Henfstädt gleich drei **Schlösser**, die hier auch Güter genannt werden: ein Vorderes, ein Mittleres und ein Hinteres – eine Dichte, die kein anderes Dorf entlang der Werra vorzuweisen hat. Von dem Hinteren Schloss stehen derzeit nur noch die Überreste. Es ist aber geplant, das Gebäude Stück für Stück wieder herzurichten. Das Vordere Schloss ist heute ein Wohnhaus.

Oberhalb von Henfstädt, auf der dem Ort gegenüberliegenden Werraseite, steht die Ruine der **Osterburg** aus dem 12. Jahrhundert. Südlich von Henfstädt, auf dem Steinhaug, erhebt sich die **Ruine der Steinernen Kirche** mit der **Ottilienquelle**. Geht man vom Ort aus über die Werrabrücke und direkt hinter ihr auf dem Radweg nach rechts, erreicht man nach kurzer Zeit die **Kanuvermietung Kanureich**. Die Eigentümer betreiben einen Imbiss und Biergarten und sind beim Umtragen der Boote auch schon mal mit einem Bootswagen behilflich.

Leutersdorf

Über Leutersdorf mit seinen fränkischen Fachwerkhäusern erhebt sich eine im 18. Jahrhundert umgebaute **Kirchenburg** mit Torturm und Ringmauer.

Vachdorf

Die **Kirchenburg** des Örtchens Vachdorf entstand aus einer Wasserburg. Mit ihrem hohen Turm und dem Fachwerkaufsatz ist sie eine der besterhaltenen und

Das Rathaus in Themar

größten Wehrkirchen entlang der Werra. 1631 bis 1668 erbaute man im Innern der Kirchenburg anstelle der alten St. Ulrichkirche die im Renaissancestil errichtete Kirche St. Trinitatis.

Als Seitenhieb an die Meininger, die behaupten, die Klöße erfunden zu haben, ist eine Tafel im Ort gedacht. Hier steht: »Unseren Meininger Besuchern zur Kenntnis: Bereits 1760 legte Bauer Jakob Werner in der Vachdorfer Flur die ersten Kartoffeln, aus welchen Frau Werner dann die ersten Hüts bereitete.« Vom **Krayenberg** oberhalb des Vachdorfer Bahnhofs hat man eine tolle Aussicht auf Vachdorf und das Werratal.

Belrieth

Im Ort Belrieth spannt sich eine historische **Steinbrücke** aus dem 16. Jahrhundert über den Fluss. Die intakte **Kirchenburg** entstand ebenfalls aus einer Burg und besitzt noch alle 26 Gaden und Gewölbekeller aus dem 16./17. Jahrhundert. Die Häuser im Kirchhof dienten in kriegerischen Zeiten als Unterkünfte, Lager und Ställe.

Untermaßfeld

Dominiert wird Untermaßfeld von den massiven Bauten und Mauern des seit 1813 bestehenden **Zuchthauses** rund um die ehemalige hennebergische **Wasserburg**. Nach mehrfacher Belagerung und Zerstörungen im Dreißigjährigen Krieg erfolgte Ende des 17. Jahrhunderts der Abriss sämtlicher Außenwerke. Um 1800 erfolgte der Ausbau zum Schloss. In der heutigen JVA besteht ein kleines **Zuchthausmuseum**. Es gibt einmalige Einblicke in eine JVA und zeigt die 200-jährige Entwicklung von Justiz und Anstalt, ausgestellt sind auch Folterinstrumente.

Von Veßra nach Meiningen

Vorwahl: 036873.

Tourist Information, Markt 1, Themar, Tel. 69732; Mo, Fr 9–12 und 13–17, Di 9–12 und 13–17.30, Do 13–17.30 Uhr, Mai–Sept. Sa 9–12 Uhr.
www.themar.de

Pension Düver, Georgstr. 6, Themar, Tel. 698833. Klein, neue Zimmer, zentrale Lage. Das gesamte Gebäude wurde liebevoll renoviert; EZ ab 35, DZ ab 50 €.
pension-duever.de

Ferienhof und Pension Lindner, Mittlere Dorfstr. 65, Henfstädt, Tel. 0170/7077756; p.P. 20 €.
www.ferienhof-lindner.de

Wohnmobilstellplatz, Mauerstr. (am Hexenturm), Themar. Informationen über Touristinformation (s.o.). Direkt an der Werra, fünf Stellplätze, kostenfrei.

Grüner Baum, Markt 9, Themar, Tel. 60443. Gute Hausmannskost zu günstigen Preisen. Das Publikum besteht überwiegend aus Einheimischen. Man kommt schnell ins Gespräch und erfährt Interessantes aus der Gegend. Auch Zimmervermietung.

Café zum vorigen Jahrhundert, Thälmannstr. 2, Themar. Museumscafé im historischen Kaufmannsladen von 1950 in der Nähe der Kirche. Dieses ist absolut Vintage und wurde bis 1975 betrieben. Allerdings ist es nur 4-5 Mal im Jahr geöffnet, wie etwa am 1. Mai, Tag des offenen Denkmals, beim Stadtfest oder zum Weihnachtsmarkt. Kulturveranstaltungen finden hier in unregelmäßigen Abständen auch statt.

Schützenklause, Bahnhofstr. 37, Tel. 67436. Bürgerliche Küche und Hausmannskost im Schützenhaus.

Western Saloon, Gartenstr. 1, Tel. 20297. Überall hängen Büffelköpfe, Indianerschmuck und anderes Inventar aus dem

▶ Karte S. 280

Wilden Westen. Die Speisekarte orientiert sich ebenfalls daran. www.westernsaloon-themar.de

Hennebergisches Museum Kloster Veßra – Museum für regionale Geschichte und Volkskunde, Anger 35, Tel. 036873/69030; Mai–Sept. tgl. 9–18 Uhr, Okt.–April Di–So 10–17 Uhr. www.museumklostervessra.de

Stadtmuseum Themar, Schuhmarkt 6; Mo–Mi 9–12 und 12.30–17, Do 9–12 und 12.30–18, Fr 9–12 Uhr; Mai–Sept. auch Sa 9–12 Uhr.

Museum Jüchsen, Gutsstr. 2, Tel. 036947/51202; Mai–Okt. So 14–17 Uhr, Nov.–April Mo–Fr 8–12 Uhr.

Zuchthausmuseum, Tel. 0179/1373152; März–Nov. 2. und 4. Sa im Monat 12–16.30 Uhr. www.burgundheimatverein untermassfeld.de

Kanureich, Mittlere Dorfstr. 3, Tel. 69671. www.kanureich.de

Ökozentrum Werratal, Riethweg 239, Vachdorf, Tel 036949/41910. Was in diesem riesigen Bauernhofsupermarkt aufgetischt wird, sieht spitze aus und schmeckt auch fantastisch. Alles bio und öko: Fleisch und Gemüse, das selbstgebackene Brot, das Hausbier, ländliche aufrichtige Küche. oekozentrum-werratal.de

Meiningen

Die Fürsten- und Theaterstadt Meiningen (21 000 Einwohner) präsentiert sich teils mittelalterlich und klassizistisch, teils eklektizistisch und mit moderner Quartierbebauung. Der Ort wurde 982 erstmals in einer Belehnungsurkunde Kaiser Ottos II. an das Bistum Aschaffenburg erwähnt und 1680 zur Residenz- und Hauptstadt des neuen Herzogtums Sachsen-Meiningen. Meiningen war auch ein Zentrum des Theaters und der Musik. Unter Georg I. erreichte es ab 1750 eine kulturelle Blütezeit. Georg II. avancierte gar zum ›Theaterherzog‹. Meiningen zog zahlreiche bedeutende künstlerische Persönlichkeiten an.

Aus der Stadt stammt der Meininger Rhöntropfen, ein Magenbitter.

Orientierung

Ursprünglich existierten in der Stadt drei Gräben, heute sind es nur noch zwei. Sie waren Bestandteil der mittelalterlichen Stadtbefestigungsanlage. Ihren heutigen Namen **Bleichgräben** verdanken sie den Tuchmachern, die sie zum Bleichen ihrer Stoffe verwendeten. Die Bleichgräben umschließen die historische Altstadt auf der einen, die Werra auf der anderen Seite. Innerhalb dieser Grenze befinden sich die meisten Sehenswürdigkeiten.

Zu ihnen zählen auch die zahlreichen erhaltenen Bürgerhäuser wie etwa das 1571 umgebaute **Steinerne Haus**, das **Hartungsche Haus** von 1603 (Wintergasse 8) oder das **Büchnersche Haus** im Hof Georgstraße 20 von 1596. Die **Alte Posthalterei** aus dem 17. Jahrhundert ist eines der wenigen erhaltenen hennebergisch-fränkischen Fachwerkhäuser. Das **Hotel Sächsischer Hof** wurde zwischen 1798 und 1802 erbaut und ist das älteste Hotel der Stadt. Einige Gebäude haben also den Großen Stadtbrand überstanden, dem 1874 weite Teile Meiningens zum Opfer fielen. Den Großen Stadtbrand von 1874 nutzte Herzog Georg II. von Sachsen-Meiningen (1826–1914), um die Stadt als klassisch geprägte Kleinresidenz wieder zu errichten, mit allem, was zum Repräsentieren dazugehört.

Schlundhaus

Der Thüringer Kloß soll einer Sage zufolge in Meiningen erfunden worden sein und von hier seinen Siegeszug als Nationalgericht angetreten haben. Ein Wirt soll von einem durchreisenden Kaufmann fremdartige Knollen bekommen haben. Damit wusste er zunächst nichts anzufangen. Erst als Frau Holle – in der Thüringer Sagenwelt die Hüterin von Fruchtbarkeit, Haus und Herd – dem Wirt erklärte, wie man die heute als Kartoffeln bekannten Knollen schält, reibt, auspresst und aus der Masse Bälle formt, war der echte Thüringer Kloß geboren. Somit entstammt das Nationalgericht also einer heidnischen Göttin. Ort des Geschehens war das denkmalgeschützte Schlundhaus, heute Restaurant und Hotel. Das Gebäude mit seiner reichverzierten Fassade und dem prächtigen Erker wirkt sehr urig, wurde allerdings erst 1906 erbaut. Erker und Fassade sind eine Nachbildung des Merkelschen Hauses aus dem späten 16. Jahrhundert. Die Hütesholle tritt hier ab und zu immer noch auf: zwischen November und Februar an jedem dritten Sonntag 11 Uhr.

Stadtkirche und Schlundhaus

▲ Karte S. 295

Marienkirche

Die Marienkirche mit ihren zwei 50 Meter hoch aufragenden Türmen wurde von 1884 bis 1889 umfassend im Stile der Neogotik umgestaltet. Ihre Ursprünge gehen auf das Jahr 1003 zurück. Der **Turm** ist begehbar und offenbart den wohl schönsten Ausblick auf die Stadt. Max Reger spielte während seiner Zeit als Hofkapellmeister in Meiningen zwischen 1911 und 1914 regelmäßig auf der Kirchenorgel, schon vorher soll Johannes Brahms auf dem Gerät sämtliche Register gezogen haben. Die **steinerne Madonna** aus dem 14. Jahrhundert im Innern war ein Geschenk von Kaiser Ludwig IV. und Bischoff Otto II.

An der Nordseite der Kirche steht der **Heinrichsbrunnen**. Er zeigt den Kaiser Heinrich II., der bei einer Reise durch die Stadt 1003 den Bau der Kirche veranlasst haben soll.

Schloss Elisabethenburg

Die in ihrer heutigen Form überwiegend zwischen 1682 und 1692 erbaute barocke Elisabethenburg war das Residenzschloss der Herzöge von Sachsen-Meiningen. Mit dem durch Bernhard I. initiierten Bau ersetzten sie die mittelalterliche bischöfliche Stadtburg als Wohnsitz. Während die Anlage in ihrer äußeren Erscheinung weitestgehend im Originalzustand erhalten blieb, wurden die Innenräume mehrfach verändert. Die historischen Wohnräume präsentieren sich im Stile des Barock, Rokoko und Historismus. Schlosskirche, Riesen- und Hessensaal sind barock erhalten. Heute beherbergt das Schloss in etwa 50 Räumen das **Museum** mit einer mannigfal-

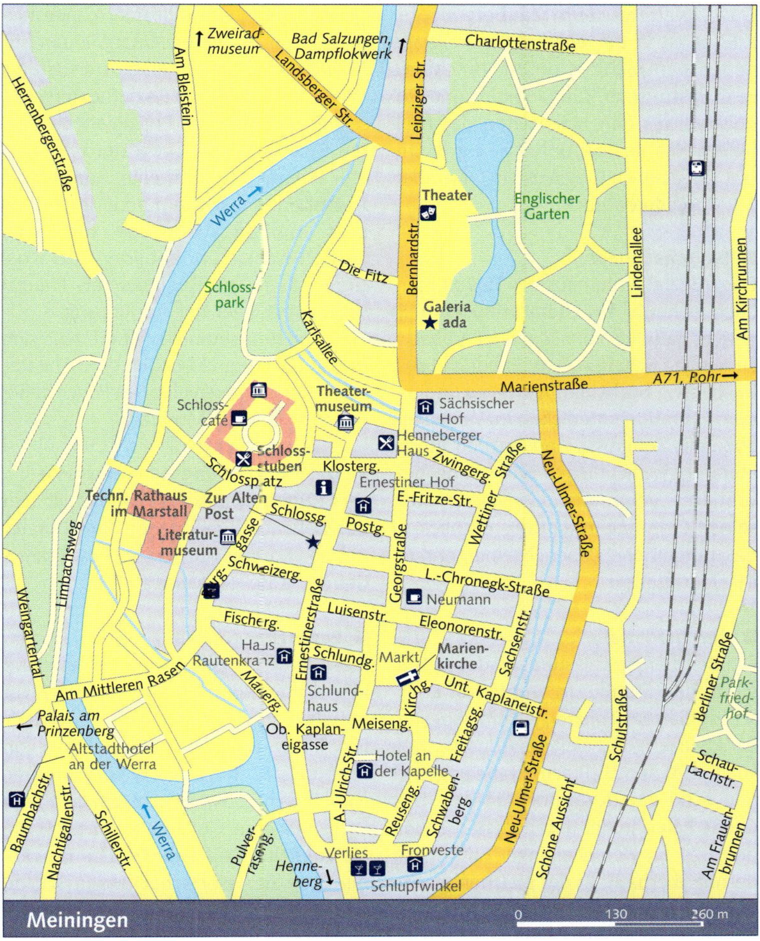

tigen herzoglichen Sammlung mit über 500 Gemälden, Kunstgegenständen und Mobiliar, das Thüringische Staatsarchiv, die Max-Reger-Musikschule, Depots und die Stadtverwaltung.

In der Ausstellung ›Meiningen – Musenhof zwischen Weimar und Bayreuth‹ in der Oberen Galerie der Elisabethenburg geht es um Meiningen als Ort der Schönen Künste und die Meininger Musikgeschichte. Gezeigt werden historische Musikinstrumente und Notenblätter, Bestände der ehemaligen Hofkapellen-Bibliothek und weitere literarisch-musikhistorische Exponate. Man erfährt auch vieles über die Künstler in Meiningen. Besichtigen kann man unter anderem auch das Speisezimmer Herzog Georgs II., das Eckzimmer mit Möbeln aus dem Arbeitszimmer des Hofkapellmeisters Max Reger sowie seinen schöpferischen Nachlass. Es gibt allerlei zum Hören und Anfassen.

Das **Theatermuseum Zauberwelt der Kulisse** ist in der ehemaligen Reithalle neben dem Schloss untergebracht. Es zeigt historische Bühnenbilder und Requisiten aus den Hochzeiten des Meininger Hoftheaters unter Georg II. Die fast vergessenen Originalkulissen wurden 1977 wiederentdeckt.

Baumbachhaus

Das frühere Wohnhaus von Rudolf Bambach ist heute das **Literaturmuseum**, in dem es natürlich vor allem um Bambachs Leben und Schaffen geht. Friedrich Schiller, Ludwig Bechstein, Jean Paul und andere Literaten hinterließen in Meiningen ebenfalls Zeugnisse und werden in der literaturgeschichtlichen Sammlung präsentiert. Zudem gibt das Museum mit seiner Originaleinrichtung Einblick in das bürgerliche Leben Meiningens im 19. Jahrhundert.

Bernhardstraße

Die Bernhardstraße nördlich des mittelalterlichen Stadtkerns wurde mit Englischem Garten, Theater, Kammerspielen, Bankhäusern und weiteren repräsentativen Gebäuden als Prachtstraße angelegt und wirkt geradezu großstädtisch. Das **Große Palais** in der Bernhardstraße wurde 1821 für den Meininger Erbprinzen Bernhard erbaut. In der gleichen Straße befindet sich auch das im gleichen Jahr entstandene **Kleine Palais**.

Meininger Theater

Das Theater fasst 730 Zuschauer und beherbergt das Südthüringische Staatstheater und die seit 1690 bestehende Meininger Hofkapelle. Es wurde 1909 an der Stelle erbaut, an der sich das ein Jahr zuvor niedergebrannte Hoftheater befunden hatte. Berühmte Dirigenten wie Hans von Bühlow, Johannes Brahms, Richard Strauß und Max Reger waren hier tätig.

► Karte S. 295

Mit dem Bau des Hoftheaters manifestierte der ›Theaterherzog‹ Georg II. den Ruf Meiningens als Theaterstadt. Es gilt als Wiege des modernen Regietheaters. Mit seinen als ›Meininger Prinzipien‹ bekannten Reformen von Orchester und Theater erregte das Hoftheater europaweit Aufsehen. Im Mittelpunkt der Prinzipien standen Werktreue, historisch authentische Bühnenbilder und Kostüme sowie der Regisseur als Hauptverantwortlicher der Aufführung.

Das **Kunstmuseum** der Stadt teilt sich das Gebäude direkt neben dem Theater mit den Kammerspielen. Im Foyer befindet das Café ›La Musica‹.

Galerie ADA und Kammerspiele

Das **Kunstmuseum** der Stadt teilt sich das Gebäude direkt neben dem Theater mit den Kammerspielen. Im Foyer befindet das Café ›La Musica‹.

Englischer Garten

Der Landschaftspark mit Teichen und künstlichen Ruinen wurde ab 1782 auf Initiative von Herzog Georg I. angelegt. Hier finden sich **Denkmäler** zu Ehren von Johannes Brahms, Hans von Bühlow, Max Reger, Ludwig Bechstein und Jean Paul. Auf dem Gelände steht auch die **Herzogliche Gruftkapelle**. Die Begräbnisstätte der Herrscherfamilie wurde von 1839 bis 1842 in neogotischem Stil errichtet. Allerdings liegen die Sachsen-Meininger heute nicht mehr hier.

Dampflokwerk

In Meiningen befindet sich das größte Werk Westeuropas zur Instandsetzung von Dampflokomotiven. Von überall her kommen die imposanten Stahlrösser hierher zur Reparatur. Auch historische Diesel- und E-Loks sowie Waggons werden gewartet. Die Deutsche Bahn als Betreiber bietet Führungen durchs Werk an.

Gebäude der ersten Hypothekenbank in Deutschland von 1899 von der Werra aus

Goetzhöhle

Bei dem Höhlensystem im Dietrichberg handelt es sich um Europas größte begehbare Kluft- und Spalthöhle. Die höchste Kluft misst 50 Meter. Entdeckt wurde sie 1915 von Reinhold Goetz. Von der Baude mit Biergarten hat man einen phantastischen Ausblick auf Meiningen. An der Goetzhöhle vorbei führt **Der Meininger**, ein 13 Kilometer langer Rundwanderweg, der verschiedene Aussichtspunkte mit Blick auf die Stadt wie das Hochplateau des Schlossplatzes, die Schaubachhütte, den Landsberg oder die Ruine Habichtsburg miteinander verbindet.

In Meiningen beginnt beziehungsweise endet der **Kelten-Erlebnisweg**. Er verläuft über 254 Kilometer nach Süden über die Gleichberge und weiter über die Grenze bis nach Bad Windsheim in Bayern. Der Meininger Hausberg Dolmar galt bereits bei den Kelten als heilig.

Meininger Zweiradmuseum

Der Sammlungsschwerpunkt dieses Museums liegt auf allen MZ-Modellen und Zweirädern aus den Simsonwerken in Suhl.

Rund um Meiningen

In **Rohr** bei Meiningen steht Thüringens älteste Kirche. Die **Klosterkirchburg** mit Karolingischer Hallenkrypta entstand zwischen 815 und 824. Nach Auflösung des Klosters war sie Ottonische Kaiserpfalz. Besonders die Krypta aus dem 9. Jahrhundert ist sehr gut erhalten und sehenswert.

Die bis 1315 vom Johanniterorden erbaute **Johanniterburg Kühndorf** dient heute vor allem als Veranstaltungsort für geschlossene Gesellschaften. Man kann sie im Rahmen von Führungen besichtigen. Sie ist die deutschlandweit einzige erhaltene Johanniterburg aus dieser Epoche und die letzte vom Johanniterorden erbaute Burg in Deutschland.

Schloss Landsberg, die neogotische Sommerresidenz von Herzog Bernhard I., entstand zwischen 1836 und 1840 auf den Überresten einer alten Burg. Das Areal liegt kurz vor Walldorf, zwei Kilometer nördlich von Meiningen.

Im 10. Jahrhundert als Königshof erbaut, zählte die **Kirchenburg Walldorf** zu den am besten erhaltenen und neben den Kirchenburgen in Vachdorf und im benachbarten Herpf zu den bedeutendsten Kirchenburgen der Region. Die mächtige Ringmauer und die fünf Bastionstürme der Kirche sind teilweise bis zu acht Meter hoch. 2012 wurde sie bei einem Brand stark in Mitleidenschaft gezogen, seitdem läuft eine Wiederaufbauaktion mit einzigartigem Konzept.

Das einst von Sandmachern zwecks Sandgewinnung erschaffene unterirdische Labyrinth der **Sandstein- und Märchenhöhle Walldorf** ist eine der größten künstlichen Schauhöhlen Europas. Auf 65 000 Quadratmetern erfährt man vieles über die Walldorfer Sandmacher, in den Schauhöhlen sind Szenen bekannter Märchen dargestellt. In der dazugehörigen **Parkanlage** gibt es Tiergehege und Vogelkäfige.

Von Wasungen nach Breitungen

Die kleine Stadt Wasungen im mittleren Werratal hat sich seit Jahrhunderten nicht verändert und verfügt über zahlreiche historische **Fachwerkbauten** und **Adelshöfe** sowie Reste der **Stadtbefestigung**.

Im Schloss Breitungen

▲ Karte S. 280

Das **Stadt- und Karnevalsmuseum** befindet sich im wunderschönen ehemaligen adligen Damenstift aus dem Jahr 1596, das für sich schon sehr sehenswert ist. Der Bau wird seit 1995 als Museum genutzt und beherbergt die Sammlungen zur Stadt-, Wirtschafts- und Kulturgeschichte sowie eine historische Steinsammlung. Interessant ist vor allem das Stadtmodell von Wasungen. Karneval wird in Wasungen übrigens bereits seit 1524 gefeiert.

Der Begründer der Forstakademie Tharandt, Heinrich Cotta, wurde in der Nähe von Wasungen geboren. Das und die Nichtexistenz einer Botanischen Anlage in der Region gaben den Ausschlag für die Anlage des **Forstbotanischen Gartens**. Der Garten ist in einen Lehrpfad und in einen Garten aufgeteilt. Hier wachsen Rhododendren sowie Bäume aus Europa, Nordamerika und Ostasien.

In **Breitungen** erhebt sich oberhalb der Werra der Burghügel mit **Schloss** und **900-jähriger Basilika**. Einst befand sich hier eine Burg, später ein Benediktinerkloster. Deren Reste finden sich noch in und um den heutigen Kirchenbau. Nach Zerstörungen im Bauernkrieg wies Graf Poppo von Henneberg 1560 den Bau eines Renaissanceschlosses neben der Basilika an.

Der Leipziger Schlossherr engagiert sich mächtig für das Schloss. Es gibt das **Aktivmuseum Ländliches Brauchtum**. Im Schloss kann man übernachten, feiern, es gibt Seminare, Ausstellungen und ein schönes Café. In der Romanischen Basilika und im Festsaal im Kornhaus des Schlosses finden Konzerte statt.

Im Turm der Basilika von 1112 lebt übrigens die größte Dohlenkolonie Südwestthüringens.

Meiningen, Wasungen, Breitungen

Vorwahl: 03693.

Tourist Information, Ernestinerstr. 2, Tel. 44650; Mo–Fr 10–18, Sa 10–15 Uhr. www.meiningen.de

Hotel Sächsischer Hof, Georgstr. 1, Tel. 4570. Das Romantikhotel versprüht einen besonderen Charme. Hier befand sich früher die Fürstlich Thurn und Taxis'sche Poststation. Das Haus ist sehr stilvoll eingerichtet. In Kutscherstube, Posthalterei und Café setzt sich der gute Geschmack fort; EZ ab 79, DZ ab 99 €. www.saechsischerhof.com

Uwe Klein Hotels, Tel. 881910. Meiningen verfügt über einige Häuser mit historischem und romantischem Ambiente: Ernestiner Hof, Schlundhaus und das um die Ecke liegende Haus Rautenkranz bieten stilvolles Wohnen im Denkmal. Das Palais am Prinzenberg ist der ehemalige Witwensitz der Frau des Theaterherzogs Georg II. und bietet 4 luxuriöse Ferienwohnungen an; EZ ab 64, DZ ab 88 €. Im Rautenkranz befindet sich auch die Kleinkunstbühne Haus Rautenkranz. www.uwe-klein-hotels.de

Fronveste – Altes Knasthaus, An der Oberen Mauer 1–3, Tel. 478641. Der Gebäudekomplex aus neogotischem- und Backsteingebäude am Bleichgraben wurde bis 1963 als Gefängnis genutzt. Minimalistisch-moderne Zimmer, Skyline-Restaurant ›Monte Christo‹ mit tollem Ausblick auf Meiningen auf dem Hoteldach; EZ ab 49 €, DZ ab 98 €. www.fronveste-meiningen.de

Altstadthotel an der Werra, Baumbachstr. 2, Tel. 87690. Ruhig, im Villenviertel direkt an der Werra, guter Service, Sauna; EZ ab 65, DZ ab 90 €. www.altstadthotel-meiningen.de

Hotel an der Kapelle, Anton-Ulrich-Str. 19, Tel. 44920. Zentrale Lage direkt in der Fußgängerzone; EZ 45, DZ 75 €. www.hotel-an-der-kapelle.de

Hostel Werratal Herberge, Neunkirchenerstraße 9, Tel. 5488040. Mit Gästeküche; Mehrbettzimmer 18, EZ 30, DZ 40 €. www.hostel-meiningen.de

Campingplatz Rohrer Stirn, Tel. 484421. Stell- und Zeltplatz am Freizeitzentrum, April–Okt.; Zelt ab 7,50, Wohnmobil ab 10,50 €. www.stadtwerke-meiningen.de

Campingplatz Strandbad Breitungen, Salzungerstraße 24a, Tel. 036848/409512. Naherholungsgebiet am Kiessee. Zeltplatz, Camperstellplätze und Ferienhäuser. Hier kann man im Sommer wunderbar baden. Zelt, Wohnwagen und Wohnmobil ab 10,50 €. www.strandbad-breitungen.de

Henneberger Haus, Georgstr. 2, Tel. 508990. Eines der schönsten Fachwerkhäuser der Stadt, regionale Küche, schöner Biergarten, auch Zimmervermietung. www.henneberger-haus.de

Schlundhaus, Schlundgasse 4, Tel. 881910. Wo lässt es sich historischer speisen als an dem Ort, wo der Thüringer Kloß erfunden worden sein soll? Gaststube mit Kamin- und Bibliothekszimmer, Biergarten im Innenhof. www.uwe-klein-hotels.de

Museumscafé im Hessensaal, Schloss Elisabethenburg, Schlossplatz, Tel. 881036. Museumscafé im barocken Turm des Schlosses mit tollem Blick auf die Stadt. Kuchen aus der eigenen Schlossbäckerei, zahlreiche Kaffee-, Tee- und Schokoladenspezialitäten. Das Café steht auch Nicht-Museumsgästen offen. www.meiningermuseen.de

Schloss-Stuben, Schlossplatz 1, Tel. 502344. Im Erdgeschoss des Schlosses, neben Gutbürgerlichem und Regionalem auch Wildgerichte und manchmal Exotisches. www.schloss-stuben-mgn.de

Posthalterei, Im Hotel ›Sächsischer Hof‹, Georgstr. 1, Tel. 4570. Exzellentes Restaurant in urigem Ambiente mit erstklassiger Küche. www.saechsischerhof.com

Café Neumann, Georgstr. 37, Tel. 502635. Der ehemalige Herzogliche Hoflieferant ist Meiningens ältestes Café und punktet mit Kuchen, Torten und Rhöner Bioeis. www.cafeneumann.de

Gasthaus Zum Hirsch, Meiningerstr. 4, Schwallungen, Tel. 036848/21802. Den Leitspruch ›Selbstgekochte Thüringer Spezialitäten in Tradition seit 1883‹ nimmt die Chefin Doris Sauerbrey sehr ernst: Hier werden die Thüringer Klöße noch komplett von Hand gemacht, und hierher kommen am Wochenende auch noch die Dorfbewohner, um die Klöße bei ihr zu kaufen. Prinz Michael von Sachsen-Meiningen holt hier seine Schnitzel, die Doris weichklopft. www.gasthaus-hirsch.eu

Gasthaus Zur Linde, Am Markt 5, Breitungen, Tel. 036848/81622. Nettes Lokal in einem urigen Fachwerkhaus mit regionaler Küche.
www.linde-breitungen.de

Schlupfwinkel, Schwabenberg 23, Tel. 0171/8295745. Urgemütliche Kneipe direkt am Wasser mit Zugang über eigene Brücke. Hier kann man mit Einheimischen ins Gespräch kommen, Fußball schauen oder den Abend mit Live-Musik verbringen. www.schlupfwinkel-meiningen.de

Verlies – Die Kneipe, An der Oberen Mauer 1–3, Tel. 478641. Das Verlies ist pubartig, rustikal und spannend eingerichtet. Hier gibt es auch das Meininger Schlosspils. Das Lokal ist nur freitags und samstags Abend geöffnet.
www.fronveste-meiningen.de

Museum im Schloss Elisabethenburg, Schlossplatz 1, Tel. 503641; Di–So 10–18 Uhr. Das Gebäude beherbergt die Herzoglichen Sammlungen, Historische Räumlichkeiten, Exponate zur Theatergeschichte der Stadt sowie Wechselausstellungen und die Museumsbibliothek. Die Ausstellung ›Musenhof‹ ist ebenfalls hier untergebracht. www.meiningermuseen.de, www.musikgeschichte-meiningen.de

Theatermuseum Zauberwelt der Kulisse, Schlossplatz 2, Tel. 503641; Präsentationen Di–So 10, 12, 14, 16 Uhr.
www.meiningermuseen.de

Literaturmuseum im Baumbachhaus, Burggasse 22, Tel. 503641; Di–Fr 10–12 und 13–18, Sa/So 14–16 Uhr. Am WE ist eine Anmeldung an der Museumskasse der Elisabethenburg notwendig.
www.meiningermuseen.de

Städtische Galerie ada, Bernhardstr. 3, Tel. 502004; Mi–So 15–20 Uhr.
www.meiningen.de

NEKST, Ernestinerstr. 40; Sa/So 15–18 Uhr. Der Neue Europäische Kunst Salon Thüringen (NEKST) präsentiert in altehrwürdigem Ambiente im Kunstraum der Kleinkunstbühne Rautenkranz moderne und alternative Ausstellungen, Lesungen, Performances und Musik.
www.kunsthaus-meiningen.de

Dampflokwerk, Am Flutgraben 2, Tel. 851602; Führungen April–Okt. Sa 10 Uhr, Nov.–März jeden 1. und 3. Sa im Monat. www.dampflokwerk.de

Goetzhöhle, Am Dietrich 2, Tel. 0172/3606135. www.goetz-hoehle.de

Meininger Zweirad-Museum, Landsbergerstraße 144, Tel. 42380; Mi, So 13–16, Sa 10–16 Uhr. Eintritt frei.
www.mzm-ev-de

Kirche Rohr mit Museum, Linde 4, Rohr, Tel. 036844/40362; Mai–Sept. tgl. 9–20 Uhr, Okt.–April tgl. 10–16 Uhr.
www.kirche-rohr.de

Johanniterburg Kühndorf, Schlossstr. 17, Kühndorf, Tel. 0170/3513287; März–Okt. Mi–Fr 14–17, Sa 10–12 Uhr, Nov.–Feb. auf Anfrage. www.johanniterburg.de

Kirchenburg Walldorf, Pfarrgasse 7, Walldorf. www.kirchenburg-walldorf.de

Sandstein und Märchenhöhle, Marienstr. 6, Walldorf, Tel. 881277; März WE 10–16 Uhr, April/Mai und Sept./Okt. tgl. 10–17 Uhr, Jun–Aug tgl. 10–18 Uhr.
www.sandsteinhoehle.de

▶ Karte S. 280/295

Stadtmuseum Wasungen, Untertor 1, Tel. 036941/71505; Di–Fr 10–12 und 13–16, Sa 10–12, Mai–Okt. auch So 14–16 Uhr. Über die Touristinformation nach Voranmeldung auch Führungen im Forstbotanischen Garten.
www.wasungen.de

Schloss Breitungen, Schloss 3, Breitungen, Tel. 0163/2613274 und 036848/253780, Führungen nach Voranmeldung unter Tel. 0171/5173006.
www.schloss-breitungen.de

Meininger Theater/Südthüringisches Staatstheater und Kammerspiele, Bernhardstr. 5, Tel. Tageskasse 451222, Tel. Abendkasse 451205.
www.meininger-staatstheater.de

Hütes- und Stadtfest (Mitte Juni) Die Meininger feiern ihre Klöße mit Musik, Shows, Straßen-, Wasserfest und großem Umzug. Und natürlich mit Hütes in fast allen Restaurants. Im Rahmen des Festes findet auch der Töpfermarkt statt.
www.meiningen.de

Grassgrün, Tel. 454650. In den Thüringer Sommerferien, wenn die meisten Kultureinrichtungen Pause machen trumpft die Stadt mit ihrem Kultursommer auf. Konzerte, Open Air Theater, Performances und vieles mehr.
www.grasgruen-meiningen.de

Freizeitzentrum Rohrer Stirn, Rohrer Stirn, Tel. 484400. Wassersportkomplex mit Frei- und Hallenbad, Rutscher, Sauna und Restaurant, Campingplatz auf dem Areal.
www.stadtwerke-meiningen.de/pages/freizeitzentrum.php

Kanusportverein Meiningen, Werrastr. 100. Das Gelände des Vereins befindet sich im Süden Meiningens und bietet Wasserwanderern eine Zeltwiese (ca. 5 €/Person), die Nutzung der Sanitäranlagen, einen Grillplatz sowie gute Gesellschaft im Gemeinschaftsraum des Bootshauses mit Getränkekühlschrank.
www.kanusport-meiningen.de

Pfannstiel Outdoor Aktiv, Ellenberg 15, Schwallungen, Tel. 036848/22935. Kanutouren und Bootsvermietung. Auf dem Rastplatz kann man im eigenen Zelt oder Tipi übernachten.
www.pfannstiel-outdoor-aktiv.de

Schmalkalden

Nur wenige Kilometer östlich der Werra liegt Schmalkalden. Hauptattraktion des kleinen Städtchens am Südwesthang des Thüringer Waldes ist die fast vollständig erhaltene denkmalgeschützte Fachwerkstadt mit Gebäuden aus dem 16. bis 18. Jahrhundert. Historische Bedeutung erlangte der kleine Ort vor allem durch den Schmalkaldischen Krieg 1546/47 und seine Vorgeschichte. Am 27. Februar 1531 wurde hier der Schmalkaldische Bund gegründet, eine Militärallianz protestantischer Fürsten unter kursächsischer und hessischer Führung zur Verteidigung des protestantischen Glaubens. Auch der Wunsch der beteiligten Fürstentümer und Reichsstädte, unabhängig von Rom und Kaiser zu sein, spielte eine tragende Rolle. Ohne ihn wäre Martin Luthers Machtkampf mit dem Papst und der katholischen Kirche wohl nicht erfolgreich gewesen. Insgesamt fanden in Schmalkalden acht Bundestagungen statt. Ab 1583 gehörte Schmalkalden zu Hessen, ab 1866 zur preußischen Provinz Hessen-Nassau, erst nach dem Zweiten Weltkrieg kam die Stadt zu Thüringen. Mit der langen Zugehörigkeit zu Hessen hängt zusammen, dass Hochschulabschlüsse aus Schmalkalden zu DDR-Zeiten im Westen problemlos anerkannt wurden.

Schmalkalden beeindruckt mit seinem vollständig erhaltenen historischen Zentrum

Schloss Wilhelmsburg

Schloss Wilhelmsburg dominiert mit seiner Lage auf einem Berg die Stadt. Es wurde von 1585 bis 1590 als Jagdschloss und Sommer- und Nebenresidenz der hessischen Landgrafen im Renaissancestil anstelle des Vorgängerbaus Burg Wallrab errichtet. Die originale Raumstruktur, Wandmalereien und Stuckarbeiten im Inneren sowie die fast vollständig erhaltene Außenanlage machen es zu einem in Deutschland unikalen Renaissanceschloss. Hier befindet sich das **Museum Wilhelmsburg** mit seiner sehenswerten Sammlung vor allem rund um Luther, die Reformation und die geschichtlichen Ereignisse des Schmalkaldischen Krieges. Sehenswert sind auch die Herrenküche und die Festsäle. In der **Schlosskirche** befindet sich eine über 400 Jahre alte funktionsfähige Holzpfeifenorgel (1590) von Daniel Meyer. Es handelt sich um die älteste Thüringer Orgel und eine der ältesten noch funktionsfähigen Holzorgeln Europas. Erwähnenswert sind auch die Bemühungen der Museumsmitarbeiter und vor allem ihres Direktors zum Aufbau eines Hexenarchives. Thüringen war eines der Zentren der Hexenverbrennung.

▲ Karte S. 303

Hessenhof

Auf der Wilhelmsburg kann man auch eine originalgetreue Kopie der **Iweinfresken** besichtigen. Das Original befindet sich im Keller des **Hessenhofes**, dem mittelalterlichen Amtssitz der landgräflichen Vögte. Dieser soll nach Restaurierung und Umbau als Originalstätte eine Dauerausstellung zum Schmalkaldischen Bund beherbergen und als Außenstelle des Schlossmuseums der Öffentlichkeit zugänglich gemacht werden. Die Fresken sind die ältesten profanen Wandmalereien in Deutschland. Bereits Luther und andere haben sie mit ihren eigenen Augen gesehen. In der aus 26 Szenen bestehenden Bildfolge ist das Leben des Iwein dargestellt, eines Ritters der Tafelrunde. Natürlich kommt auch hier die Präsentation der höfischen Kultur und des höfischen Lebens der Hausherren nicht zu kurz.

Schloss Wilhelmsburg

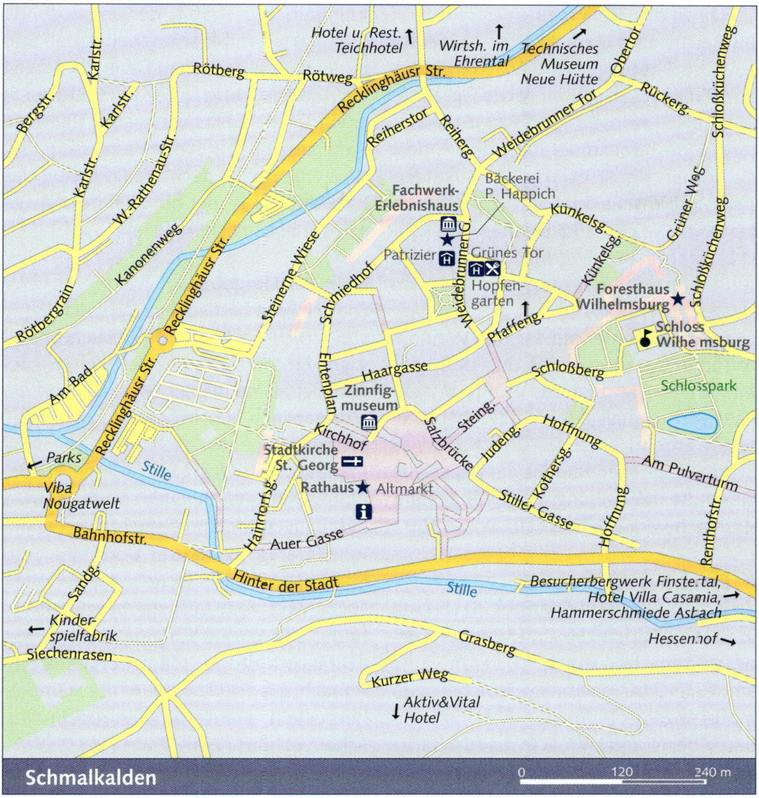

Rathaus

Das Rathaus von Schmalkalden ging aus einer Kemenate hervor. Es war Gründungsstätte und bedeutendster Tagungsort des Schmalkaldischen Bundes. In der Vorhalle findet man die Wappen der Mitgliedsstädte des Bundes sowie eine Büste von Luther.

Stadtkirche St. Georg

Die spätgotische Hallenkirche mit der Sonnenuhr entstand zwischen 1437 und 1509. In der Kirche predigten die berühmten Reformatoren Nikolaus von Amsdorf, Georg Spalatin und Martin Luther. Turm und Türmerstube sind begehbar.

Zinnfigurenmuseum

Das in einem Fachwerkhaus untergebrachte Zinnfigurenmuseum umfasst eine der wohl größten privaten Zinnfigurensammlungen Europas, zumindest die größte öffentlich zugängliche private Sammlung Deutschlands. 10 000 vollplastische Figuren bilden mit Fahrzeugen und Gebäuden teils gigantische Dioramen und lassen Geschichte selten realistisch erscheinen.

Lutherhaus und weitere Häuser

In dem Gebäude (1525) des Rentmeisters Balthasar Wilhelm wohnte Martin Luther während der Bundestagung

1537, an der 16 Fürsten, Vertreter von 28 Reichs- und Hansestätten, 42 evangelische Theologen wie Martin Luther und Philipp Melanchton sowie Gesandte von Kaiser, Königen und Papst teilnahmen. Eine Tafel an der Fassade erinnert an Luther, der 1537 in Schmalkalden seine lutherische Bekenntnisschrift vorlegte, die ›Schmalkaldischen Artikel‹. Die eigentlichen Verhandlungen während dieses Fürstentages fanden im Hessenhof statt.

Die **Große Kemenate** an der Weidenbrunner Gasse stammt aus dem 14. Jahrhundert und ist das größte Bürgerhaus von Schmalkalden. 1537 übernachtete während einer Versammlung des Schmalkaldischen Bundes der päpstliche Gesandte mit Anhang. Gegenüber steht das **Fachwerk-Erlebnishaus** von 1369.

Parks und Gärten

Zwischen April und Oktober 2015 fand in Schmalkalden die 3. Thüringer Landesgartenschau statt, in deren Zuge auf 13 Hektar ehemalige Brachen und Industriegebiete um den Bahnhof und die Viba Nougat-Welt in Landschaftsgärten umgewandelt wurden. Zwischen **Westendpark**, **Viba-Park** und **Stadtpark** entstand eine die Stadt durchströmende grüne Landschaft. Der **Terrassengarten** unterhalb des Schlosses wurde zur Landesgartenschau nach mehr als 300 Jahre alten historischen Plänen für einen aus Zier- und Nutzpflanzen bestehenden Lustgarten im Stile der Renaissance und des Frühbarock gestaltet, der angrenzende **Obstgarten** mit historischen Apfel- und Birnensorten bepflanzt. Da in der frühen Neuzeit die Höfe unter anderem auch einen Teil der Selbstversorgung übernahmen, stehen neben dem Terrassen- und dem Obstgarten auch das Brauhaus, das Backhaus sowie der nördlich der Anlage gelegene Kaninchengarten.

In der Umgebung

Die bis 1934 betriebene Eisen-und Braunsteingrube ist heute als **Besucherbergwerk Finstertal** der Öffentlichkeit zugänglich. Besonders interessant sind die einzigartigen fluoreszierenden Mineralien, gezeigt werden auch historische Bergmannsgeräte. Übertage, auf der Halde, gibt es eine Ausstellung von modernen Bergbaugeräten und Gestein der Region. Regelmäßig werden in der Gold- und Edelsteinmine Schatzsuchen angeboten. Nicht weit vom Besucherbergwerk befindet sich die im Originalzustand von 1920 erhaltene **Hämmerschmiede Asbach**. Bis 1991 wurden hier Hämmer hergestellt. Heute gibt es regelmäßig Schauvorführungen.

In dem **Hochofenmuseum Neue Hütte**, einem Fachwerkgebäude, befindet sich eine Hochofenanlage von 1835 und eine Museum zum Bergbau in der Region, zur Eisen- und Stahlproduktion sowie zum Hüttenwesen. Das Museum zeigt europaweit als eines der wenigen, wie man Eisenerz auf Holzkohlebasis gewann.

Schmalkalden

Vorwahl: 03683.

Tourist Information: Auer Gasse 6–8, Tel. 6097580; April–Okt. Mo–Fr 10–18, Sa/So 10–15 Uhr, Nov.–März Mo–Fr 10–17, Sa 10–13 Uhr.
www.schmalkalden.com

Stadthotel Patrizier, Weidebrunner Gasse 9, Tel. 604514. Historisches Haus mit gutem, freundlichem Personal und geschmackvoll eingerichteten Zimmern; EZ ab 59 €, DZ ab 79 €. www.stadthotel-patrizier.de

Grünes Tor, Weidebrunner Gasse 14, Tel. 4666800. Das Schwesternhotel des Patri-

▶ Karte S. 303

ziers. Restaurant im Innenhof des historischen Gebäudes, in der Bar ›Hopfengarten‹ große Auswahl an Getränken sowie Sky Sport; EZ ab 59 €, DZ ab 74 €.
www.grünes-tor.de

Hotel Villa Casamia, Untere Herrenwiese 6A, Tel. 466170. Ruhig gelegen, edle Inneneinrichtung, gutes Frühstück; EZ ab 69, DZ ab 89 €.
www.hotel-casamia.de

Akzent Aktiv und Vital Hotel Notstr. 33, Tel. 466570. Vier Sterne, ruhig, unmittelbar südlich von Schmalkalden gelegen, typische Skischanzenarchitektur, Wellness; EZ ab 73, DZ ab 79 €.
www.aktivhotel-thueringen.de

Teichhotel, Teichstr. 21, Tel. 402661. Nettes familiäres Haus am Rande der Innenstadt mit gutem Restaurant. Das Restaurant beeindruckt durch seine kreative Küche und die hohe Qualität der Gerichte; EZ € 68, DZ € 88 €. www.teichhotel.de

Ratskeller, Altmarkt 2, Tel. 402742. Deftiges in historischer Umgebung.

Wirtshaus im Ehrental, Ehrental 1, Tel. 600175. Das überwiegend von Einheimischen frequentierte Gasthaus ist idyllisch gelegen, urig und wartet zwar nicht mit der großen Kochkunst auf, dafür aber mit mächtigen Portionen zu respektablen Preisen.
www.wirtshaus-ehrental.de

Schloss Wilhelmsburg, Schlossberg 9, Tel. 403186; April–Okt. 10–18 Uhr, Nov.–März Di–So 10–16 Uhr.
www.museumwilhelmsburg.de

Stadtkirche St. Georg, Kirchhof 3, Tel. 402471. Turm und Türmerstube Mai–Okt. Mi–Fr 10–15 Uhr.

Historicum – Zinnfigurenmuseum, Gillersgasse 1, Tel. 0172/7810787. Eingang durch den Eine-Welt-Laden; Mo, Di, Do, Fr 10–13 und 15–18, Mi 10–18, Sa 10–12 Uhr. www.zinnfigurenmuseum.com

Fachwerk-Erlebnishaus Schmiedhof, Weidebrunner Gasse 13, Tel. 606242. Besichtigung eines historischen Fachwerkhauses von 1369.
www.schmalkaldischergeschichtverein.de

Besucherbergwerk Finstertal, Talstr 145, Tel. 488037. April–Okt. Mi–So 10–17 Uhr, Juli/Aug auch Di 15–17 Uhr.
www.museumwilhelmsburg.de

Hämmerschmiede Asbach, Talstr. 116a, Anmeldung über Touristinformation unter Tel. 403182. www.schmalkalden.de

Technisches Museum Neue Hütte, Neue Hütte 1, Tel. 403018; Jan.–März und Nov.–Dez Mi–Fr 10–16, So 12–16 Uhr, April–Okt. Mi–So 10–17 Uhr.
www.hochofenmuseum.de

Schmalkalder Hirschessen (End Aug.), Historisches Stadtfest mit Markttreiben und Kulturveranstaltungen.

Museums-Rundwanderweg, 14 km vom Lutherplatz zu Schloss Wilhelmsburg, Besucherbergwerk Finstertal und Neuer Hütte.

Rosatalweg, Wanderweg über Wernshausen weiter zum Westerndorf Ponde Rosa, wo man Ranchurlaub und Westernreiten machen kann.

Weitwanderwege, Wer bis nach Santiago di Compostella oder Rom wandern möchte, kann bei Schmalkalden am durch Südthüringen verlaufenden **Jakobsweg** oder auf dem alten Pilgerpfad **Via Romea** loslegen.

Mommelstein-Radweg. Der 12,5 km Radweg führt auf einer wunderschönen ehemaligen Gebirgsbahntrasse zum Inselsberg. Auch Skater können ihn benutzen, für Mountainbiker gibt es einige Zusatzvarianten.

Star Line Farm Ponde Rosa, Pleßstr. 28, Rosa, Tel. 0162/2930095. Zwischen Wernshausen und Urnshausen.
www.star-line-westernriding.de

Skatehalle, Siechenrasen 15. Große Halle für Skater und BMXer mit Street Parcours, diversen Pipes, Funbox und anderen Hindernissen.

Kinderspielfabrik, Bahnhofstr. 79, Tel. 4860090. 1000 m² Innenspielplatz mit Labyrinth, Rutsche, Bällebad, Klettermöglichkeiten, Trampolinen, Spielen und Kleinkinderbereich.
www.kinderspielfabrik.net

Bäckerei Peter Happich, Weidebrunner Gasse 11, Tel. 403218. Das Bäckereiunternehmen existiert als Familienbetrieb bereits seit 1521 und macht seine Brötchen und anderen leckeren Sachen immer noch selbst.

Viba Nougatwelt, Nougat-Allee 1, Tel. 6921600; Ausstellung tgl. 10–18 Uhr. Großes Geschäft, Restaurant, Ausstellung zur Nougatherstellung und der Firmengeschichte. In der Schauconfiserie kann man beobachten, wie Pralinen entstehen, oder sich in einem Kurs selbst an deren Herstellung sowie anderen Schokoladenerzeugnissen versuchen.
www.viba-sweets.de

Försterhaus Wilhelmsburg. Wenn der Förster auf der Jagd war, kann man hier Frischwild kaufen.

Bad Salzungen

Das Salz gab dem Ort Bad Salzungen unverkennbar seinen Namen, kein Zufall: Bereits die Kelten förderten und siedeten hier zwischen 500 bis 100 v. Chr. Salz. Um 58 n. Chr. fand zwischen Chatten und Hermunduren die sogenannte ›Salzschlacht‹ um die Salzunger Solequellen statt. Schon in der ersten urkundlichen Erwähnung Bad Salzungens in einer Urkunde Kaiser Karls des Großen im Jahr 775 wird auf die Salzsiedeanlagen eingegangen. Das ›Weiße Gold‹ ist bis heute essentiell für den Ort, nur dass sich dessen Bestimmung von der Produktion zur Gesundheit hin verlagert hat.

Zentrum

▶ Karte S. 307

Rund um den **Burgsee** mit seinen Terrassen gruppieren sich das **Kurhaus** und weitere Hotels, Villen und Kliniken. In der Seemitte entspringt seit 1967 eine Fontäne. Man könnte auf den Gedanken kommen, hier wurde Genf in kleinem Maßstab aufgebaut. Der Burgsee besitzt einen Umfang von anderthalb Kilometern und nimmt eine Fläche von gut 10 Hektar ein. Um ihn herum führt ein 1150 Meter langer Panoramaweg. Das **Planetarium** am Burgsee ist mit einem Projektor von Carl Zeiss Jena von 1951 ausgestattet und bietet Einblicke ins Universum.

Seinen Namen verdankt der Burgsee der Salzunger Burg, auch **Schnepfenburg** genannt, die hier einst am Ufer auf dem Burgfelsen stand. An dieser Stelle ist der sonst mit bis zu vier Metern recht flache Burgsee mit 25,5 Metern übrigens am tiefsten. Einem Großbrand 1786 fielen alle Gebäude zum Opfer. Übrig gebliebenen sind nur noch Grundmauerreste, etwa des Burgfrieds. An der Stelle der einstigen Festung, die dem Schutz der Solevorkommen diente, befindet sich jetzt das 1792 im klassizistischen Stil erbaute **Amtsgericht**. Dahinter liegen die **Stadtkirche**, das barocke **Rathaus** von 1790 und der **Haunsche Hof**. Dieser Burgmannensitz im Renaissancestil stammt aus dem 17. Jahrhundert. Über der Haustür prangt ein Wappen mit der Jahreszahl 1624, das Wappen am Hoftor mit der Jahreszahl 1516 stammt von einem früheren Gebäude. Im Gewölbekeller betreibt der ›Bad Salzunger Kulturverein‹ einen Kulturkeller

mit wöchentlichem Musik- und Veranstaltungsprogramm.
Aufwendig gestaltete Kurbauten prägen die Stadt. Das **Kindersanatorium Charlottenhall** ist ein prächtiger großer Fachwerkbau von 1897. Benannt wurde er nach Charlotte von Preußen, der Gattin des Erbprinzen Bernhard von Meiningen und Schwester des letzten deutschen Kaisers. Sie veranlasste die Errichtung des Sanatoriums und sammelte Geld für dessen Bau. Das Gebäude entstand im althennebergischen Fachwerkstil. Seine Schmuckfachwerkfassade ist reich mit Schnitzereien verziert.

Das **Haus Thaler** mit seinem Villenpark war zu DDR-Zeiten ebenfalls eine Kinderkureinrichtung, heute befindet sich hier eine Zahnklinik.

Gradierwerk

In Bad Salzungen kommt natürliche Sole in drei Konzentrationen vor. Die Konzentration der Sole aus den artesischen Brunnen beträgt ein bzw. sechs Prozent. Die Salzherstellung ging mit einem enormen Holzverbrauch einher, und so ging der örtlichen Pfännerei langsam das Holz aus. Also stieg man auf die Salzgewinnung durch das sogenannte ›Strohgie-

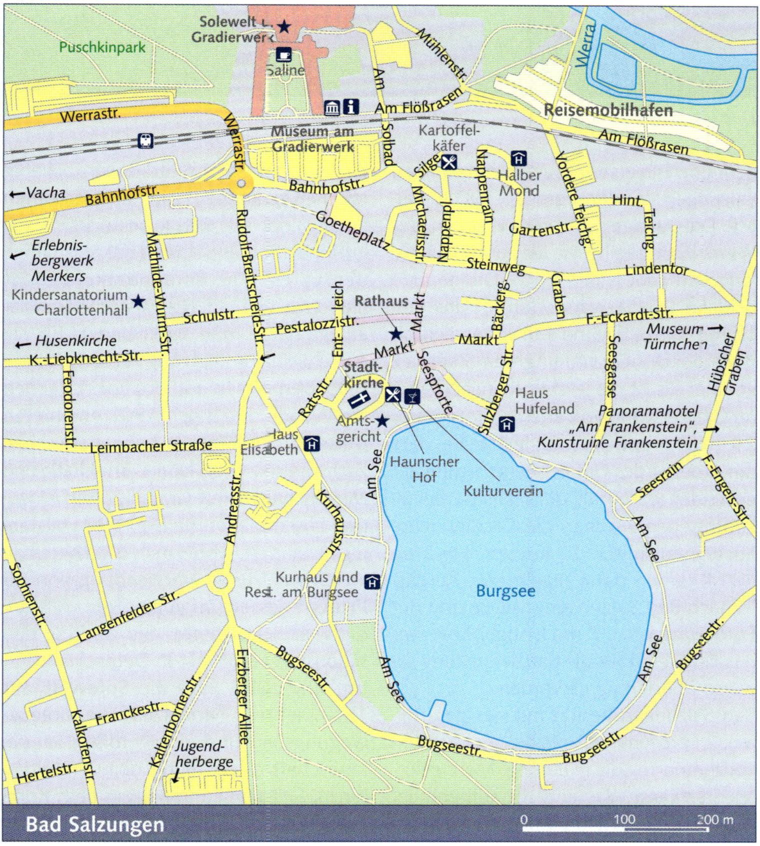

Das historische Gradierwerk von außen ...

ßen« um. Die ersten Gradierwerke in Bad Salzungen wurden bereits 1590 errichtet. Die Anlagen zu beiden Seiten der Werra waren teilweise bis zu 400 Meter lang und acht Meter hoch. Die heutige östliche Gradierwand stammt aus den Jahren 1796/97 und wurde tatsächlich noch bei der Gewinnung von Siedesalz genutzt. Es ist die letzte original erhaltene Gradierwand von ehemals insgesamt 24 in der Stadt. Als man feststellte, dass die Arbeiter des Gradierwerks signifikant gesünder waren als die restliche Bevölkerung, begann man die Gradierwerke auch medizinisch zu nutzen. Etwa ab 1814 kamen dann regelmäßig Kurgäste nach Bad Salzungen. Mit Beginn der Förderung von 27-prozentiger Sole war das Gradieren für die Salzherstellung sowieso überflüssig geworden.

Bad Salzungen besitzt mit der gesättigten, 27-prozentigen Sole die am höchsten konzentrierte Sole in Europa. Mehr gelöstes Salz kann Wasser nicht aufnehmen. Und so hat man in der Kurstadt auch den Luxus, die Salzkonzentrationen beliebig mischen zu können. Die Kurgäste laufen entlang der mit Reisig bestückten Freiluftinhalation und atmen das salzhaltige Aerosol ein. Ihre Konzentration beträgt hier etwa 18 Grad. Die westliche Gradieranlage baute man 1901 bereits für die ausschließliche Nutzung für den Kurbetrieb. Verbunden und dominiert werden die Wände durch den 1902 errichteten Mittelbau im fränkisch-hennebergischen Fachwerkstil. 1906 kamen **Trinkhalle** und **Musikpavillon** mit Gradiergarten hinzu. Das Ensemble wurde bis 1994 vollständig restauriert, wobei man den Mittelbau im Original unter Verwendung von 90 Prozent seiner Originalhölzer vollständig wieder errichtete, und zählt zu den schönsten seiner Art in Deutschland.

Im Jahr 2000 kam die **Solewelt** mit Therapie- und Fitnesszentrum, Solebewegungsbad und einer großen Saunalandschaft direkt hinter dem Mittelbau hinzu. Seitdem kann man in dem Komplex gradieren, Trinkkuren machen, Frei-

▶ Karte S. 307

luft- und Rauminhalationen durchführen, saunieren, den Fitnessraum heimsuchen, sich massieren lassen oder einfach nur baden. Eine eigene Kosmetikserie und das Café ›Saline‹ gibt es auch.

Museum am Gradierwerk

Im Fachwerkhaus der ›Alten Inhalation‹ an der Ostwand von 1870 sind heute die Tourismusinformation und das Museum am Gradierwerk untergebracht. In dem Gebäude dreht sich alles um Salz und Sole. So werden die Ursprünge der Saline und die Salzgewinnung in Bad Salzungen, die Entwicklung zum Kurbad und weitere Aspekte der Stadtgeschichte anhand des Salzes behandelt. Im **Museumsgarten** steht ein Schausiedehaus, in dem Besuchern regelmäßig die Technik des Salzsiedens vorgeführt wird. Auch der heute noch für den Kurbetrieb genutzte **Solebohrturm** von 1869 mit seiner markanten Schieferverkleidung neben der ›Inhalation‹ gehört zum Museum. Auf dem Dach des Turmes hat sich ein Storchenpaar eingenistet. Es kann auch im Netz unter www.solewelt.de beobachtet werden.

Stadtmuseum Türmchen

Das 1499 errichtete Fachwerkhaus war ursprünglich eine Wallfahrtskapelle. Der Turm mit den Glocken sowie das von einem Engel gehaltene sächsische Wappen am Giebel wurden später ergänzt, um 1900 erhielt das Gebäude seine Turmuhr. In der zur Stadt gehörenden Sammlung geht es um das Thema Kommunikation und Informationsübermittlung. Es gibt eine Ausstellung zum lokalen Märchen- und Sagensammler sowie Mundartdichter Christian Ludwig Wucke, ein Schulzimmer, Exponate zur Buchdruckerei sowie eine Exposition zu Radio und Rundfunk.

Reisemobilhafen

Der Reisemobilhafen mit klassifizierten Reisemobil-Stellplätzen auf dem Gelände eines ehemaligen industriell genutzten Areals an der Werra wurde Ende 2014 fertiggestellt.

Durch die Anlage eines durchgehenden künstlichen Werraarms entstand die **ErlebnisINSEL** mit vielfältigen Spielmöglichkeiten für kleine und erwachsene Leute wie etwa einer 18-Loch-Spielgolfanlage, einem Piratenschiff und einer Liegewie-

... und innen

Blick auf den ›Kalimandscharo‹ bei Heringen

se. Die Insel (Di–Fr 13–18 Uhr) erreicht man entweder über eine Brücke oder durch Muskelkraft mit einer Mini-Fähre.

Husenkirche

Die Ruine des Husenkirche befindet sich an der Leimbacher Straße im Westen von Bad Salzungen. Es handelt sich um die älteste Kirche im Werratal; sie soll angeblich 724 von Bonifatius höchstpersönlich geweiht worden sein. Die Eltern Martin Luthers haben hier geheiratet. Ruine ist das Gebäude übrigens erst seit Ende des Zweiten Weltkrieges. Die Kirche steht auf den Überresten einer bronzezeitlichen Siedlung.

Kunstruine Frankenstein

Die Frankensteins waren Thüringer, der Stammsitz dieses Adelsgeschlechts befand sich seit 531 bei Bad Salzungen. Von ihm sind heute nur noch spärliche Überreste vorhanden. Oberhalb des Bodendenkmals steht auf dem Klosterberg der 1891 errichtete ›Nachbau‹. Der Ausblick vom **Turm** auf den Thüringer Wald und in die Rhön allein lohnt einen Besuch.

▲ Karte S. 280/307

Renaissanceschloss Wildprechtroda

Die ehemalige Wasserburg mit ihrer gut erhaltenen Renaissancefassade steht an der tiefsten Stelle des eingemeindeten Dorfes Wildprechtroda im Süden von Bad Salzungen. Das Schloss befindet sich in Privatbesitz.

Rund um Bad Salzungen

Hinter Bad Salzungen beginnt das ehemalige Kaligebiet um Philippsthal. Auf dem 431 Meter hohen Bergkegel des Krayenberges steht die Ruine der **Krayenburg**. Es handelt sich um eine der ältesten Steinburgen des Werratals. In den 1920er Jahren erfolgte der Ausbau zu einem Ausflugslokal mit Übernachtungsmöglichkeit.

Der kleine Ort **Möhra**, etwa sieben Kilometer nördlich von Bad Salzungen gelegen, ist der Stammort der Luthers. Die Familie ist in dem Dorf seit dem 14. Jahrhundert nachweisbar. Noch heute leben deren Nachfahren hier. Ein Fachwerkhaus des alten Erbhofes, auf dem die Eltern Martin Luthers lebten, ist noch erhalten und heute Lutherstammhaus. Es steht am schönen Dorfplatz, ebenso wie ein **Luther-Denkmal** und eine **Luther-Linde**. Die **Dorfkirche** ein paar Meter oberhalb ist wegen ihrer im späten 18. Jahrhundert ausgemalten Holzdecke sehenswert.

Erlebnisbergwerk Merkers

1925 begann im Werk Merkers, etwa acht Kilometer westlich von Bad Salzungen, der Kalisalzabbau. Zum Zeitpunkt der Inbetriebnahme war es das größte Kaliwerk der Welt. Heute kann man in 500 Metern Tiefe historischen und zeitgenössischen Kalisalzabbau anhand von lebensgroßen Dioramen und allerlei Technik erleben. Die 1980 entdeckte **Kristallgrotte** ist der Höhepunkt des Bergwerks. Die Salzkristalle hier sind besonders groß und leuchten besonders schön.

Im Salzbergwerk wurden zum Ende des Zweiten Weltkrieges auch die Gold-, Platin-, Silber- und Devisenreserven der Reichsbank sowie zahlreiche Kunstwerke eingelagert. Das bekannteste unter ihnen ist wohl die Nofretete. Aber auch Koffer voller Zahngold oder beschlagnahmter Schmuck von Juden und anderen Häftlingen waren darunter. Diese Lager wurden 1945 von amerikanischen Truppen aufgespürt. Die Generäle Eisenhower, Patton und Bradley kümmerten sich persönlich um den widerrechtlichen Abtransport der Beute in Richtung Frankfurt am Main – laut Abkommen von Jalta stand der Schatz den Sowjets zu. Auch diese Geschichte wird im originalen Goldraum erzählt. Das Ereignis wurde auch in dem Hollywoodfilm ›Monuments Man‹ (2014) thematisiert.

Das Bergwerk wird auch für Veranstaltungen genutzt. So finden im ›Großbunker‹ von den Dimensionen eines großen Kirchenschiffs der besonders guten Akustik wegen das ganze Jahr über Konzerte statt, sogar Mountainbike-Touren und unterirdische Marathons.

Außerdem beherbergt Merkers mit dem ›Down Under‹ den tiefsten **Hochseilgarten** der Welt. Hier gibt es eine Kletterwand aus Salz, Netztunnel, eine unterirdische Strandbar und den tiefsten Biergarten der Welt. Überirdisch befinden sich weitere Attraktionen wie die 100 Meter lange **Seilrutsche**.

Wer sich besonders für den Kalisalzbergbau interessiert und nach dieser Tour noch mehr wissen möchte kann eine knappe halbe Autostunde weiter nordwestlich in Hessen die ebenfalls von K+S unterhaltenen Museen **Monte Kali Heringen** und das **Werra-Kalibergbau-Museum Heringen** besuchen.

Bad Salzungen und Umgebung

Vorwahl: 03695.

Tourist Information, Am Flößrasen 1, Tel. 693420; tgl. 10–17 Uhr. www.tourismus-badsalzungen.de

Ferienwohnungen und Pension Halber Mond, Halber Mond 8–12, Tel. 0173/9422295. Sehr moderne und äußerst großzügig gestaltete Ferienwohnungen und Pension in einem Teil Bad Salzungens, in dem noch einige alte Salzsiederhäuser existieren. www.ferienwohnungen-halber-mond.de

Haus Hufeland, Sulzbergerstraße 11–13, Tel. 653000. Direkt am Burgsee, moderne Zimmer mit Pay-TV. Wellnessangebote kann man nebenan im Schwesterhotel Kurhaus buchen; EZ ab 52, DZ ab 65 €. www.hotel-haushufeland-badsalzungen.de

Kurhaus am Burgsee, Am See, Tel. 653000. Traditionelles Vier-Sterne-Haus von 1851 in perfekter Lage direkt am Burgsee, moderne Zimmer, Sauna, Möglichkeit der Hallenbadnutzung in der Parkklinik; EZ ab 65, DZ ab 77 €. www.hotel-kurhaus-badsalzungen.de

Panoramahotel Am Frankenstein, Salzungerstraße 100, Moorgrund/OT

Witzelroda, Tel. 858570. Grüne Lage, mehrere gastronomische Einrichtungen, hauseigenes Damwildgehege; EZ ab 79, DZ ab 89 €.
www.hotel-bad-salzungen.de
Haus Elisabeth, Kurhausstr. 5, Tel. 828425. Moderne Zimmer und Appartements mit guter Ausstattung, Grillmöglichkeit; EZ ab 45, DZ ab 55 €.
www.pension-badsalzungen.de
Jugendherberge, Kaltenborner Straße 70, Tel. 622208. Die Herberge besteht aus mehreren Bungalows. Großes Freigelände mit Kinderspielplatz, Freibad um die Ecke. www.jugendherberge.de
Reisemobilhafen, Am Flößrasen, Tel. 69340. Der einzige TopPlatz-klassifizierte Stellplatz für Wohnmobile in Thüringen liegt unmittelbar an der Werra. Gradierwerk und Innenstadt sind um die Ecke. www.sole-reisemobilhafen.de

Haunscher Hof, Unter den Linden 4, Tel. 6210660. Gute Küche mit möglichst regionalen Bestandteilen. Die große Terrasse bietet einen tollen Blick auf den See, obwohl das historische Gebäude dadurch ein wenig verbaut wirkt.
Kartoffelkäfer, Silge 11, Tel. 606204. Nettes im Landhausstil eingerichtetes Lokal, u.a. Kartoffelgerichte, Pasta und Steaks. www.kartoffelkaefer.net
Café Saline, An den Gradierhäusern 2, Tel. 8509909. Schnuckeliges Café im Hof des Gradierwerks. www.cafe-saline.de
Kurhaus am Burgsee, Am See, Tel. 652090. Regionale, mediterrane Küche und Saisonales mit wunderschöner Terrasse hinaus zum See. Auch Eventgastronomie. www.hotel-kurhaus-badsalzungen.de

Bad Salzunger Kulturverein, Unter den Linden 4, Tel. 852840. Jede Woche, meist Sa, finden im Haunschen Hof Veranstaltungen aus verschiedenen Kulturbereichen statt. Jährliche Programmhöhepunkte: ›Bad Salzunger Kultursommer‹, ›Bad Salzunger Jazz-Nächte, ›LesBar‹ sowie Stadtfest.
www.kulturverein-badsalzungen.de

Museum am Gradierwerk, An den Gradierhäusern 4, Tel. 693471; tgl. 10–17 Uhr. www.museum.badsalzungen.de
Museum Türmchen, August-Bebel-Str. 69, Tel. 693471; Besichtigung nach Voranmeldung oder an jedem 1. Fr im Monat.
Kunstruine Frankenstein, Tel. 608911; April–Sept. Sa/So 14–18 Uhr.
Erlebnisbergwerk Merkers, Ortsteil Merkers Zufahrtsstraße, Krayenberggemeinde. Tel. 03695/614101. Führungen (Dauer 2,5–3 Std.) Jan.–März und Nov.–Dez. Di–Sa 9.30 und 13.30 Uhr, April–Okt. Di–Sa 9.30–13.30, So 10.30 Uhr, Ticketreservierung im Voraus erforderlich.
www.erlebnisbergwerk.de

Rhönradweg: In Bad Salzungen beginnt der 180 Kilometer lange Rhönradweg. Er führt bis nach Hammelburg im Tal an der Fränkischen Saale und wurde vom ADFC als Vier-Sterne-Radweg zertifiziert.

Solewelt und Gradierwerk, Am Flößrasen 1, Tel. 69340. Atemzentrum, Aktivbad, Präventions- und Fitnesszentrum, Wohlfühl- und Gesundheitszentrum, Saunalandschaft sowie Totes-Meer-Salzgrotte; Öffnungszeiten Gradierwerk für Rauminhalation tgl. 8–19 Uhr. www.solewelt.de, www.gradierwerk-badsalzungen.de

Reisemobilhafen, Bootsanleger um die Ecke von Innenstadt und Gradierwerk.

Hochseilgarten Down Under, Ortsteil Merkers Zufahrtsstraße, Krayenberggemeinde. Tel. 036963/23404 o. 0175/4018489. 500 Meter tief im Erlebnisbergwerk Merkers. www.down-under500.de

▸ Karte S. 280/307

Vacha

Vacha wurde 817 erstmalg erwähnt und ist die älteste Stadt Südwestthüringens. Seit 1186 ist der Ort Stadt. Zu DDR-Zeiten war Vacha Grenzstadt und lag direkt an der hessischen Grenze in der Sperrzone; davon ist so gut wie nichts mehr zu sehen.

Bei Vacha verlässt die Werra Thüringen in Richtung Hessen, um dann weiter nördlich zwischen Dankmarshausen und Treffurt noch einmal durch das Land zu fließen.

Sehenswürdigkeiten

Die 225 Meter lange **Werrabrücke** von 1342 war die erste steinerne Brücke über die Werra. Direkt auf ihr stand zu Zeiten der deutsch-deutschen Teilung ein Beobachtungsturm, an einer Seite der historischen Brücke verlief die Grenzmauer. Etwas Zaun und ein Beobachtungsturm stehen noch links und rechts der Brücke über die Werra. Auf der anderen Seite der Werra liegt das hessische Philippsthal. Hier steht das früher auf zwei Länder verteilte **Haus Hoßfeld**. Im Gegensatz zum Wachturm auf der Brücke existiert das Gebäude noch. Der kleinere Teil des Druckerei- und Wohnhauses lag in Thüringen, der größere in Hessen. Seit 1990 heißt die Brücke ›Brücke der Einheit‹.

Burg Wendelstein stammt aus dem 13. Jahrhundert. Der Abt von Fulda ließ sie an der für den Handel auf der Via Regia wichtigen Furt errichten. An der Burg findet man noch einige Reste der historischen Stadtbefestigungsanlage. Das **Stadt- und Heimatmuseum** in der Burg verfügt über die größte Puppensammlung in Thüringen, zum Museum gehört auch der Grenzturm mit einer kleinen Dokumentation zu Vacha als Grenzstadt. Vom **Turm** kann man auf den Ort herunterschauen.

Die evangelische **Johanniskirche** ist das dritte Gotteshaus an dieser Stelle. Der untere Teil des Turmes stammt noch von der ersten Kirche, wohl aus dem 12. Jahrhundert, und ist romanisch Nach einem Brand wurde die zweite Kirche in gotischem Stil errichtet. Dessen Kirchenschiff wurde schließlich durch ein klassizistisches ersetzt. So präsentiert sich die Kirche heute als architektonisches Puzzle ihrer einzelnen Bauphasen.

Das **Knusperhäuschen** präsentiert sich nicht wie alle anderen aus dieser Zeit im Ort im hessisch-fränkischen Fachwerkstil. Wahrscheinlich kamen seine Erbauer aus einer anderen Region und errichteten ihr Gebäude in dem für ihre Heimat typischen Stil.

Am langestreckten **Markt** steht das schönste Gebäude der Stadt: Das ›Widmarckt‹ genannte **Rathaus** wurde 1613 vom Baumeister Johann Weber im Auftrage des Diplomaten und Amtsmannes unter den Landgrafen von Hessen, Caspar von Widmarckter, erbaut. Innen ist es mit zahlreichen Wandbildern ausgemalt. 1813 nächtigte Napoleon auf seinem Rückzug von der Völkerschlacht in dem Gebäude. Der **St. Vitusbrunnen** auf dem Marktplatz stammt ebenfalls von 1613 und bildet zusammen mit dem Rathaus ein wunderschönes Fotomotiv. Vitus ist der Schutzhei igenpatron von Vacha.

Im Ort gibt ein einen **Storchenturm**. Mittels Webcam kann verfolgt werden, was sich im Nest abspielt.

In der Umgebung

Südlich von Vacha, zwischen dem Öchsen (627 Meter) und dem Dietrichsberg (668 Meter), direkt neben dem Kelten-Hotel ›Goldene Aue‹, liegt das **Keltendorf Sünna**. Auf dem Öchsenberg als nördlichstem Berg der Rhön stand bereits in der Eisenzeit eine befestigte

St. Vitus vor dem Rathaus

Siedlung, eine sogenannte Oppida. Die Größe der Anlage und archäologische Funde lassen auf eine herausragende Bedeutung des Öchsenberges schließen. Ab 2003 reifte der Gedanke, ein komplettes Keltendorf mit Palisadenwall, Wehrturm und mehr als einem Dutzend Häusern nachzubauen. Ursprünglich bestand auch die Idee, in den Hütten reguläre Übernachtungen anzubieten. Umgesetzt werden durfte die Idee allerdings bis heute nicht. Stattdessen gibt es Führungen, Keltenfeste, Brotbackaktionen oder Bogenschießen. Dem folgt im Idealfall ein ausgelassenes Fest im Langhaus.

Der **Keltenpfad**, ein Premium-Wanderweg von 17 Kilometern Länge, verbindet Keltendorf, Öchsen, Dietrichsberg und die an den Basaltbergen liegenden Gemeinden miteinander. Die Route führt durch eine schöne Landschaft mit tollen Ausblicken. Auf dem Öchsen befinden sich ein **Keltenkreuz** und Reste der **Ringwallanlage**. Auch steht hier eine **Wanderhütte** des Rhönklubs, die im Sommer an Sonntagen bewirtschaftet wird.

Gerstungen

Gerstungen liegt gut 15 Kilometer werraabwärts von Vacha. Das **Schloss Gerstungen** mit seinem Fachwerk-Obergeschoss entstand aus einer alten Wasserburg und beherbergt das **Werratalmuseum**. Neben der heimatkundlichen Sammlung mit Informationen zu Naturkunde, Geschichte und Kultur gibt es eine umfangreiche Sammlung an Werrakeramik und Informatives zu Gerstungens Eisenbahngeschichte und als Grenzbahnhof.

Seit Jahrhunderten befindet sich auf dem Schloss ein Storchennest. Die enge Bindung der Gerstunger zu ihren Störchen unterstreicht auch der Storchenbrunnen auf dem Marktplatz von 1936. Die **Katharinenkirche** stammt von 1588.

Lauchröden

Die **Burgruine Brandenburg** in Lauchröden mit ihren zwei Bergfrieden und dem dominanten Wohnturm ist eine der größten Doppelburganlagen Mitteldeutschlands. Sie erhebt sich oberhalb der Werra auf den Vorausläufern des Thüringer Waldes.

i Vacha und Umgebung

Vorwahl: 036962.

Tourist Information, Markt 4, Tel. 2610; Mo, Fr 9–12, Di, Do 9–12 und 13–16 Uhr (manchmal Do 13–18 Uhr). www.vacha.de

Kelten-Hotel Goldene Aue, Sünna, Tel. 2670. Schönes Haus direkt neben dem Keltendorf; gutes Restaurant, innen keltisch angehaucht mit Wandbildern und offenem Kamin; EZ ab 64, DZ ab 79 €. www.keltenhotel-rhoen.de

Landgasthof Zur guten Quelle, Kaltensundheim, Tel. 036946/3850. Sauna, Wellness, Kegelbahn, Restaurant. www.gute-quelle.de

Eddi's Eiscafé, Bergstr. 11, Kaltensundheim, Tel. 036946/20712. Frisch zubereitetes Wunsch-Eis und selbstgemachte Kuchen. www.eddies-eiscafe.de

Museum in der Burg Wendelstein, Tel. 22839; April–Nov. Di–Fr 10–17, Mi 10–12, Sa/So 14–17 Uhr. www.vacha.de

Werratalmuseum, Sophienstr. 4, Gerstungen, Tel. 036922/31433; Mai–Okt. tgl. 14–17 Uhr. www.gerstungen.de

Burgruine Brandenburg, Tel. 0176/56958352. Ruine frei zugänglich. Burgmuseum und Aussichtsterrasse April–Sept. Mi und Fr 10–16, So 11–17 Uhr (geöffnet bei Verfügbarkeit von Aufsichtspersonal). www.die-brandenburg.de

Das Grabfeld

Die Grabfeld genannte Region ganz im Süden Thüringens erstreckt sich zu beiden Seiten der thüringisch-bayerischen Grenze. Das leicht hügelige, ausgesprochen regenarme Gebiet ist durch den Ackerbau geprägt und weist aber auch einige Sehenswürdigkeiten auf, darunter gut erhaltene historische Fachwerkdörfer wie Ummerstadt, Linden, Eicha, Gleichamberg, Milz und Dingsleben.

■ Bedheim

Das ab 1588 im Renaissancestil wieder errichtete **Schloss** und das dazugehörende **Gut** mit Gartenanlage sind nahezu vollständig erhalten geblieben. Zur sehenswerten Gutshofanlage gehört ein Gartencafé am Schlossgarten. Im **Museum** geht es um die Geschichte von Schloss Bedheim, zudem finden Ausstellung zeitgenössischer Künstler statt. Die **Kilianskirche** neben dem Schloss besitzt reiche Bemalungen und Schnitzereien, ihre barocken Orgeln sind einmalig. Obwohl Hauptorgel und Schwalbennestorgel an verschiedenen Stellen der Kirche stehen, können sie doch gemeinsam von einem Organisten gespielt werden. Im Sommer finden regelmäßig Konzerte statt.

Das schmucke Zentrum von Römhild

▲ Karte: vordere Umschlagklappe

■ Straufhain

Beginnend mit dem 19. Jahrhundert, geht es im **Zweiländermuseum Rodachtal** um das Leben in Thüringen und Franken: wie man lebte, aufwuchs und wie das Rodachtal sich wandelte. Vor allem das 20. Jahrhundert und hier die deutsche Teilung stehen dabei im Mittelpunkt.
Auf dem Straufhain erhebt sich die **Burgruine Straufhain**.

Bad Colberg-Heldburg

Fränkische **Fachwerkhäuser** prägen die kleine Marktstadt Heldburg mit der markanten Veste. Recht gut erhalten ist die **Stadtmauer** aus dem 15. Jahrhundert, so existieren noch 5 der ehemals 14 Türme sowie eines der beiden Stadttore. Seinen Thermalquellen im Stadtteil Colberg verdankt der Ort den Zusatz Bad.
Die terrassenförmig angelegte Bäder- und Saunalandschaft der **Therme** ist voll verglast und gibt zu jeder Tageszeit den Blick nach draußen frei. Die elf Innen- und Außenbecken sind mit unterschiedlich temperiertem Wasser aus den drei natürlichen Thermal- und Thermalsolesprudelquellen befüllt. Es gibt auch mehrere Saunen.
Weithin sichtbar thront die **Veste Heldburg** auf ihrem 403 Meter hohen Berg über der Umgebung. Sie stammt aus dem Hochmittelalter. Von den Grafen von Henneberg ging die der Grenzsicherung dienende Anlage aufgrund von Heirat 1374 in den Besitz der Wettiner über. Im 16. Jahrhundert baute man die mittelalterliche Burganlage zu einem Bergschloss um. Der in dieser Zeit entstandene Französische Bau mit dem Herrenerker, den Portalen und Kaminen ist einer der bedeutendsten Renaissancebauten in ganz Mitteldeutschland. Der Theaterherzog Georg II. von Sachsen-Meiningen ließ die Heldburg ab 1875

Im Deutschen Burgenmuseum auf der Veste Heldburg

im Stile des Historismus als Wohnsitz ausbauen. Einige seiner Nachfahren lebten bis 1945 hier. Zu DDR-Zeiten lag die Veste in der Sperrzone der Grenze und fungierte als Kinderheim. Nach einem schweren Brand 1982 ist die Anlage bis 2013 vollständig saniert worden.

Das **Deutsches Burgenmuseum** in der Veste beschäftigt sich mit der Baugeschichte und der Bedeutung von Burgen im deutschsprachigen und internationalen Raum. Die Dauerausstellung ist chronologisch angelegt und bietet auch zahlreiche Einblicke in das Leben auf einer Burg. Eine weitere Ausstellung wurde im Kommandantenbau zum Thema ›Gebaute Bilderwelten – Georg II. und seine Veste Heldburg‹ eingerichtet. Sie befasst sich mit der Geschichte der Heldburg und deren Sanierung im 19. und 20. Jahrhundert.

Die Freifraukemenate ist der einzige Raum auf der Heldburg mit original erhaltener Innenausstattung aus dem 19. Jahrhundert. Der in den Fels geschlagene Brunnen ist mit 114 Metern Tiefe übrigens einer der tiefsten Burgbrunnen in Deutschland. Vom Aussichtsturm reicht der Blick weit in die Umgebung. Das Veranstaltungsprogramm der Veste ist vielfältig.

Fachwerkorte

In Ummerstadt, Linden, Eicha, Gleichamberg, Milz und Dingsleben findet man gut erhaltene historische Fachwerkbauten, wie sie früher für das gesamte Grabfeld typisch waren.

Römhild

Der Kern der kleinen, äußerst schmucken Stadt Römhild steht unter Denkmalschutz. Das Herzogtums Sachsen-Römhild war klein und kurzlebig, aber hatte sogar einen Hofkapellmeister.

Ihre heutige Form erhielt die spätgotische **Stiftskirche** zwischen 1450 und 1470. Die Deckengewölbe im Innern, der barocke Hochaltar und die Orgel verleihen der Kirche ein prächtiges Aussehen. Zwei aus Bronze gegossene Grabdenkmäler sind die wertvollsten Kunstschätze der Kirche. Die Statue von Otto IV. sowie der Sarkophag für das Grafenpaar Hermann VIII. und seiner Frau Elisabeth von Brandenburg stammen aus der Nürnberger Werkstatt von Peter Vischer.

Das romantische **Schloss Glücksburg** mit seinen zwei Innenhöfen hat einiges erlebt. 1539 abgebrannt, wurde es in seiner Geschichte immer wieder umgebaut, verfiel und wurde wieder aufgebaut. Es war Residenz der Henneberger Grafen Römhilder Linie und später des ernestinischen Herzogtums Sachsen-Römhild. Heute beherbergt es ein **Museum** mit der Geschichtssammlung zu Stadt und Schloss, eine historische Spielzeug und eine Antikensammlung sowie die ›Hönn'sche Sammlung‹ mit allerlei regionalen Werkzeugen und Gerätschaften aus Handwerk und Landwirtschaft. Dazu gehört auch eine umfangreiche Sammlung zum Töpferhandwerk in Römhild. Im **Schlossgarten** wird eine Keramikskulpturensammlung präsentiert. Es gibt auch ein historisches **Feuerwehrmuseum** auf dem Schlossgelände. Jedes Jahr am dritten August-wochenende findet auf dem Schloss der Thüringer Keramikmarkt Römhild statt.

Steinsburgmuseum

Östlich von Römhild, zwischen Kleinem Gleichberg (642 Meter) und Großem Gleichberg (679 Meter), wurde eine bedeutende Keltensiedlung entdeckt. Die Ergebnisse der Ausgrabungen an der Steinsburg waren so produktiv, dass man beschloss, ein Museum einzurichten. Am nördlichen Hang des Kleinen Gleichbergs liegt zwischen den beiden Gleichbergen das **Steinsburgmuseum**. In der kleinen Ausstellung mit fünf Räumen geht es um die Besiedlungsgeschichte der Gleichberge und Südthüringens in der Ur- und Frühzeit. Es werden archäologische Funde der Ausgrabungen gezeigt. Im Mittelpunkt stehen dabei natürlich die Kelten, die vom 6. bis zum 1. Jahrhundert v.Chr. in der Region siedelten.

Am Steinsburgmuseum beginnen vier archäologische **Rundwanderungen**. Eine führt auf den Kleinen Gleichberg zur alten Steinsburgsiedlung. Zwar sind die etwa einen Meter hohen Überreste der Fundamente der Steinsburgkapelle wenig aufsehenerregend. Spektakulär hingegen ist der Ausblick, den man von hier oben hat. Die Tour dauert etwa 45 Minuten. Eine andere Route führt auf den Großen Gleichberg. Die Rundtour bis zurück zum Museumsparkplatz dauert etwa eine Stunde. Alle archäologischen Wanderungen sind mit Infotafeln ausgestattet.

▲ Karte: vordere Umschlagklappe

Behrungen

Im thüringisch-bayrischen Grenzgebiet wurde eine Mahn- und Gedenkstätte sowie eine ehemalige Grenzinformationsstelle mit Turm als **Deutsch-Deutsches Freilandmuseum** zum Freilandmuseum gestaltet. Auf dem Areal finden sich zahlreiche Grenzanlagen wie Sperrzaun, Kolonnenweg, KFZ-Absperrgraben und Zäune. Die Grundidee ist die authentische Wiedergabe der Situation an der Grenze zu Zeiten der Teilung. Im Grenzturm befindet sich eine Ausstellung.

Bibra

In der reich ausgemalten **Kirche** stehen der Kirchenväteraltar, der Verkündigungs- und der Apostelaltar. Alle drei Altäre werden Till Riemenschneider zugeschrieben. Die **Burg Bibra** entstand ab dem 12. Jahrhundert und wurde im Dreißigjährigen Krieg zerstört. Von der ursprünglichen Burg blieben die Kemenate sowie die Mauern mit Wehrtürmen erhalten. In der Burg ist heute ein Seminarzentrum untergebracht. Gegenüber steht das **Neue Schloss** von 1558.

Bauerbach

Im Dezember 1782 kam der junge Schiller auf das Gut der Baronin von Wolzogen in Bauerbach. Während seines siebenmonatigen Aufenthalts bis zum Juni 1783 schrieb er unter anderem ›Kabale und Liebe‹ und begann mit ›Don Carlos‹. Das **Schillermuseum** im Gutshaus ist heute Schiller-Gedenkstätte. Neben historisch eingerichteten Räumen geht es auch um die Gründe für Schillers Flucht aus Stuttgart nach Bauerbach. An den Freilichtaufführungen im Naturtheater ›Friedrich Schiller‹ im ehemaligen Fohlengarten der Familie Wolzogen sind auch viele Bauerbacher beteiligt. Der elf Kilometer lange Kulturwanderweg **Schillerwanderweg** führt von Meiningen nach Bauerbach.

Burgruine Henneberg

Von der einst großen Stammburg des mächtigen Adelsgeschlechtes der Henneberger stehen im benachbarten Henneberg nur noch der Burgfried und ein paar Mauern.

Das Grabfeld

Tourist Information: Hauptstr. 4, Bad Colberg-Heldburg, Tel. 036871/20159; Mo–Do 9–15, Fr 9–12 Uhr.
www.bad-colberg-heldburg.de

Rittergut Friedenthal, 5 km von Hildburghausen. Tel. 03685/406611. 3 Blockhütten für 2–5 Pers. in den wenig besiedelten Gleichbergen; ab 50 € pro Nacht. Das Gut züchtet Australian Shepherds und Pferde, ideal für Reiturlaube. Um das Gut herum gibt es zahlreiche Reitwege.
www.gut-friedenthal.de

Restaurant Jägerstube, Jagdschloss Fasanerie, Hermannsfeld, Tel. 0171/6352007. Im ehemaligen klassizistischen Jagd- und Lustschloss von 1790 kann man lecker Kuchen essen. Kleine Speisekarte, am Sonntag Thüringer Klöße.

Schloss Bedheim, Schloss 1, Bedheim, Tel. 03685/706135. Außenanlagen tagsüber immer geöffnet, Schloss und Gartencafé Mai–Okt. Sa/So 13–19 Uhr.
www.schloss.bedheim.de

Kilianskirche, Bedburg, Infos über Konzerte: www.schwalbennestorgel.de

Zweiländermuseum, Straufhain, Obere Marktstr. 3, Tel. 036875/50651; April–Okt. Do–Sa 13–18, So 10–18 Uhr, Nov.–März Do–Sa 13–17, So 10–17 Uhr.
www.zweilaendermuseum.de

Deutsches Burgenmuseum, Veste Heldburg, Burgstr. 1, Bad Colberg-Heldburg, Tel. 036871/21210; April–Okt. Di–So 10–17 Uhr, Nov.–März Di–So 10–16 Uhr.
www.deutschesburgenmuseum.de

Museum Schloss Glücksburg, Griebelstr. 28, Tel. 036948/88140; April–Okt. Di–Fr 10–12 und 13–16, So 13–17 Uhr, Nov.–März nach vorheriger Absprache.
www.stadt-roemhild.de

Steinsburg Museum, Waldhaussiedlung 8, Römhild, Tel. 0361/573222C00; Di–So 9–17 Uhr. www.steinsburgmuseum.de

Freilandmuseum, Behrungen; jederzeit zugänglich. www.deutsch-deutsches-freiland museum.de

Schillermuseum Bauerbach, Friedrich-Schiller-Str. 1, Tel. 03693/4366. Die Wiedereröffnung ist für die zweite Jahreshälfte 2020 geplant. www.klassik-stiftung.de

Naturtheater Bauerbach,
www.naturtheater-bauerbach.de

Kalter Markt (letzter Do im Jan), Römhild. Seit 1800 bieten Händler ihre Waren an. Handwerkliches, Kleidung, natürlich Töpferwaren, Trödel und auch Kleintiere.

Montgolfiade, Bad Colberg-Heldburg. Große Heißluftballonveranstaltung mit Ballonglühen und Montgolfiademarkt.
www.bad-colberg-heldburg.de

Terrassentherme, Parkallee 1, Bad Colberg-Heldburg, Tel. 036871/230.
www.dengg-kliniken.de

Die Rhön

Westlich von Meiningen, Schmalkalden und südlich von Bad Salzungen und Vacha erstreckt sich die Rhön. Der Mittelgebirgszug dehnt sich von Nordwest nach Südost über die drei Bundesländer Hessen, Thüringen und Bayern und wird daher auch als Deutschlands Dreiländerwald bezeichnet. Viel Wald gibt es tatsächlich, aber treffender wäre wohl die Bezeichnung ›Land der offenen Fernen‹. In der Rhön findet man neben viel Wald auch Kalkmagerrasen, unbewaldete Bergkuppen und Moore. Zahlreiche der sanft ansteigenden Berge werden landwirtschaftlich genutzt. Da das Konzept ›Nationalpark‹ nicht in die Kulturlandschaft Rhön passte, entschied man sich, es als Biosphärenreservat auszuweisen. Dieses existiert seit 1991 länderübergreifend als UNESCO-Biosphärenreservat Rhön; 48910 seiner insgesamt 243323 Hektar liegen in Thüringen. Der Beschluss, die Thüringer Rhön als ausgewiesenes Biosphärenreservat zu bestätigen fiel allerdings bereits früher, als letzter Punkt der letzten Ministerratssitzung der DDR am 12. September 1990. Seither widmet man sich Schutz, Pflege und Entwicklung der landwirtschaftlich geprägten Kulturlandschaft.

Seit Jahrtausenden ist die Rhön besiedelt. Immer wieder findet man archäologische Zeugnisse, unter anderem von den Kelten, die vor mehr als 2500 Jahren hier ansässig waren. Das Leben in der Rhön war immer schon schwierig: Die Böden und das Klima sind alles andere als ideal, entsprechend schlecht waren die landwirtschaftlichen Erträge. Von den Einnahmen aus der Landwirtschaft allein konnten die Rhöner nicht leben. Und so schufen sie sich mit der Verarbeitung von Wolle, Korbflechten oder Schnitzen einen Nebenverdienst. Daraus entstand beispielsweise die Tradition der Rhönschnitzer.

Zur Landschaftspflege wird unter anderem das inzwischen auch recht selten gewordene Rhönschaf eingesetzt. Diese Haustierrasse ist perfekt an die klimatischen Bedingungen der Rhön angepasst und übrigens das einzige Schaf, bei der Kopf und Füße eine unterschiedliche Farbe haben. Inzwischen ziehen wieder vermehrt Rhönschafherden die Hügel hinauf. Als ›Mouton de la Reine‹ (Fleisch der Königin) wurde das Rhönschaf früher in Paris sehr geschätzt. Vielleicht lag das ja auch daran, dass Napoleon bei seinem Rückzug durch die Rhön angeblich ein paar Rhönschafe mitgenommen haben soll.

■ Regionale Produkte

Die Küche der Rhön ist traditionell bäuerlich. Die Gerichte sind nahrhaft bis deftig, die Zutaten saisonal. Die Einflüsse der angrenzenden Regionen sind deutlich zu spüren. Bezeichnungen wie Hutzelkräppel, Krempelsopp, Ploatz, Deitscher, Flurgönder oder Stracke erschließen sich einem nicht unbedingt gleich beim ersten Mal. Mit Weideochsen, Roulade vom Rhönschaf oder Rhönlamm kann man schon mehr anfangen. Auf den Tisch kommt zunehmend auch wieder die Rhöner Bachforelle als ›Rotgetupfte‹. Es gibt Spatzeklöß (Semmelklöße) zum Rhöner Biergulasch und Rhönbräu. Die Rhön auch für ihre Wurst berühmt. Unter den unzähligen Sorten seien als Beispiel Blutkuchen und Stracke (Aalewurst) genannt. Bekannt ist die Rhön auch für ihr Mineralwasser, Säfte, Brände, Honig und Fruchtaufstriche.

■ Tourismus

Der **Hochrhöner** ist ein 175 Kilometer langer Wanderweg von Bad Kissingen

▶ Karte S. 280

nach Bad Salzungen. Der Weg und weitere 20 als Tagestouren gestaltete Zusatzwege sind vom Deutschen Wanderinstitut als Premiumwanderwege (Top Trails of Germany) zertifiziert.

Für Biker ist die Rhön ein Erlebnis. Die Dichte an Motorradfahrern und Autos ist auch zur Hauptsaison noch gering. Die Deutsche Alleenstraße und weitere Touren bieten mit ihrem Auf und Ab, den kurvenreichen Strecken und immer wieder plötzlich auftauchenden Perspektivwechseln und Fernblicken enormen Fahrspaß.

Der Gebaberg bietet Ausblicke in die Vorderrhön und Wandermöglichkeiten. Unter anderem gibt es einen **Rhönkulturgarten** mit Keltendorf, die **Meininger Hütte** vom Rhönklub, ein **Museum** über die Zeit der Roten Armee auf dem Berg und mit dem Bergstübchen eine Einkehrmöglichkeit. Der Rhönkulturgarten ist ein Schau- und Lehrgarten zur Rhöner Fauna. Das Projekt Schiefer Turm auf dem Gebaplateau für 20 Millionen Euro wurde durch einen Bürgerentscheid abgewählt. Geplant war ein 70 Meter hoher und mit 23,5 Grad Neigung der schiefste Turm der Welt.

Nachtwächter am Marktbrunnen in Geisa

Sternenpark Rhön

Seit August 2014 ist die Rhön Sternenpark und somit nach dem Naturpark Havelland das zweite ›Dark Sky Reserve‹ Deutschlands. 2016 wurde die Rhön vom National Geographic zu einem der acht schönsten Sternenbeobachtungsplätze der Welt gewählt. Die 2,5 Millionen Lichtjahre entfernte Galaxie Andromeda kann man hier mit bloßem Auge sehen. Es ist das viele vom Menschen produzierte künstliche Licht, das den Himmel verschmutzt und eine klare Sicht auf die Sterne beeinträchtigt. Um Sternenpark zu werden, muss man strenge Beleuchtungsrichtlinien einhalten. Neben dem Ziel einer klaren Sicht auf den Nachthimmel geht es auch um den Schutz nachtaktiver Tiere sowie um Energieeinsparung. Der Sternenpark Rhön entspricht in seinen Grenzen denen des Biosphärenreservats und seiner Kernzonen. Die Gegend um das 751 Meter aufragende Hochplateau Hohe Geba zum Beispiel ist Thüringens dunkelster Punkt und zählt zu den dunkelsten Gebieten in Deutschland und sogar ganz Mitteleuropa.

Sternenwanderungen: Tel. 0800/ 9719772, www.sternenpark-rhoen.de

Geisa

Das Städtchen Geisa erstreckt sich auf einem Bergrücken oberhalb der Flüsse Ulster und Geisa. Der Name Ulster soll auf irische Mönche zurückgehen, die hier

Einmalig: das erhaltene Zentgericht

im 6. und 7. Jahrhundert missionierten. Der Ort gehörte fast 1000 Jahre lang, von 817 bis 1803, zum Bistum Fulda und ist daher tief katholisch. Karneval und Rosenmontag werden hier ganz groß geschrieben.

Unmittelbar hinter dem nächsten Bergrücken begann die BRD, der frühere Grenzübergang ›Point Alpha‹ ist von Geisa zum Greifen nah. Die Lage direkt an der Grenze machte die Stadt über Jahrzehnte zu einer verbotenen Stadt. Heute ist der Ort mit seinem geschlossenen historischen Stadtbild, Schloss, Marktplatz, Stadtmauerresten und den historischen Gassen ein touristisches Schmuckstück. Geisa ist Teil des Hessischen Kegelspiels. Damit bezeichnet man die neun hier aus der Landschaft herausragenden Vulkankegel der Gegend. 2017 feierte Geisa seinen 1200-jährigen Geburtstag.

▶ Karte S. 280

Rund um den Schlossplatz

Das am höchsten Punkt des Geisaer Berges thronende Schlossensemble besteht aus mehreren Gebäuden. Das **Barockschloss** wurde 1712/13 als ›neues fürstliches Jagdhaus‹ auf Veranlassung des Fuldaer Fürstabtes Adabert von Schleifras errichtet. Sein Wappen krönt auch das Portal. Die Fürstäbte nutzten es als Jagdschloss und Sommerresidenz.

Das **Fürstliche Schloss** mit seinem Mittelturm wurde am Ende des 17. Jahrhunderts erbaut. Es war Amts- und Verwaltungssitz der Fuldaer Fürstäbte und Fürstbischöfe für das Amt Geisa. Von 1815 bis 1918 befand sich hier das Amtsgericht des nach dem Wiener Kongress zuständigen Großherzogtums Sachsen-Weimar-Eisenach. Noch heute wird es daher Amtsgerichtsgebäude genannt. Man kann in beiden Schlössern essen und übernachten und sich bilden. Etwas neidisch blicken die Nachbargemeinden auf Geisa, hat die Stadt doch mit dem aus der Stadt stammenden Millionär Werner Deschauer einen großzügigen Sponsor. Dieser übernahm beispielsweise den Eigenanteil der Stadt zur Sanierung des Barockschlosses. Im Amtsgerichtsgebäude und Schloss hat die Point Alpha Stiftung sowie deren Akademie ihren Sitz.

Eines der Nebengebäude auf dem Schlossplatz diente früher als Gefängnis. Die **evangelische Kirche** von 1860 am Schlossplatz wurde extra für die aus dem protestantischen Sachsen-Weimar-Eisenach zugezogenen Bürokraten und deren Anhang eingerichtet.
Unterhalb des Barockschlosses liegt der terrassenförmig angelegte **Schlosspark**. Von hier hat man einen herrlichen Blick auf die Ulster und die Umgebung. Auch ein kleiner **Weinberg** wurde angelegt.
Der Gangolfiberg mit dem historischen **Gangolfipark** und dem sich anschließenden **Friedhof** liegt direkt hinter dem Schloss. Neben dem alten Baubestand und einigen Skulpturen befindet sich hier ein original erhaltenes Zentgericht aus dem 11. Jahrhundert. Die mittelalterliche Gerichtsstätte ist für Mitteldeutschland einmalig. Die erhaltenen Steine dienten als Sitzgelegenheit.
Das **Stadtmuseum** am Schlossplatz thematisiert die Regionalgeschichte Geisas und seiner Einwohner. Zu den bedeutendsten Exponaten gehören keltische Grabbeigaben und eine Originalausgabe des Geisaer Universalgelehrten Athanasius Kircher von 1678.

Rund um den Markt

Der **Marktbrunnen** aus Sandstein stammt von 1677. Das **Rathaus** wurde bis 1861 erbaut. Der Architekt erschuf davor auch das Rathaus in Erfurt. Der Geisaer Nachtwächter behauptet daher, die Geisaer hätten den Architekten erst einmal das neue neogotische Rathaus in Erfurt bauen lassen. Und als sie sich einig waren, dass er das ganz gut gemacht hätte, beauftragten sie ihn mit dem Bau ihres neuen Rathauses.
Zwischen Markt- und Kirchplatz steht die **Stadtpfarrkirche St Philippus** aus dem 15. Jahrhundert. Der Turm ist mit einem Carillon von 49 Glocken bestückt. Jeden Tag um 11, 15 und 19 Uhr werden Melodien gespielt.

Weitere Sehenswürdigkeiten

Etwas weiter unten, an der Werner-Deschauer-Str. 16, befindet sich die **Bäckerei Faber** – und das durchgehend bereits seit 1553. Sie ist somit eine der ältesten Bäckereien Thüringens und eine der fünf ältesten Bäckereien Deutschlands. Es werden Führungen ab zehn Personen angeboten mit spannenden Geschichten über Familie und Brot. Wert legt die Chefin dabei darauf, den Leuten zu erklären, was gutes Brot ausmacht und woran man es erkennt. Gekrönt wird die Tour mit einem Kaffeekränzchen.
Über mehrere Durchbrüche in der Stadtmauer gelangt man von der Oberstadt hinunter zur Ulster, an deren Aue eine naturnahe **Spiel- und Erholungslandschaft** gestaltet wurde. Hier befinden sich ein Flussspielplatz und der Ulstertal-Radweg. Architektonisch erwähnenswert ist auch das aus den 1950er Jahren stammende und liebevoll restaurierte **Kulturhaus** am Fluss.

Grenzmuseum

Auf dem Bergkamm oberhalb von Geisa verlief früher die innerdeutsche Grenze. Hier befindet man sich am einst westlichsten Punkt des Ostblocks. Amerikaner und Sowjets standen sich in bemerkenswerter Soldatenstärke unmittelbar gegenüber. Das neue blaue **Museumsgebäude Haus auf der Grenze** wird mit Sicherheit keinen Architekturpreis gewinnen, die Ausstellung im Innern dagegen ist top. Mit Hilfe von Modellen, spannenden Exponaten und multimedialer Aufbereitung bekommt man einen umfassenden Eindruck von der früheren Grenzsituation. Eine kleine Ausstellung zum Grünen Band und zum Biosphärenreservat gibt es hier ebenfalls. Zu einer Seite des Museums erstreckt sich auf eineinhalb Kilometern des ehemaligen Todesstreifens der **Weg der Hoffnung** mit 14 Skulpturen. In Richtung US-Militärcamp lassen sich entlang des Kolonnenweges anhand von originalen und rekonstruierten Grenzanlagen aus verschiedenen Epochen die Ausbaustufen der Grenze nachvollziehen. Dass der Begriff ›Eiserner Vorhang‹ von Goebbels stammt, erfährt man bei der Führung ganz nebenbei auch.

Auf hessischer Seite ist das US-Militärcamp ›Observation Post Alpha‹, heute **Point Alpha** genannt, noch originalgetreu erhalten. Es ist übrigens das ehemals größte und einzige noch erhaltene US-Bordercamp. Hier wird die westliche Sicht der Dinge präsentiert. Am sogenannten Fulda Gap befand sich eine der heißesten Zonen des Kalten Krieges: Die Fuldaer Senke galt als eine der potentiellen Haupteinfallschneisen des Warschauer Paktes im Falle eines Krieges. Anschaulich zwischen allerlei Militärgerät, Karten und Uniformen werden die NATO-Verteidigungspläne an einem militärischen Modell mit den vermuteten Hauptstoßrichtungen der sich bis auf die Zähne bewaffneten gegenüberstehenden verfeindeten Blöcke dargestellt. Wie die Pläne des Warschauer Paktes aussahen, weiß man bis heute nicht, da die Moskauer Archive nicht zugänglich sind. Point Alpha steht heute unter Denkmalschutz.

Erhaltene frühere Grenzanlagen oberhalb von Geisa

▸Karte S. 280

Schade ist, dass es insgesamt kaum größere erhaltene Abschnitte der Grenze mehr gibt. Man hatte es nach der Wende sehr eilig, den ›Antifaschistischen Schutzwall‹ abzubauen. Und so kann man sich kaum noch ein richtiges Bild machen, wie es einmal aussah. Das ist umso bedauerlicher, wenn man sich vergegenwärtigt, wie die Exkursionsleiter von Point Alpha zu erzählen wissen, dass heutige Abiturienten etwa zehn Minuten nach Beginn der Führung fragen, von was für einer innerdeutschen Grenze man eigentlich rede. Auch Point Alpha sollte renaturiert werden, konnte jedoch durch das Engagement von Ost- und Westdeutschen vor diesem Schicksal gerettet werden.

Sehenswert ist auch die **Informationsstelle über die ehemalige Grenze zur DDR** im hessischen Tann. Und wenn man schon einmal dort ist, sollte man auch gleich das **Freilichtmuseum Rhöner Museumsdorf** anschauen. Es ist zwar noch recht klein, aber man bekommt einen guten Einblick in die Rhöner Bautradition.

Die innerdeutsche Grenze

Thüringische Orte wie Treffurt, Hirschberg, Mödlareuth, Creuzburg und Vacha lagen bis zum Ende der DDR in der Fünf-Kilometer-Sperrzone und waren ohne einen speziellen Eintrag im Personalausweis überhaupt nicht zugänglich. Der Vorläufer dieser Sperrzone war schon recht bald nach Gründung der DDR eingerichtet worden: Am 26. Mai 1952 beschloss der DDR-Ministerrat die ›Verordnung über Maßnahmen an der Demarkationslinie‹ an der innerdeutschen Grenze. War die Grenze bis dahin noch relativ durchlässig gewesen, so wurde sie bis 1959 auf mehr als 1000 Kilometern Länge mit Stacheldrahtzäunen und später mit Doppelzäunen komplett abgeriegelt. Die Grenzsperranlagen bestanden zunächst aus einfachen Holz- und Maschendraht- oder Stacheldrahtzäunen und wurden in den folgenden Jahren und Jahrzehnten zu umfangreichen Grenzanlagen ausgebaut.

Am 13. August 1961 wurde mit dem Bau der Berliner Mauer begonnen. Auch die Westgrenze der DDR wurde in der Folgezeit weiter systematisch ausgebaut. Insgesamt bestanden 1393 Kilometer Grenze zur BRD. Fünf Kilometer vor der eigentlichen Grenze wurde vor unbefugtem Betreten des Grenzgebietes gewarnt. Nur mit Sondergenehmigung durfte man in die Sperrzone einreisen, Bewohner des Schutzstreifens und der Sperrzone besaßen besondere Wohn- und Aufenthaltsgenehmigungen. Die Einreise ins Grenzgebiet erfolgte über Kontrollpunkte der Volkspolizei, als Schutzstreifen wurde der Abschnitt unmittelbar 500 Meter vor der Grenze bezeichnet. Hier galten noch strengere Vorschriften und Kontrollen. Gesichert wurde der Bereich ab 1983 durch den Grenzsignal- und Sperrzaun II. Die stromführenden Drähte lösten beim Berühren oder Zerschneiden unbemerkt Alarm in der nächsten Führungsstelle aus. Vor dem Zaun befand sich ein zwei Meter breiter Kontrollstreifen. Er diente der Spurensicherung. Die eigentliche Grenze wurde durch den Grenzzaun I gesichert. Die Grenze bestand überwiegend aus Streckmetallzaun, in einigen Gegenden – etwa um Westberlin, in Mödlareuth oder Vacha – aus einer Mauer. Im Fachjargon wurde sie Betonsperrmauer oder -sperrelement genannt. Tore im Grenzzaun ermöglichten das Betreten des vorgelagerten Hoheitsgebietes. Der eigentliche Grenzverlauf wurde mit Grenzsteinen und zusätzlich auch mit Hinweistafeln und Pfählen markiert. Die schwarz-rot-goldenen Grenzsäulen mit dem Hoheitszeichen der DDR standen bereits einige Meter hinter der eigentlichen Grenze im vorgelagerten Hoheitsgebiet. Die Grenzanlagen wurden mit den Jahrzehnten immer ausgefeilter, aber auch immer teurer. Zum Ende der DDR hatten die dem Ministerium für Nationale Verteidigung unterstellten Grenztruppen eine Stärke von etwa 47000 Mann. Unterstützt wurden sie von 2640 Hunden. Im Grenzgebiet war zudem auch die Volkspolizei zuständig.

Wie viele Menschen insgesamt bei Fluchtversuchen umkamen, ist bis heute nicht geklärt. Man geht von etwa 1000 Opfern aus. Die Grenztruppen wurden im Gegensatz zur Nationalen Volksarmee (NVA) nach der Vereinigung der beiden deutschen Staaten nicht in die Bundeswehr überführt, sondern aufgelöst. Von der Beschaffenheit der ehemaligen Grenze kann man heute kaum noch etwas erahnen. In einigen Museen bekommt man noch einen Eindruck davon. Ansonsten gehört die alte innerdeutsche Grenze heute als Biotopverbund ›Grünes Band‹ überwiegend wieder der Natur.

EXTRA

Geisa und Umgebung

Vorwahl: 036967.
Tourist Information, Marktplatz 27, Tel. 69115; Mo–Fr 9–13.30 Uhr.
www.stadt-geisa.org

Schloss Geisa, Schlossplatz 4, Tel. 593550. Restaurant, Café und Hotel, große, klassisch-moderne Zimmer; EZ ab 79,50, DZ ab 99,50 €.
www.schlossgeisa.de
Schloss Geisa, Schlossplatz 4, Tel. 593550. Nach Farben gestaltete Salons, gute Küche. www.schlossgeisa.de
Bäckerei Faber, Werner-Deschauer-Str. 16, 75254. Angeboten werden Führungen in der Bäckerei mit Geschichten zum Backen, Brot und einer Körnerkunde.
www.baeckerei-faber.com
Geisschänke, An der Geis 27, Tel. 70651. Kuchen, Brotzeiten, Spanferkel vom Holzfeuergrill und saisonale Rhöner Ziegengerichte. www.geisschaenke.de

Anneliese Deschauer Galerie und Stadtmuseum, Schlossplatz 3, Tel. 69115; Di, Do, Fr 11–15 Uhr, Juni–Sept. auch So 11–16 Uhr. www.stadt-geisa.org
Haus an der Grenze, Platz der Deutschen Einheit 1, Geisa.
US-Camp Point Alpha, Hummelsburg 1, Rasdorf, Tel. 06651 919030; April–Okt. tgl. 9–18 Uhr, Nov.–März tgl. 10–17 Uhr, Dez.–Feb. Di–So 10–16.30 Uhr.
www.pointalpha.com

Point-Alpha-Weg, 14,6 km langer Wanderweg entlang von Geisaer Schloss und Point Alpha.

Ulstertalradweg: Der Weg von der Ulsterquelle bis zur Mündung in die Werra ist Teil des Rhönradweges. Der Weg verläuft zum Teil auf der alten Ulstertalbahn-Trasse.

Von Stadtlengsfeld nach Dermbach

Die bedeutendste Sehenswürdigkeit von **Stadtlengsfeld** ist der **Jüdische Friedhof**. Er entstand ab 1729 und ist mit rund 600 Grabsteinen einer der größten jüdischen Friedhöfe Thüringens.

Der **Feldatalradweg** berührt auch Stadtlengsfeld. Er führt von Reichenhausen über Kaltensundheim, Kaltennordheim, Fischbach, Neidhartshausen, Dermbach, Urnshausen und eben Stadtlengsfeld bis nach Dornbach an der Werra.

Bernshausen

Die Gegend um Bernshausen ist abgelegen, aber gerade deshalb für einen Familienurlaub wunderbar geeignet.

Familie Heidinger betreibt das Landhotel ›Zur Grünen Kutte‹, das Freizeithotel ›Rhön Feeling‹ und die ›Stockborn Ranch‹. Zu den größten Anziehungspunkten gehört das ›Rhöner Countryfestival‹. Gegenüber der ›Grünen Kutte‹ werden ein Ferienhäuschen und eine Ferienwohnung angeboten. Zum Angebot gehört auch ein von Lutz Heidinger gebauter blauer Sternenwagen, in dem die Gäste gemütlich und ohne zu frieren unter dem wunderbaren Nachhimmel schlafen können. Das Dach ist aus Glas, der 20 Quadratmeter große Wagen hat ein Bad, einen Küche, Schlaf- und Wohnbereich und sogar Fußbodenheizung.

In Bernshausen gibt es zwei Seen. Die romantisch unweit des Dorfes gelegene, von Bäumen umstandene **Bernshäuser Kutte** ist der größte See der Rhön. Er liegt zwischen den Höhenzügen Horn und Stoffelskuppe. Durch Salzauslaugungen im Untergrund entstand ein Erdfalltrichter, der sich später mit Wasser füllte. Der See hat einen Umfang von 780 Metern und misst an seiner tiefsten

▶ Karte S. 280

Stelle 45 Meter. Besetzt ist er mit Forelle, Aal, Karpfen, Schleie und Flussbarsch. Der **Schönsee** dagegen ist ein Badesee mit Liegewiese, Grillmöglichkeiten und original DDR-Bungalowsiedlung.

Dermbach

Die Gemeinde Dermbach mit ihrem Schloss, zwei Barock- und einer Fachwerkkirche sowie den Fachwerkhäusern erstreckt sich im Feldatal vor bewaldeter Bergkulisse. Die ehemalige barocke **Klosterkirche St. Peter und Paul** gehört zu den schönsten spätbarocken Kirchen Ostdeutschlands. Die **Kirche von Oberalba** ist die kleinste Fachwerkkirche Südthüringens. Motorradweihen finden hier auch statt. Das **Dermbacher Schloss** ist ein schlichter, um einen Platz gruppierter dreiflügeliger Gebäudekomplex im Barockstil von 1707. Seit dem Auszug des Grenzregiments im Jahr 1990 dient es heute wieder der Stadtverwaltung.

Das **Museum der thüringischen Rhön** ist in einem Fachwerksbau im Ortskern neben der evangelischen Kirche untergebracht. Gezeigt wird Historisches, etwa zur Ortsgeschichte, zum Bauernkrieg in der Vorderrhön oder zur Feldabahn, einer Schmalspurbahn von 1880. Des Weiteren erfährt man von den Kämpfen zwischen Preußen und Bayern in der Gegend, etwas über den Räuber Rhönpaulus und das Handwerk in Dermbach. Auch geht es um die für diese Gegend ungewöhnliche Industrie der Korkverarbeitung sowie den Dermbacher Meteoriten. Zu den Exponaten des Hauses gehört auch der Rhönpauluskasten, in dem der lokale Räuber vor seiner Hinrichtung gefangen gehalten wurde. Das Museum ist gleichzeitig die Touristeninformation. Das **Agrarunternehmen Rhönland Hof** am östlichen Rand von Dermbach bietet auf seinem Hof und in der Rhönland-Scheune zahlreiche Veranstaltungen wie

Barocke Pracht in der Dermbacher Klosterkirche

Westernreiten auf der ›Stockborn Ranch‹

Bauernmärkte an. Es gibt einen gut bestückten Hofladen mit Fleischerei, Eiern und Nudelprodukten. Man kann das Melkkarussell und die Nudelproduktion besichtigen. Die ›Hausmacher Eiernudeln‹ gibt es auch in spannenden Geschmacksvarianten wie Curcuma, Chili oder Bärlauch.

Die Dermbacher Hütte auf dem **Gläserberg**, südwestlich von Dermbach, wird vom Rhönklub betrieben und ist am Wochenende bewirtschaftet. Auf Anfrage kann man in der urigen Hütte mit Kamin auch übernachten.

Erlebnisweg Rhönpaulus-Wald Ibengarten

Am Neuenberg südlich von Dermbach wächst einer der größten Eibenwälder Deutschlands. Einige Eiben (rhönisch: Iben) sind mehr als 600 bis 800 Jahre alt. Der Wanderweg führt durch diesen Wald zur Höhle des Rhönpaulus. Der Räuber gilt als ›Robin Hood‹ der Rhön. Auch er nahm von den Reichen und gab den Bedürftigen. Sein Leben endete in einem Holzkäfig, in dem er auf seine letzte Fahrt vom Gefängnis zur Richtstätte am Neuberg gebracht wurde. Ein Nachbau ist am Wanderweg zu sehen und kann getestet werden. Die sieben Kilometer lange und 3,5 Stunden dauernde Tour von Dermbach ist mit weiteren guten Anschauungsobjekten und Tafeln bestückt. Wer nicht so lange laufen möchte, kann auch in Glattbach mit der Tour beginnen. Dann verringert sich die Wanderzeit um eine Stunde.

Roßdorf

Am 4. Juli 1866 trafen am Nebelberg bei Roßdorf, wenige Kilometer östlich von Dermbach, preußische und bayerische Truppen im Deutschen Krieg aufeinander. 2016 jährte sich das Ereignis zum 150. Mal. Die Stelle der Schlacht ist mit einem Gedenkstein gekennzeichnet. In Roßdorf selbst gibt es ein kleines **Museum**: ›Roßdorf 1866 – Gefecht am Nebel‹.

Von Stadtlengsfeld nach Dermbach

Tourist Information, Kirchberg 5, Dermbach, Tel. 036964/86286; Di–Fr 10–16, Sa 10–14 Uhr. www.museum-dermbach.de

Landhotel Zur Grünen Kutte, Hauptstr. 9, Bernshausen, Tel. 036964/82346. Im Restaurant leckeres Rhönländisches, Antikes und Geweih an den Wänden sowie Bedienung in Tracht; EZ ab 53, DZ ab 90, Übernachtung im Sternenwagen 150 €. www.gruene-kutte.de

Freizeithotel Rhön Feeling, Hauptstr. 29, Tel. 036964/82523. Wöchentliche Veranstaltungen wie Grillen, Lagerfeuer und Countrymusik; EZ ab 46, DZ ab 70 €. www.rhoen-feeling.de

▸ Karte S. 280

Saxenhof, Bahnhofstr. 2, Dermbach, Tel. 036964/869230. Modernes Hotel in historischem Gebäude, Wellnessbereich, zwei tolle Restaurants mit Ex-Sterne-Koch und Rhöner Küche; EZ ab 75, DZ ab 100 €. www.rhoener-botschaft.de

Zur Klause, Bahnhofstr. 5, Dermbach, Tel. 036964/82379. Ältestes Lokal im Ort, traditionell. U.a. alte Rhöner Gerichte.

Museum der Thüringischen Rhön, Kirchberg 5, Tel. 036964/86286 März–Dez. Di–Fr 10–16, Sa 10–14 Uhr. www.museum-dermbach.de

Museum Roßdorf 1866 – Gefecht am Nebel; Besichtigung nach vorheriger Anmeldung bei der Touristinfo (Tel. 036968/5383) oder im Schloss (Tel. 036968/626050). www.museum1866.rossdorf-rhoen.de

Rhöner Countryfestival: www.rhoener-countryfestival.de

Stockborn Ranch, Westernreiten in der Rhön. Die Pferde hier sind tiefenentspannt. Anmeldung über das Hotel ›Zur Grünen Kutte‹ (s.o.). www.stockborn-ranch.de

Angel-Tageskarten für die Bernhäuser Seen gibt es beim Angelverein Urnshausen, Tel. 036964/7451. www.angelverein-urnshausen.de

Rhönland Hof, Am Lindig, Dermbach, Tel. 036964/790. www.rhoenland-hof.de

Von Neidhartshausen nach Helmershausen

Der kleine Ort **Neidhartshausen** ist Fledermausdorf: zahlreiche Gebäude und die 1722 erbaute Kirche werden von Großen Mausohren bewohnt. Es gibt circa 700 Alttiere. Besonders im Sommer kann man sie gut beobachten. Spezielle Fledermausführer bieten Touren zum Thema an, und es gibt einen **Fledermauspfad**.

Probstei Zella (Rhön)

Prachtvoll präsentiert sich das Barockensemble mit **Kloster** und **Barockkirche** auf einem Hügel oben im Musik- und Barockdorf Zella. 1136 gründete Graf von Neidhardshausen hier ein Nonnenkloster. Seit 1284 war der Probst ein Benediktiner aus Fulda und das Kloster Amtssitz. Die Probstei verblieb auch nach den Bauernkriegen in Fuldaer Besitz, war eine katholische Enklave und diente der katholischen Kirche als Schaufenster Roms. 1715 bis 1732 ließ Probst Adolph von Dalberg die Probsteikirche Mariä Himmelfahrt durch den Hofbaumeister Andrea Gallasini erbauen. Der Architekt war auch für den Umbau des Klosters zum Probsteischloss 1718 verantwortlich. 1802 wurde die Probstei aufgehoben und zum großherzoglichen Kammergut. Heute befindet sich in der Probstei die Verwaltung und **Informationsstelle des Biosphärenreservats Rhön**. Eine Dauer- sowie regelmäßige Wechselausstellungen geben tiefere Einblicke in Kultur und Natur des Biosphärenreservats. Interessant und interaktiv gestaltet, kann man hier auch etwas zur Geschichte der Probstei erfahren.

Vom Klosterareal und dem sehenswerten **Klostergarten** mit seinen vorgelagerten Streuobstwiesen, auf denen Rhönschafe grasen, hat man einen schönen Ausblick auf die Umgebung.

Empfertshausen

In der alten Schnitzschule des Schnitzerdorfes Empfertshausen gibt es ein **Holz-**

Die Barockkirche in Probstei Zella

schnitzermuseum, das die 200-jährige Tradition des Rhöner Holzschnitzer- und Holzbildhauerhandwerks beleuchtet. Man erhält Einblicke in den Beruf und herausragende Beispiele der Schnitzerei. Die Begegnungsstätte bietet Sonderausstellungen an und veranstaltet Bildhauersymposien, Schnitzkurse für Kinder und verschiedene Märkte. In der ab 1936 errichteten Neuen Holzschnitzschule von Empfertshausen werden bis zum heutigen Tage Holzbildhauer ausgebildet.

Der 628 Meter hohe **Katzenstein** westlich von Empfertshausen trägt seinen Namen von dem hier vorherrschenden Stein. Vom Hotel ›Katzenstein‹ kann man kleinere Wanderungen unternehmen und hat schöne Aussichten ins Feldatal.

▶ Karte S. 280

■ Kaltennordheim

Im Schloss des Ortes Kaltennordheim war der Rhönpaulus eingesperrt. Heute gibt es hier ein kleines **Heimatmuseum**. In Kaltennordheim findet auch der Heiratsmarkt statt, das größte Volksfest in der Thüringer Rhön und sogar ganz Südthüringens. Über den ganzen Ort und auf dem Festplatz sind dann die Buden und Fahrgeschäfte verteilt. Der Rummel, der jedes Jahr zu Pfingsten stattfindet, geht auf eine lange Tradition zurück: 2016 fand der bereits 454. Heiratsmarkt statt. Ziel war es ursprünglich, die Töchter und Söhne mit anderen bindungswilligen und eventuell auch zahlungswilligen Partnern aus den Nachbarorten zu verkuppeln. Im Sommer gibt es zusätzlich das Wirtefest.

In Kaltennordheim befindet sich die einzige verbliebene Brauerei der Thüringer Rhön, **Rhönbräu**. Diese kleine Brauerei existiert seit 1875. Sie wird von der Familie Dittmar bereits in der siebten Generation betrieben und ist somit ein echtes Familienunternehmen. Bei einer Führung wirkt die Brauerei jedoch gespenstisch leer, denn alles findet heute nahezu vollautomatisch statt. 16 Sor-

Alte Werbeschilder in der Brauerei Rhönbräu

Blick von der Arche Rhön

ten Bier und zwei Sorten Radler werden bei Rhönbräu kreiert, insgesamt 20 000 Hektoliter Bier pro Jahr. Überall in der Brauerei sind Museumsstücke integriert. Höhepunkte sind sicherlich die Räume zur Geschichte der Brauerei zu DDR-Zeiten sowie die Verköstigungsräumlichkeiten. Deren Wände und Vitrinen sind voll mit Emailleschildern und Gläsern teilweise längst verschwundener Brauereien. Schweift man einmal bewusst die Exponate entlang, bekommt man eine etwaige Vorstellung davon, wie viele Brauereien es in Thüringen einst noch gab.

Kaltensundheim

Der Ort Kaltensundheim unmittelbar südlich von Kaltennordheim ist **Öko-Erlebnisdorf**: Die lokale Agrargenossenschaft wirtschaftet ökologisch und betreibt einen Bauernladen. Es gibt eine **Wehrkirche** und einen **Vogelbeobachtungsturm** für Hobbyornithologen. Die größte Attraktion in Kaltensundheim jedoch ist das **Dorfmuseum** mit der Mastodonausstellung. Der Urzeitelefant wurde bei Ausgrabungen in den Jahren 1958 und 1978 entdeckt.

Kaltenwestheim

Als 2007 der Orkan ›Kyrill‹ in Thüringen zu Besuch war, hinterließ er auch auf dem Weidberg bei Kaltenwestheim die pure Verwüstung. Man sah darin eine Chance, und so entstand im ehemaligen militärischen Sperrgebiet die **Erlebniswelt Rhön mit Arche Rhön**, das bisher einzige größere touristische Projekt in der Rhön. Im August 2015 wurde das von Kindern auch mal mit einem Gummistiefel verglichene Gebäude der Arche eingeweiht. Der Grundgedanke der vor allem an Kinder gerichteten Ausstellung sind Noah und die Arche und wie Noah die aus dem Gleichgewicht geratene Natur wieder in Ordnung bringen kann. Auf dem Freigelände der Erlebniswelt kann man viel Zeit verbringen. Infotafeln und kleine Ausstellungen in den Hütten oder ein Fledermaustunnel stellen eine Fülle an Informationen über das Biosphärenreservat bereit. Es gibt Möglichkeiten zum Schatzsuchen und Grillplätze mit Weitsicht. Zahlreiche weitere Umwelt-Erlebnisangebote stehen zum Entdecken bereit. So gibt es eine Waldschule, einen großen Erlebnisspielplatz und ein Steinlabyrinth. Eine Besonderheit ist der Imbiss mit Picknickkorbverleih. Man muss lediglich 15 Minuten vorher Bescheid sagen, und dann kann man sich mit Freunden und Familie einen schönen Nachmittag machen. Ein 18,9 Kilometer langer **Entdeckerpfad** führt an der Arche vorbei. Er wurde mit zahlreichen Stationen wie etwa einem Wasserspielplatz ausgestattet, an denen man mehr über die Natur in der Rhön erfahren kann. Im Dorf Unterweid am Fuße des Berges, auf dem sich die Arche befindet, gibt es beispielweise eine Wasserkaskade. Außer Natur und den Blick auf die Landschaft und einen hoch oben gelegenen ehemaligen Beobachtungsturm der innerdeutschen Grenze ist im Dorf Unterweid selbst sonst nicht allzu viel zu entdecken. Interessant ist die Geschichte, dass es hier früher einmal eine Spielzeugfabrik gab. Diese wurde in den 1920er/1930er Jahren von der Konkurrenz aus Sonneberg des Nächtens warm saniert, also abgebrannt. Also stellte man von da an eben Möbel her.

Unterhalb der Arche befindet sich eine ungewöhnliche und auch etwas gewöhnungsbedürftige Unterkunftsmöglichkeit: Auf dem Gelände einer ehemaligen Kaserne der NVA Grenztruppen entstand der **Weidberg-Campingplatz**.

Der **Hochrhöner** führt in der Nähe der Arche vorbei. Von Kaltenwestheim gibt es einen **Kindersagenweg**, und auf dem **Entdeckerpfad Rhön** kann man zum fünf Kilometer entfernte Thüringer Rhönhaus und dem Tiergehege wandern.

▲ Karte S. 280

Ellenbogen

Der Ellenbogen südwestlich von Kaltenwestheim ist mit 813 Metern Höhe nicht, wie häufig behauptet, der höchste Berg der Thüringer Rhön: Der Schnitzersberg, etwa 1,5 Kilometer südlich, ist mit 815,5 Metern ein klitzekleines Stückchen höher. Der **Gitterturm** auf der ›Spitze‹ des Ellenbogens ist ein ehemaliger Abhörturm des Militärs – früher saßen die Sowjets am Ellenbogen. Das **Eisenacher Haus**, 1920 vom Rhönklub errichtet, ist heute ein Ausflugslokal und Hotel.

Der **Hochrhöner** führt direkt über den Ellenbogen, auch einen 4,5 Kilometer langen **Naturlehrpfad** gibt es. Im Winter kann man hier gut Ski laufen, rodeln oder auf Reifen den Berg herunterrutschen.

Seit Ende August 2017 ziert eine weitere Attraktion den Ellenbogen. In der **Erlebniswelt Rhönwald** entstand in Anlehnung an Noahs Arche ›Noahs Segel‹, ein Ausstellungszentrum sowie ein 20 Meter hoher Turm mit Aussichtsplattform. Bei gutem Wetter kann man bis zu 140 Kilometer weit sehen. Für den schnellen Weg nach unten gibt es eine Rutsche. In Zukunft soll auch noch eine gläserne Aussichtsplattform namens Skywalk bei Unterweid entstehen.

Der **Rhönhöhenweg**, ein Wanderweg, verläuft 137 Kilometer in Nord-Süd-Richtung entlang des Höhenzuges der Rhön. Zwischen Burgsinn im Spessart führt er auch über Frankenheim, den Ellenbogen, das Feldatal bis nach Bad Salzungen.

Aschenhausen

In dem kleinen Ort Aschenhausen östlich von Kaltensundheim sind die im Fachwerkbau errichtete **Synagoge** von 1843 und der **Jüdische Friedhof** am Leichelberg mit bis zu 200 Grabsteinen sehenswert.

Helmershausen

In dem kleinen Dörfchen südlich von Aschenhausen steht der sogenannte **Dom der Rhön** mit seinem hohen wuchtigen Turm. Vor allem der Bildschmuck des ab 1736 errichteten Gebäudes und dessen beeindruckende Inneneinrichtung lohnen einen Halt. Über 700 Personen würden im Gebäude Platz finden. Den blauen Wolkenhimmel auf dem hölzernen Tonnengewölbe zieren Bilder von Auferstehung, Dreieinigkeit und Himmelfahrt Christi. Der Kanzelaltar ist von einem großen gemalten Wandvorhang eingerahmt. Die Kanzel befindet sich direkt im Zentrum des Altars. Dieser wird von geschnitzten Figuren von Jesus Christus, Luther und Melanchton gekrönt. Die heute vorhandene Kirchenausstattung wurde vorwiegend in den Jahren von 1751 bis 1753 von regionalen Künstlern geschaffen. Die Innenarchitektur spiegelt die streng hierarchischen Prinzipien des 18. Jahrhunderts wider. Die bleiverglasten Logen beiderseits des Altars waren für den Adel bestimmt, während die Männer auf den Emporen und die Frauen und Kinder im Kirchenschiff saßen. Die Kirchenorgel stammt von dem Schweinfurter Johann Michael Voit. **Schwarzes Schloss**, **Rotes Schloss**, **Gelbes Schloss** und **Henneberger Freihof** in Helmershausen sind historische Rittersitze aus dem 16. und 17 Jahrhundert.

Neidhartshausen bis Helmershausen

Jugendherberge Hümpfershausen Schloss Sinnershausen, Sinnershäuser Str. 42, Hümpfershausen, Tel. 036940/58111. Das Haus ist auch Jugendausbildungszentrum für die Thüringer Feuerwehr. Bett ab 21,50, ab 27 Jahren ab 24,50 €. www.jugendherberge.de

Weidberg Camping, Auf dem Rosengarten 1, Kaltenwestheim, Tel. 036946/29195; Standplatz ab 8 €.

Schlosscafé, Schlosshof 4. Kaltennordheim, Tel. 036966/84478. Nettes Café mit Hausmannskost. Hier kann man gut zur Kaffeezeit einkehren, Terrasse im Schlosshof.

Thüringer Rhönhaus am Ellenbogen, Oberweid am Ellenbogen, Tel. 036946/32060. Rustikale Berghütte mit hauseigenem Streichelzoo, lokale und regionale Küche, urige Küche Eine Besonderheit sind die Bratwürste vom Rhöner Schaf. www.thueringer-rhoenhaus.de

Informationszentrum Probstei Zella, Goethestr. 1, Zella, Tel. 036964/93510; März–Weihnachten Di, Do, Fr 10–16, Mi, Sa 13–16 Uhr, Jan.–März Di–Fr 13–16, Sa/So 14–16 Uhr. www.biosphaerenreservat-rhoen.de

Holzschnitzermuseum, Hauptstr. 31, Empfertshausen, Tel. 036964/93634, Mi–Fr 13–17 Uhr. www.holzbildhauer-empfertshausen.de

Heimatmuseum Kaltennordheim, Schlosshof 3, Kaltennordheim, Tel. 036966/81431.

Rhönbrauerei Dittmar, Kaltennordheim, Fuldaer Str. 6, Tel. 036966/83490. www.rhoenbrauerei.de

Heimatmuseum Kaltensundheim, Bachgasse 6, Kaltensundheim, Tel. 036946/21610; Öffnung auf Anfrage.

Arche Rhön, Tel. 036946/21600 o. 0151/57883177; Mo–Fr 10–17, Sa/So 10–18 Uhr. Erlebniswelt-Rhönwald auch außerhalb der Öffnungszeiten zugänglich. www.arche-rhoen.de

BAF, Umpfenstr. 18, Kaltennordheim/OT Fischbach, Tel. 036966/780. Fabrikverkauf der Bratpfannen. Produkte von BAF, Rosti Mepal und Candle Factory wie Thermoskannen, Töpfe und Bratpfannen. www.baf-produkte.de

Unbemerkt geht der Thüringer Wald ins Schiefergebirge über. Schwarzblau strahlende, schiefergedeckte abgelegene Dörfer inmitten von Wäldern oder tiefeingeschnittenen Tälern prägen die Region. Die Saale hat sich im Osten und Norden tief ins Gestein gegraben und bildet als Thüringer Meer Deutschlands größte Stauseeregion.

Schloss Burgk

THÜRINGER SCHIEFERGEBIRGE UND SAALETAL

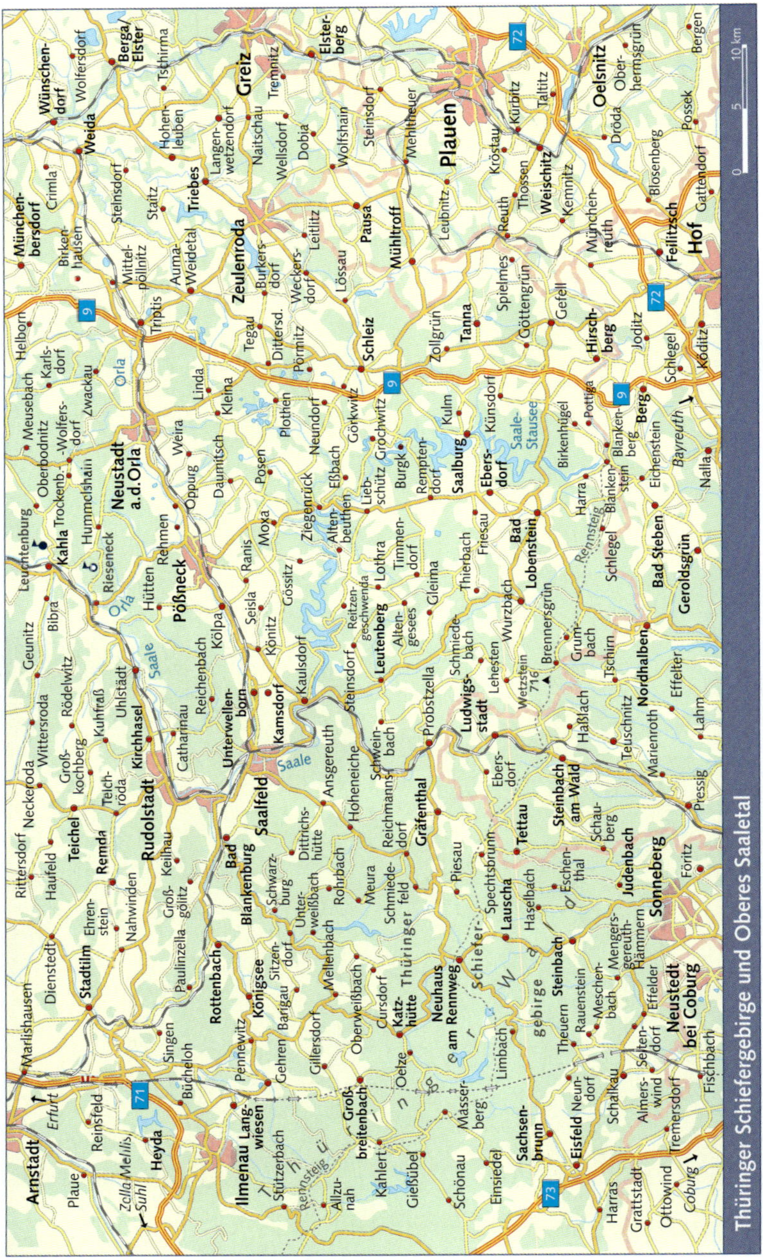
Thüringer Schiefergebirge und Oberes Saaletal
Arnstadt
Erfurt
Zella-Mehlis
Suhl
Ilmenau
Langewiesen
Stadtilm
Rudolstadt
Saalfeld
Bad Blankenburg
Königsee
Rottenbach
Kahla
Neustadt a.d.Orla
Pößneck
Weida
Greiz
Zeulenroda
Triebes
Schleiz
Pausa
Mühltroff
Plauen
Oelsnitz
Elsterberg
Berga/Elster
Wünschendorf
Münchenbersdorf
Triptis
Hof
Feilitzsch
Hirschberg
Tanna
Saalburg
Ebersdorf
Bad Lobenstein
Bad Steben
Geroldsgrün
Nordhalben
Ludwigsstadt
Leutenberg
Gräfenthal
Lauscha
Neuhaus am Rennweg
Katzhütte
Großbreitenbach
Sonneberg
Neustadt bei Coburg
Eisfeld
Sachsenbrunn
Steinach
Steinbach am Wald
Tettau
Judenbach
Unterwellenborn
Kamsdorf
Kirchhasel
Teichel
Remda
Heyda
Coburg
Bayreuth
Saale
Orla
Saale-Stausee
Rennsteig
Thüringer Wald
Schiefergebirge
9
71
72
73
0
5
10 km

Das Thüringer Schiefergebirge

Je weiter man in Thüringen in den gebirgigen Süden kommt, desto mehr Häuser leuchten in dem regionaltypischen blauschwarzen Schiefer. Nicht nur die Dächer, ganze Fassaden sind mit dem wetterbeständigen Material für die durchaus raue Gegend verkleidet. Fließend gehen Thüringer Wald und Thüringer Schiefergebirge ineinander über, eine klare Grenze lässt sich fast nur geologisch ermitteln. Der Baustil ist das wesentliche überirdische Unterscheidungsmerkmal zwischen den beiden Mittelgebirgen.

Lange galten die Gebirgsregionen Thüringens als rückständig und Armenhäuser der Region. Bergbau und Kleinhandwerk waren und sind die prägenden Industrien, später kam der Tourismus hinzu. Das Schiefergebirge ist Wintersportgebiet, das touristische Angebot für die wärmere Jahreszeit wird aber weiter ausgebaut. So entstanden beispielsweise in den letzten Jahren vielen Angebote für Radfahrer und Mountainbiker. Diese Touren können als GPS-Tracks unter www.thueringer-wald.com heruntergeladen werden.

Masserberg

Masserberg ist heilklimatischer Luftkurort und verfügt über mehrere Rehakliniken. Das **Badehaus** mit seinen zeltartigen Dächern soll nach langem Leerstand zu einer Wald-Wellness-Oase umgebaut werden, man hofft auf eine Wiedereröffnung im Jahr 2022.

Das Gebiet um Masserberg und seinen Ortsteilen ist von rund 70 Kilometern Wander- und Radwegen durchzogen. Masserberg ist auch ein populärer Wintersportort. Bei der Lage zwischen 700 und über 800 Metern Höhe ist die Region relativ schneesicher und hat 70 Kilometer präparierte Loipen, Rodelhänge sowie Lifte am Skigebiet Heubach und am Ersteberg im Angebot. Bei Masserberg liegen übrigens auch die beiden **Quellen der Werra** (→ S. 281).

Rennsteigwarte

Die Rennsteigwarte auf dem 841 Meter hohen Eselsberg mutet zwar wie ein überdimensionaler ehemaliger DDR-Grenzturm an. Der Ausblick ist allerdings großartig, und immerhin ist es der einzige direkt am Rennsteig gelegene Aussichtsturm.

Goldisthalsperre

Östlich von Masserberg, im tief eingeschnittenen Schwarzatal, befindet sich eines der modernsten und größten Pumpspeicherwerke Europas. Mit Inbetriebnahme 2004 und 1053 Megawatt Leistung ist es auch das größte und jüngste in Deutschland. In einem **Infozentrum** erfährt man alles über das Pumpspeicher-

Wintersportvergnügen bei Masserberg

werk und bekommt anhand von Modellen und Anlagen seine Funktionsweise erklärt. Ein **Talsperrenweg** führt 12 Kilometer um die Talsperre Goldisthal herum.

Im **DB Informationszentrum** wiederum bekommt man alles rund um die Hochgeschwindigkeitsstrecke VDE 8 von Nürnberg–Berlin beigebracht.

Masserberg und Umgebung

Vorwahl: 036870.

Tourist Information: Touristinformation, Hauptstr. 37, Tel. 57015; Mo–Fr 9.30–12 und 13–16.30, Sa 9.30–12 Uhr. www.masserberg.de

Hotel Daheim, Kurhausstr. 10, Tel. 259885. Direkt am Badehaus, sechs individuell ausgestattete Appartements, Sauna. ab 105 €. www.cafe-hotel-daheim.de

Gasthaus und Pension Schwarzer Adler, August-Bebel-Str. 4, Tel. 50346. Liebevoll familiengeführte Unterkunft im Ortsteil Fehrenbach, im Landhausstil eingerichtet; EZ ab 45, DZ ab 76 €. www.schwarzeradler-pension.de

Hotel Schöne Aussicht, An der Schönen Aussicht 3, Tel. 59059. Charmantes Haus unmittelbar am Rennsteig, ruhige und moderne Zimmer, gutes gastronomisches Angebot, eingerichtet auf Sportler und Biker; EZ ab 49, DZ ab 69 €. www.schoeneaussicht-masserberg.de

Jugendherberge Schnett, Auf dem Simmersberg, Kirchberg 25, Schnett, Tel. 036874/39532. Wohl eine der schönsten Thüringer Jugendherbergen: tolle Lage, gute Küche, großes Außengelände. Im Winter Schlitten- und Skiverleih, Rodelhang und Loipe direkt am Haus; ab 21, für Gäste ab 27 Jahren ab 23 €. Die Herbergseltern bezeichnen sich als die ›strengsten Herbergseltern der Welt‹. Das sollte man aber nicht zu ernst nehmen. www.jugendherberge.de

Steakhaus Waldblick, An der Schönen Aussicht 3, Tel. 59059. Leckere Steaks und Regionalküche mit sehr schöner Aussicht ins Schwarzatal. www.schoeneaussicht-masserberg.de

Café Daheim, Kurhausstr. 10, Tel. 259885. In stilvollem Ambiente isst man hier Kuchen und Torten aus der hauseigenen Konditorei. www.cafe-hotel-daheim.de

Infozentrum Pumpspeicherwerk Goldisthal, Oberhalb von Goldisthal an der L 1112; April–Sept. tgl. 9–18 Uhr. www.goldisthal.de

Goldpfad, Vom Deutschen Wanderverband zertifizierter Wanderweg zwischen Goldisthal und Almerswind südlich von Schalkau. Entlang von Grümpen und Schwarza erfährt man auf 30,2 km einiges über die Geschichte des Goldabbaus und Goldwaschens im Thüringer Süden. Die Schwarza ist Deutschlands goldreichster Fluss.

Giessübler und Fehrenbacher Schweiz, 13,6 km langer (4,5 h) Naturlehrpfad mit herrlichen Aussichten zu den Felsformationen der Fehrenbacher Schweiz.

Zwischen Masserberg und Sonneberg

▶ Karte S. 336

Zwischen Friedrichshöhe und Masserberg kreuzt die 210 Kilometer lange neue Höchstspannungsleitung in Richtung Bayern den Rennsteig. Um erneuerbare Energie nach Süden zu transportieren, wurden tausende Bäume gefällt und große Schneisen in den Wald geschlagen. 1,5 Millionen Quadratmeter sind im Thüringischen Schiefergebirge und Thüringer Wald betroffen. Das Projekt war sehr umstritten, touristisch heikel und unbeliebt, aber verwirklicht. Ein weiteres Mal wurde hier ein zusammenhängender Wald zerschnitten.

Friedrichshöhe

Fährt man von Masserberg weiter in Richtung Neuhaus, kommt man an dem kleinen Ort Scheibe-Alsbach vorbei. In der Nähe, auf den Wiesen von Friedrichshöhe, gewinnt der Bergwiesenbauer Heinrich Heusel, genannt Heu-Heinrich, saftigstes Kräutergras für Kosmetikprodukte und Tierfutter. Friedrichshöhe hat gerade einmal zwei Dutzend Einwohner und ist der kleinste Ort Thüringens. In der ehemaligen Schule des Ortes befindet sich das **Naturparkzentrum Friedrichshöhe**. In Friedrichshöhe betreibt die Familie Heusel auch die Pension ›Arnika‹ mit Original Thüringer Kräuterheubad.

Im benachbarten **Siegmundsburg** gibt es eine Sommer- und Snow-Tubing-Anlage mit Schanze von 250 Metern Länge.

Theuern

In der ehemaligen Burgmühle befindet sich das **Deutsches Goldmuseum**. Hier erklärt der erfahrene Geologe Markus Schade, wie Gold entsteht, es zu einem der kostbarsten Metalle der Welt wurde und wie und wo man es findet. Angeboten werden auch Goldwäscherkurse aller Schwierigkeitsgrade mit der entsprechenden Ausrüstung. Diese kann man dann für das eigene Goldfieber auch leihen oder kaufen.

Rauenstein

Die im Dreißigjährigen Krieg zerstörte **Burg Schaumburg** war Stammsitz der Schaumburg-Rauensteiner. Die **St. Marien-Georgskirche** direkt vor der Burgruine stammt aus dem 15. Jahrhundert. Sie war die Grabkirche der Herren von Schaumberg. Im Chor stehen noch einige Grabsteine. Im unterhalb des Burgbergs gelegenen **Neuen Schloss** befindet sich das **Museum**. Zu sehen bekommt man Rauensteiner Porzellan und eine Ausstellung von den ebenfalls von hier stammenden Schildkröt-Puppen.

Zinselhöhle in Meschenbach

Im **Schalkauer Muschelkalkplateau** befinden sich zahlreiche Höhlen. Die Karsthöhle ist eine vollkommen naturbelassene Tropfsteinhöhle. Nichts hier ist ausgebaut oder elektrifiziert. Nur ein kleines Häuschen steht am Eingang der 160 Meter langen Höhle. Man kann der noch recht jungen Höhle beim Entstehen und Wachsen zuschauen. Der Retschenbach sucht sich als Höhlenbach im Karst immer neue Wege.

Der Besuch mit einem Höhlenführer ist zwischen Mai und Oktober möglich. Die komplette Ausrüstung wird gestellt. Außerhalb dieser Zeit ist die Höhle wegen Schutz für Siebenschläfer und Fledermäuse geschlossen.

Bleßberghöhle in Neundorf

Nur unweit der Zinselhöhle entdeckte man am 30. März 2008 bei Bauarbeiten zur neuen ICE-Strecke die Bleßberghöhle. Derzeit wird das Höhlensystem umfangreich erforscht. Eine Erschließung als Schauhöhle ist in den nächsten Jahren nicht in Aussicht.

Effelder

Aus Effelder, knapp zehn Kilometer nordwestlich von Sonneberg und nicht zu verwechseln mit dem gleichnamigen Ort im Eichsfeld, stammt das älteste bekannte Kloßrezept (→ Extra S. 342), die von Pfarrer Friedrich Timotheus Heim handschriftlich hinterlassene ›Topographie des Pfarrspiegels Effelder‹ (1803–1814).

Die über 300 Jahre alte **Tanzlinde** in Effelder verfügt über einen in den Baum eingebauten Tanzboden. Zur Kirmes am zweiten Juliwochenende tanzt das Dorf zum Plantanz unterm Baum.

Zwischen Masserberg und Sonneberg

Naturparkzentrum Friedrichshöhe, Rennsteigstr. 18, Friedrichshöhe, Tel. 036704/70990; Mo–Fr 8–17 Uhr. www.naturpark-thueringer-wald.eu

Pension Arnika, Rennsteigstr. 4, Sachsenbrunn/OT Friedrichshöhe, Tel. 036704/80621. Die ruhige Pension im Grünen ist einfach zum Wohlfühlen, das A und O in der Pension ist das Heubad. Auch Sauna, Grillplatz sowie Rad- und Skiverleih; EZ ab 55, DZ ab 90, FeWo ab 30 € p.P. www.pension-arnika.de

Triniushütte, Am Straßenberg 99, Rauenstein, Tel. 036766/823822. Modernes Hotel und Ferienwohnungen zum Wohlfühlen, umgeben von viel Grün, traditionelle Küche im Restaurant und auf der Sonnenterrasse; EZ 72, DZ 84 €. www.triniushuette.de

Deutsches Goldmuseum, Im Grund 4, Theuern, Tel. 036766/87814; Ende April–Mitte Sept. tgl. 9–17 Uhr. www.goldmuseum.de

Museum Neues Schloss Rauenstein, Schlossgasse 3, Tel. 036766/87721; Di–Do 12–16, So 13–16 Uhr. www.frankenblick.eu

Zinselhöhle, Anmeldung zu Führungen bei Höhlenführer Ralf Kirchner, Tel. 036766/82552 o. 0173/6767696. www.gebirgspfade.de

Schauköhlerei Mengersgereuth, Augustenthal 1, Tel. 03675/743263. Schauanlage frei zugänglich, Führungen und Vorführungen auf Anfrage. www.koehler-haemmern.de

Panoramaweg Schwarzatal, 135 km langer Rundwanderweg von der Quelle der Schwarza bei Scheibe-Alsbach bis zur Mündung in die Saale in Rudolstadt. Er wurde 2015 von den MDR-Zuschauern zum beliebtesten Wanderweg Thüringens erkoren.

Snow- und Sommer-Tubing Anlage, Oberland 7, Neuhaus/OT Siegmundsburg, Tel. 0171/3221537. www.snow-und-sommer-tubing-siegmundsburg.de

Heu-Heinrich, www.heu-heinrich.de

Sonneberg

In Sonneberg dominiert das Mainfränkische, genauer gesagt: das Itzgründische als dessen Unterform. Kein Zufall, da Sonneberg unmittelbar an der Grenze zu Franken liegt. Geographisch bedingt, orientierte man sich in diesem Zipfel vor dem Aufkommen moderner Infrastruktur stark nach Süden: Die riesigen Holzvorkommen und die guten Verbindungen nach Nürnberg ließen in Sonneberg einen ganz besonderen Industriezweig erblühen, die Spielzeugindustrie. Man wurde sogar zur Weltspielwarenstadt. Zahlreiche ortsansässige Spielwarenunternehmen Sonnebergs bieten heute Besichtigungen und Werksverkäufe an.

▸ Karte S. 336

■ Deutsches Spielzeugmuseum

Der Kontrast zwischen dem prächtigen neobarocken Gebäude des Museums von 1901 und seinem modernen Erweiterungsbau erhöht bereits vor Betreten der Ausstellung die Spannung. Die Dauerausstellung im ältesten deutschen Spielzeugmuseum bietet einen umfassenden Überblick über die ›Grundzüge der Kulturgeschichte des deutschen Spielzeugs‹. Tragender kann man es wohl kaum ausdrücken. Dabei macht das ganze Museum einfach nur Spaß. Highlight ist das Diorama ›Sonneberger Kirmes‹, ergänzt wird die Ausstellung durch viele international Exponate und Sonderausstellungen.

Piko

Eines der verbliebenen Spielwarenunternehmen der Stadt ist Piko. Das 1949 gegründete Modelleisenbahn-Unternehmen produziert pro Jahr weit über 100 000 Lokomotiven und Waggons. Die Palette reicht von der 30-Euro-Lok bis zur 1100 Euro teuren Garteneisenbahn. Hinzu kommen Produkte rund um die Modelleisenbahn. Am Standort Sonneberg sind 170 Mitarbeiter beschäftigt, weitere 330 arbeiten für das Unternehmen in einem eigenen Werk in China. Zu DDR-Zeiten waren es sagenhafte 1800. Alle zwei Jahre veranstaltet das Unternehmen einen bei Eisenbahnfans äußerst beliebten ›Tag der offenen Tür‹ in seinem Sonneberger Werk.

Innenstadt

Nach dem großen Stadtbrand von 1840 wurde Sonneberg auf dem Reißbrett geplant und mit regelmäßigem Stadtgrundriss und zahlreichen repräsentativen Bauten wieder aufgebaut. Die neogotische **Stadtkirche Sankt Peter** entstand 1845 nach Entwürfen von Karl Alexander von

Der alte Teil des Spielzeugmuseums

Sankt Peter im Zentrum von Sonneberg

Heideloff. Den Bahnhofsvorplatz beherrscht das mächtige, 1928 errichtete **Rathaus**.

Schauaquarium Nautiland

Im Schauaquarium Nautiland direkt am Markt leben 100 verschiedene Tierarten wie Hai, Muräne, Süß- und Salzwasserfische, Korallen, Reptilien, Insekten und Säugetiere. Im Gebäude befinden sich auch ein Urwaldspielplatz und ein Piratenzimmer.

Sternwarte mit Astronomiemuseum

Im 1925 erbauten Gebäude dreht sich alles um Sterne und in den wechselnden Ausstellungen um Astronomie, Raumfahrt und Weltraumforschung.
Von der Sternwarte kann man den Weg zurück in die Stadt über den **Tiergarten** mit Streichelzoo nehmen.

EXTRA

Thüringer Klöße

Der Thüringer Kloß gehört neben der Bratwurst, dem Reinheitsgebot und dem ältesten deutschen Weizenbier zu den bedeutendsten kulinarischen Leistungen des Landes. Er ist als Speise relativ jung, denn Bedeutung als Nahrungsmittel erlangte die Kartoffel in Thüringen wie in anderen Regionen Deutschlands auch erst allmählich ab Ende des 18., Anfang des 19. Jahrhunderts.

Über die Jahrhunderte hat auch bei den Klößen eine Entwicklung stattgefunden. Wer einmal wissen möchte, wie sie Mitte/Anfang des 19. Jahrhunderts geschmeckt haben, kann sich auf der hochinformativen Seite des Historikers und Autoren Michael Kirchschlager die historischen Rezepte ansehen und sie nachkochen (www.michael-kirchschlager.de). So ergeben etwa die Rezepte von Johanne Leonhard aus dem Arnstädter Kochbuch mit der süßlichen Grießmilch weiße Klöße mit einem wunderbaren, aus heutiger Sicht allerdings anfangs etwas gewöhnungsbedürftigen Geschmack. Mit den heute vorwiegend als Fertigkloßmasse angebotenen industriellen Produkten hat das allerdings nichts zu tun. Glücklicherweise findet man auch heute noch einige Gasthöfe im Land, die sich die Mühe machen, ihren Gästen handgemachte Klöße anzubieten. Früher holten sich die Thüringer ihre Klöße für das Wochenende übrigens aus dem Gasthaus; vereinzelt tun sie das heute noch. Jede Region in Thüringen hat ihre etwas andere Art, Klöße herzustellen. Dies führt immer wieder zu bedeutenden Diskussionen um den ›richtigen‹ Kloß.

Werfen wir einen Blick auf das älteste bekannte Originalrezept. Der Pfarrer Friedrich Timotheus verfasste zwischen 1808 und 1814 die ›Topographie des Pfarrspiels Effelder‹, die unter anderem zwei Rezepte für Thüringer ›Rohe Kartoffelklöße‹ beinhaltet. Dort heißt es: »Die Glöße sind von zweierlei Art. Eine Art wird von gesottenen, dann geschälten und geriebenen Erdäpfeln gemacht, in welche man geröstete Semmelbröckchen knetet, und sie entweder in einem Ribes [eine Art Auflaufform] backt, oder wenn sie mit etwas Mehl vermischt sind, wie

Die Klöße sind in der Thüringer Küche von zentraler Bedeutung

andere Glöße in einem Tiegel kocht. Die zweite Art, welche die gewöhnlichste ist, und mit Fleisch gegeßen als Sonntagseßen betrachtet wird, besteht darin, daß man, wie beim Tatsch [roher Kartoffelbrei zur Herstellung von ›Daitscher‹, altes Thüringer Hausrezept für in der Herdröhre gebackenen rohen Kartoffelbrei], die geschälten rohen Erdäpfel auf einem Reibeeisen, klein reibt, dann die Maße in einem Sack thut und mehr malen frisch Waßer darauf schüttet, das man in einen Kübel ablaufen läßt, und endlich die so durchgewäßerte Maße so sehr möglich ausdrückt. Da von diesem Ausdrücken zum Theil die Güte der Glöße abhängt, so hat man eigene Kartoffelpreßen, die im Großen wie Citronenpreßen geformt sind, zwischen deren Blätter der Erdäpfelsack gelegt, und alles wäßrige rein ausgedrückt. Diese trockene Maße wird nun mit einem dünnen Brei von Mehl, oder Gries oder Hirse oder Heisel [Buchweizen], je nachdem man das eine oder andere hat, zu einer Glößmasse angemacht und wie andere Glöße geformt und gekocht. Wer die besonders gut haben will, reißt sie beim Anrichten auf, übergießt sie mit heißer Butter. In dem abgelaßenen Waßer, das man sorgfältig aufhebt, setzt sich eine feine Maße, welche man, nach abgeschüttetem Waßer, heraus nimmt, und zum Gebrauch am Ofen oder an der Sonnenhizze trocknet. Dieß ist die Erdapfelstärke, die zwar zum Stärken der Wäsche nicht viel taugt, weil sie nicht hält, und auch das Weißzeug roth macht, aber, zu Mehl zerrieben, zum feinsten Backwerk, selbst zu Torten gebraucht werden kann. All diese Zubereitungen sind jetzt bei Reichen sowohl als Armen eingeführt, und nur, daß jene mehr Butter und Eier dazu nehmen, als diese können.«

Die ›modernen‹ Thüringer Klöße bestehen heute aus zwei Dritteln rohen und geriebenen – den Schuß Essig nicht vergessen! – und einem Drittel ohne Salz gekochten Kartoffeln. Um am Ende die richtige Konsistenz zu erhalten, ist der Vorgang des Herauspressens eines Teils der Stärke aus den rohen Kartoffeln enorm wichtig. In die Mitte eines jeden Kloßes kommen geröstete Semmelwürfel.

Ein frühes Rezept für den auf heutige Art hergestellten Thüringer Kloß hat Hedwig Kost (1871–1949) verfasst, die Leiterin der Kochschule Sonneberg. Wir zitieren vollständig:

»›9 ½ Pfd. rohe, geschälte Kartoffeln (6 Pfd. davon zum Reiben, 3 ½ Pfd. zum Brei), 2 Semmeln zu Bröckchen, 30 g Butter, 40 g Salz, 1 l Wasser, 20 g Salz zum Brei, 4 bis 5 l Kochwasser. Die Reibekartoffeln werden schnell in lauwarmes Wasser gerieben, dann mit lauwarmem Wasser zweimal abgewässert und im Sack durch die Presse vollständig trocken ausgepreßt. Die Semmeln werden kleingeschnitten und die Bröckchen in Butter geröstet. Die Breikartoffeln werden mit kaltem Wasser und Salz aufgesetzt, weichgekocht und mit dem Wasser zu einem dickflüssigen Brei gestampft. Den fertigen Brei bringt man zum starken Kochen, während man die Kartoffeln aus der Presse nimmt und mit dem abgewässerten Kartoffelmehl und 40 g Salz in einer Schüssel mit den Händen verreibt. Dann wird die Masse mit dem sprudelnd kochenden Brei in drei Absätzen überbrüht und unter Stampfen mit einem großen Quirl zu einem glatten Teig verarbeitet. Man formt die Klöße mit nassen Händen, füllt sie mit Brötchen und gibt sie in kochendes Wasser, in dem sie 10 Minuten ziehen, nicht kochen dürfen. – Wichtig ist, daß Kloßwasser und Brei kochen, ehe man die Kartoffeln aus der Presse nimmt, sonst wird die Masse durch längeres Stehen rot, und die Klöße bekommen eine dunkle Farbe.«

Sonneberg

Vorwahl: 03675.

Touristinformation und Naturparkcenter, Bahnhofsplatz 3 (im Bahnhof), Tel. 702711; Mo–Do 9–17, Fr 9–15, Sa 9–12 Uhr. www.sonneberg-tourismus.de

Sonneberger Spielzeughotel, Wiesenstr. 4, Tel. 4204999. Liebevoll gestaltetes Haus, komfortable Betten; EZ ab 69, DZ ab 89 €. www.spielzeughotel-sonneberg.de

Outdoor-Inn Gästehaus, Sternwartestr. 18f, Tel. 406804. Jugendherbergsmäßig aufgebaute Baude mit Terrasse, Panoramasauna, Außenanlage mit Grillplatz, Feuerstelle, Gemeinschaftsräumlichkeiten, Sportmöglichkeiten für Tischtennis, Klettern oder Fußball; Bett ab 27, EZ ab 35, DZ ab 62 €. www.outdoor-inn.de

Deutsches Spielzeugmuseum, Beethovenstr. 10, Tel. 42263427; Di–So 10–17 Uhr. www.deutschesspielzeugmuseum.de

Nautiland Schauaquarium, Marktplatz 2, Tel. 427888; Di–So 10–17 Uhr, in den Ferien auch Mo 10–17 Uhr. www.schauaquarium-nautiland.de

Astronomiemuseum, Sternwartestr. 32, Tel. 81218. www.astronomiemuseum.de

Tiergarten, Waldstr., Tel. 743416; Mai–Sept. tgl. 9–18 Uhr, Okt.–April tgl. 10–16 Uhr.

SonneBad, Wiesenstr. 18, Tel. 4066660. Sauna, Spaß- und Sportbad, Eislaufhalle, Fitnessstudio und Wellness. www.sonnebad-sonneberg.de

Tamiya Raceway, Mittlere Motsch 9, Tel. 0173/5654197. RC Onroad- und Offroad-Strecke, beide 240 m lang. Auf der Werksstrecke werden auch richtige Meisterschaften ausgetragen. Interessenten melden sich einfach im Werksverkauf; Mo–Fr 10–18, Sa 9–14 Uhr.

Sonneberger Spielmeile. An 11 Orten in der Stadt sind Spielstationen für Kinder und Jugendliche aufgebaut.

Piko, Lutherstr. 30, Tel. 897242, www.piko.de.

Steinach

Steinachs Wirtschaft wird heute vom Tourismus dominiert, früher bestimmten der Abbau von Eisenerz und die Herstellung von Spielzeug ihre Geschicke.

Deutsches Schiefermuseum

Wie zu vermuten, dreht sich im Deutschen Schiefermuseum alles um den Schiefer: wie er entstand, abgebaut und verarbeitet wurde. Steinach war bis in die 1970er Jahre hinein der Weltmarktführer bei der Herstellung von Griffeln. 30 Milliarden dieser historischen Schreibgeräte wurden hier hergestellt, bis Bleistift und Kugelschreiber ihnen ein Ende setzten. Ein Teil der Ausstellung ist daher dem historischen Schreibgerät und dem Griffelschiefer gewidmet. So wurde ein Klassenzimmer von 1940 rekonstruiert. Es gibt eine Griffelmacherhütte, eine Heimarbeiterstube und das Modell einer Grubeneisenbahn.

Steinacher Spielzeugschachtel

Gegenüber vom Schiefermuseum geht es um historisches und modernes Spielzeug. In der Spielzeugschachtel findet man Puppen, Holzspielzeug, Schiffe oder die für Steinach typischen Marolinfiguren. In der 1900 gegründeten Richard Mahr GmbH kann man übrigens besichtigen, wie Marolinfiguren entstehen und diese beim Werksverkauf erwerben.

▶ Karte S. 336

Skiarena Silbersattel

Das größte alpine Skigebiet Thüringens liegt am 842 Meter hohen Fellberg. Es gibt Sessel-, Schlepp- und Babylifte, acht Abfahrten, davon eine Steilpiste, sowie eine zwei Kilometer lange Waldabfahrt. Für abendliche Fahrten steht der Flutlichthang zur Verfügung. Für Langläufer existieren 130 Kilometer gespurte Loipen. Im Sommer wird die Arena zum Bikepark mit ›Downhill Wettbewerben‹.

Lauscha

Eingebettet in ein tiefes Tal liegt die Hauptstadt der Weihnachtsbaumschmuckindustrie: Lauscha. Angeblich soll alles damit begonnen haben, dass ein armer Glasbläser seinen Weihnachtsbaum mit Glasfiguren statt mit damals teuren Früchten schmückte. Lauscha ist somit die Erfindungsstätte des gläsernen Christbaumschmucks. Heute ist Obst um einiges billiger als Weihnachtsschmuck aus Lauscha.

Die Tradition der Glasmacherei geht auf das Jahr 1597 zurück, als Hans Greiner und Christoph Müller vom Herzog von Sachsen-Coburg die Erlaubnis zur Errichtung einer Glashütte erhielten. Inzwischen ist daraus eine weltweite Handwerkskunst entstanden, die Lauscha zum Zentrum der Produktion von traditionell hergestelltem Christbaumschmuck werden ließ. In die ganze Welt wurde und wird der Lauschaer Glasschmuck exportiert. Noch heute wird er in zahlreichen Privatwerkstätten in den Häusern der Künstler hergestellt. Man braucht einfach nur durch das Dorf zu spazieren, kann überall klopfen, und die Produzenten zeigen einem sehr gerne ihren Glasschmuck. Es gibt zahlreiche Geschäfte und Werksverkäufe. Petra Dirst-Benning, die Autorin des Romans ›Die Glasbläserin‹, hat sich in einer Lauschaer Werkstatt ebenfalls umfassende Kenntnisse erworben, die sie dann für ihren Roman nutzte.

Farbglashütte

Die Farbglashütte ist die älteste noch existierende Glashütte Thüringens. Sie wurde 1853 gegründet, noch heute zieht man hier das Glas von Hand - kein anderer Betrieb arbeitet heute noch auf diese Weise. Nach alter Tradition werden hier für die Werkstätten der Glasbläser in

Ein Glasbläser in Lauscha bei der Arbeit

Lauscha und Umgebung die Glasröhren und Stäbe hergestellt. In der Glashütte kann man einkaufen, es gibt Führungen zum Thema Glas sowie eine Schauproduktion im Glasblasen.

Im Obergeschoss ist das **Museum für Glaskunst** beheimatet. Die Kollektion des ältesten deutschen Glasmuseums umfasst unter anderem historische und moderne Gläser, Glasaugen, Weihnachtsbaumschmuck. Die Sonderausstellungen widmen sich meist zeitgenössischen Glaskünstlern.

Neuhaus am Rennweg

Neuhaus am Rennweg ist mit knapp 6900 Einwohnern die größte Stadt am Rennsteig. Sie liegt auf über 835 Metern und gilt daher als relativ schneesicher. Mehrere Sportgeschäfte mit Geräteverleih liefern die entsprechende Ausrüstung. Es gibt Loipen, einen Skilift mit Piste und eine Snow-Tube-Bahn im Ortsteil Siegmundsburg. Im **Erlebnismuseum** der Stadt im Kulturhaus geht es um die Ortsgeschichte mit ihrer Porzellan- und Glasindustrie. Hier erfährt man übrigens auch, warum der Rennsteig in Neuhaus Rennweg heißt.

Ungewöhnlicher Anblick: die Holzkirche in Neuhaus

▲ Karte S. 336

Der Erfinder der Geißlerschen Röhre, Dr. Heinrich Geißler, wurde 1814 in dem Haus geboren, das heute **Glas-Technik-Museum Geißlerhaus** heißt. Geißer gilt als einer der Pioniere der Elektrizitätslehre und Vakuumtechnik. In einer Dunkelkammer kann man die Funktionsweise seiner Niederdruck- oder Gasentladungsröhre sehen.

Die **Holzkirche** im gotischen Baustil wurde 1892 geweiht und ist eine der wenigen deutschen Holzkirchen. Den Schlüssel für das komplett schieferverkleidete Wahrzeichen der Stadt bekommt man bei der Tourismusinformation.

Schmiedefeld am Rennsteig

Der kleine Ort verdankt seine Gründung dem Eisenerz, das hier abgebaut und weiterverarbeitet wurde. Die erste urkundliche Erwähnung liegt für das Jahr 1406 vor.

■ Morassina-Schaubergwerk und -Heilstollen

In den Schächten des alten Alaun- und Vitriolwerks ›Morassina‹ wurde nach der Wende ein Schaubergwerk eingerichtet. Die Tropfsteine und Sintergebilde zeigen sich in vielfältigen Formen und Farben. Im Sankt-Barbara-Stollen wurde ein Heilstollen eingerichtet. Im Morassina-Gesundheitszentrum gibt es Saunen sowie eine Wellness- und Kneipplandschaft. Das Morassina hat auch einen Eintrag im Guinness Buch als einzigartiges Schaubergwerk mit einer »Kombination aus Naturschönheit und technischem Denkmal mit Relikten bergbaulicher Tätigkeit von hohem kulturhistorischen Wert«.

Museum Beim Giftmischer

Im **Kräuter- und Olitätenmuseum** dreht sich alles um den Olitätenhandel, der auf der heutigen Welle der Naturmedizin eine Renaissance erlebt. Im Haus lebte einer der letzten Buckelapotheker, ein gewisser Oswald Unger. Seine Gerätschaften, Mixturen, Limos und Essenzen sowie das Photolabor des ortsbekannten Giftmischers bilden den Hauptstock der Ausstellung.

Historische Porzellanmanufaktur Lippelsdorf

In der Historischen Porzellanmanufaktur Lippelsdorf kann man die historische Porzellanherstellung in einem technischen Schaudenkmal erleben. Bei einem Rundgang durchläuft man alle Schritte der Porzellanherstellung. Original erhalten sind die Dampfmaschine von 1937 sowie die historischen Rührwerke und Rundöfen.

Steinach, Neuhaus, Schmiedefeld

Tourismusinformation Neuhaus, Marktstr. 3, Tel. 03679/722061 Mo–Do 10–17, Fr 10–14 Uhr, während der Saison zusätzl. Sa 10–12 Uhr. www.neuhaus-am-rennweg.de

Outdoor Inn Sport Hotel, Am Bahnhof 6, Steinach, Tel. 036762/299970. Farbenfroh, ganz auf Sport und Freizeit ausgerichtet, die Zimmer sind einzelnen Sportarten gewidmet. Kletterkeller, Sauna sowie Sportserviceräume. EZ ab 56, DZ ab 80 €. www.outdoor-inn.de

Boutique Hotel Schieferhof, Eisfelder Str. 26, Neuhaus. Kreativ individuell eingerichtete Zimmer und überall Kunst machen den Aufenthalt zu einem feinen Erlebnis, kleine Sauna; EZ ab 87, DZ ab 110 €. www.schieferhof.de

Brauerei und Gasthof Ankerbräu, Steinbächlein 6a, Steinach, Tel 036762/31251. Seit 1736 in Familienbesitz. Zum Bier gibt es Brauplatte, Steak oder Schnitzer, auch gute Übernachtungsmöglichkeiten. Wer will, kann auch in einem Fass nächtigen. www.ankerla.de

Deutsches Schiefermuseum, Dr.-Max-Volk-Str. 21, Steinach, 036762/33212; Di–Sa 13–17 Uhr. www.steinach-thueringen.de

Steinacher Spielzeugschachtel, Steinach, Kontakt über Deutsches Schiefermuseum.

Farbglashütte und **Museum für Glaskunst**, Straße des Friedens 46, Lauscha, Tel. 036702/20724; Di–Sa 12–17, So 11–17 Uhr. www.farbglashuette-lauscha.de, www.glasmuseum-lauscha.de

Museum Neuhaus, Marktstr. 3, Neuhaus, Tel. 03679/790277; Mi–Sa 14–17, So 14–16 Uhr. www.neuhaus-am-rennweg.de

Museum Geißlerhaus, Sonneberger Str. 106, Neuhaus, Tel. 03679/723143; Mi–So 9–13 Uhr. www.neuhaus-am-rennweg.de

Morassina Gesundheitszentrum, Schwefelloch 1, Schmiedeberg, Tel. 036701/61577; April–Okt. tgl. 10–16 Uhr, Nov.–März tgl. 11–15 Uhr. www.morassina.de

Kräuter- und Olitätenmuseum Beim Giftmischer, Saalfelder Str. 75, Schmiedefeld, Tel. 036701/20258; Mi–So 13–17 Uhr. www.beim-giftmischer.de

Historische Porzellanmanufaktur Lippelsdorf Wagner und Apel, Lippelsdorf, Tel. 036701/61071; Mo–Fr 9–17 Uhr. www.wagner-apel.de

Krebs Glas Lauscha, Am Park 1, Lauscha, Tel. 036702/288670. Werksverkauf. www.krebslauscha.de

Greiner Mai, Am Herrnberg 7c, Neuhaus, Tel. 03679/725194. Vorführungen und Werksverkauf von Weihnachtsschmuck. www.derchristbaum.com

Skiarena Silbersattel Steinach: www.thueringen-alpin.de

Oberweißbach

Die Schwarzatalbahn verkehrt zwischen Rottenbach und Katzhütte und hält auch in Obstfelderschmiede. Hier liegt die Talstation der **Oberweißbacher Bergbahn**. Sie wurde 1922 eröffnet und überwindet bei bis zu 25 Prozent Steigung auf 1,4 Kilometern Strecke 323 Höhenmeter. Bei der Standseilbahn handelt es sich um die einzige Bergbahn der Welt, die normalspurige Waggons einsetzt. Im Sommer kommt bei schönem Wetter auch ein Cabriowagen zum Einsatz.

Oben am Lichtenhainer Bahnhof befindet sich die **Ausstellung Maschinarium** zur Bergbahn und zur Eisenbahntechnik. Auch der Maschinenraum ist begehbar. Am Bahnhof steht auch der ›Speisewagen‹, ein zum Restaurant umgebauter Reisewagen. Zur Bergbahn gehört weiter die Flachstrecke mit der Bimmelbahn zwischen dem oberen Bahnhof der Bergbahn in Lichtenhain und Cursdorf. Von der Lichtenhainer Bergbahnstation führt eine 7,4 Kilometer lange **Mountainbikestrecke** teilweise parallel entlang zur Bergbahntrasse. Der Rundkurs mit Gefälle von bis zu 25 Prozent und etwa 300 Meter Höhenmetern kann auch abgekürzt werden. Wem der fünf Kilometer lange Aufstieg zu anstrengend ist, der nimmt einfach die Bergbahn zurück nach oben.

■ Fröbelmuseum

Im heutigen Fröbelmuseum wurde Friedrich Fröbel am 21. April 1782 geboren; zu Fröbels Lebzeiten war es das Pfarrhaus. Im Haus geht es um das Erfassen des pädagogischen Ansatzes von Fröbel und seine Bemühungen um die Kinder. Dies wird anhand zahlreicher von ihm entwickelter Spiel- und Lehrsachen präsentiert. Ein Teil des Museums ist dem traditionellen Olitätenhandel gewidmet, dessen Zentrum Oberweißbach einst war und wieder ist. Im Eingangsbereich sind Tourismusinformation, Kräuterladen und Souvenirshop untergebracht, wo man auch Fröbelspielzeug bekommt. Im Haus finden auch Kräuterseminare statt.

Auf dem hinter dem Gebäude gelegenen **Friedhof** von Oberweißbach liegen Fröbels Eltern begraben.

■ Hoffnungskirche

Die Oberweißbacher Kirche ist die größte Dorfkirche Thüringens, sie fasst 2000 Personen. Die Barockkirche wurde 1779 unter Pfarrer Johann Jacob Fröbel eingeweiht, dem Vater von Friedrich Fröbel. Innen ziehen sich drei Emporengeschosse und die größte Kanzel ihrer Art in Europa bis unter die Decke.

■ Fröbelturm

Oberhalb von Oberweißbach, auf dem 785 Meter hohen Kirchberg, steht der Fröbelturm. Er wurde 1890 eingeweiht. Von hier aus kann man weit blicken und, so man möchte, anschließend in der Gaststätte am Fuße des Turmes auch einkehren.

Lange Zeit wurde das überschaubare Oberweißbach von einer großen Narva-Fabrik für Lampen dominiert. Ihre Ausmaße sind teilweise von oben noch heute erkennbar.

■ Cursdorf

Die 1857 von Heinrich Geißler entwickelte Apparatur war Grundlage für Leuchtstoff-, Röntgen- und Bildröhren. Das **Historische Glasapparate-Museum** zeigt seine Sammlung von Röhren. Zum Haus gehört auch eine Olitätenstube.

In Cursdorf ist auch eine ganz besondere Porzellankünstlerin ansässig, Kati Zorn, die vor allem mit ihren erotischen Figuren besticht und Aufmerksamkeit erregt.

▸ Karte S. 336

Die Oberweißbacher Bergbahn kurz vor der Bergstation

Talsperre Leibis-Lichte

Zu DDR-Zeiten geplant und nach der Wende vollendet, ist die 2006 eingeweihte Trinkwassertalsperre Leibis-Lichte die vorerst jüngste und übrigens auch zweitgrößte Staumauer in Deutschland. Es gibt einen **Wanderweg um die Talsperre.** Östlich von ihr, in **Meura**, befindet sich das größte **Haflingergestüt** Europas.

Oberweißbach und Umgebung

Vorwahl: 036705.

Tourist Information, Markt 10 (im Fröbelmuseum), Tel. 62123; Mai–Okt. Mo–Fr 10–12 und 13–17, Sa/So 13–17 Uhr, Nov.–April Mo–Fr 10–12 und 13–17, So 13–16 Uhr. www.oberweissbach.de

Oberweißbacher Berg- und Schwarzatalbahn, An der Bergbahn 1, Mellenbach-Glasbach, Tel. 036705/20134. Die Bergbahn und die Bahn nach Cursdorf verkehren alle 30 Minuten, die Schwarzatalbahn alle 60 Minuten.
www.oberweissbacher-bergbahn.com

Fröbelmuseum, Markt 10, Tel. 62123; Mai–Okt. Mo–Fr 10–12 und 13–17, Sa/So 13–17 Uhr, Nov.–April Mo–Fr 10–12 und 13–17, So 13–16 Uhr.
www.oberweissbach.de

Fröbelturm, Am Kirchberg 7, Tel. 62074. Eintritt über Drehkreuz, Turmaufstieg Mo–Di 10–16, Mi–So 10.30–20 Uhr.
www.gasthaus-froebelturm.de

Glasapparate-Museum, Ortsstr. 23, Cursdorf, Tel. 036705/62070; Di–Fr 10–12, Di und Do zusätzl. 13–15 Uhr.
www.glasapparatemuseum.de

Olitätenrundwanderweg, 177 km zwischen dem Fröbelhaus in Oberweißbach und der Naturparkinformation in Bad Blankenburg.

Haflinger Gestüt Meura, Ortsstr. 116, Meura, Tel. 036701/31151.
www.haflinger-in-meura.de

Kati Zorn Porzellan Manufaktur, Treibe 19, Cursdorf, Tel. 61150.
www.katizornporzellan.de

Schwarzburg

Die Region des Schwarzatals zwischen Katzhütte und Bad Blankenburg ist eine der traditionellen Tourismusregionen Thüringens. Kamen zu DDR-Zeiten die Urlauber mit ihren FDGB-Ferienschecks noch in Scharen, befüllten die Fußwege und bildeten vor jedem Café lange Schlangen, so brachen die Gästezahlen nach der Wende massiv ein. Gegenwärtig dominieren eher die Kurzurlauber die Szenerie. Man versucht aber, wieder Langzeitgäste anzuziehen und an die ›Sommerfrische‹ von einst anzuknüpfen, als das wild-dramatische Schwarzatal im frühen 19. und 20. Jahrhundert Städter zur Erholung aus ganz Deutschland anzog. Heute allerdings modern interpretiert: neben traditionellen Wander- oder Radfahrmöglichkeiten auch durch Nichterreichbarsein, Auftanken und Live-Work-Balance abseits der urbanen Zentren.

▸ Karte S. 336

Schloss Schwarzburg

Die Schwarzburg liegt auf einem langgestreckten Felsen im tief eingeschnittenen Schwarzatal. Zu dessen Füßen fließt die Schwarza. Die Schwarzburg ist mitnichten, wie man beim ersten Blick vermuten könnte, seit Langem eine Ruine. Die ist vielmehr das Resultat von nur zwei Jahren ›Umbauarbeiten‹ durch die Nazis. Diese beabsichtigten, aus der Schlossanlage ein Reichsgästehaus zu machen und hinterließen den Stammsitz der Schwarzburger mit beinahe tausendjähriger Geschichte 1942 als Ruine. So wurden etwa Stahlbetonteile im Schlosshauptgebäude eingebaut. Das originale Torhaus wurde ebenfalls zerstört, weil es beim Umbau der barocken Schlossanlage den Baufahrzeugen buchstäblich im Wege stand. Von der **Kirche** blieb lediglich der Turm erhalten.

Erstmalig erwähnt wurde Schloss Schwarzburg 1123. Es gab den Schwarzburgern, dem wahrscheinlich bis zu Bonifatius zurückgehenden, ältesten ede freien thüringischen Adelsgeschlecht, ihren Namen. Von 1584 bis 1918 gehörte das Schloss zur Unterlinie der Schwarzburg-Rudolstädter. Zwischen 1710 und 1719 wurde die Anlage barock umgestaltet. Diese Baumaßnahmen verdankt die Schwarzburg wie die Heidecksburg in Rudolstadt der Fürstung der Adelsfamilie 1710 und einem Brand 1695. 1918 dankte der letzte Fürst, Günther Victor von Schwarzburg-Rudolstadt und Schwarzburg-Sondershausen, im Schloss Schwarzburg ab. Am 11. August 1919 unterschrieb Reichspräsident Friedrich Ebert, der sich zufällig auf Urlaub in Schwarza befand, hier die ›Weimarer Verfassung‹.

So wie die Nazis nach Einstellung der Bauarbeiten die Schwarzburg hinterlassen haben, präsentierte sie sich über die nächsten Jahrzehnte. Lediglich das Kaisersaalhaus wurde bis 1971 instandgesetzt. Seit 1994 nun wird die Gesamtanlage Stück für Stück allmählich in Ordnung gebracht. Im Fachjargon nennt man das ›nutzungsneutrale Bestandssanierung‹. 2018 wurde das **Zeughaus** wiedereröffnet. Die historische original erhaltene Schwarzburger Waffensammlung der Fürsten von Schwarzburg-Rudolstadt mit 5200 Exponaten befindet sich nun wieder am angestammten Platz. Es

Das Kaisersaalgebäude der Schwarzburg

handelt sich übrigens um die älteste und einzige noch erhaltene fürstliche Zeughaussammlung Deutschlands. Sie geht bis auf das Jahr 1453 zurück.

Ein neues **Erschließungsgebäude** am Ort und in den Raummaßen des ehemaligen Torhauses beherbergt Museumsempfang und Informationsräume. Langfristig sollen hier die ›Fürstlichen Erlebniswelten Schloss Schwarzburg‹ entstehen, mit der von der Heidecksburg zurückgekehrten ›Fürstlichen Schausammlung‹ mit ihren Prunkwaffen, einem ›Denkort der Demokratie‹ im Schlossgebäude, einer Ausstellung zum ausgestorbenen Adelsgeschlecht der Schwarzburger und zur Orangeriegeschichte. Bereits zu besichtigen ist auch das **Orangerie- oder Kaisersaalgebäude** mit seinen lebensgroßen Kaiserbildern, Medaillons und Stuckarbeiten.

Sitzendorf

In der Ortsmitte von Sitzendorf wurde über die Jahre einiges an historischen Traktoren, Landgerätschaften, Maschinen und Kutschen zusammengetragen und wurden alte Arbeitstechniken so erneut zu Leben erweckt. Das bäuerliche Leben wird anschaulich mit ›Guter Stube‹, Hausschlachterei und Bauernküche erlebbar. Das **Bauernmuseum** veranstaltet auch ein internationales Dampfmodelltreffen, Handwerkermärkte, einen Kirmes- und einen Weihnachtsmarkt.

Schwarzburg

Vorwahl: 036730.

SchwarzaBurg, Friedrich-Ebert-Platz 16, Tel. 318118. Wie eine echte Burg thront das Hotel über der Stadt. Von einigen Zimmern und der Restaurantterrasse hat den idealen Blick auf den im Tal liegenden Ort; EZ 43, DZ ab 69 €. www.hotel-schwarzaburg.de

Jugendherberge Schwarzburg, Am Buschbach 2, Schwarzburg, Tel. 22223. Verteilt auf dem großen Außengelände stehen zwei Häuser und mehrere Bungalows; Mitte April–Mitte Okt; Bett ab 21, ab 27 Jahren ab 23,20 €. www.jugendherberge.de

Zur Bergterrasse, Hauptstr. 101, Sitzendorf. Tolle Terrasse, Hauskonditorei sowie riesige Karte mit Eisvariationen aus eigener Produktion.

Schloss Schwarzburg, Schlossstr. 5, Schwarzburg, Tel. Museum 036730/399630; Kaisersaal April–Okt. Di–So 10–18 Uhr, Nov.–März Di–So 10–17 Uhr. www.schloss-schwarzburg.com

Bauernmuseum Sitzendorf, Hauptstr. 4, Sitzendorf, Tel. 036730/31744; Di–So 14–17 Uhr. www.bauernmuseum-sitzendorf.de

Schwarzatal-Radweg, 40 km von Rudolstadt über Bad Blankenburg bis zur Bergbahn und oben weiter bis Neuhaus. Der Abschnitt direkt im Schwarzatal zwischen Rudolstadt und Obstfelderschmiede ist 25 km lang.

Angeln in der Schwarza, Fischereierlaubnis bei Forellenzucht Schwarzatal, Mankenbachsmühle, Unterweißbach, Tel. 036730/22654.

Porzellanmanufaktur Sitzendorf, Hauptstr. 26, Sitzendorf, Tel. 036730/22344. In Sitzendorf erfand 1760 Georg Heinrich Macheleid das Porzellan erneut. In der seit 1850 bestehenden Manufaktur finden Vorführungen zu Zierporzellan und der Verkauf verschiedener Hersteller statt; Mo–Sa 10–16 Uhr. www.porzellan-sitzendorf.de

▸ Karte S. 336

Oberes Saaletal

Die Saale entspringt im Fränkischen Fichtelgebirge, zu sehen ist von der Quelle allerdings nichts. Vielmehr sammelt sich das Wasser unterirdisch und fließt dann als Sächsische Saale – so bezeichnet zur Abgrenzung von der Fränkischen Saale – ab. Zudem entstand 1769 direkt an der Saalequelle ein Bergwerk. Die Saale fließt also im wahrsten Sinne aus dem Berg. Für Touristen wurde allerdings ein künstliches Quellbecken angelegt.

Der Fluss ist 413 Kilometer lang und bildet zwischen dem thüringischen Hirschberg und Blankenberg/Blankenstein die Saale den Grenzfluss zu Bayern, bis sie von hier aus endgültig nach Thüringen hineinfließt. Quelle und Mündung liegen nur 200 Kilometer Luftlinie voneinander entfernt. Das zeigt, wie kurvenreich sich der Fluss durch die Landschaft schlängelt.

Die Saale diente jahrhundertelang als Transportfluss für Holz aus dem Gebirge zu den Abnehmern weiter unten in den Ebenen. Sobald das Schmelzwasser den Pegel der Flüsse ansteigen ließ, brachten die Flößer die gefällten Baumstämme zu den Holzmessen nach Camburg und Bad Kösen. Hauptabnehmer waren Zimmerleute und die Bauindustrie. Die Forstwirtschaft hat wie im Thüringer Wald auch das benachbarte Schiefergebirge verändert. Der ursprüngliche Wald bestand aus Buchen und Eichen. Laubbaumstämme gehen im Wasser meist unter, Kiefern, Tannen und Fichten dagegen wachsen nicht nur schneller und gerader, sondern schwimmen auch. Daher bestehen die Baumbestände heute vorwiegend aus Nadelhölzern. Bis 1933 wurde auf der Saale geflößt. Der Bau der Talsperren und Eisenbahnstrecken sowie der Bedeutungsverlust von Holz als Baumaterial bereitete der Industrie ihr Ende. Nur in Uhlstädt zwischen Rudolstadt und Orlamünde gibt es noch Saaleflößer, es sind die letzten ihrer Art.

Heutzutage besitzt der Fluss keine Bedeutung als Transportweg mehr. Er dient der Freizeit und Erholung. Entlang der Saale gibt es eine sehr hohe Dichte an Burgen und Schlössern; auch daher ist ein Besuch des Oberes Saaletals so reizvoll.

Bad Lobenstein

Von 1647 bis 1824 war das 1250 erstmals erwähnte Lobenstein Haupt- und Residenzstadt des Fürstentums Reuß jüngere Linie-Lobenstein. Heute ist das kleine beschauliche Bad Lobenstein staatlich anerkanntes Moorheilbad. Mit der Ardesia-Therme besitzt Lobenstein das einzige Moorbad Thüringens.

Neues Schloss

Das Neue Schloss ließ sich Heinrich XV. von 1714 bis 1718 als Ersatz für die 1714 abgebrannte alte Anlage an neuer Stelle errichten. Zu DDR-Zeiten war in dem Barockgebäude unter anderem das Wehrkreiskommando untergebracht. Das Gebäude wird heute für Veranstaltungen und Ausstellungen genutzt. So gibt es in der oberen Etage eine **Dauerausstellung** zur Reußischen Landes- und Münzgeschichte und zur Apothekengeschichte Lobensteins.

Alte Wache

Gegenüber dem Neuen Schloss steht das schnuckelige Häuschen der Schlosswache. Seit den 1790er Jahren waren hier die leuchtend rot-weiß uniformierten Reuß-Lobensteinischen Gardisten der Wachmannschaft für das Schloss stationiert. Das jetzige Haus mit seinem klassizistischen Säulenportal entstand wohl um 1800.

Der Marktplatz in Lobenstein mit Brunnen und Rathaus

Ein Stück unterhalb, in der ehemaligen **Kutschenremise**, sitzt die Tourismusinformation.

Kurpark

Hinter dem Neuen Schloss liegt der Kurpark. Er wird vom **Kulturhaus** mit dem Kino am Park flankiert. In der warmen Jahreszeit ist der gelbe Pavillon im Kurpark mit seinen blauen Fensterläden als Einkehrmöglichkeit beliebt.

Ardesia Therme

Östlich des Kurparks, am Stadtteich, liegt die Ardesia Therme. Das Kurmittelhaus der Stadt setzt ganz auf die braune Heilmasse und bietet alles von Moorvollbad, Moorbad in der Softpackliege bis zur Moorsauna an. Sie ist das einzige zertifizierte Moorheilbad in Thüringen. Es gibt ein Thermalbad mit Whirlpool, Strömungskanal, Kleinkinderbecken, Sauna- und Wellnesslandschaft sowie Salzgrotte.

▸ Karte S. 336

Rathaus

Das Gebäude entstand 1864/65 nach einem Brand neu. Die Figur des **Lommesteener Fässleseechers** im Rathausturm, unterhalb der Rathausuhr, erinnert an das städtische Tuchweberhandwerk: Mit Ammoniak aus Urin wurden bereits bei den alten Ägyptern die Stoffe veredelt. In der Saison pinkelt der Fässleseecher vier Mal am Tag (10, 12, 14 und 16 Uhr) tatsächlich von oben herab auf den Marktplatz. Der Hundekopf im Giebel des Rathauses ist das Wappen von Lobenstein und stammt von der Helmzier der Reußischen Grafen.

Auf dem Marktplatz stehen auch der **Brunnen** mit drei großen Hunden und die **Bad Lobensteiner Destillerie und Marktbrauerei**.

Markt-Höhler

Ab 1780 entstand ein 54,45 Meter langer Stollen mit 20 Kammern, der sogenannte Markt-Höhler, als Felsenkeller der brauberechtigten Bevölkerung. Heute ist der historische Bierfelsenkeller Berg-Erlebnis und **Bergmuseum**. Es gibt Informationen zur Lagerung von Bier, zu Geologie und Bergbau. Kinder dürfen sich mit traditionellen Bergbauwerkzeugen am Felsen austoben.

Fürstliche Oberförsterei

Im Gebäude von 1714 war im 18. Jahrhundert die Fürstliche Oberförsterei untergebracht. Heute befindet sich in dem ockerfarbenen Gebäude das **Museum für Stadt- und Regionalgeschichte**. Vorgestellt werden auch Tuchmacherei und Buchdruckerei. Im Haus befindet sich Thüringens ältester Horizontalwebstuhl,

eine Apotheken- und Uhrensammlung sowie historisch eingerichtete Zimmer. Am Museum gibt es auch einen kleinen **Kräutergarten**.
Die Kräuterstube im Museum, in der die Lobensteiner Kräuterhexe Rita Harnisch ihr Wissen vermittelte, existiert leider nicht mehr. Die Kenntnisse um ihre Salben und Essenzen wie den Trank zur Stärkung der Manneskraft, das Lobensteiner Moortröpfchen oder das Lobensteiner Kräuter-Bitter gibt sie allerdings nach wie vor in der Median-Klinik weiter. Dort kümmert sie sich auch um den Klinik-Kräutergarten. Ihr Kräutersalz, bei dem jeder Buchstabe des Ortsnamens Lobenstein durch ein Kraut repräsentiert wird, kann man allerdings nach wie vor in der Tourismusinformation erwerben.

■ Burg Lobenstein

Von der einstigen Burganlage auf dem Berg über der Stadt ist bis auf ein paar Mauern und zwei Türme so gut wie nichts mehr übrig; sie wurde 1632 durch kaiserliche Truppen zerstört. Erhalten aber ist der 30 Meter hohe **Bergfried Alter Turm**. Er ist nur über das Museum erreichbar und wurde zu einer Aussichtsplattform umgebaut.

Zwischen Bad Lobenstein und Probstzella

In **Wurzbach** befindet sich das **Schaudenkmal Gießerei Heinrichshütte**, hier arbeitet Europas größte und mit 15 000 PS leistungsstärkste Dampfmaschine. Erst 1982 wurde sie aus dem regulären industriellen Verkehr gezogen. Seitdem wird der Produktionsprozess des Eisengießens bei regelmäßigem Schaugießen in einer umfassend erhaltenen Gießereihalle präsentiert. Es gibt eine Ofen- und Kaminplattenausstellung. Auch das 260 Jahre alte Wasserrad ist erhalten geblieben. Ein weiterer Raum zeigt historische Heißluftmotoren.

■ Lehesten

Das gesamte Areal rund um Lehesten ist von Jahrhunderten des Schieferabbaus geprägt, und der Ort selbst ist das ehemalige Zentrum der thüringischen

Göpelschachtanlage mit Schieferbrüchen bei Lehesten

Schiefergewinnung. Die Gegend ist eine einzige Bergbaufolgelandschaft mit all ihren Reizen. So findet man noch zahlreiche ehemalige Bergbaugebäude und weitere Hinterlassenschaften vor. Immer noch wird um Lehesten Schiefer abgebaut.

Im **Technischen Denkmal Historischer Schieferbergbau Lehesten** existieren noch sämtliche Gebäude und Anlagen eines historischen Schieferbetriebes. So stammt etwa der Göpelschacht von 1845. Das Industriedenkmal gibt Einblick in den Schieferabbau und die Arbeitswelt der Schieferindustrie. Die Anlage befindet sich direkt am inzwischen mit Wasser vollgelaufenen Tagebau. Im Modelldorf präsentiert Deutschlands älteste Dachdeckerschule ihre Meisterstücke in Miniaturhaus-Form.

Der südlich von Lehesten gelegene Schieferstaatsbruch ist eine Station der insgesamt 96 Kilometer langen **Thüringisch-Fränkischen Schieferstraße**, die bedeutende Orte der Schieferindustrie miteinander verbindet.

Das **Areal Staatsbruch** ist Naturschutzgebiet mit inzwischen 170 auf der Roten Liste stehenden Arten. Der **Thüringer Schieferpark Lehesten** steht für ein 60 Hektar großes Erlebnisgelände mit Tagungszentrum, Sport- und Freizeitangeboten wie etwa Reiten oder Wanderungen zum Wetzstein.

Altvaterturm Wetzstein

In 792 Metern Höhe steht am Rennsteig der Neue Altvaterturm. Das Original stand im Altvatergebirge in den östlichen Sudeten und wurde 1957 abgerissen. Ziel des Altvaterturmvereins war es seitdem, einen Neuen Turm in einer Gegend zu errichten, die der alten Heimat ähnelt. 2002 feierte man endlich Richtfest. Der 35,8 Meter hohe Turm ist innen und außen ganz nach dem Vorbild im sudetischen Altvatergebirge gestaltet und soll an die verlorene Heimat erinnern. Von 824 Metern Höhe aus kann man bis ins Erzgebirge, das Fichtelgebirge, den Thüringer Wald, zu Harz und Frankenwald schauen. Auf dem Wetzstein stand übrigens vorher schon einmal ein Turm. Der baufällige Bismarckturm im Sperrgebiet der innerdeutschen Grenze wurde 1979 abgerissen.

Das ehemalige KZ-Außenlager ›Laura‹

▲ Karte S. 336

Der Wetzstein ist Wandergebiet, im Winter fahren hier die Langläufer auf präparierten Pisten.

Örtelsbruch

Für Fans von verlassenen Orten lohnt sich ein Abstecher in den nördlich von Lehesten gelegenen Örtelsbruch. Hier befinden sich ein alter **Schiefersteinbruch** aus dem 19. Jahrhundert sowie ein **Geisterdorf** mit Wirtschaftsgebäuden, Bäckerei, Bibliothek und Brauhaus. Der alte Schieferbruch ist heute mit Wasser gefüllt. Hier mussten während des Zweiten Weltkriegs die KZ-Häftlinge vom Lager Laura die Schächte für den Test der V2-Raketen errichten.

KZ-Gedenkstätte Laura

Das Lager bei **Schmiedebach**, heute die Gedenkstätte Laura, war ein Außenlager des KZs Buchenwald. Nach der Bombardierung von Peenemünde wurden hier zwischen September 1943 und April 1945 für den Test der V2-Raketen die Stollen der ehemaligen Schiefergrube ausgebaut und ein unterirdisches Sauerstoffwerk errichtet. Die 2012 eröffnete neue **Ausstellung** im Besucherzentrum und einer Scheune erzählt die Geschichte des Lagers sowie den Lageralltag sehr anschaulich auch anhand zahlreicher Biographien und erklärt das KZ-System im Zusammenhang mit der deutschen Rüstungsindustrie.

Leutenberg

In Leutenberg, der ›Stadt der Sieben Täler am Thüringer Meer‹, steht das **Naturparkhaus** mit einer Ausstellung zu Flora und Fauna, Landschaften und Sehenswürdigkeiten im Naturpark Thüringer Schiefergebirge und Oberes Saaletal. Der Naturpark deckt sich gleichzeitig teilweise mit dem Geopark Schieferland. Auch hierzu gibt es einen Überblick mit Sehenswürdigkeiten sowie eine Mineraliensammlung. Im Haus befindet sich auch ein künstlicher Bach mit einem Feuersalamander-Terrarium. Der echte Bach Sormitz und die wahre Action finden dann draußen im großen Areal ›Naturerlebnisbereich NaturParkWelten‹ rund ums Naturparkhaus statt. Hier können sich vor allem die Jüngeren stundenlang beschäftigen. Es gibt verschiedene Landschaftsräume, Mitmachelemente und Ratespiele wie eine Schatztruhe sowie zwei Kinderspielplätze.

Die heute Schloss Friedensburg, genannte **Burg Leutenberg**, ist inzwischen ein Fachkrankenhaus für Dermatologie.

Probstzella

Das **Haus des Volkes** (1927) in Probstzella gilt als größtes Bauhausdenkmal Thüringens. Architekt des Ensembles war Alfred Arndt. Das Haus wird nach wie vor für Kulturveranstaltungen genutzt. Zudem gibt es ein Restaurant, eine Sauna, ein Hotel, eine Naturparkinformationsstelle sowie eine Bowlingbahn. Das Heimatmuseum **Franz-Itting-Museum** ist ebenfalls im Haus untergebracht.

Zu DDR-Zeiten war Probstzella Grenzbahnhof auf der Strecke Berlin–München. Im Bahnhof gegenüber dem Haus des Volkes befindet sich das **DDR-Grenzbahnhof-Museum**. Zum Museum gehört auch der **Grenzturm** auf dem Hopfsberg mit einer kleinen Ausstellung.

Ein knapp 60 Kilometer langer **Schieferpfad** am Grünen Band verbindet die Schieferabbauorte Probstzella, Lehesten, Gräfenthal und das fränkische Ludwigsstadt.

Gräfenthal

In Gräfenthal lohnt sich ein Blick auf die ansehnliche Anlage von **Schloss Wespenstein**. Das Schloss hat ein **Museum**, es gibt Führungen, eine Gaststätte und Herberge.

Bad Lobenstein und Umgebung

Vorwahl: 036651.

Tourist Information, Graben 18, Lobenstein, Tel. 2543; Mo, Mi, Fr 9.30–12.30 und 13.30–16 Uhr, Di, Do 9.30–12.30 und 13.30–17 Uhr, Mai–Sept. auch Sa 9–12 Uhr. www.bad-lobenstein.de

Naturparkhaus, Wurzbacher Str. 16, Leutenberg, Tel. 0361/ 573925090. www.thueringer-schiefergebirge-obere-saale.de

In Sachen Übernachtungsmöglichkeiten hat Lobenstein Nachholbedarf. Gute Unterkünfte in unmittelbarer Umgebung findet man größtenteils im bayerischen, etwa 9 km entfernten Bad Steuben.

Hotel Marktbrauerei, Markt 24, Lobenstein, Tel. 036651/2114. Vintage-Hotel in bester Lage; EZ ab 50, DZ ab 66 €. www.hotel-marktbrauerei.de

Aparthotel Am Rennsteig, Oßlaberg 6, Wurzbach/Oßlaberg, Tel. 036652/400. Großes Familien- und Aktivhotel (Familotel) im Thüringer Wald mit Kinderbetreuung sowie Freizeitprogramm; EZ ab 58, DZ ab 88 €.
www.am-rennsteig.de

Pension Zum Alten Forsthaus, Gallenberg 5, Lobenstein, Tel. 3587. Ehemalige Sommerresidenz des Hauses Reuß am Rande von Lobenstein. Romantischer Biergarten, Minigolfanlage, Streichelzoo, Grillabende; EZ ab 40, DZ ab 65 €.
www.zum-alten-forsthaus.net

Pension Nr. 1 – Cafe, Bayrische Str. 1, Lobenstein, Tel. 31301. Zentral gelegen, von außen unikal, innen passabel. Unten im Haus ein Antiquitätengeschäft, direkt daneben hauseigene historische Kellerbar; EZ ab 45, DZ ab 65 €. www.pensionantik.de

Bad Lobensteiner Destillerie & Marktbrauerei, Markt 24, Lobenstein, Tel. 2114. Deftige Brauhaus-Imbiss-Speisen, Hausbrauerei und Destillenladen (Gebranntes, Marmeladen und eigenes Bier, Marktbrauerei Pils und Lemnitzbräu Dunkel). www.hotel-marktbrauerei.de

Neues Schloss; Di 9–12 und 14–18, Do 9–12 und 14–16, Fr 9–12 Uhr.
www.bad-lobenstein.de

Markt-Höhler, Kontakt: Carsten Dunkel, Tel. 036651/39557 oder 30792; Führungen Di–So 14.10, 15.30 und 17.10 Uhr.
www.markthoehler.de

Regionalmuseum und Alter Turm, Schlossberg 20, Tel. 2492; April–Sept. Di und Do 10–16, Sa/So 14–17.30 Uhr, Okt.–Jan. Di 10–13, Do und So 13–16 Uhr.
www.bad-lobenstein.de

Schaugießerei Heinrichshütte, Leutenberger Str. 44, Heinrichshütte, Tel. 036652/22717; Führung und Museum Mo–Do 13, Fr 10 Uhr, Informationsbüro und Museumsladen Mo–Do 7–14.30, Fr 7–11.30 Uhr, Schaugießen immer Mi 13 Uhr. Besondere Veranstaltungen für Kinder. www.heinrichshuette-wurzbach.de

Technisches Denkmal Historischer Schieferbergbau Lehesten, Staatsbruch 1, Lehesten, Tel. 036653/26270. Selbständige Besichtigung des Geländes mit Modelldorf. Göpelschachtanlage und Doppelspalthütte innerhalb einer Führung April–Okt. Mo nach Voranmeldung, Di–Do 10 und 13, Fr 10, Sa 10.30 und 14, So 14 Uhr. Museumshop im Mannschaftshaus. www.schiefer-denkmal-lehesten.de, www.schieferpark.de

Altvaterturm, Wetzstein 1; Mi–So 10–17 Uhr, Anmeldung für Führungen über Tel. 036653/22362 oder beim Turmbetreuer unter 036653/26396. Im Turm befinden sich eine Gaststätte (Mi–So 11–17 Uhr, Tel 036653/264380) und ein Informationsbüro. www.altvaterturm.de

KZ Gedenkstätte Laura, Schmiedebach, Fröhliches Tal, Lehesten, Tel. 036653/ 264675; April–Okt. Mi–Fr 14–17.30, Sa/

▶ Karte S. 336

So 10–17.30 Uhr. www.kz-gedenkstaette-laura.de
Franz-Itting-Museum, Bahnhofstr. 25 (Haus des Volkes), Probstzella, Tel. 036735/73850; Mi–Fr 16–20, Sa 14–20, So 11–20 Uhr. www.probstzella.de
DDR-Grenzbahnhof-Museum, Tel. 036735/4610, Probstzella; Mi, Sa, So 13–16 Uhr. www.probstzella.de
Schloss Wespenstein: www.schloss-wespenstein.de

Reitanlage Schieferpark, Staatsbruch 1, Haus 6, Lehesten, Tel. 0160/99791561. Ponyreiten, Reitunterricht, Ausritte und Wanderreiten. www.katibauer2.wixsite.com/zentauerontour

Ardesia-Therme, Parkstr. 8, Lobenstein, Tel. 3939200/200500. Thermalbad Mo–So 9–22 Uhr, Sauna Mo–So 10–22 Uhr, Frauensauna Mi ab 17 Uhr, Wellness Mo–So 9–20 Uhr (nach vorheriger Terminvereinbarung). Standplatz für Wohnmobile ab 4 €. www.ardesia-therme.de
Waldbad, Koseltal, Lobenstein, Tel. 33377. Mit einer Beckengröße von 50x80 Metern das größte Bad Thüringens. Schwimmer-, Nichtschwimmerbereich und Planschbecken. Volleyball- und Tischtennisplatz sowie Spielmöglichkeiten. www.bad-lobenstein.de

Der **Saale-Orla-Wanderweg** führt über Bad Lobenstein.

Saalekaskade

Zwischen Bad Blankenstein und Saalfeld hat sich die Saale tief in die Hochfläche des Thüringer Schiefergebirges eingegraben. In den dadurch gebildeten Tälern liegt fjordgleich Deutschlands größte Stauseeregion.

Das ›Thüringer Meer‹ erstreckt sich auf nahezu 80 Kilometer Länge fünf Stauseen folgen hier unmittelbar aufeinander. Sie wurden in den 1930er und 1940er Jahren errichtet und diesnen heute vorwiegend der Energiegewinnung.

Kaum dass die Saale aufhört, Grenzfluss zu Bayern zu sein und bei Blankenstein nach Thüringen hineinfließt, wird sie von Bleilochtalsperre, Burgkhammer, Walsburg, Hohenwarte, Eichicht sowie Pumpspeicherwerken aufgehalten. Zum System gehört auch der Stausee Wisenta. Erst hinter der letzten Staumauer bei Eichicht/Kaulsdorf, die erst 1945 fertiggestellt werden konnte, fließt der Fluss wieder frei. Der Höhenunterschied über die Gesamtstrecke beträgt 170 Meter, insgesamt 410 Millionen Kubikmeter Wasser sind angestaut.

Bleilochtalsperre, Hohenwartestausee und Umgebung

Ihren Namen hat die **Bleilochtalsperre** von den Bleibergwerkstollen, die hier früher existierten. Reste der Bleilöcher sind noch einige hundert Meter unterhalb der Staumauer sichtbar. 1926 wurde mit der 65 Meter hohen Bleilochstaumauer begonnen, ab März 1932 begann man mit der Flutung des bis dahin wunderschönen Saaletals. Erst nach drei Jahren erreichte der Wasserpegel seinen anvisierten Stand. Mit 215 Millionen Kubikmetern Fassungsvermögen ist die Bleilochtalsperre das größte künstliche Gewässer Deutschlands. Die etwa 28 Kilometer lange Bleilochtalsperre wird von den insgesamt in Thüringen ansässigen etwa zehn Bootsfahrschulen gern als Prüfungsgewässer genutzt, auf dem die Fahrschüler ihren Bootsführerschein erwerben können.

Der **Hohenwartestausee** ist mit 27 Kilometern Länge der viertgrößte Stausee in Deutschland und der zweitgrößte des Thüringer Meeres. Mit der Planung wurde 1935 begonnen, komplett fertig war alles 1944. Die Staumauer ist mit fast 75 Metern die höchste aller Saalestauseemauern. Trotzdem stand das Wasser beim Hochwasser 2013 hier fast bis zur Staumauerkrone. Der Stausee fasst 182 Millionen Kubikmeter Wasser und ist stellenweise über 70 Meter tief. In diesen Tiefen herrscht winters wie sommers dieselbe Temperatur: 4 Grad Celsius. Eine vielfältige Tier- und Pflanzenwelt hat sich inzwischen entwickelt.

Zahlreiche Gehöfte, Wohnhäuser und Mühlen versanken in den Fluten der Saalekaskade. Am Grunde der Hohenwartetalsperre, in knapp 40 Metern Tiefe, liegen noch zwei komplette Dörfer: Preßwitz mit einst 27 Häusern und Saalthal mit 7 Häusern. Dürfte man hier tauchen, würde man noch die knapp drei Meter hohen Überreste des Kirchturms, Fundamente der Gebäude und Grabsteine sehen. Nachdem Preßwitz am 1. April 1938 umgezogen war, absolvierte die Wehrmacht von Leutenberg aus allerdings noch Schießübungen auf den Ort. So viel steht also nicht mehr.

Blickt man von der Hohenwartestaumauer hinunter ins Tal, so sieht man 400 Meter entfernt die riesigen Reihen von Rohren, die sich zum Oberbecken des **Pumpspeicherwerks Hohenwarte 2** den Berg hinaufziehen. Es wurde 1956 begonnen und liefert maximal 320 Megawatt Leistung. Das Becken fasst 3,28 Millionen Kubikmeter Wasser.

Hohenwarte

Den besten Überblick über die Heimatgeschichte findet man in Hohenwarte. Eigentlich müsste es Neuhohenwarte heißen, denn alle Gebäude stammen aus der Zeit nach 1938. Die wenigen verbliebenen Häuser des ursprünglichen Hohenwarte stehen unterhalb der Staumauer. Der Heimatverein Hohenwarte verfügt über eine umfangreiche Text- und vor allem Bildersammlung zu Preßwitz und Hohenwarte. Die kleine **Bilderausstellung** befindet sich in der **Kirche**. Das Gros der Sammlung findet sich allerdings im Hause des Vereinsvorsitzenden, der diese nach vorheriger Anfrage auch zugänglich macht und umfassend zum Thema Saalekaskaden und Orte informiert. Bevor die Preßwitzer ihren Ort aufgaben, nahmen sie zahlreiche Relikte an ihre neuen Wohnorte mit. So befinden sich in der Kirche Hohenwarte die ori-

Am Hohenwartestausee

▲ Karte S. 336

Blick auf Saalburg

ginalen Kirchenglocken aus Preßwitz, in Gräfendorf befindet sich die Kirchturmuhr. Das Preßwitzer Kriegerdenkmal aus dem Ersten Weltkrieg steht in Bucha, ebenso wie das für den Zweiten Weltkrieg. Und das, obwohl es den Ort im Zweiten Weltkrieg gar nicht mehr gab.

Blankenstein-Blankenberg

Die kurvenreiche Straße von Lobenstein führt durch bewaldete Hügel und Täler. Bereits von weitem verrät sich das im Tal an der Saale liegende Blankenstein-Blankenberg durch den hoch aufsteigenden weißen Wasserdampf der Zellstoff- und Papierfabrik. Kurz bevor die Selbitz hier in die Saale mündet, endet – oder je nach Sichtweise: beginnt – am **Rennsteigdenkmal** offiziell der **Rennsteig-Fernwanderweg**. Auf der der Papierfabrik gegenüberliegenden Saaleseite, im Ortsteil Ziegelhütte, gibt es Infotafeln zur deutsch-deutschen Grenze. Auf dem direkt an der Saale verlaufenden **Saale-Orla-Wanderweg** in Richtung Alter Papierfabrik in Blankenberg läuft man auf dem ehemaligen Kolonnenweg entlang. Das Gelände der früheren **Papierfabrik** liegt direkt an der ehemaligen Grenze. Hier steht eine der ältesten Langsiebpapiermaschinen der Welt. Es gibt eine kleine **Ausstellung** mit Bildern und Erläuterungen. Auf dem Dach der Fabrik stand zu DDR-Zeiten ein Wachturm. Der Weg zur Fabrik war abenteuerlich. Die kleinspurige **Transportbahn** nach Blankenstein verlief direkt an der Saale entlang der Grenze. 1895 wurde die Bahn zum Transport zwischen der Papierfabrik Rosenthal in Blankenstein und der Papierfabrik in Blankenberg als Pferdebahn eröffnet. Mit der Stilllegung der Papierfabrik kam 1990 auch das Ende für die Bahn. Heute betreibt ein Verein die zwei Kilometer lange Strecke zwischen Papierfabrik bis kurz vor dem Parkplatz in Ziegelhütte.

Die moderne **Zellstoff- und Papierfabrik Rosenthal** in Blankenstein verfügt über ein eigenes **Museum** der Zellstoff- und Papierfabrik. Der Schlüssel dazu ist an der Wache erhältlich. Daher hat das Museum auch 24 Stunden am Tag geöffnet. In der Ausstellung geht es um das alte Werk und seine Geschichte und die Verarbeitung von Papier und Zellstoff.

Die Anfänge der **Burg Blankenberg** oberhalb der Saale, auch ›Altes Schloss‹ genannt, reichten bis ins 12. Jahrhundert zurück. Die Burg wurde im Zusammenhang mit dem Befehl zum Abbruch enteigneter ehemaliger Adelssitze 1948 von den Sowjets gesprengt.

Pottiga

Wenige Kilometer saaleaufwärts, in Pottiga an der thüringisch-bayerischen Grenze, liegt an einem Saalebogen der **Skywalk**. Von der Aussichtsplattform auf einem ehemaligen Wachhügel an der Grenze am thüringischen Steilufer der Saale hat man einen weiten Ausblick auf die grüne Landschaft.

Saalburg-Ebersdorf

Bei Saalburg-Ebersdorf handelt es sich um eine Miniresidenz. **Schloss Ebersdorf** entstand zwischen 1690 und 1693 im einfachen Barockstil und steht heute leer. Die Grabstätte der Reußischen Grafen von Lobenstein-Ebersdorf steht im weitläufigen **Schlosspark**, dem heutigen Ebersdorfer Landschaftspark. Sie wurde 1931 von Ernst Barlach entworfen.

Im **Märchenwald** im direkt am Wasser liegenden Ortsteil Saalburg stehen rund 40 zumeist lebensgroße Dioramen, die bekannte Szenen aus Märchen darstellen. Zudem gibt es zahlreiche Fahrgeschäfte und Spielmöglichkeiten. Im Wald steht auch Europas größtes **Hexenhaus**.

In Saalburg gibt es einen **Kletterwald** mit verschiedenen Parcours und einem Base Jump sowie eine **Sommerrodelbahn**.

Natürlich dreht sich in Saalburg alles um den Wassersport. Auf der Bleilochtalsperre verkehren sogar Kreuzfahrtschiffe. Die MS Bad Lobenstein gilt als das kleinste Kreuzfahrtschiff Europas, man kann hier unter anderem ein Kapitäns-Dinner genießen. Die Saaletal-Kabinen-Schifffahrt KG bietet auch Ostalgiefahrten mit der ›Wappen von Saalburg‹ an. Das Schiff verkehrt auf der Route zwischen Staumauer und Harra über Saaldorf und Mühlberg.

SonneMondSterne

Unterhalb der Straße entlang des Stausees, direkt an der Talsperre, liegt an einem Hanggelände der Veranstaltungsort des SonneMondSterne-Festivals, kurz SMS. Seit 1997 hat es sich zu einer der größten Veranstaltung für elektronische Tanzmusik entwickelt. Entsprechend lang ist die Liste der hier auftretenden renommierten DJs. Inzwischen kommen jährlich mehrere zehntausend Gäste. Am Ende des Festivals sieht der Hang immer aus, als hätte der Wind hier Tausende von Gelben Müllsäcken in der Landschaft verteilt. Die Putzkommandos sorgen allerdings dafür, dass dieses Chaos nicht lange sichtbar bleibt.

Ein Abstecher lohnt sich auch zum **Naturdenkmal Steinerne Rose**, wenige Kilometer nördlich von Saalburg-Ebersdorf. Die eigenartige Formation entstand vor 350 Millionen Jahren durch eine Vulkaneruption.

i Saalekaskade

Tourist Information, Markt 1, Saalburg-Ebersdorf, Tel. 036647/29080; Mo–Do 8.30–12 und 13–16, Di 13–18, Fr 9.30–12 und 13–15 Uhr.
www.saalburg-ebersdorf.de

Campingplatz Am Trepplesfelsen, Harra, Tel. 0171/6112134. Der kleine romantische Campingplatz am Trepplesfelsen liegt direkt am Wasser. Zelt ab 7, Wohnwagen/Wohnmobil ab 10,50 €.
www.campingplatz-harra.de

Campingplatz Kloster, Saalburg, Tel. 036647/22441. Mit Strandbad, Boots- und Radverleih, Spielplatz und anderen Freizeitmöglichkeiten. Ostern–Okt. Zelt ab 9,50, Reisemobil ab 11 €. Schlafen kann man am Campingplatz auch auf

▲ Karte S. 336

zwei mitten im Bleilochstausee schwimmenden Ferienhäusern (3 Tage ab 400 €, www.treibhouse.eu).
www.saalburg-ebersdorf.de

Heimatverein Hohenwarte 1973, Tel. 036733/21759. www.gemeinde-hohenwarte.de/historisches.htm
Alte Papierfabrik Blankenberg und Feldbahn, Blankenberg; Besichtigung nach vorheriger Anmeldung unter Tel. 03741/180773 oder 0174/5405270. Termine Feldbahn: www.feldbahn-blankenberg.jimdo.com
ZP Museum, Im ZPR, Hauptstr. 16, Blankenstein, Tel. 036642/80. Schlüssel zum Museum an der Wache. www.zpr.de

SonneMondSterne (Mitte August). www.sonnemondsterne.de

Saaletal-Kabinen-Schifffahrt, Tel. 036640/28815 oder 0152/04274219. Weitere Informationen zu Fahrten und Wassersport erhält man unter www.fahrgastschiffahrt-hohenwarte.de oder in der Tourismusinformation. www.saaletal-schiffe.de

Pilz-Erlebnispfad, von der Sperrmauer führt ein 6 Kilometer langer Rundwanderweg bis Gräfenwarth.

Sommerrodelbahn, Am Kulmberg 1a, Tel. 036647/299150; Anf. April bis Mitte Okt. tgl. 10–17 Uhr. www.saalburg.de
Kletterwald Saalburg, Pöritzsch 33, Tel. 0173/3554477. 8 unterschiedlich schwere Parcours, 1 Basejump aus 12 Metern Höhe. Öffnungszeiten: siehe Webseite oder Anruf. www.kletterwaldsaalburg.de

Von Burgk nach Reitzengeschwenda

In exponierter Lage auf einem Bergrücken im Oberen Saaletal, umgeben von der Saaleschleife, liegt **Schloss Burgk** (nicht zu verwechseln mit anderen gleichnamigen Anlagen in Nordrhein-Westfalen oder Sachsen). Es wurde im Mittelalter von den Vögten von Gera errichtet und nie zerstört. 1616 erfolgte der Umbau zum reußischen Residenzschloss. Es ist die größte und älteste Schlossanlage des Thüringer Oberlandes und mit Sicherheit auch eine der schönsten in ganz Thüringen. Zu besichtigen sind beeindruckend eingerichtete historische Wohn- und Repräsentationsräume. In der Schlossküche von 1600 steht mit einer Höhe von 21,50 Metern der größte Küchenkamin Deutschlands. In der barocken Schlosskapelle befindet sich eine fantastische, nach wie vor in originaler Chortonlage klingende Orgel von Gottfried Silbermann von 1743. Auch gibt es interessante **Ausstellungen** zum Thema moderne Kunst, Buchkunst und Exlibris-Kunst. Die Exlibris-Sammlung von Burgk ist eine der größten in Europa. Auch die Sammlung von Künstlerbüchern ist imposant.

Schloss Burgk hat sich als Kulturzentrum etabliert. Im Schloss sowie im Schallhaus im Sophienpark finden zahlreiche Feste, Konzerte und Veranstaltungen statt. Im August wird zudem das Mittelalterfest ›Burg(k)er Spektakel‹ und am ersten Adventswochenende der Adventsmarkt veranstaltet.

Der moderne **Saaleturm**, ein Aussichtsturm aus Holz, ist 43 Meter hoch. Er wirkt äußerst filigran und erinnert an einen Pokal oder eine olympische Fackel. Er steht nur einige hundert Meter vom Schloss entfernt.

Vom **Kobersfelsen** südöstlich von Burgk hat man einen schönen Blick auf Schloss Burgk und die davor liegende rote Hängebrücke ›Eisbrücke‹.

Einer der zahlreichen Plothener Teiche

Aus einem ehemaligen Ferienlager der Wismut nördlich von Burgk wurde das **Ferienland Crispendorf** mit Zelt- und Campingplatz, zahlreichen Freizeitangeboten, Ferienlager und Freibad sowie der Ferienlandeisenbahn. Der Rundkurs der ehemaligen Pioniereisenbahn im Wisentatal ist 2,1 Kilometer lang (Mai–Okt. am 3. So).

Ziegenrück

Das **Technische Denkmal Fernmühle** ist die älteste Mühle im Oberen Saaletal. Bereits 1258 wurde sie erstmalig erwähnt. Nach einem Umbau zu einem Laufwasserkraftwerk lieferte sie ab 1901 Strom für eine Kartonagenfabrik, 1965 erfolgte die Stilllegung. Das Laufwasserkraftwerk ist im Originalzustand erhalten und eines der ältesten in Deutschland. In der Mühle und dem dazugehörigen Außengelände findet man allerlei Turbinen, Wasserräder und weitere Technik. Im Hochspannungsraum werden mit einem Tesla-Transformator Blitze und Donner erzeugt. In der ›Saale-Kaskade‹-Ausstellung in der ehemaligen Wollspinnerei geht es um die Geschichte des Talsperrenbaus und der Region. Ein großes Modell zeigt die Saalekaskade. Auch die Geschichte der Wassermühlen im Oberen Saaletal mit vielen arbeitenden Mühlenmodellen, die Saaleflößerei und das Thema Handwerk werden vorgestellt. Hauptanziehungspunkt im Außengelände ist wohl die interaktive Wasserradmodellanlage. Von der **Teufelskanzel** bei Ziegenrück hat man einen spektakulären Ausblick auf das Saaletal, Ruderboote und Wassertreter kann man direkt an der Saalepromenade in Ziegenrück leihen.

1998 wurde die Strecke der Thüringer Oberlandbahn für regulären Zugbetrieb stillgelegt. Von Ziegenrück aus gibt es zwei etwa elf Kilometer lange **Draisinenstrecken**, nach Dreba an den Plothener Teichen und nach Lückenmühle einige Kilometer südlich. Die Routen führen durch viele Brücken und Tunnel.

Abstecher zu den Plothener Teichen

Nordöstlich von Ziegenrück, auf einer Hochebene des Ostthüringer Schiefergebirges, erstrecken sich die Plothener Teiche. Das ›Land der 1000 Teiche‹ bedeckt 75 Quadratkilometer und bietet eine abwechslungsreiche und vielfältige Tier- und Pflanzenwelt. Nur noch rund 600 der ehemals 2000 Teiche, die Mön-

▸ Karte S. 336

che einst im Mittelalter für die Fischzucht anlegten und durch ein ausgeklügeltes System miteinander verbanden, sind heute noch erhalten. Hier kann man wunderbar loslassen, die Natur beobachten oder angeln. Beliebt ist die Teichlandschaft auch bei Vögeln. Besonders den Staren hat es diese Gegend angetan, denn jedes Jahr im August und September versammeln sie sich hier in unzähliger Menge zum ›Starenwunder‹.
In den Plothener Teichen werden vor allem Karpfen gezüchtet. Alle zwei Jahre im Herbst lässt man den Hausteich ab, um die Fische einzusammeln. An den kleineren Seen wird jährlich abgefischt. Das mit Holzschindeln gedeckte **Pfahlhaus** am Plothener Hausteich stammt aus dem 17. Jahrhundert. Das Hausteichhaus wurde früher als Jagdhütte genutzt und beherbergt nun ein kleines **Museum zum Dreba-Plothener Teichgebiet**. Es umfasst die Fischerei- und Teichwirtschaft und Informationen zum Haus selbst.
Ein paar Meter von der Jugendherberge am Hausteich entfernt gibt es eine **Infostelle Naturschutz** des NABU. Hier werden auch Führungen angeboten.

Linkenmühle / Reitzengeschwenda

Zwischen Linkenmühle und Altenroth verkehrt die einzige deutsche **Autofähre** auf einem Stausee. In Linkenmühle liegt auch das **Wikingerboot**, das man für Veranstaltungen und Rundfahrten entern kann.
Das sehenswerte **Volkskundemuseum** in Reitzengeschwenda, südlich der Stauseen, ist in fünf historischen Gebäuden untergebracht. Dazu gehört ein Wohnstallhaus von 1680. Präsentiert wird das Leben auf dem Land anhand von originalgetreu gestalteten Stuben, Haushalts- und Küchengeräten sowie Trachten. Die Sägemühle von 1925 war bis 1991 in Betrieb war und ist ein technisches Denkmal. Hier findet man auch Informationen zum Bau der Hohenwartestaumauer.
Des Weiteren gibt es eine Ausstellung zu Mineralien und zum Bergbau in der Region. In der Scheune von 1803 sind historische landwirtschaftliche Gerätschaften ausgestellt.
Die **Dorfkirche** von 1711 ist innen vollständig mit Deckenmalereien ausgeschmückt, hat einen barocken Kanzelaltar und eine historische Orgel.

Am Wasserkraftmuseum Ziegenrück

Burgk bis Reitzengeschwenda

Touristinfo Plothen, Ortsstr. 46a, 07907 Plothen, Tel. 036648/23922; Apr.–Okt. Di und Fr 13–16, Sa/So 13–16 Uhr. http://www.land-der-tausend-teiche.de
Infostelle Naturschutz am Plothener Hausteich, Tel. 036648/22348; Mo–Do 9–16 Uhr.

Hotel zur Fernmühle, Lobensteiner Str. 6, Ziegenrück, Tel. 036483 70190. Direkt am Ufer, eigener Strand, eigene Kegelbahn, Sonnenterrasse; EZ ab 67, DZ ab 83 €. www.fernmuehle.de
Hotel am Schlossberg, Paskaer Str. 1, Ziegenrück, Tel. 036483/750. Modern,

kinderfreundlich, mit Sportbars und Wellnessareal. Direkt vor dem Hotel liegt das Thüringer Meer; EZ ab 50, DZ ab 80 €. www.hotel-am-schlossberg-ziegenrueck.de

Hostel Ziegenrück, Platz der Jugend 5. Tolles modernes und heimeliges Haus mit freundlichen Mitarbeitern, Gemeinschaftsraum und Gästeküche, fahrradfreundlich, Wassersportangebote; EZ ab 43, DZ ab 60 €. www.hostel-ziegenrueck.de

Sommerfrische Lothramühle, Lothramühle 38, Drognitz/OT Reitzengeschwenda, Tel. 036737/209808. Familiengeführt, idyllisch im Grünen gelegen, nur 100 Meter von der Talsperre entfernt; EZ ab 68, DZ ab 88 €, Zelt und Wohnmobil ab 7,50 €. www.naturhotel-sommerfrische.de

Jugendherberge Am Hausteich Plothen, Hausteichstr. 1, Tel. 036648/22329. Moderne Holzhäuser am See; man kann grillen und kokeln, baden und rudern, zahlreiche weitere Sportmöglichkeiten; ab 26, ab 27 Jahren ab 28 €. www.jugendherberge.de

Jugendherberge Neidenberga, Schloss Niedenburg, Neidenberga 1, Drognitz, Tel. 036737/22262. Ruhig gelegen, ideale Ausgangsbasis für Wasser- oder Aktivsport. Auf dem Freigelände kann man spielen, Sport treiben oder Lagerfeuer entfachen; ab 23 €. www.jugendherberge.de, www.schloss-niedenburg.de

Naturcamping Plothental, Plothental 9, Ziegenrück, Tel. 036483/20895. Schöner Platz im Grünen. Der Plothenbach direkt auf dem Grundstück ist ein fantastischer weiterer Spielplatz. Verleih von Booten, Rädern und Feuertonnen. Auf dem Platz wohnen auch 2 Thüringer Waldziegen. Zelt und Caravan ab ab 10, Caravan und Wohnmobil ab 15 €. www.naturcamping-plothental.de

Ferienland Crispendorf, Ferienland 2, Crispendorf, Tel. 03663/410867; Zelt ab 8, Caravan ab 9,50 €, www.ferienlandcrispen dorf.de, www.ferienlandeisenbahn.de

Campingplatz Saalthal-Alter, Tel. 036732/22267. 3 ha großer Platz am Hohenwartestausee, ruhig, Badestelle mit künstlicher Insel und Bootsverleih, Hüpfburgen und E-Bike-Verleih; Ende März–Okt. Zelt ab 9, Wohnwagen ab 10, Wohnmobil ab 11,50 € plus Personengebühr. www.camping-saalthal-alter.de

Zum Plothenteich, Ortsstr. 50, Plothen, Tel. 036648/22243. Mit Liebe wird hier bereits in fünfter Generation traditionell und mit regionalen Zutaten gekocht. www.zum-plothenteich.de

Güldene Gabel, Preßwitzer Str. 24, Unterwellenborn/OT Bucha, Tel. 036732/22251. Oberhalb der Hohenwartetalsperre, gutbürgerliche Küche und Internationales, die Klöße sind handgemacht. www.gueldenegabel.de

Schloss Burgk, Ortsstr. 17, Burgk, Tel. 03663/400119; April–Okt. Di–So 10–18 Uhr, Nov.–März Di–So 11–16 Uhr. www.schloss-burgk.de

Saaleturm, Burgk; Jan./Feb. und Nov./Dez 8.30–17 Uhr, März, April, Okt. 8–19 Uhr, Mai–Sept. 8–21 Uhr.

Wasserkraftmuseum Ziegenrück, Lobensteiner Str. 6, Tel. 036483/7606; Mai–Okt. Di–So 10–17 Uhr, Nov.–April Di–Fr 10–16, Sa/So 13–16 Uhr.

Pfahlhaus, Kontakt über den Heimatverein Plothen, Tel. 036648/22326, die Tourismusinformation Plothen, Tel. 036648/23922, oder die Infostelle Naturschutz (s.o.).

Thüringer Oberlandbahn, Tel. 0160/94651315 www.thueringer-oberlandbahn.de

Plothener Teiche, Infos zu Angelkarten unter 03663 434317 oder in der Tourismusinformation in Plothen.

Karte S. 336

Saalebogen

Wo sich das Tal der Saale von seiner Enge befreit, am nördlichen Rand des Schiefergebirges und dem Zusammentreffen alter Handelsstraßen wie etwa der von Nürnberg nach Leipzig, liegt Saalfeld. Nicht weit entfernt befinden sich Rudolstadt und Bad Blankenburg. Diese drei Städte kooperieren im Rahmen des ›Städtedreiecks Saalebogen‹; Saalfeld liegt in der Mitte des Saalebogens.

Saalfeld

Bei der Annäherung an Saalfeld trifft man zunächst auf die große Schokoladenfabrik, die noch heute eine große Rolle in Saalfeld spielt. Seinen bis heute in der historischen Architektur sichtbaren Reichtum verdankt die Stadt vor allem dem Handel, dem Erzbergbau – in erster Linie Silber, Kupfer und Eisen – sowie der Fischerei. Zwei Barben bilden das Stadtwappen von Saalfeld.
Entstanden ist die Stadt aus einem wohl zu Lebzeiten Karls des Großen im 9. Jahrhundert eingerichteten Grundhof, der später zu einer Pfalz ausgebaut wurde. Als sala velda wurde der Ort 899 erstmals urkundlich erwähnt. Separat von der Pfalz gründete um 1180 Friedrich I. Barbarossa die Stadt. 1208 wurde die Reichsstadt von König Otto IV. an die Grafen von Schwarzburg verpfändet. Weil sie Geld brauchten, verkauften diese Saalfeld im 14. Jahrhundert an die Wettiner. Das über 1100 Jahre alte Saalfeld trägt den Beinamen ›Steinerne Chronik Thüringens‹: Auf dem recht kleinen Gebiet der historischen Altstadt findet man in der Tat fast alle Baustile und -epochen vor.

■ Ostereierbaum

Seit 1966 wird in Saalfeld jedes Jahr der Eierbaum geschmückt. Damit ist die Stadt Weltrekordhalter im Eierschmücken. Für die ›häufigste jährliche Osterbaumdekoration an einem Ort‹ gab es 2016 vom Deutschen Rekordinstitut Hamburg auch eine offizielle Urkunde. Eingeführt wurde die Tradition ursprünglich von der Familie Kraft, die Jahr für Jahr zu Ostern ihren Apfelbaum behängten. Heute ist alles professioneller und kommerzieller organisiert und wurde durch die Gaststätte ›Das Loch‹ übernommen. Der Eierbaum trägt jährlich 10 000 Eier.

■ Stadtbefestigungsanlage

Einst soll die Saalfelder Stadtmauer von 37 Mauertürmen gekrönt gewesen sein. Mehrere hundert Jahre später existieren noch größere Abschnitte der Stadtmauer sowie vier von ehemals fünf Stadttoren: **Saaltor**, **Blankenburger Tor**, **Oberes Tor** und **Darrtor.** Letzteres kann man besichtigen und von oben die Stadt betrachten.

■ Markt

Am großflächigen Marktplatz befinden sich in konzentrierter Form die meisten Sehenswürdigkeiten. Das in der Frührenaissance, zwischen 1529 und 1537 errichtete **Rathaus** zählt zu den schönsten in Thüringen. Seit 1537 residieren die Bürgermeister Saalfelds ununterbrochen in diesem äußerlich fast unveränderten Gebäude. Ebenfalls auf dem Marktplatz steht die **Hof- und Marktapotheke**. Das um 1180 erbaute romanische Turmhaus war Sitz des kaiserlichen Stadtvogtes und ist seit 1681 durchgängig Apotheke. Das Ensemble aus Arkadenhäusern an der Nordseite des Marktplatzes heißt **Die Lieden**, abgeleitet von ›Läden‹. Die ab dem 16. Jahrhundert errichteten und im 19. Jahrhundert zum Teil in Stein neu aufgebauten Arkaden lösten die Stände und Buden der Kaufleute ab, die sich ursprünglich hier befunden hatten.

Die **Hutschachtel** ist das ehemalige Amtsgefängnis der Stadt. Der hinterm Rathaus versteckte runde Turmbau wurde 1859 fertiggestellt und diente dem Herzogtum Sachsen-Meiningen und zuletzt der sowjetischen Militäradministration als Gefängnis. Heute dient es der Stadt Saalfeld als Stadtarchiv. Zahlreiche weitere interessante Gebäude wie das **Alte Schloss** oder der **Goldene Anker** säumen den Rathausplatz.

Johanneskirche

Die Johanneskirche, erbaut zwischen 1380 und 1514, mit ihren zwei markanten 64 Meter hohen Türmen (1889–1890 hinzugefügt), der großen gotischen Halle mit der Himmelswiese im Chor und sogar einer Außenkanzel ist eine der größten Kirchen Thüringens. Mit über 200 dargestellten Pflanzen ist die Himmelswiese die größte Pflanzen-Deckenmalerei der Spätgotik auf deutschsprachigem Gebiet. Die Holzskulptur von Johannes dem Täufer stammt vom Saalfelder Künstler Hans Gottwald von Lohr, einem Schüler Tilman Riemenschneiders. Die Johanneskirche beheimatet gleich drei Chöre: neben dem wohl berühmtesten Thüringer Knabenchor auch den Mädelchor Saalfeld und den Oratorienchor. Der Thüringer Knabenchor hat

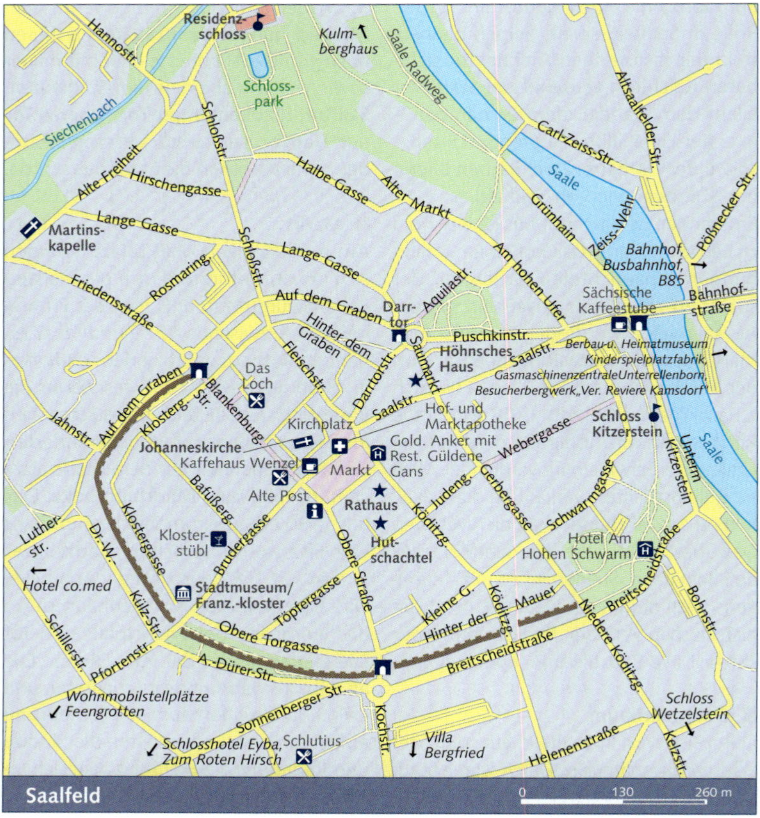

Oldtimertreffen auf dem Markt

keinen geringeren Anspruch, als gleichauf mit Kruzianern und Thomanern ein großer Chor zu sein.

Blankenburger Straße

In der am Blankenburger Tor beginnenden Fußgängerzone Blankenburger Straße befindet sich **Das Loch**. Diese Gaststätte wurde 1485 erstmals erwähnt. Die **Alte Post** direkt daneben ist eines der ältesten Gasthäuser Deutschlands. Ebenfalls von 1485 stammt das **Hiltmannsche Haus**, ein in der Renaissance umgestaltetes Patrizierhaus. Es ist noch heute im Besitz der Familie Hiltmann.

Saalstraße

Zwischen Johanneskirche und Saaltor, an der Saalstraße, steht die **Alte Stadtapotheke**. Auffällig an diesem Spätrenaissancebau aus dem 17. Jahrhundert sind die reich verzierten beiden Giebel und das detailreich ausgearbeitete Portal. Ein kleines Stück dahinter findet man das **Höhnsche Haus**. Der 1609 erbaute Renaissancebau ist ein sehenswertes Beispiel für ein repräsentatives Patrizierhaus des frühen 17. Jahrhunderts.

Franziskanerkloster

Am Ende der vom Markt abgehenden Brudergasse steht das ehemalige Franziskanerkloster. Es wurde 1250 gegründet und ist die einzige nahezu vollständig erhaltene mittelalterliche Klosteranlage in Thüringen. Es wurde 1534 säkularisiert, im gleichen Jahr zog eine Lateinschule in die Klausurgebäude. Mit dem Verlust sämtlicher Anteile am erzgebirgischen Bergbau – bedingt durch die Niederlage im Schmalkaldischen Krieg – wurde die Saalfelder Region für die ernestinischen Wettiner zur wichtigsten Silberförderstelle. Im Westflügel und der Sakristei des Franziskanerklosters befand sich zwischen 1551 und 1735 die Münzprägestätte der Herzöge von Sachsen, das Silber der Bergwerke aus der Umgebung wurde hier zu Geld. Alle Thüringer Fürstentümer ließen ihre Geldstücke hier in Saalfeld prägen. Das **Stadtmuseum** ist seit 1904 im Kloster untergebracht. Auf 2700 Quadratmeter Fläche werden Regionalgeschichte, Völkerkunde, Archäologie, Naturkunde und – in der Kunstgalerie – regionale Kunst vorgestellt. Sehenswert ist die Sammlung Thüringer Trachten aus zahlreichen Städten und Regionen. Es gibt eine Ausstellung zur Geschichte des Klosters und eine Sammlung spätmittelalterlicher Holzplastiken und Altäre aus den einstmals sehr bekannten Saalfelder Werkstätten. Natürlich gibt es auch eine Münzsammlung im Kloster.

Schloss Kitzerstein

Ritter Georg von Holbach ließ 1521/22 ließ sich anstelle des durch einen Brand zerstörten Thünahofes Schloss Kitzerstein erbauen. Dabei wurden Teile der Grundmauern des Vorgängerbaus sowie eines Wehrturmes der Stadtmauer mit einbezogen. Es ist ein Kleinod der Frührenaissance, auffallend sind die für die Frührenaissance charakteristischen Ziergiebel. Der Erker an der südwestlichen Ecke der Hofseite zeigt ornamentale spätgotische Verzierungen. An der Südseite des Schlosses befindet sich ein reich dekoriertes spätgotisches Portal mit Baldachinkapitellen und Spitzbogen. Einige Elemente des Portals kündigen bereits die Renaissance an.

Seit 1955 beherbergt das Schloss die Musikschule der Stadt und das 1957 gegründete Saalfelder Jugendsinfonieorchester. 2006 wurde der zwischen Musikschule und Hohem Schwarm gelegene Garten aus Ermangelung von Originalplänen zeitgemäß und praktisch gestaltet.

Hoher Schwarm

Ruhe findet man am Hohen Schwarm oberhalb der Saale. Hier befand sich die staufische königliche Pfalz. Die heutige Ruine stammt von einem Neubau in Form einer Turmburg von 1300 und diente den Grafen von Schwarzburg als Amtssitz. Diese erhielten die ehemalige Reichstadt Saalfeld und somit auch den Hohen Schwarm 1208. Die Stadt ging 1389 an die Markgrafen von Meißen. Diese nutzten die als ›Alte Vogtei‹ bezeichnete Wehranlage weiterhin als Verwaltungssitz. Mit dem Wegzug der Ämter und dem Bedeutungsverlust als Befestigungsanlage verfiel zu Burg zusehends und war ab dem 16. Jahrhun-

Der Markt, dahinter die Johanneskirche

▲ Karte S. 368

dert Ruine und Steinbruch. Zu DDR-Zeiten vollkommen zugewachsen und sich selbst überlassen, ist die Burg mit dem dazugehörigen Park nach umfangreichen Sanierungsmaßnahmen zwischen 1995 und 1997 heute wieder Wahrzeichen der Stadt Saalfeld. Die erhaltenen beeindruckenden Überreste vermitteln ein gutes Bild der einst nahezu quadratischen fünfgeschossigen Anlage mit einer Seitenlänge von jeweils 17 Metern. Zwischen Schloss Kitzerstein und Hohem Schwarm kann man ganz grob und mit viel Phantasie noch die romanische **Nikolaikirche** aus dem 12. Jahrhundert erkennen. Recht früh profanisiert, diente sie danach allen möglichen anderen Zwecken und erinnert durch entsprechende Umbauten heute kaum mehr an eine Kirche.

Residenzschloss

Etwas nördlich des mittelalterlichen Stadtkerns und eingebettet in den Schlosspark befindet sich das schlichte dreiflügelige ehemalige Residenzschloss. Davor befand sich an dieser Stelle ein Benediktinerkloster. Die Herzöge von Sachsen-Saalfeld ließen es mit einigen Unterbrechungen zwischen 1677 und 1720 erbauen. Die **Schlosskapelle** mit ihren aufwendigen und detailverliebten Innenausmalungen und Stuckarbeiten zeugt von der hohen Kunstfertigkeit der beteiligten Maler und Stuckateure. Die Kirche ist ein herausragendes Zeugnis der barocken Kirchenbaukunst in Thüringen. In der Kapelle finden oft Konzerte und Veranstaltungen statt. Das Schloss dient seit 1735 als Verwaltungsgebäude und ist heute Sitz des Landratamtes Saalfeld-Rudolstadt.

Am **Schlosspark** sind noch **Orangerie**, **Kavaliershaus** und **Marstall** erhalten geblieben. Zu DDR-Zeiten erfolgte die Umgestaltung in einen Kulturpark. In dieser Zeit entstanden auch das kleine **Wildgehege** und die **Vogelvolieren**.

Villa Bergfried und Schokoladenfabrik

Die **Villa Bergfried** ist ein schönes Beispiel dafür, wie reich man mit Schokolade werden kann. Die Villa liegt auf einer Anhöhe, dem ehemaligen Saalfelder Hochgericht, inmitten einer alten Parkanlage. Ernst Hüther, der Inhaber der Saalfelder Schokoladenfabrik ›Mauxion‹, ließ das von den bekannten Dresdner Architekten Lossow und Kühne entworfene Gebäude zwischen 1922 und 1924 oberhalb seines Werkes erbauen. Zur Ausstattung gehörten unter anderem Kino, Theaterbühne, Schwimmbad und Sauna. Im 20 Hektar großen öffentlichen **Park** finden sich ein Japanischer Garten und ein Glockenturm mit einem Carillon von 25 Glocken.

Unterhalb der Villa an der Saale erstreckt sich das große Areal der **Schokoladenfabrik**. Sie wurde 1901 gegründet und stellt noch heute Schokolade her. Altes und neues Werk bilden gemeinsam einen beachtlichen Komplex und gehören heute der Firma Stollwerck. Zu DDR-Zeiten kamen 95 Prozent der Tafelschokolade unter dem Namen Rotstern aus der Schokoladenfabrik Saalfeld.

Gegenüber der Schokoladenfabrik liegt der **Bohlen**. Die 100 Meter hohe Felswand unmittelbar über der Saale ist Naturschutzgebiet und geologisch überaus interessant. Wer will, kann sich von der Aussichtsplattform einfach nur die Gegend anschauen. Zwischen Bergfried, Schokoladenfabrik und Saale findet man auch die unter Denkmalschutz stehende **Schrebergartenkolonie Laubenheim Mauxion**. Der Besitzer der Schokoladenfabrik stellte seinen Mitarbeitern Parzellen in der firmeneigenen Kleingartenanlage zur Verfügung.

Feengrotten

Die mit Abstand bedeutendste Attraktion Saalfelds sind die Feengrotten im Südwesten der Stadt. Sie stehen als ›farbenreichste Schaugrotten der Welt‹ in Guinnessbuch der Rekorde – und sie sind menschengemacht. Denn bei den Feengrotten handelt es sich um das alte Bergwerk ›Jeremias Glück‹. Abgebaut wurde hier der schwarze Alaunschiefer. Als das Bergwerk im Dornröschenschlaf lag, verwandelten oxidative Prozesse, vorwiegend unter Beteiligung von Eisen, Phosphor- und Schwefelsäure sowie deren Salzen, das Höhlensystem in eine Zauberwelt. Über 100 Farben und 50 daran beteiligte Mineralien wurden bisher nachgewiesen. Am 22. Dezember 1913 entdeckte man den Märchendom und das vergessene Bergwerk wieder, 2014 feierten die Feengrotten den 100. Jahrestag der Eröffnung als Schaubergwerk. Und zu schauen gibt es wahrlich viel. Der Märchendom mit Gralsburg ist der älteste Teil des künstlichen Höhlensystems. Dabei handelt es sich um einen unterirdischen See mit merkwürdig geformten Tropfsteinen.

Am Eingang zum Grottoneum

▸ Karte S. 368

In einem separaten Höhlenteil wurde ein **Heilstollen** eingerichtet. Oberirdisch ist an den Feengrotten ein ziemlich umfangreicher Gebäudekomplex mit **Abenteuerspielplatz**, **Restaurants**, **Souvenirläden** und **Handwerkerhof** entstanden. Das Erlebnismuseum **Grottoneum** ist im 1927 erbauten Quellenhaus untergebracht. Den Eingang zur Ausstellung ziert ein sehr sehenswerter Erker mit Schnitzwerk zum Bergbau. Im interaktiv aufgebauten Grottoneum mit vielen Mitmachstationen erfährt man, wie Höhlen und Mineralien entstehen, Tropfsteine wachsen, woher die tollen Farben kommen. Man bekommt gezeigt, wie die Leute im alten Bergwerk arbeiteten und an die Bodenschätze gelangten und natürlich, wie die Feengrotten entstanden. Man kann Tropfsteine selbst wachsen lassen, und es gibt ein anschauliches Modell der Feengrotten. Am Ausgang des Grottoneums befindet sich auch die Schatzsuchstation. Hier kann man allerlei bunte Steine aus dem künstlichen Wasserlauf heraussieben.

Im **Feenweltchen**, einem Abenteuerwald am Feengrottenpark, stehen zahlreiche bizarre Holzhäuser. Hier wohnen die Geister, Kobolde und Feen. Für kleine Kinder ist das Wäldchen eine echte Attraktion. Es gibt Spiel- und Klangstationen, Wackelhängebrücken, einen magischen Garten der Feenpflanzen, eine Schmetterlingswiese und überhaupt viel für die Kleinen zu entdecken, anzufassen und auszuprobieren.

Obstwiese Wittmannsgereuth

Unweit der Feengrotten, in Wittmannsgereuth, befindet sich ein sehr wichtiges **Stollensystem** für Fledermäuse. Hier überwintern mehr als acht einheimische

Das frühere Kulturhaus in Unterwellenborn

Fledermausarten, so auch die vom Aussterben bedrohte Kleine Hufeisennase. Die nur zweieinhalb Hektar große Streuobstwiese mit dem Stolleneingang gehört dem NABU.

Dittrichshütte

In Dittrichshütte kann man nicht nur übernachten, sondern findet eine Vielzahl an Freizeitmöglichkeiten und Kuriosem wie das größte Märchenbuch der Welt. Es ist 4,05 Meter hoch und 3,10 Meter breit, jedes Blatt wiegt 52 Kilogramm. Es gibt einen großen **Irrgarten**, **Kegelbahn** sowie ein **Natur- und Ausbildungszentrum**. Highlight ist die Allwetterrodelbahn namens **Alpine Coaster**.

Kulm

Der Hausberg Saalfelds und Rudolstadts ist der 482 Meter hohe Kulm. Er befindet sich im sogenannten ›Saale-Knie‹. Vom 20 Meter hohen **Kulmturm** bieten sich weite Rundblicke auf die umliegenden Täler und das Schiefergebirge. Er wurde 1884 errichtet und ist einer der ältesten Stahlfachwerktürme Deutschlands. Die Aussichtsplattform befindet sich genau auf 500 Metern Höhe. Überragt wird der 2012 umfassend sanierte Kulmturm nur von dem knapp 79 Meter hohen Sendemast. Auf dem Kulm befindet sich auch das beliebte Ausflugslokal ›Kulmberghaus‹.

Unterwellenborn

Stahl- und Kalisalz, Ruß, Schlacke und Staub: Zu DDR-Zeiten bot die Fahrt durch Unterwellenborn mit seiner Maxhütte einen gruselig-faszinierenden Anblick. Überall qualmte es, eine dicke Schicht Staub bedeckte Häuser und Straßen. Auf der anderen Seite des Werksgeländes lag das an der Größe des Ortes gemessen riesige **Kulturhaus**.

Während des Zweiten Weltkrieges diente das zum Flick-Konzern gehörende Werk der Rüstungsindustrie. Die Aktion ›Max braucht Wasser‹ ab 1948 wird einigen noch ein Begriff sein. Damals wurde eine Fernwasserleitung von der Saale zur Kühlwasserversorgung des Werks gebaut. Weitere FDJ-Aktionen wie ›Max braucht Schrott‹ folgten. Der abstrusen Stahlsammelaktion fielen unter anderem auch die Heizungen im Schloss Altenburg zum Opfer. Über 7000 Mitarbeiter hatte das Kombinat zu seiner Hochzeit. Bis Anfang der 1990er Jahre firmierte das Stahlkombinat unter dem Namen Maxhütte. Es heißt seit 1995 schlicht Stahlwerk Thüringen und beschäftigt noch 700 Menschen.

Die von 1921 bis 1928 erbaute historische Gasmaschinenzentrale der Maxhütte ist original erhalten und als **Schaudenkmal Gasmaschinenzentrale** heute ein Industriedenkmal. Einst stand es inmitten des Werksgeländes, heute steht es ziemlich einsam auf weiter Flur. Sieben durch Gichtgas aus den Hochöfen angetriebene Gasmaschinen produzierten Pressluft für das Thomas-Stahlwerk, Hochofenwind und Elektroenergie. Eine der Gasmaschinen existiert heute noch. Zudem werden weitere historische Anlagen und Maschinen präsentiert. Neben der Geschichte der Maxhütte wird auch die Stahlherstellung im heutigen Stahlwerk Thüringen vorgestellt. Ein Teil der Dauerausstellung befasst sich mit erneuerbaren Energien.

■ Kamsdorf

Vier Jahrhunderte lang wurde in der Gegend Bergbau betrieben. Auf den zwei Rundgängen durch das **Besucherbergwerk Vereinigte Reviere Kamsdorf** erhält man Einblick in die unterschiedlichen Abbaumethoden der verschiedenen Epochen mit ihrer körperlichen Schinderei. Der insgesamt 2600 Meter lange unterirdische Weg beleuchtet 300 Jahre Kalksteinabbau, Kupfer-, Eisenerz und Silberbergbau sowie den Rüstungsbau im Dritten Reich. Eine originale Grubenbahn befährt 500 Meter Stollen. Die Grubendirektion wartet mit einer Ausstellung zum Bergbau und einer Mineraliensammlung auf.

■ Könitz

Wo früher der Stammsitz der Ritter von Beulwitz war, befindet sich seit 1995 das **Bergbau- und Heimatmuseum**. Schwerpunkte sind die Geschichte des regionalen Bergbaus, Werkzeuge- und Arbeitsgeräteausstellung, eine Mineraliensammlung sowie Informationen zu Vereinsleben und Ortsgeschichte.

Saalfeld und Umgebung

Vorwahl: 03671.

Tourist Information: Markt 6, Tel. 522181; Mo–Fr 9–18, Sa 9–13 Uhr. www.saalfeld-tourismus.de

Hotel Anker, Markt 25–26, Tel. 5990. Familiengeführt, in einem historischem Gebäude direkt am Markt, leichte Patina; EZ ab 57, DZ ab 85 €. www.hotel-anker-saalfeld.de

Schloss Wetzelstein, Wetzelstein 1, Tel. 457149. Stilvoll übernachten in einem bedacht sanierten viktorianischen Sommersitz. 2 Suiten und 2 Apartments, im Park ein Känguruhgehege und eine Grotte. Früher wurde am Wetzelstein Alaun abgebaut; DZ ab 240 €. www.schloss-wetzelstein.de

Hotel am Hohen Schwarm, Schwarmgasse 18, Tel. 2884. Kleines familiengeführtes Haus in einer Parkanlage direkt am Hohen Schwarm; EZ ab ab 66, DZ ab 88 €. www.schwarmhotel.de

Schlosshotel Eyba, Eyba 23, Saalfelder Höhe, Tel. 036736/340. Punkten kann das überwiegend für Tagungen genutzte Haus vor allem mit seinem 33 000 m² großen Park. Sauna und Fitnessraum, Fahrradverleih, Clubraum, Volleyballplatz und Bogenschießanlage; EZ ab 49, DZ ab 79 €. www.schlosshotel-eyba.de

Zum Roten Hirsch im Grünen Wald, Hoheneiche 5, Saalfelder Höhe, Tel. 036736/22248. Im Landhausstil eingerichtete Zimmer in einem ehemaligen Forsthaus in direkter Lage am Wald, 10 km südwest

▶ Karte S. 336/368

lich von Saalfeld; EZ ab 35, DZ ab 55 €. www.hoheneiche.de

Wohnmobilstellplätze, Am Parkplatz Feen-grotten stehen 10 Stellplätze inkl. Infrastruktur bereit; 10 € pro Nacht.

Güldene Gans, Markt 25, Tel. 599103. Kreative regionale Küche und Mediterranes mit vielen Produkten aus der Region. www.gueldene-gans.de

Schlutius, Grüne Mitte 6, Tel. 4553330. Klassisch-modernes Panoramarestaurant mit mediterran angehauchter Küche, Nonplusultra ist die Dachterrasse mit spektakulärem Weitblick auf die Altstadt. www.das-schlutius.de

Das Loch, Blankenburger Str. 8, Tel. 4584095. Das Personal trägt Kluft aus dem 18. Jahrhundert, und auch sonst ist hier vom Kochgeschirr über die Einrichtung und die regionale Küche alles recht historisch.

Alte Post, Blankenburger Str. 9, Tel. 516661. Eines der ältesten Gasthäuser Thüringens, traditionell Thüringisches, Mediterranes sowie kroatische Fisch- und Grillgerichte. www.alte-post-saalfeld.de

Kulmberghaus, Kulmberghaus 1, Tel. 520200. Deftiges und Hausmannskost, tolle Aussicht. www.kulmberghaus.de

Sächsische Kaffeestube, Saalstr. 62, Tel. 2944. Leckere und hausgemachte Torten, Backwaren und Eiscreme direkt an der Saale beim Saaltor. www.saechsische-kaffeestube.de

Kaffeehaus Wenzel, Markt 10, Tel. 457650. Selbstgebackene Brötchen, Torten und Thüringer Blechkuchen, aber auch Wein, Cocktails und Spirituosen. www.baeckerei-konditorei-kaffeehaus-wenzel.de

Klosterstübl, Barfüßergasse 1, Tel. 4429982. Rustikales historisches Bierlokal mit Billardtischen.

Stadtmuseum Saalfeld, Franziskanerkloster, Münzplatz 5, Tel. 598471; Di–So 10–17 Uhr. www.museumimkloster.de

Darrtor; April–Sept 13–17 Uhr.

Residenzschloss; Besichtigung während der Dienstzeiten des Landratsamtes Mo–Do 7–16, Fr 7–14 Uhr. Besichtigung der Kapelle nach Voranmeldung unter 823210. Wildgehege im Schlosspark: Kernöffnungszeiten 10–16 Uhr.

Villa Bergfried; Eintritt zum Park frei, Führungen in der Villa buchbar über die Touristinformation.

Feengrotten, Tel. 55040, Feengrottenweg 2; tgl. Kinderführungen und Sondertouren zu besonderen Anlässen, etwa die ›Feelloween Gruseltour‹ zu Halloween. Feb.–April Feengrotten, Grottoneum tgl. 11–15.30 Uhr (letzte Führung), Mai–Okt. Feengrotten, Grottoneum und Feenweltchen tgl. 10–17 Uhr (letzte Führung), Nov.–Anf. Jan. Feengrotten, Grottoneum 11–15.30 (letzte Führung). www.feengrotten.de

Bergbau- und Heimatmuseum Könitz, Buchaer Str. 1, Tel. 036732/20786; Mi 9–12, Sa/So 13–17 Uhr. www.museum-koenitz.de

Schaudenkmal Gasmaschinenzentrale, Unterwellenborn, Bergweg 1, Tel. 523273; Mo–Fr 8–11 Uhr. www.gmzuborn.de

Besucherbergwerk Vereinigte Reviere Kamsdorf, Grubensteig 4, Tel. 523156; Mai–Okt. Mo–Do 10, 13, 15, Sa 13, 15, So (Lokfahrtag) 13, 14, 15 Uhr, Nov.–April Mo–Do, Sa/So 14 Uhr. www.besucherbergwerk-kamsdorf.de

Bergbau- und Heimatmuseum Könitz, Buchaer Str. 1, Könitz, Tel. 036732 207 86, www.museum-koenitz.de

Kinderspielfabrik, Kulmbacher Str. 20, Tel. 526170. Auf 700 m² findet man Labyrinth, Rutsche, Bällebad, Klettermöglichkeiten, Trampoline, Ballkanonen, Riesenbausteine und einen Kleinkinderbereich. Eine weitere Kinderspielfabrik gibt es in Schmalkalden. www.kinderspielfabrik.net

Saalfelder Jazztage (Ende Okt.-Anf. Nov). Traditionsreich, an verschiedenen Spielstätten.

Allwetterrodelbahn → Kinder- und Jugenderholung Dittrichshütte.

Stollwerck Werksverkauf, Neumühle 1. Zwei Werksverkäufe: Schoko-Scheune und Sarotti-Shop. www.stollwerck.de

Rauch's Seifenmanufaktur, Am Tauschwitzer Bach 1, Tel. 5498950. Naturseifen und Kosmetik aus biologischen Rohstoffen. www.rauchs-seifen.de

Keramik im Tor, Schulplatz 5 (am Blankenburger Tor), Tel. 510305. Umfangreiches Sortiment an Keramik, Töpferei und Töpferkurse. www.keramik-im-tor.de

Rudolstadt

Die Stadt mit der alles dominierenden Heidecksburg und ihren Renaissance-Bürgerhäusern sowie zahlreichen Villen erstreckt sich am Saaleknie und ist in die Thüringischen Mittelgebirgsausläufer eingebettet.

Erstmalig tauchte Rudolstadt 776 in einer Schenkungsurkunde von Karl dem Großen an das Hersfelder Kloster auf. Seit Anfang des 13. Jahrhunderts sind in Rudolstadt die Grafen von Orlamünde nachweisbar, von denen die Stadt 1326 das Stadtrecht erhielt. Ab 1340 fiel die Stadt endgültig in den Herrschaftsbereich der Grafen von Schwarzburg. Die Linie der Schwarzburg-Rudolstädter machte Rudolstadt 1571 zu ihrer Residenzstadt. Die Schwarzburger machten Rudolstadt zu einem kulturellen und künstlerischen Zentrum Thüringens. Friedrich Schiller nannte Rudolstadt seine ›heimliche Geliebte‹ und traf hier 1788 zum ersten Mal Goethe. Richard Wagner, Arthur Schopenhauer, Wilhelm von Humboldt, Johann Gottlieb Fichte, Franz Liszt, Paganini und weitere Persönlichkeiten waren ebenfalls in Rudolstadt zu Gast. Die Stadt konkurrierte zu dieser Zeit direkt und erfolgreich mit Weimar. Gemeinsam mit Bad Blankenburg und Saalfeld bildet Rudolstadt heute das Städtedreieck am Saalebogen.

▲ Karte S. 378

■ Residenzschloss Heidecksburg

Die Heidecksburg mit ihren umfangreichen, im **Thüringer Landesmuseum Heidecksburg** zusammengefassten Sammlungen erhebt sich unübersehbar über Rudolstadt mit seinen Altstadtgassen. Allein schon der Ausblicke wegen sollte man sich auf den Weg zu ihr hinauf machen. Der Name stammt von einer Burg, deren übrig gebliebene Mauern man heute nur noch schwer auf dem Gelände ausmachen kann.

Die Heidecksburg war fast 350 Jahre lang - von 1571 bis zu deren Abdankung 1918 - die Residenz der Grafen und späteren Fürsten von Schwarzburg-Rudolstadt und somit Regierungssitz eines der sieben Thüringer Staaten. Sie ist eines der grandiosesten Barockschlösser Thüringens. Das bis dahin im Renaissancestil gestaltete Schloss brannte 1735 nahezu völlig aus und wurde barock wieder errichtet. Die prachtvolle Ausgestaltung verdankt die Burg der Erhebung der Schwarzburger in den Reichsfürstenstand 1710 und dem damit einhergehenden stärker gewordenen Repräsentationsbedürfnis. Als Architekt wurde Johann Christoph Knöffel verpflichtet, der in Dresden die Brühlsche Terrasse gestaltete. Nach einem Streit mit dem Fürsten wurde die Leitung Gottfried Heinrich Krohne übertragen.

Der um 1750 vollendete Große Festsaal oder **Rokokosaal** gehört zu den schönsten Rokoko-Sälen Deutschlands. Im über zwei Etagen reichenden Saal findet man keinen einzigen rechten Winkel. Regelmäßig finden hier Schlosskonzerte statt. In der **Marmorgalerie**, dem Eingang zum Rokokosaal, fallen vor allem die großflächigen Malereien von Bewohnern aus allen Teilen der Erde auf. Auch das **Spiegelkabinett** von 1720 ist fast vollständig erhalten geblieben. Beachtenswert ist hier der intarsierte Fußboden mit dem Schwarzburger Wappen. Als Audienzsaal diente der **Rote Saal** mit seinen Deckenfresken und in Marmor eingelassenen Wandgemälden. In der **Porzellangalerie**, der alten Hofstube, musizierte Hofkapellmeister Philipp Heinrich Erlebach. Die schwarzburgischen Repräsentationsräumlichkeiten und Appartements beherbergen zahlreiche Plastiken, Gemälde, Porzellan und Kunstgegenstände. Darüber hinaus gibt es auf der Heidecksburg eine **Ausstellung** zur schwarzburgischen Geschichte sowie eine **Kunstsammlung** mit Werken bedeutender Maler wie Otto Müller und Caspar David Friedrich. Zum Bestand gehören auch fünf Prunkschlitten der Schwarzburg-Rudolstädter.

Ein Teil der um die 100 000 Bände umfassenden ehemaligen Fürstlichen Bibliothek ist in der **Schlossbibliothek** untergebracht und kann nach vorheriger Anmeldung besichtigt werden. Der überwiegende Teil befindet sich in der Historischen Bibliothek im Alten Rathaus.

Die Heidecksburg thront oberhalb von Rudolstadt

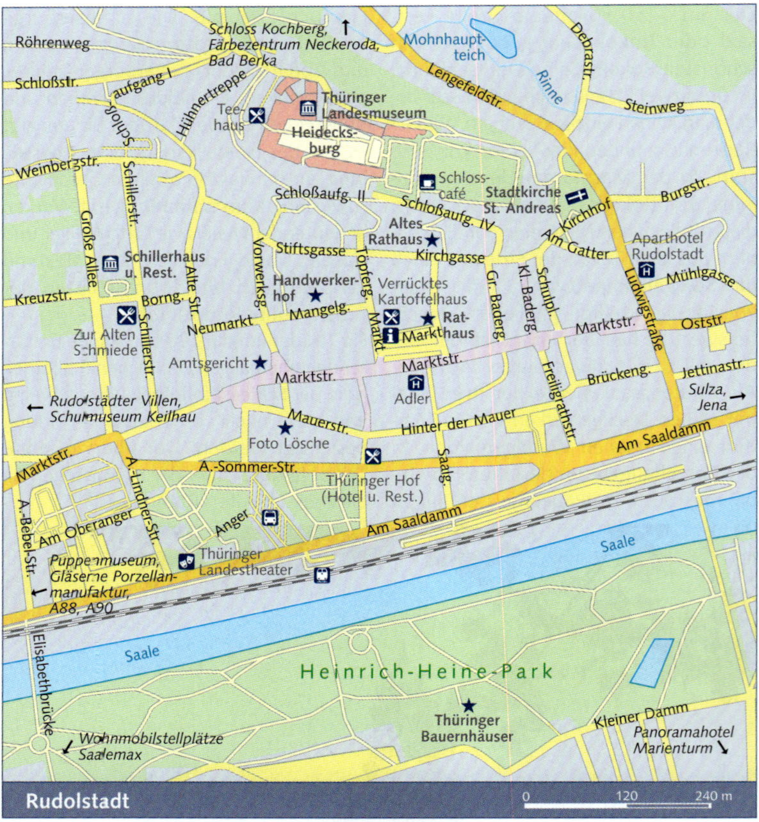

Das **Naturhistorisches Museum** ging aus dem 1767 gegründeten Naturalienkabinett von Friedrich Karl von Schwarzenburg-Rudolstadt hervor. Somit handelt es sich um das älteste Naturhistorische Museum Thüringens. Geographischer Schwerpunkt ist das südöstliche Thüringen. In einem Raum wurde das originale Fürstliche Naturalienkabinett des 18. Jahrhunderts nachgestellt. Ein weiterer Abschnitt der Ausstellung behandelt die Geschichte der naturkundlichen Kollektion. Und natürlich gibt es jede Menge Vögel, Säugetiere und Insekten in der Schausammlung.

Die ehemalige Schlossküche beherbergt eine wahrhaft einzigartige Kollektion, **Rococo en miniature**. In ganz Deutschland und vielleicht auf der ganzen Welt gibt es nichts Vergleichbares. Stilechte und äußerst detailreiche Miniaturen im Maßstab 1:50 im Stile des Rokoko erzählen Geschichten aus längst vergangenen Jahrhunderten im Kleinen. Ganze 50 Jahre haben die Enthusiasten Gerhard Bätz und Manfred Kiedorf an den Exponaten gearbeitet. Entstanden sind tausende von Figuren, authentische Einrichtungsgegenstände und ganze Schlösser. Die Schöpfer gaben tatsächlich jedem ihrer Akteure Namen und eine eigene Biographie gleich dazu. All das findet in den Phantasiekönigreichen Dyonien und Pelarien auf dem Planeten Centus statt. Eine Besonderheit sind die Sonderführungen mit Hofmarschall Rudolf von Schwatzburg, buchbar über die Touristeninformation.

Das **Reithaus** von Schloss Heidecksburg wurde zu einem Ausstellungs- und Veranstaltungssaal umgebaut. Im südlichen Gesellschaftspavillon befindet sich das **Schlosscafé** mit einer herrlichen Weitblickterrasse.

Ab Mitte des 18. Jahrhunderts legte man auf der unteren Terrasse den kleinen barocken Schlossgarten an. An den Schlossterrassen wurde vor einiger Zeit auch ein **Weinberg** neu angelegt, von denen es in Rudolstadt früher einige gab. Das **Schallhaus** im Schlossgarten ist gegenwärtig nur gelegentlich Veranstaltungsort und soll nach der vollständigen Restauration wieder regelmäßig Veranstaltungen anbieten. Direkt vor dem Schlosseingang liegt das **Teehaus**. Es ist Café und Imbiss und hat auch einen Außenbereich. Im Gebäude selbst befindet sich auch eine Außenstelle der Touristeninformation.

Der ehemalige **Fürstliche Baumgarten** an der nördlichen Schlossseite ist im Kern noch rudimentär erhalten geblieben und stark überholungsbedürftig.

■ Hain

Wer seine Burg auf einem Felssporn baut, hat nicht mehr so viel Platz für die Anlage eines Schlossparks. Daher diente der nördlich der Heidecksburg gelegene Rudolstädter Hain der fürstlichen Familie als Freizeitgebiet und Jagdrevier. Ein **Erlebnispfad** führt an verschiedenen Stationen vorbei wie der Lügenbank oder dem Backofen.

Im Nordosten der Heidecksburg liegt der **Spielhof Debrahöhe**, wo man sich mit seinen Kindern bei handwerklichen Spielangeboten wie drechseln, zinngießen, flechten, schnitzen und schmieden austoben kann.

■ Stadtkirche St. Andreas

Die dreischiffige Stadtkirche St. Andreas ist gemeinsam mit der Heidecksburg Bestandteil der Rudolstädter ›Skyline‹. Sie wurde zwischen 1463 und 1475 erbaut und erhielt ihre heutige frühbarocke Gestalt durch Umbauten von 1634 bis 1636. Ein bis zur Kirchendecke reichender Stammbaum der Schwarzburger, die reich verzierte Kanzel und der Schönfeldtsche Epitaph sind die Anziehungspunkte im Innern. Der gesamte Raum ist von einer echtem Marmor simulierenden Bemalung überzogen.

■ Altes Rathaus

Im Alten Rathaus befinden sich der Großteil der Bücher der Historischen Bibliothek der Rudolstädter Fürsten und das Stadtarchiv. Der spätgotische Bau von 1524 erfuhr im 18. Jahrhundert mehrere bauliche Veränderungen und wurde mit dem Bau des Neuen Rathauses am Markt 1912 als Rathaus aufgegebenen.

■ Handwerkerhof

In den historischen Fachwerkhäusern des ehemaligen Bernhardinenstifts haben sich Geschäfte, Vereine sowie Gastronomie einquartiert. Im Handwerkerhof hat auch Deutschlands ältestes noch existierendes Fotoatelier, Foto Lösche, eine ganze Etage für eine inzwischen dauerhafte **Ausstellung** zur Rudolstädter Stadtgeschichte bezogen. Es wurde bereits 1851 gegründet, sein Gründer Eduard Lösche hielt als erster das Leben in dem kleinen ›Ackerbürgerstädtchen‹ Rudolstadt ausführlich fest. Die Ausstellung mit historischen Fotografien aus Rudolstadt lohnt sich auf jeden

Das Schillerhaus

Fall. Das Original-Atelier von Foto Lösche befindet sich bereits seit 1864 in der Mauerstraße 27.

Schillerhaus

Das 1720 erbaute Haus wurde von der alleinerziehenden adligen Dame Louise von Lengefeld und ihren Töchtern Caroline und Charlotte bewohnt. Nach ihrer Heirat mit Friedrich von Beulwitz 1784 bewohnte Caroline mit ihm das Vorderhaus, Louise und Charlotte residierten im Hinteren Haus. Im Haus wurden ähnlich der Tafelrunden am Weimarer Hof die ›Freitagsgesellschaften‹ abgehalten, an denen Persönlichkeiten wie Johann Gottlieb Fichte, Carl Ludwig von Knebel, Novalis sowie Wilhelm und Alexander von Humboldt teilnahmen. Nachdem Schiller die beiden charmanten Schwestern 1787 bei einem Kurzbesuch kennengelernt hatte, beschloss er den gesamten darauffolgenden Sommer in Rudolstadt zu verbringen. Bei seinen Besuchen bei der Familie Lengefeld kam er auch allmählich den Schwestern Charlotte und Caroline näher. Die drei verstanden sich prächtig. Caroline hatte es ihm anfangs etwas mehr angetan, allerdings war diese bereits mit einem Herren Beulwitz vermählt. Blieb also noch Charlotte, die er später 1790 auch ehelichte. Der 2014 in Rudolstadt gedrehte deutsche Film ›Die geliebten Schwestern‹ handelt von genau dieser Beziehung. Der Rudolstädter Sommer erwies sich für Schiller als äußerst produktiv, lernte er doch nicht nur seine zukünftige Ehefrau kennen. Die beiden Schwestern und Charlotte von Stein vermittelten Schiller nämlich auch den Kontakt zu Johann Wolfgang von Goethe, den er in Rudolstadt im Hause der Familie Lengefeld am 7. September 1788 erstmals traf.

Im **Museum** dreht sich alles um die beiden Damen und die Dichter. Mit vielen Konzerten, Theateraufführungen und Lesungen ist es recht lebendig. Das Restaurant ›Schiller‹ im Erdgeschoss und Garten ist richtig gut.

Der **Schillerwanderweg** verbindet als Rundwanderweg auf zwölf Kilometern

▶ Karte S. 378

Schillers Wirk- und Wohnstätten sowie Inspirationsorte miteinander. Unter anderem führt er auch zur Schillershöhe.

Rudolstädter Riviera

Die Rudolstädter Riviera ist ein geologisches Naturdenkmal am Saaleufer gegenüber dem Stadtteil Volkstedt. In dem Buntsandsteingebiet kann man gut flanieren. Hier befindet sich auch die **Schillershöhe**, ein Gedenkstätte mit der Büste des Dichters und Inschrift aus dem Jahr 1830.

Rudolstädter Villen

Vor allem westlich von Lutherkirche und Innenstadt, zwischen Unterm Hain und Chausseestraße, ließen sich wohlhabende Bürger ab Ende des 19. Jahrhunderts prächtige Villen erbauen. Allein 71 Einzeldenkmäler stehen hier. Zwei engagierte Damen haben sich der Erforschung der Villen in Rudolstadt angenommen und bieten Villenspaziergänge und Vorträge zum Thema an.

Die prächtigste Villa Rudolstadts ist die märchenschlosshaft anmutende **Richtersche Villa** in der Schwarzburger Chaussee. Sie wurde durch den Industriellen Friedrich Adolf Richter 1886 erbaut. Richter verdiente sein Geld in verschiedenen Bereichen, unter anderem der Pharmaindustrie, und auch mit Spielzeug, dessen berühmtestes Produkt die Ankerstein-Baukästen waren. Diese werden nach langer Produktionspause inzwischen wieder in Rudolstadt produziert, und zwar von der Firma Anker Steinbaukasten GmbH. Unmittelbar nach dem Zweiten Weltkrieg saß die sowjetische Kommandantur in der Villa. Sie diente später als Schule und befindet sich heute in Privatbesitz.

In der Schwarzburger Chaussee befindet sich auch das ehemalige Ankerwerk, das heute das **Rudolstädter Puppenmuseum** beherbergt.

Gläserne Porzellanmanufaktur

Nur 500 Meter von der Richterschen Villa liegt die Älteste Volkstedter Porzellanfabrik. Sie entstand 1762 und ist die älteste noch existierende Porzellanmanufaktur Thüringens. Hier werden heute auch wieder alte Kollektionen der ›Unterweißbacher Werkstätten für Porzellankunst‹ und anderer Betriebe gebrannt, für die Anfang des 20. Jahrhunderts berühmte Künstler wie Ernst Barlach, Adolf Brutt, Max Esser, Gerhard Marcks, Etha Richter und Paul Scheurich Entwürfe beisteuerten. Während der Produktionszeiten kann man beim Entstehungsprozess zuschauen.

Schloss Kochberg, heute ein Museum

Thüringer Bauernhäuser

Im **Heinrich-Heine-Park** direkt am Ufer der Saale, gegenüber der Altstadt, befindet sich das älteste deutsche Freilichtmuseum, die ›Thüringer Bauernhäuser‹. Komplett eingerichtete Häuser und Ställe aus der Umgebung, eingerahmt von Gärten, geben einen umfassenden Einblick in das bäuerliche Leben der vergangenen Jahrhunderte. Zu den Exponaten gehört auch eine voll ausgestattete Dorfapotheke. Sie stammt aus der Zeit des Olitätenhandels und der sogenannten Buckelapotheker.

Keilhau

Im nach Rudolstadt eingemeindeten, sechs Kilometer westlich liegenden Keilhau befindet sich mit der Freien Fröbelschule die weltweit einzige direkt von den Pädagogen Friedrich Fröbel und Wilhelm Middendorf gegründete Schule. Heute ist es ein **Schulmuseum**, dessen drei Räume der Entwicklung der Schule, dem Leben Fröbels sowie dem Thema Unterricht und Erziehung gewidmet sind. Zwischen Bad Blankenburg und Keilhau verläuft der **Friedrich-Fröbel-Wanderweg** (13 km), der die Wirkungsstätten des Pädagogen verbindet. Fröbel selbst hat diesen Weg oft benutzt. Er führt auch am **Fröbelblick** vorbei, von dem aus man den Blick auf die Landschaft genießen kann.

Schloss Kochberg

Das in der Zeit um 1600 im Renaissancestil erbaute Wasserschloss Kochberg wurde vor allem durch Goethe bekannt. Er war hier zwischen 1775 und 1788 oft bei Charlotte von Stein zu Besuch. Das **Museum** zeigt neben einem wertvollen Schreibschrank, den der Dichter nutzte, originale Inneneinrichtung aus der Zeit, in der Goethe und seine Muse sich hier aufhielten, und lassen diese Periode unaufgeregt nahe wirken. Das Haus beherbergt zudem eine Ausstellung zum Liebhabertheater und zur Schlossgeschichte. Sehr sehenswert ist der **Schlosspark**, der von Charlottes Sohn Carl von Stein bis 1840 umgestaltet worden war, auch das 1800 am Schloss als Musenhof erbaute **Liebhabertheater** stammt von ihm. Von Mai bis Oktober wird das kleine Haus an den Wochenenden im Aufführungsstil der Goethezeit bespielt.

▸ Karte S. 378

Neckeroda

Auf dem Weg von Rudolstadt nach Blankenhain liegt Neckeroda. Einst gehörte die Gegend zu den bedeutendsten Deutschen Färberegionen. Im **Seminarzentrum Färbezentrum** geht es in zahlreichen Veranstaltungen um das Herstellen von entsprechenden Mitteln, Färben von Materialien mit Pflanzenfarbstoffen sowie deren Verarbeitung. Es gibt auch Schaufärben, einen Hofladen und einen entsprechenden Kräutergarten.

Burgruine Ehrenstein

Die Burganlage mit ihrem 30 Meter hoch aufragenden viereckigen Bergfried stammt wohl vom Anfang des 14. Jahrhunderts. Bereits da wurde sie durch die Schwarzburger weiter ausgebaut. Höchstwahrscheinlich wurde die Burg bis Anfang des 17. Jahrhunderts genutzt und dann aufgegeben. Sie liegt auf dem Weg von Stadtilm nach Remda-Teichel beziehungsweise Rudolstadt. Die Lage auf einem Bergkegel macht den Ehrenstein zu einer weit sichtbaren Landmarke.

Uhlstädt

In Uhlstädt findet man die letzten Flößer auf der Saale. Der Floßverein kümmert sich auch um das **Flößereimuseum**, in dem man alles zur Geschichte der Flößerei auf der Saale erfährt. Zu besonderen Anlässen werden auch Langholzflöße gebaut und auf der Saale zu Wasser gelassen.

Rudolstadt und Umgebung

Vorwahl: 03672.

Tourist Information, Markt 5, Tel. 486440; Mo–Fr 9–18, Sa 9–13 Uhr. Diverse Führungen, Empfehlenswert sind die angebotenen Kinderführungen. Auch die Sonderführungen mit Hofmarschall von Schwatzenburg für ›Rococo en miniature‹ können über die Tourist-Information gebucht werden. www.rudolstadt.de

Hotel Adler, Markt 17, Tel. 4403. Im Landhausstil, mitten im Zentrum, seit 400 Jahren knarzen hier die Dielen, jedes Zimmer sieht anders aus; EZ ab 57, DZ ab 87 €. www.hotel-adler-rudolstadt.de

Aparthotel Rudolstadt, Markt 13 und Ludwigstr. 32, Tel. 4703120. Vollausgestattete moderne und geräumige Apartments mit Whirlpool in zentraler Lage; EZ ab 69, DZ ab 89 €. www.aparu.de

Panoramahotel Marienturm, Marienturm 1, Tel. 43270. Modernes Vier-Sterne-Haus oben am Marienturm, 15 Autominuten südöstlich des Zentrums allerschönster Blick auf die Rudolstädter Altstadt mit der Heidecksburg, ebenso von der Terrasse des Restaurants; EZ ab 99, DZ ab 121 €. www.marienturm.de

Thüringer Hof, Bahnhofsgasse 3, Tel. 412422. 19 schlichte, moderne Zimmer, nur einen Steinwurf vom Markt entfernt; EZ ab 52, DZ ab 82 €. www.thueringerhof-rudolstadt.de

Landhotel Kains Hof, Weißen 19, Uhlstädt-Kirchhasel, Tel. 036742/61130. Schönes Hotel mit Restaurant, Biergarten, Cafe und Wellnessbereich. Aktivurlauber sind willkommen; EZ ab 62, DZ ab 85 €. www.hotelkainshof.de

Gästehaus am Flossanger, Weißen 60, Uhlstädt-Kirchhasel, Tel. 036742/671265. 2012 gebautes Gästehaus an der Saale mit Restaurant nebenan und Ausblick auf die Weißenburg, Internet, Waschmaschine, Grillmöglichkeit. Ideal für Paddler und Radler, auf der Wiese kann man auch Zelte aufschlagen; EZ ab 30, DZ ab 50 €. www.gaestehaus-flossanger.de

Wohnmobilstellplätze:

- Saalemaxx, Hugo-Trinkler-Str. 6, Tel. 31450; € 7. www.saalemaxx.de
- Am Saalestrand, An den Katzenlöchern 4, Tel. 414755; € 10. www.saalestrand-rudolstadt.de

Sport- und Freizeitzentrum, Am Saalewehr, Uhlstädt, Anmeldung über Touristinfo unter 036742/63534. Zeltplatz mit Sportmöglichkeiten, Grillplatz direkt am Saalewehr und Wasserwander-Einstiegsstelle; Zelt ab 8, Caravan ab 13 €. www.uhlstaedt-kirchhasel.de

Schiller im Schillerhaus, Schillerstr. 25, Tel. 486470. Schöne Lage, gehobene Küche: regional, schwäbisch und mediterran. www.schillerhaus-rudolstadt.de

Verrücktes Kartoffelhaus, Markt 5, Tel. 414747. Urig wie der Namensvetter in Eisenach, die Restaurantausstattung besteht aus altem Kochwerkzeug und allerlei Utensilien. Die Küche ist rustikal, deftig. www.kartoffelhaus-rudolstadt.de

Thüringer Hof, Bahnhofsgasse 3, Tel. 412422. Bürgerliche Thüringer Küche, natürlich mit Klößen. www.thueringerhof-rudolstadt.de

Zur Alten Schmiede, Schillerstr. 21, Tel. 480759. In unmittelbarer Nähe zum Schillerhaus, hauptsächlich von Einheimischen frequentiertes rustikales Lokal mit Gärtchen und bodenständiger Thüringer Küche. www.zur-alten-schmiede-rudolstadt.de

Schlosscafé, Heidecksburg, Schlossaufgang VI, Tel. 477981. Allein schon der Blick auf die Stadt lohnt sich für eine Einkehr, qualitativ gute thüringische und mediterrane Küche, Café, Eis und Kuchen. www.schlosscafe-heidecksburg.de

Teehaus, direkt vor der Heidecksburg, Tel. 477981; April–Okt. Besonders bei schönem Wetter ist das Außengelände nach dem Aufstieg oder Besuch der umfangreichen Museumssammlung ein beliebter Anlaufpunkt.

Thüringer Landesmuseum Heidecksburg, Schlossbezirk 1, Tel. 42900; April–Okt. Di–So 10–18 Uhr, Nov.–März Di–So 10–17 Uhr. www.heidecksburg.de
Altes Rathaus, Stiftsgasse 2, Tel. 486160; Di 9–16, Do 9–18, Fr 9–12 Uhr. www.historische-bibliothek.rudolstadt.de
Foto Lösche, Handwerkerhof, Stiftsgasse 21, Tel. 410377; Di–So 14–17 Uhr. www.foto-loesche.de
Schillerhaus, Schillerstr. 25, Tel. 486470; April–Okt. Di–So 10–18 Uhr, Nov.–März Di–So 10–17 Uhr. www.schillerhaus-rudolstadt.de
Rudolstädter Villen: www.rudolstadt-villen.de
Rudolstädter Ringler Puppenmuseum, Schwarzburger Chaussee 82, Tel. 0152/29206300. Das kleine Museum mit etwa 250 Puppen residiert auf dem Areal der ehemaligen Ankerwerke, Besuch nach Voranmeldung. www.puppenmuseum-rudolstadt.de
Gläserne Porzellanmanufaktur, Breitscheidstr. 7, Tel. 48020; Porzellanverkauf Mo–Fr 10–17, Sa 10–15 Uhr, Führungen Mo-Sa nach Vereinbarung. www.die-porzellanmanufakturen.de
Thüringer Bauernhäuser, Kleiner Damm 12, Tel. 422465; April–Okt. tgl. 11–18 Uhr. www.rudolstadt.de
Schulmuseum Keilhau, Robert-Birkner-Str. 19, Keilhau; Besichtigung nach vorheriger Vereinbarung unter Tel. 03672/46960 oder 03672/312839. www.ntfv.org
Schloss Kochberg, Im Schlosshof 3, Uhlstädt-Kirchhasel/OT Großkochberg, Tel. 036743/22532; letzter So im März–letzter Sa im Okt. Mi–Mo 10–18 Uhr. www.klassik-stiftung.de, www.liebhabertheater.com. Schlossrestaurant: Tel. 036743/254210, www.schlossrestaurant-kochberg.de
Färbezentrum, Ortstr. 46, Neckeroda, Tel. 036743/20917. www.faerbedorf-neckeroda.de
Flößereimuseum, Am Saalewehr 2, Uhlstädt, Tel. 036742 63534; April–Okt. Mo–Fr 13–16 Uhr und nach Vereinbarung, Nov.–März Mo und Do 13–16 Uhr. www.uhlstaedt-kirchhasel.de, www.floesserverein-uhlstaedt.com
Burgruine Ehrenstein, Ehrenstein, Gemeinde Ilmtal; Burg frei zugänglich, Führungen nach Vereinbarung unter Tel. 03629/802448. www.thueringerschloesser.de

Thüringer Landestheater Rudolstadt, Anger 1, Tel. 422766, 1793 eröffnet, war Goethe auch schon Intendant. Spielstätten sind Großes Haus (wegen Umbau derzeit geschlossen. Ausweichspielstätte ist das Theater im Stadthaus am Platz der OdF 1), Schminkkasten und das Kinder- und Jugendtheater ›theater tumult‹ und der Meininger Hof in Saalfeld. Darüber hinaus werden auch die Heidecksburg, das Schillerhaus und weitere Orte bespielt. www.theater-rudolstadt.de
Rudolstadt Festival (1. Wochenende im Juli), Tel. 486460, Tickets 486460. Ehemals Tanz & Folk Fest. Mit über 20 Bühnen und mehreren hundert Konzerten und Veranstaltungen das größte Folk-Roots-Weltmusik Festival Deutschlands; sehr angenehme, lockere Atmosphäre. www.rudolstadt-festival.de
Rudolstädter Vogelschießen (letztes Wochenende im Aug.), Festgelände Bleichwiese, Tel. 486411. 1722 erstmalig veranstaltet, entwickelte sich das Vogelschießen zu einem größten Volksfeste Thüringens mit zahllosen Schaustellern und Buden sowie einer halben Million Besuchern. www.vogelschiessen-rudolstadt.de

▶ Karte S. 336/378

Spielhof Debrahöhe, Im Eisertal 22, Tel. 0152/04820515. www.spielhofdebrahoehe.de

Auktionshaus Wendl, August-Bebel-Str. 4, Tel. 424350. Warum nicht mal Geschick und Pokerfähigkeiten ausprobieren in Ostdeutschlands größtem Auktionshaus. www.auktionshauswendl.de

Anker Steinbaukasten GmbH, Breitscheidstr. 95c, Tel. 31110. Es gibt sie wieder, die berühmten Ankersteine. Die Produktpalette findet man im Onlineshop oder bei autorisierten Händlern. www.ankerstein.de.

Sammlerstübchen, Töpfergasse 8, Tel. 412570. Antiquariat mit einem Sortiment von Büchern, Briefmarken, Order über Münzen und Spielzeug.

Saalemaxx, Hugo-Trinckler-Str. 6, Tel. 31450. Bei dem Freizeitbad handelt es sich um eines der größten in Thüringen. Es gibt Sportbecken, Erlebnisbad und natürlich eine Wellnessoase mit großer Saunalandschaft. www.saalemaxx.de

Bad Blankenburg

Die Kleinstadt war früher durch ihren Lavendelanbau bekannt und bis 2007 staatlich anerkannter Kurort. Beides ist Geschichte – es gibt nach wie vor einen Kurpark mit der Antoniuskapelle –, aber dennoch heißt der Ort nach wie vor Bad Blankenburg, er selbst nennt sich ›Lavendelstadt‹.

Untrennbar ist er mit dem Namen Friedrich Fröbel verbunden. Fröbel gründete 1839 in Blankenburg seine erste Spiel- und Beschäftigungsanstalt, woraus ein Jahr später der erste Kindergarten der Welt entstand. Der Pestalozzi-Schüler erkannte als einer der ersten die Bedeutung frühkindlicher Erziehung und Förderung – vor 200 Jahren ein riesiger Schritt in der Pädagogik. Und so erfand Fröbel die Pflege-, Spiel- und Beschäftigungsanstalt – manche erfinden Glühbirnen, andere Kindergärten und Kindheit.

Weil das zu umständlich klang, nannte Fröbel seine Einrichtungen später einfach Kindergarten. Er erschuf ein ganzes Sammelsurium an pädagogischen Konzepten, Spielen, Liedern und bildungstheoretischen Werken. 1840 wurde im thüringischen Blankenburg der allererste Kindergarten eröffnet. 2015 feierte dieses Ereignis sein 175. Jubiläum.

Von Blankenburg aus geht es durch tief eingeschnittene Täler entlang der Schwarza hinauf in die Berge.

Friedrich-Fröbel-Museum

Seit 1982 befindet sich das Friedrich-Fröbel-Museum im ›Haus über dem Keller‹ und damit am Originalort des ersten Kindergartens. Der bestand übrigens bis 1844. Im Museum geht es um das Leben und Werk Fröbels. Zu sehen sind Möbel, Bilder und Gebrauchsgegenstände der Familie Fröbel. Fröbel kreierte für sein pädagogisches Konzept eine ganze Reihe von Spielen, ›Beschäftigungsmitteln‹ und Liedern. So gilt er etwa als Erfinder der Holzbausteine. Zahlreiche dieser Gegenstände kann man im Spielzimmer ausprobieren. Wie sich seine Idee weltweit ausbreitete, erzählt der Raum zur Wirkungsgeschichte. Zudem wird Fröbels pädagogisches Konzept vorgestellt. Im Bestand des Hauses sind auch zahlreiche Originalhandschriften des Pädagogen. Das Museum versteht sich als Bildungsstätte und bietet viele Veranstaltungen und Seminare an. Fröbel wird besonders in Japan stark verehrt. Ein Großteil der Museumsgäste kommt von dort und besucht im Rahmen der Tour auch die anderen thürin-

Burg Greifenstein

gischen Fröbelstätten in Oberweißbach und Keilhau.

Rathaus

Das heutige Rathaus von 1744 bis 1750 ist ein Wiederaufbau nach dem großen Stadtbrand. Im Fröbelsaal wurde am 28. Juni 1840 die Gründung des ersten deutschen Kindergartens amtlich besiegelt. Das **Stadtmuseum** im Rathaus präsentiert berühmte Blankenburger wie einen Kunstschmied und einen Insektenforscher. Sehenswert ist vor allem das Dr.-Steuer-Kabinett. Der Mediziner Helmut Steuer beschäftigte sich zeitlebens mit Schmetterlingen und katalogisierte in Blankenburg 2200 der in Mitteleuropa vorkommenden 3500 Arten. Ein Teil seiner Schmetterlingssammlung ist im Rathaus ausgestellt.

Burg Greifenstein

Am Austritt der Schwarza aus dem engen Schwarzatal und oberhalb von Bad Blankenburg liegt die 1208 erstmals genannte Burg Greifenstein. Sie war Stammsitz der Schwarzburger und ist wegen ihrer Ausmaße eine der größten deutschen Feudalburgen. Es gibt ein kleines **Burgmuseum** zur Geschichte des Greifensteins, hauptsächlich kommen die Gäste heute jedoch wegen des **Adler- und Falkenhofs**.
Unterhalb des Greifensteins steht eine der ältesten deutschen Brauereien, die **Brauerei Watzdorf**. Seit 1411 wird hier Bier gebraut. Heute ist man Traditions-, Erlebnis- und Spezialitätenbrauerei und vermittelt in Führungen seine Künste.

Großgölitz

Wenn man schon einmal dabei ist, sich zu alkoholisieren, kann man auch gleich noch der **Destillerie Gölitzwänder** im fünf Kilometer entfernten Großgölitz einen Besuch abstatten.

Kloster Paulinzella

Das romantisch im Rottenbachtal bei Bad Blankenburg gelegene Kloster Paulinzella stammt aus der Zeit der Romanik. Gegründet wurde es zwischen 1102 und 1105 von Paulina, der adeligen Tochter des Truchsesses von Kaiser Heinrich IV. Die Mönche und Baumeister kamen aus dem Kloster Hirsau im Schwarzwald,

▸ Karte S. 336

um die Anlage zu errichten und zu besiedeln. Die bauliche Verwandtschaft der beiden Klöster ist vor allem bei der Klosterkirche nicht zu übersehen. Paulinzella wurde nach den Richtlinien der Baukunst der Hirschauer Reformbewegung erschaffen. Nach der Reformation verfiel das Kloster und diente als Steinbruch, etwa für Schloss Gehren. Doch noch heute beeindrucken die eleganten Ruinen dieses ehemals großartigen romanischen Baus. Zum Leben erweckt werden sie im Sommer mit Konzerten. Mitte August findet das ›Kulturfestival Klosterruine Paulinzella‹ statt. Drei Tage lang wird die Open-Air-Bühne im Innern der Klostermauern dann mit Musik, Theater und Kabarett bespielt.

Erhalten hat sich auf dem Klostergelände der auf das 12. Jahrhundert datierte **Zinsboden** für die Abgaben der zinspflichtigen Dörfer. Der Fachwerkaufbau stammt aus dem frühen 16. Jahrhundert. 1542 ließen die Schwarzburger Grafen im Rahmen des Ausbaus von Paulinzella zum Amtssitz an der Stelle des ehemaligen Klausurgebäudes das **Amtshaus** direkt an den Südturm der Klosterruine anbauen. Heute ist hier das Thüringer Forstamt Paulinzella mit einer kleinen **Ausstellung** untergebracht. Es ist eines der ältesten und ohne Übertreibung schönsten Forstämter der Gegend. Um 1620 kam ein kleines **Schloss** im Stil der Renaissance hinzu. Es diente den Schwarzburgern als Jagdschloss und ist heute das **Museum** zur Geschichte des Klosters, der Forstwirtschaft und der Jagd im Fürstentum Schwarzburg-Rudolstadt. Ursprünglich stand an dieser Stelle das Haus des Abtes.

Singen

In dem kleinen Dorf Singen trifft man auf ein ganz besonderes Industriedenkmal: die **Museumbrauerei Schmitt**, Thüringens kleinste Brauerei. Sie besteht seit 1875 und ist seit 1885 in Familienbesitz. Die neuesten Maschinen wurden nach dem Ersten Weltkrieg angeschafft. Seitdem wird, und das ist in Thüringen wohl einmalig, unverändert und inzwischen museal gebraut und denkmalgeschützt abgefüllt. Und die Lage der Brauerei und des Biergartens ist zum Dahinschmelzen.

Bad Blankenburg und Umgebung

Vorwahl: 036741.

Friedrich-Fröbel-Museum, Johannisgasse 4, Bad Blankenburg, Tel. 2565; Di–Sa 10–17 Uhr. www.froebel-museum.de

Burg Greifenstein, Greifensteinstr. 3, Bad Blankenburg, Tel. 2080; April–Okt. Di–So 10–17 Uhr, Nov.–März (nur Burghof) Mi–So 11–17 Uhr. www.burg-greifenstein.de

Brauerei Watzdorf, Watzdorf Nr. 14, Tel. 6160. www.watzdorfer.de

Rathaus Blankenburg, Markt 1, Bad Blankenburg, Tel. 370; Mo, Di, Fr 9–12, Do zusätzl. 14–17.30 Uhr. www.bad-blankenburg.de

Kloster Paulinzella, Paulinzella 3, Rottenbach, Tel. 036739/31143, Eintritt Kloster frei; Museum: April–Okt. Mi–So 10–17 Uhr. Ausstellung im Forsthaus ›Vom Steinbeil zur Kettensäge‹: Mai–Okt. Mi–So 10–17 Uhr. www.thueringerschloesser.de Für Veranstaltungen Kartentelefon 0361/2275227 oder 036741/57577. www.kulturfestival-paulinzella.de

Museumsbrauerei Schmitt, Brauereiweg 1, Ilmtal/OT Singen, Tel. 03629/802556; Führungen nach Anmeldung, Biergarten fast immer offen. www.brauerei-schmitt.de

Destillerie Gölitzwänder, Großgölitz Nr. 15a, Tel. 036739/21300; Mi 18–20, Sa 14–17 Uhr.

Von Saalfeld durch das Orlatal

Zwischen Saalfeld und Triptis erstreckt sich entlang der Orla die Orlasenke. An der heutigen B 281 und Eisenbahnstrecke zwischen Saalfeld und Gera liegen die Ortschaften Unterwellenborn, Pößneck, Oppurg und Neustadt an der Orla.

Pößneck und Umgebung

Um 1900 war Pößneck eine boomende Industriestadt. Dominierende Wirtschaftszweige waren Textil- und Lederindustrie, Porzellanherstellung und die Druckindustrie. Auch in Pößneck wurde in den letzten Jahren viel in die Revitalisierung der einst stark industriell geprägten Innenstadt investiert. Zum Ende der DDR-Zeit war der Ort heruntergewirtschaftet und heruntergekommen, mittlerweile kann sich die Altstadt mit ihren zahlreichen historischen Gebäuden und Fabrikantenvillen wieder sehen lassen. Auch einige, wenn auch wenige, Zeugnisse der Industriearchitektur des 19. Jahrhunderts blieben erhalten.

Das **Rathaus** von Pößneck mit seinen reich verzierten Giebeln ist eines der schönsten spätgotischen Rathäuser Thüringens. Es entstand im Wesentlichen zwischen 1478 und 1485, die reich verzierte Freitreppe kam 1531 hinzu. Am schrägen Marktplatz stehen auch der **Marktbrunnen** von 1521 und die **Stadtkirche**. Sie, auch Bartholomäuskirche genannt, vereint in sich bauliche Elemente aus der Zeit zwischen 1290 und 1476. Am Marktplatz stand auch die Litfaßsäule aus dem Film ›Moritz in der Litfaßsäule‹, der in der Pößnecker gedreht worden ist. Auch Teile der ehemaligen Stadtbefestigung sind erhalten geblieben, der **Weiße Turm** von 1453 ist als einziger Stadtmauerturm noch vollständig erhalten und das Wahrzeichen von Pößneck. Das **Schützenhaus** eröffnete 2017 als Haus für Veranstaltungen und Kunstausstellungen. Aus Pößneck kommen auch die Berggold-Schokolade des einstigen herzoglichen Hoflieferanten sowie das Rosenbräu-Bier.

Drei historische Häuser auf dem Gelände des ehemaligen Karmeliterklosters wurden auf spannende Art und Weise zu einem modernen interaktiven Stadtmuseum verbunden, dem **Stadtmuseum 642**. Es umfasst die Stadtgeschichte von den Anfängen des Ortes bis zur Gegenwart, Archäologie, Handwerk und Industrie. Im Museum befinden sich zwei Bohlenstuben von 1448 und 1453. Die Tourismusinformation ist ebenfalls im Gebäudekomplex untergebracht.

▲ Karte S. 336

■ Ranis

Fünf Kilometer südwestlich von Pößneck liegt Ranis. Markant thront die mittelalterliche **Burganlage** oberhalb des schmucken historischen Örtchens. Sie stammt im Wesentlichen aus dem 13./14. Jahrhundert und erhielt im 17. Jahrhundert

Das Rathaus in Pößneck ist eines der schönsten in Thüringen

Und noch eine Burg: Ranis

ihr heutiges Erscheinungsbild. Im Innern dominiert der Historismus. Das **Burgmuseum** umfasst die Burg als Bauwerk selbst, eine Sammlung zur Natur der Region mit archäologischen und geologischen Funden, der Geschichte der Region und Burg und ihrer Eigentümer mit Waffen und Rüstungen sowie als Besonderheit seismologische und geophysikalische Großgeräte zur Erdbebenforschung. Die Funde der Ilsenhöhle und anderer Zechsteinhöhlen in der Orlasenke werden in der **Ausstellung Blick in die Eiszeit** gezeigt.

Alljährlich im Juni finden auf der Burg die ›Thüringer Literatur- und Autorentage‹ statt. Die Veranstaltung ist eine Mischung aus Lesungen, Musik und Lyrik. Rechts unterhalb der Rotunde, von der aus man einen wunderbaren Blick auf Ranis und Umgebung hat, liegt die **Ilsenhöhle**. Sie ist eine der bedeutendsten Fundstellen der mittleren und jüngeren Steinzeit in Europa. In den Zechsteinriffen der Orlasenke zwischen Saalfeld und Neustadt an der Orla gibt es überhaupt zahlreiche Höhlen. Anhand der Funde wie Tierknochen und Werkzeuge wird der Übergang vom Neandertaler zum modernen Menschen dokumentiert, der sich vor etwa 40 000 Jahren vollzog. Wissenschaftlich besonders relevant sind vor allem die Blattspitzen, beidseitig bearbeitete Feuersteinspitzen.

Das **Artenschutzzentrum,** unweit vom Parkplatz der Burg gelegen, beleuchtet die heimische Tier- und Pflanzenwelt. Es gibt Dioramen zu diversen Lebensräumen sowie in Aquarien Reptilien, Kleinsäuger und auch viele Fische zu sehen. Im Außengelände befinden sich Vogelvolieren. Das Artenschutzzentrum dient als Bildungszentrum für den Naturschutz und hat ein umfangreiches Vorlesungsprogramm. Der 2000 Quadratmeter große **Naturlehrgarten Ranis** ist eigentlich immer geöffnet und präsentiert städtische Naturräume. Außerdem bietet er Einblicke, wie sich Flora und Fauna selbst ansiedeln und weiterentwickeln. In der Anlage gibt es 30 Biotope mit heimischen Wildsträuchern, Blumen, Weiden, und Wildrosen.

Auf dem Weg von Ranis zum Schloss Brandenstein, in einer Talsenke, befindet sich Thüringens erstes **Wisent-Freilandgehege**. Es gehört zum Artenschutzzentrum. Das Gelände Im ›FFH-Habitat Zechsteinriffe in der Orlasenke und

Döbritzer Schweiz‹ ist inzwischen acht Hektar groß. Hier werden Wisente zur Arterhaltung gezüchtet.

Das knallrote **Barockschloss Brandenstein** steht am Rande eines Felsens und bildet gemeinsam mit der Burg Ranis ein stilvolles Panorama. Das Cafe ›Cattarius‹ und der Antikshop ›Schatzkammer‹ lohnen einen Besuch. In der Kunstgalerie finden regelmäßig Kunstausstellungen statt.

Oppurg

Zwischen Pößneck und Neustadt, eingebettet in einen Park, liegt das barocke **Vierjahreszeitenschloss Oppurg**. Es wurde in seiner heutigen Form zwischen 1703 und 1708 auf dem Gelände einer Burg erbaut und diente als Jagdschloss.

Die noch existierenden Wassergräben stammen allerdings von einer Vorgängerburg.

Pößneck und Umgebung

Vorwahl: 03647.

Tourist Information, Klosterplatz 2–6, Tel. 412295; Mo, Di, Fr, Sa 11–16, Do 11–18, So 13–17 Uhr. Den Schlüssel für den Weißen Turm erhält man ebenfalls hier. www.poessneck.de

Parkhotel Villa Altenburg, Tel. 5042888, Straße des Friedens 49. Drei-Sterne-Hotel in einem Park, klassisch-moderne Zimmer. www.villa-altenburg.de

Rittergut Positz, Positz Nr. 1, Oppurg. Tel. 03647/504535. Edles Hotel in einem historischen Rittergut. Ländlich-modern eingerichtet, familienfreundlich mit Spielplatz und Streichelzoo. Bogenschießen, Fitnessraum und Badminton, regionale und mittelalterlich-ritterliche Küche; EZ ab 55, DZ ab 65 €. www.rittergut-positz.de

Ratskeller, Markt 1, Tel. 412023. Wie man sich einen Ratskeller vorstellt: Urig mit schönem Ausblick auf den Markt. Günstige Preise, deftige Thüringer Küche.

Schützenhaus, Straße des Friedens 20, Tel. 4459800. www.schuetzenhaus-poessneck.de

Stadtmuseum 642, Klosterplatz 2–6, Tel. 504769. Drei Häuser aus unterschiedlichen Epochen wurden zu einem Museum verbunden. Die Museumspräsentation zur Zeitreise durch die Stadtgeschichte ist auf dem neuesten Stand; Mo, Di, Fr, Sa 11–16, Do 11–18, So 13–17 Uhr. www.museum642.de

Burg Ranis, Tel. 03647/505491; April–Okt. Di–So 10–17 Uhr, Nov.–März Sa/So 13–17 Uhr. www.stadt-ranis.de

Artenschutzzentrum Thüringen, Preißnitzberg 5, Tel. 03647/413826; Di–Fr 10–14, So 13.30–16 Uhr. Wisentgehege ganzjährig geöffnet. www.ag-artenschutz.de

Naturlehrgarten Ranis, Schulstr. 2, Ranis; jederzeit geöffnet.

Naturerlebnispark Brandenstein, ganzjährig, Eintritt kostenfrei. Führungen nach vorheriger Absprache unter 03641/617454. www.wisenthotel.de

Schloss Brandenstein, Brandenstein 1, Ranis, Tel. 03647/420858. Raritäten-, Schätz- und Ankauftag So 10–16 Uhr, im Winter 10–15 Uhr. Café (Tel. 01577/1839939) So 10.30–18 Uhr, Okt.–1. Advent 10.30–17 Uhr. www.schloss-brandenstein.de

Kletterwald Koala, Schlettweinersteig, Tel. 0172/1544205. Klettern auf 5 Parcours mit über 50 Elementen in der Pößnecker Innenstadt. www.kletterwald-koala.de

Schokoladenwerk Berggold, Raniser Str. 11, Tel. 03647/530; Werksverkauf Mo und Fr 9–17, Di und Do 9–18, Mi 9–15 Uhr, Juli/Aug. Mo–Fr 9–13 Uhr, zusätzl. ganzjährig jeden 1. Sa 9–12 Uhr. Es gibt auch eine Firmenausstellung zur Unternehmensgeschichte seit 1876. www.heinerle-berggold.de

▸ Karte S. 336

Die historischen Fleischbänke

Neustadt an der Orla

Es gibt viele Orte mit dem Namen Neustadt, allein drei in Thüringen. Der Zusatz ›an der Orla‹ für das im östlichen Thüringen gelegenen Neustadt verweist darauf, dass sich am Rand dieses Ortes der gleichnamige Fluss entlangschlängelt.

Rathaus

Das aus zwei Gebäuden bestehende, reich verzierte Rathaus mit seinen hohen Giebeln ist ein spätgotischer Prachtbau und zeugt vom einstigen Reichtum und Selbstverständnis Neustadts. Der östliche Teil, das Steinerne Haus, geht auf das Jahr 1364 zurück, der andere stammt von 1464.

Lutherhaus

Es gibt zahlreiche Lutherhäuser, in denen Luther nie war. In dem Lutherhaus in Neustadt jedoch ist Luther nachweislich zwei Mal gewesen. Nur nächtigte er eben nicht hier. Das Gebäude aus dem 15. Jahrhundert ist ein beeindruckendes und prachtvolles Zeugnis der Baukunst um die Reformationszeit. Unter Einbeziehung von Kellern und Gewölben von 1427 und Gebäudeteilen von 1452 entstand der Renaissancebau mit Erker 1547. Es wartet mit gleich zwei aufwendig gestalteten Bohlenstuben von 1452 und 1490 auf und ist als begehbares **Schaudenkmal mit musealer Ausstattung** eines typischen mittelalterlichen Wohnhauses konzipiert. Hier erfahren Besucher einiges über die Geschichte des Hauses und auch darüber, wie Forscher heute in Gebäuden nach Spuren früherer Bewohner suchen. Es gibt auch Informationen zur Stadtgeschichte und zur Geschichte der Reformation. Zum Repertoire gehören zahlreiche thematische Führungen, auch für Kinder.
Im Lutherhaus ist die **Tourismusinformation** untergebracht.

Fleischbänke

1475 entschloss man sich zur Verlegung der Fleischbänke und zu deren Neubau in einer Gasse zwischen der Westseite des Marktes und dem Kirchplatz. Noch bis 1948 wurde hier Fleisch verkauft. 9 von ursprünglich 17 Verkaufslauben von 1475 sind noch erhalten. Die Anlage ist in Deutschland einmalig.

Museum für Stadtgeschichte

Das Museum für Stadtgeschichte präsentiert 13 thematisch aufgebaute Räume, natürlich wird auch die lokale Wirtschaft thematisiert. Die historische Druckerei ist voll funktionstüchtig – das Museumsgebäude selbst wurde früher als Druckerei genutzt. Erwähnenswert ist auch die Sammlung historischer regionaler Landkarten, Stiche und Lithografien mit historischen Ortsansichten. Ein anderes Zimmer beschäftigt sich mit der Neustädter Karussellindustrie. Ein Raum widmet sich ganz dem Cranach-Altar in der Johanniskirche.

St. Johanniskirche

Die Stadtkirche St. Johannis entstand zwischen 1470 und 1528, das Kirchenschiff fand erst 1540 seine Vollendung. Der Hochaltar (1513) von Lucas Cranach dem Älteren gehört zu den Meisterwerken des Künstlers, die barocke Orgel des Saalfelders Johann Georg Fincke ist ein Werk von 1727. Im Turm schlägt die zweitgrößte Glocke Thüringens.

Bismarckturm

Vom 32,65 Meter hohen Bismarckturm – er steht im Wald auf dem Kesselberg, nördlich von Neustadt – hat man eine schöne Aussicht auf das Orlatal. Am Turm gibt es einen Natur- und Erlebnispfad.

i Neustadt an der Orla

Vorwahl: 036481.

Tourist Information, Lutherhaus, Rodaer Str. 12, Tel. 85121; Di, Do, Fr, Sa 10–17, So 14–17 Uhr. www.neustadtanderorla.de

Ringhotel Schlossberg, Ernst-Thälmann-Str. 62, Tel. 660. Familienbetriebenes Drei-Sterne-Hotel in der historischen Altstadt mit schönem Ambiente und kompetenten Personal; EZ ab 70, DZ ab 95 €. Stilvolles Restaurant mit Terrasse. Die Qualität der regionalen, aber auch internationalen Gerichte brachte dem Restaurant eine Listung im Gault-Millau. www.ringhotel-schlossberg.de

Lutherhaus, Rodaer Str. 12, Tel. 85121; Di, Do–Sa 10–17, So 14–17 Uhr. www.neustadtanderorla.de

Museum für Stadtgeschichte, Kirchplatz 7, Tel. 51913; Mi–Fr 12–17, Sa 10–17, So 14–17 Uhr. www.neustadtanderorla.de

Bismarckturm, Hohe Str. Der Weg zum mitten im Wald gelegenen Turm ist gut ausgeschildert; Mai–Sept. Sa/So 13–17 Uhr, Okt.–April So 13–16 Uhr.

Kahla und Umgebung

Kahla ist recht klein (unter 7000 Einwohner), kann aber auf eine lange Geschichte zurückblicken: 876 wurde es erstmals urkundlich erwähnt.

Altstadt

Kahlas gut bewahrte historische Altstadt liegt unweit der Saale auf einem leicht erhöhten Sandsteinplateau. Sie ist von der nahezu vollständig erhaltenen, vom 12. bis zum 16. Jahrhundert entstandenen **Stadtmauer** mit dem Saaltor und mehreren Türmen umgeben.

In der **Stadtkirche Sankt Margarethen** mit ihrem hohen Turm predigte auch Martin Luther. Heute wohnt hier eine bedeutende Population an Mausohrfledermäusen, auch Riesenfledermaus genannt, die größte in Deutschland einheimische Art. Die Saale ist übrigens ein Paradies für Fledermäuse, 17 der insgesamt 24 in Deutschland vorkommenden Arten findet man entlang des Flusses. Das **Stadtmuseum** ist in zwei nebeneinander liegenden Gebäuden aus dem 16. Jahrhundert untergebracht. Im Haus befinden sich auch ein Hofladen und Museumscafe sowie Atelier und Künstlergalerie. Bekannt ist Kahla vor allem durch seine Porzellanfabrik. Neben traditionellen Mustern wie dem Zwiebelmuster fällt Kahla-Porzellan regelmäßig mit modernen und gewagten Designs auf.

Leuchtenburg

Die Leuchtenburg, eine klassische Höhenburg, liegt 240 Meter über Kahla und der Saale und bewacht die weite Ebene. Sie wird auch als ›Königin des Saaletals‹ bezeichnet. Von hier aus hat man eine spektakuläre Weitsicht. Ein ›Steg der Wünsche‹ reicht als **Skywalk** 20 Meter von der Burgmauer ins Tal hinein.

Von 1396 bis 1702 war die Burg fürstlicher Verwaltungssitz und Gerichtsbe-

▸ Karte S. 336

Die Leuchtenburg, umrahmt von herbstlicher Pracht

hörde, von 1724 bis 1871 wurde sie als Irren-, Armen- und Zuchthaus genutzt. Von 1920 bis 1997 befand sich auf ihr die erste Jugendherberge Thüringens, 2014 zogen dann die Porzellanwelten in die leer stehende Burg ein. Im Oktober 2016 wurde die ehemalige Burgkapelle nach Plänen des US-Amerikaners Michael J. Brown als erste **Porzellankirche** der Welt eingeweiht. Damit fand der fast zehn Jahre dauernde Um- und Ausbau der Burganlage durch die Eigentümerin ›Stiftung Leuchtenburg‹ mit ihren Porzellanwelten seinen Abschluss. Seitdem dreht sich hier fast alles um das Weiße Gold. Ein Teil der Ausstellung auf der Burg ist auch der Geschichte der Leuchtenburg und ihren unterschiedlichen Nutzungen gewidmet. Schwerpunkt sind jedoch die **Porzellanwelten**. Unterteilt in sieben Welten erfährt man in der außergewöhnlichen Präsentation über die Geschichte, Porzellan als Status, kulturelle Bedeutung, Herstellung und so ziemlich alles weitere, was mit dem Material zu tun hat. Ausstellungshöhepunkte sind die größte Porzellanvase und die kleinste Porzellankanne der Welt. Das ganze Jahr über gibt es auf der Leuchtenburg Feste, Musikveranstaltungen und kulinarische Events.

Rieseneck

Die historische **Jagdanlage Rieseneck** existiert bereits seit dem frühen 16. Jahrhundert und wurde von den Herzögen für ihre Jagden genutzt. Ausgestattet war sie mit Pirschgängen, Ansitzen und weiteren Jagdanlagen, Anfütterungsplätzen fürs Wild, Alleen und Reitwegen. Für die Verpflegung der Jagdgesellschaften, Lagerung des erlegten Wildes, Unterbringung von Pferden und Kutschen wurden mehrere Gebäude errichtet, die teilweise noch heute bestehen. Außergewöhnlich ist ein Haus namens Herzogstuhl, ein auf einen Turm aufgesetztes Fachwerkhäuschen. Irgendwann geriet die hier praktizierte Art der Jagd im Hetzgarten aus der Mode, ab 1831 diente ein benachbarter 850 Hektar großer Tiergarten als Jagdrevier. Die historische Jagdanlage Rieseneck mit ihren Bauten ist gut erhalten und einmaliges Zeugnis für eine barocke Jagdanlage.

Jagdschloss Hummelshain

▲ Karte S. 336

Jagdschlösser Hummelshain

Bei dem zwischen 1880 und 1885 im Auftrag von Herzog Ernst I. von Sachsen-Altenburg errichteten **Neuen Jagdschloss Hummelshain** im Neorenaissancestil handelt es sich um den letzten Schlossneubau in Thüringen und eines der letzten erbauten Residenzschlösser Europas. Architekten waren Paul Stegmüller und Ernst Eberhard von Ihne, der kaiserliche Hofarchitekt. In Berlin ist er später durch Gebäude wie die Staatbibliothek Unter den Linden, den Neuen Marstall oder das Bodemuseum bekannt geworden. Es war einer seiner ersten Aufträge als Architekt. Der Schlossturm hat eine Höhe von 48 Metern. 1891 und 1894 hielt sich auch Kaiser Wilhelm II. mit Anhang zum Jagdvergnügen hier auf.
Im am südlichen Ende des Schlossparks, im Ort gelegenen **Alten Jagdschloss** von 1670 kann man heute übernachten.

St. Margarethen überragt Kahla

Trockenborn-Wolfersdorf

In Trockenborn-Wolfersdorf, knapp sieben Kilometer nordöstlich von Hummelshain, steht auf einer Insel ein Jagdschloss. Es entstand auf Betreiben von Johann Friedrich I. von Sachsen, der es während seiner Gefangenschaft am Hofe Kaiser Karls V. nach dem verlorenen Schmalkaldischen Krieg in Auftrag gab. Der Baumeister Nikolaus Gromann wurde mit der Planung beauftragt. Der nun der Kurwürde entledigte Hanfried traf nach seiner Freilassung hier 1552 seine Familie wieder. So erhielt das Wasserschloss seinen Namen: **Schloss Fröhliche Wiederkunft**. Das als Jagdschloss dienende Gebäude war Teil des planmäßigen Ausbaus der herzoglichen Jagdgroßanlage um Rieseneck mit weiteren Jagdschlössern in Hummelshain. Die zunehmende Konzentration der Herzöge auf Hummelshain ließ die Anlage ab Mitte des 17. Jahrhunderts zunehmend in Vergessenheit geraten und verwahrlosen. Erst der 1848 abgedankte Herzog Joseph von Sachsen-Altenburg entdeckte sie für seine Familie als Sommerresidenz neu. Zwischen 1858 und 1865 erfuhr das Schloss einen Umbau im damals angesagten neogotischen Stil. Der letzte Fürst von Sachsen-Altenburg, Ernst II., wohnte nach seiner Abdankung 1918 ab 1922 bis zu seinem Tod 1955 im Schloss. Er war der einzige ehemalige Fürst, der in der DDR offiziell ein lebenslanges Bleiberecht erhalten hatte.
Stück für Stück wird das Schloss restauriert. Bei einem Rundgang kann man detailgetreu eingerichtete historische Zimmer besichtigen, mit dem Aufbau eines Museums mit Kunst und originalem Inventar wurde begonnen.

Altmeusebach

Nur ein kleines Stück nordöstlich von Trockenborn-Wolfersdorf findet ein ganz besonderes Experiment statt. Auf dem Areal einer alten Holzkohlemeilerei entstand ein **Modell-Mittelalterdorf**.

Ein Mittelalterverein erschuf mit den Jahren nach historischen Vorlagen ein ganzes mittelalterliches Wehrdorf, und es kommen immer mehr Anlagen hinzu. Eine Schmiede existiert schon, und bei Feierlichkeiten gibt man sich authentisch mittelalterlich. Die alten Stahlboiler der Köhlerei stehen übrigens auch noch und sind als technisches Denkmal ausgewiesen.

Kahla und Umgebung

Vorwahl: 036424.

Tourist Information: Roßstr. 38, Tel. 52971; Mo 8.30–12 und 13–17, Di 10–12 und 13–16, Mi 8.30–12, Do 8.30–12 und 13–19, Fr 8.30–11 Uhr. www.kahla.de

Domizil im Schloss, Am Alten Schloss 3, Hummelshain, Tel. 08389/9229299. Moderne Zimmer und Appartements im Alten Schloss mit Park; DZ ab 65 €. Führungen können über den Förderverein Schloss Hummelshain unter 036424/51919 oder 0152/56879301 angefragt werden. www.domizil-im-schloss.de

Haus Bethlehem, Dorfstr. 41, Seitenroda, Tel. 036424/50323. Schlichte preiswerte Unterkunft in einem denkmalgeschützten Pfarrhof unterhalb der Leuchtenburg mit Gästeküche oder Verpflegung. Im Sommer gibt es Heu- und Matratzenlager, Bettwäsche kann gemietet werden. Garten mit Spielplatz, Kaninchen und Grill; Bett ab 8, EZ ab 18 €.

Stadtmuseum Kahla, Margarethenstr. 7–8, Kahla, Tel. 76268; Mo, Di, Do, Sa, So 10–17, Mi und Fr 8–17 Uhr. Regelmäßig auch Veranstaltungen. www.kahla.de

Leuchtenburg, Dorfstr. 100, Seitenroda, Tel. 036424/713300; April–Okt. tgl. 9–19 Uhr, Nov.–März tgl. 10–17 Uhr. www.leuchtenburg.de, www.porzellanwelten-leuchtenburg.de

Neues Jagdschloss Hummelshain Privatbesitz, Besichtigung nach vorheriger Terminvereinbarung unter Tel. 0341/44242900, Schlosspark frei zugänglich tgl. 10–16 Uhr. Förderverein Schloss Hummelshain: Kontakt über Tel. 036424/51919 oder das Residenzdorfmuseum ›Tante Irma Museum‹ unter Tel. 0152/56879301. www.schloss-hummelhain.com

Wasserschloss Fröhliche Wiederkunft, Rothehofstal 1, Trockenborn-Wolfersdorf, Tel. 036428/123834; Führungen stündlich Di–So 10–17 Uhr. www.schloss-wolfersdorf.de

Köhlerei und Mittelalterdorf Altmeusebach, Meusebach Nr. 29, Tel. 036428/61342. www.altmeusebach.de

Waldbad Herzog Ernst, Trockenborn-Wolfersdorf, Tel. 036428/40919. 11 Km östlich von Kahla. Größtes Waldbad Thüringens von 1934, idyllisch gelegen, großes Becken, Liegewiese, Sportmöglichkeiten, Spielplatz. www.waldbad-wolfersdorf.de

Bootshaus Orlamünde, Am Sportplatz 1, Tel. 0172/3448188. In Orlamünde befindet sich der Wasserwander-, Kanu- und Fahrrad-Rastplatz. Zeltplatz, Sauna, Kanu- und Schlauchbootvermietung. www.abenteuer-in-thueringen.de

Flößen auf der Saale, Ulrich Meißner, Weißen 10, Uhlstädt-Kirchhasel/OT Unterhasel, Tel. 036742/63400. Von Unterhasel an der Saalebrücke geht es in knapp 2 Stunden zum Wehr nach Uhlstädt.

Kahla/Thüringen Porzellan, Christian-Eckardt-Str. 38, Tel. 036424/79279; Mo–Sa 10–18 Uhr. Werksverkauf von Kahla Porzellan, Fissler, Rösle, Nachtmann und Spiegelau. www.kahlaporzellan.de

▶ Karte S. 336

Das Thüringer Porzellan

Im Jahr 1708 präsentierten Johann Friedrich Böttger und Ehrenfried Walther von Tschirnhaus in Meißen dem polnischen König und sächsischen Kurfürsten August dem Starken in Meißen das erste europäische weiße Porzellan. 1760 wurde es in Thüringen noch einmal erfunden. Georg Heinrich Macheleid, Wolfgang Hamann und Johann Gotthelf Greiner gelang es, mit eigener Forschung unabhängig voneinander mit Thüringer Rohstoffen Porzellan herzustellen. Nirgendwo anders fand man eine höhere Anzahl an Porzellanbetrieben als in Thüringen. Die Geschichte der Thüringer Porzellanmanufakturen unterscheidet sich von jener der allmählich überall in Europa aufkommenden Produktionsstätten. Bis auf die Porzellanmanufaktur Kloster Veilsdorf (1760) handelt es sich bei allen anderen nicht um fürstliche Gründungen, sondern um Privatunternehmen. Nach und nach entstanden in Volkstedt (1762), Gotha (1757), Sitzendorf (1760), Wallendorf (1764), Limbach (1772), Ilmenau und Großbreitenbach (1777), Gera (1779) Rauenstein (1783) und andernorts Manufakturen, die vor allem günstige und vielfach verkäufliche Ware herstellten. Von 14 Herstellern im 18. Jahrhundert wuchs ihre Zahl auf 876 im 19. Jahrhundert. Dies entsprach 61 Prozent der deutschen Gesamtproduktion. Bis zum 20. Jahrhundert entwickelte sich die Porzellanindustrie zu einem Hauptindustriezweig in Thüringen. Die Thüringer Porzellanmaler erlangten Weltruf. Der Produktionsstandort Kahla war einer der größten Porzellanbetriebe Europas und ist bis heute der größte Thüringens.

Die Thüringer Porzellanstraße verbindet ehemalige und aktuelle Manufakturen miteinander, ebenso wie Museen mit Porzellansammlungen.

Infos: www.thueringerporzellanstrasse.de.

Porzellankunst aus Volkstedt

In der langsam ins Flachland übergehenden Landschaft im Osten Thüringens liegt Thüringens drittgrößte Stadt, Gera, mit ihrem reichen kulturellen Erbe. Auch Altenburg und Greiz warten mit interessanter Geschichte auf. Das Thüringer Vogtland ist von vielen Stauseen inmitten grüner Hügel geprägt.

Greiz' klassizistisches Stadtensemble aus Unterem Schloss, Stadtkirche und Lyceum

DER OSTEN

Borna
Deutzen
Profen
Michelwitz
Deuben
Teuchern
Weißenfels
Beuditz
Trebnitz
Theißen
Könderitz
Lucka
Osterfeld
Kretzschau
Zeitz
Meuselwitz
Schkölen
Droyßig
Rositz
Dothen
Lindau
Pötewitz
Droßdorf
Geußnitz
Spora
Zechau
Mertendorf
Ossig
Kayna
Eisenberg
Lonzig
Starkenberg
Altenburg
Trotz
Aga
Cretzschwitz
Pölzig
Altkirchen
Lehndorf
Bad Köstritz
Drogen
Zehma
Waldeck
Bad Klosterlausnitz
Mückern
Schmölln
Hermsdorf
Bieblach
Gößnitz
Gera
Kummer
Stadtroda
Kraftsdorf
Ronneburg
Sankt Gangloff
Schöna
Paitzdorf
Meerane
Weissig
Grimmitschau
Renthendorf
Pohlen
Münchenbernsdorf
Wünschendorf
Neukirchen/Pleiße
Karlsdorf
Geroda
Weida
Wolfersdorf
Langenhessen
Zwackau
Langenbernsdorf
Berga/Elster
Rohna
Werdau
Triptis
Zwickau
Staitz
Hohenleuben
Tschirma
Teichwelframsdorf
Fraureuth
Auma Waidatal
Köthnis
Langenwetzendorf
Lichtentanne
Reuth
Muntscha
Neumark
Zeulenroda
Greiz
Tegau
Wellsdorf
Reichenbach i. Vogtland
Göschitz
Netschkau
Dobia
Elsterberg
Mylau
Kirschkau
Chemnitz
Wolfshain
Limbach
Arnsgrün
Christgrün
Pechtelsgrün
Schleiz
Thierbach
Lengenfeld
Bernsgrün
Mühltroff
Treuen
Rodewisch
Fasendorf
Zollgrün
Leubnitz
Rebesgrün
Plauen
Rodau
Neuensalz
Tanna
Trieb
Auerbach/Vogtland
Kloschwitz
Neustadt/Vogtland
Reuth
Droßdorf
Blintendorf
Meßbach
Grünbach
Weischlitz
Werda
Gefell
Oelsnitz
Hirschberg
Grobau
Schöneck/Vogtland
Muldenberg
Dröda
Göritz
Oberhermsgrün
9
4
72
0
5
10 km

Der Osten

Eisenberg

1676 wurde Eisenberg von Herzog Christian, Sohn von Ernst dem Frommen von Sachsen-Gotha, als Residenz auserkoren. Allerdings hatte sein Herzogtum Sachsen-Eisenberg nicht lange Bestand: Christian starb 1707, ohne einen Nachfolger zu hinterlassen. Diese 31 Jahre reichten aber, um Sachsen-Eisenberg in eine respektable Residenzstadt zu verwandeln. Bis 1692 erfolgte der Umbau des Schlosses, der Bau der Schlosskirche und die Umgestaltung des Schlossgartens – heute die Hauptsehenswürdigkeiten inmitten eines hübschen Stadtbilds.

Schloss Christiansburg

Nachdem Herzog Christian Eisenberg zu seiner Residenzstadt gemacht hatte, begann er sofort mit dem Umbau der vorher wettinischen Anlage. Heute ist das Schloss Sitz von Landratsamt und Kreisverwaltung.

Der spätbarocken **Schlosskirche** von Ende des 17. Jahrhunderts mit ihrem wuchtigen Uhrenturm an der Ostseite des Schlosskomplexes sieht man ihre reiche Inneneinrichtung nicht an. Die Verbindung von Altar, Kanzel und der Donat-Trost-Orgel ist beeindruckend formvollendet. Mit ihrer aufwendigen Stuckatur und den farbenprächtigen Deckengemälden zählt die Schlosskirche zu den schönsten und prächtigsten Barockkirchen in Mitteldeutschland. Besonders spannend ist die Wappentafel gegenüber vom Altar.

Direkt ans Schloss schließt sich der obere Teil des **Schlossparks** an, der Bogengarten mit dem Laubengang aus 300 Jahre alten Bäumen. Der untere Teil des Schlossparks im Stile eines Landschaftsparks wartet mit stattlichen alten Bäumen auf. Unterhalb von Park und Schlossareal befindet sich der in den 1960er Jahren angelegte **Kräutergarten** mit seinem klassizistischen **Pavillon**. In den Beeten wachsen über 50 Küchen- und Heilkräuter.

Marktplatz

Der Eisenberger Markt ist schon etwas Besonderes. Mitten auf dem regelmäßig quadratisch angelegten Platz stehen die spätgotische **Stadtkirche Sankt Peter**, das Ende des 16. Jahrhunderts im Renaissancestil umgebaute **Rathaus** und das **Klötznersche Haus**. Bereits dieses Gebäude an sich ist sehenswert. Es fand 1555 erstmals Erwähnung, heute beherbergt es das **Stadtmuseum**. Der Museumskeller, in dem unter anderem archäologische Funde gezeigt werden, stand zumindest bereits im 13. Jahrhundert. Das Museum zeigt Eisenbergs Stadt- und Regionalgeschichte in entsprechender, anschaulich gestalteter Inneneinrichtung und im Innenhof. Die eingerichteten Themenzimmer sind sehr sehenswert. Im Gebäude befindet sich auch die Tourismusinformation.

Die Schlosskirche, eine der schönsten Barockkirchen Mitteldeutschlands

Der Markt präsentiert sich als sehr ansehnliches Ensemble mit Bürgerhäusern aus dem 16. bis 18. Jahrhundert, darunter der **Superintendentur** und dem **Schlagkschen Haus**.

Auf dem Platz steht seit 1842 der **Mohrenbrunnen**. Die Figur des Mohren stammt bereits von 1727. Der Mohr ist das Wahrzeichen Eisenbergs, ein Mohrenkopf ist auch Bestandteil des Stadtwappens.

Tiergarten

Von der historischen Gartenanlage sind nur noch die künstliche Burgruine und einige botanische Raritäten übrig geblieben. Besonderheit der Anlage sind die zahlreichen begehbaren Gehege, wodurch man den Tieren im wahrsten Sinne ins Gehege kommt. Kennenlernen, streicheln und füttern ist hier ausdrücklich erwünscht. Sehenswert ist auch die große australische Freiflugvoliere.

Eisenberg

Vorwahl: 036691.

Tourist Information, Eisenberg-Information, Markt 26 (im Stadtmuseum), Tel. 73454; Mo 9–12 und 13–15, Di, Mi, Fr 9–12 und 13–16, Do 9–12 und 13–18, Sa/So 13–16 Uhr. www.stadt-eisenberg.de

Hotel Mohrenbrunnen, Markt 8, Tel. 25716. Tolles, aufwendig restauriertes Hotel mit individuell eingerichteten Zimmern in einem historischen Fachwerkhaus von 1650. Es gibt den Fachwerkhof, eine Vinothek und im eigenen Geschäft den hauseigenen Magenbitter ›Eisenberger Mohrentropfen‹. Den Gästen steht auch eine Küche zur Verfügung; EZ € 40, DZ 49 €. www.mohrenbrunnen.de

Hotel Trendtino, Steinweg 8, Tel. 862288. Mediterran eingerichtet, schlicht-modern eingerichtete Zimmer, gutes mediterranes Feinkostgeschäft. Kulinarische Veranstaltungen gibt es auf dem Szeneboden; EZ 32, DZ 48 €. www.trendtino.com

Naturhotel Etzdorfer Hof, Crossener Str. 16, Heideland-Etzdorf, Tel. 5748113. Tolles Haus, untergebracht in einem Vierseithof. Mit Reitanlage, Festscheune, Hofrestaurant, Hofschenke und Fleischerei; EZ ab 45, DZ ab 70 €.
www.naturhotel-etzdorf.de

Jugendherberge Eisenberg, Walderlebnistreff Froschmühle, Mühltal 5, Tel. 036691/43462. Romantisch in einer alten Mühle im grünen Raudatal gelegen. Bett ab 23, ab 27 Jahren ab 25 €, Geburtstagskinder übernachten gratis. www.jugendherberge.de

Wohnmobilstellplatz, Geraer Str. 71; weitere Infos über die Tourismusinformation.

Gasthaus Zum Mohren, Roßplatz 18. Tel. 860554. Superleckeres Essen. Das Fachwerkgebäude war früher einmal Gerichtsgebäude. www.gasthaus-zum-mohren.de

Schortentaler Kaminstube, Schortental 1, Tel. 863244. Urig und rustikal: großer Kamin, überall Tierfelle, massive Holzmöbel und Tiere, darunter sogar ein Bär; bodenständig-regionale Küche. Regelmäßig finden Events statt.
www.schortentaler-kaminstube.de

Schloss Christiansburg, Schlossgasse, Tel. 036691/863049, Führungen über 036691/73454; April–Okt. Di–So 10–16 Uhr, Nov.–März Di–Fr 10–16, Sa/So 13–16 Uhr. www.stadt-eisenberg.de

Stadtmuseum Klötznersches Haus, Markt 26, Tel. 73454; Mo 9–12 und 13–15, Di, Mi, Fr 9–12 und 13–16, Do 9–12 und 13–18, Sa/So 13–16 Uhr.
www.stadt-eisenberg.de

Tiergarten Eisenberg, Geyersberg 2. Tel. 42271; März–Okt. tgl. 9–18 Uhr, Nov.–Feb. tgl. 8–17 Uhr, 24.–31. Dez. 8–12 Uhr.
www.tiergarten-eisenberg-thuer.de

▶ Karte S. 400

Bad Klosterlausnitz

Das Heilbad Klosterlausnitz gilt als Perle des Holzlandes. Der kleine Ort (3500 Einwohner) verdankt seine Popularität den Moorvorkommen. Mit **Kurmittelhaus**, **Kurpark**, **Klosterteich**, **Wellnesspark** mit Soletherme und mehreren Kliniken ist er ganz auf Kurgäste eingestellt. Dementsprechend gibt es auch einige gute Übernachtungsmöglichkeiten. Sein Naturmoorbad bekommt man im Kurmittelhaus. Hauptanziehungspunkt ist die Kristall-Sauna und das Wellnessbad.

Die **Klosterkirche** wurde zwischen 1863 und 1866 als romanische Basilika auf dem Grundriss der Vorgängerbauten nach Plänen von Alexander Ferdinand von Quast neu errichtet.

Das Eisenberger Mühltal zwischen Bad Klosterlausnitz und Eisenberg

In Ostthüringen gibt es viele Flusstäler mit Mühlen. Eines davon ist das Eisenberger Mühltal, auch Raudatal genannt. Am Raudabach waren einst acht Mühlen aktiv. Sie alle sind heute Gaststätten und auch Pensionen. In der Naupoldsmühle gibt es im ehemaligen Backhaus ein kleines **Mühlenmuseum**, an der Robertsmühle befindet sich der Mühltal-**Miniaturpark**. Der **Mühlenwanderweg** durchs Mühltal zwischen Kursdorf und Weißenborn ist acht Kilometer lang. Es gibt auch einen Radweg.

Wer möchte, kann auf dem **Thüringer Mühlenradweg** bis nach Jena radeln. Der Rundkurs zwischen Jena und Eisenberg ist 80 Kilometer lang und berührt insgesamt 25 Mühlen. Er führt zwischen Jena, Stadtroda, Hermsdorf, Bad Klosterlausnitz, Eisenberg und Bürgel durch Eisenberger Mühltal, Zeitzgrund, Rodatal und Saaletal.

An jedem dritten Adventswochenende verwandelt sich das Mühltal in ein Weihnachtstal. Tal und Mühlen sind dann weihnachtlich geschmückt, es gibt ein interessantes Programm sowie einen Zauberwald, und der Weihnachtsmann kommt schon mal im roten Trabi, um Geschenke zu verteilen.

Der Klosterteich in Bad Klosterlausnitz

Hermsdorf

Hermsdorf kennt man eigentlich nur durch sein Autobahnkreuz. Der Ort hat aber einige schöne historische **Fachwerkhäuser** zu bieten. Der Gasthof Schwarzer Bär in Hermsdorf gilt als eines der schönsten Gasthäuser Ostthüringens.

Bad Klosterlausnitz und Umgebung

Vorwahl: 036601.

Kur- und Gesundheitszentrum, Hermann-Sachse-Str. 44, Kurmittelhaus, Tel. 80050; Mo–Fr 9–12 und 13–17, Sa 8–12 Uhr, Mai–Sept. auch 13–16 Uhr. www.bad-klosterlausnitz.com

Hotel Fabrice, Eisenberger Str. 9, Tel. 91895. Mediterran angehaucht, ruhige Lage, gutes Essen; EZ ab 44, DZ ab 64 €. www.hotel-fabrice.de

In Piazza, Bahnhofstr. 6, Tel. 92146. Zentral gelegen, klassisch-modern gestaltete Zimmer, freundliches Personal; EZ ab 56, DZ ab 64 €. www.inpiazza.de

Pension Friedrichshof, Markt 9, Tel. 936797. Im Landhausstil, rustikal-modernes Restaurant mit Kamin und Thüringischer Küche; EZ ab 45, DZ ab 65 €. www.pension-friedrichshof.de

Kurhotel Waldhaus Zur Köppe, Jenaische Str. 21, Tel. 901169. Historische und traditionsreiche Unterkunft am Kurpark. Innen modern, individuell eingerichtete Zimmer, Restaurant mit regionalen Speisen sowie schöner Biergarten; EZ ab 44, DZ ab 64 €. www.hotel-zur-koeppe.de

Gasthaus am Kurpark, Hermann-Sachse-Str. 48, Tel. 83680. The place to be in Klosterlausnitz. Durch die Nähe zur Kurklinik sehr stark von deren Gästen frequentiert. Und die kommen wegen des Essens und der Getränke immer wieder. www.gasthausamkurpark.de

Zu den drei Schwänen, Köstritzer Str. 13, Tel. 90200. Traditionelles, Mediterranes und Vegetarisches. Haus und Biergarten liegen direkt am Klosterteich. www.dreischwaene.de

Zum Schwarzen Bär, Alte Regensburger Str. 2, Hermsdorf, Tel. 036601/86262. Thüringische Küche, serviert in historischer Tracht, in einem der schönsten Gasthäuser Ostthüringens. www.zumschwarzenbaer.de

Weihnachten im Mühltal, www.weihnachtstal.de

Kristall-Sauna-Wellnesspark mit Soletherme, Köstritzer Str. 16, Tel. 5980. Mehrere Thermalwasser- und zwei Natronbecken, Wellenbad, Strömungskanal und große Saunalandschaft. Das Frischwasser läuft über Edelsteine und Kristalle; tgl. ab 12 Uhr textilfreies Baden und Saunieren; Mi und So ab 12 Uhr Baden mit und ohne Textilien. www.kristall-saunatherme-bad-klosterlausnitz.de

Kur- und Gesundheitszentrum/Kurmittelhaus, Hermann-Sachse-Str. 44, Kurmittelhaus, Tel. 80050. Hier badet man v.a. im Moor, kriegt seine Packung oder wird massiert. www.bad-klosterlausnitz.com

Paintball Jungle Tautenhain, Zum langen Tal 1, Tel. 0152/28620251. Das frühere Kasernenareal der 3. Raketenbrigade der NVA wird heute nur teilweise friedlich genutzt: Auf 115 000 Quadratmetern kann man auf 13 Abenteuerspielfeldern zum Beispiel beim Firmenevent seinen Chef und die Kollegen abballern. 30 000 Quadratmeter nimmt die Laser-Tag-Arena ein. www.paintball-jungle.de

Porzellanmanufaktur Reichenbach, Werksverkauf: Fabrikstr. 29, Tel. 880; Mo–Fr 9–17 Uhr, jeden 1. Sa im Monat 9–13 Uhr. Eine der bekanntesten deutschen Porzellanmanufakturen. www.porzellanmanufaktur.net

▸ Karte S. 400

Bad Köstritz

Die Kleinstadt (gut 3500 Einwohner) an der Weißen Elster ist für ihre ›B's‹ bekannt: Bad, Bier, Blumen und Barockmusik. Die größte Bekanntheit genießt sicherlich das Bier. Aus Köstritz stammt das berühmteste Schwarzbier Deutschlands, eben das Köstritzer.

Köstritz, das von 1364 an zu Reuß jüngerer Linie gehörte, ist Zentrum der Dahlienzucht. Und hier wurde 1585 der Komponist Heinrich Schütz geboren. Bad und Kurort ist Köstritz allerdings schon lange nicht mehr, das ehemalige Kurhaus ist heute Seniorenresidenz. Vor allem im Zusammenhang mit einem Brauereibesuch lohnt sich ein Ausflug in das kleine Örtchen jedoch allemal.

■ Köstritzer Schwarzbierbrauerei

Die Brauerei wurde als ›Köstritzer Erbschänke‹ 1543 erstmals erwähnt und ist somit eine der ältesten Brauereien Deutschlands. 1696 fiel die Brauerei in den Besitz der Reußen. Mit ihrer Erhebung in den Fürstenstand durch Kaiser Franz II. 1806 wurde sie ›fürstlich-reußisch‹. Heute gehört das Unternehmen zur Bitburger Braugruppe.

Das repräsentative **Brauereigebäude** mit seinem Turm geht auf das Jahr 1875 zurück. Im Eingangsbereich zum Brauereigelände befindet sich der Shop. Die Brauerei veranstaltet auch das Köstritzer Brauereifest. Aus dem Brauereigelände entsteht dann Thüringens größter Biergarten. Die Brauerei engagiert sich auch bei anderen Kulturveranstaltungen wie etwa dem Köstritzer Spiegelzelt in Weimar.

■ Heinrich-Schütz-Haus

Kultureller Höhepunkt in Köstritz ist das Heinrich-Schütz-Haus. Heinrich Schütz wurde am 8. Oktober 1585 in der ehemaligen Oberschänke, dem späteren

Im Dahlienpark hinter dem Dahlienzentrum

›Gasthaus zum Goldenen Kranich‹, geboren und verbrachte hier auch seine ersten fünf Lebensjahre. Er war 55 Jahre lang war er Kapellmeister der sächsischen Kurfürsten und der erste international bedeutende deutsche Komponist. Die Inschrift auf der Gedenktafel am Schütz-Haus würdigt ihn als ›den größten deutschen Tondichter vor Johann Sebastian Bach‹. Schütz starb 1672 in Dresden.

Seit 1985 befindet sich in dem Haus das **Museum** mit Gedenk- und Forschungsstätte. In sechs Räumen erfährt man einiges über das Leben von Schütz, sein künstlerisches Werk und die Zeit, in der er gelebt hat. Das Haus verfügt über eine stattliche Sammlung historischer Musikinstrumente, das Treppenhaus wird für Sonderausstellungen genutzt. Schütz' Vater betrieb den Gasthof und braute auch Bier. So verwundert es nicht, dass man im Museumsladen auch Köstritzer Bier mit jährlich einem neuen Sonderetikett kaufen kann.

Das Museumsgebäude war ursprünglich größer und wurde in den 1950er Jahren zum großen Teil abgerissen. Es stand dem Bau der B 7 im Weg. Sehr anschaulich kann man den Ist- und War-Zustand an den an der Kasse erhältlichen Bastelbö-

Dieses Museum erinnert an den größten Sohn der Stadt

gen nachvollziehen. Regelmäßig finden Veranstaltungen für Erwachsene und Kinder im Haus statt. Das Gebäude ist auch Zentrum der Mitteldeutschen Heinrich-Schütz-Tage mit Konzerten, Lesungen und Kursen.

Schloss und Schlosspark

Schräg gegenüber dem Schütz-Haus stehen die Überreste des 1972 fast vollständig abgerissenen **Schlosskomplexes**. Der Hauptbau aus dem 17. Jahrhundert stand dort, wo sich heute ein grüner Neubau befindet. Der Schlosshof und das Haus mit Schlosshofportal und Turm ist das einzige verbliebene Gebäude des Schlossareals und beherbergt das Restaurant ›Schlossgeist‹.

Der große Karl Friedrich Schinkel hielt sich 1801 in Köstritz auf und entwarf Pläne für den Umbau der reußischen Residenz. Dazu kam es nicht, aber die Umsetzung einiger seiner Pläne für den Park gelang. Der historische **Schlosspark** an der Elster mit seinem klassizistischen Demeter- oder Musentempel und der Grotte wurde um 1800 als Englischer Landschaftspark angelegt und hat heute noch eine Größe von 35 Hektar. Hier befindet sich auch das **Wildtiergehege**.

Dahlienzentrum

Nur ein kleines Stück vom Heinrich-Schütz-Haus entfernt befindet sich die Tourismusinformation. Im Haus ist auch das Dahlien-Archiv untergebracht. Seit mehr als 180 Jahren werden in Köstritz Dahlien gezüchtet. Begründet wurde die Tradition 1826 durch Christian Deegen, aber auch Johann Sieckmann und Ernst Herger. Sie machten Köstritz für einige Jahre zum bedeutendsten europäischen Zentrum für die gewerbliche Zucht von Dahlien und auch Rosen. 2007 richtete man im Anbau des denkmalgeschützten Haus des Gastes im Rahmen der BUGA das Dalienzentrum ein. Dabei handelt es sich um eine Ausstellung zu Köstritz und den Dahlien. Daraus soll später ein Dahlienmuseum entstehen. Hinter dem Gebäude wurde ein kleiner **Dahlienpark** als Schau- und Lehrgarten angelegt. Hier wachsen historische, seltene und Naturarten der ursprünglich aus Mexiko einge-

▶ Karte S. 400

führten Dahlie. Jedes Jahr Anfang September findet das Köstritzer Dahlienfest statt. Der einzig verbliebene namhafte Rosen- und Dahlienzüchter in Köstritz ist ein regelmäßig ausgezeichneter Zuchtbetrieb Namens Paul Panzer.

Fürstliches Palais

Das barocke Palais wurde zwischen 1780 und 1790, nach einem Brand, als Wohnsitz der Mitglieder der fürstlichen Familie Reuß Schleiz-Köstritz jüngerer Linie wieder errichtet. Heute befindet sich hier die Stadtverwaltung. Der Festsaal mit seinen Deckengemälden wird für Veranstaltungen genutzt. Im Dachgeschoss des Palais befindet sich auch ein Gedenkzimmer für Julius Sturm (1816–1896), den Köstritzer Pfarrer und Dichter der Spätromantik. Die Räumlichkeit wurde zu seinen Lebzeiten tatsächlich von dem Dichter bewohnt.

Neben dem Palais steht das Hotel ›Goldner Löwe‹. das wohl beste Haus am Platz, das Hotel ›Goldner Löwe‹.

Bad Köstritz

Vorwahl: 036605.

Tourist Information und Bibliothek: Haus des Gastes, Julius-Sturm-Str. 10, 07586 Bad Köstritz, Tel. 86059; Mo 13–16, Di–Do 10–12 und 13–17, Fr 10–13 Uhr. Ebenfalls im Gebäude befinden sich Stadtbibliothek, Dahlienzentrum, Dahlienarchiv und die kleine Galerie Gucke. www.stadt-bad-koestritz.de

Hotel Goldner Löwe, Heinrich-Schütz-Str. 5, Tel. 380. Drei-Sterne-Haus in saniertem Jugendstilgebäude mit meist modern eingerichteten Zimmern. Preis und Leistung stimmen, nettes Restaurant und Sauna; EZ ab 65, DZ ab 85 €. www.hotel-goldnerloewe de

Zum Schlossgeist, Julius-Sturm-Platz 5, Tel. 909540. Restaurant gegenüber dem Heinrich-Schütz-Haus im erhalten gebliebenen Teil des Schlosskomplexes. Bekannt für seine zahlreichen Schnitzelvarianten. www.zum-schlossgeist.com

Zum Frosch, Am Mühlgraben 1, Tel. 905700. Uriges altes Traditionslokal, liebevoll restauriert von den Betreibern des Schlossgeists. Rustikale regionale Küche. www.zum-frosch.com

Heinrich-Schütz-Haus, Heinrich-Schütz-Str. 1, Tel. 2405; Di–Fr 10–17, Sa/So 13–17 Uhr. www.heinrich-schuetz-haus.de

Köstritzer Brauerei, Heinrich-Schütz-Str. 16; Besuch nach vorheriger Anmeldung unter Tel. 2006323 oder per E-Mail an info@koestritzer.de. Brauereibesichtigung mit anschließendem Besuch des Besucherzentrums Dreiseitenhof sowie des Fanshops, Verkostung und Verköstigung (Dauer 2–3 Std.)

Fürstliches Palais mit Julius-Sturm-Gedenkzimmer; Di–Fr 10–17, Sa/So 13–17 Uhr.

Sommerbad, Am Sommerbad, Tel. 2228. Freizeit- und Erholungsbad mit beheizbaren Becken, Rutschen, Volleyballfeldern und Beach-Soccer-Platz.

Gartenbau Paul Panzer, Werner-Sylten-Str. 12, Tel. 036605/84428. Dahlienzuchtbetrieb seit 1874, mehrfach prämiert. www.koestritzerdahlien.de

Baumschulen Deegen, Deegenstr. 1, Tel. 2712. Rosen, Zier- und Obstgehölze seit 1826. www.baumschulen-deegen.de

Gärtnerei Schade, Dahlienstr. 47, Tel. 84849. Nachfolgebetrieb des Dahlienzüchters Sieckmann. Die Dahlienzucht wurde aufgegeben, Spezialität heute sind Rosen.

Mehrere **Rundwanderwege** entlang der Weißen Elster und in die nähere Umgebung. Eine Wanderkarte bekommt man in der Tourismusinformation.

Altenburger Land

Der Landkreis Altenburger Land trägt seinen Namen nach der gleichnamigen Landschaft rund um die Stadt Altenburg. Sie ist gleichzeitig wichtigster Ort dieses Gebietes.

Schmölln und Umgebung

Die Kleinstadt Schmölln war einst das Zentrum der Knopfproduktion in der DDR. Das **Knopf- und Regionalmuseum** ist ein Museum zur Lokalgeschichte und zur für Schmölln so bedeutenden Industrie der Knopfherstellung. Sie wurde im Jahr 1863 begründet.

Der für eine Stadt von dieser Größe fast gigantische **Marktplatz** mit seiner historischen Bausubstanz steht unter Denkmalschutz. Der Platz ist einer der größten Mitteldeutschlands. Hier stehen auch die spätgotische **Stadtkirche** und das barocke **Rathaus**.

Vom **Ernst-Agnes-Turm** auf dem einen Kilometer westlich des Marktplatzes gelegenen Pfefferberges hat man den besten Ausblick auf die Stadt. Die 30 Meter hohe Eisenkonstruktion wurde 1893 eingeweiht.

■ Kummer

Der **Erlebnishof** in Kummer ist auf die Ausbildung von Tieren für Programme und Fernsehsendungen spezialisiert. In der umgebauten Scheune mit 120 Sitzplätzen führen die Tiertrainer Probst ihre Show auf. Es gibt begehbare Tiergehege, ein Café und Trampoline. Im Spielstall können sich die Kinder in historischen Kostümen beim Melken, in der traditio-

Das Zentrum Schmöllns mit der Stadtkirche

▲ Karte S. 400

nellen Küche oder bei Haushaltsarbeiten wie Mängeln und Wäschewaschen wie vor 150 Jahren austoben.

Altkirchen

In den fünf Räumen des Dorfmuseums kann man mehr über das historische Landleben und die Natur der Region erfahren.

Ponitz

Die **Friedenskirche** in Ponitz verfügt über eine berühmte Silbermannorgel von 1737. Der Turm hat eine Höhe von 42 Metern und ist in der flachen Region weithin sichtbar. Sehenswert ist das auch aus einer Wasserburg hervorgegangene **Renaissanceschloss** von 1547 mit Erzählcafé, Antiquariat und Ausstellungen.

Schmölln und Umgebung

Vorwahl: 034491.

Hotel und Restaurant Bellevue Schmölln, Am Pfefferberg 7, Tel. 7000. Tolles kleines privates Hotel in einem in einer Parkanlage gelegenen Jugendstilhaus mit schönem Ausblick auf die historische Altstadt; EZ ab 64, DZ ab 83 €.
www.bellevuehotel.de

Landhotel Kertscher Hof, Gleina Nr. 1, Nobitz, Tel. 03447/502351. Familiär, schöner historischer Vierseitenhof, rustikale Zimmer, Kaminzimmer und gute Gastronomie, 12 000 qm großer Park; EZ ab 58, DZ ab 85 €.
www.kertscher-hof.de

Gaststätte Museumsschänke, Sprottenanger 2 (im Museum), Schmölln, Tel. 81461. Thüringisches zu guten Preisen. Das Restaurant betreibt auch ein Indianerdorf und hält Lamas.
www.museumsschaenke-schmoelln.de

Kartoffel-Küche, Am Ziegengraben 1, Tel. 729333. Inzwischen ohne Oma Renates Klöße, aber deutsche Gerichte mit Kartoffeln und handgemachte grüne Klöße und Wickelklöße gibt es weiterhin.

Knopf- und Regionalmuseum, Sprottenanger 2, Tel. 76260; Fr und So 13–16, Sa 13–18 Uhr. www.schmoelln.de

Ernst-Agnes-Turm, April–Okt. tgl. 8–20, Nov.–März 9–16 Uhr.

Probsthof, Nitzschkaer Str. 7, Tel. 55308.
www.maikeundjoergprobst.de

Dorfmuseum Altkirchen, Am Freibad 7, Altkirchen, Tel. 22233.

Renaissanceschloss Ponitz, Crimmitschauer Str. 11a, Tel. 03764/796364.
www-kirche-ponitz.de,
www.renaissanceschloss-ponitz.de

Altenburg

Die ehemalige Residenzstadt Altenburg (rund 33 000 Einwohner) ist über 1000 Jahre alt; ihre erste Erwähnung stammt von 976. Altenburg liegt am Schnittpunkt zweier historischer Handelswege, der von Italien nach Skandinavien verlaufenden Via Imperii und der Salzstraße in Richtung Böhmen. Beide Handelsrouten kreuzten sich genau an der Stelle, wo die Bartholomäikirche steht. Das Zentrum des Pleißenlandes war eine Kaiserpfalz. 1165 wurde Altenburg offiziell königliche Münzprägestätte und somit wohl auch rechtlich zur Stadt erhoben. Sie war zu dieser Zeit neben Leipzig und Freiberg eine der bedeutendsten Städte Mitteldeutschlands. 1180 übrigens belehnte Kaiser Friedrich I. Barbarossa in der Altenburger Kaiserpfalz Pfalzgraf Otto von Wittelsbach mit dem Herzogtum Bayern.

Bekannt ist Altenburg auch wegen des Altenburger Prinzenraubs: 1445 wurden die Prinzen Ernst und Albrecht entführt, die später die Teilung des Sächsischen Fürstenhauses in die Albertinische und Ernestinische Linie vollzogen. Aus Altenburg kommt auch das Altenburger Bier, der Altenburger Senf und Likör. Berühmt ist Altenburg jedoch vor allem wegen seiner Spielkarten. Das Skatspiel wurde hier erfunden. Die Stadt ist Sitz des Internationalen Skatgerichts, besitzt einen Skatbrunnen und sogar eine ›Deutsche Skatbank‹, eine Genossenschaftsbank.

Skatgericht

Skat gilt als Sportart. Da es 1813 erstmals in Altenburg Erwähnung fand und man 1899 den Deutschen Skatverband hier gründete, wurde in Altenburg auch 1927 das Deutsche Skatgericht ins Leben gerufen. Dessen sieben Mitglieder stellen gleichzeitig mit zwei internationalen Mitgliedern auch das seit 2002 bestehende und ebenfalls in Altenburg ansässige Internationale Skatgericht. Das Gericht tagt drei- bis viermal jährlich im ›Hotel am Roßplan‹ und bespricht und entscheidet alle regelrelevanten und strittigen Fragen rund um das Skatspiel.

Residenzschloss

Die große, exponiert auf einen Berg liegende Schlossanlage im überwiegend barocken Stil geht auf eine mittelalterliche Burganlage mit Kaiserpfalz zurück. Seit über 1000 Jahren ist der Porphyrfelsen bebaut.

Das Gebäudeensemble beherbergt unter anderem das **Schloss- und Spielkartenmuseum**. Die Fürstliche Sammlung besteht aus Gemälden, Porzellan, Kunsthandwerk, Uhren und Waffen. Natürlich fehlt in der Spielkartenstadt auch eine Sammlung historischer und künstlerischer Spielkarten nicht. Diese verteilt sich auf mehrere Räume und führt von Otto Pech über Loriot und Dalí so ziemlich alle Variationen von Skatkarten. Die Schlossführungen werden von sehr kompetenten Personen mit oft sehr schneidendem Humor und einem Talent fürs Geschichtenerzählen durchgeführt. Interessant ist auch die Kartenmacherwerkstatt, wo man aus erster Hand und durch Mitmachen erfährt, wie Karten entstehen.

Vom **Hausmannsturm** aus oder dem Schlossberg allgemein bietet sich ein wunderbarer Blick auf die Altenburger Altstadt. Im ›Flasche‹ genannten romanischen Wohnturm befindet sich das **Lowe-Panorama**. Auf 120 Quadratmetern zeigt das 360-Grad-Bild die Sehenswürdigkeiten Mitteldeutschlands.

Die markante spätgotische **Schlosskirche** entstand anstelle eines 1444 niedergebrannten Vorgängerbaus. Im Innern präsentiert sie sich barock. Die prächtige Orgel in der Schlosskirche stammt von 1739 und wurde von Heinrich Trost gebaut. Der Altar mit der Ostergeschichte ist ein Werk Christoph Richters. 2016 wurde die Schlosskirche nach dreijährigen Sanierungsarbeiten wieder eröffnet.

Schlosspark

Hinter dem Schlossberg liegt der Schlosspark. Das repräsentative **Lindenau-Museum** darin wurde nach Plänen von Julius Robert Enger bis 1876 fertiggestellt. Es beherbergt eine Sammlung von Weltruf. Der Wissenschaftler und Staatsmann Bernhard August von Lindenau (1799–1854) begann bereits vor über 160 Jahren mit dem Sammeln. Höhepunkte der Ausstellung sind die Abgusssammlung von Skulpturen aus der Antike und der italienischen Renaissance, antike Keramik sowie die weltberühmte Sammlung italienischer Tafelmalerei aus der Vor- und Frührenaissance. Mit 180 Tafeln aus der Zeit zwischen dem 13. und 16. Jahrhundert handelt es sich um die größte Sammlung außerhalb Italiens. Des Weiteren wird Kunst des 20. und 21. Jahrhunderts präsentiert, darunter viele Werke der Dresdner Neuen Sachlichkeit. Ein weiterer Schwerpunkt liegt auf regionaler und Berliner zeitge-

▸ Karte S. 411

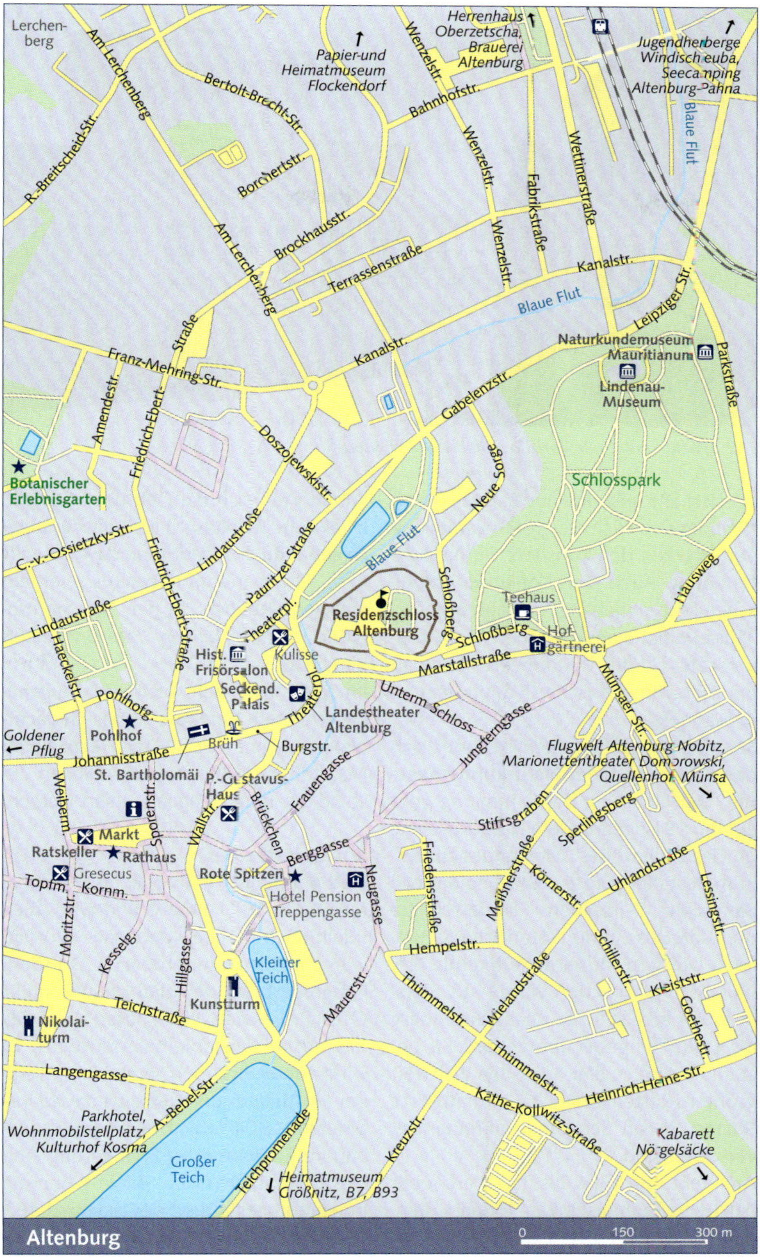
Lerchenberg
Am Lerchenberg
R.-Breitscheid-Str.
Bertolt-Brecht-Str.
Papier-und Heimatmuseum Flockendorf
Herrenhaus Oberzetscha, Brauerei Altenburg
Wenzelstr.
Bahnhofstr.
Jugendherberge Windischleuba, Seecamping Altenburg-Pahna
Blaue Flut
Borchertstr.
Brockhausstr.
Fabrikstraße
Wettinerstraße
Terrassenstraße
Kanalstr.
Leipziger Str.
Straße
Franz-Mehring-Str.
Naturkundemuseum Mauritianum
Lindenau-Museum
Parkstraße
Amendestr.
Friedrich-Ebert-
Doszojewskistr.
Gabelenzstr.
Neue Sorge
Botanischer Erlebnisgarten
Schlosspark
C.-v.-Ossietzky-Str.
Lindaustraße
Pauritzer Straße
Friedrich-Ebert-Straße
Schloßberg
Hausweg
Teehaus
Theaterpl.
Residenzschloss Altenburg
Hofgärtnerei
Hist. Frisörsalon
Kulisse
Marstallstraße
Haeckelstr.
Seckend. Palais
Unterm Schloss
Münsaer Str.
Pohlhof
Landestheater Altenburg
Jungferngasse
Goldener Pflug
Brühl
Burgstr.
Flugwelt Altenburg Nobitz, Marionettentheater Dombrowski, Quellenhof Münsa
Johannisstraße
St. Bartholomäi
P.-Gustavus-Haus
Frauengasse
Weiberm.
Sporenstr.
Wallstr.
Brückchen
Stiftsgraben
Sperlingsberg
Markt
Ratskeller
Rathaus
Berggasse
Friedensstraße
Meißnerstraße
Körnerstr.
Uhlandstraße
Gresecus
Topfm.
Kornm.
Rote Spitzen
Neugasse
Hotel Pension Treppengasse
Lessingstr.
Moritzstr.
Kesselg.
Hillgasse
Kleiner Teich
Hempelstr.
Schillerstr.
Kleiststr.
Thümmelstr.
Wielandstraße
Goethestr.
Teichstraße
Kunstturm
Mauerstr.
Nikolaiturm
Langengasse
Heinrich-Heine-Str.
Käthe-Kollwitz-Straße
A.-Bebel-Str.
Parkhotel, Wohnmobilstellplatz, Kulturhof Kosma
Großer Teich
Teichpromenade
Kreuzstr.
Heimatmuseum Großnitz, B7, B93
Kabarett Nörgelsäcke
Altenburg
0 150 300 m

Die Semperoper zum Vorbild: das Landestheater

nössischer Kunst. Im Lindenau-Museum befindet sich auch die größte Sammlung von Werken des Künstlers Gerhard Altenbourg. Auch eine Kopie der Sixtinischen Madonna hängt im Museum. Das Museum hat eines der schönsten Museumscafés: Unter Rundbögen sitzt man inmitten von klassischen Skulpturen und Gipsabgüssen.

Ebenfalls im Schlosspark befindet sich das 1908 eröffnete **Naturkundemuseum**. Der Ursprung der Sammlung geht auf die 1817 gegründete Naturforschende Gesellschaft des Osterlandes zurück. Zum Bestand gehören eine Geologische Sammlung, Wirbeltiere, Schmetterlinge und Käfer sowie die Botanische Sammlung. Die zum Museum gehörende Ethnologische Kollektion wurde aus Platzgründen bereits 1956 nach Wittenberg als Dauerleihgabe übergeben. Zu bestaunen gibt es hier auch den weltweit größten Rattenkönig: 32 mumifizierte Ratten, deren Schwänze miteinander verknotet sind.

Architekt des 1706 bis 1712 erbauten barocken **Teehauses** war Johann Heinrich Gengenbach, um den Innenraum kümmerten sich die Gebrüder Castelli. Direkt ans Teehaus schließt das **Orangeriegebäude** an. Steht man davor, denkt man, Orangerie und Teehaus seien ein einziges Gebäude. In den Sommermonaten gibt es hier ein Café und einen Biergarten.

Im Schlosspark steht auch die im Jugendstil errichtete **Herzogin-Agnes-Gedächtniskirche** von 1903. Der **Herzogliche Marstall** ist in einem erbärmlichen Zustand und muss dringend saniert werden.

Landestheater

Das ehemalige Herzogliche Hoftheater wurde 1871 erbaut und wird auch ›Kleine Semperoper‹ genannt – Vorbild war die Alte Semperoper in Dresden. Umgesetzt hat den Bau der Architekt Otto Brückwald, der später auch das Bayreuther Festspielhaus entwarf. Er wirkte unter Gottfried Semper am Dresdner Hoftheater und ließ sich davon inspirieren. 1904 erhielt der Renaissancebau im Rahmen einer Erweiterung eine klassizistische Fassade. Allein schon die Innenraumgestaltung des maximal 492 Personen fassenden Hauses lohnt einen

▶ Karte S. 411

Besuch. Das Landestheater der Stadt Altenburg ist heute mit den Bühnen der Stadt Gera zu Theater & Philharmonie Thüringen fusioniert.

Neben dem Theater und dem Lindenau-Museum sind aus dem 19. und frühen 20. Jahrhundert noch das Landratsamt im Neorenaissancestil mit einem Lichthof (Lindenaustraße) sowie der 1876 erbaute und von Stadtviller umgebene Bahnhof erhalten.

Die ›Roten Spitzen‹ sind von weither zu sehen

Brühl

Als Residenzstadt bietet Altenburg noch eine ganze Reihe weiterer hochrepräsentativer Gebäude. Nirgends wird dies deutlicher als am Brühl. Dieses Platzensemble mit Skatbrunnen, Seckendorffschem Palais und Gericht ist bereits seit mehr als 800 Jahren einer der wichtigsten Plätze Altenburgs und diente ihr als erster Marktplatz. Seit dieser Zeit ist der Grundriss des Platzes direkt an der Via Imperii nicht verändert worden.

Das zwischen 1721 und 1724 im Barockstil erbaute **Seckendorffsche Palais** diente dem Reichsgrafen Friedrich Heinrich von Seckendorff als repräsentativer Wohnsitz. Zwischen 1810 und 1818 wohnte der Verleger Friedrich Arnold Brockhaus in dem Gebäude.

Das Seckendorffsche Palais am Brühl

Der **Skatbrunnen** wurde 1903 errichtet und soll Glück beim Kartenspiel bringen. Das im barocken Stil erbaute **Amtsgericht** stammt von 1725. Die Figuren am Hauptportal und im Dreiecksgiebel stellen Justitia, Pietas und Prudentia dar und stammen vom berühmten Wiener Bildhauer Georg Blume. Spektakulär ist auch das farbenprächtige Wappen. Das Gebäude ist auch heute noch Amtsgericht. Weitere repräsentative Gebäude am Brühl sind die im Neorenaissance-Stil und von der Saxonia gekrönte **ehemalige Landesbank** sowie das 1594 begonnene **Kanzleigebäude** mit seinem Hauptportal.

Historisches Friseurhaus

Ein Blick lohnt in den Friseursalon aus den 1920er Jahren, der sich gleich um die Ecke vom Brühl befindet. Die Inneneinrichtung ist noch vollständig erhalten und funktionstüchtig. 1926 verlegte der

Das Rathaus am Markt

Friseur Artur Grosse seinen Salon in die Pauritzer Straße 2, 1966 schloss er ihn für immer ab. Der Laden schlummerte seitdem hinter verschlossenen Türen vor sich hin und geriet in Vergessenheit. Seitdem stand die Zeit im Salon still. In dem Gebäude aus dem 16. Jahrhundert kann man auch eine Bohlenstube von 1599 besichtigen sowie das erhaltene Schlafzimmer des Friseurmeisters von 1926.

■ St. Bartholomäikirche

Oberhalb des Brühls steht die älteste und bedeutendste Kirche der Stadt, die St Bartholomäikirche. Der Neubau der dreischiffigen spätgotischen Hallenkirche erfolgte um 1459, wobei natürlich einige Elemente des romanischen Vorgängerbaus erhalten geblieben sind. Luther hat hier oft gepredigt. Die Kirche ist heute **Luthergedenkstätte**, die Inhalte und Bedeutung der Reformation erläutert, und Georg-Spalatin-Gedächtniskirche mit einer Ausstellung zu ›Freiheit und Glauben‹.

Unweit der Kirche befindet sich der **Pohlhof**, das ehemalige Wohnhaus von Bernhard von Lindenau mit seinem Renaissance-Backsteingiebel.

■ Markt

Der Altenburger Hauptmarkt oder Neue Markt soll von Kaiser Barbarossa höchstpersönlich in Auftrag gegeben worden und an den Marktplatz von Siena angelehnt sein. Das **Rathaus** im Renaissance-Stil stammt von 1562. Das durch Thüringer Landesbaumeister errichtete Gebäude mit seinem markanten achteckigen Turm zählt zu den schönsten Renaissance-Rathäusern Deutschlands. Das Hauptportal am Fuße des Turms ist reich verziert. Neben den Löwen findet man hier auch die berühmten Gaffköpfe, die die vorübergehenden Passanten angaffen, also anstarren.

■ Rote Spitzen

Die Doppeltürme aus rotem Backstein, allgemein Rote Spitzen genannt, haben sich zum Wahrzeichen der Stadt entwickelt. Sie wurden von Friedrich Barbarossa gestiftet und stammen von 1172. Der Kaiser höchstpersönlich soll bei der Weihe anwesend gewesen sein. Überhaupt hielten sie die Staufer recht häufig in Altenburg auf, insgesamt sieben Besuche allein Kaiser Barbarossas in Altenburg sind nachweisbar. Bei den Roten Spitzen handelt es sich um die erhalten gebliebene Westfassade der Stiftskirche St. Marien des ehemaligen Augustiner-Chorherrenstifts. Sie ist eine der ältesten Backsteinbauten Deutschlands und gilt als ältester sakraler Backsteingroßbau im romanischen Stil nördlich der Alpen. Auf einer Schautafel sind die gesamten ursprünglichen Ausmaße des Klosters dargestellt. Heute sind von der Klosteranlage noch der Westbau, Teile des Kirchenschiffs und eben die Türme erhalten. In der Kapelle des Südturms wurden 2006 seltene **Malereien** aus dem Hochmittelalter freigelegt. Sie waren bis dahin hinter einer Mauer verborgen. Die **archäologischen Grabfelder** im ehemaligen Kirchenschiff und der Anlage sind begehbar und werden mit informativen Schautafeln erläutert. Spannend ist auch das 3D-Klosterpuzzle. Seit 2006 sind die Roten Spitzen offiziell Kulturdenkmal von nationaler Bedeutung.

Die Mönche des Bergerklosters waren übrigens Meister im Urkunden-Fälschen. Ganze 23 unechte Urkunden wurden nachgewiesen. Kein anderes deutsches Kloster hatte mehr.

Die Roten Spitzen sind Teil des multimedialen **Spalatinpfades** zu fünf Altenburger Bauwerken, die mit der Reformation zusammenhängen. Spalatin war der erste Superintendent in Altenburg und ein Weggefährte Luthers. Er hatte auch die Idee, Luther auf der Wartburg zu verstecken.

■ **Nikolaiturm**

Von der ehemaligen Nikolaikirche steht heute nur noch der Turm. Von Mai bis Oktober dient er als Aussichtsplattform. Im **Nikolaiviertel** mit Turm und Nikolaikirchhof ist die historische Bausubstanz noch weitgehend vollständig erhalten. Das ›Hotel am Roßplan‹ ist Sitz des Skatgerichts.

■ **Kunstturm**

Erbaut wurde das markante Bauwerk 1844 im Stile eines italienischen Campanile. Dabei handelte es sich um ein technisches Bauwerk, von den Altenburgern auch Wasserkunst genannt. 1878 endete die Nutzung des Turmes zur Wasserversorgung Altenburgs.

■ **Kleiner Teich und Großer Teich**

Direkt hinter der Wasserkunst liegt der Kleine Teich. Bemerkenswert ist, dass dieser von den Zeiten Barbarossas bis 2011 ununterbrochen als Fischteich bewirtschaftet wurde.
Auf einer Insel im ›Großen Teich‹ befindet sich der **Inselzoo**. Hier kann man bei gutem Wetter auch Ruder- und Tretboote ausleihen.

■ **Altenburger Brauerei**

Ein Besuch der Brauerei lohnt sich vor allem wegen der unter Denkmalschutz stehenden schönen Brauereigebäude im Stile der Gründerzeit und des Historismus. Das Sudhaus wurde im Jugendstil erbaut. Es gibt Führungen und ein **Brauereimuseum**, in dem man alles rund ums Bier, das Brauen und zur regionalen Geschichte des Getränks erfährt. Im Festsaal und anderen Räumlichkeiten finden oft Veranstaltungen statt.

■ **Botanischer Erlebnisgarten**

Altenburg war einst eine große Gärtnerstadt. Gegründet wurde der 8000 Quadratmeter große Park allerdings von einem Nähmaschinenfabrikanten. Neben einem schönen Bestand alter Bäume gibt es unter anderem den **Rhododendrongarten**, ein **Alpinum**, **Sommerbeete** und auch das **Sommercafé.** Es werden auch Veranstaltungen angeboten.

■ **Museum Flugwelt Altenburg-Nobitz**

Der Flugplatz wurde ab 1882 genutzt und diente von 1945 bis zu ihrem Abzug den sowjetischen Luftstreitkräften als Stützpunkt. Im Museum geht es um die Geschichte des Flugplatzes, das Radar, Flugzeugantriebe, Luftschiffe und einiges mehr. Unter den Exponaten sind auch zahlreiche Flugzeugmodelle. Die Flugzeuge und Hubschrauber in Originalgröße stehen im Außengelände.
Zwischen Flugplatz und der im Osten gelegenen Talsperre Schömbach befindet sich der **Leinawald**. Hier wurde auch schon einmal das Bernsteinzimmer vermutet.

Rund um Altenburg

Das **Renaissance-Herrenhaus Oberzetzscha** wurde 1567 erbaut und ist herausragendes Beispiel für einen Landadelssitz aus der Zeit der sächsischen Hochrenaissance. Innen wartet der einstige Rittersitz mit Bohlendeckenstube und Wandgemälden aus der Zeit der Renaissance auf. Eine regelmäßige Öffnung wird angestrebt.

■ **Windischleuba**

Der Ort Windischleuba verfügt über ein ansehnliches und historisches ehemaliges Gut mit **Wasserschloss**. Im Mittelalter sicherte es als Wasserburg den hiesigen Pleißeübergang. Heute befindet sich im Schloss Windischleuba eine der schönsten Jugendherbergen des Landes. Bereits zu DDR-Zeiten diente das Gebäude der

▸ Karte S. 411

Unterbringung westlicher Jugendlicher und hatte entsprechend einen höheren Standard. Der Tapetensaal mit seiner originalen Seidentapete von 1880 stellt Jagdszenen dar. Schloss und Umgebung sind selten idyllisch und ruhig, die Gewässer der Gegend ein Paradies für Vögel. Sogar die Wiederansiedlung von Weißstörchen ist gelungen.

Wyhra

Von Windischleuba lohnt sich auch ein Ausflug ins benachbarte sächsische **Volkskundemuseum Wyhra**. Hier erlebt man, wie die Bauern im Altenburger Land um 1900 lebten, kann originalgetreue Räumlichkeiten und Arbeitsgerät sowie einen Bauerngarten besichtigen. Das museumspädagogische Angebot ist vielfältig, auch traditionelle regionale Feste werden abgehalten.

Haselbacher Teiche

Nördlich von Altenburg erstrecken sich als Ausläufer des Mitteldeutschen Braunkohlereviers um Leipzig zahlreiche Seen, Teiche und Speicherbecken und Talsperren. Eines der schönsten Thüringer Seengebiete sind die Haselbacher Teiche. Sie werden vom NABU Altenburger Land betreut. Die vor über 400 Jahren künstlich angelegten Teiche dienten der Fischzucht. Das 46 Hektar große Areal hat sich inzwischen wieder zu einem Vogel- und Schmetterlingsparadies entwickelt. Zwischen Gewässern, Verlandungszonen und Streuobstwiesen mit alten Sorten leben hier zahlreiche Wasservogelarten wie Zwergtaucher, Blesshuhn, Braunkehlchen, Haubentaucher, Rohrdommel oder Zwergdommel. Im Teichgebiet befindet sich die erste Thüringer Kormoran-Brutkolonie. Außerdem dient es Zugvögeln aus Skandinavien als Winterquartier. Auch der Wiesenknopf-Ameisenbläuling, ein europaweit unter Schutz stehender Schmetterling, ist hier zu Hause. Zur Landschaftspflege werden Wasserbüffel eingesetzt. Ob es bald Mozzarella aus Haselbach gibt, ist noch unklar.

In der Nähe befinden sich auch die **Talsperre Windischleuba** sowie der **Haselbacher See**, ein geflutetes Braunkohletagebaurestloch im Mitteldeutschen Braunkohlerevier. Er liegt größtenteils in Sachsen und gehört zum Leipziger Neuseenland, das sich zwischen Thüringer Grenze und Leipzig erstreckt.

Am Haselbacher See sind zahlreiche Vorgelarten zuhause

Engertsdorf

Der kleine Ort Engertsdorf zwischen Ziegelheim und Göpfersdorf ist die Heimstätte des **Traditionellen Marionettentheaters Dombrowsky**. Die Vorführungen finden sowohl im hiesigen ›Komödiantenhof‹ statt als auch an vielen anderen Bühnen.

Gößnitz

Gößnitz ist klein, besitzt aber ein schönes Ensemble rund um die Stadtkirche St. Annen. Das **Heimatmuseum**, dessen Sammlung die Entwicklung von Gößnitz darstellt, lohnt ebenso einen Blick. Das **Kabarett-Theater Nörgelsäcke in der Provinz** ist die Hauptattraktion des Ortes und hat sowohl hauseigene Kabarettisten als auch ein umfangreiches Gästeprogramm. Das Ensemblekabarett hat in Baabe auf Rügen noch die Filiale ›Lachmöwe‹.

Gieba

Wenn man schon mal in der Gegend ist oder eine Radtour macht, kann man sich in dem kleinen Dorf Gieba nordöstlich von Gössnitz das älteste Fachwerkhaus im Altenburger Land anschauen.

Meuselwitz

Meuselwitz wurde 1193 erstmalig erwähnt. Der Braunkohleabbau hat die Region geprägt, das ehemalige Restloch Hainbergsee direkt im Süden der Stadt ist heute dessen Naherholungsgebiet. Der Ort mit seinem neogotischen Rathaus ist vor allem wegen seiner Orangerie bekannt.

Die spätbarocke **Orangerie** im Schlosspark oder von Seckendorffpark ist ein echtes Schmuckstück und das einzige, was nach der Bombardierung 1945 von dem einstigen Schlosskomplex übrig geblieben ist. Erbaut wurde sie zwischen 1724 und 1727. Das wirklich schöne Café ist derzeit leider geschlossen. Das **Heimatmuseum** befindet sich in einem der ältesten Gebäude der Stadt. Das alte Weberhaus wurde um 1700 errichtet. Hier geht es um den Ort Meuselwitz mit seinen Industrien, die Familie von Seckendorff und die Geschichte der Umgebung.

Im Lokschuppen und dem dazugehörigen Freigelände befindet sich das **Museum Kulturbahnhof**. Es ist eine Art Technisches Museum mit allerlei technischen Exponaten rund um den Braunkohlebergbau, einem stattlichen Fuhrpark und Modelbahnanlagen.

Hauptattraktion ist die **Kohlebahn**. Die Schmalspurbahn – Spurbreite 900 Millimeter – verkehrt zwischen Meuselwitz und Regis-Breitingen, unterwegs gibt es zwei Haltestellen: Wintersdorf und

Ein Ausstellungsstück im Museum Kulturbahnhof

▲ Karte S. 400

Haselbach. Ein weiterer Haltepunkt direkt am Haselbacher See ist geplant. In **Haselbach** finden übrigens an jedem dritten Augustwochenende die Westerntage statt. Für das größte Western- und Country-Festival der Region wurde extra eine Wild-West-Stadt aus dem Boden gestampft.

Dobraschütz

Ein kleiner Abstecher zur 1752 erbauten **Dorfkirche** in Dobraschütz lohnt sich wegen der vollständig erhaltenen, in blau gehaltenen Inneneinrichtung im regionalen bäuerlichen Stil. Einmalig sind auch die 13 erhaltenen Totenkronen aus dem Altenburger Land.

Altenburg und Umgebung

Vorwahl: 03447.

Tourist Information, Markt 17, Tel. 512800; Mo–Fr 10–18, Sa 10–14 Uhr. www.altenburg-tourismus.de

Hofgärtnerei, Schlossberg 1a, Tel. 512970. Liebevoll historisch eingerichtetes Haus in toller Lage, individuell gestaltete Zimmer und mediterran anmutender Hof; EZ ab 49, DZ ab 69 €. www.hofgaertnerei-altenburg.de

Hotel-Pension Treppengasse, Treppengasse 5, Tel. 313549. Kleines Haus mit modernen Zimmern; EZ ab 40, DZ ab 64 €. www.hotelpension-treppengasse.de

Parkhotel, August-Bebel-Str. 16–17, Tel. 51540. In der früheren Försterschen Hutfabrik, unmittelbar am Wasser, geräumige Zimmer; EZ ab 60, DZ ab 90 €. www.parkhotelaltenburg.de

Jugendherberge Windischleuba, Pestalozziplatz 1, Tel. 034477/834471. Gäste bis 26 Jahre 22 €, Gäste ab 27 Jahre 26 €. www.jugendherberge.de

Wohnmobilstellplatz, August-Bebel-Str. (am Großen Teich), Tel. 594840. Mitten in Altenburg, dabei am Wasser und im Grünen.

Seecamping Altenburg-Pahna, Campingpark Pahna, Fockendorf, Tel. 034343/51914. Ferienhäuser, Plätze für Wohnmobile, Wohnwagen und Zelte. Erholungspark und Badesee mit Sportangeboten, Angelmöglichkeiten, Hundestrand, Spielplätzen, Grill-, Räucher- und Lagerfeuerstellen. www.camping-pahna.de

Ratskeller, Markt 1, Tel. 311226. Herrlich speisen mitten auf dem Marktplatz, überwiegend deutsche Kost, auch Krimi dinner oder Kabarett. www.ratskeller-altenburg.de

Café und Biergarten am Teehaus, Schlossgarten, Sommers an den Wochenenden geöffnet. Das Teehaus wird für diverse Kulturveranstaltungen genutzt.

Kulisse, Theaterplatz 18, Tel. 500939. Wirtschaft und Biergarten in der Nähe vom Residenzschloss. Im Winter auch mit Winterpalais und Kamin. Große Auswahl an Saisonalem, Regionalem und Internationalem. Veranstaltungen finden auch regelmäßig statt. www.kulisse-abg.de

Gesecus, Topfmarkt 2, Tel. 315066. Eines der kleinsten Wirtshäuser Deutschlands. Holz prägt die seit 1902 in Familienbesitz befindliche Gaststube. Gute deftige Küche. www.gasthaus-gesecus.de

Paul-Gustavus-Haus, Wallstr. 29, Tel. 03212/1323465. 1905 erbautes Wohnhaus mit Fabrikgebäude im Hof des Malzkaffeefabrikanten Paul Gustavus. Wo früher Malzkaffee hergestellt wurde, ist eine Zukunftswerkstatt mit alternativem Kulturprogramm entstanden. Das Haus wird von einem Verein betrieben und saniert. Mit Café im Vintage-Stil. www.gustavushaus-altenburg.de

Kulturhof Kosma, Hauptstr. 16, Tel. 315861. www.kulturhof-kosma.de

Residenzschloss, Schloss 2, Tel. 512712; Di–So 10–17 Uhr. www.residenzschloss-altenburg.de

Brauerei Altenburg, Brauereistr. 20, Altenburg-Kauerndorf, Tel. 31290, für Führungen 0171/6574947. www.brauerei-altenburg.de

Rote Spitzen, Frauenfeldstr., Tel. 03447/512712; Fr–So 11–16 Uhr. Führungen Sa/So 14 Uhr über das Schlossmuseum, Informationen zu Turmführungen: www.residenzschloss-altenburg.de

Lindenau-Museum, Gabelentzstr. 5, Tel. 89553; Di–Fr 12–18, Sa/So 10–18 Uhr. www.lindenau-museum.de

Naturkundemuseum Mauritianum, Parkstr. 1, Tel. 2589; Di–Fr 13–17, Sa/So 10–17 Uhr. www.mauritianum.de

Historischer Friseursalon, Pauritzer Str. 2, Tel. 311790 oder 0151/40368761; April–Okt. Di–So 10–17 Uhr, Nov.–März Di–So 10–16 Uhr. www.historischer-friseursalon.de

Botanischer Garten, Heinrich-Zille-Str. 12, Tel. 513253; April–Okt. tgl. 10–16 Uhr. www.boga-altenburg.de

Flugwelt Altenburg Nobitz, Am Flughafen 3, Nobitz, Tel. 515033; April–Okt. Sa/So 10–17 Uhr, in der Nebensaison nach Vereinbarung. www.flugwelt-altenburg-nobitz.de

Herrenhaus Oberzetzscha, Zschernitzscher Str. 69, Oberzetzscha, Tel. 03447/834882.

Papier- und Heimatmuseum, Fabrikstr. 10, Fockendorf, Tel. 034343/54267. www.papiermuseum.net

Heimatmuseum Gößnitz, Kauritzer Str. 8, Gößnitz, Tel. 034493/31859. www.goessnitz.de

▸ **Meuselwitz**:

Heimatmuseum Meuselwitz, Neugasse 1/3, Tel. 03448/2498; So 14–17 Uhr.

Kohlebahnen Meuselwitz, Georgenstr. 46, Tel. 03448/752550. www.kohlebahnen.de, www.westerntage.de

Landestheater Altenburg, Theaterplatz 19. Tel. 585160. www.tpthueringen.de

Goldener Pflug, Beim Goldenen Pflug, Tel. 594520. Die Stadthalle wird für alle möglichen Veranstaltungen und auch für Sportevents genutzt.

Marionettentheater Dombrowsky, Hauptstr. 8, Engertsdorf, Tel. 034494/80727. www.dombrowsky-marionetten.de

Quellenhof, Garbisdorf Nr. 6, Göpfersdorf. www.quellen-hof.de

Kabarett Nörgelsäcke, Dammstr. 3, Gößnitz, Tel. 034493/72580 und 21645 (Tickets). www.kabarett-noergelsaecke.de

Altenburger Musikfestival (Aug.), Tel. 892906. Die klassische Musikveranstaltung findet in Altenburg und Umgebung statt. www.altenburger-musikfestival.de

Thüringenweg: In Altenburg beginnt der 400 Kilometer lange Thüringenweg. Ein Teil des Weges, der sich quer durch Thüringen bis nach Creuzburg zieht, führt entlang des Elstertals. In Ostthüringen verbindet der Weg Altenburg mit Greiz, Berga, Gera, Bad Köstritz und Eisenberg.

Altenburger Spielkartenladen, Markt 17, Tel. 511340. Mit rund 110 verschiedenen Kartenspielen einer der der größten Spielekartenläden Deutschlands. Neben Karten der heimischen ASS Altenburger Spielkartenfabrik gibt es hier wohl alles, was weltweit an Blättern so auf den Tisch kommt. Auch antiquarische Karten und regionale Produkte und sogar Ziegenmilchseife. www.spielkartenladen.de

Altenburger Senf und Feinkost, Remsaer Str. 21. Über 350 Sorten Senf, Soßen, Meerrettich oder Gewürze im Angebot. Es gibt einen Senfladen, einen Werksverkauf (Mo–Fr 9–16 Uhr), die Kochschule ›Senfonie‹ sowie Führungen durch die Senffabrik (Tel. Senfonie 852637, Werk und Onlineshop 85260, Senfladen 892219, Werksverkauf 852637). www.senf.de

Altenburger Destillerie und Liqueurfabrik. Werksverkauf, Führungen und Veranstaltungen. www.destillerie.de

▸ Karte S. 400/411

Gera

Gera stellt kein klassisches Touristenziel dar, seine Reize und seine spannende Geschichte erschließen sich erst auf den zweiten Blick. Mit ihren etwa 95 000 Einwohnern ist Gera nach Erfurt und Jena die drittgrößte Stadt Thüringens. Bis zur Wende war Gera Bezirksstadt und hatte zu seinen Hochzeiten 130 000 Einwohner. Gera war ein Zentrum des Uranbergbaus, der Maschinenbau- und Werkzeugbauindustrie. Prägender Industriezweig war lange die Textilindustrie, die unter anderem auch auf flandrische Einwanderer zurückging. Später kamen weitere Branchen wie die Elektrotechnik hinzu. Der VEB Elektronik baute hier mit zeitweise bis zu 6000 Mitarbeitern Computer, Monitore und Kassettenrecorder. Die Wismut AG war ein strategisch äußerst bedeutendes und finanziell potentes Unternehmen der DDR. Dadurch hatte die Stadt Gera immer auch Geld zur Verfügung. Die historische Altstadt sah daher bereits vor der Wende sehr herausgeputzt aus. Heute hat Gera mit den Konsequenzen einer schrumpfenden und alternden Stadt zu kämpfen. Die Stadt erregte deutschlandweit Aufsehen, als sie für ihre Stadtwerke und Verkehrsbetriebe Insolvenz anmeldete. Der Sparzwang macht sich auch bei den Öffnungszeiten der Museen bemerkbar. Dabei ist man in Gera sogar im Falle einer Krankheit gut aufgehoben: Das Wald-Klinikum Gera ist vollgestopft mit Kunst und Deutschlands erstes Kulturkrankenhaus

Gera wurde 995 erstmalig erwähnt. Es war die Residenzstadt der Fürsten von Reuß-Gera, einem Zweig der Reußer jüngerer Linie. Von der Entstehung der Linie Reuß jüngerer Linie 1564 bis zur Abdankung 1918 war Gera Residenz- und später sogar Hauptstadt des Fürstentums. Zahlreiche Bauten wie das Große Haus oder Schloss Tinz zeugen vom Repräsentationsdrang des Adels. Ab 1848 war es Hauptstadt der im Fürstentum Reuß vereinten Zweige dieser Linie. Bereits im 19. Jahrhundert war die Geburtsstadt von Otto Dix industriell geprägt und wohlhabend, bis in die 1920er Jahre gehörte sie zu den fünf reichsten Städten Deutschlands. Viele beeindruckende Bürgerhäuser, Villen und Fabriken sind aus dieser Zeit übrig geblieben. Ab 1892 fuhr durch die Straßen Geras die zweite elektrische Straßenbahn des Deutschen Reiches.

Zwischen 1912 und 1929 entstand mit der zwischen Weißer Elster und Hainberg gelegenen Gartenstadt Heinrichsgrün Thüringens erste Gartenstadt, und in den 1920er Jahren wurde Gera auch zu einem Zentrum des ›Neuen Bauens‹ in Thüringen. Es entstanden moderne Industrie- und Wohnanlagen. Einige existieren bis heute, etwa der vom Thilo Schoder, einem Schüler van de Veldes, entworfene Fabrikkomplex für Schulenburg & Bessler in der Langen Straße, seine Villa Meyer an der Clara-Zetkin-Str. 9 oder der innerstädtische Handelshof von 1929 mit seinem zehngeschossigen Hochhaus und den zwei großen Uhren. Im Zweiten Weltkrieg erlitt Gera durch Bombardierungen erhebliche Schäden, und zu DDR-Zeiten wurden nicht nur große Neubauviertel angelegt, sondern auch das Zentrum teils neu gestaltet. Eine große Brachfläche entlang der Breitscheidstraße neben dem Stadtmuseum ist nach wie vor unbebaut. All diese Bauphasen sind im Stadtbild bis heute sichtbar. 2007 fand auf dem Areal des Hofwiesenparks in Gera und der ›Neuen Landschaft‹ im benachbarten Ronneburg sowie an einigen Außenstandorten die BUGA statt.

Sehenswürdigkeiten

Im Zentrum findet man eine Mischung aus historischer, moderner und sozialistischer Stadt vor. Mit der Erlangung des Status als Bezirksstadt der DDR wurde vor allem der Aufbau eines sozialistischen Stadtzentrums in den am schwersten durch die Bombardements des Zweiten Weltkriegs betroffenen Arealen vorangetrieben. Auch historische Bausubstanz wurde in diesem Zusammenhang abgerissen, andererseits konservierte man sorgfältig einige bedeutende Gebäude. Und so bietet Gera eine spannungsgeladene städtebauliche Mischung. Sein Zentrum ist seit jeher der Markt.

■ Historische Geraer Höhler

Der gesamte Untergrund der Geraer Altstadt ist durchlöchert. Früher bestand in Gera für fast jedes Haus Braurecht. Die Statuten des Geraer Brauprivilegs von 1487 gestanden jedem Hausbesitzer innerhalb der Stadtmauern das Recht zu, Bier zu brauen. Das Brauvolumen hing von der Größe des Hauses ab, war insgesamt aber beträchtlich. Ab dem späten 16. Jahrhundert wurde unterirdische Labyrinthe zur Lagerung von Bier unterhalb der eigentlichen Hauskeller als Tiefkeller angelegt; hier lagerte es bei konstant kühlen Temperaturen. Diese Tiefkeller heißen Höhler. Ganze 230 Höhler von insgesamt etwa neun Kilometern Länge sind so mit der Zeit unter den Bürgerhäusern entstanden. Heute nutzt man die kühlen Katakomben für Ausstellungen, Konzerte und Veranstaltungen. Öffentliche Touren oder Besichtigungen außerhalb dieser Angebote sind bei der Tourismusinformation zu erfragen. In den Höhlern findet auch eine Biennale für zeitgenössische Installationskunst statt.

Das Hauptportal des Geraer Rathauses

▲ Karte S. 423

■ Marktplatz

Der Marktplatz mit dem **Simsonbrunnen** und seiner repräsentativen historischen Bebauung gehört ohne Zweifel zu den schönsten Ecken der Stadt. Das **Rathaus** (1573–1575) im Renaissancestil wartet mit einem beeindruckenden Hauptportal mit Wappen und Figuren auf. Auf dem 57 Meter hohen Rathausturm gibt es eine Aussichtsplattform. Unter dem Rathaus befindet sich Geras größter Höhler. Der Rathaushöhler ist Spielstätte des Kabaretts ›Fettnäppchen‹; in den Pausen bekommt man hier tatsächlich kostenlos Fettbemmen.

Über zwei Geschosse reicht der aufwendig verzierte Renaissanceerker der 1592 erbauten **Stadt-Apotheke**. Der Runderker selbst wurde 1606 angebaut. Rathaus und Apotheke sind die einzigen erhaltenen Gebäude Geras im Renaissancestil.

■ Kirchen

Am höchsten Punkt der Altstadt steht die **Salvatorkirche**. Außen barock, ist das 1720 fertiggestellte Gotteshaus innen ganz im Jugendstil gestaltet. Sehens-

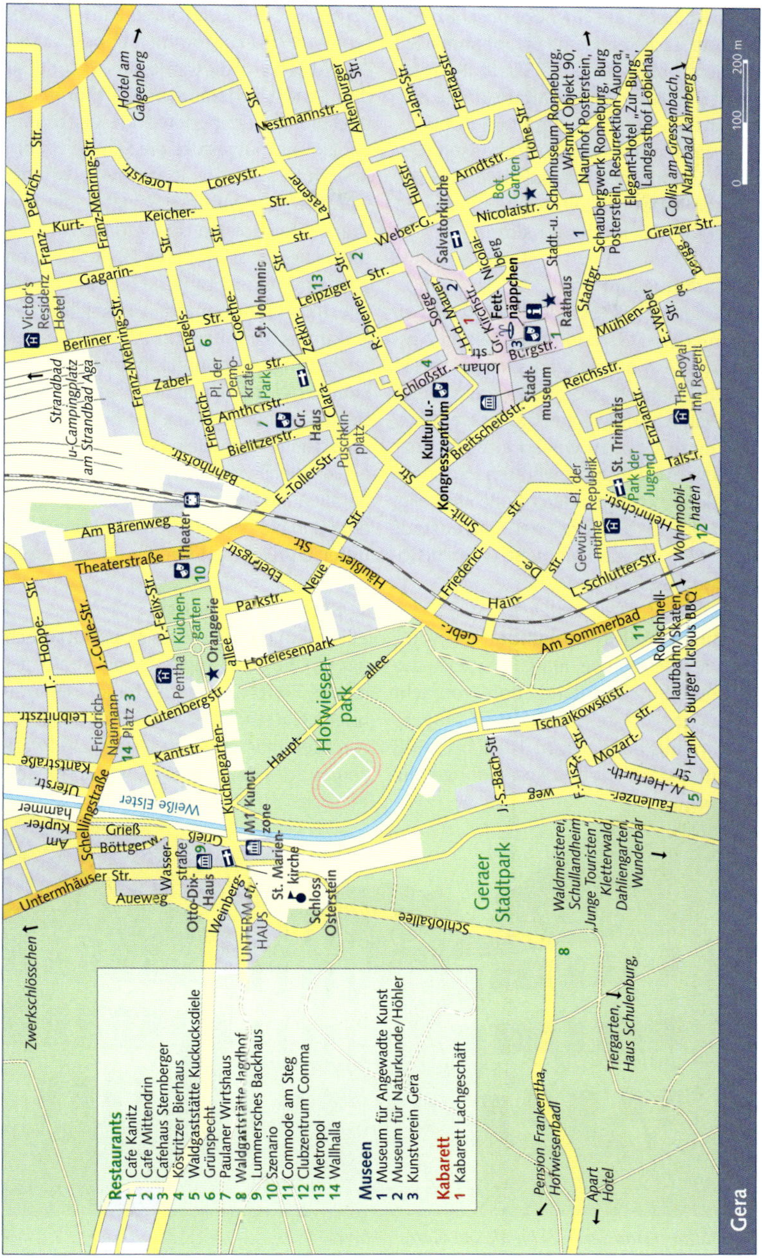
Gera
Restaurants
1 Cafe Kanitz
2 Cafe Mittendrin
3 Cafehaus Sternberger
4 Köstritzer Bierhaus
5 Waldgaststätte Kuckucksdiele
6 Grünspecht
7 Paulaner Wirtshaus
8 Waldgaststätte Jagdhof
9 Lummersches Backhaus
10 Szenario
11 Commode am Steg
12 Clubzentrum Comma
13 Metropol
14 Wallhalla
Museen
1 Museum für Angewadte Kunst
2 Museum für Naturkunde/Höhler
3 Kunstverein Gera
Kabarett
1 Kabarett Lachgeschäft
Hofwiesenpark
Geraer Stadtpark
Weiße Elster
Schloss Osterstein
Theater
Kultur u.-Kongresszentrum
Rathaus
Fettnäppchen
Salvatorkirche
St. Johannis
St. Trinitatis
Zwerkschlösschen
Strandbad u.-Campingplatz am Strandbad Aga
Hotel am Galgenberg

wert ist auch die im neogotischen Stil erbaute Backsteinkirche **St. Johannis**. Sie ist die größte Kirche der Stadt, ihr Turm misst 70 Meter. Die **Trinitatiskirche** entstand zwischen 1609 und 1611 und gehört zu den ältesten Gotteshäusern der Stadt. Zahlreiche Grabmale bedeutender Geraer Persönlichkeiten sind innen und außen an der Kirche erhalten.

Stadtmuseum

Hinter barocker Fassade verbirgt sich eine wunderbare, modern gestaltete Ausstellung. Auf drei Etagen, chronologisch und thematisch geordnet, wird äußerst anschaulich und spannend präsentiert, was es zu Gera zu wissen gibt. Ergänzt werden die gut ausgewählten Exponate und Beschriftungen durch tolle Modelle, etwa des Ostersteins, der Gartenstadt oder dem Originalelement einer historischen Straßenbahn.

Museum für Naturkunde

Das Schreibersche Haus, in dem das Museum für Naturkunde untergebracht ist, ist das älteste Bürgerhaus Geras. Es stammt aus der Zeit von 1686 bis 1688 und überstand als einziges Wohngebäude den Großen Stadtbrand vom 18. September 1780 vollkommen unbeschadet. Das Museum zeigt eine Ausstellung zu den Landschaftsräumen Ostthüringens und präsentiert bedeutende Ostthüringer Naturschützer wie die Familie Brehm oder Karl Theodor Liebe. Man erfährt viel über das Mittlere Saaletal, die Plothener Teichplatte, die Orlasenke und die Saale-Sandsteinplatte. Des Weiteren gibt eine mineralogische Sammlung sowie Informationen zur Geschichte des Museums. Der ›Barocksaal‹ wird für Veranstaltungen genutzt. Im hauseigenen Höhler (Nr. 188), einem der größten und tiefstgelegenen Geras, befindet sich die Ausstellung ›Einmaleins der Minerale‹ mit einer sehenswerten Präsentation von Mineralien aus der ganzen Welt. Das Ambiente und die Präsentation von Mineralien unter UV-Licht sind etwas Besonderes.

Botanischer Garten

Zum Naturkundemuseum gehört auch der um die Ecke, an der Nicolaistraße gelegene 7000 Quadratmeter kleine Botanische Garten. Über 1000 Pflanzenarten wachsen hier, unter anderem 400 Pflanzen aus den im Museum beschriebenen

Sorgfältig restaurierte Gebäude am Geraer Markt

▲ Karte S. 423

Otto-Dix-Sammlung in barocker Hülle: die Orangerie

Naturräumen Ostthüringens. Darunter sind auch 60 Arten von der Roten Liste Thüringen. Das denkmalgeschützte Turmhaus von 1864 dient als Grüne Schule und Ausstellungsräumlichkeit.

Kunstgewerbemuseum

Das Museum befindet sich im Ferberschen Haus mit seinem bemerkenswerten Portal mit der Jahreszahl 1760. Bei dem klassizistischen Gebäude mit seinen Rokokoelementen am Hauptportal handelt es sich um die größte bürgerliche Wohnanlage der Stadt. Unter dem Motto ›Art Deco und Funktionalismus – Angewandte Kunst zwischen den Weltkriegen‹ präsentiert das Kunstgewerbemuseum eine große Art-déco-Sammlung, Kunsthandwerk, Grafik und Möbel. Weitere Sammlungsschwerpunkte sind das Kunsthandwerk vom 20. Jahrhundert bis in die heutige Zeit. Dabei liegt der Schwerpunkt auf Keramik, Fotografie und Produktdesign.

Großes Haus

Das prächtige Jugendstilgebäude wurde bis 1902 als ›Neues Fürstliches Theater‹ nach Plänen von Heinrich Seeling im Stile des Historismus erbaut. Es galt als spektakulärster Theaterneubau Thüringens, Neorenaissanceelemente wurden mit Jugendstil-Ornamenten gemischt. Neben dem Fürstenhaus beteiligten sich auch Bürger sowie die Stadt Gera an der Finanzierung.

Das Gebäude verfügt über einen Konzert- und einem Theatersaal. Der Konzertsaal besitzt eine Sauer-Orgel. Nach umfangreichen Veränderungen an der Bausubstanz nach einem Brand 1963 wurde zwischen 2005 und 2007 der historische Originalzustand wieder hergestellt sowie die Technik auf den neuesten Stand gebracht. Heute ist das Theater mit Altenburg zur Theater & Philharmonie Thüringen fusioniert und das einzige Fünfspartenhaus Thüringens.

Küchengarten

Der ursprüngliche Küchengarten erstreckte sich vom Theater über die Orangerie bis zum Ufer der Weißen Elster. Er diente als Nutzpflanzen- und Lustgarten und wurde 1792 nach französischen Vorlagen umgestaltet. Ein Teil der Anlage wurde zur BUGA barock rekonstruiert, der

Teil ab dem Brunnen in Richtung Theater präsentiert sich im Stile des englischen Landschaftsgartens. Im Garten mit seinen Rosen und Blumen sowie im benachbarten Hofwiesenpark finden regelmäßig Musikfeste wie etwa das Hofwiesenparkfest am letzten Aprilwochenende statt. Von Mai bis September gibt es an jedem letzten Samstag im Monat im Rahmen von ›Kultur im Küchengarten‹ kostenfreie Gartenkonzerte.

Orangerie

Die spätbarocke Anlage mit ihren Pavillons entstand zwischen 1729 und 1732 sowie 1748/1749 (Mittelbau) nach Plänen von Gottfried Heinrich Krohne. Heute beherbergt sie die **Kunstsammlung Gera**, die ihren Ursprung in der fürstlichen Sammlung hat. Diese umfasst etwa 11 000 Gemälde, Zeichnungen, Plastiken und Grafiken vom Mittelalter bis zur zeitgenössischen Kunst.
Orangerie und Küchengarten wurden 2013 vom Hochwasser schwer erwischt. 2018 endlich war Neueröffnung. Im Nordflügel befindet sich die Ausstellung ›Otto Dix – Neupräsentation der Werke von 1944 bis 1969 aus der Geraer Sammlung‹, Südflügel und Mittelpavillon werden für Wechselausstellungen genutzt.

Marienkirche

Die St. Marienkirche geht ihn ihrem heutigen spätgotischen Aussehen vorwiegend auf das 15. Jahrhundert zurück. Teile älterer Bausubstanz wurden bei diesem Umbau einbezogen. Die größte Kostbarkeit im Innern der Kirche ist der 1443 geweihte spätgotische **Flügelaltar**.

Hofwiesenpark

▸ Karte S. 423

Der Hofwiesenpark erstreckt sich westlich des Stadtzentrums bis zur Weißen Elster. Er war das Herzstück des Geraer Teils der BUGA. Dafür wurde das zu DDR-Zeiten in einen Sportpark verwandelte Areal landschaftsgärtnerisch in mehrere, Aktionsinseln genannte Ovale aufgeteilt und insgesamt enorm aufgewertet. Heute dient der 300 000 Quadratmeter große Stadtpark der Naherholung, der Kultur und dem Sport. Das Spieloval mit seinem riesigen ›trojanischen‹ Spielhuhn bietet den besten Spielplatz der Stadt. Der Charakter als Sportareal dominiert auch nach wie vor. Im Stadion der Freundschaft trägt die BSG Wismut Gera ihre Heimspiele aus. BSG steht übrigens heute nicht mehr für ›Betriebssportgemeinschaft‹, sondern für ›Ballsportgemeinschaft‹. Im Park steht die neue **Panndorfhalle** mit vier Spielfeldern. Es gibt **Trainingsplätze** und einen **Skaterpark**. Auch das **Hofwiesenbad** wurde vollkommen neu aufgebaut. Interessant ist auch das mitten auf der Wiese am **Minigolfplatz** stehende **Bademeisterhäuschen** am südlichen Ende des Parks. Es ist das Überbleibsel des Sommerbades, das sich 81 Jahre lang an dieser Stelle befand, bevor es 2005 geschlossen und später zugeschüttet wurde. Über eine Brücke erreicht man den Garten der **Villa Jahr** auf der anderen Uferseite, deren Garten ebenfalls im Rahmen der Gartenschau neu gestaltet wurde. Das 1,8 Hektar große Areal mit seinem alten Baumbestand steht unter Denkmalschutz und ist von April bis Oktober geöffnet. Führungen durch die Industriellenvilla kann man über die Touristeninformation anfragen.

Untermhaus

Auf der anderen Uferseite befindet sich der Stadtteil Untermhaus. Er ist mit seiner Lage am Fluss und der historischen Bausubstanz das wohl romantischste Viertel Geras. Im **Hofgut** hat das Kabarett ›Fettnäppchen‹ seine Sommerspielstätte. Ein Adventswochenende lang findet seit 2007 der wunderschöne romantische Adventmarkt im Hofgut mit schönem Kulturprogramm statt.

Otto-Dix-Haus

Das Geburtshaus des Malers Otto Dix bildet mit der daneben liegenden Marien-kirche eines der schönsten Fotomotive der Stadt. Otto Dix wurde am 2. Dezember 1891 in dem Haus geboren, zwei Zimmer des Mietshauses bewohnte die Familie damals. Den 100. Geburtstag des Künstlers 1991 nahm man zum Anlass, in dem Gebäude ein ihm gewidmetes **Museum** zu eröffnen. Die Geraer Dix-Sammlung umfasst 460 Werke und ist eine der größten Sammlungen zum Künstler. Sie bietet einen umfassenden Umriss des Lebenswerkes über einen der bedeutendsten deutschen Künstlers des 20. Jahrhunderts. Im Museum hängt mit dem ›Christophorus‹ auch eines von Dix' bedeutendsten Werken. Das Haus zeigt die Dauerausstellung ›Porträts, Skizzen, Zeichnungen, Pastelle aus der Sammlung‹ sowie Sonderausstellungen rund um Dix. Die durch das Hochwasser im Juni 2013 entstandenen Schäden wurden bis 2016 behoben. Die Wiedereröffnung des Hauses fand am 125. Geburtstag des Künstlers am 2. Dezember statt.

Galerie M1-Kunstzone

Direkt gegenüber vom Otto-Dix-Haus befindet sich im für das Reußische Justizamt 1746 errichteten Gebäude die Galerie M1-Kunstzone, eine sogenannte Produzentengalerie. Die Verkaufsausstellung mit Malerei, Plastiken, Graphik und anderem wird von Geraer Künstlern betrieben, die ihre Kunst hier in der Galerie auch direkt verkaufen.

Residenzschloss Osterstein

Von der einst imposanten Anlage der reußischen Fürsten jüngerer Linie am Hainberg ist nicht mehr viel übrig. Mit Geras Wiedererlangung als Hauptstadt- und Residenzstadt von Reuß jüngerer Linie 1848 erfolgten am Schloss zwischen 1859 und 1863 sowie 1911 bis 1913 umfassende Baumaßnahmen. Die schweren Bombentreffer am 6. April 1945 zerstörten die Anlage nahezu vollständig. Anschließend wurde die Ruine abgetragen. Einzig der **Burgfried** sowie einige **Wirtschaftsgebäude** und die **Alte Stadtwache** blieben übrig. Sie werden für Ausstellungen von Geraer Künstlern genutzt. Im Sommer finden auf dem Gelände Konzerte statt. Der Burgfried geht historisch bis auf die Zeit nach 1100 zurück, als die Vögte von Weida hier eine Feste errichteten. Der **Schlossgarten** wurde für die BUGA 2007 hergerichtet. Garten und Burgfried sind derzeit nicht regelmäßig zugänglich, von der Terrasse hat man aber einen tollen Blick auf Gera.

Dahliengarten

Der älteste Dahlienschaugarten in Deutschland wurde am 1. September 1928 eröffnet. Die Pflanzen kamen und kommen bis heute von den Köstritzer Dahlienzüchtern. 2200 Dahlien in 100 verschiedenen Sorten werden in der denkmalgeschützten Anlage gezeigt und entfalten im Spätsommer ihre gesamte Farbpalette. Der **Brunnen** stammt von Thilo Schoder. Jeden zweiten Sonntag im September findet das Tierpark- und Dahlienfest statt, ab Mitte Oktober kann man die Dahlienknollen dann kaufen.

Haus Schulenburg

Gera verfügt über eine große Zahl an stattlichen Villen. Eine der beeindruckendsten und die mit Sicherheit außergewöhnlichste ist die, die Henry van de Velde für den Woll- und Seidenweberfabrikanten Paul Schulenburg entwarf. Das 1913 fertiggestellte Areal liegt an

der Straße des Friedens 120 und gehört heute einem Ärztepaar.
Gebäudekomplex und Garten bilden ein Gesamtkunstwerk. Die Gebäude sind äußerlich größtenteils unverändert erhalten, restauriert und beherbergen heute eine **Dauerausstellung** zu Henry van der Welde und Paul Schulenburg. Die originalgetreue Rekonstruktion des Gartens ist der BUGA zu verdanken. Auch innen wurden wichtige Räume in ihren Ursprungsformen wiederhergestellt. Wände und Farbgestaltung wurden rekonstruiert und sogar einige Originalmöbel erworben, die der Designer extra für das Haus entworfen hat. Das Haus verfügt über eine große Sammlung von Buchgestaltungen van de Veldes, Möbel, Textilien und Entwürfe des Designers und Architekten. Weitere Weggefährten des Designers sind mit Exponaten vertreten. Im Haus Schulenburg finden auch Sonderausstellungen statt, im Sommer gibt es im Garten die Kunstbühne mit Veranstaltungen.

Tierpark

Vom Haus Schulenburg weiter stadtauswärts, im reizvollen Geraer **Stadtwald** mit seinen zahlreichen Wandermöglichkeiten und Ausflugszielen, befindet sich der größte Tierpark Ostthüringens. Der 20 Hektar große, in der Schlucht des Martinsgrundes gelegene Waldzoo wurde 1962 gegründet. Die meisten der etwa 80 Arten sind in der Region heimisch. Mit der Zeit wurde der Tierbestand auf vorwiegend auf der Nordhalbkugel lebende Arten erweitert. Es gibt ein begehbares Berberaffengehege, einen Streichelzoo und einen **Erlebnisbauernhof**. Vom Haupteingang des Tierparks führt auch die 800 Meter lange Strecke der Thüringer **Parkeisenbahn** durch den Martinsgrund zum Bahnhof ›Wolfsgehege‹. Neben dem Tierpark, in Richtung Stadt, befindet sich der Geraer **Kletterwald**.

▸ Karte S. 423

Ronneburg

Bekannt ist die 800-jährige, kleine (5000 Einwohner) Stadt Ronneburg vor allem durch den früheren Uran-Bergbau der SDAG (Sowjetisch-Deutsche Aktiengesellschaft) Wismut. Dass Ronneburg auch fünf Heilquellen im ehemaligen Kurpark und ein Mineralbad hatte und einmal Kurstadt und Herzogliches Mineralbad war, weiß heute fast niemand mehr. Zu stark schob die Wirtschaft mit Textil- und Automobilindustrie sowie Bergbau diesen Aspekt in den Hintergrund. Markanteste Symbole Ronneburgs waren die beiden beeindruckenden Pyramiden oder Spitzkegelhalden. Nach der Sanierung und Verfüllung in ein Tagebaurestloch sind davon nur noch Stümpfe übrig. 2007 fand die Bundesgartenschau in Gera und Ronneburg statt.
Ronneburg besitzt eine kleine, aber schnuckelige Altstadt mit **Stadt- und Schulmuseum** sowie **Rittersaal** im **Schloss**, **Marienkirche** mit Ladegast-Orgel und anlässlich der BUGA neu gestaltetem **Stadtpark**.

Bergbaumuseum und Schaubergwerk

Im Zentrum von Ronneburg, an der denkmalgeschützten Bogenbinderhalle, befindet sich eine Ausstellung zum Bergbau und zu Ronneburg. Im Museumsbereich im Erdgeschoss gibt es auch einige Modelle, unter anderem, wie der Tagebau einst aussah, das Uransanierungsgebiet jetzt aussieht und in Zukunft einmal aussehen wird. Im Kellerbereich ist die Bergbausituation von Ronneburg äußerst realistisch nachempfunden. Zu den Öffnungszeiten werden Führungen durch das Schaubergwerk angeboten.
Daneben betreibt der Bergbauverein Ronneburg auch den zwei Kilometer entfernten Technikpark am ehemaligen Materialschacht 407, dem letzten in Thü-

Die ›Drachenschwanzbrücke‹

ringen existierenden Wismutschacht, wo man die überirdischen Schachtanlagen besichtigen kann. Von hier aus hat man eine prima Aussicht auf den verfüllten Tagebau. Neben der Urquelle im Alten Kurpark ist auch der historische Bergstollen nach Voranmeldung begehbar.

■ Neue Landschaft

Im Rahmen der Bundesgartenschau 2007 entstand im ehemaligen Uranerzbergbaugebiet Ronneburg ein 124 Hektar großer **Park** mit **Rosengarten**, **Entdeckerturm** und der **Drachenschwanzbrücke** über das Gessental. Mit 225 Metern ist sie eine der längsten Holzbrücken Europas. Unterhalb der Brücke gibt es einen großen tollen Spielplatz zum Thema Wasser. Die insgesamt vier **Spielplätze** zu den vier Elementen sind noch heute Hauptanziehungspunkte. Der Entdeckerturm ist Aussichts- und Kletterturm.

Anstelle der einstigen Abraumpyramiden gibt es nun das Gipfelplateau namens **Schmirchauer Höhe** mit Aussichtsturm und begehbarer Landkarte als Landmarke. Auf ihr werden die territorialen Dimensionen des Uranabbaus verdeutlicht. Zudem gibt es viele Informationen zum Uranerzabbau und der anschließenden Sanierung der Abbaustätte. Insgesamt umfasst die Neue Landschaft Ronneburg eine Fläche von 800 Hektar, allerdings hat die Wismut GmbH noch nicht die ganze Fläche saniert.

Im **Wismut Objekt 90** am Rand der Neuen Landschaft ist eine sehr sehenswerte und informative Ausstellung zur Geschichte des Uranabbaus in Ostdeutschland und der Wismut bis 1991 untergebracht. Zur Ausstellung gehört auch eine Modelleisenbahnanlage mit ›Wismut-typischer‹ Landschaft. Daneben steht das Gebäude der **Grünen Klasse Ronneburg**. Es dient vorrangig der Schulbildung.

■ Reust

Knapp vier Kilometer südlich von Ronneburg, auf dem 370 Meter hohen Reuster Berg beim gleichnamigen Dorf, erhebt sich der 21 Meter hohe **Bismarckturm** mit **Aussichtsplattform**. Bei klarem Wetter kann man von hier aus sogar das etwa 70 Kilometer entfernte Völkerschlachtdenkmal in Leipzig sehen. Weht die Fahne, ist der Turm geöffnet.

Burg Posterstein

Burg Posterstein fünf Kilometer östlich von Ronneburg wurde als Ring- und Höhenburg während der Ostexpansion Kaiser Barbarossas angelegt und ist somit über 800 Jahre alt; 1191 fand sie erstmalig Erwähnung. Sie steht auf einer Höhe und hieß anfangs einfach nur Stein. Der **Bergfried** ist 25 Meter hoch und bietet eine tolle Aussicht auf die Umgebung. Posterstein war lange Zankapfel zwischen seinen Lehnsherren Reuß und den sächsischen Wettinern. Im 16. und 17. Jahrhundert wurde Posterstein in ein Wohnschloss umgewandelt. Die umliegenden Gebäude stammen aus der Zeit als Rittergut.

Größtes Highlight ist zweifelsohne die direkt unterhalb der Burg gelegene spätgotische **Burgkirche** aus dem 16. Jahrhundert. Die barocken Schnitzereien von 1689 im Innenraum - Empore, Kanzel und Altar - sind spektakulär. Zu der erstaunlichen barocken Pracht des für die Region einmaligen Schnitzwerks gibt es keinerlei Informationen, weder Rechnungen, noch Hinweise auf den Meister oder irgendein anderer schriftlicher Beleg wurden bisher entdeckt. Es existiert nur die Sage von Johannis Hopf. Der Schnitzer auf Wanderschaft wurde wegen eines Verbrechens zum Tod verurteilt. Im Kerker soll er das Meisterwerk erschaffen und so die Umwandlung seiner Strafe in eine lebenslange Haft erwirkt haben. Die Schnitzereien deuten allerdings eher auf eine Werkstatt hin.

Das **Museum für Kulturgeschichte des Altenburger Landes** auf der Burg ist die erste Adresse, wenn es um die Historie der ostthüringischen Region geht. So

Burg Posterstein mit dem hoch aufragenden Bergfried

erzählt die Ausstellung von der Burg, der Kulturgeschichte der Gegend, dem Musenhof in Löbichau im Kontext europäischer Salongeschichte und über das Reisen im 19. Jahrhundert. Im Bergfried geht es in der Ausstellung ›Wehrhaft, wohnhaft, Haft‹ um die Aufgabe mittelalterlicher Bungen.

Immer zu Pfingsten gibt es ein Mittelalterspektakel mit Ritterspielen, Mittelaltermarkt und Schaustellern.

Löbichau

1794 erwarb Herzogin Anna Charlotte Dorothea von Kurland das nördlich von Posterstein gelegene ehemalige Rittergut Löbichau und machte es zu ihrem Wohnsitz. Sie ließ auf den Fundamenten der alten Wasserburg ein klassizistisches Schloss mit englischem Garten errichten. Das heutige **Schloss Löbichau** ist ein

▶ Karte S. 400

Neubau, der dem Original nachempfunden wurde, und wird als Seniorenheim genutzt. Der historische englische **Landschaftspark** ist allerdings noch echt. Das kleinere **Tannenfelder Schloss** ließ die Herzogin ebenfalls im klassizistischen Stil errichten. Der **Tannenfelder Park** ist in seinen Grundstrukturen noch erkennbar. So verfügt er über einen alten Baumbestand und zahlreiche Rhododendren sowie Azaleen. Schloss und Wirtschaftsgebäude wurden als Heilanstalt für Nervenkranke genutzt. Auch Hans Fallada – geplagt von Arbeitswahn, Alkohol, Morphium und Existenzängsten – saß hier ein. Offensichtlich gefiel ihm die Gegend, denn anschließend absolvierte er im Rittergut Posterstein seine Lehre zum Landwirt. Später wurde Schloss Tannenfeld als Krankenhaus und Altenheim genutzt. Es steht derzeit leer und wartet auf eine neue Nutzung.

Die gesellschaftlichen Zusammenkünfte an der Fürstentafel vor allem in Tannenfeld wurden als ›Löbichauer Musenhof‹ bekannt. Sie zogen zahlreiche bedeutende Persönlichkeiten der Politik und Kultur an darunter Goethe, Zar Alexander I. und Jean Paul. Das Museum Posterstein (s.o.) beschäftigt sich ausführlich mit dieser deutschland- und europaweit bedeutenden geistig-kulturellen Salongeschichte des Löbichauer Musenhofes.

Das BUGA-Begleitprojekt **Resurrektion Aurora** verbindet die Geschichte des Bergbaus und seiner Folgen mit Kunst und Natur. Auf den ehemaligen Abraumhalden wurden thematische **Wanderwege** mit Infotafeln und künstlerischer Gestaltung angelegt. So wurden Bäume und Sträucher auf der Halde Beerwalde so angepflanzt, dass sie in ihrer Farbenpracht an einen Regenbogen oder das Polarlicht erinnern sollen. An der Halde steht das Großbild ›Die friedliche Nutzung der Kernenergie‹ von Werner Petzold. Markantester Zeitzeuge des Uranabbaus ist der **Förderturm** der Schachtanlage Drosen. Er wird von einer großen Dohlenpopulation als Brutkolonie genutzt.

Nöbdenitz

Im Dorf Nöbdenitz zwischen Posterstein und Löbichau steht die **Tausendjährige Eiche**. Schätzungen zu ihrem Alter schwanken zwischen 700 und 2000 Jahren. Als älteste Stieleiche Europas steht sie im Guinness-Buch der Rekorde. Ihr Stamm hat einen Umfang von 12,7 Metern. Die Jahrhunderte sieht man der Stieleiche an. 1819 zerstörte ein Sturm die Hautkrone, seitdem ist der Baum nur noch 14 Meter hoch. Zudem wird er mit Gurten und Stützen gehalten. Eine etwas übertriebene Maßnahme, wie einige Einheimische finden, die früher als Kinder noch in dem Baum gespielt haben: Schließlich habe der Baum, dem seit über 500 Jahren auch der Schwefel-

Die Tausendjährige Eiche

sporling zusetzt, die Zeit auch ohne diese Maßnahmen überstanden. Als 2014 auch noch ein Gutachten auftauchte, in dem wegen nicht zu gewährleistender Verkehrssicherheit eine Fällung empfohlen wurde, gingen die Nöbdenitzer auf die Barrikade. Ein Aktionsbündnis zur Rettung des Baumes wurde gegründet. Im Innern des hohlen Stammes ist der Geheimrat und Minister am Gotha-Altenburgischen Hof, Hans Wilhelm von Thümmel, begraben. Eine solche Begräbnisstätte ist in ganz Deutschland einmalig.

Im **Pfarrhof** direkt neben der Eiche kann man picknicken. In der Kultur- und Bildungswerkstatt ›Hans Wilhelm von Thümmel‹ befindet sich eine kleine **Heimatausstellung**. Am Teich hinter der Dorfkirche steht noch das **Alte Herrenhaus** des Rittergutes Nöbdenitz. Es ist heute Sitz des Gemeindeamtes. Das Neue Herrenhaus hingegen wurde in den 1960er Jahren abgerissen.

i Gera und Umgebung

Vorwahl: 0365.

Gera Information im Burgkeller, Am Markt 1a, Tel. 8381111; Mo–Fr 9–18, Sa 9–15 Uhr. Aufgang zur Aussichtsplattform auf dem Rathausturm. Führungen zu Höhlern, zu den Geraer Villen, verschwundenen Dörfern durch die Wismut und vieles mehr, großer Souvenirshop (u.a. Geraer Höhlerbier oder Häußler Bitterlikör). www.gera.de

Stadtinformation Ronneburg, August-Bebel-Str. 4, Tel. 036602/23044; Di und Do 10–12 und 14–18, Fr 9–12 Uhr. www.ronneburg.de

Victor's Residenz Hotel, Berliner Str. 38, Tel. 43440. Businesshotel mit Pool und Sauna bei der Innenstadt; EZ ab 64, Dz ab 78 €. www.victors.de

Hotel Restaurant Zwergschlösschen, Untermhäuser Straße 67/69, Tel. 53078. Familiengeführtes Hotel in einer schmucken Villa am Geraer Stadtwald mit Flussblick; EZ ab 55, DZ ab 80 €. www.hotel4you.de

Pentahotel, Gutenbergstr. 2a, Tel. 29090. Modernes, zentral gelegenes Hotel mit Fitness und Sauna; Zi ab 54 €. www.pentahotels.com

Gewürzmühle, Clara-Viebig-Str. 4, Tel. 824330; EZ ab 60, DZ ab 82 €. www.hotel-gewuerzmuehle-gera.de

The Royal Inn Regent, Schülerstr. 22, Tel. 91810. Vier-Sterne-Hotel in Gera-Süd im englischen- und Landhausstil; EZ ab 51, DZ ab 66 €. www.gera.the-royal-inn.de

Hotel am Galgenberg, Laasener Str. 108, Tel. 8370. Ruhig gelegen, in fußläufiger Lage zum Zentrum; EZ 43, DZ 53 €. www.hotel-galgenberg.de

Gasthof und Pension Frankenthal, Frankenthaler Str. 74, Tel. 826660. Hübsche Pension in einem Fachwerkhaus, in ruhiger Lage hinterm Stadtwald, schöner Biergarten; EZ ab 35, DZ ab 48 €. www.gasthof-frankenthal.de

Collis am Gessenbach, Collis 2, Tel. 31958. Hotel, einfaches Gasthaus und Café mit Biergarten an einem Bauerngarten, schöner Spielplatz im hauseigenen Park, Bett+Bike-Partner; EZ ab 26, DZ ab 42 €. www.gasthaus-kutschbach.de

Waldmeisterei, Am Stadtwald 4, Tel. 77329820. Tolles Haus mit gutem Restaurant, helle große Zimmer und Kochnische, schöner Lage am Zoo; EZ ab 39, DZ ab 52 €. www.waldmeisterei.de

Apart Hotel, Hofer Str. 12d, Tel. 82150. Im Südwesten hinter dem Geraer Stadtwald, idyllisch gelegen, kleine Sauna; EZ 41, DZ 65 €. www.gera-hotel.com.

Elegant-Hotel Zur Burg, Dorfstr. 13, Posterstein, Tel. 034496/6510. Urig, ritterliches Ambiente in einem historischen Stallgebäude mit Restaurant, Biergarten und Fahrradverleih; EZ 55, DZ 70 €. www.hotel-posterstein.de

▶ Karte S. 400/423

Wohnmobilhafen im Gessental, Gessentalstr. 7, Tel. 732060. Guter Platz, direkt am Gessenbach im Naturschutzgebiet gelegen. 12–15 € pro Nacht. www.gessenpark.de

Campingplatz am Strandbad Aga, Reichenbacher Str. 14, Gera-Aga, Tel. 036695/20209. Schöner Platz am Naturbadesee ca. 10 km nördlich von Gera. www.thueringencamping.de

Frank's Burger Licious BBQ, Sächsischer Bahnhof, Erfurtstr. 19, Tel. 51335744. Burger, Fries und anderes, was vom Grill kommt. www.franks-burger-licious.de

Comma, Heinrichstr. 47, Tel. 77368886. Gute Burger, regelmäßig Live-Musik und Partys. www.comma-club-gera.de

Markt 1, Markt 1, Tel. 2147144. Im historischen Rathaus, imposante Inneneinrichtung. Gutes Steakhaus und Thüringer Küche. www.markt1-gera.de

Köstritzer Bierhaus, Schlossstr. 10, Tel. 77337150. Modernes Restaurant im Stadtzentrum mit allen Sorten von Köstritzer Bier, typische Brauhausspeisen mit regionalen Zutaten. Fr Live-Veranstaltungen. www.koestritzer-bierhaus-gera.de

Waldgaststätte Kuckucksdiele, Wilhelm-Herfurth-Str. 11, Tel. 25685. Ausflugslokal mit bäuerlich-ländlichem Ambiente am Stadtwald. Verschiedene Stuben und Innenhof, Biergarten und Kinderspielplatz. Wildgerichte, Spanferkel und gute regionale Küche. www.kuckucksdiele.de

Waldmeisterei, Am Stadtwald 4, Tel. 77329820. Modernes Lokal mit überdachter Terrasse am Tierpark im Grünen, Thüringer- und Mittelmeerküche, große Getränkekarte, auch Cocktails. Es gibt auch Zimmer für Übernachtungen. www.waldmeisterei.de

Grünspecht, Friedrich-Engels-Str. 9, Tel. 7737010. Restaurant und Weinlokal mit leckeren und optisch kreativ präsentierten Speisen wie Mediterranem, Burgern, Klößen oder Dry Age Steaks. www.restaurant-gruenspecht.de

Paulaner Wirtshaus, Clara-Zetkin-Str. 14, Tel. 20449490. Brauhaus mit Biergarten, Oktoberfest und Almhütten im Winter. www.paulaner-wirtshaus-gera.de

Waldgaststätte Jagdhof, Schloßallee 15, Tel. 23288. Tolles Ausflugslokal oben im Stadtwald hinter Schloss Osterstein, gutes Essen wie Wild und Thüringisches zwischen Geweihen und Holzvertäfelung. www.jagdhof-gera.de

Lummersches Backhaus, Gries 1, Tel. 77316959. Beste Lage der Stadt direkt an Heinrichsbrücke und Elster. Klein, stilvolles Ambiente, große kulinarische Kreativität auf klein gehaltener Karte. Man legt Wert auf Qualität und Nachhaltigkeit. Die wohl beste gastronomische Adresse in Gera. www.lummersches-backhaus.de

Szenario, Theaterplatz 1, Tel. 8279118. Im Theater Gera, gehobene italienische Küche, gutes Angebot an Fleisch und Fisch. www.szenario-gera.de

Commode am Steg, Heinrich-Heine-Str. 2, Tel. 7730773. Gutes mediterranes und regionales Essen in gemütlicher uriger Atmosphäre, regelmäßig Tanz und Veranstaltungen. www.commode-am-steg.de

Landgasthof Löbichau, Am Hain 25, Löbichau, Tel. 034496/22349. Sehr beliebtes, stilvoll-modern eingerichtetes Restaurant mit Steaks und Fischgerichten, So gibt es Traditionelles. Schöner schattiger Biergarten. Ohne Reservierung bekommt man hier sonntags kaum einen Platz. www.landgasthof-loebichau.de

Café Kanitz, Markt 3, Tel. 22605105. Toll gelegenes Café mit Deftigem und Süßem.

Café Mittendrin, Laasener Str. 6, Tel. 22768180. Kleines hübsches Café mit gutem Kaffee, selbstgemachten Kuchen, Limonaden und belegten Brötchen. www.cafe-mittendrin-gera.de

Caféhaus Sternberger, Gutenbergstr. 8, Tel. 77369030. Hat laut Aussage von Einheimischen die besten Torten der Stadt.

Clubzentrum Comma, Heinrichstr. 47, Tel. 619113. Das Kleine Haus des Kulturzentrums. Die gesamte Palette an Veranstaltungen, Konzerten, Filmen. Nettes Restaurant und Bar mit Partys. www.comma-club-gera.de
Wunderbar, Humboldtstr. 31, Tel. 26020. Langjährig etablierte Lokalität mit guten Cocktails. Beliebt bei Einheimischen und Künstlern. Hat lange geöffnet und ist daher Anlaufpunkt nach Kulturveranstaltungen.
Metropol, Leipziger Str. 24, Tel. 20448460. Umfassend restauriertes Programmkino und Kinokneipe von 1919. Filmgespräche, kein Popcorn, keine Werbung. www.metropolkino-gera.de
Tanz- und Ballhaus Wallhalla, Friedrich-Naumann-Platz 3, Tel. 8005279. Tanzkurze, Familientanz, Bälle und Discos. Im Haus befindet sich auch das Restaurant Rübezahl. www.tanzschule-schulze.de

Otto-Dix-Haus, Mohrenplatz 4, Tel. 8324927; Mi–So 12–17 Uhr. www.gera.de
Stadtmuseum, Museumsplatz 1, Tel. 8381471; Mi–So 12–17 Uhr. www.gera.de
Museum für Angewandte Kunst, Greizer Str. 37, Tel. 8381430; Mi–So 12–17 Uhr. www.gera.de
Museum für Naturkunde, Nikolaiberg 3, Tel. 52003; Mi–So 12–17 Uhr. www.gera.de
Geraer Höhler, Tel. Kasse 55249954 oder über Stadtmuseum (Tel. 8381471). Der Eingang befindet sich hinter dem Museum für Naturkunde im Schreiberschen Haus, Nicolaiberg 3, am Steinweg/Ecke Geithes Passage; Führungen Mi 13 und 15, Do–So 11, 13 und 15 Uhr. www.geraer-hoehler.de
Haus Schulenburg, Straße des Friedens 120, Tel. 826410; April–Okt. Mo–Fr 10–17, Sa/So 14–17 Uhr, Nov.–März Mo–Fr 10–16, Sa/So 14–16.30 Uhr. www.haus-schulenburg-gera.de
Kunstverein Gera, Markt 8/9, Tel. 8301884. Alljährlich mehrere Ausstellungen zu zeitgenössischer Kunst, auch Veranstaltungen. www.kunstverein-gera.de
Parkeisenbahn, Tel. 5522611; April–Okt. tgl. außer Mo und Fr 9.30–11.30 und 13–17 Uhr. www.parkeisenbahn-gera.de
Dahliengarten, Straße des Friedens/Ecke Rathenaustr., Tel. 8333811; Mai–Sept. tgl. ab 8 Uhr bis Einbruch der Dunkelheit, Eintritt frei. www.dahliengarten-gera.de
Hofwiesenpark und Küchengarten; April–Okt. tgl. 6–23 Uhr, Nov.–März 6–21 Uhr. Eintritt frei. www.hofwiesenpark-gera.de
M1 Kunstzone, Mohrenplatz 1, Tel. 8006175; Di–Fr 13–18, Sa/So 12–18 Uhr (Winterpause beachten). Selbst wenn man keine Kunst kaufen möchte, bekommt man in der Galerie den besten Einblick in die lokale Kunstszene. www.kunstzone-gera.de
Stadt- und Schulmuseum Ronneburg, Schlossstr. 19 (im Schloss Ronneburg), Tel. 036602/44566; Mi–So 11–17 Uhr. Heimatmuseum mit Stadtgeschichtlichem, Bauernstube, historischem Klassenzimmer, Stadtmodellen und Fotos, Sonderausstellung zur Geschichte des Mineralbades Ronneburg und Modellen von Dampfmaschinen. www.heimatverein-ronneburg.com
Wismut Objekt 90, Weidaer Str., Ronneburg, Tel. 0371/8120150; Do–So 13–17 Uhr. Über die jahreszeitlich bedingte Schließung im Winter bitte vorab im Internet informieren. www.bergbautraditionsverein-wismut.de
Schaubergwerk Ronneburg, Tel. 036602/937926. Das Schaubergwerk an der Bogenbinderhalle ist über die Rosa-Luxemburg-Str. zu erreichen, auch Veranstaltungen; Mi–So 10–16 Uhr. www.bergbauverein-ronneburg.de
Burg Posterstein, Burgberg 1, Tel. 034496/22595; März–Okt. Di–Sa 10–17, So 10–18 Uhr, Nov.–Feb. Di–Sa 10–16, So 10–17

▶ Karte S. 400/423

Uhr, Kirche auf Anfrage oder während der Gottesdienste.
www.burg-posterstein.de
Resurrektion Aurora, Kaiserlindenallee, Löbichau. www.resurrektionaurora.de

Theater & Philharmonie Thüringen, Theaterplatz 1, Tel. für Karten 8279105. Zusammenschluss der Bühnen der Stadt Gera mit dem Landestheater Altenburg, einziges Fünfspartentheater Thüringens. Vier Spielstätten: Theatersaal, Konzertsaal, Bühne am Park und Puppentheater. Zur TPT gehört auch die Theaterfabrik (www.theaterfabrik-gera.de).
www.tpthueringen.de
Kultur- und Kongresszentrum, Schlossstr. 1, Tel. 619333 oder 619315. Markantes sozialistisches ehemaliges ›Haus der Kultur‹ von 1977, kurz KuK genannt. Größter Veranstaltungsort Ostthüringens.
www.kukgera.de
Kabarett Lachgeschäft, Steinweg 1, Tel. 83506742. Seit 2015 bestehendes politisches Kabarett. www.lachgeschaeft.de
Kabarett Fettnäppchen, Am Markt 1, Tel. 23131. Drei Spielstätten: Kapellendorf, in Gera Okt-April Rathaushöhler und Mai-Sept Hofgut. Im Hofgutareal gibt es auch einen Biergarten, ein Café und ein Restaurant. Restaurant in Kapellendorf und Ausschank sowie Fettbemmen im Rathaushöhler. www.kabarett-fettnaeppchen.de
Aunhof Posterstein, Dorfstr. 9, Tel. 034496/23402.
www.kunstundkraeuterhof.de
Geraer Volksfest (Mitte–Ende Okt.), auf dem Festplatz am Hofwiesenpark, u.a. Riesenrad und weitere Fahrgeschäfte.
Hofwiesenparkfest (letztes Aprilwochenende). Zahlreiche Bühnen, großes Veranstaltungsprogramm für alle Altersgruppen, abends Lichterschwimmen und Ballonglühen. www.hofwiesenpark-gera.de
Tierpark- und Dahlienfest (Anf. Sept.), Musik und Veranstaltungen, Kinderprogramm. www.gera.de
Höhlerfest (Ende Sept./Anf. Okt.), im gesamten Geraer Zentrum. Mittelaltermarkt, Fahrgeschäfte, Buden und Veranstaltungen.
www.gera.de

Tierpark Gera, Straße des Friedens 85, Tel. 810127; März–Okt. 9–18 Uhr, Nov.–Feb. 9–17 Uhr, Dez–Jan 9–16 Uhr.
www.unser-waldzoo-gera.de

Botanischer Garten, Nicolaistr./Schillerstr.; Mai–Sept. 12–16.30 Uhr.

Gera ist eine traditionelle Hochburg des Radrennsports. Dessen bekanntester Vertreter ist wohl Olaf Ludwig. Hier lohnt ein Besuch der **Radrennbahn** in der Haeckelstr. 39. www.ssv-gera.de
Durch Gera führen der **Elster-Radweg** und der **Radweg Thüringer Stadtkette**.

Hofwiesenbad, Hofwiesenpark 2, Tel. 8384350. 50-m-Sportbecken, Sprungbecken, Freizeitbad mit Planschbecken und Saunabereich. www.hofwiesenbad-gera.de
Naturbad Kaimberg, Kaimberger Str., Tel. 36441. 7000 qm^2 Badevergnügen im Südosten im einzigen Freibad Geras. Planschbecken, riesige idyllische Liegewiese, Sandstrand, Kinderspielplatz und Beach-Volleyball-Platz.
www.naturbad-kaimberg.de
Strandbad Aga, Reichenbacher Str. 14, Tel. 036695/20209. Naturbadesee mit Strand, knapp 10 km nördlich von Gera.
www.thueringencamping.de

Kletterwald, Am Martinsgrund beim Tierpark, Tel. 0176/96884431.
www.kletterwald-gera.de
Skaten, Hinter dem Südbahnhof 8, Tel. 8321409. Inlinekurse unter professioneller Anleitung. www.rsv-gera.com

Das Vogtland

Die thüringischen Städte Schleiz, Greiz, Schmölln, Zeulenroda und Lobenstein gehören zum historischen Vogtland. Gera wird meist dazugerechnet, aber nicht immer. Das Vogtland mit seinen sanft abgerundeten Bergen und Tälern sowie tief eingeschnittenen Flüssen erstreckt sich heute über die Länder Sachsen, Bayern, Tschechien und eben Thüringen. Greiz wird als die ›Perle des Vogtlandes‹ bezeichnet.

Viele Stauseen gibt es im Vogtland. Sie wurden im letzten Jahrhundert als Wasserreservoire und für den Hochwasserschutz angelegt, einige von ihnen werden heute für Freizeit und Erholung genutzt und bereichern den Tourismus der Region ungemein. Zunehmend wird das Vogtland bei Wanderern, und Radfahrern beliebt. Im Rahmen der BUGA wurden viele Bergbauflächen renaturiert, Wander- und Radwege angelegt. So kann man kleine idyllische Orte mit sehenswerten Kirchen und gemütlichen Gasthäusern und Bauerngärten entdecken. Die kurvenreichen und landschaftlich schönen Strecken sind ideal zum Rumkurven mit dem Motorrad.

Im Jahr 2009 beging die Region das Jubiläum ›800 Jahre Land der Vögte‹. Im 12. Jahrhundert entstand mit der Ostexpansion des Deutschen Reiches auch das Vogtland. Das Herrschaftsgebiet der kaiserlichen Landesverwalter reichte von Greiz bis nach Cheb in Nordböhmen, von Hof bis Reichenbach. Genannt wurde es Terra Advocatorum, Vogtland. Eine andere Bezeichnung für die Region ist Osterland. Der Name stammt von Ostland ab, dem damals östlichen Gebiet des Deutschen Reiches. 1209 wird der Titel des Vogtes erstmals urkundlich erwähnt. Gleichzeitig erfolgte auch die Teilung des zwischen Pleiße, oberer Saale und Regnitz gelegenen Vogtlandes in die Linien Weida, Greiz und Gera-Plauen. Die Niederlage im Vogtländischen Krieg von 1354 bis 1358 bedeutete den endgültigen Niedergang der vögtischen Macht. In dessen Folge endete die Unabhängigkeit der Vögte. Die Vögte von Weida, Gera, Plauen und Reuß von Plauen zu Greiz verloren ihre Landesherrschaft und wurden zu Lehnsträgern der böhmischen Krone und der Wettiner. Der Krieg markierte den Höhepunkt der Auseinandersetzungen der Vögte, die der Unterstützung des Raubrittertums beschuldigt wurden, und den im Auftrag Kaiser Karls IV. agierenden Wettinern. Der wahre Hintergrund war aber das Bemühen der Wettiner, ihren Machtbereich zu erweitern.

1531 starb die Linie der Vögte von Weida männlicherseits aus. Die Herren Reuß von Plauen zu Greiz und die von Gera wurden 1547, Im Schmalkaldischen Krieg, von den kaiserlichen Truppen Karls V. geschlagen und mussten sich unterwerfen. Kurze Zeit später, 1550, erlosch die Linie der Vögte von Gera ganz. Die ältere Linie der Vögte von Plauen, die ihre Hauptstadt Greiz verloren hatte, bekam diese auf kaiserlichen Erlass 1562 zurück. 1564 fand die zentrale reußische Landesteilung statt, in deren Ergebnis die Reuß älterer, mittlerer und jüngerer Linie entstanden. Die ältere Linie Plauen starb schließlich 1572 aus, die mittlere Line Reuß 1616. Die jüngere und ältere Linie Reuß, die zwischenzeitlich selbst in bis zu zehn Unterlinien zerfielen, regierten in den späteren Ostthüringer Herrschaftsgebieten als Reichsgrafen, später als Reichsfürsten von Reuß bis 1918, ab 1902 in Personalunion unter Führung der jüngeren Linie: Reuß älterer Linie von Greiz aus mit den Städten Zeulenroda

▲ Karte S. 400

und der Herrschaft Burgk im reußischen Oberland, Reuß jüngere Linie mit den Herrschaften Gera und Lobenstein sowie Schleiz und Saalburg im reußischen Oberland. Mit der Abdankung Heinrichs XXVII. am 10. November 1918 endete die Epoche des Fürstentums Reuß jüngerer Linie. Am 17. April 1919 schlossen sich beide Staaten zum demokratischen Volksstaat Reuß zusammen der am 1. Mai 1920 gemeinsam mit anderen thüringischen Staaten im neuen Bundesland Thüringen aufging.

Den Beinamen ›Reuß‹ bekam übrigens der zweite Sohn des Vogtes Heinrich I. von Plauen wegen seines langen Aufenthaltes in Russland und wegen seiner Ehe mit der aus einem russischen Fürstenhaus stammenden Maria Svihowska. Alle Vögte und die männlichen Vertreter von deren Nachfahren, des hochadligen Fürstengeschlechts der Reußen, führten und führen den Namen Heinrich, wohl nach Kaiser Heinrich VI., der die Reichsvogteien an sie verliehen hatte. Daher werden sie auch Hinrichinger genannt.

Weida

Seine Ersterwähnung 1209 macht Weida zur ältesten Stadt im Vogtland. Die in den zwei Flusstälern von Weida und Auma gelegene Kleinstadt ist die Wiege des Vogtlandes, das sich historisch über Sachsen, Bayern, Tschechien und Thüringen erstreckt. Die ersten von Kaiser Barbarossa als Verwalter seiner Reichswaldgebiete im Osten eingesetzten Vögte hatten ihren Stammsitz auf der Osterburg in Weida. ist die Osterburg.

Osterburg

Hauptattraktion im Ort und eine der bedeutendsten Sehenswürdigkeiten des Vogtlandes ist die auf einem Felsen zwischen den Flüssen Weida und Auma gelegene Osterburg. Die Anlage ist die Stammburg der Vögte, von denen sich auch der Name Vogtland ableitet. Ab 1163 begann unter Vogt Heinrich I. der Bau einer Feste auf einem aus dem 11. Jahrhundert stammenden slawischen Vorgängerbau, fertiggestellt wurde sie wohl um 1193. Die Burg bekam ihren Namen erst im 17. Jahrhundert. Abgeleitet ist er vom Namen der Region: Oster- oder Ostland. Die Vögte von Weida regierten von hier aus bis ins 14. Jahrhundert hinein das gesamte Vogtland. Aus dieser Zeit stammt der markanteste und älteste Teil der Burg, der 54 Meter hohe **Bergfried**. Er ist einer der mächtigsten und höchsten Burgtürme Deutschlands. Seine Mauern im unteren Bereich sind 5,70 Meter dick.

1427 gingen die Besitztümer des Vogtes von Weida einschließlich der Osterburg als Folge der Niederlage im Vogtländischen Krieg und massiver finanzieller Probleme in den Herrschaftsbereich der Wettiner über. Nach heftigen Zerstörungen während des Dreißigjährigen Krieges 1633 wurde die Osterburg zwischen 1667 und 1717 auf Initiative von Herzog Moritz von Sachsen-Zeitz unter Einbeziehung früherer Bausubstanz im Stile der Renaissance und des Barock wieder auf- und umgebaut.

Heute präsentiert sich die Osterburg als abwechslungsreiches Kulturzentrum mit Museum, Gärten, Gastronomie, Galerie und Räumen für Künstler und Veranstaltungen. Geheiratet werden kann hier auch – gern mit anschließender Feier im Gefängnisgarten.

Vom Aussichtspunkt im mittelalterlichen **Wurzgarten** und von der **Stadtblickterrasse** am Neuen Schloss hat man die schönsten Ausblicke auf Weida und Umgebung. Und auch für das weitgehend leerstehende **Neue Schloss** hat man mit dem ›Wissensschloss – Kinder auf die Burg‹ spannende Pläne für die

Die Osterburg war der Stammsitz der Vögte und ihres Vogtlandes

Zukunft. Der Wurzgarten war mit weiteren neu gestalteten Außenanlagen der Burg ein Außenprojekt der BUGA 2007. Im **Höfischen Lustgarten** wurde eine Naturbühne errichtet und der **Gefängnisgarten** für die Durchführung von Kleinveranstaltungen gestaltet.

Einen schönen Blick auf die Burg hat man von der Felskante oberhalb der Burg: einfach 100 Meter die Straße an der Burg nach oben laufen und dann links auf einen schmalen Waldpfad einbiegen. Nach einigen hundert Metern erreicht man einen **Aussichtspavillon** an der steilen Abbruchkante.

Kurfürst August der Starke befahl 1745 auch die Einquartierung seiner in Ungnade gefallenen Mätresse Gräfin von Cosel in das Schloss. In Vorbereitung dazu wurden einige Abrisse und Umbauten veranlasst. Die Umsiedlung ist aber nie erfolgt, weil die Preußen die besetzte Burg Stolpen inzwischen wieder freigegeben hatten.

Im **Museum** in der Burg geht es um die Geschichte des Vogtlandes und der Stadt. Beschrieben werden auch wichtige Gebäude Weidas sowie die Industriegeschichte der Stadt. In der Ausstellung steht auch ein stattliches Modell der Osterburg. Des Weiteren geht es um das Thema Gerichtsbarkeit, denn die Feste war vom 15. Jahrhundert bis 1949 Gerichtssitz und Gefängnis. Dargestellt wird

Karte S. 400

die letzte Hinrichtung in Weida aus dem Jahr 1833. Und das alles im Ambiente einer originalen historischen Gefängniszelle. In einem Lapidarium sind historische Grab- und Wappenplatten ausgestellt.
Im Museum steht auch die Atomuhr der DDR. Nach der Wende fristete sie in irgendeinem Keller ihre Sekunden und wäre wohl verschrottet worden, hätte das Museum sich ihrer nicht angenommen. Um die Atomuhr herum werden verschiedene thematische Ausstellungen organisiert.
Im Burgturm befindet sich das 360°-Museum. Ein äußerst anschaulich gestalteter Film zum Thema ›Die Geschichte des Vogtlandes und des Adelgeschlechts der Reußen‹ wird dabei direkt an die historischen Mauern projiziert. Unter der 360°-Präsentation befindet sich eine kleine Archäologieausstellung. Im Turm befindet sich auch eine Ausstellung zum Bergfried selbst. Im oberen Teil des Turms befindet sich die original erhaltene Türmerstube. Sie wurde bis 1917 bewohnt. Zwischen Mai und September wird einmal im Monat eine begleitete Turmbesteigung bis zum dritten Zinnenkranz, also bis fast ganz nach oben, angeboten. Vier fitte und schwindelfreie Personen ab 18 können sich dann den mit Abstand besten Blick von der Osterburg erkämpfen.
Auf der Osterburg spielt die Sage vom Zimmermann aus dem 17. Jahrhundert. Ein betrunkener Juncker hat es auf die Geliebte des Zimmermanns abgesehen. Unter einer Eiche im Hof der Osterburg kommt es zum Kampf. Dabei fällt der Juncker auf seine eigene Waffe und stirbt. Der Zimmermann wird zum Tod verurteilt. Daraufhin bittet dessen Geliebte bei Herzog Moritz mit Erfolg um Gnade. Der Herzog befiehlt dem Zimmermann, aus der großen Eiche im Burghof eine riesige Wendeltreppe zu fertigen. Zu bewundern kann man das handwerkliche Meisterwerk noch heute – in der Anna-Amalia-Bibliothek in Weimar – Goethe war seinerzeit der Meinung, sie passe dort viel besser hin. Die Stelle auf der Osterburg, an der sich die Geschichte zugetragen haben soll, ist heute mit einer jungen Eiche markiert.

■ Zentrum

In der Altstadt gibt es einige sehenswerte Gebäude wie das **Renaissance-Rathaus**, die **Stadtkirche Sankt Marien** oder die Ruinen der **Widenkirche** und **Peterskirche**. Innen wie außen sehenswert ist das 1928 vom Saalfelder Architekten Dr. Alfred Görstner entworfene **Gebäude in der Neustädter Straße 2**, das nach umfassender Sanierung im Jahr 2003 heute als Kultur- und Veranstaltungsort genutzt wird.
Früher waren in der Stadt Töpfer, Weber, Färber, Zeug- und Schuhmacher und Gerber angesiedelt. Einen Eindruck von letzteren bekommt man im **Schaudenkmal Lohgerberei**. Ab Mitte des 19. Jahrhunderts entwickelte sich in Weida aus einer jahrhundertealten Tradition der Gerber und Schuhmacher heraus die industrielle Lederherstellung und -verarbeitung. Die Gerberei Friedrich Francke direkt am Fluss Weida wurde 1844 gegründet und bestand bis 1992. Zu sehen gibt es eine vollständig erhaltene Fabrik mit funktionierendem Maschinenpark und Aroma von Gerberlohe sowie ein dazugehöriges Museum im benachbarten ehemaligen Wohnhaus der Familie Francke. Vorgeführt werden alle Arbeitsschritte zur Herstellung von Leder. Präsentiert wird auch die Geschichte der Leder- und Schuhherstellung in Weida.
Das Fachwerkgebäude und technische Denkmal **Eisenhammer** ist eines der ältesten erhalten gebliebenen Hammerwerke Thüringens. Es ist in Privatbesitz und normalerweise nur am Tag des Denkmals

geöffnet. Wenn man bei den Bewohnern klopft und ganz nett fragt, kann man auch schon mal außerhalb dieses Ereignisses einen Blick auf den Liebsdorfer Eisenhammer werfen.

Schwedeneiche

Die etwa 500 bis 800 Jahre alte Schwedeneiche, eine Stieleiche, ist ein prächtiges Exemplar und wurde, im Gegensatz etwa zur Eiche in Nöbdenitz, über die Jahrhunderte nicht dermaßen von den Naturgewalten getroffen. Sie verfügt daher über eine ausladende Krone. Aber auch sie ist nicht mehr die jüngste und muss inzwischen gestützt werden. Sie liegt am Ortsrand in Krähenholz, ist 26 Meter hoch und hat einen Stammumfang von knapp über sieben Metern. An der Eiche steht ein Gedenkstein mit der Innschrift: ›Wegezeichen zur Erinnerung an schwedische Hilfe 1644‹. Das schwedische Heer eroberte im Dreißigjährigen Krieg die Stadt zurück und spendete beispielsweise auch das Geld, mit dem die Marienkirche nach dem Stadtbrand von 1633 renoviert wurde. Der Baum steht an der Ecke Oststraße/Am Krähenholz.

Eisenbahnviadukt

Auch Weida hat sein Viadukt, wenn auch nicht ganz so spektakulär wie die im nahen Göltzsch- und Elstertal. Das **Oschütztalviadukt** ist von 1884, aus Eisen, 28 Meter hoch und 185 Meter lang. Bis 1983 fuhren darauf Züge.

Aumatalsperre

Bewaldete Ufer und Badewiesen, in der Mitte eine Insel: die Aumatalsperre im Südwesten ist das Naherholungsgebiet der Weidaer. Hier liegt der **Campingplatz Weida**, ein Naturcampingplatz, mit der Wanderherberge ›An der Aumatalsperre‹. An der Talsperre gibt es einige leichte Wanderwege, um sie herum führt ein Rundwanderweg.

Naturschutzgebiet Frießnitzer See-Struth

Von einem großen **Vogelbeobachtungsturm** am Frießnitzer See beim gleichnamigen Ort kann man unter anderem brütende Vögel wie Rohrweihe, Höckerschwan, Wasserralle, Sumpfrohsänger und zahlreiche Entenarten beobachten. Der See, eigentlich ein Teich, wurde künstlich angelegt. Die Feuchtwiesen drumherum werden von Wasserbüffeln gepflegt.

Der Markt mit dem Rathaus

▲ Karte S. 400

Eine der letzten überdachten Holzbrücken Deutschlands

Wünschendorf

An der Mündung des Flusses Weida in die Weiße Elster liegt die Gemeinde Wünschendorf. Sie gilt als »Pforte zum Elstertal«. Das gesamte Elstertal zwischen Greiz und Wünschendorf ist Flora-Fauna-Habitat und Vogelschutzgebiet. In den abwechslungsreichen Lebensräumen kommen auch viele seltene Pflanzen- und Tierarten vor wie etwa Großes Mausohr, Mopsfledermaus, Fischotter, Kammmolch und verschiedene Insekten- und Reptilienarten. Auch Wildkatze, Schwarzspecht oder Schwarzstorch sind im Elstertal heimisch. Der Gänsesäger hat hier sein einziges Thüringer Brutgebiet. Die Gegend ist perfekt zum Wandern, Paddeln oder Angeln. Und auch Kulturinteressierte kommen auf ihre Kosten.

Holzbrücke

Unweit der Mündung der Weida führt eine vollständig überdachte, holzschindelgedeckte und bereits leicht windschiefe Holzbrücke über die Weiße Elster. Die Brücke von 1786 ist 71 Meter lang, 4,30 Meter breit und eine der wenigen in Deutschland erhalten gebliebenen ihrer Art. Man kann sie noch immer mit dem Auto befahren.

Veitskirche

Im Ortsteil Veitsberg befindet sich am Kirchplatz Wünschendorf-Veitsberg auch die Veitskirche. Sie ist über 1000 Jahre alt und somit die älteste auf dem Territorium des historischen Vogtlandes. Ihr ältester Teil ist die **Ottonische Kapelle**, die aus seiner ehemaligen Burgkapelle entstand. Das im 16. Jahrhundert zum markanten Glockenturm hinzugefügte **Portal** stammt ursprünglich aus dem Kloster Mildenfurth. Im Inneren finden sich Kostbarkeiten wie der **Dreiflügelaltar** von 1480 oder zwei **Glasbilder** aus der Zeit um 1200. Sie gelten als die ältesten Glasmalereien der Welt.

Endschütz

Mitten im Dorf liegt das noch vollständig erhaltene **Rittergut** mit seinem klassizistischen Herrenhaus. Am Leben gehalten wird dies alles von nur einer Dame, die eine Vorliebe für Vintage hat. Sie betreibt auch die Tenne mit Wiesencafé.

Kloster und Schloss Mildenfurth

Der Ursprung des Klosters Mildenfurth geht auf eine Stiftung durch Heinrich II. den Reichen, Vogt von Weida, zurück, der bis zu seinem Tod um 1209 über das gesamte Vogtland herrschte. Am Zusammenfluss von Weida und Weißer Elster gründete er 1193 das Kloster Mildenfurth als eines der ältesten im Vogtland. 300 Hektar Land wurden vom Konvent aus verwaltet. Nach der Reformation wurde die aus dem frühen 13. Jahrhundert stammende spätromanische Stiftskirche ab 1617 in ein Schloss transformiert. Später wurde Mildenfurth als Kammergut genutzt. Die gelungene Metamorphose von einem Gotteshaus in ein Schloss macht die Anlage so besonders. Kloster Mildenfurth gilt als einer der schönsten romanischen Sakralbauten in ganz Thüringen. Im Kloster gibt es eine **Ausstellung** zur Geschichte von Kloster und Schloss. Hier finden auch zahlreiche Kulturveranstaltungen statt. Im ehemaligen Klostergarten stehen Skulpturen von Volkmar Kühn.

An der **Gondelstation** an der südlichen Seite der Weißen Elster kann man Boote ausleihen, die meisten Gäste fahren mit dem Ruderboot hinüber zum Märchenwald. Die **Kanu-Scheune** ist die Ankunftsstation für Touren mit Kanadiern, die normalerweise in Berga beginnen. In der Scheune besteht sogar die Möglichkeit, sich sein eigenes Kanu zu bauen.

Im **Märchenwald** am Kamnitzbach, südlich von Wünschendorf, stehen im Sommerhalbjahr knapp 20 bewegliche, von kleinen Wasserrädern durch den Bach angetriebene sogenannte Wasserspiele. Es sind Meisterwerke der Mechanik. Einige sind über 80 Jahre alt. Die Holzmodelle stellen Szenen aus bekannten und weniger bekannten Märchen und Sagen dar.

Weida und Wünschendorf

Vorwahl: 036603.

Weida-Information, Petersberg 2 (in der Stadtbibliothek), Tel. 54181; Di–Fr 9–12 und 13–18, Sa 9–12 Uhr. www.weida.de

Adler Golf- und Tagungshotel, Großebersdorf 22, Harth-Pöllnitz. Tel. 036607/5000. Reizvoll gelegenes Haus mit historischen und modernen Elementen. Das Hotelrestaurant wird vom Gault-Millau empfohlen; EZ ab 55, DZ ab 70 €. www.thueringen-tagungshotel.de.

Pension Zur Altstadt, Untere Str. 2, Weida, Tel. 42577. Modern und passabel eingerichtete Zimmer in historischem Ambiente. Restaurant, Sauna, Kosmetikbehandlungen und Mietwagenbuchung. www.zuraltstadt.de

Zur Altstadt, Untere Str. 2, Weida, Tel. 42577. Traditionell eingerichtete Gaststube mit Biergarten, vorwiegend traditionelle Thüringer Gerichte zu günstigen Preisen. www.zuraltstadt.de

Waldi's Lindenhof, Hohe Str. 4, Weida, Tel. 62792. Familie Tröger ist mehrfacher Gewinner des Kloßvogts – das sagt eigentlich schon alles.

Märchenwaldbaude, Fuchstalstr. 14, Im Märchenwald Cronschwitz, Tel. 036603/607981. Deftig und günstig. www.maerchenwald-baude.de

Clodramühle, Dorfstr. 37, Clodra, Tel. 036623/2300. Idyllisch gelegenes Ausflugslokal. Die Clodramühle war bis 1954 in Betrieb und bezieht ihren Strom noch heute aus der Wasserkraft. 50 m weiter befindet sich auch eine Schafzucht mit Wollverarbeitung und Schafskäserei. www.clodramühle.de

Campingplatz An der Aumatalsperre, An der Aumatalsperre 1, Tel. 62561. Campieren und Zelten im Grünen mit direktem Wasseranschluss und Insel. Auch Bungalows, Mobilheime und eine Wanderherberge, Ruderbootverleih und zahlreiche weitere Angebote für Kinder, Sport und Freizeit. Der Naturcampingplatz bekam sowohl von ADAC als auch Deutschem Tourismusverband jeweils 4 Sterne und gehört zu den besten in Thüringen. Das Abenteuerland Thüringen direkt neben an bietet individuelle Outdoor-Events für Gruppen an. www.campingplatz-weida.com

Landbäckerei Treibmann, Crimla Nr. 19, Crimla, Tel. 62671. Hauptquartier von Alexandra Treibmann, Hier entstehen tolle Backwaren und Kunstwerke wie die Torten, Patisserien, Pralinen und Kuchen.

▶ Karte S. 400

Diese Leckereien bekommt man auch im Café im Küchenhaus sowie einigen weiteren Verkaufsstellen wie etwa in Gera. www.treibmann-crimla.de

Café und Bäckerei Fehre, Mittelstr. 1, Weida, Tel. 62208. Seit über 1747 in Weida und somit traditionsreichste Einrichtung dieses Handwerks in der Stadt. U.a. die berühmten gebrannten Mandeln und Weidaer Makronen-Elisenlebkuchen.

Café Sieben, Kanalstr. 7, Weida, Tel. 44233. Schnuckeliges gemütliches Café mit romantischem kleinem Hof. www.cafe-sieben-weida.de

Kinobar, Neustädter Str. 2, Tel. 42577. Cocktails im historischen Bürgerhaus. Die Bar wird von der Pension ›Zur Altstadt‹ betrieben.

Osterburg, Schlossberg 14, Tel. 62775; Museum Di–So 10–18 Uhr. Voranmeldung für die von Mai bis Sept. angebotene Turmbesteigung bis zum 3. Kranz unter 54110, Do–So und an Feiertagen 10–18 Uhr. www.osterburg-vogtland.eu

Lohgerberei, Untere Str. 6, Tel. 71350; Do–So 10–18 Uhr. www.weida.de.

Kloster Mildenfurth, Poststr. 8, Mildenfurth, Tel. 88245; keine festen Öffnungszeiten.

Veitskirche, Wünschendorf; Ende März–Okt. Mo–Sa 10–17, So 11–16 Uhr, Führungen und Turmbesteigungen jederzeit möglich (Anfragen über das Pfarramt, Tel. 036603/88519).

Märchenwald, Poststr. 8, Wünschendorf, Tel. 88245; Karfreitag–Ende Thüringer Herbstferien. www.wuenschendorf.de

Kanu-Scheune, Cronschwitz 3, Wünschendorf, Tel. 0175/3274974. Halbtagstouren mit Kanadiern von Berga über die historische Wassermühle Clodra nach Cronschwitz. www.kanuscheune-cronschwitz.de

Weidscher Kuchenmarkt (1. Septemberwochenende). Traditioneller Kuchenmarkt mit Markt und Bühnenveranstaltungen sowie Wahl der ›Weidschen Kuchenfrau‹.

Osterburgroute, 39 Kilometer langer Rundradweg zwischen Weida, Hohenleuben und Wünschendorf.

Gondelstation, Cronschwitz, Wünschendorf. Cronschwitz 12, Tel. 036603/87795; Ostern–Sept. Informationen über das Gasthaus ›Zum Klosterhof‹.

Sportpark Roter Hügel, Man kann im Freibad schwimmen, Golf, Minigolf und Tennis spielen, Bowlen, allen möglichen Ballsportarten nachgehen und im Wildgehege sogar Tiere beobachten. Die Anlagen sind teils privat oder werden von der Kommune beziehungsweise den Vereinen betrieben. Über Nutzungsmöglichkeiten informiert man sich am besten zuerst bei der Stadt oder den Vereinen: FC Thüringen Weida e.V. oder TuS Osterburg '90 Weida e.V. Geschäftsstelle Sportpark ›Roter Hügel‹, Grochwitzer Weg 60, Tel. 607838.

Freibad, Tel. 60158. 2003 neu gebautes Schwimm- und Freizeitbad. Wasserrutschen, Tischtennisplatten, Beachvolleyball. Für Kleinkinder gibt es ein Planschbecken mit Rutsche und Sprudelbad sowie einen Matschspielplatz. Die hauseigene Solaranlage sorgt auch an nicht ganz so warmen Tagen für eine gute Wassertemperatur. www.freibad-weida.de

Golfpark Burkersdorf, Golfclub Gera, Am Schafteich 3, Tel. 61610. 18-Loch-Anlage mit 6-Loch öffentlichem Platz an dem Burkersdorfer Teichen. Schnupperkurse und Übungsanlage. www.golfclub-gera.de

In der Burgruine Reichenfels

Hohenleuben und Umgebung

Hohenleuben ist mit rund 1500 Einwohnern eine der kleinsten Städte Thüringens. Einen Blick lohnt die **Stadtkirche** am Markt. Das Altargemälde ›Kalvarienberg‹ ist das größte erhaltene Gemälde des letzten Gothaer Hofmalers Paul Emil Jacobs. Im Gebäude befindet sich auch seit 1741 die Familiengruft des Adelshauses Reuß-Köstritz. Im Ort befinden sich auch der **Hofladen** und die **Käserei** der Familie Büttner. Die Mutter der drei jungen Büttnerbrüder ist Elsässerin und hat ihren Kindern so einiges beigebracht. Besonders lecker sind Schwarzbierkäse oder Bergkäse. Es gibt auch selbstgemachten Apfelsaft und Senf aus Kleinhettstädt.

Die **Burgruine Reichenfels** ist die einstige Burg der Vögte von Weida. Auf dem Areal wurde ein **Zaubergärtchen** mit alten Heilpflanzen und Kräutern angelegt. Von hier aus bietet sich ein imposanter Ausblick auf das Triebestal und die Täler und Höhenzüge der Umgebung.

Das **Natur- und Heimatmuseum Reichenfels** wurde 1825 vom Vogtländischen Altertumsforschenden Verein gegründet und präsentiert quasi dessen Arbeit. Im Laufe der Zeit hat man allerlei zur Regionalgeschichte, Naturkunde oder Geologie zusammengetragen. So kann man zahlreiche historische Exponate besichtigen. Es gibt eine Bibliothek mit 36 000 Büchern zu heimatgeschichtlicher Literatur. Darunter befinden sich auch Dokumente über den Bauerngeneral Georg Kresse, der aus der Gegend kam, hier lebte und auch starb. Man erfährt auch etwas über die Siedlung, die von der Jungstein- bis zur Bronzezeit am fast 90 Meter hohen Felsen Weiberstein an der Elster existierte. Im Burghof befindet sich ein Lapidarium.

Das **Hochzeits- und Eventhotel** Burgruine Reichenfels mit seinem Restaurant liegt direkt im Burgareal. Die **Talsperre**

▶ Karte S. 400

Hohenleuben staut das Wasser der Leuba und ist wirklich idyllisch. Man findet überall Liegewiesen und einen Bootsverleih, um die Talsperre führt ein Spazierweg. Überall wird gebadet, gern auch nackt, obwohl die Talsperre eigentlich nicht zum Schwimmen gedacht ist. Im Dorf Hain an der südöstlichen Ecke der Talsperre gibt es einen Strand mit Liegewiese, Bootsverleih und Floßfahrten.

Kühdorf

Die Romantikherberge ›Zum Gutsauszügler‹ in Kühdorf, östlich der Talsperre, ist eine bauerstubenmäßig eingerichtete antike ländliche Unterkunft in einem 200 Jahre alten Bauernhaus mit Kachelofenzimmer, Garten, Grillplatz und hauseigenem Angelteich. Die Gastgeber betreiben auch das kleine **Bäuerliche Traditionsmuseum** mit mehreren tausend Exponaten. Einige der Stücke sind im hauseigenen Antikhandel erhältlich. Es gibt auch ein kleines Café.

Zickra

Der **Kulturhof**, ein aufwendig renoviertes Gebäudeensemble, hat sich als Handwerks- und Kreativzentrum einen Namen erworben. Es verfügt über eine Bühne, wo verschiedene Veranstaltungen stattfinden, eine Galerie und eine Tischlerei/Drechslerei. Besonderer Beliebtheit erfreut sich der Kunsthandwerkermarkt.

Waltersdorf

Im **Museums- und Ferienhof** befinden sich Pension, HeuHotel, Scheunenwirtschaft und Museumsladen in einem alten Vierseitenhof. In der Scheune mit allerlei Musealem wird überwiegend mit regionalen Zutaten gearbeitet. Der Museumsladen mit original erhaltener historischer Ladeneinrichtung verkauft selbstgemachte Konfitüren, Tees, Eier, Wein, Senf und Kunsthandwerk. Im ehemaligen Kartoffelkeller ist heute eine Sauna untergebracht.

Hohenleuben/Umgebung

Burgruine Reichenfels, Reichenfels 2, 07958 Hohenleuben, Tel. 036622/829790. Hotel, Restaurant Do/Fr ab 15, Sa/So ab 9 Uhr. www.reichenfels.org

Gasthof Zur Fröhlichen Wiederkunft, Linda bei Weida, Tel. 036603/2544. Seit 1772 in Familienbesitz. Thüringische und vogtländische Küche. Spezialität sind Täubchen und mit Semmelbröseln gefüllte Klöße. www.froehliche-wiederkunft.de

Gasthaus Rotbuche Hohenölsen, Mühlenweg 6, Hohenölsen, Tel. 036603/62680. Für die kreativen regionalen Gerichte gab es den Kloßvogt. www.rotbuche-hohenoelsen.de

Talsperre Hohenleuben, Floßfahrten und Ruderbootverleih nach Voranmeldung unter Tel. 0170/3591904.

Museums- und Ferienhof Waltersdorf, Waltersdorfer Dorfstr. 41, Mohlsdorf-Teichwolframsdorf, Tel. 036623/20066; EZ ab 34, DZ ab 56 €. www.museums-und-ferienhof.de

Rittergut Endschütz, Endschütz 1, Tel. 036603/61699. www.rittergut-endschuetz.de

Kulturhof Zickra, Zickra 31, Berga, Tel. 036623/21369. www.kulturhof-zickra.de

Museum Reichenfels, Reichenfels 1a, Hohenleuben, Tel. 036622/7102; Di–Do 10–16, Sa/So 13–17 Uhr. www.museum-reichenfels.de

Bäuerliches Traditionsmuseum, Ortsstr. 20, Kühdorf, Tel. 036625/21021; Besichtigung nach Absprache. www.romantikherberge-oertel.de

Hofkäserei Büttner, Oststr. 2, Tel. 0172/3578564. www.hofkäserei-büttner.de

Greiz

Greiz weist für eine Stadt ihrer Größe eine erstaunliche Anzahl an historisch wertvollen Bauten auf. Die Stadt gilt als die ›Perle des Vogtlandes‹ und liegt reizvoll eingebettet in das enge Tal der Weißen Elster. Drumherum, vor allem nach Norden hin, erstrecken sich bewaldete Höhenzüge. Der Ort ist sehr sehenswert, gastronomisch muss die ›Perle‹ allerdings noch ein wenig aufpoliert werden. Und auch was die Lebendigkeit der Stadt und den architektonischen Zustand etwa des Oberen Schlosses betrifft, ist noch einiges zu tun.

Im Jahr 1209 fand die Stadt ihre erste urkundliche Erwähnung als Groytz, was slawisch ist und ›umhegter befestigter Platz‹ bedeutet. Greiz war seit 1306 im Besitz der Reußen. Die Fürsten Reuß älterer Linie wählten die Stadt zu ihrer Residenz. 1564 kam es zur Teilung dieser Linie in Untergreiz und Obergreiz. So entstanden zwei Residenzschlösser in einer einzigen Stadt. Greiz wirbt damit, Hauptstadt des einst kleinsten deutschen Fürstentums gewesen zu sein.

Die Tuchmacher- und Textilindustrie sowie die Kammgarnweberei waren über mehrere Jahrhunderte die prägenden Wirtschaftszweige. In Greiz sind ganze Straßenzüge mit Jugendstil- und Gründerzeitarchitektur bebaut. Auch der gesamte Landkreis verfügt über zahlreiche Beispiele bedeutender historischer Bausubstanz aus dem 19. und 20. Jahrhundert. Eine Broschüre mit über 50 der schönsten Vertreter an Villen, Bürger- und Geschäfts-

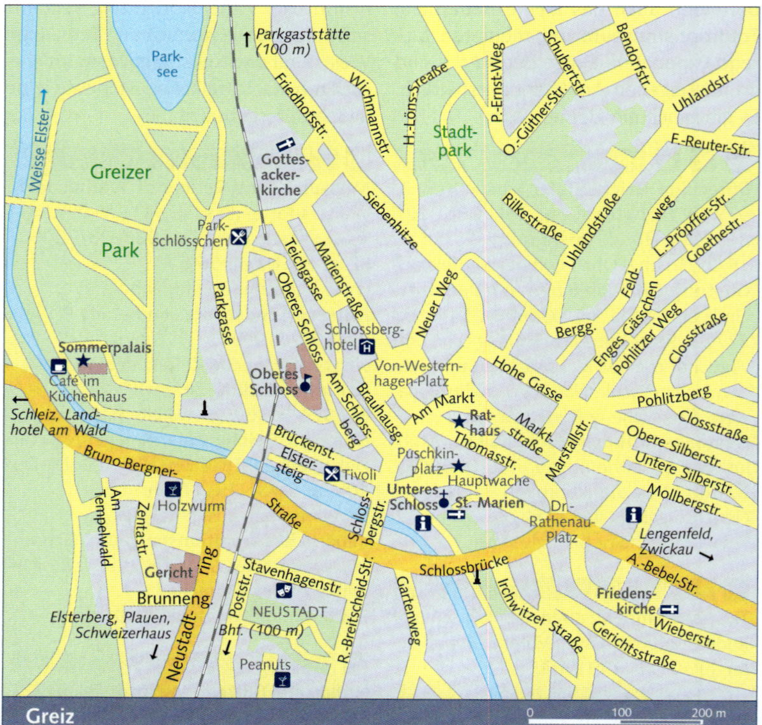

Oberes und Unteres Schloss, Stadtkirche und Lyzeum in Greiz

häusern ist in vielen Tourismusinformationen des Landkreises Greiz erhältlich. Der Bevölkerungsschwund war über die letzten Jahrzehnte beträchtlich. Hatte Greiz 1989 noch 35 000 Bewohner, so zählt man heute nur noch knapp 21 000. Die vielleicht bekannteste Persönlichkeit, die in Greiz geboren wurde, ist Ulf Merbold. Er war der zweite Deutsche im All, der erste – Siegmund Jähn – war Sachse. Weil er als Nicht-Parteimitglied in der DDR nicht Physik studieren durfte, floh Merbold 1960 über Berlin in die BRD. Seine ehemalige Schule in Greiz ist heute nach ihm benannt.

■ Unteres Schloss

Das klassizistische Ensemble aus Unterem Schloss, Hauptwache, Stadtkirche und Lyzeum steht unter Denkmalschutz. Es entstand nach dem schwersten Stadtbrand, dem von 1802, der alle Häuser der Innenstadt bis auf eines ebenso dahinraffte wie alle Stadttore und das Rathaus.

Das Schloss stammt von 1564 und wurde 1596 zum Schloss umgebaut. Nach der reußischen Herrschaftsteilung diente es der Linie Untergreiz als Residenz. Mit deren Aussterben übernahmen die Obergreizer, nun als Linie Gesamtgreiz beziehungsweise Reuß älterer Linie, ganz Greiz und zogen 1809 von ihrer bisherigen Residenz Oberes Schloss ins Untere Schloss. Nach dem Feuer von 1802 wurde es bis 1809 im klassizistischen Stil wieder errichtet und bekam seinen Zwiebelturm.

Die einstige Residenz wartet mit prunkvollen **Repräsentations- und Wohnräumen** der Fürstenfamilie auf wie etwa dem Festsaal oder dem Schlafzimmer der Fürstin Ida. Der Weiße Saal, der ehemalige Festsaal, ist der wohl schönste Raum im Schloss. Die Beletage wurde ab 1884 umgestaltet und ist in ihrer Raumstruktur vollständig und einheitlich erhalten. Es war bis 1918 Stammsitz derer von Reuß ältere Linie. Heinrich XXIV., Sohn des letzten regierenden Fürsten Heinrich XXII., bewohnte es noch bis zu seinem Tod 1927. Das prachtvolle Eisentor mit dem Reußer Wappen stammt von 1867.

Im **Museum** befinden sich eine ständige Ausstellung zu den Repräsentationsräumen der Reußen, wo die Fürsten ab

Das Untere Schloss, dahinter die Stadtkirche St. Marien

1809 bis zuletzt gewohnt haben, die Textilschauwerkstatt und die Musikschule. Die letzte Familie des Fürstenhauses wird vorgestellt. Es erfolgt auch eine ausführliche Darstellung des Fürstenhauses und seine Stellung im europäischen Adels- und Herrschaftssystem. Im Museum steht auch das Modell eines ›Freia‹, eines kurzzeitig in Greiz gefertigten Automobils.

In den Räumen der ehemaligen Hofküche, heute die **Textilschauwerkstatt**, geht es um die Geschichte der Textilindustrie in Greiz. Sie umfasst den gesamten Zeitraum von den Anfängen 1450 bis zu ihrem Ende in den Wendejahren. Die historischen Webstühle und Maschinen laufen noch und werden vorgeführt.

Im Unteren Schloss befindet sich auch die Tourismusinformation.

■ Stadtkirche St. Marien

Direkt an das Untere Schloss wurde 1805 die ehemalige Hofkirche angebaut. Ihr Vorgänger war 1802 in Mitleidenschaft gezogen worden, dabei verbrannte auch die Silbermannorgel gleich mit. Architekt der heutigen Kirche war Friedrich Schuricht, einer der bedeutendsten Baumeister des Klassizismus in Deutschland. Die heutige Orgel stammt vom Orgelbauer Kreutzbach. Sie wurde 1919 von Jehmlich aus Dresden umgebaut und zählt mit ihren 62 klingenden Registern seitdem zu einer der größten in ganz Thüringen. Im Innern der Kirche steht der goldene **Sarg von Heinrich VI.**, der 1697 in der Schlacht von Zenta gegen die Türken fiel. Die Kirche bietet Platz für fast 1000 Personen, ihr Turm ist 64 Meter hoch.

■ Lyzeum

Zum klassizistischen Gesamtensemble gehört auch das 1875 erbaute dreiflügelige Lyzeum. Das Gebäude dient noch heute als Schulhaus.

■ Altstadt

Zahlreiche prächtige Bürgerhäuser im Gründerzeit- und Jugendstil prägen die Altstadt von Greiz. Man findet sie vor allem in der Thomasstraße, Burgstraße und Marktstraße. Sie wurden überwiegend nach dem Stadtbrand von 1802 erbaut. Am dreieckigen Markt von Greiz

▶ Karte S. 446

steht das 1842 neu errichtete **Rathaus** im neogotischen Stil mit viereckigem Turm. Der Vorgängerbau aus dem 16. Jahrhundert brannte 1802 beim größten Greizer Stadtbrand ab. Seine Silhouette ziert heute noch das Greizer Stadtwappen.

Ein kleines Stückchen weiter am Puschkinplatz, steht das **Ratsstübel**, das einzige nach dem Brand von 1802 erhaltene Gebäude. Im Haus, das inzwischen auch wieder neu aufgebaut und damit kein Original mehr ist, befindet sich heute das Eiscafé Doimo. Um die Ecke, in der Brauhausgasse, steht das Geburtshaus des Komponisten, Dirigenten und Pianisten Bernhard Stavenhagen (1862–1914). Eine **Gedenktafel** erinnert daran.

In der 1818/19 im klassizistischen Stil erbauten **Hauptwache** saß bis 1866 das Wachkommando von Reuß-Greiz für Fürst und Anhang und bis 1918 das Geraer Infanterieregiment. Besonders sehenswert ist das große reußische Allianzwappen am Giebel über den Säulen des auch als ›Alte Wache‹ bezeichneten Gebäudes, ein viergeteiltes Schild mit zwei Löwen für Plauen und zwei Kranichen für die Besitztümer der Reußen in Kranichfeld bei Weimar. Eingerahmt wird das Wappen von einem Hermelin. Über allem thront die Reußische Krone. Die Hauptwache wird vom Standesamt als Trausaal genutzt.

An vielen Fassaden finden sich künstlerische Details

Der **Röhrenbrunnen** mit seinem achteckigen Wassertrog auf dem Kirchplatz an der Stadtkirche wurde 1820 erbaut und 1840 um den achteckigen Wassertrog erweitert. Es handelt sich um den einzigen erhaltenen historischen Brunnen eines einstmals umfassenden Wasser- und Brunnensystems in Greiz. Das Wasser für den Brunnen kam früher über Hölzröhren von der etwa drei Kilometer entfernten Adelheidsquelle.

Oberes Schloss

Die alte Reußenburg thront auf einem 50 Meter hohen Tonschieferfelsen oberhalb der Stadt und existiert wohl bereits seit dem 10. Jahrhundert. Erstmalig fand sie 1209 als Burg der Vögte von Weida und Plauen Erwähnung. Über Generationen wurde an- und umgebaut, so dass sich das Ensemble heute als Burg und Renaissanceschloss präsentiert. Man findet hier allerdings auch weitere Baustile vor: Romanik, Gotik, Barock und Rokoko. Mehrfach brannte die Anlage ab, das Feuer von 1540 ließ von der Alten Burg fast nichts übrig. Von 1564 an war das Obere Schloss Stammsitz der Herrschaft Obergreiz. 1768 starb die Linie Untergreiz aus. Der damals amtierende Obergreizer Heinrich XI. übernahm und wurde daraufhin Herrscher des vereinigten Reuß Älterer Linie. 1778 wurde er in den Fürstenstand erhoben, verschönerte und erweiterte seine Residenz beispielsweise um ein Torhaus, Rokokobauten im unteren Schlosshof und einen ›grünen‹ Schlossberg. Bis 1809 war das Obere Schloss Sitz der Herrschaft Reuß Älterer Linie- oder eher Obergreiz und bis 1918 Sitz der Fürstlichen Landesregierung des kleinsten selbständigen Bundesstaates im Deutschen Kaiserreich. Als Wohnsitz der Fürstlichen Familie diente nach dem Aussterben der Untergreizer das 1809 erbaute Untere Schloss. Mit der Abdankung des letzten Fürsten endete eine über 800 Jahre währende ununterbrochene Herrschaft.

Der Komplex besteht aus zwei Hauptflügeln, Torhaus, Amtshaus sowie Bergfried und Wartturm. Der markante **Ostflügel** mit seinen sechs Renaissancegiebeln aus dem 16. Jahrhundert könnte Vermutungen zufolge von Hieronymus Lotter stammen, dem Baumeister des Alten Rathauses in Leipzig. In dem riesigen Burgareal tauchen immer wieder Kostbarkeiten auf. So findet sich unter anderem ein freigelegter romanischer Rundbogen aus dem 13. Jahrhundert. 2005 entdeckte man eine romanische **Doppelkapelle**. Beim Besuch des Museums kann man diese besichtigen.

Der sechseckige **Schlossturm** mit seinem barocken Turm stammt von 1625 und gilt somit als ältestes noch erhaltenes Bauwerk von Greiz. Es ist nur im Rahmen einer öffentlichen Schlossführung begehbar, ebenso wie Gefängnis, Marstall, Schlossbrunnen und weitere Teile der Anlage. Die Tour dauert anderthalb bis zwei Stunden.

Im renovierten Schlosstrakt befindet sich der erste Teil der **Ausstellung Vom Land der Vögte zum Fürstentum Reuß älterer Linie**, der zweite ist im Unteren Schloss zu sehen. Die interaktiv und multimedial gestaltete Exposition zur Geschichte der Reußen und Region ab 1188 bis zum Anfang des 19. Jahrhunderts ist durch die zahlreichen Ausprobier- und Anfassmöglichkeiten auch für Kinder sehr interessant. So gibt es zum Beispiel das Modell einer mittelalterlichen Burg, einen Zeitreisefahrstuhl sowie einen 3-D-Film über die Reußen. Zum Bestand gehört auch ein vollständiger Stammbaum der Reußen. Allein schon wegen des Ausblicks auf Greiz vom ehemaligen Arbeitszimmer der Heinriche zahlt sich ein Besuch aus. Überhaupt hat man vom Oberen Schloss einen malerischen Ausblick auf Greiz.

▸ Karte S. 446

■ Fürstlich Greizer Park

Der zu Füßen des Greizer Schlossberges gelegene Garten ist ein wunderbares Beispiel für einen typischen spätklassizistischen Landschaftspark und ein komplexes Gesamtkunstwerk. Seine Ursprünge gehen auf einen Küchengarten zurück. Die 43 Hektar große Anlage mit ihrem alten und artenreichen Baumbestand zählt zu den bedeutendsten in Deutschland. Sie besteht aus einem älteren Teil von 1799 und einem neueren Teil, der nach 1873 angelegt wurde. Viele Bereiche des artenreich bepflanzten und künstlerisch gestalteten Fürstlich Greizer Parks sind weitgehend naturbelassen und spiegeln die damalige Philosophie eines Gartens als Schnittstelle zwischen Kultur und Natur wider. Die Anlage geht manchmal so nahtlos in die Natur der Umgebung über, dass man es gar nicht bemerkt. Im Gegensatz dazu wirken die Bereiche um das Sommerpalais mit ihren Schmuckbeeten sehr formal. Mit **Pleasureground** und **Blumengarten** bilden sie den Kernbereich des Parks. Der Park lebt von diesen Gegensätzen und vermittelt dadurch eine besondere Atmosphäre. Zuletzt wurde er 1873 nach den Entwürfen des Muskauer Gartendirektors und Pücklerschülers Carl Eduard Petzold umgestaltet. Petzold war der führende Gartenfachmann beim Muskauer Park. Die Umsetzung erfolgte durch seinen Schüler Rudolph Reine-

cken. Dieser wirkte insgesamt 50 Jahre als Gartenbaumeister hier.
Der ehemalige Binsenteich wurde zum **Parksee**. Er entstand mit dem Bau des 270 Meter langen 1873/74 gebauten Schlossbergtunnels. Die fünf kleinen Inseln wurden mit Bauschutt vom Tunnelaushub erbaut. Der See ist in seiner Form einem Eichenblatt nachempfunden. Die **Rotunde** im Park unweit des Sommerpalais entstand 1787 und ist jetzt Mahnmal für die im Ersten Weltkrieg Gefallenen.
Jede Stelle im Park eröffnet neue Perspektiven und Sichtachsen. Von einigen Stellen am Parkteich hat man einen schönen Blick ins Elstertal. Von hier kann man auch den Pulverturm auf dem Hang des Rothes und den Hirschsteinfelsen mit dem Weißen Kreuz sehen. Der umgekehrte Blick vom Weißen Kreuz auf Park, Teich und Greiz sowie die umliegenden bewaldeten Hänge ist vor allem im Herbst spektakulär. Der Park ist Wohnort für viele besondere Tiere, Insekten und Pflanzen. 216 dauerhaft oder temporär hier lebende Vogelarten konnten bisher nachgewiesen werden, 64 Arten davon brüten im Greizer Park. Ende Mai blüht der gesamte Park in rotviolett durch 30 000 Majalis-Orchideen. Parkführungen können über die Touristinformation gebucht werden.

Sommerpalais

Heinrich XI. Reuß älterer Linie, 1778 von Kaiser Joseph II. in den Reichsfürstentand erhoben, ließ das 1768/69 errichtete Sommerpalais im Park ab 1779 nach französischem Vorbild im Stile des Frühklassizismus von Louis XVI. zur Sommerresidenz umbauen. Es ist eines der wenigen Zeugnisse dieses Baustils in Thüringen. Fürst Heinrich nannte sein Sommerpalais ›Maison de belle retraite‹ – Haus des schönen Refugiums. Das auch als Fest- und Konzertgebäude genutzte Palais dient heute der **Staatlichen Bücher- und Kupferstichsammlung Greiz – Stiftung der älteren Linie des Hauses Reuß** als Ausstellungs- und Veranstaltungsräumlichkeit. Untergebracht sind hier das Kupferstichkabinett, die Bibliothek und das Satiricum – eigentlich bietet der Bau viel zu wenig Platz für einen so umfangreichen Sammelbestand. Eine sich über die gesamte Raumlänge erstreckende Fensterfront öffnet den

Das Sommerpalais im wunderbaren Fürstlichen Greizer Park

Gartensaal zum Park hin. Hier finden Ausstellungen und Konzerte statt. Der Greizer Bildhauer Carl Röder schuf die beiden Plastiken im Saal. Des Weiteren kann man die reich verzierten fürstlichen Repräsentationsräume mit ihren aufwendigen Tapeten und Wandbespannungen besichtigen. Die heutige Möblierung ist allerdings nicht original reußisch, sondern wurde mit den Jahren zusammengetragen, teils auch nachgebaut.

Der bedeutendste Teil der Sammlung stammt aus dem Nachlass der Tochter des englischen Königs Georg III. und späteren Landgräfin von Hessen-Homburg, Elisabeth. Die mehrere tausend **Kupferstiche** umfassende Kollektion befindet sich seit 1848 in Greiz.

Die **Buchsammlung** geht auf den Grafen Heinrich XI. zurück. Sie ist in den ehemaligen Wohnräumlichkeiten der Fürsten, dem Mezzaningeschoss, untergebracht. 1921/22 wurde die Bibliothek um den Bestand des Geraer Fürstlichen Gymnasiums Rutheneum erweitert. Heute umfasst die Büchersammlung 35 000 Bände aus dem 16. bis 21. Jahrhundert.

1975 als Nationale Karikaturensammlung der DDR gegründet, widmet sich das **Satiricum** heute der gesamten Republik. Dass das Museum in Greiz beheimatet ist, ist kein Zufall: In der DDR galt die Stadt als die heimliche Hauptstadt der Karikatur. Sein spezieller Sammlungsschwerpunkt macht das Museum einzigartig. Auch diese Sammlung geht auf zahlreiche historische Exponate aus fürstlichem Besitz zurück. Neben den fürstlichen Karikaturensammlungen vom 17. bis 19. Jahrhundert, unter denen sich viele englische Exponate der Landgräfin Elisabeth befinden, besteht der Hauptbestandteil der Kollektion aus Karikaturen und Pressezeichnungen aus der DDR. Ab 1990 wurde die Sammlung auf den gesamten deutschsprachigen Raum ausgeweitet. Sonderausstellungen sind einzelnen Zeichnern und Themen gewidmet. Seit 1994 findet auch die Triennale der Karikatur wieder statt. Sie knüpfen an die Tradition der Biennalen zur DDR-Karikatur an, die zwischen 1980 und 1990 stattfanden.

▸ Karte S. 446

Das **Küchenhaus** von 1790 unmittelbar neben dem Sommerpalais nahm früher die Hofküche auf, heute befindet sich hier ein wunderbares Café, das zwei Schwestern betreiben. Die eine kümmert sich um die Konditorei, die andere serviert preisgekrönten Kaffee – die Bohnen werden hier frisch geröstet. Die Meisterin Manuela Brandt ist mehrfach prämierte Kaffeesommeliere, die ihr Handwerk in Wien gelernt hat.

■ Greizer Neustadt

Am westlichen Ufer der Weißen Elster liegt das Gründerzeitviertel aus dem 19. Jahrhundert. Die Carolinenstraße ist mit ihrem nahezu geschlossenen Gründerzeithäuser-Ensemble die Prachtstraße des Viertels. Die Gebäude des Viertels wie die ehemalige Dresdner Bank, das Kaiserliche Post- und Telegrafenamt sowie weitere Villen und Stadthäuser zeugen vom einstigen Reichtum der Stadt.

■ Kulturverein Alte Papierfabrik Greiz

Fährt man von Greiz in Richtung Göltzschtalbrücke, kommt man an dem früheren Betriebsgelände einer Papierfabrik vorbei. Direkt an Flüsschen Göltzsch wird hier von engagierten Vereinsmitgliedern ein abwechslungsreiches Band- und Partyprogramm geboten. Parallel dazu werden Gebäude und Außenanlagen instand gesetzt. Die Einrichtung ist eine echte kulturelle Bereicherung in der Region für vor allem junge Leute. Es gibt auch Ausstellungen und sogar ein ›Papierfabrik Open Air‹. Das moderne Fabrikareal auf der anderen Uferseite ist noch immer eine Papierfabrik.

Rund um Greiz

Nördlich und nordöstlich von Greiz liegt der **Greiz-Werdauer Wald**. Das 6260 Hektar umfassende Landschaftsschutzgebiet ist nahezu geschlossen von Wald bewachsen. Zahlreiche Wandertouren führen zu markanten Punkten wie dem Weißen Kreuz oder der Teufelskanzel, die sich auf der linken Seite der Weißen Elster befindet, im Gommlaer Wald. Am bekanntesten ist jedoch **Waldhaus**. Das ehemalige Waldhufendorf ist Kreuzungspunkt zahlreicher Touren und bietet Gastronomie sowie ein **Tiergehege** mit 220 Tieren und Streichelgehege. Auch die Überreste des ehemaligen Jagdschlosses kann man noch sehen. In Waldhaus befindet sich auch ein Mausoleum, das der letzte regierende Fürste von Reuß Älterer Linie, Heinrich XXII., erbauen ließ. Heute findet man an dieser Stelle keine sterblichen Überreste mehr vor, dafür allerdings eine kleine Ausstellung zum Fürsten und seiner Familie sowie zum Mausoleum. Das Gebäude ist nur selten geöffnet. Die Zeiten erfährt man in der Tourismusinformation und im Internet.

Bauernmuseum Nitschareuth

Nitschareuth präsentiert sich noch heute als typisches vogtländisches Dorf aus dem 18. Jahrhundert. Der Ort hat einige historische **Drei- und Vierseitenhöfe** mit viel Fachwerk sowie einen vollständig erhaltenen denkmalgeschützten **Dorfanger** mit Teichen und einem kleinen Entenhaus darauf. Im Gehöft Nummer 13 befindet sich das **Bauernmuseum**. Eine Vielzahl traditioneller Gerätschaften, Bekleidung, Möbel und Haushaltsgegenstände wurden hier zusammengetragen. Der Museumsgarten zeigt Heil- und Küchenkräuter und Gemüse, es gibt auch einen kleinen Streuobstgarten. Das Museum bietet zahlreiche interessante Veranstaltungen an und das wunderbare Museumscafé leckeren selbstgebackenen Kuchen.

Das Steinicht

Das größte Klettergebiet des Vogtlandes und eines der schönsten Wandergebiete der Gegend um Greiz erstreckt sich nördlich von Rentzschmühle auf Thüringen und Sachsen. Es gehört zur

Die Göltzschtalbrücke liegt schon im sächsischen Vogtland

Die Weiße Elster im Steinicht

›Vogtländischen Schweiz‹. Die Weiße Elster zwängt sich hier vollkommen natürlich auf etwa 2,5 Kilometern durch ein besonders enges Tal, die Berge ragen besonders steil auf. Lediglich der Steinbruch trübt die Naturidylle ein wenig. Durch das tief eingeschnittene Tal fährt auch die Eisenbahn – aber kein einziges Auto. Die Naturschutz- und FFH-Gebiete (FFH=Fauna-Flora-Habitat-Richtlinie) Steinicht in Sachsen und Thüringen sind Lebensraum von Wildkatze, Uhu, Fischotter, Eisvogel und anderen rar gewordenen Arten.

Ein Abstecher ins Sächsische Vogtland

In den Jahren von 1841 bis 1851 baute die Sächsisch-Bayerische Eisenbahngesellschaft die Strecke zwischen Leipzig und Nürnberg. Zwar bereits in Sachsen gelegen, aber quasi um die Ecke von Greiz, steht die **Göltzschtalbrücke**. Die von 1846 bis 1851 erbaute Eisenbahnbrücke ist mit 78,3 Metern Höhe und 574 Metern Länge das größte Ziegelsteinviadukt der Welt. Direkt an der Brücke gibt es einen Imbiss.

Nur zwölf Kilometer entfernt, beim schönen Örtchen Jocketa unweit vom Stausee Pöhl, befindet sich mit der 272 Meter langen und 68 Meter hohen **Elstertalbrücke** die zweitgrößte Ziegelsteinbrücke der Welt. Auf halber Höhe führt hier auch ein Weg auf der Brücke entlang. Die feierliche Eröffnung des Streckenabschnitts am 15. Juli 1851 bedeutete gleichzeitig den Beginn einer durchgehenden Eisenbahnverbindung zwischen Leipzig und München.

Die Eisenbahn fährt auch heute noch über beide Brücken. Bemerkenswert: In all diesen Jahren mussten sie bis auf kleine Ausbesserungen so gut wie nie repariert werden – welche moderne Eisenbahnbrücke kann das schon von sich behaupten?

Greiz und Umgebung

Vorwahl: 03661.

Tourist Information, Burgplatz 12, Unteres Schloss. Tel. 703293 und 689815; Di–Fr 9–17, Sa/So 10–17 Uhr. U. a. div. Stadtrundgänge. www.greiz.de/tourismus

Landhotel am Wald, Untergrochlitzer Str. 8, Tel. 670803. Familiengeführt, ruhig, im Grünen gelegen, sehr beliebt. Mit eigener Hausschlachterei und kostenlosen Transfers von und nach Greiz; EZ ab 58, DZ ab 65 €.

Schlossberghotel, Marienstr. 1–5, Tel. 622123. In der historischen Innenstadt, modern eingerichtetes Drei-Sterne-Haus mit Blick auf Stadt und Oberes Schloss. Im Gebäude befindet sich eine Sauna, die allerdings nicht zum Hotel gehört; EZ ab 56, DZ ab 75 €. www.schlossberghotel-greiz.de

Caravanstellplätze am Schwimmbad, Bäderkomplex Aubachtal, Werdauer Str. 11, Tel. 2264; Übernachtung ab 15 €.

Café im Küchenhaus, Greizer Park, Tel. 455688. Die besten Kaffeeprodukte, Pralinen, Kuchen und Torten weit und breit. www.brandt-kaffee.de, www.treibmann-crimla.de

Harmonie, Burgplatz 12, Tel. 3866. Café, Bar und Restaurant im Unteren Schloss. Urig-gemütlich, vogtländische und moderne kreative Küche. Tolle Auswahl an Kuchen. Highlight ist die wunderbare Terrasse mit Blick auf Fluss und Stadt. www.harmonie-greiz.de

Schweizerhaus, Schönbach 2, Tel. 036621/30560. 15 Km südwestlich von Greiz. Umfangreiche Speisekarte, saisonal-regionale, auch mediterran angehauchte Produkte, die vom Betreiber teilweise selbst angebaut werden, Hausschlachtung. Für diese thüringisch-vogtländische Küche gab es auch schon die Auszeichnung ›Kloßvogt‹. www.gasthof-schweizerhaus.de

Parkschlösschen, Parkgasse 72, Tel. 455112. Freundliche und behagliche, im Wiener Kaffeehausstil eingerichtete Lokalität mit vorwiegend regionaler Küche. www.parkschloesschen-greiz.de

Tivoli, Brückenstr. 15–17, Tel. 442501. Gutbürgerliche Küche, gute Torten und Kuchen.

Parkgaststätte, Leonhardstr. 39, Tel. 432260. Fast am Ende des Greizer Parks gelegen. Steak, Schnitzel sowie Traditionelles zu selbstgemachten Thüringer Klößen, auch Eis und selbstgemachte Kuchen. www.greizer-parkgaststaette.de

Drei Schwanen, Wildetaubener Hauptstr. 7, 07957 Langenwetzendorf, Tel. 036625/20407. Landgasthaus mit bodenständiger Küche. Die Ostfriesischen Milchschafe kommen aus der eigenen Zucht, bei Obst und Gemüse kommt der Hausgarten zum Einsatz. Saisonal abwechslungsreiche Karte. www.gasthof-drei-schwanen.de

PM Lounge, Brückenstr. 24, Tel. 631204. Moderne Atmosphäre, große Auswahl an Snacks, Suppen, kleinen und größeren Gerichten, umfangreiche Getränkekarte. www.pmlounge.de

Holzwurm, Zentastr. 2, Tel. 671047. Viel Holz und dennoch modern. Großbildfernseher für Sport, Dartscheiben und ein Biergarten mit Gutsherrengrill. Hier kommt man mit den Einheimischen ins Gespräch. www.holzwurm-greiz.de

Peanuts, Bahnhofstr. 5, Tel. 672067. Kleine Kneipe mit regelmäßiger Live-Musik. www.peanuts-greiz.de

UT99 Kinocenter, Thomasstr. 6, Tel. 629111. Modernes Kino im Stadtzentrum mit vier Sälen. www.ut99.de

Staatliche Bücher- und Kupferstichsammlung Greiz, Sommerpalais im Greizer Park, Tel. 70580; April–Sept. Di–So 10–17 Uhr, Okt.–März Di–So 10–16 Uhr, Ostern und Pfingstmontag geöffnet. Bibliothek: Di und Fr für wissenschaftliche Recherchen zu den Öffnungszeiten des Museums geöffnet. www.sommerpalais-greiz.de

Greizer Museen Oberes Schloss und Unteres Schloss, Burgplatz 12, Tel. 703411; Di–So 10–17 Uhr. www.museen-greiz.de

Bauernmuseum, Nitschareuth Nr. 13, Langenwetzendorf, Tel. 036625/20504 oder 0175/6970407; Mi, Sa, So 13–19 Uhr (Öffnungszeiten können variieren, besser vorher anrufen). www.nitschareuth.de

Vogtlandhalle, Carolinenstr. 15, Tel. 62880. Der große Saal der 2011 fertiggestellten Halle fasst 800 Personen. www.vogtlandhalle.de

Vogtland Philharmonie, Tel. 452308 Die Vogtlandhalle ist auch eine von zwei Heimspielstätten der Vogtland Philharmonie Greiz-Reichenbach. www.vogtland-philharmonie.de

Alte Papierfabrik Greiz, Mylauer Str. 3, Tel. 458720. www.altepapierfabrik-greiz.de

Theaterherbst (Sept). Zahlreiche Aufführungen an verschiedenen Orten in der Stadt. www.theaterherbst.de

Park- und Schlossfest (3. Juniwochenende). Volksfest mit Festumzug, Händlerständen, Bühnenprogramm und Kinderfest.

Triennale. Alle drei Jahre stattfindende Veranstaltung rund um die Karikatur. www.sommerpalais-greiz.de

Greizer JazzWerk (Mai) Internationales Jazzfest. www.theaterherbst.de

Tiergehege, Waldhaus, Tel. 430282. ganzjährig geöffnet.

Elsterperlenweg. Der Qualitäts-Rundwanderweg verbindet auf einer Gesamtlänge von 72 Kilometern Greiz, Nitschareuth, Neumühle, Wünschendorf und Berga.

▶ Karte S. 400/446

Ringweg um Greiz. Der 60 Kilometer lange Weg führt von und zum Nordeingang des Greizer Parks zu nahezu allen Sehenswürdigkeiten in der Umgebung.

Der **Euregio Egrensis** und der **Elsterradweg** führen durch Greiz. Der Elsterradweg verläuft von der Quelle im tschechischen Elstergebirge bis zur Mündung der Elster in die Saale.

Bäderkomplex Greiz. Freibad mit 60 Meter Rutsche, Hallenbad und Sauna. Im Winter wird das Areal zur Eislaufbahn. www.greiz.de/tourismus-kultur/tourismus/aktiv/schwimmhalle-greiz

Angelkarten für die Weiße Elster und den Stausee Greiz-Dölau bekommt man über Michael Schau, Pohlitzer Str. 28, Tel. 432141. www.angelverein-greiz.de

Eissporthalle, An der Eisbahn 10. Tel. 676724; Okt.-März Mi und Fr 14–22, Do 17–22, Sa 12–22 Uhr, So, Feiertage und während der Ferien in Thüringen und Sachsen 10–22 Uhr. www.greiz.de/freizeit-sport/eissportflaeche.html

Greizer Vereinsbrauerei. Greiz hat noch eine eigene Brauerei, deren Bier man an vielen Orten in der Stadt kaufen kann.

Zeulenroda-Triebes

Zeulenroda-Triebes gibt es erst seit 2006, zuvor waren die beiden kleinen Städte Zeulenroda und Triebes selbständig. Bekannt ist Zeulenroda für Strümpfe und Möbel, denn zu DDR-Zeiten befanden sich hier die größten Möbelwerkstätten des Landes. 4000 Menschen waren in dieser Industrie beschäftigt. Nichts ist davon geblieben. Der Ort mit seinen beiden Talsperren entwickelte sich zu einem touristischen Anziehungspunkt des Landes. Mitte der 1980er Jahre zählte er bis zu 500 000 Übernachtungen im Jahr. Kommt man im Herbst oder Winter, so kann man sich kaum vorstellen, dass in den Sommermonaten zehntausende Besucher nach Zeulenroda kommen.

Hauptattraktion von Zeulenroda sind die beiden **Talsperren Zeulenroda** und **Weida**, auch Zeulenrodaer Meer genannt. Die Talsperre Zeulenroda entstand zwischen 1968 und 1975 als flussaufwärts gelegene Erweiterung der bereits bestehenden Talsperre Weida und bedeckt eine Fläche von 230 Hektar. 2012 wurden der 1997 verordnete Trinkwasserschutz und das Badeverbot aufgehoben. Seitdem entwickelt sich das Gebiet zu einem Zentrum für Badespaß, Aktiv- und Wanderurlaub sowie Wassersport. Motorboote sind allerdings nach wie vor nicht zugelassen.

Für die nächsten Jahre hat man sich viel vorgenommen. Man möchte seinen Status als Anziehungspunkt für Natur-, Aktiv- und Wasserurlauber weiter ausbauen. Eine Übersicht der Projekte findet man im Gebäude der Tourismusinformation am NaturErlebnisBad/Strandbad.

■ Möglichkeiten für den Aktivurlaub

Das Leitmotiv für den **Rundwanderweg Zeulenrodaer Meer** heißt ›Wanderlust trifft Meeresrauschen‹. Dieser 45 Kilometer lange Weg führt um beide Talsperren im Weidatal herum und wurde vom Deutschen Wanderverband als Qualitätsweg Wanderbares Deutschland zertifiziert. Für den Gesamtweg werden 12 bis 15 Stunden Gehzeit veranschlagt. Unterteilt ist er in fünf kürzere Rundwanderwege. Bis die geplante Solarfähre tatsächlich umgesetzt ist, kann man sich von einem Rufbus abholen lassen. Dieser hat einen Fahrplan und fährt alle zwei Stunden die Haltestellen am Wanderweg ab. Man muss allerdings mindestens 30 Minuten vorher anrufen und ihn bestellen (Tel. 01804/783287).

An der Talsperre Zeulenroda befindet sich das erste **Nordic-Aktiv-Walking-Zentrum** des Deutschen Skiverbandes in Ostdeutschland. Insgesamt existieren 40 Kilometer Strecke, unterteilt in sechs unterschiedlich schwierige Routen von 2 bis 18 Kilometern. Material ausleihen kann man im Bio-Seehotel oder an der Minigolfanlage im Turnerheim Weißendorf.

Strandbad Zeulenroda

Das Strandbad wurde vollkommen neu gestaltet und Ende Juni 2016 wieder eröffnet. Es ist das einzige barrierefreie Strandbad Thüringens, Rollstuhlfahrer kommen über eine endlos scheinende Rollstuhlrampe direkt bis hinunter zum und ins Wasser. Hier gibt es einen großen Matschspielplatz um einen 15 Tonnen schweren Karpfen herum. Das Gebäude der Tourismusinformation und des Restaurants Strandhaus stammt ebenfalls von 2016. Von hier aus hat man einen herrlichen Blick auf den Sonnenuntergang. Im Tourismus-Gebäude befindet sich auch eine **Ausstellung** zu den geplanten Zukunftsprojekten sowie zur Natur der Region.

Die Wasserportschule Thüringen bietet Boote aller Art, Surfbretter, Stand-up-Paddling-Boards und Zubehör an. Es gibt einen Bootsverleih am Strandbad und einen unterhalb vom Bioseehotel.

Tiergehege Rabensleite

Vom Naturerlebnisbad bis zum Bio-Seehotel sind es entlang des Panoramaweges am und übers Wasser knapp drei Kilometer. Auf etwa halbem Wege liegt das Waldstück Rabensleite mit dem Tiergehege. Hier leben 26 meist einheimische Tierarten. Die Gehege wurden in den Naturbereich eingebaut. Der Besuch ist kostenfrei, einen schönen Spielplatz gibt es ebenfalls.

Bio-Seehotel

Das ehemalige FDGB-Ferienheim gehört der Familie Bauerfeind. Die Ursprünge des Unternehmens Bauerfeind liegen hier in Zeulenroda, die Firma wanderte aber

Blick auf das ›Bio-Seehotel‹ an der Talsperre Zeulenroda

▲ Karte S. 400

nach Gründung der DDR nach Hessen aus. Die Stadt hatte großes Glück, denn der gebürtige Zeulenrodaer Bauerfeind kehrte nach der Wende aus der ›alten‹ Bundesrepublik mitsamt seiner Firma in seine Heimatstadt zurück. Er errichtete eine nagelneue Fabrik mit einem 57 Meter hohen Hochhaus und produziert seitdem hier unter anderem Kompressionsstrümpfe, orthopädische Einlagen und Bandagen. Und die Familie engagiert sich sehr in Zeulenroda. Aus Zeulenroda kam 2016 auch der ostdeutsche Meister im Cocktailmixen, Martin Rosch. Er arbeitet im Bio-Seehotel Zeulenroda als Serviceleiter. Zum besten Hotel vor Ort gehören auch ein Panorama-Restaurant und ein neues Panorama-Spa. Unterhalb des Hotels, direkt am Wasser, erstreckt sich ein **Strandbad** mit Spielplatz. Am Hotel gibt es auch einen **Panorama-Hochseilgarten**.

Thermen- und Erlebniswelt Waikiki

Zwar hat man mit der Talsperre Zeulenroda das große Wasser direkt vor der Haustür, so gut wie auf Hawaii aber ist das Wetter in Ostthüringen nicht immer. Also hat man eine Inhouse-Badelandschaft geschaffen: Im Waikiki gibt es Saunen, einen Saunagarten sowie eine Grotte mit Wasserfall, und bei drei insgesamt 243 Meter langen Rutschen fragt sich so mancher, wann man endlich unten ankommt. Die große Glaskuppel wird sommers geöffnet. Die Beach- und Saunabar ist im hawaiianischen Stil eingerichtet. Gemäß der Tradition bekommt man hier auch mehrmals im Jahr Wildschwein und Lamm aus dem Umu (Erdofen): Lavasteine werden erhitzt, darauf legt man dann Bananenblätter mit dem Fleisch. Bevor es serviert wird, gart das mit Sand und Erde abgedeckte Fleisch mehrere Stunden. Es gibt ambitionierte Ausbaupläne für den Wellness- und Saunabereich sowie für die Außenanlagen.

Das Rathaus und der Karpfenpfeifer-Brunnen

Strandbad Zadelsdorf

Nur ein kleines Stück westlich von Zeulenroda, am gegenüberliegenden Ufer des Stausees, liegt Zadelsdorf. Sein Vorteil ist die nach Süden ausgerichtete Badewiese. Das **Bungalowdorf** entstand etwa zeitgleich mit dem FDGB-Ferienheim in Zeulenroda und wurde nach der Wende saniert und umgebaut. Es gibt Pläne, hier ein weiteres Strandbad zu errichten.

Marktplatz

Zeulenroda mit seinen 16 000 Einwohnern besitzt ein stattliches, südländisch anmutendes **Rathaus**. Das klassizistische Rathaus von 1827 wurde einem Palazzo nachempfunden, der Turm trägt eine Statue der griechischen Göttin Themis und ist begehbar.

Vor dem Rathaus steht der **Karpfenpfeifer-Brunnen**. Anlässlich einer Fürstenhochzeit in Greiz wurde auch die Anwesenheit der Zeulenrodaer Untertanen befohlen. Als Gericht wurde unter anderem Karpfen nach vogtländischer Art serviert. Die Fische kamen aus dem Binsenteich unterhalb des Schlossber-

Der Osten

ges. Dieser war allerdings schmutzig und voller Schlamm. Den Zeulenrodaern, die als bekannte Karpfenzüchter mit ihren zahlreichen sauberen Fischteichen wahrlich besseres gewohnt waren, ließen den scheußlich nach Schlamm schmeckenden Greizer Karpfen an die Hofküche zurückgehen, angeblich mit der Bemerkung: ›Wir Zeulenrodaer pfeifen auf solche Schlammkarpfen‹. Daraufhin pöbelte der beleidigte Hofkoch zurück: ›Karpfenpfeifer‹. Diesen Spitzname trugen die Einheimischen mit Stolz.

Dreieinigkeitskirche

Dem großen Stadtbrand von 1790 fiel nahezu der gesamte Ort zum Opfer, auch die Kirche. Die heutige **Dreieinigkeitskirche** stammt von 1820 und basiert wie das Rathaus auf Plänen des Strumpfwarenverlegers Christian Heinrich Schopper. Es ist einer der wenigen klassizistischen Sakralbauten in Thüringen. Im Innenraum befinden sich außergewöhnliche Freskomalereien von Tilman Kuhrt von 2006, der Freskenzyklus interpretiert die Apostelgeschichte modern.

Städtisches Museum

Im ehemaligen Wohnhaus des Strumpfwarenverlegers Ferdinand Schopper befinden sich 27 Ausstellungsräume zur Stadtgeschichte. Es gibt Wohnräume mit Möbeln und Ausstattung von 1840 bis 1965 wie Krämerladen, Biedermeier- oder Klassenzimmer, Strumpfwirkerstube und Exponate zum lokalen Handwerk und bekannten lokalen Persönlichkeiten. Ein Schwerpunkt der Dauerausstellung liegt auf der Zeulenrodaer Möbelindustrie.

Winkelmannsches Haus

Der Komplex befindet sich im Ortsteil Triebes. Einst bestand die Hofanlage aus vier Gebäuden, Stall und Scheune existieren heute aber nicht mehr. Die denkmalgeschützte **Stellmacherei** wurde 1617 erbaut, das 1740 erbaute **Wohnhaus** gehört zu den letzten erhaltenen Gebäuden in Blockbohlenbauweise in Thüringen.

Weidatalsperre

Die Weidatalsperre liegt im Norden des Zeulenrodaer Meeres und hat eine Fläche von 93 Hektar. Hier im Weidatal geht es ruhiger und naturbelassener zu als um Zeulenroda. Die Talsperre entstand bis 1957 und war der erste Talsperrenneubau nach dem Zweiten Weltkrieg. Durch die Inbetriebnahme der Talsperre Leibis-Lichte – diese dient nun den Trinkwasserversorgung – wurde auch hier der Trinkwasserschutz am 1. September 2012 aufgehoben. Ein 14 Kilometer langer **Talsperrenwanderweg**, Teilabschnitt des Rundwanderweges Zeulenrodaer Meer, führt um die Weidatalsperre. Die Staumauer ist mittlerweile in die Jahre gekommen. Im Raum steht auch der auf sehr heftigen Widerstand stoßende Vorschlag, die Talsperre Weida vollständig zurückzubauen und somit aufzulösen. Für den Tourismus, den Hochwasserschutz und die Natur der Region wäre dies wohl ein sehr herber Rückschlag. Umgeben ist die Talsperre von Wäldern, zu denen auch das 225 Hektar große FFH Gebiet Weidatal gehört.

Döhlen

Weiter flussabwärts die Weida entlang wartet das Dörfchen Döhlen mit einem wertvollen Ensemble aus **Dorfkirche**, **Schule** und historischem **Pfarrhof** von 1712 auf. Hinter der Pfarrei, die von den Eigentümern in mühevoller Arbeit restauriert wird, steht eine historische überdachte **Holzbrücke** über die Weida, die mit ihrem Baujahr 1799 ähnlich alt ist wie die überdachte Holzbrücke von Wünschendorf (→ S. 441).

▲ Karte S. 400

Pöllwitzer Wald

Zwischen Zeulenroda und Greiz befindet sich das FFH-Naturschutzgebiet Pöllwitzer Wald mit seiner besonderen Moorlandschaft. Mit rund 2000 Hektar Fläche ist es eines der größten zusammenhängenden Waldgebiete der Region. Bis zum Jahr 1990 war es militärisches Sperrgebiet.

Ein **Moorlehrpfad** mit einem über neun Meter hohem Aussichtsturm und Infotafeln ermöglicht den Zugang.

Zeulenroda-Triebes und Umgebung

Vorwahl: 036628.

Tourismuszentrum Zeulenrodaer Meer, Bleichenweg 30, Tel. 987064; Dez.–April Mo–Fr 10–15 Uhr, Mitte Mai–Mitte Sept. Mo–Sa 10–17, So 13–17 Uhr, Mitte Sept.–Mitte Mai Mo–Sa 10–15 Uhr. www.zeulenrodaer-meer.de www.zeulenroda-triebes.de

Bio Seehotel Zeulenroda, Bauerfeindallee 1, Tel. 980, Das Vier-Sterne-Haus wurde von der Familie Bauernfeind zum besten Haus der Gegend verwandelt. Mit Panorama-Restaurant und 1600 qm Panorama-Spa. www.bio-seehotel-zeulenroda.de

Selbstgemacht, Arnsgrün Nr. 56, Tel. 037431/86959. Knapp 13 Km südöstlich von Zeulenroda. Viel Licht, Holz und moderne Elemente. Hofladen, Laufenten und Lamas zum Anfassen und Reiten; EZ ab 49, DZ ab 79 €. www.selbst-gemacht.eu

Ferienland-Zeulenrodaer-Meer, Dörtendorf 30, Zadelsdorf, Tel. 0171/1750128. Ferienhaussiedlung direkt am Wasser mit moderner Ausstattung. Preise abhängig von Kategorie, Personenzahl und Zeit. www.ferienland-zeulenrodaer-meer.de

Turmschule Niederböhmersdorf, Niederböhmersdorf 34, Tel. 03622/826180. Unterschiedlich große Appartements und Ferienwohnungen in einer 2016 sanierten ehemaligen Schule. Sehr gelungene Kombination aus Moderne und Landhausstil. Zimmer ab 69 €. www.turmschule.com

Bed & Breakfast Zeulenroda, Schopperstraße 16, Tel. 0176/41994705. Farbenfroh eingerichtetes kleines familiäres Haus; EZ ab 40, DZ ab 55 €. www.bed-and-breakfast-zeulenroda.de

Pension Seeblick, Quingenberg, Tel. 82042. Nettes kleines Haus in Wassernähe, fast immer ausgebucht. Garten, Grillmöglichkeit und ein paar lebende Kuscheltiere; EZ ab 20, DZ ab 36 €. www.seeblick-zeulenroda.de

Camping- und Wohnmobilplatz. Gebührenfrei und inklusive W-Lan am Waikiki-Parkplatz. Bleibt man länger als drei Tage, bekommt man Tageskarten fürs Waikiki.

Suppenbar, Schleizer Str. 2, Tel. 974355. Direkt am Markt gelegen, schönes Ambiente, abwechslungsreiche originelle Speisekarte.

Ratskeller, Markt 1, Tel. 82272. Deutsche Küche mit gutem Preis-Leistungs-Verhältnis, Greizer Bier. www.ratskeller-zeulenroda.de

Bioseehotel. Mehrere kulinarische Einrichtungen wie Panorama-Restaurantetage, Biergarten am Stausee und Bars. Hier arbeitet auch der ostdeutsche Meister im Cocktailmixen von 2016, Martin Rosch.

Strandhaus Da Rosario, Bleichenweg 30a, Tel. 972220. Maritim angehauchtes Lokal mit Blick aufs Wasser. Kuchen, Imbiss-snacks und abends Deftiges von Schwein, Rind, Wild und Fisch. www.strandhaus-da-rosario.de

Puschkin, Am Puschkinpark 3, Tel. 01525/6478242. Diverse Veranstaltungen und Musikstile. www.puschkin.club

Rathausturm, Di 9–12 und 14–16, Do bis 18 Uhr.

Der Osten

Städtisches Museum, Aumaische Str. 30, Tel. 64135; Mi, Fr 9–16, Do 9–18, Sa 13–17, So 13–16 Uhr. www.zeulenroda-triebes.de
Winkelmannsches Haus, Aumaer Str. 16, Triebes, Tel. 72884. www.winkelmannsches-haus.de

Das Bioseehotel betreibt einen Fahrradverleih.
Der **Euregio Egrensis Radweg** verläuft zwischen Zeulenroda über Pöllwitz nach Greiz. Die 50 km lange **Vogtland-Ferienland-Rundfahrtroute** berührt den Ort ebenfalls.

Waikiki Thermen- und Erlebniswelt, Am Birkenwege 1, Tel. 7370. Tropenbad und Sauna 9–22 Uhr. Abweichende Öffnungszeiten für Sportbad wegen Schulschwimmen: siehe Webseite. Waikiki Lounge (Restaurant mit Blick aufs Tropenbad) 10–22.30 Uhr, Frühschwimmen im Sportbad Mo 7–8.30 Uhr. Termine für den Umu auf der Webseite. www.badewelt-waikiki.de

Wassersportschule Thüringer Meer, zwei Standorte: unterhalb vom Bioseehotel und am Strandbad. Die Öffnungszeiten am Strandbad entsprechen denen des Schwimmbades, Öffnungszeiten am Bioseehotel Mai/Sept. Mo–Fr 15–19, Sa/So 13–19 Uhr, Juni Mo–Fr 12–19, Sa/So 10–19 Uhr, Juli/Aug. Mo–So 10–19 Uhr, Okt. Mo–Fr auf Anfrage, Sa/So 14–18 Uhr. Tel. Vereinbarungen unter 0172/7214728 oder 0172/3564086. www.wassersport-thueringen.de

Angeln: Angeln mit Touristenfischereischein möglich. Informationen im Tourismuszentrum, im Bio-Seehotel oder im Bungalowdorf Zadelsdorf.

Triptis

Der Ort Triptis ist vor allen wegen der **Neuen Porzellanfabrik Triptis** bekannt. Das unter Eschenbach Porzellan Group firmierende Unternehmen produziert vor allem Gebrauchsporzellan für die Gastronomie und Hotellerie und hält die Markenrechte an Eschenbach, Triptis, Freiberger Hotelporzellan, Graf von Henneberg und Winterling. Jährlich am vorletzten Oktoberwochenende wird im Werk der Triptiser Porzellanmarkt veranstaltet. Es gibt Betriebsführungen. Im **Porzellanium** neben der Fabrik befinden sich das Museum, die Kunstgalerie, Werksverkauf, Schauatelier zum Mitmachen und das Café der Manufaktur.

Die Grabstelle der Familie Brehm

▶ Karte S. 400

Mittelpöllnitz

Die **Kirche** (1826/27) in Mittelpöllnitz mit ihrem außergewöhnlichen achteckigen Grundriss stammt vom Weimarer Großherzoglichen Hofbaumeister Clemens Wenzeslaus Coudray. Ihre Akustik wird hoch gelobt.
Von der Quelle der Orla in Triptis führt der 34 Kilometer lange Radweg **Orlaweg** bis zu deren Mündung in die Saale.

Renthendorf

Das rote Backsteingebäude im Ort ist **Brehm-Gedenkstätte**. Sie erinnert an den Vogelpastor Christian Ludwig Brehm und seinen Sohn, den Tiervater Alfred Edmund Brehm. Christian Ludwig Brehm kam 1813 als Pfarrer nach Renthendorf und zog ins nebenan gelegene Pfarrhaus. Alfred Brehm kam hier 1829 zur Welt, zog 1884 mit seinen Kindern in das 1865 für seine Mutter erbaute Witwenhaus neben dem Pfarrhaus und verstarb schließlich im selben Jahr auch hier. Das Haus der Naturforscher-Familie Brehm wurde bis Mitte 2020 vollständig saniert, die Dauerausstellung neu konzipiert. Dabei wurden Haus und Außengelände in den Originalzustand der letzten Lebensjahre von Alfred Brehm versetzt. Innenräume wie Arbeits- und Wohnzimmer werden anhand von Bildern so authentisch wie möglich nachempfunden, Originalmobiliar verwendet. Die Grundrisse des Hauses werden ebenfalls in den Ursprungszustand zurückversetzt. Neben der Lebenssituation der Brehms geht es auch um ihr Werk, dessen Einordnung und seinen Einfluss. Christian Ludwig und Alfred sind auf dem Renthendorfer Friedhof nebenan beigesetzt.
Aufgrund einer Grenzbereinigung in den Jahren von 1831 bis 1833 verlief die Landesgrenze zwischen Sachsen-Altenburg und Sachsen-Weimar-Eisenach auf einmal mitten durch das Dorf. Die **Grenzsteine** aus dieser Zeit stehen noch.

Triptis

Gaststätte Thüringer Hof, Freybergstr. 9, Auma-Weidatal, Tel. 036626/20315. Deftig und reichlich: Vogtländische Hausmannsküche gepaart mit bodenständiger Gastlichkeit. Gewinner des Kloßvogts 2014. Die Klöße werden hier handgemacht.

Heimatstube, Markt 1, Auma, Tel. 036626/20704; Jeden 1. und 3. So 14–17 Uhr und nach Vereinbarung. www.aumabote.de

Neue Porzellanfabrik Triptis, Puschkinstr. 12, Tel. 036482/884922; Mo–Fr 9–18, Sa 9–13 Uhr. www.porzellanium.de, www.eschenbachporzellan.de

Rundschloss Oberpöllnitz, Siedlerstr. 4, Triptis, Tel. 036482/86336. www.rundschloss.wixsite.com/rundschloss

Brehm Gedenkstätte, Dorfstr. 22, Renthendorf, Tel. 036426/22233. www.brehm-gedenkstaette.com

Naturbad Münchenbernsdorf, Teichhäuser 17, Tel. 036604/2648. www.muenchenbernsdorf.de

Cart Center Miesitz, Ortsstr. 3, Miesitz bei Triptis, Tel. 036482/86233. www.cartcentermiesnitz.de

Kletterwald Koala, Am Kreisverkehr Neuensorga, Münchenbernsdorf, zwischen Jena und Gera, Tel. 0174/9216138. Mit über zwölf Parcours laut Eigenaussage der größte Kletterwald Thüringens. Außenstelle in Pößneck. www.kletterwald-koala.de

Schleiz

Auch Schleiz ist eine ehemalige Residenzstadt, die des Fürstentums Reuß-Schleiz. Die Stadt hat durchaus historische Bedeutung: 1806 trafen unweit der Stadt die Truppen Napoleons erstmals auf das vereinte preußisch-sächsische Heer; Johann Friedrich Böttger, der Erfinder des europäischen Porzellans, wurde am 4. Februar 1862 in Schleiz geboren; und Konrad Duden schrieb als Gymnasialdirektor in Schleiz seinen ersten Duden. Westlich von Schleiz liegen große Talsperren, im Nordosten befinden sich die Plothener Teiche, das ›Land der 1000 Teiche‹ (→ S. 364).

Schleizer Bier
Eine Empfehlung ist die Scharch Braumanufaktur. Das einzige Schleizer Bier gibt es in der Tourismusinformation, in Restaurants wie ›Pfeffermühle‹, ›Zur Rennbahn‹ und ›Zollhaus‹ oder direkt vom Hersteller Michael Scharch, einem ausgebildeten Braumeister. Er hat auch Liköre und weitere Produkte im Angebot.

Alte Münze
Das Gebäude, in dem sich heute die Tourismusinformation befindet, diente von 1678 bis 1681 als reußische Münzstätte. Der Vater von Johann Friedrich Böttger, Erfinder des europäischen Porzellans, arbeitete hier als Münzwardein. Das Prägen von Münzen wurde wegen der hohen Geldentwertung allerdings bereits 1682 eingestellt. Der daraufhin arbeitslos gewordene Vater verließ mit seiner Familie noch im selben Jahr die Stadt. Johann Friedrich Böttger soll übrigens im ›Gasthaus zum Blauen Engel‹ geboren worden sein, wo seine Eltern wohnten. Der ehemalige Gasthof stand an der Stelle, wo sich heute die Commerzbank befindet. Böttger ist in der Alten Münze eine kleine **Ausstellung** gewidmet.

Schloss
Vom ehemaligen Residenzschloss oberhalb des Markplatzes stehen nur noch die zwei Türme. Der 1367 im Zusammenhang mit den Vögten von Gera erwähnte Bau war zwischen 1647 und 1848 die Residenz des Hauses Reuß-Schleiz jüngere Linie und danach Sommerresidenz und Verwaltung der Reußen. Am 8. April 1945 wurde das Schloss bei einem Bombenangriff nahezu vollständig zerstört.
Die große entstandene Freifläche dient Behörden als Parkplatz, der **Schlosspark** ist erhalten.

▸Karte S. 400

Rutheneum
In den Räumlichkeiten der ehemaligen Lehranstalt befindet sich heute das **Duden- und Heimatmuseum**. Konrad Duden war von 1869 bis 1876 Gymnasialdirektor am Rutheneum und stellte in dieser Zeit fest, dass jeder Lehrer eine andere Rechtschreibung nutzte. Dazu kamen die zahlreichen Dialekte der Schüler des Gymnasiums. Aus seinen erarbeiteten Orthographieregeln entstand 1872 das Werk ›Zur deutschen Rechtschreibung‹, der sogenannte ›Schleizer Duden‹. Zudem führte er den Stundenplan an der Schule ein und erfand den Schulausflug. All das und weitere biographische Details über Duden werden in der Ausstellung beschrieben. Zudem besitzt das Museum alle jemals erschienenen Ausgaben des Dudens. Es gibt einen auch Informationen zum Schleizer Dreieck sowie alte Bilder von Schleiz.

Bergkirche St. Marien
Schleiz lag an der Handelsstraße zwischen Naumburg und Regensburg. Aus einer kleinen Wegekapelle aus dem 12. Jahrhundert erwuchs mit der Zeit die mächtige, weithin sichtbare Bergkirche St. Marien. Umgeben vom Bergfriedhof, nutzten die Reußen sie 400 Jahre lang als ihre Begräbniskirche. Es ist die größte Begräbnisstätte der Reußen. Zu den Sehenswürdigkeiten der gotischen Kirche mit ihrem barocken Inneren gehören das **Burgksche Epitaph**, die **Annenkapelle**, die fürstliche **Betstube** und die prunkvollen **Särge** der Reußen. Der **Kronleuchter** stammt von 1687. Das älteste Grab ist die Tumba Heinrichs des Mittleren aus dem Jahr 1500 in der Turmkapelle. Von Mai bis Oktober gibt es immer samstags um 16 Uhr ein kleines, 30-minütiges Orgelkonzert.

Seit 1923 finden Rennen auf dem Schleizer Dreieck statt

Schleizer Dreieck

Seit 1923 werden auf der Naturrennstrecke Schleizer Dreieck Rennen ausgetragen, die erste deutsche Motorradmeisterschaft fand 1924 hier statt. Die Rennen entwickelten sich zu den größten Motorsportveranstaltungen des Ostblocks. Neben dem Sachsenring war das Schleizer Dreieck die bedeutendste Rennstrecke der DDR. Heute gibt es internationale Motorradrennen, Weltmeisterschaften, Oldtimerfahrten, Radveranstaltungen, Karttrainings und Trabbitreffen. Als Naturstrecke führt das Schleizer Dreieck nicht etwa durch schöne Landschaften, sondern über natürliche, also öffentliche Straßen. Ein Teil der Strecke verlief auch durch Wohngebiete. Daher wurde sie 2004 aus Sicherheitsgründen um die Hälfte gekürzt (www.schleizer-dreieck.de).

Schleiz

Vorwahl: 03663.

Tourist Information, Neumarkt 13 (Alte Münze), Tel. 428735; Mai–Sept. Mo und Sa 9–14 Uhr, Di, Do, Fr 9–12 und 13–18, Mi 9–12 und 13–17 Uhr, Okt.–April Sa geschlossen. www.schleiz.de

Informationen zu Rennen auf dem Schleizer Dreieck: www.schleizer-dreieck.de

Pension Pfeffermühle, Görkwitzer Unterweg 2, Tel. 4122064. Zwischen Freibad und Stadtkern, helle geräumige Pension, liebevoll eingerichtete Zimmer, nettes Personal. Für Menschen mit Bewegungseinschränkung sowie Familien geeignet. www.pfeffermuehle-schleiz.de

Pfeffermühle, Görkwitzer Unterweg 2, Tel. 4122064. Saisonal und mitunter täglich wechselnde Gerichte mit Zutaten aus der Region, großer schöner Biergarten. www.pfeffermuehle-schleiz.de

Zur Rennbahn, Feldgasse 21, Tel. 422270. Bei Einheimischen noch als ›Zum Suhr‹ bekannt. Urig und gemütlich, zünftige Speisen und Getränke, aufmerksame Gastgeber.

Café Ried'l, Neumarkt 20, Tel. 428537. In Deutschlands zweitältestes Caféhaus (von 1777) kommt man weniger zum Mittag- oder Abendessen, sondern zum Tanzen und wegen der Schleizer Baisertorte. www.caferiedl.de

Rutheneum, Kirchgasse 4, Tel. 428735; März–Nov. Mi und Sa 15–17 Uhr. www.rutheneum-schleiz.de

Bergkirche, Bergstr. 11, Tel. 422666; Mai–Anfang Okt. Mo, Mi, Fr–So 14.30–16.30 Uhr, sonst auf Anfrage, Fürstengruft nur im Rahmen von Führungen. www-bergkirche-schleiz.de

Freibad Wisenta-Perle, Görkwitzer Unterweg 37, Tel. 402388. 50-Meter-Sportbecken, Erlebnis- sowie Planschbecken, Spielplatz und Schiffchenkanal, 56 Meter lange Wasserrutsche.

WisentaGeist, Pfitzigstr. 11, Tel. 0151/21764609. Selbstgemachte Marmeladen, Fruchtweine und Edelliköre. Michael Scharch betreibt auch die ›Scharch Braumanufaktur‹ und belebt in Schleiz eine Tradition wieder, die ausgestorben schien, seit in den 1930er Jahren die letzte Brauerei der Stadt schloss. www.wisentageist.de

Mödlareuth

Ganze 50 Einwohner hat Mödlareuth. Und doch ist der Ort weltberühmt. Als ›Little Berlin‹ ging er in die Geschichte ein. So nannten ihn amerikanische Soldaten, weil die Grenze mitten durch den Ort verlief; er liegt teils in Bayern, teils in Thüringen.

Wohl nirgendwo sonst in Thüringen ist die innerdeutsche Grenze so anschaulich erlebbar. Eine 700 Meter lange und 3,40 Meter hohe Betonmauer verlief einst quer durch den Ort und trennte ihn in West-Mödlareuth und Ost-Mödlareuth. Während sich auf der bayerischen Seite die Gucker, unter ihnen auch solche wie Helmut Kohl und George Busch Senior, einfanden, war auf der Ostseite sogar Grüßen und Winken verboten.

Die **Grenzanlagen** wurden nach der Wende erhalten oder gar rekonstruiert. Hier stehen Mauern, Zäune und Wachtürme und vermitteln einen selten erlebbaren Eindruck von der früheren deutsch-deutschen Grenze. Die original erhaltene Betonsperrmauer erstreckt sich über 100 Meter. Zahlreiche Informationstafeln, aber vor allem

Im Grenzmuseum

▲ Karte S. 400

die Vorher-Nachher-Bilder veranschaulichen sehr deutlich die Mödlareuther Geschichte.
Im Bayerischen Teil des Dorfes befindet sich das **Museumsgebäude**. Hier geht es um die Geschichte von Mödlareuth und der deutschen Teilung im gesellschaftlichen Kontext. Es gibt ein Archiv und eine Bibliothek, Sonderausstellungen und Veranstaltungen. Im Nachbargebäude werden an der Grenze eingesetzte Militärfahrzeuge ausgestellt.

Hirschberg

In dem romantisch am Steilufer der Saale gelegenen Ort Hirschberg direkt an der ehemaligen Grenze scheint die Zeit noch immer still zu stehen; hier herrscht eine fast schon romantische Tristesse. Bis zur Wende lag Hirschberg innerhalb des 500-Meter-Schutzstreifens, die Grenzsicherungsanlagen zu Bayern verliefen direkt an der Saale entlang. Der Ort war nahezu unbetretbar und glich einem Hochsicherheitstrakt. In der ersten Hälfte des 20. Jahrhunderts befand sich in Hirschberg die größte Sohlenlederfabrik Deutschlands. Sie ist längt abgerissen, heute erstreckt sich um Museum und Kulturhaus eine große Wiese.
Auf dem Lohberg, auch Schlossberg genannt, steht ein schlichtes **Barockschloss**. Heinrich VIII. von Reuß-Ebersdorf ließ es sich von 1682 bis 1689 erbauen. Im Bürogebäude des ehemaligen VEB Lederwerk ist das **Museum für Gerberei- und Stadtgeschichte** untergebracht. Am Steinmühlenwehr, im Schlossfelsen, befindet sich die **Wenzelshöhle**. Unterhalb des Schlosses steht auf einem Felsvorsprung ein kolossaler Hirsch.

Hirschberger Hag

Der Hirschberger Hag ist ein auf den ersten Blick nicht so eindeutig erkennbarer langgestreckter Park an der Saale. Wohl auch deshalb bezeichnet man ihn als Naturpark. Dass er so wenig beachtet ist, liegt sicherlich auch daran, dass er durch die Grenzanlagen zerschnitten und völlig abgesperrt war. Er wurde von den Reußen nach 1796 angelegt. Seit Entfernung der Grenzanlagen bemühen sich viele Bürger wieder um den Hag. So wurden etwa 35 000 Laubbäume gepflanzt.
Der 1991 wieder errichtete **Hängesteg** führt direkt an der steilen Felswand der Wenzelshöhe über die Saale wieder zum Hirschberger Hag.

Autobahnbrücke Rudolphstein

Die Autobahnbrücke über die Saale stammt aus der NS-Zeit. Am Ende des Zweiten Weltkrieges wurde sie gesprengt, 20 Jahre später wieder aufgebaut. Sie gehörte zu einer der Transitstrecken, der von Berlin nach München. Heute steht sie unter Denkmalschutz.

Mödlareuth und Umgebung

Stadtverwaltung, Marktstr. 2, Tel. 036644/4300. www.stadt-hirschberg-saale.de

Haus des Gelehrten Bauern, Tanna, Besichtigungstermine können unter 036646/22697 vereinbart werden.
Museum Mödlareuth, Mödlareuth 13, Töpen, Tel. 09295/1334; März–Okt. Di–So 9–18 Uhr, Nov.–Feb. 9–17 Uhr. www.moedlareuth.de
Museum für Gerberei und Stadtgeschichte, Saalgasse 2, Hirschberg, Tel. 036644/43139; Di 10–16 Uhr. www.museum-hirschberg.de

Gondelstation Hirschberg, Frühjahr bis Herbst Sa/So ab 13 Uhr, Mo–Fr und in den Ferien nach Vereinbarung unter Tel. 0176/70749354, bei Regen geschlossen.

Reisetipps von A bis Z

Allgemeine Informationen

Thüringer Tourismus GmbH, Willy-Brandt-Platz 1, 99084 Erfurt, Tel. 0361/3742-0, www.thueringenentdecken.de. Umfangreiche Informationsmöglichkeiten mit Veranstaltungstipps, Karten- und Prospektmaterial, thematisch und regional sortierte Reisevorschläge oder Buchungsmöglichkeiten für Übernachtungen erhält man hier.

Anreise mit dem Auto

Thüringen liegt in der Mitte Deutschlands und ist aus allen Teilen Deutschlands sehr gut über Autobahnen erreichbar. Das Straßennetz umfasst insgesamt 6700 Kilometer. Dabei hat sich der Anteil an Autobahnen seit 1990 auf mehr als 500 Kilometer verdoppelt. Das Autobahnnetz legt sich wie ein in Planquadrate aufgeteiltes Raster fast gleichmäßig über das Land. Von Ost nach West durchziehen im Norden die A 38 und mittendrin die A 4 Thüringen. Von Nord nach Süd kreuzen die A 9 von Berlin nach München den Osten Thüringens sowie die A 71 (Sömmerda–Erfurt–Schweinfurt/Würzburg und A 73 (Suhl–Nürnberg) dessen Mitte. Lediglich einige wenige Gebiete – Saalfeld/Rudolstadt. Mühlhausen – liegen etwas weiter von einer Autobahn entfernt.

Eine Regionalbahn in Südthüringen

Anreise mit der Bahn

Die ICE/IC-Strecke von Frankfurt am Main nach Leipzig und Dresden führen über Eisenach, Gotha, Erfurt und Weimar und wird stündlich bedient. Mit der Inbetriebnahme der neuen Schnellbahntrasse Nürnberg–Erfurt–Berlin im Dezember 2017 wurde Erfurt zu einem wichtigen Eisenbahnkreuz. Diese neue Trasse war wohl Deutschlands aufwendigste Bahnbaustelle. Zwischen Erfurt und dem oberfränkischen Ebensfeld entstanden 22 Tunnel von bis zu acht Kilometer Länge, 29 Brücken queren zudem das bergige Land. Über dem Geratal entstand Deutschlands größte Stahlbetonbogenbrücke.

Die Reisezeit von München über Nürnberg nach Erfurt beträgt ab 2018 nur noch 2:30 Stunden und ist damit 110 Minuten geringer als zuvor. Von Berlin braucht man nur noch 1:50 Stunden, also etwa 45 Minuten weniger als zuvor. Dresden erreicht man in 1:50 Stunden (40 Minuten Fahrtzeitverkürzung). Von Frankfurt benötigt man etwa 2:10 Stunden in die thüringische Hauptstadt. Über eine schnelle Ost-West-Verbindung zwischen Frankfurt am Main und Erfurt wird leider nach wie vor nur diskutiert. Wann es auf dieser Route endlich einmal schneller geht, steht also weiterhin in den Sternen.

Gleichzeitig zur ICE-Strecke wird die sogenannte ›Mitte-Deutschland-Verbindung‹ zwischen Erfurt, Weimar, Jena und Gera zweigleisig ausgebaut.

Baden

Während in anderen Teilen der Republik überall Schwimmbäder geschlossen werden, verfügt das Bundesland über eine wahrhaft beeindruckende Dichte an Bädern. Jedes noch so kleine Dorf hält an seinem Freibad fest. Überall entstanden darüber

Klaus der Kloß – Maskottchen und beliebtes Souvenir

hinaus mit nicht unerheblichem finanziellen Aufwand Thermen, Erlebnisbäder und Saunalandschaften.

Souvenirs

Eines der berühmtesten Souvenirs aus Thüringen ist der Lauschaer Weihnachtsschmuck. Die Christbaumkugeln und Figuren werden In die ganze Welt geliefert. Man bekommt ihn neu oder neu nach historischen Vorlagen oder antik. Neben den traditionellen Varianten kann man sich also auch Zeppeline oder militärische Flugobjekte aus dem vergangenen Jahrhundert an den Baum hängen. Beliebt ist auch Porzellan aus einer der Thüringer Porzellanmanufakturen. Thüringer Bratwurst und Wurstwaren stehen ebenfalls hoch im Kurs, sind allerdings etwas schwieriger zu transportieren als typische Getränke aus Thüringen oder Thüringer Kochbücher. Die andere bekannte Spezialität Thüringens, den Kloß, gibt es als ›Klaus der Kloß‹, also als Plüschtier in Form einer Kugel.

Interessante Souvenirs sind auch Altenburger Spielkarten oder Sonneberger Spielzeug.

Unterkünfte

Es gibt in allen Regionen ausreichend Unterkünfte und dies in allen Preisklassen. Eine entsprechende und begründete Auswahl zu jeder größeren Stadt und jeder Region findet sich in den Informationskästen in diesem Reiseführer. Besonders erwähnens- und empfehlenswert ist die große Zahl an wunderbaren, teilweise enorm großen und prächtig ausgestatteten Ferienwohnungen. Diese können aufgrund der Fülle in diesem Reiseführer nicht erwähnt werden. Man findet sie jedoch recht einfach auf den einschlägigen Seiten im Internet.

Unterwegs im Land

Thüringen ist von einem engen Netz an öffentlichen Verkehrsmitteln überzogen. Die großen Städte erreicht man relativ schnell und problemlos. Etwas anders sieht es in den bergigen und dünnbesiedelten Regionen wie etwa dem Thüringer Wald, dem Schiefergebirge, dem Eichsfeld oder der Rhön aus. Wer hier schnell von A nach B möchte oder eine Rundreise plant, sollte eventuell eine Alternative zum ÖNVP wählen.

Immer mehr Bahntrassen im Regional- und Nahverkehr Thüringens werden von Wettbewerbern der Bahn betrieben. Entweder hat die Deutsche Bahn kein Interesse an den Strecken oder kommt bei deren Neuausschreibung nicht zum Zuge.

Mancherorts wurden Burgen zu Hotels

Literaturhinweise

Sachbücher

Rüdiger Bomberg, Erfurter Mundart. Erfurtsch-Deutsch. Schwarzes Pferd Verlag, Erfurt 2005.

Steffen Raßloff, Geschichte Thüringens, München 2010.

Steffen Raßloff, Mitteldeutsche Geschichte. Sachsen–Sachsen-Anhalt–Thüringen, Leipzig 2016.

Steffen Raßloff, Der ›Mustergau‹. Thüringen zur Zeit des Nationalsozialismus, München 2015.

Mirko Krüger/Paul-Josef Raue (Hg.), Die 100 schönsten Orte in Thüringen, Klartext Verlagsgesellschaft, Essen 2012.

Wanderführer

Joachim Bauer, Gera und Umgebung – ein Wanderführer. Verlag grünes Herz, Ilmenau 2016.

Hartmut Engel, Deutschland: Barbarossaweg – Der Weg ist das Ziel. Conrad Stein, Welver 2009.

Sabine Flöry/Jörg Schaar, Thüringenweg - Der Weg ist das Ziel. Conrad Stein, Welver 2012.

Thorsten Hoyer, Thüringen: Rennsteig - Der Weg ist das Ziel. Conrad Stein Verlag, Welver 2013.

Thorsten Hoyer, Via Regia. Pilgerweg von Görlitz nach Vacha - Der Weg ist das Ziel. Conrad Stein Verlag, Welver 2013.

Pia und Rainer Thauwald, Thüringen. Wanderung zu den Burgen der Ludowinger von der Schauenburg bis zur Neuenburg, OutdoorHandbuch, Conrad Stein Verlag, Welver 2008.

Michael Moll, Hikeline, Thüringer Wald. Verlag Esterbauer, Rodingersdorf 2011.

Hikeline, Fernwanderweg Rennsteig, Verlag Esterbauer, Rodingersdorf 2010.

Hikeline, Rhön, Verlag Esterbauer, Rodingersdorf 2011.

Berhard Pollmann, Thüringer Wald mit Rennsteig, Rother Wanderführer, Bergverlag Rother, München 2015.

Jürgen Reinhardt, Rhön. Rother Wanderführer, Bergverlag Rother. München 2013.

Kay Tschersich, Wanderführer Thüringer Schiefergebirge, Kompass Verlag, Garching an der Alz 2011.

Radwanderführer

Bikeline, Rennsteig-Radweg – Von Eisenach nach Blankenstein, Verlag Esterbauer, Rodingersdorf 2012.

Bikeline, Thüringer Städtekette – Die schönsten Städte in Thüringen, Verlag Esterbauer, Rodingersdorf 2012.

Klaus Herzmann, Werratal-Radweg, Bruckmann, München 2011.

Kanuführer

Michael Hennemann, Werra: Themar–Hann. Münden, Thomas Kettler Verlag, Hamburg 2015 (Kanu Kompakt).

Thomas Kettler/Carola Hillmann/Stefan Schorr, Rund um Lahn, Fulda, Werra, Weser, Leine, Thomas Kettler Verlag, Hamburg 2011 (Kanu Kompass).

Wasserwanderern empfehle ich auch die Wassersport-Wanderkarten aus dem Jübermann-Verlag in Uelzen.

Thüringen im Internet

www.thueringen-entdecken.de Offizielle Seite der Thüringer Tourismus GmbH, vielfältige Infos und Buchungsmöglichkeiten.

www.thueringer-wald.com Thematisch geordnete Infos rund um den Thüringer Wald, mit Unterkunftsverzeichnis und Buchungsmöglichkeit.

www.thueringen.de Offizielle Seite des Freistaates Thüringen

Der Autor

ANDREAS BECHMANN wurde 1976 geboren und wuchs in Dresden auf. Als Kind und Jugendlicher verbrachte er viel Zeit bei den Großeltern und der Verwandtschaft in Thüringen. Er studierte Publizistik und ist freier Journalist für verschiedene internationale und nationale Medien in den Bereichen Nachrichten und Sport, Online-Redakteur und Reisebuchautor. Neben Englisch spricht er fließend Russisch und ist oft fürs Fernsehen im Ausland tätig. Andreas Bechmann lebt in Bonn.

Danksagung

Dieses Buch widme ich meinen Großeltern, Ingeborg Bechmann und Gerhard Bechmann, sowie der gesamten Thüringer Verwandtschaft, Zugezogenen wie Alteingesessenen. Ich danke Ihnen, meinen Eltern Dietmar Bechmann und Aleksandra Bechmann sowie den überaus engagierten Damen von der TTG und den lokalen Tourismusgesellschaften für ihre sehr wertvolle Unterstützung und die fabelhaften Einblicke in dieses wunderschöne Land.

Register

Kartenregister

Bildnachweis

Alle Fotos von Andreas Bechmann, außer:
andongob/shutterstock (S. 345);
AlexBuess/shutterstock (S. 272);
Animaflora PicsStock/shutterstock (hintere Umschlagklappe)
artefacti/shutterstock (S. 361, 408);
Automobile Welt Eisenach (S. 45, 238);
Alexander Axmann/wikipedia (S. 271);
azrahel/wikipedia (S. 341u.);
Claus Bach (S. 190);
Bildagentur zoonar GmbH/shutterstock (S. 403);
bluecrayola/shutterstock (S. 273);
carso80/shutterstock (S. 316);
Bernd Chill (S. 194);
Circumnavigation/shutterstock (S. 241);
Edith Czech/Shutterstock (S. 231);
DIBI2010/wikipedia (S. 276);
Michael Gäbler/wikipedia (S. 25);
Gifu88/shutterstock (S. 239);
Giorno2/wikipedia (S. 58);
Bernd Gross/wikipedia (S. 57, 342);
Thomas Guffler/wikipedia (S. 327);
hecke61/shutterstock (Titel);
Heideburg/shutterstock (S. 351);
André Helbig/shutterstock (S. 217, 360, 392, 394, 395, 444);
Oliver Hlavaty/shutterstock (S. 27);
Corinna Huter/shutterstock (S. 465);
jwaller/wikipedia (S. 418);
Josef Knecht/wikipedia (S. 317);
Manfred Koch/shutterstock (S. 364);
Steffen Löwe/wikipedia (S. 440, 441);
Harald Lueder/shutterstock (S. 222);
Mazbln/wikipedia (S. 56, 258);
mije_shots/shutterstock (S. 147);
moreimages/Shutterstock (S. 263, 337);
ms.octopus/shutterstock (S. 68);
Nationalpark Hainich/Thomas Stephan (S. 26);
NoRud/wikipedia (S. 356);
origamiemensch/wikipedia (S. 266);
PalauenC/wikipedia (S. 44);
Andreas Praefcke/wikipedia (S. 213, 401);
PRILL/shutterstock (S. 193, 234);
RankoMaric/shutterstock (S. 10)
ricok/shutterstock (S. 15l., 289, 334/35, 341o., vordere Umschlagklappe);
Dirk Schmidt/wikipedia (S. 283);
Michael Schröder/shutterstock (S. 131);
Fred Schwohl/wikipedia (S. 391);
Jörg Steber/shutterstock (S. 60/61);
Stiftung Schloss Friedenstein/Lutz Eberhardt (S. 137);
Susan Stone/shutterstock (S. 198);
ThomasBoe/shutterstock (S. 134/35);
Thüringer Porzellanstraße (S. 43, 397);
Thüringer Tourismusverband Jena-Saale-Holzland e.V. (S. 54);
Tourist Information Schmalkalden/Wolfgang Benkert (S. 20/21, 48);
Touristinformation Zeulenroda (S. 458);
Tino Trautmann/Schlossverwaltung Burg Weißensee (S. 111);
travelpeter/shutterstock (S. 251);
tsungam/wikimedia (S. 195);
Uckermaerker/wikipedia (S. 174);
uvi72/wikipedia (S. 365);
wikswat/wikipedia (S. 462);
Toni Wöhrl/wikipedia (S. 355);
Igor Zubkis/shutterstock (S. 16).

Kartenlegende

- Bahnhof
- Bar
- Brunnen
- Burg/Festung
- Burgruine
- Busbahnhof
- Café
- Campingplatz
- Denkmal
- Dorfkirche
- Flughafen
- Höhle
- Hotel
- Kirche
- Kloster
- Klosterruine
- Markt
- Museum
- Naturschutzgebiet
- Oper
- Parken
- Parkhaus
- Post
- Restaurant
- Ruine/Ausgrabungsstätte
- Segeln
- Sehenswürdigkeit
- Seilbahn
- Strand
- Supermarkt
- Synagoge
- Theater
- Tor
- Touristeninformation
- Turm
- Zoo
- Sehenswürdigkeit
- Burg
- Kirche
- Friedhof
- Zeltplatz
- Berggipfel
- Seilbahn
- Autobahn
- Schnellstraße
- Hauptstraße
- sonstige Straßen
- E 65 Europastraße
- A 65 Autobahn
- 243 Bundesstraße
- Eisenbahn
- Grenzübergang
- Staatsgrenze
- Hauptstadt
- Stadt/Ortschaft

Zeichenlegende

- Allg. Informationen, Touristenbüros
- Naturschutzeinrichtungen
- Unterkünfte
- Zelt-, Camping- und Wohnmobilplätze
- Lokale
- Cafés
- Bars
- Museen, Galerien, Sehenswürdigkeiten
- Feste, Festivals
- Freizeit- und Vergnügungsparks
- Botanische Gärten
- Zoos
- Gondelbahnen
- Strände, Bademöglichkeiten
- Thermen, Spas
- Surfmöglichkeiten
- Golfplätze
- Allg. Informationen für Sportler
- Hinweise für Wanderer
- Fahrradwege, Informationen für Radwanderer
- Angelscheine, Informationen für Angler
- Reitmöglichkeiten, Reiterhöfe
- Segelmöglichkeiten
- Hinweise für Kanuten
- Tauchmöglichkeiten
- Einkaufstipps